GREIFSWALDER GEOGRAPHISCHE ARBEITEN

Institut für Geographie und Geologie der Universität Greifswald

Band 54

Das Kusnezk-Becken in Sibirien: Entwicklungsstrategien zur Modernisierung einer altindustriell geprägten peripheren Region

von
Christian Bülow

GREIFSWALD 2017

UNIVERSITÄT GREIFSWALD

Zitiervorschlag

BÜLOW, CHRISTIAN (2017): *Das Kusnezk-Becken in Sibirien: Entwicklungsstrategien zur Modernisierung einer altindustriell geprägten peripheren Region*. Greifswalder Geographische Arbeiten Bd. 54, Institut für Geographie und Geologie der Universität Greifswald.

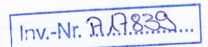

Impressum:

ISBN: 978-3-86006-455-9

Universität Greifswald

Autor: Christian Bülow

Redaktion: Christian Bülow

Herstellung: KIEBU-Druck Greifswald

Für den Inhalt ist der Autor verantwortlich.

Danksagung

Dank gilt meinen Interviewpartnern in Kemerovo, Novokuzneck, Novosibirsk, Leninsk-Kuzneckij, Jurga oder Ekaterinburg; die sich immer sehr viel Zeit genommen haben. Nur durch Ihre Unterstützung sind die Untersuchungsergebnisse so wertvoll! Den deutschen Experten aus Bochum, Essen, Cottbus oder Senftenberg gilt ebenfalls ein sehr großer Dank für die instruktiven Gespräche.

Ich möchte mich bei meinem Betreuer, Rat- und Impulsgeber dieser Arbeit Prof. Dr. Helmut Klüter recht herzlich bedanken. Er hat mich im Rahmen einer Exkursion im Jahre 2009 zum ersten Mal in das Untersuchungsgebiet geführt. Auf den weiteren gemeinsamen Reisen und den Konsultationen konnte ich erheblich von seinem umfangreichen Wissens- und Erfahrungsschatz profitieren. Die Erfahrung und Hilfe von Nadja Klüter war stets eine sehr wichtige Überstützung für das gesamte Projekt! Prof. Dr. Daniel Göler aus Bamberg danke ich für die Unterstützung bei der Begutachtung. Bei Prof. Dr. Galina E. Mekuš möchte ich mich ebenfalls herzlich bedanken. Als Organisatorin meiner Aufenthalte, Betreuerin und Spezialistin vor Ort konnte sie mir wichtige Einblicke ermöglichen und wertvolle Kontakte vermitteln. Die fachlichen Gespräche trugen sehr wesentlich zum erfolgreichen Arbeitsprozess bei. Ihr Team unterstütze mich stets sehr gut. Dank u. a. an Elena G. Kolesnikova, Anna I. Zajceva und Tat'jana E. Stepanova. In Kemerovo hat uns auch immer wieder die unermüdliche Unterstützung von Elena S. Želonkina im Auslandsamt entscheidend geholfen.

In Richtung Novokuzneck möchte ich mich vor allem bei Valerij A. Rjabov und Andrej Ju. Vaščenko für ihre Mühen während unseres Aufenthaltes und für die etlichen erkenntnisreichen inhaltlichen Inputs bedanken. Darüber gilt es die Hilfestellungen von Irina P. Basalaeva hervorzuheben. Die ehrlichen Einblicke während der Aufenthalte in Novokuzneck waren nützlich, die Gastfreundlichkeit wie so oft unbeschreiblich schön. Dem Idealisten und Deutschlehrer Peter Bussler danke ich ebenso für seine Unterstützung in Novokuzneck und wünsche ihm beste Gesundheit. Darüber hinaus bedanke ich mich bei der Leiterin der Marketing-Abteilung im Statistikamt der Oblast' Kemerovo, Maria V. Cin. Ohne die Hilfestellungen beim Zugang zum Datenmaterial wäre eine derartig umfangreiche quantitative Empirie nicht möglich gewesen.

Der gemeinsame Austausch mit Dr. Andre Zornow über unsere jeweiligen Promotionsprojekte bereicherte uns stets gegenseitig. Für Stefan Schulz-Fedorin gilt Ähnliches. Darüber hinaus bedanke ich mich bei ihm sehr herzlich für die Unterstützung bei den kartographischen Darstellungen. Julia Gerstenberger, Jelena Keller und Diana Wucherer müssen ebenfalls mit großem Lob erwähnt werden.

Die interessante Reflexion unter Gleichgesinnten bei Teilnehmern der Raumaneignung (Dortmund 2012, Nürnberg 2013) und auch unter fachverwandten Kollegen bei Tagungen des Ostblick e. V. (Marburg 2013, Greifswald 2014) brachten viele wichtige Anregungen ein. Darüber hinaus erfolgte eine wichtige perspektivische Erweiterung durch die Arbeit des Teams vom IFL Leipzig um Dr. Isolde Brade während der Summer-School in Ekaterinburg im Juni 2015 im Rahmen des IRA-Urban-Projektes. Vielen Dank!

Nicht zuletzt möchte ich mich bei meiner lieben Freundin Julia Lambrecht für ihr Verständnis, ihre Geduld und die Unterstützung unendlich bedanken!

Christian Bülow, Greifswald Mai 2017

Спасибо

В первую очередь я хотел бы от всей души поблагодарить моего научного руководителя профессора Хельмута Клютера. С ним я впервые принял участие в экскурсиях в Кемеровской области в 2009 году. Очень полезны для меня были многочисленные последующие совместные поездки и консультации. Благодаря его обширным знаниям и опыту данная работа была успешно завершена. Организационная поддержка и профессиональные консультации Надежды Клютер также были очень важной составляющей на протяжении всего данного проекта!

Также искренне благодарю профессора Галину Мекуш. Как опытный научнай руководитель и талантливый организатор профессор Мекуш в значительной степени способствовала усешному проведению данной работы.

Благодарю за постоянную и важную поддержку Елену Колесникову, Анну Зайцеву и Татьяну Степанову, а также Международный отдел (КемГУ) в лице Елены Желонкиной. Кроме того, данной работе очень помог ряд встреч и интенсивных дискуссий с Романом Постоевым.

В Новокузнецке я хотел бы особо поблагодарить Валерия Рябова и Андрея Ващенко за их глубокие знания и помощь в организации нашего пребывания. Помощь и радушное гостеприимство Ирины Басалаевой во время пребывания в Новокузнецке были очень важны и приятны. Учителя немецкого языка, идеалиста Петера Бусслера благодарю за поддержку в Новокузнецке и желаю ему крепкого здоровья. Кроме того, я хотел бы поблагодарить руководителя отдела маркетинга в статистическом управлении Кемеровской области Марию Цин. Без помощи в доступе к данным материалам достигнутый эмпирический объём работы был бы невозможен.

Огромное спасибо моим многочисленным собеседникам в Кемерово, Новокузнецке, Новосибирске, Ленинске-Кузнецком, Юрге и Екатеринбурге, которые уделили мне много времени. Вы внесли большой вклад в проведение данной работы! Экспертам из Бохума, Эссена, Котбуса и Зенфтенберга также огромное спасибо за важный вклад в данную работу.

Резюме на русском языке Вы наидёте на странице 307 и далее.

Кристиан Бюлов, Грейфсвалд, Май 2017 г.

Inhaltsverzeichnis

Abbildungsverzeichnis VI

Tabellenverzeichnis IX

1. Einleitung 1

    1.1. Inhaltliche Einführung 1

    1.2. Aufbau der Arbeit 8

    1.3. Forschungsstand 9

    1.4. Methodik 10

    1.5. Begriffsdefinitionen 11

        1.5.1. Strukturwandel 11

        1.5.2. Revitalisierung 13

        1.5.3. Modernisierung 13

        1.5.4. Geographische Orts- und Regionsbezeichnungen 15

2. Lage des Untersuchungsgebietes 17

3. Altindustrieregion 24

    3.1. Definition Altindustrieregion 24

    3.2. Die Oblast' Kemerovo – eine Altindustrieregion!? 27

        3.2.1. Frühe Industrialisierung 27

        3.2.2. Bevölkerungsrückgang/Abwanderung 36

        3.2.3. Hohe Bevölkerungsdichte 41

        3.2.4. Hohe Arbeitslosigkeit 47

        3.2.5. Monostrukturierung der Wirtschaft und des Arbeitsmarktes 49

        3.2.6. Hoher Industriebesatz 52

        3.2.7. Hohe Infrastrukturdichte 54

            3.2.7.1. Straßeninfrastruktur 54

            3.2.7.2. Schieneninfrastruktur 57

            3.2.7.3. Luftverkehr 59

        3.2.8. Branchen am Ende des Produktlebenszyklus 61

        3.2.9. Umweltprobleme 69

        3.2.10. Altlasten- und Brachflächenproblematik 73

        3.2.11. Mangelnde Fähigkeit, Anpassungsmaßnahmen aus eigener Kraft vorzunehmen 75

        3.2.12. Dominanz von Großunternehmen 77

            3.2.12.1. Ausgewählte Großunternehmen 78

	3.2.12.2.	EvrazHolding	81
	3.2.12.3.	Rusal	85
	3.2.12.4.	Mečel	86
	3.2.12.5.	SUĖK – Sibirskaja ugol'naja ėnergetičeskaja kompanija	89
	3.2.12.6.	Kuzbassrazrezugol'	91
	3.2.12.7.	SDS – Sibirskij Delovoj Sojuz	92
	3.2.12.8.	Fazit Dominanz von Großunternehmen	103
3.3.	Zusammenfassung: Die Oblast' Kemerovo eine Altindustrieregion!?		108
3.4.	Weitere theoretische Bezüge		112
4.	Staatliche Strategien der Modernisierung		117
4.1.	Wachstumssicherung im industriellen Sektor		119
4.1.1.	Entwicklung der Ressourcenbasis Kohle		119
4.1.2.	Kosten der Kohleförderung		125
4.1.3.	Weiterverarbeitung der Kohle (Grubengas, Kohlechemie)		131
4.1.4.	Optimierung des Energiesystems in der Oblast'		138
4.1.5.	Fazit Wachstumssicherung im industriellen Sektor		141
4.2.	Wirtschaftliche Diversifizierung		143
4.2.1.	Diversifizierung Maschinenbau		143
4.2.2.	Investitionen		148
4.2.3.	Unternehmensdiversifizierung: Das System der „Soglašenija"		151
4.2.4.	Monostädte		153
4.2.5.	Tourismusförderung		161
4.2.6.	Diversifizierung nach Branchen		171
4.2.7.	Fazit Wirtschaftliche Diversifizierung		178
4.3.	Innovationsförderung / Erschließung neuer Bereiche		180
4.3.1.	Regionale Sonderwirtschaftszonen (RSWZ)		180
4.3.2.	Technologiepark		186
4.3.3.	„New Suburbia" – Lesnaja Poljana		189
4.3.4.	(Aus-)Bildung und Nachwuchs		195
4.3.5.	Fazit Innovationsförderung / Erschließung neuer Bereiche		209
4.4.	Fazit Modernisierungsstrategien		210
5.	Vergleich Altindustrieregionen / Handlungsempfehlungen		216
5.1.	Strukturvergleich Ruhrgebiet – Lausitzer Braunkohlerevier		217
5.2.	Vergleich Sanierungsträger RVR-LMBV		227

- 5.2.1. Regionalverband Ruhr (RVR) 227
- 5.2.2. Lausitzer und Mitteldeutsche Bergbau-Verwaltungsgesellschaft mbH 232
- 5.2.3. Fazit Vergleich Sanierungsträger 237
- 5.3. Fazit: Was kann die Oblast' Kemerovo von Ruhrgebiet & Lausitz lernen? 249
- 5.4. Handlungsempfehlungen für die Oblast' Kemerovo 254
  - 5.4.1. Diversifizierung der Wirtschaft 254
  - 5.4.2. Regionalisierung wirtschaftlicher Organisationsstrukturen 256
  - 5.4.3. Förderung des Tourismus 259
  - 5.4.4. Kultur als Impulsgeber 264
  - 5.4.5. Verbesserung des Monitorings 267
  - 5.4.6. Optimierung der Administrativstrukturen 268
  - 5.4.7. Verbesserung des Bildungssystems 270
  - 5.4.8. Internationalisierung 271
- 5.5. Zusammenfassung der Handlungsempfehlungen 273
6. AMSWOT-Analysen für die Oblast' Kemerovo 278
7. Ausblick 286
8. Zusammenfassung 288
  - 8.1. Abstract in English 298
  - 8.2. Резюме 307
9. Quellenverzeichnis 319
  - 9.1. Quellen mit Autoren/Hrsg. 319
  - 9.2. Internetquellen ohne Autor 342
  - 9.3. Experteninterviews 352
10. Anhang 353

Abkürzungsverzeichnis (dt.) 368

Список сокращений - Abkürzungsverzeichnis (russ.) 371

Lebenslauf 372

Publikationsliste 374

Index 376

Abbildungsverzeichnis

Abbildung 1: Umsatz, Export und Preise im Kohlebergbau in der Oblast' Kemerovo (2008–2014) 3

Abbildung 2: Bruttoregionalprodukt (BRP) pro Einwohner in Russland und der Oblast' Kemerovo 4

Abbildung 3: Migrationssaldo und Bevölkerungsentwicklung der Oblast' Kemerovo (2008-2015) 5

Abbildung 4: Schema zum Aufbau der Arbeit 8

Abbildung 5: Übersichtskarte Russland, Lage der Oblast' Kemerovo (Stand 01/2014) 18

Abbildung 6: Übersichtskarte des Föderalen Okrugs Sibirien 19

Abbildung 7: Klimadiagramm Kemerovo 22

Abbildung 8: Übersichtskarte der Oblast' Kemerovo (Verkehr, Rajony) 23

Abbildung 9: Entwicklung der Kohleförderung in der Oblast' Kemerovo 1913–2016 in Mio. t 30

Abbildung 10: Blick vom Krasnaja Gorka auf die Kokerei (Kemerovo) 32

Abbildung 11: Bevölkerungsentwicklung (Stadt, Land) der Oblast' Kemerovo (1917–2017) 35

Abbildung 12: Bevölkerungs- und Migrationsentwicklung in der Oblast' Kemerovo (1990–2015) 39

Abbildung 13: Bevölkerungsdichte Oblast' Kemerovo, Sibirien und Russland in EW/km² (2014) 41

Abbildung 14: Bevölkerungsentwicklung der Munizipalitäten 2007–2016 in Tsd. Personen 45

Abbildung 15: Bevölkerungsentwicklung der Munizipalitäten 2007–2016 in % 46

Abbildung 16: Arbeitslosenquote in den Regionen Sibiriens und Russland in % (2014) 48

Abbildung 17: Entwicklung der Arbeitslosenquote in der Oblast' Kemerovo (2007–2014) 48

Abbildung 18: Entwicklung der Beschäftigtenzahlen (Jahresmittel) 2007–2014 in Tsd. 49

Abbildung 19: Beschäftigten- und Bruttoregionalproduktanteil (2013) 50

Abbildung 20: Bruttowertschöpfung (BRP) der 5 größten Wirtschaftssektoren (2006–2014) 51

Abbildung 21: Beschäftigte in der Rohstoffförderung und im verarbeitenden (2013) 53

Abbildung 22: Straßenkilometerdichte auf 1.000 km² nach Regionen in Sibirien (2013) 55

Abbildung 23: Passagiertransport in Bussen (in Mio.) und Bevölkerung (in Tsd.) in Sibirien (2013) 56

Abbildung 24: Schienenkilometerdichte auf 10.000 km² nach Regionen in Sibirien (2013) 58

Abbildung 25: Passagiertransport in Zügen (in Tsd.) und Schienenkilometerdichte in Sibirien (2013) 58

Abbildung 26: Abfertigung von Passagieren am Flughafen Kemerovo (2005–2015) 60

Abbildung 27: Kohleförderung und Kohleexport der Oblast' Kemerovo in Mio. t 63

Abbildung 28: Schadstoffemissionen in den sibirischen Regionen und Novokuzneck (2014) 69

Abbildung 29: Blick in den Smog von Novokuzneck (von der Festung in südl. Richtung) 71

Abbildung 30: Sterberate auf 1.000 Einwohner in Sibirien (2014) 72

Abbildung 31: Lebenserwartung von Männern in sibirischen Regionen und Russland (2014) 72

Abbildung 32: Flächenbilanz Oblast' Kemerovo in % (2015) 74

Abbildung 33: Tagebaue und Restlöcher im Satellitenbild 74

Abbildung 34: Anteil der Beschäftigten in Kleinunternehmen in Sibirien und Russland 77

Abbildung 35: Übersicht der Produktionsstandorte und Aktivitäten der Evraz-Gruppe 81

Abbildung 36: Kohlewagons im zentralen Bahnhofsbereich von Meždurečensk 84

Abbildung 37: Übersicht der Produktionsstandorte und Aktivitäten von Rusal 85

Abbildung 38: Übersicht der Produktionsstandorte und Aktivitäten von Mečel 87

Abbildung 39: Übersicht der Förderstandorte und Aktivitäten von SUĖK in Russland 90

Abbildung 40: Übersicht der Produktionsstandorte und Aktivitäten von SDS in Russland 93

Abbildung 41: Entwicklung des Reingewinns von SDS-Ugol' in Mio. RUB (2007–2015) 95

Abbildung 42: Bauaktivitäten von SDS am Tom'-Ufer in Kemerovo-Stadt 98

Abbildung 43: Exportumsätze der Oblast' Kemerovo ausgewählter Güter 2006–2014 in Mio. USD... 104

Abbildung 44: Entwicklung der Beschäftigten bei privaten und staatlichen Trägern 2005–2014 106

Abbildung 45: Kohleförderung (Prognosen, Real) in Mio. t 2005–2025 120

Abbildung 46: Beschäftigtenentwicklung chemische Industrie, Koksproduktion/Ölprodukte 134

Abbildung 47: Export und Exportumsatz von Koks/Halbkoks (2006–2014) 135

Abbildung 48: Elektroenergieproduktion (Prognosen, Real) in Mrd. kWh 2005–2025 139

Abbildung 49: Schadstoffemissionen ausgewählter Stoffe in Tsd. t (1995–2014) 140

Abbildung 50: LKW (Belaz) beim Kohletransport (Tagebau bei Meždurečensk) 144

Abbildung 51: Beschäftigtenentwicklung bei der Produktion von Maschinen und Ausrüstung 145

Abbildung 52: Entwicklung der Importe in die Oblast' Kemerovo, Maschinenbauprodukte 147

Abbildung 53: Entwicklung der Investitionen Real, Ziel- und Basisvariante 2005–2025 149

Abbildung 54: Investitionen nach Wirtschaftszweigen 2010–2014 149

Abbildung 55: Anteile ausgewählter Indikatoren von Prokop'evsk an der Oblast' Kemerovo 156

Abbildung 56: Anteile ausgewählter Indikatoren von Jurga an der Oblast' Kemerovo (2014) in % 159

Abbildung 57: Šerageš - Blick auf den Berg „Zelenaja" (1270 m) 162

Abbildung 58: Anteile der Wirtschaftssektoren am BRP Real und Zukunftsszenarien 171

Abbildung 59: Monatliches Einkommen nach Wirtschaftssektoren in RUB (2014) 175

Abbildung 60: Entwicklung der Beschäftigten nach Sektoren in Tsd. Personen (2007–2014) 176

Abbildung 61: Anteile ausgewählter Indikatoren von Leninsk-Kuzneckij (2014) in % 183

Abbildung 62: Logo des „Kuzbasskij Technoparks" 188

Abbildung 63: Patenterteilungen (Erfindungen, technische Modelle) in Sibirien 2008–2012 188

Abbildung 64: Lage von Lesnaja Poljana im Stadtkreis Kemerovo 190

Abbildung 65: Einfamilienhäuser (russ. „kottedži") Lesnaja Poljana (1. Mikrorajon) 192

Abbildung 66: Reihenhäuser (russ. „taunchausy") in Lesnaja Poljana (1. Mikrorajon) 192

Abbildung 67: Mehrfamilienhäuser Lesnaja Poljana (3. Mikrorajon) 193

Abbildung 68: Park „Lesnaja skazka" in Lesnaja Poljana (1. Mikrorajon) 193

Abbildung 69: Verteilung der Hochschulstandorte und Studenten in der Oblast' Kemerovo 196

Abbildung 70: Entwicklung der Studentenzahlen in der Oblast' Kemerovo (2008–2012) 197

Abbildung 71: Anzahl der Studenten auf 10.000 EW (2014/15) in Sibirien 198

Abbildung 72: Entwicklung der Studentenzahlen in den ausgew. Oblasti West-Sibiriens 199

Abbildung 73: Entwicklung der Alterskohorten 0–24 Jahre in der Oblast' Kemerovo (2005–2014) 200

Abbildung 74: Migrationssaldo nach Altersgruppen und Geschlecht in Personen (2014) 201

Abbildung 75: Migrationsaktivitäten der Oblast' Kemerovo (2014) 202

Abbildung 76: Bevölkerungsentwicklung Ziel- und Basisvariante (2005–2025) 203

Abbildung 77: Organe und Funktionsweise des Regionalverbandes Ruhr (de jure) 229

Abbildung 78: Abgrenzung der Zweckverbände im Lausitzer Seenland 240

Abbildung 79: Blick vom Findlingspark Nochten auf das Kraftwerk Boxberg (Lausitz) 252

Abbildung 80: Modifizierte Ernst-May-Bauten in der Ulica Ėntuziastov (Novokuzneck) 263

Abbildung 81: Zusammenfassung und Zusammenhang Handlungsempfehlungen 273

Abbildung 82: Anteile der Oblast' Kemerovo an Russland in % (2014) > 4 % 278

Abbildung 83: Anteile der Oblast' Kemerovo an Russland in % (2014) < 4 % 279

Abbildung 84: Recommendations modernizing the Oblast of Kemerovo 306

Abbildung 85: Рекомендации по модернизации области Кемерово 318

Abbildung 86: Auszüge aus dem Gesetz zur strategischen Planung 359

Tabellenverzeichnis

Tabelle 1: Flächenverhältnisse Russland und Regionen Sibiriens 17

Tabelle 2: Ausgewählte Entfernungen von Kemerovo nach … (Luftweg in km) 20

Tabelle 3: Nennung von Kennzeichen bei Altindustrieregionen unterschiedlicher wiss. Autoren 26

Tabelle 4: Historische Übersicht über die industriellen Entwicklungsetappen der Oblast' Kemerovo. 28

Tabelle 5: Einwohnerzahlen in den größten Städten des Kusnezk-Beckens (1926, 1937, 1939) 35

Tabelle 6: Einwohnerentwicklung in Russland und Sibirien (1970–2017) in Tsd. Personen 37

Tabelle 7: Migrationssaldo in den Regionen Sibiriens (2010–2014) 39

Tabelle 8: Städte über 50.000 EW in der Oblast' Kemerovo (1.1.2016) 41

Tabelle 9: Urbanisierungsgrad in Russland (Top 5) im Vergleich (2016) 43

Tabelle 10: Einwohnerentwicklung der Städte in der Oblast' Kemerovo (1970–2016) 44

Tabelle 11: Schadstoffemissionen ausgewählter Städte (Top 5) in Russland (2012) 70

Tabelle 12: Forbes-Liste der größten Unternehmen, tätig u. a. in der Oblast' Kemerovo (2013) 78

Tabelle 13: Die sechs größten Kohleförderunternehmen Russlands (2013) 79

Tabelle 14: Die größten Stahlproduzenten Russlands (2011) 80

Tabelle 15: Zusammenfassung Großunternehmen (Tätigkeiten, Beschäftigte, Hauptsitz) 103

Tabelle 16: Kennzeichenübersicht – Oblast' Kemerovo eine Altindustrieregion!? 108

Tabelle 17: Steinkohleförderung (Top 6) und Export nach Ländern (2014) 124

Tabelle 18: Ausgewählte Todesursachen in der Oblast' Kemerovo und Russland (2014) 127

Tabelle 19: Kohleförderung und Ökologie – ausgewählte Kennzeichen (2005–2012) 129

Tabelle 20: Monostädte in der Oblast' Kemerovo nach Kategorien (2014) 154

Tabelle 21: Große Wintersportdestinationen im Föderalen Okrug Sibirien 164

Tabelle 22: Einzugsbereiche (Landweg < 12 h) und Nachfrager für Šerege̋š 165

Tabelle 23: AMSWOT-Analyse des Tourismusstandorts „Šerege̋š" 167

Tabelle 24: Regionale Sonderwirtschaftszonen in der Oblast' Kemerovo 181

Tabelle 25: Beschäftigtenentwicklung in ausgewählten kommunalen Einheiten (2007–2014) 185

Tabelle 26: Standorte von „Föderalen Universitäten" in Russland 205

Tabelle 27: Handlungsempfehlungen zur Modernisierung der Oblast' Kemerovo 216

Tabelle 28: Ausgewählte Indikatoren Ruhrgebiet und Lausitzer Braunkohlerevier 217

Tabelle 29: Arbeitslosenquote in Brandenburg, Sachsen und der Lausitz in % (Sept. 2015) 221

Tabelle 30: Geschäftsbereiche (Referate, Teams) im Regionalverband Ruhr 230

Tabelle 31: Verbundene Unternehmen des Regionalverbandes Ruhr (Stand 12/2014) 231

Tabelle 32: Finanzierung Braunkohlesanierung Ostdeutschland (1990–2017) 235

Tabelle 33: Finanzierung Verwaltungsabkommen V (2013–2017) 236

Tabelle 34: Vergleich der Sanierungsträger Ruhrgebiet (RVR) und Lausitz (LMBV) 237

Tabelle 35: Adressaten der Handlungsempfehlungen 274

Tabelle 36: AMSWOT Bevölkerung/Soziales 280

Tabelle 37: AMSWOT Verkehrsinfrastruktur/Anbindung 281

Tabelle 38: AMSWOT Wirtschaft allgemein 282

Tabelle 39: AMSWOT Rohstoffsektor 284

Tabelle 40: Übersicht Experteninterviews 352

Tabelle 41: Städtenamen in russ. und dt. Schreibweise, Gründungsjahr und Fläche 353

Tabelle 42: Ausgewählte Indikatoren der Rajony in der Oblast' Kemerovo 354

Tabelle 43: Einwohnerentwicklung Oblast' Kemerovo (1917–2017) 355

Tabelle 44: Ausgewählte Indikatoren der Bevölkerungsentwicklung in der Oblast' Kemerovo 355

Tabelle 45: Die Hauptstädte Sibiriens, Einwohner und Bevölkerungsanteil in % (2016) 356

Tabelle 46: Bruttoregionalprodukt in Sibirien und Russland (2008, 2014) 356

Tabelle 47: Residenten im Technologiepark Kemerovo-Stadt (Stand Juni 2015) 357

Tabelle 48: Einwohner- und Flächendaten der Kommunen im Bezirk Cottbus (Stand 12/2014) 364

Tabelle 49: Studenten und Hochschulen im Ruhrgebiet und Lausitz (WiSe 2015/16) 366

Tabelle 50: Transliterationstabelle nach DIN 1460 367

Tabelle 51: Lebenslauf Christian Bülow 372

Tabelle 52: Übersicht Russland-Aufenthalte Christian Bülow 372

1. Einleitung

1.1. Inhaltliche Einführung

„Wer in Deutschland kennt das Wort ‚Kusbaß', vielleicht ein paar Geologen, ein paar Geographen, ein paar Leute beim Bergfach. Der breiten Masse ist dieses Wort ein unbekannter Begriff […]. Die kommende Generation wird den Kusbaß kennen, so sie das Ruhrgebiet oder das Dongebiet kennt, sie wird wissen, daß hier, zirka 6.000 Kilometer von Deutschland entfernt, nur ein paar Hundert Kilometer nördlich der Mongolei, ein Kohlebezirk liegt, der mit bisher festgestellten ca. 400 Milliarden Tonnen Kohle zu den größten Kohlevorkommen der Welt gehört."[1]

Diese Zeilen schrieb der deutsche Architekt und Stadtplaner Ernst May im Frühjahr 1931 in der Frankfurter Zeitung. Die große Unbekanntheit der Region „Kuzbass"[2] ist im Gegensatz zur Prognose May's in Mitteleuropa auch mehr als 85 Jahre später nicht signifikant überwunden. Die vorliegende Arbeit soll erstmals (ohne den Anspruch auf Vollständigkeit zu erheben) in der deutschen geographischen Forschungslandschaft eine aktuelle und umfangreiche Analyse der Oblast' Kemerovo mit ausführlichen Bewertungen und Handlungsempfehlungen vornehmen.

Was ist die Oblast' Kemerovo?

Die Oblast' Kemerovo (= ugs. Kuzbass) ist heute mit ca. 95.700 km² zwar eine der kleinsten Föderationssubjekte Russlands (nur 0,6 % der Fläche), aber größer als die Länder Ungarn, Österreich oder Portugal. Mit ca. 2,71 Mio. Einwohnern (Jan. 2017) leben dort mehr Menschen als z. B. in den EU-Ländern Lettland, Slowenien oder den deutschen Bundesländern Brandenburg, Thüringen und Mecklenburg-Vorpommern. Darüber hinaus verfügt die Region über das größte Städtenetz in Sibirien und dem Fernen Osten und weist damit auch die höchste Einwohnerdichte (ca. 28 EW pro km²) einer russischen Region östlich des Urals auf. Ernst May schrieb korrekt, dass es zu den größten Kohlerevieren der Welt zählt. Mittlerweile gilt es als verifiziert, dass das Kusnezk-Becken sogar das größte Steinkohlerevier der Nordhalbkugel mit geschätzten Vorräten von etwa 733 Mrd. t darstellt.[3] Mit einer Förderung von 226 Mio. t vergleichsweise hochwertiger Kohle wurde 2016 wieder ein eigener Höchstwert erreicht.[4] Es wird wesentlich mehr extrahiert als z. B. das deutsche Ruhrgebiet in einem Jahr jemals fördern konnte. Etwa 58 % der in Russland geförderten Kohle und 71 % der Kokskohle kommen damit aus der Oblast' Kemerovo (2015).[5]

Die enormen Kohlevorräte waren die Basis für eine leistungsfähige und energieintensive Stahl- und Hüttenindustrie, die seit den 1920er Jahren extensiv aufgebaut wurde. Aufgrund der Errichtung und Intensivierung der Ansiedlung von Industriestrukturen in sowjetischen Zeiten verfügt die Oblast' Kemerovo heute über das dichteste Schienen- und Straßennetz in Russland östlich des Urals. Diese

---

[1] Zitiert nach Ernst May in der Frankfurter Zeitung im Mai 1931, hier bei: FLIERL, T. (2012): S. 240.
[2] Der Kuzbass stellt einen Landschaftsraum dar. Siehe zur Begriffsdefinitionen Kapitel 1.5.4, S. 15 ff.
[3] IL'IČEV, A. et al. (1995): S. 59-60.
[4] KEMEROVOSTAT (Hrsg.) (2017): S. 2.
[5] http://www.kemerovostat.ru/bgd/EJEGOD/issWWW.exe/Stg/2015/23e_вэc.html (eingesehen am 15.02.2017).

starke Ausrichtung auf die Industrie induziert aber auch negative Erscheinungen: Die zweitgrößte Stadt im Untersuchungsgebiet (Novokuzneck mit ca. 551.000 Einwohnern, Stand Jan. 2016) ist nach Schadstoffemissionen die am zweitstärksten belastete Stadt Russlands.[6] Eine weitere Schattenseite dieser Wirtschaftsstruktur ist u. a. das stärkste bisher gemessene anthropogen verursachte Erdbeben durch Rohstoffabbau in der Menschheitsgeschichte vom Juni 2013 (nahe Belovo) mit einem Wert von ca. 6,1 auf der Richterskala.[7] Der Preis und das Risiko der Kohleförderung scheint schließlich hoch. Inwieweit lohnt sich die Förderung?

Seit der Weltwirtschaftskrise 2008/09 haben sich die Schwankungen im internationalen Rohstoffmarkt massiv auf die Entwicklungen in der Oblast' ausgewirkt (siehe Abbildung 1, Abbildung 2 und Abbildung 3). 2011 exportierte die Oblast' 72,7 Mio. t Steinkohle (von insgesamt 189 Mio. t geförderten), was einem Umsatz von ca. 7 Mrd. USD entspricht. Der Kohleexport ist ein essentieller Teil der Wirtschaftsaktivität. Zum Vergleich: Dieser Umsatz (bei der Ausfuhr des Rohstoffs – 2011) entsprach ca. 27,3 % des Bruttoregionalproduktes (BRP)[8] der Oblast' Kemerovo.[9] 2014 erhöhte sich die Fördermenge auf insgesamt 209 Mio. t,[10] wovon rd. 117 Mio. t ins Ausland verkauft werden konnten. Der Umsatz im Wirtschaftssektor der „Förderung von Bodenschätzen" lag aber trotzdem unter dem Wert von 2008 oder 2011. Insgesamt korrelieren die Erlöse sehr stark mit dem Kohlepreis (Abbildung 1). Im Endeffekt konnte 2011 mit dem geringsten Exportvolumen die höchste Wertschöpfung im Rohstoffsektor generiert werden. Der Preis für den Rohstoff sank auch 2014 weiterhin, die Förderung und der Export stiegen weiter an. Es scheint nur durch noch größere Förderung (und Export) überhaupt möglich zu sein, den Umsatz zu steigern. Wie sich die Lage in naher Zukunft entwickeln könnte, wenn der Preis weiter fallen oder erneut wieder steigen sollte, ist ungewiss. Weitergehende Betrachtungen sollen an dieser Stelle vermieden werden.[11] Festzuhalten bleibt, dass der Kohlepreis und damit die Wertschöpfung sehr großen Schwankungen ausgesetzt sind.

Was bedeutet dies schließlich für die Entwicklung in der Oblast' Kemerovo?

In absoluten Zahlen hat sich im Wirtschaftssektor der „Förderung von Bodenschätzen" der Umsatz von ca. 260 Mrd. RUB (2011) auf ca. 161 Mrd. RUB (2014) reduziert. Andere Branchen konnten dies nur bedingt kompensieren, so dass das nominale Bruttoregionalprodukt (BRP) trotz schleichender Inflation in diesem Zeitintervall insgesamt um 0,5 % sank. Dies scheint zunächst nicht dramatisch, allerdings wird die Lage bei einem Vergleich deutlicher: Keines der 83 Föderationssubjekte in Russland (2014) wies überhaupt eine Schrumpfung beim nominalen BRP auf. Die Oblast' Kemerovo ist im Landesvergleich mit Abstand auf dem letzten Rang bei diesem Indikator. Im selben Zeitraum

---

[6] http://www.gks.ru/free_doc/doc_2016/bul_dr/mun_obr2016.rar (eingesehen am 03.11.2016).
Siehe dazu auch Tabelle 11 auf Seite 70.
[7] EMANOV, A. et al. (2014): S. 224.
[8] Das Bruttoregionalprodukt (BRP) ist ein Äquivalent zum Bruttoinlandsprodukt.
[9] Eigene Berechnungen nach: KEMEROVOSTAT (Hrsg.) (2015a): S. 135, 162, 284. Die Angaben im Statistischen Jahrbuch sind in US-Dollar aufgeführt. Für die Umrechnung wurde ein historischer Wechselkurs als Mittelwert für das Jahr 2011 von USD zu RUB von 1=29,3 ermittelt; berechnet nach
http://www.finanzen.net/devisen/us_dollar-russischer_rubel-kurs/historisch (eingesehen am 12.09.2015).
[10] KEMEROVOSTAT (Hrsg.) (2015a): S. 162.
[11] Mehr dazu in Kapitel 4.1.1., S. 119 ff.

wuchs das BRP in Russland (+29 %) und im Föderalen Okrug Sibirien (+27 %) deutlich.[12] Das zweitniedrigste Wachstum des BRPs einer sibirischen Region wurde durch den Zabajkal'skij Kraj mit +12 % verzeichnet.

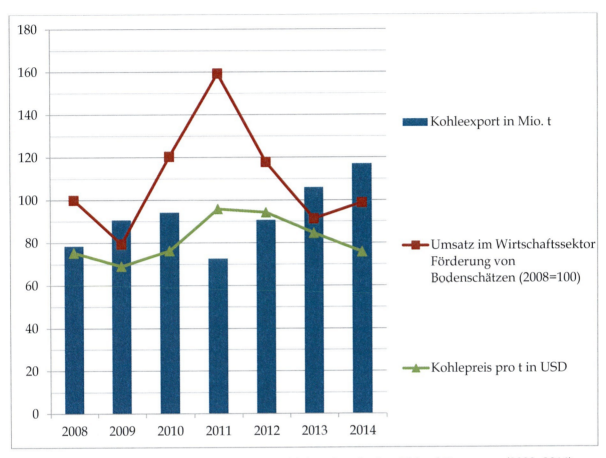

Abbildung 1: Umsatz, Export und Preise im Kohlebergbau in der Oblast' Kemerovo (2008–2014)
Quelle: KEMEROVOSTAT (Hrsg.) (2013a): S. 143, 292; KEMEROVOSTAT (Hrsg.) (2015a): S. 135, 284; http://www.gks.ru/free_doc/new_site/vvp/tab-vrp2.htm (eingesehen am 17.03.2016), eigene Berechnung und Darstellung

In Abbildung 2 wird versucht, diese Entwicklung zu visualisieren. Das Bruttoregionalprodukt pro Einwohner hat sich in der Oblast' Kemerovo bis 2011 an dem des gesamten Landes orientiert. Bis dato wurden höhere Werte als im sibirischen Durchschnitt erreicht. Die Oblast' Kemerovo belegte 2011 noch den dritten Platz (von zwölf) bei der Höhe des BRPs pro Kopf in Sibirien. 2015 rutschte die Region auf den siebten Platz ab. Darüber hinaus wird auch der sich verfestigende Rückstand zwischen dem Landesdurchschnitt und der Oblast' Kemerovo deutlich.

Befürworter der Kohleförderung führen immer wieder den Faktor „Arbeitsplätze" an. In der Branche der „Rohstoffförderung" arbeiteten 2014 ca. 125.600 Personen. Dies entspricht allerdings nur 9,8 % der gesamten Erwerbstätigen der Oblast' Kemerovo bei einem Anteil an der gesamten Wirtschaftsleistung von 21,6 % (2014)[13] – ein stark asymmetrischer Zustand.

---

[12] http://www.gks.ru/free_doc/new_site/vvp/vrp98-14.xlsx (eingesehen am 17.03.2016).
[13] 2011 betrug der Anteil der „Förderung von Bodenschätzen" am BRP sogar noch 34,6 %. Berechnet nach: KEMEROVOSTAT (Hrsg.) (2015a): S. 44, 45, 135;

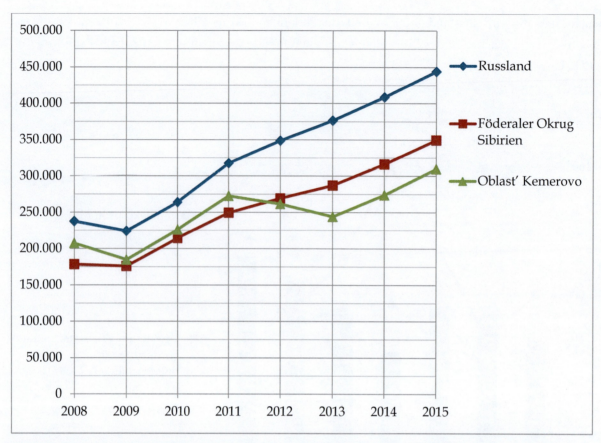

Abbildung 2: Bruttoregionalprodukt (BRP) pro Einwohner in Russland, FO Sibirien und der Oblast' Kemerovo in RUB (2008–2014)
Quelle: http://www.gks.ru/wps/wcm/connect/rosstat_main/rosstat/ru/statistics/accounts/# (eingesehen am 11.09.2015), eigene Darstellung

Diese wirtschaftlichen Entwicklungen wirken sich auch auf andere Bereiche in der Oblast' Kemerovo aus. Beispielhaft sei an dieser Stelle der Zusammenhang zwischen Wirtschafts- und Bevölkerungsentwicklung (insbes. Wanderungsbewegungen) genannt. Von 1990 bis 2010 hatte die Oblast' Kemerovo jedes Jahr einen Migrationsüberschuss zu verzeichnen.[14] Seit 2011 hat sich diese Situation umgekehrt (Abbildung 3). 2013 und 2014 verlor die Oblast' jeweils mehr als 5.000 Einwohner durch Abwanderung in andere Regionen Russlands oder ins Ausland. In Kombination mit dem höchsten Sterbeüberschuss Sibiriens verliert die Oblast' Kemerovo kontinuierlich an Bevölkerung – 2015 insgesamt ca. 7.800 Personen.[15] Ein aktueller Trend ist zudem der Rückgang der Geburtenzahlen. Derartig niedrige Werte wie 2015 wurden zum letzten Mal 2006 verzeichnet[16], was aktuell u. a. als Ausdruck einer sozioökonomisch labilen Situation interpretiert werden kann.

---

http://www.gks.ru/free_doc/new_site/vvp/vrp98-14.xlsx (eingesehen am 17.03.2016).
[14] KEMEROVOSTAT (Hrsg.) (2008a): S. 56; KEMEROVOSTAT (Hrsg.) (2015a): S. 38.
[15] Im Jahr 2013 gab es mit Kemerovo und dem Kraj Altaij nur zwei von zwölf Regionen in Sibirien, die überhaupt einen Sterbeüberschuss verzeichneten. Quelle: NOVOSIBSTAT (Hrsg.) (2014a): S. 51, 55.
[16] Siehe Datenübersicht im Anhang in Tabelle 44 (S. 355).

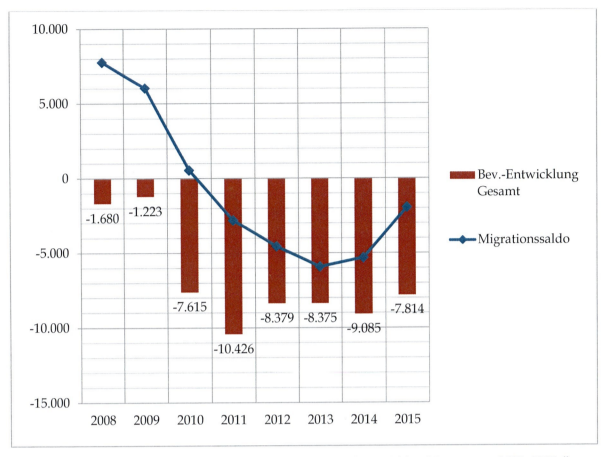

Abbildung 3: Migrationssaldo und Bevölkerungsentwicklung Oblast' Kemerovo 2008–2015 (in Personen)
Quelle: KEMEROVOSTAT (Hrsg.) (2008a): S. 50, 56; KEMEROVOSTAT (Hrsg.) (2013a): S. 40, 44; KEMEROVOSTAT (Hrsg.) (2015a): S. 34, 38; KEMEROVOSTAT (Hrsg.) (2016): S. 26-27; eigene Darstellung

Dieser kurze Überblick soll verdeutlichen, welche allgemeinen Entwicklungstrends in der Oblast' Kemerovo aktuell zu beobachten sind. Daraus ergeben sich folgende Fragen:

1. Wie können die Planer bzw. die Regionaladministration auf die gegenwärtigen Probleme reagieren?
2. Welche Lösungsmöglichkeiten existieren für die durch „Altindustrien" geprägte Oblast' Kemerovo?
3. Hat die Oblast' die für Altindustrieregionen typischen Entwicklungsprobleme?
4. Welche sozioökonomischen Kennziffern können für die entsprechende Messung verwendet werden?

2007 hat das Projektbüro Severo-Zapad aus St. Petersburg eine regionale „Entwicklungsstrategie 2025" für die Verwaltung und Entwicklung der Oblast' Kemerovo erstellt. Die Autoren betonen auf Seite 53 des Dokumentes die große Abhängigkeit der Region von der Kohleförderung:

„Die Spezialisierung auf die Förderung von Rohstoffen und seinen weiterverarbeitenden Produkten schafft eine starke Abhängigkeit der sozioökonomischen Situation in der Oblast' vom [internationalen, C. B.] Rohstoffmarkt. In den letzten Jahren gab es einen Preisanstieg für

Produkte im Rohstoffsektor, aber diese Lage kann jederzeit von einer Stagnation oder einem Rückgang abgelöst werden."[17]

Schließlich bleiben folgende Fragen offen: Was wurde aus den Erkenntnissen zehn Jahre nach der Veröffentlichung dieser Entwicklungsstrategie? Welche Vorschläge und Konzepte wurden aus dem zweihundertseitigen Programmpapier implementiert bzw. verworfen?

Aus dem obigen Problemaufriss lassen sich für die vorliegende Arbeit schließlich zusammenfassend folgende Forschungs- und Untersuchungsfragen ableiten:

1.) Inwieweit ist die Oblast' Kemerovo als Altindustrieregion zu klassifizieren?
    a) Welche aktuellen sozioökonomischen Entwicklungstendenzen existieren?
    b) Wo liegen die größten Entwicklungsprobleme?

2.) Welche Strategien existieren, um diese Probleme zu bewältigen?
    a) auf Seiten der Unternehmen?
    b) auf Seiten der Administration?

3.) Wie erfolgreich waren die Strategien seit Mitte der 2000er Jahre bis in die Gegenwart?

4.) Welche alternativen Ansätze zur Bewältigung der größten sozioökonomischen Probleme lassen sich aus dem Vergleich mit anderen Altindustrieregionen ableiten?

5.) Welche Entwicklungsziele und Handlungsempfehlungen sind aus unabhängiger wissenschaftlicher Perspektive für welche Adressaten abzuleiten?

In Abbildung 4 wird der Aufbau der Arbeit schematisch verdeutlicht. Die Einleitung (1. Kapitel) bietet einen bereits vorgenommenen Problemaufriss mit der Darstellung der Untersuchungsfragen, Methodik und Begriffsdefinitionen. Im 2. Kapitel muss die geographische Lage des Untersuchungsgebietes dargestellt werden, um dem Leser einen Einblick in die russischen und sibirischen Entfernungs- und Größenhorizonte zu ermöglichen. Mit dem 3. Kapitel beginnt der Hauptteil der Untersuchung. Hier werden Indikatoren zur Klassifizierung von Altindustrieregionen vorgestellt. Schließlich wird versucht, diese für die Oblast' Kemerovo zu überprüfen, um am Ende eine Einschätzung und Diskussion darüber zu führen, inwieweit die Region als Altindustriegebiet einzuordnen ist. Ein weiteres Ziel dieses Kapitels ist es, eine grobe Übersicht und Darstellung wichtiger Entwicklungszustände der Oblast' Kemerovo zu bieten. Hierfür werden zur besseren Einordnung auch Vergleiche mit anderen sibirischen Regionen vorgenommen. Die theoretischen Bezüge werden aus dem 3. Kapitel abgeleitet (3.4, S. 112 ff.). Den Kern bildet hierbei ein organisationstheoretischer Zugang,

---
[17] Eigene Übersetzung nach SEVERO-ZAPAD (Hrsg.) (2007): S. 53.

nach dem eine Region als Programmraum einer formalen Organisation betrachtet wird. Mit diesen Ausführungen kann spätestens dann auch der deskriptive Teil der Arbeit verlassen werden. Im 4. Kapitel folgt die Analyse der Entwicklungsstrategien der regionalen Verwaltung. Das bereits angesprochene „Programm 2025" und andere Maßnahmen bzw. Projekte werden an den aktuellen sozioökonomischen Realitäten gemessen. Am Ende des Kapitels können bereits erste Ergebnisse diskutiert werden. Einen sehr wichtigen Teil der Arbeit stellt das 5. Kapitel dar. Hier werden aus den Analysen mögliche Handlungsempfehlungen abgeleitet und verschiedene Möglichkeiten diskutiert. Ein Vergleich mit den deutschen Altindustriegebieten (Ruhr und Lausitz) kann den Blick für organisatorische Erfahrungen schärfen, um ggf. hilfreiche Lehren für bestimmte Akteure zu bieten. Die anschließenden AMSWOT-Analysen (Kapitel 6, S. 278 ff.) leiten die Zusammenfassung der wichtigsten positiven und negativen Entwicklungen ein. Ein Ausblick findet sich im 7. Kapitel. Im 8. und letzten Kapitel folgen neben einem deutschen Fazit auch Zusammenstellungen in englischer und russischer Sprache. Das Quellenverzeichnis folgt unter Punkt 9. Ein ausführlicher Anhang mit weiterem Datenmaterial schließt sich ab S. 353 (Punkt 10) an. Zur Vereinfachung bei der Suche nach Schlüsselbegriffen ist ein Index angelegt (S. 376 ff.).

1.2. Aufbau der Arbeit

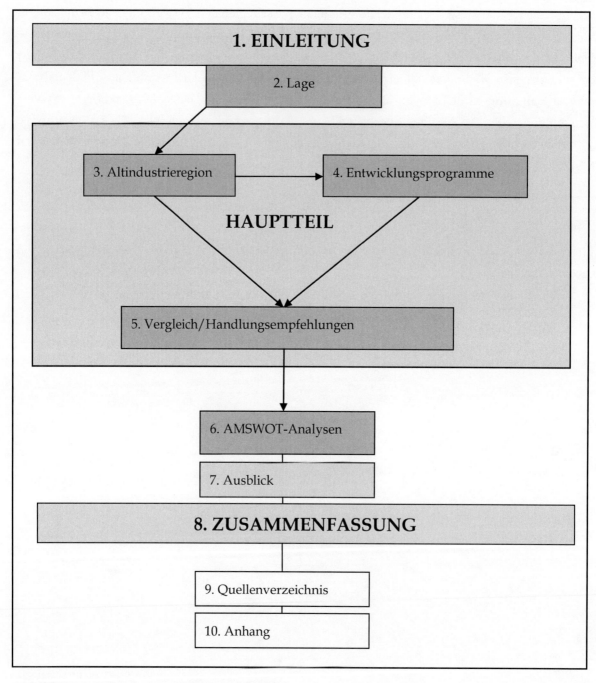

Abbildung 4: Schema zum Aufbau der Arbeit
Quelle: Eigene Darstellung

1.3. Forschungsstand

Der deutsche geographische Forschungsstand über das Untersuchungsgebiet lässt sich übersichtlich zusammenfassen: Der aktuellste und wertvollste geographische Beitrag ist ein Artikel aus dem Jahr 1997 von KLÜTER: *„Das Kusnezk-Becken – Eine altindustrielle Region Russlands im Spannungsfeld der Globalisierung"*. Die wichtigsten Rahmendaten, Entwicklungstendenzen und die besonderen wirtschaftlichen Probleme in den 1990er Jahren werden hier sehr gut dargestellt. Knapp 20 Jahre später ist das Untersuchungsgebiet allerdings wie eingangs beschrieben bereits starken Veränderungen unterworfen. Die Entwicklung in Russland ist spätestens seit dem Jahr 2000 sehr dynamisch. WEIN (1999) widmet sich in der Monographie mit dem Titel „Sibirien" auf acht Seiten in länderkundlicher Tradition dem Kusnezk-Becken. Monographien über die Region stammen von LIEBMANN (1979): *„Rohstofforientierte Raumerschließungsplanung in den östlichen Landesteilen der Sowjetunion (1925–1940)"* und KIRSTEIN (1979): *„Sowjetische Industrialisierung – geplanter oder spontaner Prozeß?: Eine Strukturanalyse des wirtschaftspolitischen Entscheidungsprozesses beim Aufbau des Ural-Kuzneck-Kombinates 1918–1930"*. Diese beiden Arbeiten sind allerdings schon fast 40 Jahre alt und zeichnen hauptsächlich die Entstehungsgeschichte, insbesondere in der wichtigen Aufbauphase, nach. Auch die aktuellere Dissertation von LANDAU (2012): *„Wir bauen den großen Kuzbass – Bergarbeiteralltag im Stalinismus"* ist eine rein historische Aufarbeitung.

In der deutschen Forschung existieren bis dato keine umfangreichen Studien zur Entwicklung der Oblast' Kemerovo seit dem Zusammenbruch der Sowjetunion. Darüber hinaus ist dem Autor auch in englischer oder russischer Sprache keine unabhängige Studie zur Modernisierung der Oblast' Kemerovo mit vergleichenden Fallbeispielen von anderen Altindustrieregionen und daraus abgeleiteten Handlungsempfehlungen bekannt.

Im weiteren Kontext der Altindustrieforschung im postsozialistischen Raum sind die Darstellungen in der deutschen Geographie überwiegend auf die Nachzeichnung der Entwicklung konzentriert. SCHOLBACH (1997), GOEBEL (2001) oder das lesenswerte Themenheft von PÜTZ (Hrsg.) (1999) beschäftigen sich hauptsächlich mit der Problemanalyse und weniger mit der Diskussion von Lösungswegen. Auch neuere größere Studien über (alt-)industrielle Peripherien im postsozialistischen Kontext [PUDLIK (2011), EILMSTEINER-SAXINGER (2013)] bieten sehr umfangreiche und interessante Fallstudien mit vergleichenden Analysen zur Entwicklung an, jedoch weniger die Generierung von Handlungsempfehlungen. GÖLER (2005) zeigt für die periphere Region der Republik Jakutien interessante Akteurs- und Zustandsanalysen, aber weniger konkrete Lösungsstrategien zur Bewältigung der Entwicklungsprobleme auf.[18] BRADE/KNAPPE bringen die Forschungslücke auf den Punkt: *„Wenig thematisiert wurde auch bisher die Frage, wie in den Peripherien [von Osteuropa, C. B.] mit dem Bevölkerungsrückgang umzugehen ist und unter welchen Bedingungen periphere Regionen zukunftsfähig gemacht werden können."*[19]

Hinsichtlich des Forschungsstandes über die Oblast' Kemerovo ist die russische Literatur deutlich umfangreicher. Es existieren grundlegende geographische Abhandlungen über die Region [z. B. SOLOV'ËV (2006), SOLOV'ËV (2009)]. Der Lehr- und Forschungsbereich des Institutes für Ökonomie und

---

[18] GÖLER, D. (2005): S. 129-142.
[19] BRADE, I.; KNAPPE, E. (2007): S. 17.

Management der Staatlichen Universität Kemerovo (KemGU) hat ebenfalls sehr wertvolle qualitative und quantitative Studien über die aktuelle ökologische, wirtschaftliche und soziale Entwicklung der Oblast' hervor gebracht [z. B. MEKUŠ (2007), ALABINA (2011), MOROZOVA (2005)]. An der Novokuznecker Filiale der KemGU existiert ein Lehrbereich für Geographie und Geologie. Eine bedeutsame Arbeit aus diesen Reihen stellt bspw. die Abhandlung über den *„Industriekomplex Kuzbass"* von RJABOV (2015) dar. Wissenschaftler an der Staatlichen Technischen Universität Kemerovo (KuzGTU) bearbeiten auch Themen zur Innovationsförderung oder zur Entwicklung einer Wissensökonomie [ZOLOTYCH, ŽERNOV (2013)].

Nicht zuletzt ist die *„Strategie zur sozioökonomischen Entwicklung der Oblast' Kemerovo in langfristiger Perspektive"* zu nennen [SEVERO-ZAPAD (Hrsg.) (2007)]. Eine umfangreiche Analyse dieses Programms und die Analyse von mindestens 20 weiteren staatlichen Entwicklungsstrategien erfolgt u. a. in Kapitel 4 (S. 117 ff.).

Neben diesen staatlichen Strategien existieren in der wissenschaftlichen Forschungslandschaft der Oblast' Kemerovo kaum unabhängige anwendungsbezogene Studien. Kritischere Abhandlungen kommen überwiegend von außerhalb [bspw. aus Novosibirsk ČURAŠĚV (2012) und (2015)]. In Novosibirsk werden auch die Zeitschriften „Region - Ėkonomika i sociologija" [z. B. (KURBATOVA, TROFIMOVA (2015), ŠMAT (2014)] und ĖKO [LUGAČEVA, MUSATOVA (2012), URBAN (2013)] herausgebracht.

Insgesamt ist in der Forschung über die Oblast' Kemerovo selten ein Anwendungsbezug bzw. die Formulierung konkreter Handlungsempfehlungen zur Modernisierung der Region anzutreffen. Darüber hinaus existieren keine umfangreichen komparativen Studien, welche den altindustriellen Kontext und die Erfahrungen aus anderen Regionen (z. B. in Russland oder in Mittel- und Westeuropa) aufgreifen. Ziel der Arbeit ist es, diese Lücke zu schließen.

1.4. Methodik

Grundlage für die in der Arbeit dargelegten Analysen, Wertungen und Empfehlungen ist quantitatives und qualitatives Datenmaterial: Die wichtigste Quelle von quantitativen Daten stellt das Russische Statistikamt („GKS") und der regionaler Ableger („Kemerovostat") in Kemerovo dar. Darüber hinaus wurden u. a. auch Publikationen aus der Statistikabteilung von Novosibirsk („Novosibstat") verwendet, da diese als Verwaltungshauptstadt Sibiriens über noch detailliertere Datenaufbereitungen des Föderalen Okrug verfügt. Auf den Webpräsenzen dieser Institutionen existiert ein beachtlicher Fundus an Datenmaterial, der durch regelmäßigen Besuch und Erwerb von Statistiken in den jeweiligen Geschäftsstellen noch wesentlich stärker ergänzt werden konnte. Sämtliche Publikationen dieser Art stehen nur in russischer Sprache zur Verfügung. Die Region ist ständigen Veränderungsprozessen unterworfen, jedoch muss für die Statistiken der Redaktionsschluss (Januar 2017) berücksichtigt werden. Es wurde stets versucht die aktuellsten Daten aufzubereiten.

Es ist hilfreich, dass die Daten der Volkszählung in Russland aus dem Jahr 2010 genutzt werden konnten. Sie lieferten detaillierte sozioökonomische Informationen und waren Grundlage für die Ableitung von neuen Entwicklungstrends sowohl für das Land als auch für dessen Regionen. Im Gegensatz zum letzten Zensus in Deutschland (2011) wurde versucht, alle Haushalte Russlands (54,6 Mio.) und deren Bewohner zu befragen.[20]

Qualitative Daten wurden in erster Linie durch Literatur- und Webrecherchen gewonnen. Der überwiegende Teil der Publikationen ist ebenfalls nur auf Russisch verfügbar. Das zweite wichtige Standbein der qualitativen Analyse stellen die Spezialistengespräche dar. Es wurden explorative und fundierende Interviews mit 35 Experten durchgeführt. Die Bandbreite der Fachgebiete ist groß: In Russland konnten u. a. Ökonomen, Geographen, Unternehmer, Wirtschaftsförderer, Künstler und Mitarbeiter in kommunalen oder regionalen Verwaltungsapparaten befragt werden. Darüber hinaus war es möglich, für den Vergleich auch Experten aus dem Ruhrgebiet, dem Lausitzer Braunkohlerevier und aus der Oblast' Sverdlovsk zu interviewen. Aus datenschutzrechtlichen Gründen wurden die Gesprächspartner an dieser Stelle anonymisiert. Eine Auflistung der Arbeitsorte der Spezialisten befindet sich im Quellenverzeichnis (Tabelle 40, S. 352 ff.).

Das erste Interesse des Autors für Russland und Sibirien wurde auf einer zweiwöchigen Sommerschule der Staatlichen Technischen Universität Irkutsk im August 2007 geweckt. Die erste Reise in das Untersuchungsgebiet konnte im August/September 2009 auf einer zweiwöchigen Exkursion unter der Leitung von Prof. Dr. Helmut Klüter und Dipl.-Geogr. Katja Kaupisch getätigt werden. Anschließend folgten seit 2012 noch fünf weitere Forschungsaufenthalte in der Oblast' Kemerovo und ergänzende Reisen u. a. nach Moskau, Novosibirsk, Tomsk, Ekaterinburg und in die Republik Chakassien. Eine ausführliche Übersicht der Forschungs- und Feldaufenthalte befindet sich im Anhang (Tabelle 51, S. 372).

1.5. Begriffsdefinitionen

Nachfolgend soll in diesem Unterkapitel u. a. eine knappe Übersicht über die verwendeten Begriffe geboten werden. Es gilt, eine Definition des Begriffs „Modernisierung" anzubieten, um herauszuarbeiten, welche Zielstellung damit verbunden ist. Darüber hinaus ist es wichtig, zunächst eine klare Abgrenzung von Sibirien und anderen administrativräumlichen Begriffen nach russischem Vorbild vorzuschalten, bevor im 2. Kapitel (S. 17 ff.) die Lage des Untersuchungsgebietes behandelt wird.

1.5.1. Strukturwandel

Um Übergangsprozesse eines Altindustriegebietes hin zu stärkeren Dienstleistungsstrukturen (Tertiärisierung) zu erklären, scheint der Begriff des „Strukturwandels" in der Praxis und in den geographischen Wissenschaften gängig zu sein. In Lehrbüchern der Humangeographie findet man unter „Strukturwandel" in der Regel die folgende Definition: *„Mit wirtschaftlichem Strukturwandel werden Veränderungen der Tätigkeits- und Berufsstrukturen, vor allem Veränderungen in den Sektoren und zwischen den Sektoren bezeichnet, insbesondere die Verschiebung zwischen dem primären, sekundären, tertiären*

---

[20] Eine kurze Analyse der wichtigsten Ergebnisse der Volkszählung in Russland 2010 von BRADE, KOLTER und LENTZ unter: http://nbn-resolving.de/urn:nbn:de:0168-ssoar-314790 (eingesehen am 09.09.2015).

und quartären Sektor."[21] HAAS/NEUMAIR (2007) bedienen sich einer volkswirtschaftlichen Perspektive, drücken sich aber ähnlich aus und fassen die Definition sogar noch weiter, was eine Konkretisierung zusätzlich erschwert:

> *"Struktureller Wandel ist einerseits die Folge, andererseits die Bedingung für wirtschaftliches Wachstum. Wirtschaftlicher Strukturwandel beschreibt die dauerhafte Verschiebung der einzelnen Teile bzw. Sektoren einer Volkswirtschaft. Diese beruht nicht auf konjunkturellen Schwankungen, sondern ist die Folge eines ungleich verlaufenden Wachstums dieser Teile, bedingt durch Veränderungen auf der Angebots-, Nachfrage- und Faktorseite."*[22]

Die Nutzung des Begriffs für die vorliegende Arbeit würde einige Probleme mit sich bringen, da wesentliche Aspekte nicht berücksichtigt sind bzw. Fragen offenbleiben:

1. Es wird wenig bis nichts über die Intensität der Umstrukturierungen ausgesagt. Die Indikatoren (oder auch Schwellenwerte) der Identifizierbarkeit sind nicht hinreichend definiert.
2. Von welchen Sektoren sind Verschiebungen hin zu welchen anderen Sektoren zu beobachten? In der gesellschaftlichen und wissenschaftlichen Kommunikation (z. B. beim Ruhrgebiet) sind meistens Deindustrialisierungs- bzw. Tertiärisierungsprozesse gemeint.[23] Aber die Bezeichnung „Wandel" beschreibt nur die Veränderungen, den Wechsel oder die Wandlungen (im wahrsten Sinne des Wortes)[24], welche sich ins Positive, aber auch ins Negative entwickeln können. Modebegriffe wie „demographischer Wandel" oder „Klimawandel" sind in ihren vielfältigen Bedeutungshorizonten damit ähnlich unscharf. Dies kann selbst in wissenschaftlichen Diskursen zu Irritationen führen.
3. Auch unter der Annahme, dass sich der Strukturwandel primär mit Tertiärisierungsentwicklungen beschäftigt, bleibt es trotz alledem nicht hinreichend plausibel, warum der Tertiärisierungsgrad einer bestimmten Region als Maßstab einer modernen Wirtschaft interpretiert werden sollte. KLÜTER (2003) differenziert hier beispielsweise nach „Vermögenstertiärisierung" (z. B. in Wohlstands- und Metropolregionen) oder „Rumpftertiärisierung" (z. B. in Regionen der Armut oder Rezession). Am Beispiel vom Mecklenburg-Vorpommern konnte gezeigt werden, dass die industriellen Schrumpfungsbedingungen unter postsozialistischen Bedingungen durch u. a. nicht hinreichend ausgeprägte Informations- und Kommunikationsmilieus dazu führen, dass der Tertiärisierungsgrad zwar faktisch hoch ist und man einen „erfolgreichen Strukturwandel" (im Sinne einer sehr starken Verschiebung der Wirtschaftssektoren) bescheinigen könnte. Jedoch bleiben im Prinzip überwiegend die staatlichen Institutionen als Dienstleister übrig und insgesamt ist die wirtschaftliche und demographische Entwicklung trotz der Tertiärisierung negativ.[25]

---

[21] KULKE, E. (Hrsg.) (1998): S. 115; auch das Lexikon der Geographie bietet unter dem Stichwort „wirtschaftlicher Strukturwandel" Ähnliches an [BRUNOTTE et al. (Hrsg.) (2002b): S. 40].
[22] HAAS, H. D.; NEUMAIR, S.-M. (2007): S. 74.
[23] Bei den Expertengesprächen (RVR oder Bochumer Hochschule) im Ruhrgebiet wurde deutlich, dass der Begriff des „Strukturwandels" in der gesellschaftlichen und wissenschaftlichen Kommunikation sehr wichtig ist. Da die oben genannten Abgrenzungsprobleme nach wie vor existieren, sind Kompatibilitätsprobleme bei der Decodierung möglich, was in der Wissenschaft minimiert werden sollte.
[24] WAHRIG, G. (Hrsg.) (2000): S. 1373.
[25] KLÜTER, H. (2003): S. 25-37.

Im Endschluss ist der Begriff „Strukturwandel" für die Erklärung der Vorgänge im Untersuchungsgebiet wenig hilfreich, da es eine dehnbare Definition bleibt. Auch das mögliche Äquivalent im Russischen („реструктуризация") wäre mit der Bedeutung von „Neuorganisation" oder „Umstrukturierung" zu unkonkret. Die Bezeichnung müsste in jedem Fall noch weiter ausdifferenziert vorliegen, um erfolgreich und einwandfrei damit arbeiten zu können. Darüber hinaus hat sie primär beschreibenden und analysierenden Charakter. Bewertungen, (insbes.) Handlungsempfehlungen und Ideen zur Verbesserung der Situation sind in dem Begriff und der damit verbundenen Analyseebene weniger impliziert.

1.5.2. Revitalisierung

Können die bei der Bezeichnung „Strukturwandel" kritisierten Schwächen möglicherweise mit dem Begriff der „Revitalisierung" angegangen werden?

Das Verb „revitalisieren" bedeutet laut WAHRIG *„wieder kräftigen, erholen, wieder in ein natürliches Gleichgewicht bringen"* oder das Substantiv *„Erholung nach einer Erkrankung"*[26]. Etymologisch stammt der Begriff aus der Medizin und impliziert eine Art Zurückholung ins Leben oder Wiederbelebung (re=wieder; vita=Leben). Der Begriff verfügt damit über ein gewisses Maß an Normativität, da Probleme per se und nicht konkret an einem Teil des Systems bzw. des Organismus unterstellt werden. Im Laufe der Untersuchung wird allerdings deutlich werden, dass dies vielleicht auf einige Branchen oder Bereiche in der Oblast' Kemerovo zutrifft (z. B. Bevölkerungsentwicklung), andere aber (z. B. Infrastruktur) vergleichsweise „gesund" sind.

Revitalisierung sollte schließlich eine konkrete Maßnahme (Therapie, Medizin) abdecken, wie es z. B. HOLLMANN in ihrer Studie mit dem Titel *„Kulturhauptstadt Europas – Ein Instrument zur Revitalisierung von Altindustrieregionen"* getan hat.[27] Die vorliegende Arbeit ist hingegen etwas breiter angelegt. Trotz der für diesen Kontext nicht passenden Verwendung beinhaltet der Begriff „Revitalisierung" gegenüber „Strukturwandel", dass noch stärker konkrete Handlungen geplant, entwickelt und ggf. evaluiert werden können.

1.5.3. Modernisierung

Laut dem Deutschen Wörterbuch von WAHRIG wird „modernisieren" folgendermaßen definiert: *„modern, modisch machen, nach der Mode ändern, umarbeiten (Kleid); dem Zeitgeschmack anpassen und mit den neuesten technischen Errungenschaften ausstatten (Betrieb, Gebäude)"*[28]. Es werden an dieser Stelle zwei Bedeutungshorizonte deutlich: Ersterer bezieht sich eher auf künstlerische Aspekte, der zweite auf technische. Abseits dieses etymologischen Zugangs bietet die Wissenschaft bessere Möglichkeiten an.

Forscher der Russischen Akademie der Wissenschaften sehen in Modernisierung komplexe Entscheidungsprozesse von unterschiedlichen Akteuren in den verschiedenen Teilsystemen der Gesellschaft (Politik, Verwaltung, Wirtschaft, Kultur usw.). Das Ziel ist die Bewahrung der Sicherheit in

---

[26] WAHRIG, G. (Hrsg.) (2000): S. 1050.
[27] HOLLMANN, L. (2011).
[28] WAHRIG, G. (Hrsg.) (2000): S. 883.

Staat und Gesellschaft. Als Stabilisator und Entwicklungsinstrument dient die Verbesserung der Lebensbedingungen. Hierfür wird ein klarer Schwellenwert *„nicht unter dem durchschnittlichen Maß"*[29] formuliert. Letztere Punkte sind für diese Arbeit essentiell, da soziale und ökonomische Fragen ins Zentrum gerückt werden. Darüber hinaus kann eine Einordung von Modernisierung nur kontextabhängig im Vergleich geschehen, da „modern" stets relativ ist. Wann etwas „modern" ist, kann also nur beurteilt werden, wenn die Zielstellung geklärt ist. Der Vorteil dieser Definition ist, dass sie sich durch einen breiten Zugang mit sozioökonomischen Prozessen einer bestimmten Region beschäftigt. Die konkrete Einengung erfolgt schließlich vergleichsweise automatisch durch die Analyse des „Entwicklungsprogramms 2025". In diesem Programm definiert die Oblast'-Verwaltung die Ziele der Modernisierung.[30] Abschließend werden diese bewertet und ggf. neu formuliert.[31]

Um Irritationen zu vermeiden, soll abschließend zu dieser Definition noch klargestellt werden, dass der Zugang zur Modernisierung in dieser Arbeit nicht mit der klassischen Modernisierungstheorie zu verwechseln ist. OTT (2000) hat zwar Angebote gemacht, wie man diese Theorie auf Transformationskontexte übertragen kann. Allerdings räumt er auch ein, dass dieses Konzept insbesondere durch die sozialen Verwerfungen der 1990er Jahre in den ehemaligen Ostblockstaaten zu einer eigenen großen Unglaubwürdigkeit geführt hat.[32] KLÜTER (2000a) führt im selben Band aus, dass diese normative Herangehensweise (aus den sozialistischen Strukturen eine Marktwirtschaft zu machen) zu Beginn und in der frühen Phase der Systemumbrüche aus westlicher Sicht ein eher hilfloses Konzept war, da es sich für die eigentliche Auseinandersetzung mit den spezifischen Problemen eher hinderlich erwies.[33] Auch diese Punkte können berücksichtigt werden, da in der Arbeit keineswegs normativ Modernisierung eingefordert werden soll, sondern auf eindeutig belegbarer Empirie hergeleitet und begründet sein wird.

Zusammenfassend zu diesen Ausführungen gilt es festzuhalten, dass man bei der Thematisierung von Altindustrieregionen an dem Strukturwandelbegriff zwar nicht vorbeikommt, dieser in seiner konkreten Ausformung jedoch zu unspezifisch bleibt. Die Bezeichnung „Revitalisierung" bietet den Vorteil der Evaluierung einer konkreten Maßnahme, allerdings soll diese Arbeit sehr unterschiedliche Teilbereiche abdecken. Der Begriff „Modernisierung" unterliegt, ähnlich wie der „Strukturwandel", einer relativen Betrachtung. Wenn die Ziele klar definiert sind, ist es allerdings möglich, hierbei eine abschließende Bewertung vorzunehmen. Der große Vorteil des Modernisierungsbegriffs ist die breite

---

[29] Im russischen Originaltext wird es u. a. folgendermaßen formuliert: „Модернизация в XXI. веке есть комплексный способ решения политических и управленческих, экономических и социальных, культурных и личностных задач, которые полном объеме стоят перед государствами, обществами и индивидами в контексте внутренних и внешних угроз и рисков; это совокупность процессов технического, экономического, социального, культурного, политического развития общества (страны и её регионов). Целевые функции современной модернизации: безопасность государства и общества, устойчивое функционирование всех их структур, включая повышение условий жизнедеятельности населения (качества жизни) не ниже среднего состояния, достигнутого странами того мегарегиона человеческого сообщества, к которому относится данное общество." Eigene Übersetzung im Text nach LAPIN, N. (Hrsg.) (2011): S. 8.
[30] Eine ausführliche Analyse der staatlichen Entwicklungsstrategien erfolgt in Kapitel 4 (S. 117 ff.).
[31] Eine Bewertung der Entwicklungsstrategien findet sich in Kapitel 4.4 (S. 210 ff.). Die Ableitung von neuen Handlungsempfehlungen zur Modernisierung folgt in Kapitel 5 (S. 216 ff.).
[32] OTT, TH. (2000): S. 20-25.
[33] KLÜTER, H. (2000a): S. 35-36.

Abdeckung von sozioökonomischen Entwicklungen. Der Ansatz erweist sich auch als sehr hilfreich, durch die Möglichkeit, Akteure und Programme zu thematisieren.

1.5.4. Geographische Orts- und Regionsbezeichnungen

Das Kusnezk-Becken ist einer von insgesamt fünf Landschaftsräumen[34] in der Oblast' Kemerovo. Die Fläche beträgt ca. 26.700 km² und entspricht damit rd. 28 % der Fläche der Oblast' Kemerovo. Jedoch sind hier 90 % der Bevölkerung und damit die wirtschaftlichen Aktivitäten konzentriert. Eine exakte Abgrenzung des Kusnezk-Beckens ist administrativräumlich nicht möglich und damit stehen separate Daten nicht zur Verfügung. Zu einer besseren Regionalisierung wird schließlich die Oblast' Kemerovo als hauptsächlicher Bezugsrahmen verwendet. Dieser Administrativraum existiert seit Januar 1943. Die Oblast' Kemerovo ist eine Verwaltungseinheit von insgesamt 85 Föderationssubjekten in Russland (Stand 01/2017). Im alltäglichen Sprachgebrauch, in etlichen russischen wissenschaftlichen Publikationen und auch im Gespräch mit den Experten wird die Region[35] häufig schlicht „Kuzbass" genannt, was sich aus dem oben genannten Landschaftsraum ableitet: „Kuzbass" ist ein Schachtelwort aus den Begriffen „Kuzneckij" (dt. Kusnezker) und „bassejn" (dt. Becken). Ähnlich hergeleitet ist bspw. auch die Bezeichnung „Donbass". In dieser Arbeit wird versucht, den Begriff „Kuzbass" – außer in den Eigennamen und Zitaten – nicht als Synonym für die Oblast' Kemerovo zu verwenden. Die Hauptstadt der Oblast' heißt ebenfalls „Kemerovo". Mit dieser Bezeichnung ist in der vorliegenden Arbeit ausschließlich Kemerovo-Stadt gemeint.

Die Bezeichnung „Sibirien" wird geographisch nicht eindeutig verwendet. Im traditionellen Sinne und aus westlicher vereinfachender Perspektive besteht teilweise noch die Vorstellung, dass jegliches russisches Territorium östlich des Urals bis zum Pazifischen Ozean zu Sibirien gezählt wird.[36] An dieser Stelle soll eine nicht zielführende Abgrenzungsdiskussion über mögliche mitteleuropäische Sibirien-Perzeptionen vermieden werden. Zur Vereinfachung orientiert sich diese Arbeit an den administrativräumlichen Zuschnitten und damit an der russischen Definition: Zu Beginn der Amtszeit von Präsident Vladimir V. Putin wurde im Dekret (Ukaz) vom 13. Mai 2000 die Gründung von sieben sogenannten „Föderalen Okruga" beschlossen.[37] Diese Einheiten stellen wirtschaftliche und politische Makroregionen dar.[38] Namentlich sind diese: Nordwesten, Zentrum, Ural, Wolga, Süden, Sibirien und

---

[34] Die vier weiteren Landschaftsräume sind: Kuznezker Alatau (Kuzneckij Alatau), Schorisches Bergland (Gornaja Šorija), Salairrücken (Salairskij Krjaž), Westsibirisches Tiefland (Zapadno-sibirskaja ravnina) [Quelle: SOLOV`ËV, L. (2006): S. 87-90].

[35] In der russischen Literatur wird „Region" (регион) überwiegend als Äquivalent zu den Föderationssubjekten verwendet. Ein Beispiel wäre das Staatliche Statistische Bundesamt (GKS) und deren Publikationsreihe „Regiony Rossi", welche die Föderationssubjekte vergleichend darstellen. Aber auch in der wissenschaftlichen Literatur ist diese Verwendung üblich [siehe dazu LARINA, N. (2008): S. 39]. Diese rein administrativräumliche Betrachtungsweise ist sicherlich nicht unkritisch – vor allem bei der Definition des Begriffs „Region" 112 ff. Nichtsdestoweniger werden in dieser Arbeit u. a. aufgrund der besseren Verständlichkeit die Bezeichnungen russisches Föderationssubjekt und Region äquivalent verwendet.

[36] WEIN, N. (1999): S. 15-16; ein weiteres Beispiel für diese Betrachtungsweise ist der deutsche Reiseführer von THÖNS, B. (2012) mit dem Titel: *„Sibirien – Städte und Landschaften zwischen Ural und Pazifik"*.

[37] LUCHTERHANDT, O. (2004): S. 246.

[38] Bei der Konstruktion wurde sich mehr an militärischen als an ökonomischen Kriterien orientiert. Die Verwaltungsleiter dieser neun Föderalen Okruga sind direkt dem Präsidenten unterstellt, der diese beruft. Weitere Informationen zu den Kompetenzverteilungen in dieser Struktur bei: LUCHTERHANDT, O. (2004): S. 252-279.

Ferner Osten. Im Januar 2010 wurde aus dem „Süden" der Nordkaukasus herausgelöst und bildete damit den achten Föderalen Okrug.[39] Die Republik Krim (84.) und die Stadt Sevastopol' (85.) werden seit März 2014 von Russland beansprucht und wurden im Juli 2016 dem Föderalen Okrug Süden angeschlossen.[40] Die Analyseebene nach Föderalen Okruga bietet auch den Vorteil der Datenverfügbarkeit, da viele Statistiken oftmals schon aggregiert oder vergleichend aufbereitet sind. Für diese administrative makroregionale Bezeichnung existiert in West- und Mitteleuropa kein Äquivalent. Deswegen und um Missverständnissen (mit unscharfen Begriffen wie Bezirk, Kreis o. Ä.) vorzubeugen, wird in dieser Arbeit „Okrug" (bzw. „Okruga" im Plural) einfach als Terminus übernommen. Dies gilt ebenso für den Begriff der „Oblast'" (bzw. „Oblasti" im Plural). „Gebiet" oder „Bundesland" wären möglicherweise vergleichbare Bezeichnungen, aber nicht hinreichende Äquivalente u. a. durch die komplexe Ausformung des russischen Föderalismus.[41] Jedoch stellt der Begriff „Untersuchungsgebiet" in dieser Arbeit ein Äquivalent zur Oblast' Kemerovo dar, um Wortwiederholungen zu minimieren. Bei der sich unterhalb der Oblast'-Ebene befindenden Administrativeinheit der „Landkreise" wird in der Arbeit ebenfalls mit den russischen Begriffen gearbeitet: „Rajon" (bzw. „Rajony" im Plural).

Bei der Transliteration wird in der Arbeit die Variante der DIN 1460 verwendet. Eine Übersicht hierzu findet sich im Anhang (Tabelle 50, S. 367). Ausnahmen stellen Termini dar, welche bereits Eingang in die deutsche Sprache (z. B. in den Duden) gefunden haben; bspw. Moskau, St. Petersburg, Sowjetunion, Wolga usw. Diese Form der konsequenten Transliteration von Ortsbezeichnungen führt bspw. bei Novokuzneck oder Leninsk-Kuzneckij dazu, dass die tatsächliche Aussprache deutlich abweichen kann. Nichtsdestoweniger ist dieses System am besten geeignet, damit die ursprünglichen russischen Namen immer wieder zurückverfolgt werden können.

Des Weiteren wurde, um den Lesefluss nicht zu beeinträchtigen, im Text auf sprachliche Geschlechterneutralität verzichtet. Alle Ausführungen beziehen sich aber selbstverständlich sowohl auf männliche als auch auf weibliche Personen.

---

[39] Von März 2014 bis Juli 2016 existierte der Föderale Okrug Krim.
unter: http://www.kremlin.ru/acts/bank/41161 (eingesehen am 16.02.2017).
[40] http://graph.document.kremlin.ru/documents/3622390?items=1&page=1 (eingesehen am 04.08.2015).
In der russischen Statistik werden diese beiden Regionen seit 2014 aufgeführt und können für die Darstellung nicht negiert werden. Aus internationaler Sicht bleibt der Status der Föderationssubjekte „Republik Krim" und der „Stadt Sevastopol'" umstritten (Stand 01/2017).
[41] Siehe dazu MOMMSEN, M. (2010): S. 466 ff.

2. Lage des Untersuchungsgebietes

Anknüpfend an die Begriffsdefinitionen Sibiriens und der Oblast' Kemerovo wird im folgenden Kapitel eine grobe Lageeinordnung des Untersuchungsgebietes vorgenommen. Die Entfernungen und Größenverhältnisse (Tabelle 1) sollen mithilfe von kartographischen Darstellungen (Abbildung 5 und Abbildung 6) einen ersten Überblick über die Situation vermitteln.

Tabelle 1: Flächenverhältnisse Russland und Regionen Sibiriens

Einheiten	Fläche in Tsd. km² (2016)	Flächenanteil in % an	
		Russland	Sibirien
Russland	17.125,2	100	333
Sibirien	5.145,0	30	100
Krasnojarskij Kraj	2.366,8	13,8	46,0
Irkutskaja Oblast'	774,8	4,5	15,1
Zabajkal'skij Kraj	431,9	2,5	8,4
Republik Burjatien	351,3	2,1	6,8
Tomskaja Oblast'	314,4	1,8	6,1
Novosibirskaja Oblast'	177,8	1,0	3,5
Republik Tyva	168,6	1,0	3,3
Altajskij Kraj	168,0	1,0	3,3
Omskaja Oblast'	141,1	0,8	2,7
Kemerovskaja Oblast'	**95,7**	**0,6**	**1,9**
Republik Altaj	92,9	0,5	1,8
Republik Chakassien	61,6	0,4	1,2

Quelle: http://www.gks.ru/free_doc/doc_2016/bul_dr/mun_obr2016.rar (eingesehen am 03.11.2016), eigene Darstellung

Die Russische Föderation erstreckt sich auf einer Fläche von rund 17,1 Mio. km² (Tabelle 1). Damit ist sie der größte Staat der Erde und bedeckt ca. 11,5 % der gesamten Landmasse.[42] Zum Vergleich: Die 28 Mitgliedsländer der Europäischen Union entsprechen zusammengenommen nur etwa einem Viertel (26 %) der Fläche Russlands.[43]

Die Oblast' Kemerovo ist mit einem Flächenanteil von 0,6 % in Russland und 1,9 % in Sibirien ein vergleichsweise kleines Föderationssubjekt (Tabelle 1, Abbildung 5).

---

[42] IZDATEL'STVO DIK (Hrsg.) (2011): S. 3.
[43] Eigene Berechnung nach FISCHER WELTALMANACH (Hrsg.) (2012): S. 532, 533.

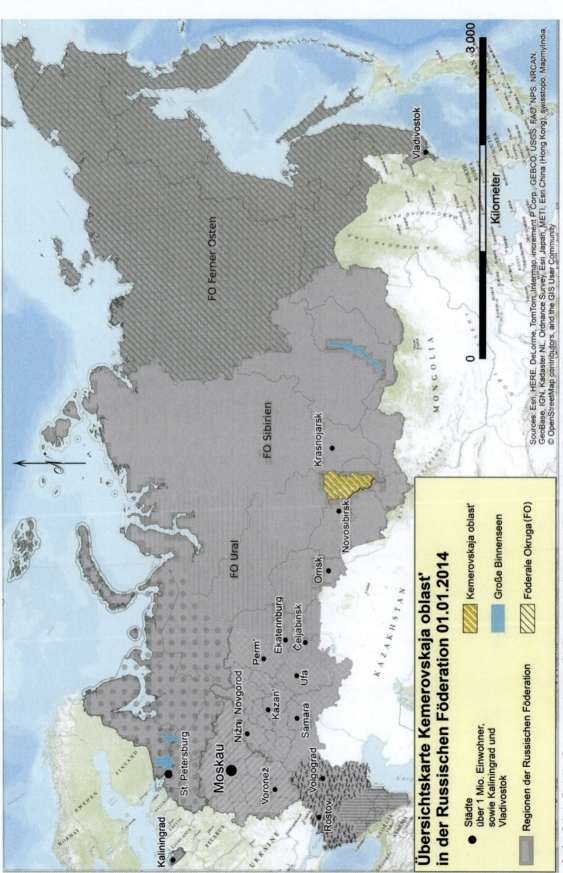

Abbildung 5: Übersichtskarte Russland, Lage der Oblast' Kemerovo (Stand 01/2014)

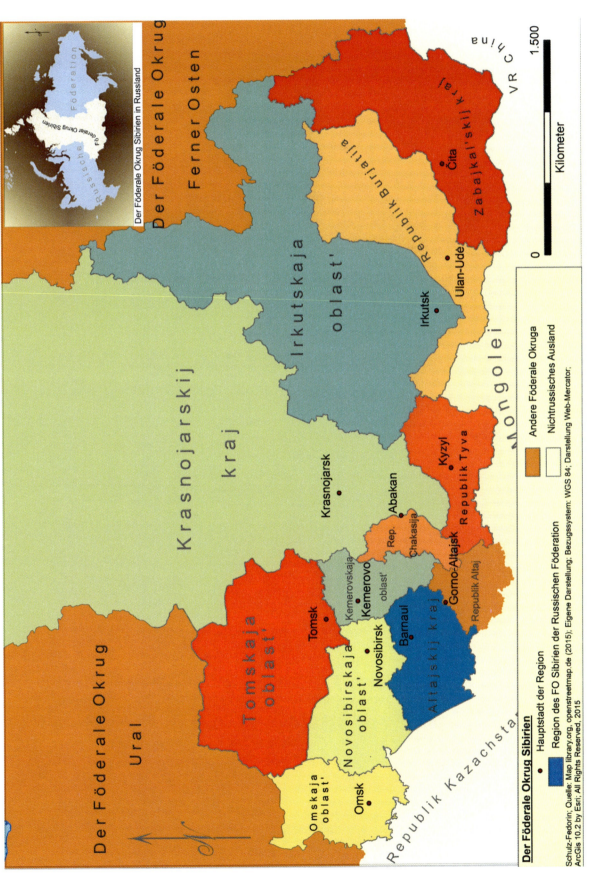

Abbildung 6: Übersichtskarte des Föderalen Okrugs Sibirien (administrative Grenzen, Hauptstädte)

Der Föderale Okrug Sibirien (Abbildung 6) ist ebenfalls größer als alle EU-Staaten zusammen, vierzehnmal größer als Deutschland und wäre bei politischer Selbstständigkeit das siebtgrößte Land der Welt. Die Größe der Teilregionen ist höchst unterschiedlich, allein der Kraj Krasnojarsk nimmt 46 % der Fläche Sibiriens ein. Die Oblast' Kemerovo umfasst ca. 95.700 km², was einem Anteil von lediglich 0,6 % der Fläche Russlands entspricht. Jedoch übertrifft die Größe zahlreiche europäische Länder wie u. a. Ungarn, Portugal, Österreich, Tschechien oder Irland. Insgesamt sind 17 von 28 Mitgliedsländern der EU kleiner als die Oblast' Kemerovo.[44] Im Vergleich mit deutschen Verhältnissen beansprucht das Untersuchungsgebiet etwas mehr als die Fläche der neuen Bundesländer – ohne Thüringen (92.432 km²).[45]

In späteren Abschnitten folgen weitere vergleichende Ausführungen u. a. zur Bevölkerungsentwicklung (Tabelle 6, S. 37) oder zur Bevölkerungsdichte (Abbildung 13, S. 41).

Tabelle 2: Ausgewählte Entfernungen von Kemerovo nach ... (Luftweg in km)

Kemerovo (Stadt)	Zielstädte	Entfernung	Einordnung	
Kemerovo	Tomsk	150 km	Oblast' Tomsk	Hauptstadt eines Föderationssubjektes im Föderalen Okrug Sibirien
	Novosibirsk	250 km	Oblast' Novosibirsk	
	Barnaul	270 km	Altajskij Kraj	
	Gorno-Altajsk	380 km	Republik Altaj	
	Abakan	390 km	Republik Chakassien	
	Krasnojarsk	430 km	Krasnojarskij Kraj	
	Kyzyl	690 km	Republik Tyva	
	Omsk	810 km	Oblast' Omsk	
	Irkutsk	1.240 km	Oblast' Irkutsk	
	Ulan-Udė	1.470 km	Republik Burjatien	
	Čita	1.830 km	Zabajkal'skij Kraj	
	Moskau	3.000 km	Hauptstadt Russlands	
	Kaliningrad	4.030 km	Westlichste Großstadt Russlands	
	Vladivostok	3.530 km	Südöstl. Großstadt Russlands	
Kemerovo	Berlin	4.560 km	Hauptstadt Deutschlands	
	Peking	2.800 km	Hauptstadt Chinas	
	Astana	1.080 km	Hauptstadt Kasachstans	
	Ulan-Bator	1.650 km	Hauptstadt der Mongolei	

Quelle: Google Earth, gerundete Entfernungen bis in die Stadtzentren, eigene Berechnung und Darstellung

An dieser Stelle sollen die Entfernungen von Kemerovo-Stadt per Luftlinie in andere wichtige Zentren nur überblicksartig erfolgen, um die geographische Lage zu veranschaulichen. Die Entfernungen von Kemerovo-Stadt bis nach Tomsk (150 km) oder Novosibirsk (250 km) sind für sibirische Verhältnisse vergleichsweise kurze Distanzen (Tabelle 2). Die Ausdehnung des Föderalen Okrugs wird allerdings besonders deutlich, wenn man Städte wie Omsk (über 800 km) oder Čita (über 1.800 km) betrachtet. Moskau ist immerhin über 3.000 km entfernt. Die schnellste Verbindung mit dem Flugzeug in die

---

[44] Eigene Berechnung nach FISCHER WELTALMANACH (Hrsg.) (2012): S. 532.
[45] Hiermit sind die Einheiten Mecklenburg-Vorpommern, Brandenburg, Sachsen-Anhalt, Sachsen und Berlin (Ost und West) gemeint; Quelle: DESTATIS (Hrsg.) (2012): S. 26.

Hauptstadt beträgt mindestens 4:15 h, mit dem Zug ca. 51 bis 55 Stunden.[46] Andere Hauptstädte (z. B. Peking, Astana oder Ulan-Bator) liegen näher. Die Stadt Kemerovo ist innerhalb Russlands theoretisch zentral lokalisiert (Abbildung 5, S. 18). Bis Vladivostok beträgt die Entfernung per Luftlinie schon 3.500 km und bis Kaliningrad sogar über 4.000 km. Der Verweis auf die Millionenstädte deutet an, dass die Mehrheit der Bevölkerung im europäischen Landesteil lebt. Mit Omsk, Novosibirsk und Krasnojarsk sind östlich des Urals „nur" drei von 15 russischen Städten mit mehr als 1 Mio. Einwohnern lokalisiert.[47]

Das Stadtzentrum von Kemerovo (Sovetskij Prospekt) liegt in etwa 133 m über NN. Kemerovo befindet sich ungefähr auf der nördlichen Breite von Orten wie Trelleborg (55° 21'), der Insel Bornholm (55° 06'), Newcastle (54° 58'), Čeljabinsk (55° 08') oder Kurgan (55° 21'). Die nach Einwohner zweitgrößte Stadt der Oblast', Novokuzneck, liegt ungefähr auf der Höhe von Ueckermünde, der Nordfriesischen Insel Norderney oder der Hauptstadt von Belarus' Minsk. Der nördlichste Punkt der Oblast' befindet sich in etwa auf 56° 49' (ähnlich wie die lettische Hauptstadt Riga) und der südlichste auf der Höhe von 52° 10' (wie z. B. Magdeburg, Hildesheim, Warschau).

Das Klima ist im Untersuchungsgebiet kontinental geprägt, was sich beispielsweise an der hohen Temperaturamplitude (im Mittel mind. 35 K, faktisch bis zu 80 K möglich) in Abbildung 7 ablesen lässt. Die Temperatur im Januarmittel beläuft sich in Kemerovo auf ca. -17 °C, im Juli hingegen auf durchschnittlich +19 °C. Die Jahreszeiten Frühling und Herbst fallen gegenüber gemäßigtem Klima in der Regel kurz aus. Die dauerhafte Schneedecke stellt sich sogar im Flachland spätestens im November, oftmals bereits schon im Oktober ein. Die Klimavariabilität ist insgesamt vergleichsweise groß. Ein Grund hierfür sind u. a. die fehlenden Gebirgszüge in nördlicher Richtung, sodass bspw. arktische Luftmassen ungehindert in das Kusnezk-Becken vordringen können. Im Gegenzug können heiße Hochdruckgebiete im Sommer in Sibirien lange in einer Region verharren. Aus mikroklimatischer Sicht können in den Städten insbes. in Kemerovo und Novokuzneck Inversionswetterlagen starke Temperaturunterschiede und Verschmutzungen in den Tälern hervorrufen.[48]

Die durchschnittliche Niederschlagsmenge in der Hauptstadt Kemerovo gleicht nahezu gemäßigten Breiten. In den bergigen Regionen der Oblast' im Osten und insbes. im Süden (Schorisches Bergland) fallen im Jahresmittel mehr als 800 mm Niederschlag.[49]

---

[46] KEMEROVOSTAT (Hrsg.) (2015a): S. 7; Recherche der Reisepläne auf http://www.aeroflot.ru/cms/de (eingesehen am 07.09.2015) und http://pass.rzd.ru/timetable/public/ru?STRUCTURE_ID=735
(eingesehen am 09.11.2015), eigene Erfahrungen bei den Feldaufenthalten (Tabelle 52, S. 372).
[47] Laut Volkszählung 2010 leben im europäischen Landesteil (westlich des Urals) ca. 74 % der Bevölkerung. Östlich des Urals wohnen dementsprechend auf knapp 77 % der Fläche nur 26 % der Einwohner Russlands [BÜLOW, CH. (2014a): S. 253)].
Aktuelle Daten über die Einwohner der russischen Städte und Regionen unter:
http://www.gks.ru/free_doc/doc_2016/bul_dr/mun_obr2016.rar (eingesehen am 03.11.2016).
[48] SOLOV'ËV, L. (2006): S. 140-144,
Siehe hierfür auch die Ausführungen in Kapitel 3.2.9 Umweltprobleme, S. 69 ff.
[49] SOLOV'ËV, L. (2006): S. 145-147.

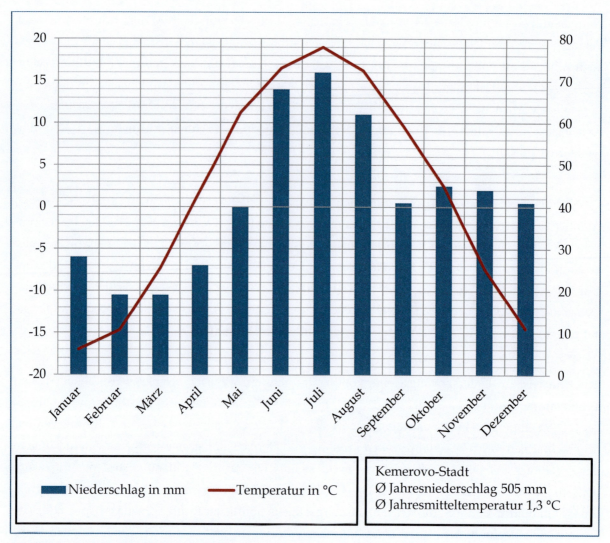

Abbildung 7: Klimadiagramm Kemerovo
Quelle: http://www.pogoda.ru.net/climate/29645.htm (eingesehen am 22.01.2016), eigene Darstellung

Die maximale Nord-Süd-Ausdehnung (per Luftlinie) des Untersuchungsgebietes erstreckt sich auf ca. 510 km. Die Ost-West-Ausdehnung hingegen variiert: im Norden (Anžero-Sudžensk) knapp 300 km; bei Taštagol nur noch ca. 150 km (siehe Abbildung 8). An anderer Stelle werden u. a. Ausführungen zur Landnutzung (Abbildung 32, S. 74), zur Infrastruktur (Kapitel 3.2.7, S. 54 ff.) oder zu den Munizipalitäten[50] getätigt, die eine nützliche Ergänzung zu Abbildung 8 darstellen.

---

50 Im Anhang (Tabelle 41 - Tabelle 42, S. 353-354) befinden sich ausführliche Datenaufbereitungen zu den Kommunen (u. a. Gründungsjahr, Einwohner und Fläche).

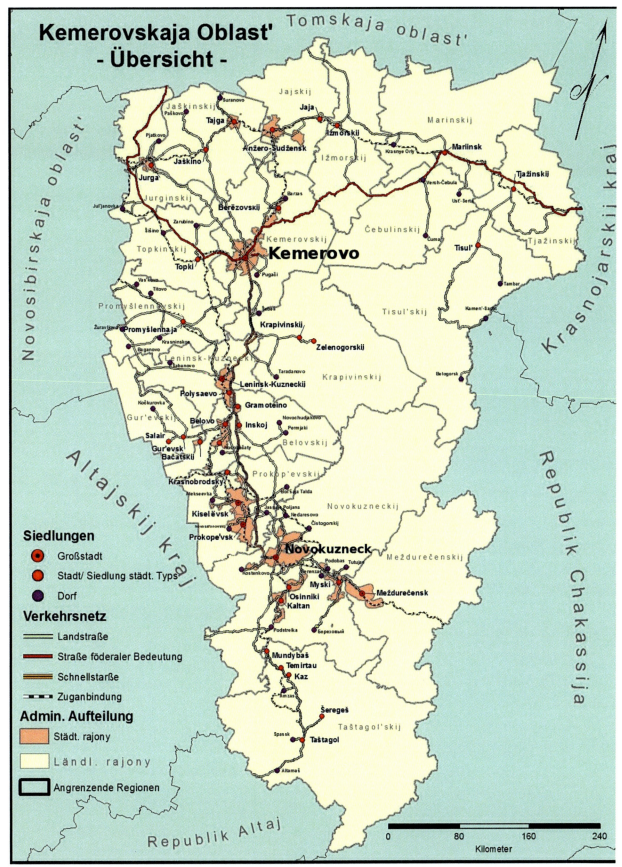

Abbildung 8: Übersichtskarte der Oblast' Kemerovo (Verkehr, Rajony)

3. Altindustrieregion

Im folgenden Kapitel soll zunächst eine kurze Charakterisierung von Altindustrieregionen gegeben werden. Die aus der Literatur abgeleiteten möglichen Operationalisierungen werden dann anschließend für das Untersuchungsgebiet überprüft. Zweck ist es schließlich, zu klären, inwieweit die Oblast' Kemerovo als Altindustrieregion klassifiziert werden kann. Ziel dieses Kapitels sollen eine Einordnung des Ist-Zustandes und ein größerer Problemaufriss der wichtigsten aktuellen sozioökonomischen Entwicklungen des Untersuchungsgebietes sein, da die Informationssituation (wie in Kapitel 1.3, S. 9 erwähnt) unterdurchschnittlich ist. Zusätzlich werden hierbei schon Verweise auf andere Themenblöcke erfolgen, die mithilfe von Querverweisen dann nach Belieben zügig vertieft werden können.

3.1. Definition Altindustrieregion

In Europa sind die Phänomene von Altindustrieregionen spätestens seit den 1970er Jahren Thema öffentlicher Diskurse und wissenschaftlicher Untersuchungen. In der Literatur werden häufig drei verschiedene Typen unterschieden, und zwar Standorte der:

- Schiffbauindustrie,

- Textilindustrie,

- Montanindustrie.[51]

Schiff- und Textilstandorte sind überwiegend branchenspezifisch und wesentlich kompakter in ihrer räumlichen Ausdehnung, da sie sich beispielsweise auch nur auf eine Stadt bzw. eine kleine räumliche Einheit erstrecken können. Die Montanindustrie kann durch die Kombination von Rohstoffförderung und Hüttenwerken in vielerlei Hinsicht wesentlich größere Strukturen hervorbringen. Die regionalen Auswirkungen (z. B. Beschäftigungseffekte, Wohnungsbau, Infrastruktur, ökologische Folgen) tendieren dazu, intensiver als Schiff- und Textilwirtschaft zu sein.[52]

Regionale Beispiele für altindustrielle Räume: Montanregionen (z. B. Ruhrgebiet, Saarland, Lothringen, West Midlands und Pittsburgh), Hafen- und Werftstandorte (z. B. Glasgow, Wismar), Textilregionen (z. B. Roubaix, Mönchengladbach).[53] Generell beschränkt sich eine Altindustrieregion allerdings nicht nur auf diese drei möglichen Typen. Das Beispiel von Detroit (Automobilindustrie)[54] zeigt, dass auch Städte und Regionen mit anderen Industriezweigen und sozioökonomischen Problemen vergleichbare Entwicklungen hervorbringen können.

---

[51] HAMM, R.; WIENERT, H. (1990): S. 19.
[52] HAMM, R.; WIENERT, H. (1990): S. 19.
[53] BRUNOTTE, E. ET AL. (Hrsg.) (2002a): S. 49-50; HAMM, R.; WIENERT, H. (1990).
[54] Siehe dazu Oswalt, P. (Hrsg.) (2004) und den Band „Schrumpfende Städte". Hierbei wird deutlich, dass sich Deindustrialisierungsprozesse mit etlichen anderen Entwicklungen (z. B. Suburbanisierung) überlagern können.

Diese große Heterogenität führt u. a. dazu, dass in der Wissenschaft keine einschlägige und allgemein anerkannte Definition von Altindustrieregionen existiert.[55] Die Einflussfaktoren und Ausprägungen der Industrialisierung sind unterschiedlich und es existieren keine quantitativen Schwellenwerte für die Indikatoren. Eine Variante der Kategorisierung wird bei SCHRADER (1993) angeboten. Unter anderem erschweren hierbei unterschiedliche administrative Regionalisierungen eine allumfassende Analyse. Nichtsdestoweniger wird im Ergebnis deutlich, dass es nur im Vergleich und in einer kontextualen Betrachtung möglich ist, Altindustrieregionen zu identifizieren und gegenüber Entwicklungen in anderen Einheiten abzugrenzen.[56] Schließlich versucht diese Arbeit, sich mithilfe von verschiedenen Indikatoren dem Phänomen zu nähern und einige Charakteristika herauszuarbeiten – ohne dabei den Anspruch auf Vollständigkeit zu erheben.

Die Studie der beiden Volkswirtschaftler HAMM/WIENERT vom Rheinisch-Westfälischen Institut für Wirtschaftsforschung in Essen aus dem Jahr 1990 ist die in der deutschen Altindustrieforschung am meisten zitierte Quelle.[57] Die Lehrbücher von SCHRADER (1993), MAIER/BECK (2000)[58] und auch die Studie von GOEBEL (2001)[59] beziehen sich bei der Begriffsdefinition direkt auf die beiden oben genannten Wissenschaftler aus dem Ruhrgebiet. Die Ausführungen von SCHRADER werden wiederum von FÖRSTER (1999)[60] und GELHAR (2010)[61] zurate gezogen.

Darüber hinaus bietet die Dissertation von SCHOLBACH (1997)[62] eine ausführliche und interessante Zusammenstellung der Charakteristika von Altindustrieregionen. Besonders bemerkenswert ist der Zugang von HAMM/WIENERT. Es werden überwiegend wirtschaftliche Makroindikatoren zur Klassifizierung verwendet. Sozialgeographische (z. B. Abwanderung, Arbeitslosigkeit) oder ökologische Aspekte wurden erst später von den Geographen hinzugefügt.

Trotz der Überschneidungen sind die Ausführungen teilweise unterschiedlich und es werden individuelle Gewichtungen deutlich. In Tabelle 3 sind die jeweiligen Indikatoren ohne Priorisierung zusammengetragen. Ausgewählt wurden diese, wenn sie mehr als einmal von den in der Literatur genannten Autoren als relevante Charakteristika identifiziert werden konnten. Anschließend werden diese im Oberkapitel 3.2 in der thematischen lockeren Reihenfolge nach historischen, sozialen, ökonomischen, infrastrukturellen und ökologischen Gesichtspunkten durchgegangen.

---

[55] FÖRSTER, H. (1999): S. 23; GELHAR, M. (2010): S. 4.
[56] SCHRADER, M. (1993): *Altindustrieregionen der EG*, S. 111-119.
[57] HAMM, R.; WIENERT, H. (1990): *Strukturelle Anpassung altindustrieller Regionen im internationalen Vergleich*, S. 19 ff.
[58] MAIER, J.; BECK, R. (2000): *Allgemeine Industriegeographie*, S. 124.
[59] GOEBEL, S. (2001): *Der industrielle Strukturwandel in Gliwice (Gleiwitz)*, S. 6.
[60] FÖRSTER, H. (1999): *Entwicklungsprobleme altindustrialisierter Gebiete im Transformationsprozeß*, S. 23.
[61] GELHAR, M. (2010): *Altindustrieregionen zwischen Verfall und Neuorientierung*, S. 4-6.
[62] SCHOLBACH, T. (1997): *Chancen für eine nachhaltige Regionalentwicklung in altindustriellen Regionen unter besonderer Berücksichtigung des regionalen Lebenszyklus – das Beispiel Südraum Leipzig*, S. 99-107.

Tabelle 3: Nennung von Kennzeichen bei Altindustrieregionen unterschiedlicher wiss. Autoren

Autoren / Indikatoren	GOEBEL	MEIER/ BECK	SCHOLBACH	SCHRADER	GELHAR	HAMM/ WIENERT	Wo in Kapitel 3? Kapitel	Seite (ff.)
Frühe Industrialisierung	x		x	x	x	x	3.2.1	27
Bevölkerungsrückgang/Abwanderung		x	x	x	x		3.2.2	36
Hohe Bevölkerungsdichte	x		x	x	x	x	3.2.3	41
Strukturelle (hohe) Arbeitslosigkeit		x	x	x	x		3.2.4	47
Monostrukturierung von							3.2.5	49
A) Wirtschaft	x	x	x		x			
B) Arbeitsmarkt	x	x			x			
Dominanz von Branchen, die bei der Wertschöpfung stagnieren/schrumpfen				x		x		
Hoher Industriebesatz (Beschäftigtendichte)	x		x	x	x	x	3.2.6	52
Hohe Infrastrukturdichte ausgerichtet auf Industrie	x		x	x	x	x	3.2.7	54
Branchen am Ende des Produktlebenszyklus	x	x		x	x	x	3.2.8	61
Umweltprobleme		x	x	x	x		3.2.9	69
Altlasten- und Brachflächenproblematik		x	x	x	x		3.2.10	73
Mangelnde Fähigkeit, Anpassungsmaßnahmen aus eigener Kraft vorzunehmen	x		x	x	x	x	3.2.11	75
Dominanz von Großbetrieben	x	x	x	x	x	x	3.2.12	77

Quelle: Quellennachweise der Autoren in den Fußnoten 56 bis 62 auf (S. 25), eigene Zusammenstellung

3.2. Die Oblast' Kemerovo – eine Altindustrieregion!?

Im Folgenden soll ermittelt werden, ob die typischen Merkmale einer Altindustrieregion auf das Untersuchungsgebiet zutreffen. Zunächst wird kurz auf die historische Entwicklung, anschließend auf die sozialen und die wirtschaftlichen Aspekte eingegangen. Ökologische Indikatoren werden ebenfalls berücksichtigt. Das bereits thematisierte Defizit einer klaren Definition von Altindustrieregionen kann möglicherweise durch die vergleichende Darstellung des Untersuchungsgebietes[63] im Kontext Sibiriens kompensiert werden.

Gegen Ende des Kapitels wird das Kennzeichen „Dominanz von Großbetrieben" (3.2.12, S. 77 ff.) näher beleuchtet. Methodisch stellt dieser Teil bereits einen Übergang zu den Organisations- und Akteursanalysen her. Im anschließenden Kapitel (3.3, S. 108 ff.) soll die Frage diskutiert werden, inwieweit die Oblast' Kemerovo als Altindustrieregion einzustufen ist.

3.2.1. Frühe Industrialisierung

Der Indikator „frühe Industrialisierung" wird in der Literatur als Charakterisierung einer Altindustrieregion oftmals als einer der wichtigsten beschrieben. Hierbei (und auch insgesamt) wird betont, dass dieses nur im Verhältnis gegenüber der Entwicklung in anderen Regionen des Landes zu sehen ist.[64] Es kann darüber hinaus ein Kennzeichen für die Persistenz von bestimmten Strukturen im sekundären Sektor sein. Trotz dieser historischen Dimension ist das Präfix „alt" bei der Bezeichnung „Altindustrieregion" nicht in seiner herkömmlichen historischen Bedeutung – im Gegensatz zu „neu" – zu verstehen. Es besagt viel mehr, dass „*alt hier im Sinne mangelnder oder unzureichender Kraft zur sektoralen und regionalen Erneuerung gemeint*" ist.[65]

Ein geschichtlicher Abriss der Oblast' Kemerovo wird aufgrund der thematischen Ausrichtung der Arbeit auf die bedeutsamsten Fakten beschränkt.[66] In Tabelle 4 sind die wichtigsten Entwicklungsetappen der industriellen Erschließung des Untersuchungsgebietes dargestellt. Bei der später folgenden Einordnung kann die Oblast' Kemerovo nur im sibirischen Kontext betrachtet werden, da die Industrialisierung hier insgesamt später als im europäischen Teil Russlands erfolgte.

---

[63] FÖRSTER, H. (1999): S. 29; SCHOLBACH, T. (1997): S. 101.
[64] HAMM, R.; WIENERT, H. (1990): S. 21.
[65] SCHRADER, M. (1993): S. 111.
Der Indikator „Mangelnde Fähigkeit, Anpassungsmaßnahmen aus eigener Kraft vorzunehmen" wird noch ausführlicher an anderer Stelle behandelt (Kapitel 3.2.11, S. 75 ff.).
[66] Es existieren selbst in deutscher Sprache ausführliche Abhandlungen über die Aufbaujahre zu Beginn der sowjetischen Ära (LIEBMANN 1979, KIRSTEIN 1979 oder LANDAU 2012).

Tabelle 4: Historische Übersicht über die industriellen Entwicklungsetappen der Oblast' Kemerovo

Perioden	Etappen	Zeitraum	Entwicklungen/Ereignisse
Vorindustrielle Phase		Anfang 17. Jh.–1897	Erste koloniale Erschließungen; 1618 Gründung der Festung Kusnezk (heute Novokuzneck); Expeditions- und Entdeckerreisen von u. a. Gerhard Friedrich Müller, Johann Philipp Strahlenberg (Tabbert) und Daniel Gottlieb Messerschmidt (1720/30er); die deutschen Wissenschaftler stießen bereits vor der „offiziellen Entdeckung" eines Kohleflözes am Tom'-Ufer in der Nähe der heutigen Stadt Kemerovo durch den Kosaken Michajl Volkov 1721 auf die wertvolle Steinkohle, 1826: Erste Eisenverhüttung im Hochofen in Gur'evsk 1883: Eröffnung von Kohleminen in Kolčugino (Leninsk-Kuzneckij)
Errichtung einer industriellen Infrastruktur	Vorrevolutionsphase	1897–1917	Intensive Entwicklung der nördlichen Teile des Gebietes durch den Bau der Transsib, Erste industrielle Schachtanlagen entstehen (Anžero-Sudžensk), 1912: Gründung der Kopikuz in Ščeglovsk (heute Teil von Kemerovo-Stadt)
	Postrevolutionsphase	1918–1929	Wiederaufbau der Wirtschaft nach dem Bürgerkrieg, sukzessiver Anstieg der Kohleförderung, Zeit der Autonomen-Industrie-Kolonie (1922–1927), 1929 Grundsteinlegung zur Entwicklung der Schwerindustrie (Bau des KMK in Kusnezk – heute Novokuzneck). Aufbau des Ural-Kusnezk-Kombinates (1928–1940), weiterer Ausbau des Eisenbahnnetzes in südliche Richtung, rasante Urbanisierung und Errichtung neuer administrativer Strukturen (etliche Stadtgründungen)
Intensive Entwicklung der industriellen Infrastruktur	Phase der ersten beiden 5-Jahres-Pläne	1930–1940	Schnelle Erhöhung der Kohleförderung durch Mechanisierungen; Intensivierung der schwer- und metallverarbeitenden sowie Aufbau einer chemischen Industrie; schneller Bevölkerungsanstieg; sozialistische Stadtentwicklung; erster moderner Wohnungsbau für die Industriearbeiter durch die Gruppe um Ernst May, insbes. in Novokuzneck; Beginn der Verschlechterung der ökologischen Bedingungen
	Kriegsphase	1941–1945	Bevölkerungs- und Produktionsanstieg (Kohle, Stahl, Maschinenbau, chem. Industrie) durch Evakuierung von Anlagen aus den europäischen Landesteilen kriegswichtiges Industriegebiet im unerreichbaren Hinterland, Gründung der Oblast' im Jan. 1943, anhaltende Verschlechterung der ökologischen Bedingungen
	Nachkriegszeit	1946–1956	Aufbau der Maschinenbauindustrie (z. B. in Jurga Ende 1940er / Anfang 1950er Jahre), Weitere Erschließung von Kohlelagerstätten (z. B. Mitte 1950er Jahre: kompletter Neuaufbau von Meždurečensk)

	Sovnarchozzeit	1957–1965	Dezentralisierung der Wirtschaft durch Regionale Volkswirtschaftsräte, Bau und Fertigstellung des zweiten Stahlwerkes in Novokuzneck (Zapsib), rasanter Anstieg der Kohleförderung, insgesamt rasante Verbesserung der Lebensbedingungen, umfangreicher Wohnungsbau, Grundsteinlegung für die Entwicklung der Oblast' Kemerovo zur bevölkerungsreichsten und wichtigsten Industrieregion in Sibirien
	Stagnation	1966–1988	Investitionen der Sovnarchoz-Periode wirken noch bis in die 1970er Jahre hinein, zunehmender Fokus der Rohstofferschließung auf dem West-Sibirischen Erdgas- und Erdölkomplex führt zur Vernachlässigung der Oblast' Kemerovo, Stagnation der Kohleförderung in den 1980er Jahren u. a. aufgrund mangelnder Investitionen
Depression (Krise)		1989–1997	Abrupter Produktionsrückgang in der Kohle- und Stahlindustrie, Senkung der sozialen und wirtschaftlichen Lebensstandards, mehrere Streikwellen der Industriearbeiter, Rückgang der Lebenserwartung und Bevölkerungszahl, Arbeitslosigkeit
Wiedererstarken der Wirtschaft		1997–2008	Weiterentwicklung der technologischen und ökonomischen Infrastruktur, Wiederanstieg der industriellen Produktion, Intensivierung des Wohnungsbaus, Verbesserung des Lebensstandards, Verbesserung der ökologischen Situation
Stagnation/Rezession[67]		2009–heute	Weltwirtschaftskrise trifft die Oblast' Kemerovo: Stagnation/Rückgang beim BRP und beim Umsatz in der Rohstoffförderung, neue Rekorde bei der Kohleförderung, Arbeitsplatzabbau in der Industrie und im Rohstoffsektor, seit 2010 negativer Wanderungssaldo, Verfestigung der Monostruktur trotz Diversifizierungsbestrebungen, neue Suburbanisierung insbes. in der Hauptstadtregion (z. B. Lesnaja Poljana)

Quelle: nach RJABOV, V. (2012): S. 125 ff.; RJABOV, V. (2015): S. 8 ff.; ŠURANOV, N. (Hrsg.) (2006): S. 345-356; GALKINA, L. (2011); KLÜTER, H. (1997): S. 725; ADAMENKO, A. et al. (Hrsg.) (2013): S. 26-88; SOLOV'ÉV, L. (2006): S. 12-18; LOPATIN, L. (1995); Expertengespräch; eigene Darstellung

---

[67] Eine endgültige historische Beurteilung der aktuellen Periode „Stagnation/Rezession" ist noch nicht vollständig möglich. Die Entwicklung ist labil und noch nicht abgeschlossen.

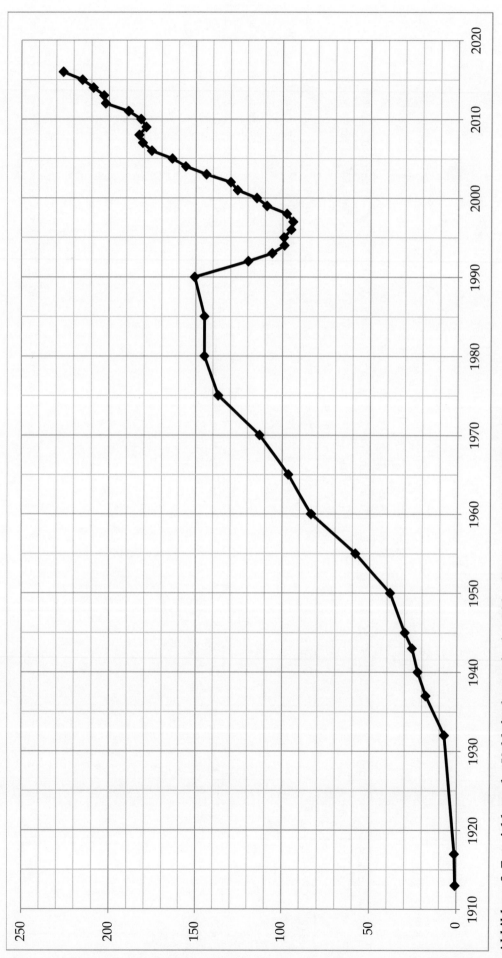

Abbildung 9: Entwicklung der Kohleförderung in der Oblast' Kemerovo 1913–2016 in Mio. t

Quelle: KEMEROVOSTAT (Hrsg.) (2008a): S. 14, 182-183; SOLOV'ËV, L. (2009): S. 69; LANDAU, J. (2012): S. 37; GOSKOMSTAT (Hrsg.) (2002): S. 416; GOSKOMSTAT (Hrsg.) (2005): S. 458; KEMEROVOSTAT (Hrsg.) (2015a): S. 162; KEMEROVOSTAT (Hrsg.) (2017): S. 2; http://www.kemerovostat.ru/bgd/EJEGOD/issWWW.exe/Stg/2009/(10) добыча полезных ископаемых, обрабатывающие производства, производство.htm (eingesehen am 25.11.2015); http://novokuznetsk.ru/content/view/2886 (eingesehen am 23.03.2016); eigene Darstellung

Für die Erschließung der peripheren Landesteile Russlands brachte der Bau der Transsibirischen Eisenbahn den entscheidenden Entwicklungsschub. Das Untersuchungsgebiet wurde im nördlichen Teil (Jurga-Tjažinskij) zwischen 1893–1897 an diese Magistrale angeschlossen. In Anžerka und Sudženka[68] entstanden erste Kohleminen, welche durch den direkten Abnehmer der Eisenbahn rasch große Bedeutung gewannen.[69] 1912 erhielt die Aktiengesellschaft Kopikuz Konzessionen zur Kohleförderung und zum Aufbau einer Hüttenindustrie auf der rechten Seite des Tom'-Ufers nahe der Siedlung ŠČeglovsk (heute Kemerovo-Stadt). 1913 betrug die gesamte Kohleförderung in allen Schachtanlagen des Untersuchungsgebietes knapp 800.000 t, 1917 bereits 1,3 Mio. t.[70] Die privatwirtschaftliche Kopikuz AG legte erste wichtige Grundsteine für die Industrialisierung (z. B. geolog. Erkundungen, Ausbau der Schachtanlagen und des Schienennetzes zu den Minen in Kolčugino – heute Leninsk-Kuzneckij).[71] Mit der Machtergreifung der Bolschewiki wurden die Anlagen verstaatlicht. 1922 wurde die Autonome Industrie Kolonie (AIK) unter Leitung des Niederländers Sebald Rutgers gegründet. Hunderte Ausländer, Rückwanderer und Idealisten trieben die Fertigstellung der Kokerei und die Kohleförderung voran. Gegenüber den Errungenschaften der privatwirtschaftlichen Kopikuz wurde durch die genossenschaftlich organisierte und staatliche AIK massiv auch in die soziale Infrastruktur investiert. Die Qualität des Baus von Wohnungen und Schulen war für die sibirischen Verhältnisse in den 1920er Jahren progressiv. Einige Gebäude existieren heute noch auf dem „Krasnaja Gorka", wobei in dem ehemaligen Verwaltungsgebäude der AIK (heute Rutgers-Haus) zu Zeiten der Perestroika ein bedeutendes Bergbaumuseum eröffnet wurde.[72]

Die Autonome-Industrie-Kolonie stellt eine große Besonderheit dar: Es war eine der größten Ansiedlungsaktion von internationalen Spezialisten im Russland der 1920er Jahre. Darüber hinaus war es ein sozialistisches Modellprojekt, das auch propagandistische Ziele hatte (unter dem Motto: „Proletarier aller Länder, vereinigt euch!"). Anzeigen wurden in englischer Sprache geschaltet und damit Werbung in amerikanischen Zeitungen getätigt, um auch internationale Arbeiter anzuwerben. Die Arbeitsbedingungen waren für die sibirischen Verhältnisse der 1920er Jahre vergleichsweise gut. Die Beschäftigten erhielten überdurchschnittliche Löhne und konnten in festen Behausungen (teilweise Steinhäuser und diese partiell mit Elektrizität) leben. Schon 1924 wurde die Kokerei eröffnet, die bis heute inmitten der Stadt Kemerovo existiert (Abbildung 10).

Die zunehmende Stalinisierung und Bürokratisierung in der Sowjetunion ergriff ab Mitte/Ende der 1920er Jahre auch das Kusnezk-Becken. Die AIK wurde schließlich 1927 offiziell aufgelöst und in den Konzern Kuzbassugol' eingegliedert, was faktisch einer staatlichen Monopolbildung gleichkam.[73]

---

[68] Beide Siedlungen wurden 1931 administrativ zu einer Stadt „Anžero-Sudžensk" zusammengelegt.
[69] ŠURANOV, N. (Hrsg.) (2006): S. 108-111.
[70] LANDAU, J. (2012): S. 37.
[71] Expertengespräch.
[72] GALKINA, L. (2011).
[73] LANDAU, J. (2012): S. 42-71; Expertengespräch.

Abbildung 10: Blick vom Krasnaja Gorka über die Tom' auf die Kokerei (Kemerovo)
Quelle: Aufnahme Ch. Bülow, 04.09.2012

Zum Ende dieser postrevolutionären Phase stellt der erste Fünfjahresplan (1928-1932) und damit der Aufbau des Ural-Kusnezk-Kombinates eine wichtige Errungenschaft für die weitere Entwicklung dar. Ziel dieses Kombinates war es, Eisenerz aus dem Ural gemeinsam mit der Kohle aus Sibirien hier zu verhütten. Im Austausch wurde die hochwertige Stein- und Kokskohle in den Ural (z. B. nach Magnitogorsk) geliefert, welcher seinerseits ebenfalls damit Stahl herstellen konnte.[74] 1929 wurde mit der Errichtung des Kusnezker Metallurgischen Kombinates (KMK) in Novokuzneck begonnen. Das heute immer noch existierende Verwaltungsgebäude war das erste Haus aus Stein auf der linken Flussseite der damaligen Siedlung.[75] Im Dezember 1932 wurde bereits der erste Stahl produziert.[76] Der Bedarf für diesen arbeitskräfteintensiven Aufbau nach Wohnraum war sehr groß und es wird geschätzt; dass 40.000 Arbeiter in Jurten, Zelten oder Erdhütten leben mussten. Die Gruppe um den Frankfurter Architekten Ernst May realisierte mit seinen Plänen u. a. dafür die ersten Projekte des sozialistischen Wohnungsbaus in Sibirien. Die Politik in dieser frühen stalinistischen Zeit führte u. a. auch dazu, dass im Gegensatz zur AIK die Mehrheit der Arbeiter für dieses gigantomanische Projekt nicht freiwillig hierherkam; sondern dass es enteignete Bauern, Verbannte oder Zwangsarbeiter waren.[77] Dem gesetzten Ziel des Aufbaus einer Gartenstadt konnte man durch die interessante Komposition des Stadtzentrums (große Achsen, viel Grün) von Novokuzneck (1932-1961 = Stalinsk)

---

[74] ŠURANOV, N. (Hrsg.) (2006): S. 154-158; KIRSTEIN, T. (1979): S. 18-50.
[75] Expertengespräch.
[76] ŠURANOV, N. (Hrsg.) (2006): S. 158.
[77] GIESE, E.; KLÜTER, H. (1990): S. 391.

möglicherweise in Teilen gerecht werden. Jedoch erreichen die durch das Werk und die Industrie allgemein induzierten Umweltverschmutzungen rasch bedenkliche Ausmaße, welche bis in die Gegenwart immer noch hoch sind.[78] Nichtsdestoweniger war die Entwicklung in Novokuzneck in mancher Hinsicht weiter fortgeschritten als in anderen Landesteilen: Die Stadt verfügte z. B. über die erste Straßenbahn(linie) in Sibirien (1933).[79]

Die „Kriegsphase" und wichtige Welle der Industrialisierung ab 1941 ist für Sibirien und auch für die Oblast' Kemerovo stark durch die Entwicklungen in Europa geprägt. Trotz des raschen und brutalen Vormarsches der Armee Nazi-Deutschlands in das Territorium der Sowjetunion, gelang es noch, Hunderte Industriebetriebe vor dem Zugriff der Wehrmacht in die östlichen Landesteile zu evakuieren. Die Kriegsproduktion (z. B. im Stahlwerk von Novokuzneck) von Panzerstahl, Munition oder Helmen war essentiell für den Kampf gegen die faschistischen Besatzer.[80] Für Sibirien insgesamt brachten die Jahre 1941 bis 1945 den wichtigsten Industrialisierungsschub nach der Errichtung der Transsibirischen Eisenbahn.

Die dritte wichtige Welle lässt sich auf Mitte/Ende der 1950er Jahre datieren. Hier wurde die Wirtschaftsstruktur in der Sowjetunion stärker dezentralisiert. Es kam zur Einführung von „Regionalen Volkswirtschaftsräten" (russ. Sovnarchozy) und zur Gründung von „Territorialen Produktionskomplexen" (TPK). Die Idee stammt bereits aus den 1940er Jahren von dem Wirtschaftsgeographen Nikolaj N. Kolosovskij. In Sibirien konnte dieses Konzept dann in der Ära unter Nikita Chruščëv[81] umgesetzt werden. Man kombinierte den Rohstoffreichtum (auch Wasserkraft) mit anderen Wirtschaftszweigen und ermöglichte damit eine sehr intensive, aber inselhafte Erschließung von peripheren Regionen. Organisatorisch vorteilhaft war die Zusammenfassung der Planung von Infrastruktur, Verkehr, Wohnungsbau und Wirtschaftsentwicklung in einer Organisation. Allerdings werden in der späteren Bewertung auch Versäumnisse und Fehler deutlich, z. B. die Vernachlässigung von anderen wichtigen Branchen (z. B. verarbeitende und Konsumgüterindustrie), unflexible Produktionsstrukturen sowie Überkapazitäten bei der Energiebereitstellung.[82] Die Oblast' Kemerovo wurde weniger unter den Bedingungen der TPK erschlossen. Obwohl die Oblast' von 1970 bis 1989 die einwohnerstärkste Region Sibiriens (siehe Tabelle 6) in der Sowjetunion war und das Untersuchungsgebiet bei Kolosovskij eines der Vorbilder für das TPK-Modell war, gab es *„zu keinem Zeitpunkt eine koordinierende Bau- und Infrastrukturorganisation (in Form eines TPK, C. B.)."*[83] Nichtsdestoweniger zählen die Jahre der Sovnarchoz-Ära zu den erfolgreichen Aufbaujahren der Region, was sich u. a. in dem sehr kontinuierlichen Anstieg Kohleförderung ab den 1950er Jahren widerspiegelt. Die Investitionen und Diversifizierungen, welche durch die Dezentralisierung von Entscheidungsstrukturen erreicht werden konnten, wirkten bis in die 1970er Jahre hinein und stellen das Wohlstandsoptimum der Oblast' Kemerovo in der sowjetischen Zeit dar.

---

[78] Siehe auch mehr zum Thema Umweltverschmutzung im Kapitel 3.2.9, S. 69 ff.
[79] Expertengespräch.
[80] GIESE, E.; KLÜTER, H. (1990): S. 391.
[81] Während die Sovnarchozy mit der Entmachtung von Chruščëv (1964) wieder aufgelöst wurden, konnten bis zum Ende der Sowjetunion noch etliche weitere TPKs gegründet werden.
[82] KLÜTER, H.; GIESE, E. (1990): S. 396-402.
[83] HEINZE, A. (1998): S. 88.

Im Ergebnis hat das Ural-Kusnezk-Kombinat schon Ende der 1920er / Anfang der 1930er Jahre eine Industriestruktur für das Untersuchungsgebiet hervorgebracht. Dies lässt sich für die anderen Regionen östlich des Urals in dieser Form – unabhängig vom Bau der Transsib – nicht konstatieren und führt zu dem Schluss, dass die Oblast' Kemerovo früher industrialisiert wurde. Andererseits zeigt Abbildung 9 (S. 30), dass die Kohleförderung von 1917 bis in die 1930er Jahre zwar angestiegen ist. Aber ein größerer Entwicklungsschub gegenüber anderen Perioden lässt sich nicht konstatieren. Das Ural-Kusnezk-Kombinat konnte seine angedachte Funktion nicht vollständig erfüllen. Ein weiterer Grund für die mangelnde Fortsetzung des Verbundes war die Entdeckung von Erzlagerstätten im Süden der Region (Schorisches Bergland). In den 1930er Jahren wurde bereits begonnen, eine Eisenbahnlinie von Novokuzneck bis nach Taštagol zu projektieren. Auf der anderen Seite war für den Ural der Kohleimport aus Kasachstan (Karaganda) wesentlich naheliegender und wurde verstärkt genutzt.

Die im Text getätigten Ausführungen und die Darstellungen aus Tabelle 4 lassen sich mit der Betrachtung der Bevölkerungsentwicklung kombinieren, wobei deutlich wird, welche rasante Entwicklung das Untersuchungsgebiet seit den 1920er Jahren durchlief: 1917 hatte die Region lediglich ca. 204.000 Einwohner, wovon 85 % auf dem Lande lebten und nur 15 % in Städten. 100 Jahre später (2017) ist das Verhältnis genau umgekehrt (Abbildung 11). 1926 lebten im Untersuchungsgebiet etwa 718.000 Menschen. Nur 26 Jahre später wurden zum Gründungsdatum des Administrativraums 1943 fast 1,8 Mio. Menschen gezählt.[84] Mit dem einhergehenden Ausbau der Industrie nach dem Zweiten Weltkrieg erreichte die Bevölkerungsgröße bis zur letzten sowjetischen Volkszählung 1989 mit 3,171 Mio. Einwohnern ihren bisherigen historischen Höchststand. Seitdem verliert die Oblast' Kemerovo kontinuierlich Einwohner. Für das Jahr 2017 werden 2,709 Mio. Menschen verzeichnet, womit das Niveau der Volkszählung von 1959 (2,777 Mio.) unterschritten ist.

Die ländliche Bevölkerung zog seit den 1920er Jahren verstärkt in die Städte. Die Gründung/ Neuformierung von vielen neuen urbanen Administrativeinheiten verstärkte diese Entwicklung.[85] Die neu aufgebauten Industriestrukturen benötigten extrem viele Industriearbeiter. Zur Verortung des Bevölkerungsanstieges und der rasanten Urbanisierung ist in Tabelle 5 die Einwohnerentwicklung der drei größten Städte dargestellt.

---

[84] Siehe auch SOLOV'ËV, L. (2009): S. 22.
[85] Als Beispiel sind hier u. a. die Stadtgründungen von ŠČeglovsk (später Kemerovo-Stadt) im Jahre 1918 oder Leninsk-Kuzneckij 1925 zu nennen. Siehe dazu Tabelle 41 (S. 353) zu den Stadtgründungen in der Oblast' Kemerovo.

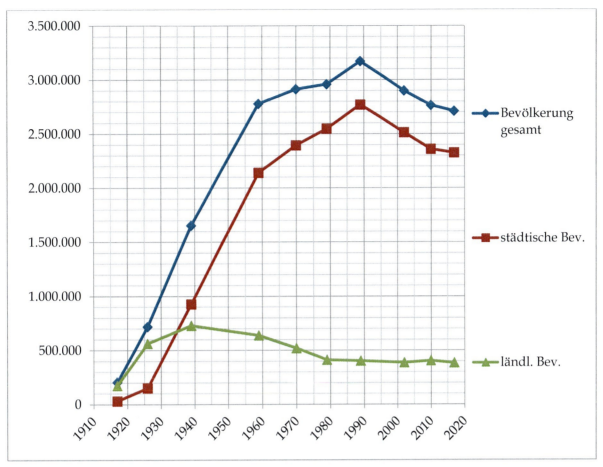

Abbildung 11: Bevölkerungsentwicklung (Stadt, Land) der Oblast' Kemerovo (1917–2017)[86] in Personen

Quelle: KEMEROVOSTAT (Hrsg.) (2012a): S. 9; KEMEROVOSTAT (Hrsg.) (2013c): S. 1, 43; KEMEROVOSTAT (Hrsg.) (2015a): S. 29; SOLOV'ĖV, L. (2009): S. 22; http://www.gks.ru/free_doc/new_site/population/demo/PrPopul2017.xls (eingesehen am 16.02.2017), eigene Darstellung

Tabelle 5: Entwicklung der Einwohnerzahlen in den größten Städten des Kusnezk-Beckens (1926, 1937, 1939)

Stadt/Gebiet	Einwohner		
	1926	1937	1939
Kemerovo-Stadt	21.726	124.682	132.800
Prokop'evsk	10.717	96.661	107.300
Novokuzneck (Stalinsk)	3.882	158.035	165.700
Oblast' Gesamt[87]	718.000	–	1.654.000

Quelle: LANDAU, J. (2012): S. 31; RJABOV, V. (2012): S. 128; eigene Darstellung

In nur etwa 13 Jahren (von 1926–1939) stieg die Bevölkerungszahl der Städte Kemerovo, Prokop'evsk und Novokuzneck um das Sechs-, Zehn- bzw. Zweiundvierzigfache. In Novokuzneck ist der

---

[86] Die Daten von 1926 bis 2010 stammen aus Volkszählungserhebungen. Die Werte von 1917 und 2017 erfassen jeweils den Stand zu Jahresbeginn. Im Anhang (Tabelle 43) befinden sich noch einmal die exakten Daten auf Seite 355.
[87] Die Administrativeinheit der „Oblast' Kemerovo" wurde zwar erst 1943 gegründet, aber die Angaben beziehen sich auf diese spätere Abgrenzung.

Bevölkerungssprung besonders intensiv, was vor allem auf den bereits erwähnten Aufbau der Stahlindustrie (KMK-Werk) zurückzuführen ist.

Zusammenfassend zu dem Kapitel gilt es Folgendes festzuhalten:

Die „frühe Industrialisierung" kann ein wichtiger beschreibender Prozess für die Entstehung von Industriestrukturen einer Region sein. Darüber hinaus bringt der Aufbau dieser Strukturen immer auch Folgeentwicklungen mit sich (z. B. Errichtung von sozialer Infrastruktur, siehe Wohnungsbau).

Für die Oblast' Kemerovo sind die bis dato relevanten Strukturen – bis auf die Transsibirische Eisenbahn – (fast) alle in der sowjetischen Periode errichtet worden. Die Internationale Arbeiterkolonie (AIK) stellt eine herausragende Einzigartigkeit der Kohleförderung und der Infrastrukturentwicklung in Sibirien dar. Sie ist die Keimzelle der heutigen Hauptstadt Kemerovo. Für Novokuzneck ist es das Stahlwerk, welches bis heute – unter veränderten Bedingungen – funktioniert und den Ursprung der Stadtentwicklung darstellt. In der historischen Betrachtung war die Industrialisierung in der Oblast' Kemerovo immer der Ausgangspunkt für die weitere Entwicklung, da vieles auf den sekundären Sektor zugeschnitten wurde. In späteren Darstellungen (z. B. Industriedichte – S. 52 ff. – oder zur Infrastruktur – 54 ff.) wird dies ebenfalls deutlich. Hier liegt auch der Ursprung für die starke räumliche Nähe von Arbeits- und Wohnfunktionen mit bis heute weitreichenden Implikationen (siehe z. B. das Kapitel zur Umwelt 3.2.9, S. 69).

Die erste schwache Industrialisierungswelle vollzog sich in Sibirien mit dem Bau der Eisenbahnmagistrale (Ende des 19. Jh.s / Anfang des 20. Jh.s). Mit der Gründung des Ural-Kusnezk-Kombinates wurde im Untersuchungsgebiet erstmals östlich des Urals schwerindustrielle Strukturen aufgebaut. Anschließend folgte ein wichtiger Schub während des Zweiten Weltkrieges (in Sibirien und auch in der Oblast' Kemerovo) durch die Evakuierung der Industrieanlagen aus den europäischen Landesteilen gen Osten. In einer Welle der Sovnarchoz-Periode (ab Mitte der 1950er Jahre) entwickelte sich die Oblast' Kemerovo gemeinsam mit der Oblast' Novosibirsk und dem Kraj Altaj zu einem der erfolgreichsten Sovnarchozy der damaligen Sowjetunion. Die Oblast' Kemerovo wuchs rasant und avancierte bis zum Ende der Sowjetunion zur bevölkerungsreichsten Region östlich des Urals.

3.2.2. Bevölkerungsrückgang/Abwanderung

Im folgenden Kapitel kann direkt an die Verbindung zwischen Bevölkerungsentwicklung und Industrialisierung angeknüpft werden. An dieser Stelle ist auch wieder die Darstellung eines Vergleichs mit Sibirien sinnvoll, um die Entwicklung im Untersuchungsgebiet besser einordnen zu können (Tabelle 6).

Tabelle 6: Einwohnerentwicklung in Russland und in den Regionen Sibiriens (1970–2017) in Tsd. Personen

Jahre Einheit	1970	1979	1989	2002	2010	2017*	Einwohnerentw. bis 2017 (1970=100)	Einwohnerentw. bis 2017 (1989=100)
Russland	122.941,2	137.409,9	147.021,9	145.166,7	142.856,5	144.498,2***	117,5	98,3
FO Sibirien	18.152,4	19.243,8	21.068,0	20.062,9	19.256,4	19.331,2	106,5	91,8
Krasnojarskij Kraj	2.512,4	2.700,2	3.038,6	2.966,0	2.828,2	2.875,8	114,5	94,6
Novosibirskaja Oblast'	2.500,1	2.620,1	2.778,7	2.692,3	2.665,9	2.780,7	111,2	100,1
Kemerovskaja Oblast'	**2.913,5**	**2.958,4**	**3.171,1**	**2.899,1**	**2.763,1**	**2.709,4**	**93,0**	**85,4**
Irkutskaja Oblast'	2.316,1	2.558,0	2.824,9	2.581,7	2.428,7	2.409,4	104,0	85,3
Altajskij Kraj	2.505,2	2.514,2	2.631,3	2.607,4	2.419,8	2.366,5	94,5	89,9
Omskaja Oblast'	1.820,9	1.956,8	2.141,9	2.079,2	1.977,7	1.973,4	108,4	92,1
Zabajkal'skij Kraj	1.142,2	1.232,0	1.375,3	1.155,4	1.107,1	1.079,5	94,5	78,5
Tomskaja Oblast'	788,5	866,7	1.001,7	1.046,0	1.047,4	1.078,9	136,8	107,7
Republik Burjatien	809,3	899,4	1.038,2	981,2	972,0	983,9	121,6	94,8
Republik Chakassien	443,9	498,4	566,9	546,1	532,4	537,9	121,2	94,9
Republik Tyva	231,1	267,6	308,6	305,5	307,9	318,7	137,9	103,3
Republik Altaj	169,2	172,0	190,8	203,0	206,2	217,1	128,3	113,8

* Die Werte von 1970–2010 sind Erhebungen der Volkszählungen. Die Daten aus dem Jahr 2017 (Stand 01. Januar) stammen aus aktuellen Fortschreibungsstatistiken.
*** Bei den offiziellen statistischen Angaben zur Bevölkerung Russlands 2017 sind die Föderationssubjekte der Republik Krim (1,912 Mio. EW) und die Stadt Sevastopol' (429.000 EW) inkludiert. Aufgrund der besseren Vergleichbarkeit in der Zeitreihe werden diese hierbei nicht berücksichtigt.

Quelle: KEMEROVOSTAT (Hrsg.) (2012a): S. 10, GOSKOMSTAT (Hrsg.) (2012): S. 59; http://www.gks.ru/free_doc/new_site/population/demo/PrPopul2017.xls (eingesehen am 16.02.2017), eigene Darstellung und Berechnung

In Tabelle 6 lässt sich die Oblast' Kemerovo hinsichtlich der Bevölkerungsentwicklung kontextualisieren. Von 1970 bis 2017 verzeichnete das Untersuchungsgebiet den negativsten Trend von nur noch 93 % der Einwohner gegenüber dem Wert 46 Jahre davor. Dagegen hat Russland insgesamt und auch der FO Sibirien deutlich an Bevölkerung hinzugewonnen.

Vergleicht man die Entwicklung kurz vor dem Zusammenbruch der Sowjetunion (1989) mit der aktuellen (2010) und auch den weiteren Fortschreibungen für 2017, fällt auf, dass die Mehrheit der sibirischen Föderationssubjekte und auch Russland insgesamt Einwohnerverluste verzeichnen mussten. In Sibirien hat der Zerfall der Sowjetunion teilweise noch deutlichere Verwerfungen hinsichtlich der demographischen Entwicklung bewirkt als in anderen Landesteilen. Verkürzt gesagt: Bis 1989 wurde die Industrialisierung und Erschließung östlich des Urals stark von staatlichen Strukturen befördert, wie bereits im Kapitel 3.2.1 angedeutet wurde.[88] Nach 1991 veränderten sich die Rahmenbedingungen grundlegend und die Erschließung der Peripherie wich einem Schrumpfungsprozess.[89] Nichtsdestoweniger hat Sibirien in den letzten Jahren (von 2010 bis 2017) seine Einwohnerzahl um ca. 75.000 Menschen auf 19,33 Mio. erhöht.

Die Oblast' Kemerovo ist bei der Bevölkerungsentwicklung von 1989 bis 2017 im sibirischen Vergleich prozentual fast Schlusslicht (-14,6 %). Nur die beiden Regionen Zabajkal' (-21,5 %) und Irkutsk (-14,7 %) weisen eine noch stärkere relative Negativbilanz auf. In absoluten Zahlen hat das Untersuchungsgebiet in 27 Jahren ca. 462.000 Einwohner verloren, was in Sibirien unübertroffen bleibt. Wenigstens von 1970 bis zum Ende der sowjetischen Ära war das Untersuchungsgebiet die am stärksten bevölkerte Region in Sibirien. Mittlerweile wurde es von Krasnojarsk und Novosibirsk überholt, belegt aber noch den dritten Platz. Gegenwärtig stellt die Oblast' Kemerovo ca. 14 % der sibirischen bzw. 1,8 % der russischen Bevölkerung (2017).

Abbildung 12 visualisiert die Bevölkerungsentwicklung der Oblast' Kemerovo mit Unterbrechungen seit 1990. Es wird deutlich, dass die Region – mit Schwankungen – seit dem Ende der Sowjetunion bis 2010 ein Zuwanderungsgebiet war. Der Beginn der 1990er Jahre ist in Russland generell durch starke Wanderungsbewegungen gekennzeichnet, wovon auch die Oblast' Kemerovo betroffen ist. Nichtsdestoweniger konnte der positive Migrationssaldo die sehr starke negative natürliche Bevölkerungsentwicklung, welche sich in der Abbildung aus der Differenz zwischen den beiden jeweiligen Datenpunkten ergibt, wenig kompensieren. In den 2000er Jahren verringerte sich die vorher sehr hohe Sterberate etwas und die Geburtenzahlen stiegen allmählich wieder an. In Zusammenhang mit dem Migrationsüberschuss verlor die Oblast' 2009 „nur" noch 1.000 Einwohner. Seit 2011 herrscht ein Abwanderungstrend. Die Oblast' Kemerovo hat seit der letzten Volkszählung (2010) in nur sieben Jahren ca. 53.700 Einwohner weniger zu verzeichnen. Insgesamt existieren in Sibirien fünf Regionen, die in diesem Zeitraum Bevölkerung verloren haben (Tabelle 6).

---

[88] Siehe dazu ausführlich bei KLÜTER, H. (1991).
[89] LYGDENOVA, V. (2015): S. 62 ff.

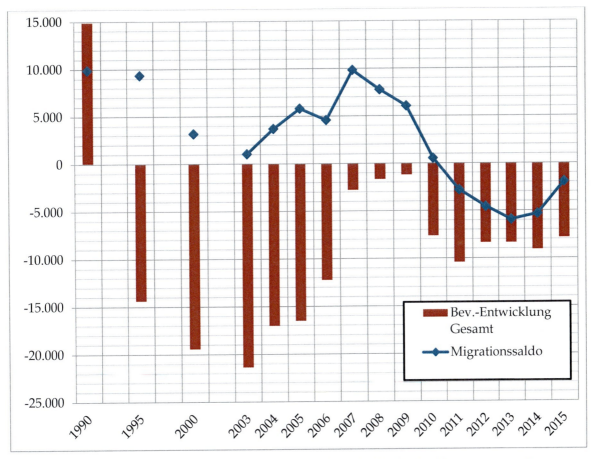

Abbildung 12: Bevölkerungs- und Migrationsentwicklung in der Oblast' Kemerovo in Personen (1990–2015)

Quelle: KEMEROVOSTAT (Hrsg.) (2008a): S. 50, 56; KEMEROVOSTAT (Hrsg.) (2013a): S. 40, 44; KEMEROVOSTAT (Hrsg.) (2015a): S. 34, 38; KEMEROVOSTAT (Hrsg.) (2016): S. 27; http://www.gks.ru/free_doc/new_site/population/demo/popul2016.xls (eingesehen am 16.02.2016); eigene Berechnung und Darstellung

Tabelle 7: Migrationssaldo in den Regionen Sibiriens (2010–2014)

Föderationssubjekt in Sibirien	Migrationssaldo in Personen	
	2014	2010–2014
Novosibirskaja Oblast'	13.615	87.098
Tomskaja Oblast'	2.263	24.048
Krasnojarskij Kraj	935	16.312
Republik Altaj	19	-1.267
Republik Chakasija	571	-1.771
Omskaja Oblast'	702	-9.558
Republik Tyva	-2.486	-15.190
Republik Burjatija	-1.276	-16.968
Kemerovskaja Oblast'	**-5.314**	**-18.060**
Altajskij Kraj	-3.269	-25.926
Irkutskaja Oblast'	-7.164	-35.305
Zabajkal'skij Kraj	-6.742	-37.064
Sibirien gesamt	-8.146	-33.651

Quelle: KEMEROVOSTAT (Hrsg.) (2015d): S. 83, eigene Darstellung

Bei der Darstellung (Abbildung 12) muss für die Oblast' Kemerovo noch Folgendes mäßigend zugestanden werden: Auch wenn die aktuelle Entwicklung seit der Weltwirtschaftskrise 2009 negativ ist, haben sich die drastischen Einwohnerverluste bereits in den 1990er Jahren und Anfang der 2000er ereignet.

Die negative Migrationsentwicklung kann für den sibirischen Kontext in Tabelle 7 konkretisiert werden. Zur besseren Darstellung der Entwicklung der letzten Jahre und zur Minimierung der statistischen Ausreißer wurde der Zeitraum von 2010 bis 2014 kumuliert. Die wirtschaftlich attraktiven Regionen, welche u. a. qualitativ hochwertige Bildungseinrichtungen bieten (Oblasti Novosibirsk und Tomsk, Kraj Krasnojarsk) stellen die großen Gewinner der sibirischen Migrationsaktivitäten dar.[90] Theoretisch ist in nur fünf Jahren eine komplette Stadt, wie z. B. Jurga oder Anžero-Sudžensk (Tabelle 8), in die Region von Novosibirsk zugewandert. Die Oblast' Kemerovo belegt hintere Plätze bei der aktuellen Wanderungsstatistik und auch bei der Kumulation der Werte von 2010 bis 2014.

Zusammenfassend zu diesem Kennzeichen einer Altindustrieregion ist zu sagen, dass das Untersuchungsgebiet durch überdurchschnittlichen Bevölkerungsverlust im sibirischen und russischen Vergleich gekennzeichnet ist, der neben der hohen Sterberate[91] auch stark durch Abwanderung induziert wurde. Die Bevölkerungs- und die Migrationsentwicklung stellen eine wichtige Reaktion auf die wirtschaftliche Entwicklung in der Region insgesamt dar. Ein überdurchschnittlich hohes Wohlstandsniveau, große soziale Sicherheiten und/oder attraktive Beschäftigungsmöglichkeiten minimieren tendenziell die Wahrscheinlichkeit einer Abwanderung in andere Regionen. Letztlich sind die Einwohnerstatistiken ein Anzeichen für bestimmte sozioökonomische Probleme, die u. a. bei der Beschäftigtenentwicklung noch näher thematisiert werden können (Kapitel 3.2.5, S. 49 ff.).

---

[90] Mehr zum Zusammenhang der Bildungsstandorte und den Wanderungsbewegungen in Kapitel 4.3.4 (S. 195 ff.).
[91] Siehe hierfür Abbildung 30 (S. 72).

3.2.3. Hohe Bevölkerungsdichte

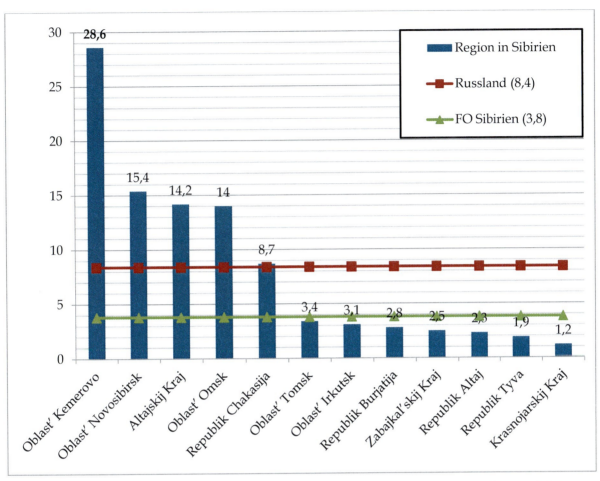

Abbildung 13: Bevölkerungsdichte Oblast' Kemerovo, Sibirien und Russland in EW/km² (2014)
Quelle: http://www.kemerovostat.ru/bgd/KUZBASS/issWWW.exe/Stg/2014/d16.htm
(eingesehen am 06.08.2015), eigene Darstellung

Tabelle 8: Städte über 50.000 Einwohner in der Oblast' Kemerovo (1.1.2016)

Kategorien	Stadt	Einwohner	Bevölkerungsanteil in %
über 500.000 EW	Kemerovo-Stadt	553.100	40,6
	Novokuzneck	551.300	
über 100.000 EW	Prokop'evsk	198.400	12,1
	Belovo	129.000	
über 50.000 EW	Leninsk-Kuzneckij	99.800	16,8
	Meždurečensk	98.700	
	Kiselëvsk	97.400	
	Jurga	81.400	
	Anžero-Sudžensk	78.800	
GESAMT (Oblast' Kemerovo)		2.717.600	100

Quelle: http://www.kemerovostat.ru/bgd/EJEGOD/issWWW.exe/Stg/2015/2e_адм_нас.html (eingesehen am 16.02.2017), eigene Berechnung und Darstellung

Die Oblast' Kemerovo ist mit 28,6 Einwohner pro km² die am dichtesten besiedelte Region im sibirischen Föderalen Okrug. Die Region übertrifft damit nicht nur die anderen elf sibirischen Föderationssubjekte, sondern auch den Durchschnitt Russlands (8,4) deutlich (Abbildung 13).

Eine Betrachtung der Bevölkerungsgröße der Städte (Tabelle 8, S. 41) kann in Kombination mit der Karte (Abbildung 8, S. 23) aufschlussreiche Erkenntnisse bieten:

1. Die Oblast' Kemerovo verfügt mit zwei nahezu bevölkerungsgleichen Städten (Kemerovo, Novokuzneck) über eine einzigartige Situation in Sibirien. In der Hauptstadt Kemerovo leben „nur" 20,4 % der gesamten Einwohner der Region. Das ist der niedrigste Wert in Sibirien.[92] In den Oblasti z. B. von Omsk (59,5 %), Novosibirsk (57,4 %) oder Tomsk (52,9 %) sind die Hauptstädte und deren Agglomerationen extrem dominant und die Regionen damit monozentral.[93]

2. Insgesamt ist die Siedlungsstruktur im Untersuchungsgebiet durch Polyzentralität geprägt: Neben Kemerovo und Novokuzneck existieren noch zwei Städte mit mehr als 100.000 Einwohnern und mit Leninsk-Kuzneckij, Meždurečensk und Kiselëvsk drei, die erst in den letzten Jahren unter diese Marke gerutscht sind. Insgesamt leben 69,5 % der Bevölkerung (ca. 2 Mio. EW) in den neun Städten, die mehr als 50.000 Einwohner besitzen (Tabelle 8). Diese polyzentrische Struktur ist bei Altindustriegebieten der Montanindustrie durchaus öfters anzutreffen (z. B. im Ruhrgebiet).

3. Die Mehrheit der größeren urbanen Einheiten lokalisieren sich im Süden der Oblast'. In der russischen Literatur wird diese Ansammlung als „Südliche-Kuzbass-Agglomeration" (russ. Južnaja-Kuzbasskaja-aglomeracija)[94] bezeichnet: Zieht man um Novokuzneck einen Radius von ca. 50 km Luftlinie, werden die nahe gelegenen Städte Prokop'evsk, Kiselëvsk und sogar Meždurečensk mit einbezogen. Gemeinsam mit den zusätzlichen kleinen Siedlungen und Städten (z. B. Kaltan, Myski) in diesem Umkreis verfügt die Agglomeration über ca. 1,1 bis 1,2 Mio. Einwohner. Die Hauptstadt Kemerovo ist mit ihrem Umland wesentlich kleiner. Im Ergebnis besitzt das Kusnezk-Becken damit das dichteste Städtenetz Russlands östlich des Urals.

4. Auf der Karte (Abbildung 8, S. 23) wird deutlich, dass sich im östlichen Teil des Untersuchungsgebietes zwischen Meždurečensk und Mariinsk eine große Fläche mit nur wenigen Siedlungspunkten erstreckt. Im später folgenden Kapitel 3.2.10 (S. 73) wird gezeigt, dass insgesamt 63,4 % des Territoriums der Oblast' aus Wald besteht. Würde man diese praktisch nicht besiedelte und bewachsene Fläche (ca. 60.700 km²) von der gesamten Größe abziehen, ergäbe sich eine Bevölkerungsdichte von ca. 78 Einwohnern pro km².[95] Im Ergebnis wird eine sehr starke inselhafte Erschließung mit hoher Konzentration auf die Städte deutlich. In den 16 Stadtkreisen (russ. gorodskie okruga) leben 78,5 % der Bevölkerung auf einer Fläche von nur 2,6 %. Das entspricht einer durchschnittlichen Einwohnerdichte von ca. 870 Einwohnern/km². Damit wird die Bevölkerungsdichte der meisten deutschen Metropolregionen überschritten.

---

[92] Im Anhang befindet sich eine kurze Übersicht über die Einwohnergrößen der sibirischen Regionshauptstädte und deren prozentualen Einwohneranteil (Tabelle 45, S. 356).
[93] Eigene Berechnung nach: http://www.gks.ru/free_doc/doc_2016/bul_dr/mun_obr2016.rar (eingesehen am 03.11.2016).
[94] Z. B. BABUN, R. (2012): S. 239-240.
[95] Eigene Berechnungen nach: KEMEROVOSTAT (Hrsg.) (2015a): S. 13, 15.

Tabelle 9: Urbanisierungsgrad in Russland (Top 5) im Vergleich (2016)

№	Föderationssubjekt/Einheit*	Föderaler Okrug	Urbanisierung in %
1.	Oblast' Magadan	Ferner Osten	95,5
2.	Oblast' Murmansk	Nord-West	92,5
3.	Autonomer Okrug Jugra der Chanten und Mansen	Ural	92,2
4.	**Oblast' Kemerovo**	**Sibirien**	**85,8**
5.	Oblast' Sverdlovsk	Ural	84,5
-	Russland (Durchschnitt)	-	74,1
-	Sibirien (Durchschnitt)		72,9

* Bei dieser Betrachtung werden die per se urbanen Föderationssubjekte Moskau, St. Petersburg und Sevastopol' ausgeklammert, da sie als Städte („von föderaler Bedeutung") 100 % Urbanisierung aufweisen.
Quelle: http://www.gks.ru/free_doc/doc_2016/bul_dr/mun_obr2016.rar (eingesehen am 03.11.2016), eigene Darstellung

Die Oblast' Kemerovo hat den höchsten Urbanisierungsgrad im Sibirischen Föderalen Okrug (Tabelle 9). Im gesamten Kontext der Russischen Föderation belegt das Untersuchungsgebiet den vierten Platz von insgesamt 85 bzw. 82 (ohne die „Städte föderaler Bedeutung"). Allerdings sind die ersten drei Plätze als Regionen am Rande der Ökumene[96] zu betrachten, wobei die Konzentration auf Siedlungsschwerpunkte durch die klimatischen Ungunstfaktoren bedingt ist. Darüber hinaus beherbergen diese Administrativeinheiten jeweils signifikant weniger Einwohner als die Oblast' Kemerovo.[97]

Wieso ist die Urbanisierung in der Oblast' Kemerovo überdurchschnittlich hoch?

Der Novokuznecker Geograph A. VAŠČENKO bringt hierfür die Erklärung, dass die intensiven Wellen der Industrialisierung (wie in Kapitel 3.2.1 beschrieben) letztlich die Verstädterung im Untersuchungsgebiet bedingt haben. Die Wirtschaftsstruktur und die Industrialisierung hängen eng zusammen und sind schließlich die Ursachen für diese Entwicklung.[98] Dies bestätigt sich ebenfalls beim Blick auf den fünften Platz (Oblast' Sverdlovsk). Der Aufbau der Schwer- und Rüstungsindustrie im Ural brachte (und bringt) in dieser Region mit der Hauptstadt Ekaterinburg ebenfalls eine überdurchschnittlich hohe Urbanisierungsquote mit sich.

In den letzten Jahren ist eine zusätzliche Verstärkung der Bevölkerungskonzentration zu beobachten. Die einzigen Einheiten, die an Bevölkerung gewinnen, sind die Hauptstadt Kemerovo und das dazugehörige Umland (Kemerovskij Rajon). Das Wachstum der regionalen Verwaltungshauptstädte ist im Großteil der 85 russischen Regionen zu beobachten.[99] Diese Prozesse der „Metropolisierung" sind in der Oblast' Kemerovo in mehreren Dimensionen sichtbar: Die Bergbaustädte (z. B. Prokop'evsk oder Kiselëvsk) weisen den stärksten absoluten Einwohnerverlust auf (Abbildung 14). Dieser Verlust wird

---

[96] Siehe dazu u. a.: ZORNOW, A. (2015).
[97] Die Oblast' Murmansk hat 762.200, Oblast' Magadan 146.300 und Jugra 1.626.800 Einwohner (01/2016) [Quelle: http://www.gks.ru/free_doc/doc_2016/bul_dr/mun_obr2016.rar (eingesehen am 03.11.2016)].
[98] VAŠČENKO, A. (2010): S. 296.
[99] BÜLOW, CH. (2014a): S. 253-255.

teilweise durch die Abwanderung aus den ländlichen Gebieten der Oblast' kompensiert. Insbesondere im strukturschwachen und ländlichen Norden ist der Bevölkerungsrückgang prozentual stark überdurchschnittlich. Rajony wie z. B. Ižmorskij oder Tjažinskij haben von 2007 bis 2016 ca. 25 % bzw. 27 % ihrer Einwohner verloren (Abbildung 15).

Tabelle 10: Einwohnerentwicklung der Städte in der Oblast' Kemerovo (1970–2016)

Städte	Bevölkerung nach Volkszählungen				Bevölkerung am 1.1.2016 (gerundet)
	1970	1989	2002	2010	
Kemerovo	**418.549**	**557.342**	**529.934**	**532.981**	**553.100**
Novokuzneck	514.924	617.257	565.698	547.904	551.300
Prokop'evsk	273.545	272.200	224.597	210.130	198.400
Belovo[100]	152.795	174.554	144.138	134.513	129.000
Leninsk-Kuzneckij[101]	166.727	172.691	114.758	103.938	99.800
Meždurečensk	87.596	110.550	101.987	101.678	98.700
Kiselëvsk	133.105	133.597	111.287	103.019	97.400
Jurga	61.916	93.911	85.555	81.533	81.400
Anžero-Sudžensk[102]	112.341	113.630	93.191	82.497	78.800
Berëzovskij	44.114	56.936	50.687	49.510	49.300
Osinniki	111.622	87.384	67.659	60.918	48.300
Myski	41.627	48.690	47.021	45.375	44.100
Mariinsk	39.342	39.562	42.977	40.526	39.300
Kaltan[103]	-	-	25.951	21.892	30.700
Polysaevo	-	-	31.316	30.671	29.700
Tajga	26.954	27.210	27.253	27.424	26.400
Topki	28.880	33.195	31.004	28.641	28.100
Gur'evsk[104]	45.444	39.978	37.090	33.266	23.400
Taštagol[105]	79.866	25.980	23.363	23.134	23.100
Salair	-	-	9.472	8.262	7.900
Oblast' Kemerovo	2.913.515	3.171.134	2.899.142	2.763.135	2.717.600
Anteil dieser Städte an Bevölkerung in %	80,3	82,1	81,6	82,1	82,4

Quelle: KEMEROVOSTAT (Hrsg.) (2008a): S. 22, KEMEROVOSTAT (Hrsg.) (2012a): S. 23-25, KEMEROVOSTAT (Hrsg.) (2013a): S. 15, KEMEROVOSTAT (Hrsg.) (2015a): S. 13
http://www.kemerovostat.ru/bgd/EJEGOD/issWWW.exe/Stg/2015/2e_адм_нас.html (eingesehen am 16.02.2017), eigene Darstellung

---

[100] Inkludiert sind die „Siedlungen städtischen Typs" Bačatskij, Gramoteino, Inskoj, Novy Gorodok. Die Stadt Belovo hatte 2010 82.425 Einwohner.
[101] Im Oktober 1989 wurde die Stadt Polysaevo als eigenständiger Administrativraum aus der Stadt Leninsk-Kuzneckij ausgegliedert.
[102] Bis 2002 war die „Siedlung städtischen Typs" (bzw. „posëlok gorodskogo tipa") Rudničnyj inkludiert. Die Stadt Anžero-Sudžensk hatte 2002 86.480 Einwohner.
[103] Inkludiert sind weitere vier „sels'kie naselennye punkty" (dt. Ländliche Siedlungspunkte)
[104] Bei den Einwohnerwerten von 1970 – 2010 ist die Stadt Salair inkludiert. Die Stadt Gur'evsk (ohne Salair) hatte 2002 27.381 Einwohner.
[105] Der drastische Einwohnerrückgang von 1970 zu 1989 ist u. a. durch die Grenzverschiebung zwischen der Stadt und dem Umland (Rajon) zu erklären.

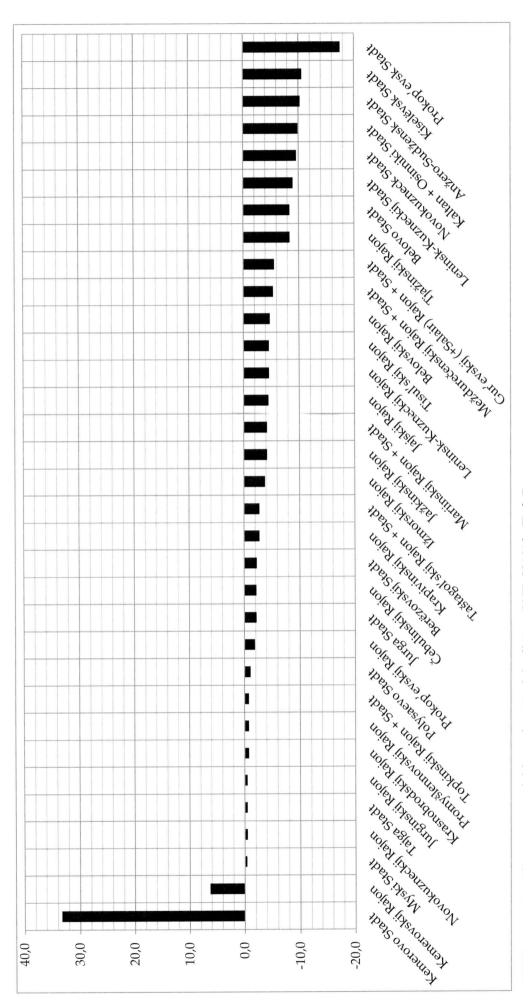

Abbildung 14: Bevölkerungsentwicklung der Munizipalitäten 2007–2016* in Tsd. Personen

* Die Jahresangaben beziehen sich jeweils auf den Stand im Januar. Insgesamt hat die Oblast' Kemerovo von 2007 bis 2016 ca. 108.700 Menschen verloren.

Quelle: KEMEROVOSTAT (Hrsg.) (2008b): S. 12, http://www.kemerovostat.ru/bgd/EJEGOD/issWWW.exe/Stg/2015/2e_адм_нас.html (eingesehen am 16.02.2017), eigene Berechnung und Darstellung

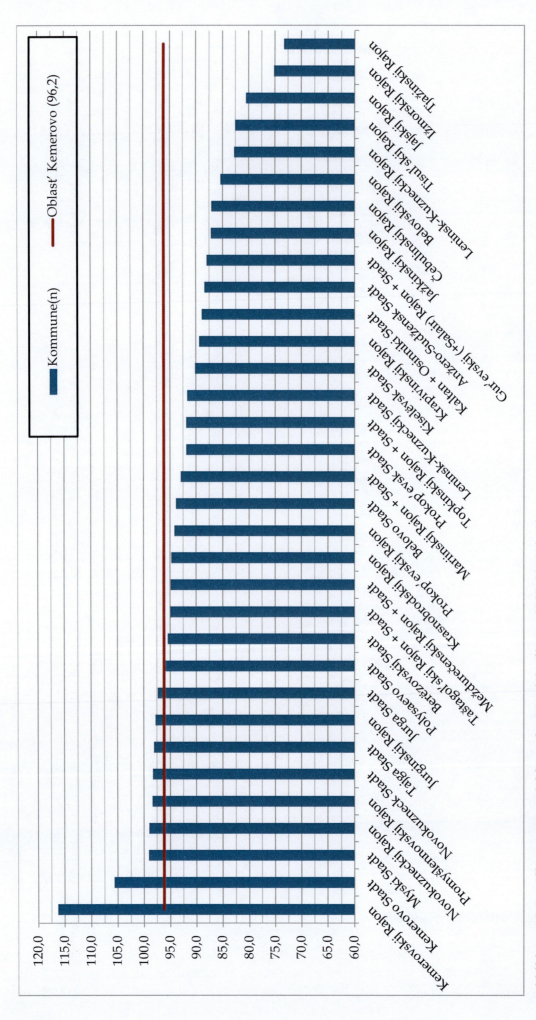

Abbildung 15: Bevölkerungsentwicklung der Munizipalitäten 2007–2016* in %

* 2007 = 100 %, Die Jahresangaben beziehen sich jeweils auf den Stand im Januar.

Quelle: KEMEROVOSTAT (Hrsg.) (2008b): S. 12, http://www.kemerovostat.ru/bgd/EJEGOD/issWWW.exe/Stg/2015/2e_адм_нас.html (eingesehen am 16.02.2017), eigene Berechnung und Darstellung

Zusammenfassend zu diesem Unterkapitel ist zu sagen, dass die Bevölkerungsdichte weit über dem Durchschnitt liegt. Darüber ist die Siedlungskonzentration durch die Ballung in den Städten sehr stark. Die Hauptstadtagglomeration ist aus bevölkerungsgeographischer Sicht die einzige Wachstumsregion in der Oblast' Kemerovo.

3.2.4. Hohe Arbeitslosigkeit

Die Betrachtung der Arbeitslosigkeitsrate ist ein wichtiges Kennzeichen, welches Aufschluss über die Verbindung zwischen makroökonomischen Daten und dem Arbeitsmarkt gibt.

Bei der Berücksichtigung der Arbeitslosenquote treten methodische Besonderheiten zutage: In der russischen Statistik wird vielerorts noch die „registrierte Arbeitslosigkeit" unterschieden. Diese Werte sind deutlich niedriger und weisen folgendes Defizit auf: Die Erhebungsmethode wird hauptsächlich dadurch beeinflusst, dass die Arbeitslosenhilfe in Russland von geringem Umfang ist. Der vergleichsweise hohe bürokratische Aufwand, sich bei den Behörden zu melden, führt dazu, dass sich weniger Menschen als „arbeitslos" registrieren und damit nicht erfasst sind. Aussagekräftigere Ergebnisse bietet die Erfassung der Arbeitslosigkeit nach den Kriterien der Internationalen Arbeitsorganisation (ILO) der Vereinten Nationen.[106] Aufgrund der besseren Vergleichbarkeit wird auf diese Werte zurückgegriffen. In Abbildung 16 ist der prozentuale Anteil der Arbeitslosen in verschiedenen Regionen Sibiriens und im Durchschnitt Russlands für das Jahr 2014 dargestellt. Die Oblast' Kemerovo befindet sich mit einer Quote von 6,2 % unter dem Durchschnitt des dazugehörigen Föderalen Okrugs (7,0 %), allerdings leicht über dem russischen Wert von 5,2 %. Das Untersuchungsgebiet ordnet sich damit in die Spitzengruppe direkt neben Chakassien und hinter den Regionen von Novosibirsk und Krasnojarsk ein. Die stark land- und subsistenzwirtschaftlich geprägten Regionen (insbes. Tyva, aber auch die Republik Altaj) weisen die höchsten Arbeitslosenquoten auf. Allerdings muss ergänzt werden, dass der informelle Sektor ziemlich stark ist, was u. a. dazu führt, dass ein Großteil der realen Arbeitsverhältnisse nicht offiziell gemeldet ist.

Die Momentaufnahme der Arbeitslosigkeitsrate aus dem Jahr 2014 (Abbildung 16) kann in Abbildung 17 im Zeitverlauf konkretisiert werden. In Russland, Sibirien und insbes. in der Oblast' Kemerovo sind die Auswirkungen der Weltwirtschaftskrise 2009 deutlich zu erkennen. Die Entwicklungslinie des Untersuchungsgebietes verlief nah am sibirischen Durchschnittswert und konnte 2014 unterboten werden. Insgesamt entspricht die Oblast' in dieser Hinsicht nicht den typischen Kriterien einer Altindustrieregion mit hoher Erwerbslosenquote. Andere Daten z. B. zur Entwicklung der Erwerbstätigkeit für 2014 (im nächsten Kapitel) schärfen das Bild des vergleichsweise minimalen Anstiegs von 2013 zu 2014.

---

[106] KARABCHUK, T. (2010): S. 2-4.

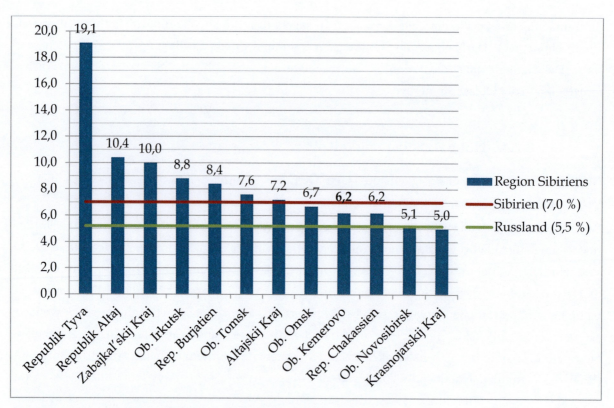

Abbildung 16: Arbeitslosenquote in den Regionen Sibiriens und Russland in % (2014)
Quelle: http://www.gks.ru/bgd/regl/b15_14p/IssWWW.exe/Stg/d01/03-18.doc (eingesehen am 09.11.2016), eigene Darstellung

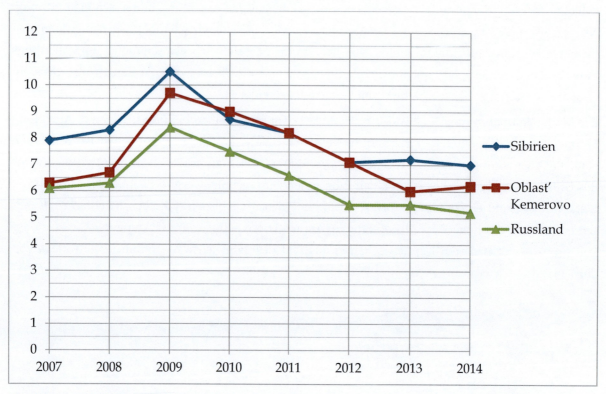

Abbildung 17: Entwicklung der Arbeitslosenquote in der Oblast' Kemerovo, Sibirien und Russland in % (2007–2014)
Quelle: http://www.gks.ru/bgd/regl/b15_14p/IssWWW.exe/Stg/d01/03-18.doc (eingesehen am 09.11.2016), http://www.gks.ru/bgd/regl/B12_14p/IssWWW.exe/Stg/d01/04-15.htm (eingesehen am 05.10.2015), eigene Darstellung

3.2.5. Monostrukturierung der Wirtschaft und des Arbeitsmarktes

Die Entwicklung der Arbeitslosenquote steht in enger Verbindung mit den Erwerbszahlen. Abbildung 18 verdeutlicht den starken Einbruch der Erwerbstätigenzahl im Zuge der Weltwirtschaftskrise ab 2007/08, die darauffolgende Aufwärtsentwicklung und den erneuten Einbruch im Jahre 2014. Insgesamt gingen zwischen 2007 und 2014 mehr als 50.000 Arbeitsplätze verloren (-3,7 %), wobei die Verluste auf die Sektoren der Rohstoffförderung (ca. 33.000) und des verarbeitenden Gewerbes (ca. 20.000) konzentriert waren.[107] Bei einem gleichzeitigen Bevölkerungsverlust in dieser Zeit von 3,2 %[108] erscheint dies nicht überdurchschnittlich dramatisch. Allerdings ist die Entwicklung des Arbeitsplatzvolumens in den Branchen sehr unterschiedlich. DÖRRE und RÖTTGER haben mit ihrer Analyse der drei Städte Dortmund, Nürnberg und Chemnitz gezeigt, dass der Rückgang bei den Beschäftigtenzahlen in der Industrie ebenfalls ein sehr wichtiges Charakteristikum von Altindustrieregionen darstellt. Darüber hinaus resümieren die Autoren, dass diese Arbeitsplatzverluste nicht von der Dienstleistungsbranche oder anderen Bereichen kompensiert werden.[109] Dies ist auch in der Oblast' Kemerovo der Fall.[110]

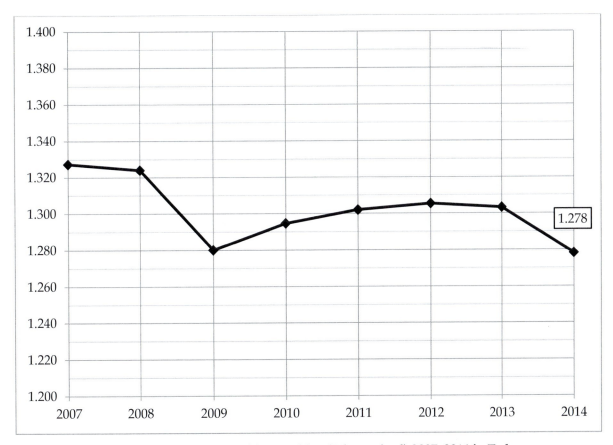

Abbildung 18: Entwicklung der Beschäftigtenzahlen (Jahresmittel) 2007–2014 in Tsd.
Quelle: KEMEROVOSTAT (Hrsg.) (2012b): S. 73, KEMEROVOSTAT (Hrsg.) (2015a): S. 44, eigene Darstellung

---

[107] Berechnet nach KEMEROVOSTAT (Hrsg.) (2012b): S. 73, KEMEROVOSTAT (Hrsg.) (2015a): S. 44.
[108] Berechnet nach KEMEROVOSTAT (Hrsg.) (2015a): S. 29, http://www.kemerovostat.ru/bgd/EJEGOD/issWWW.exe/Stg/2009/(4) население.htm (eingesehen am 09.10.2015).
[109] DÖRRE, K.; RÖTTGER, B. (2006): S. 32-56.
[110] Siehe dazu auch Abbildung 60 (S. 176).

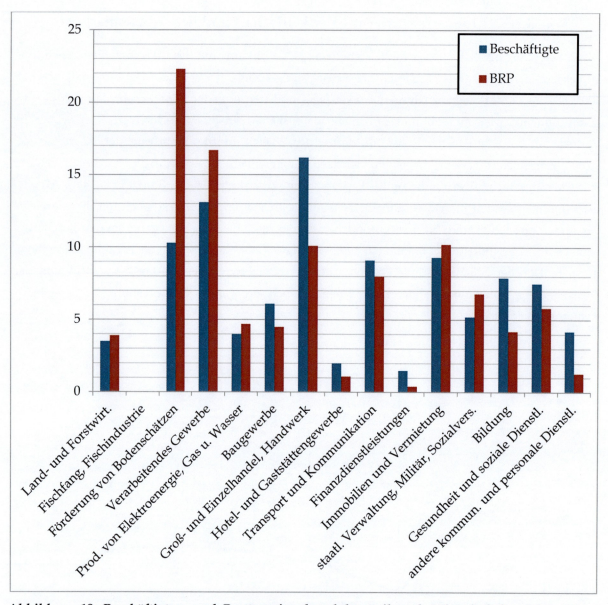

Abbildung 19: Beschäftigten- und Bruttoregionalproduktanteil nach Wirtschaftsbereichen in der Oblast' Kemerovo in % (2013)
Quelle: http://www.gks.ru/free_doc/new_site/vvp/tab-vrp2.htm (eingesehen am 16.03.2016);
KEMEROVOSTAT (Hrsg.) (2015a): S. 45, 46; eigene Darstellung

Abbildung 15 stellt den Anteil der Beschäftigten und der Bruttowertschöpfung in den jeweiligen Wirtschaftszweigen gegenüber. Der Kern der Darstellung liegt hierbei vor allem darin, dass 22,3 % der Wirtschaftsleistung im Sektor der Rohstoffförderung erbracht wurden – in dem aber nur 10,3 % der gesamten Erwerbstätigen (2013) arbeiten. Gemeinsam mit dem verarbeitenden Gewerbe (16,7 %) stellen die Industriesektoren die dominanten Wirtschaftszweige dar. Diese Abhängigkeit von der Kohle war in den letzten Jahren sogar noch höher: 2011 betrug der Anteil der Branche „Förderung von Bodenschätzen" am gesamten BRP 35,1 %.[111]

Wie hat sich schließlich die Wertschöpfung in den fünf wichtigsten Wirtschaftszweigen in den letzten Jahren entwickelt?

---

[111] KEMEROVOSTAT (Hrsg.) (2015a): S. 44.

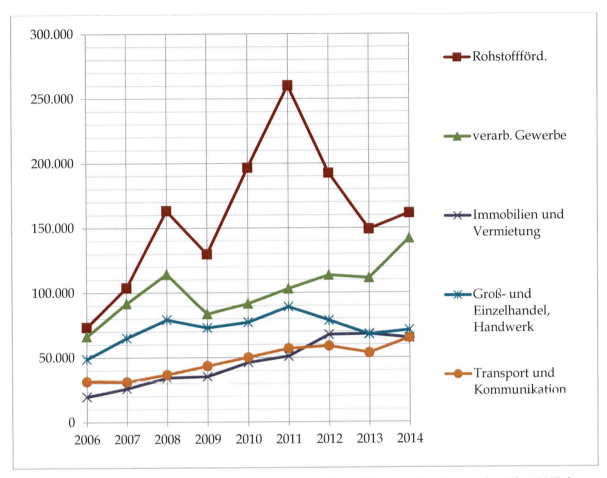

Abbildung 20: Bruttowertschöpfung (BRP) der 5 größten Wirtschaftssektoren in Mio. RUB in laufenden Preisen (2006–2014)
Quelle: http://www.kemerovostat.ru/bgd/EJEGOD/issWWW.exe/Stg/2011/11e_снс.htm (eingesehen am 23.10.2015), http://www.kemerovostat.ru/bgd/EJEGOD/issWWW.exe/Stg/2009/(8) региональные показатели системы национальных счетов и основные фонды.htm (eingesehen am 03.12.2015), http://www.gks.ru/free_doc/new_site/vvp/tab-vrp2.htm (eingesehen am 17.03.2016), KEMEROVOSTAT (Hrsg.) (2015a): S. 135, eigene Darstellung

Die in Abbildung 20 dargestellten fünf wichtigsten Branchen erwirtschafteten 2014 kumuliert 67,5 % des Bruttoregionalproduktes (2006 = 70,1 %) der Oblast' Kemerovo. Insgesamt stieg das BRP von 2006 bis 2014 um 118,4 %. Dieses Wachstum gilt es insgesamt zu relativieren, da die Zahlen zwar in laufenden Preisen, aber insgesamt ohne den Einfluss der Inflation angegeben sind. Bei den Branchen ist die Entwicklung der Rohstoffförderung besonders auffällig. Nach einer sehr rasanten Aufwärtsentwicklung bis 2011 fiel der Umsatz in diesem Bereich derartig stark, dass das gesamte BRP von 2011 bis 2014 rückläufig ist. In der Einleitung (S. 3) wurde bereits darauf hingewiesen, dass dies für Russland eine große Ausnahme darstellt. Die Rohstoffförderung befindet sich 2014 knapp unter dem Niveau von vor der Weltwirtschaftskrise von 2008. Das verarbeitende Gewerbe verzeichnete eine Entwicklung mit stärkerer Konstanz. Das Vorkrisenniveau von 2008 konnte 2013 nicht eingestellt werden. 2014 stiegen die Umsätze jedoch stark an. Dramatisch ist der Verlauf des Groß- und Einzelhandels und des Handwerks. Mit dem Absinken der Wirtschaftsleistung im Rohstoffsektor sind auch der Konsum und die Umsätze bei den Dienstleistungen in der Oblast' Kemerovo seit 2011 rückläufig. Es bestätigt sich der Eindruck, dass die Verluste bei Arbeitsplätzen und Wirtschaftsleistung in den industriellen Bereichen seit der globalen Finanzkrise nicht von anderen Branchen (z. B. üblicherweise durch Tertiärisierung) kompensiert werden können. Im Ergebnis dominiert damit die Rohstoffbranche, deren Wertschöpfung stagniert bzw. rückläufig ist. Das verarbeitende Gewerbe relativiert dies. Insgesamt kann dieser Indikator hierbei gemeinsam mit der „Monostrukturierung" abgearbeitet werden. Obwohl dieses Charakteristikum[112] nur von wenigen Autoren (Tabelle 3, S. 26) genannt wurde, bleibt es im Zusammenhang mit dem Arbeitsmarkt ein wichtiges Indiz, da die Identifizierung von Wachstums- und Schrumpfungsbranchen ein entscheidender Ausgangspunkt für die weitere Zielstellung und Entwicklungsrichtung der Wirtschaftsstruktur ist.

Für dieses Unterkapitel lässt sich Folgendes zusammenfassen: Hinsichtlich der Arbeitsplatzverteilung zwischen den Wirtschaftssektoren liegt für die Oblast' Kemerovo keine Monostrukturierung vor. Allerdings erbringen die Industrien den größten Teil der regionalen Wertschöpfung und bestimmen mit ihrer eigenen Entwicklung die Entwicklung der Wirtschaft insgesamt. Bezeichnend ist die durch den Absatzverlust der Kohleförderung induzierte Verringerung des BRP in der jüngsten Vergangenheit.

3.2.6. Hoher Industriebesatz

Im Anschluss an das Kennzeichen der „Monostrukturierung des Arbeitsmarktes" kann der „hohe Industriebesatz" mit ähnlicher Perspektive eine weitere Ausdifferenzierung durch einen regionalen Vergleich und die relative Darstellung bieten. Laut Lexikon der Geographie sind mit Industriebesatz die „*Industriebeschäftigten je 1.000 Einwohner (oder je 1.000 Erwerbstätige)*" definiert.[113]

In

Abbildung 21 ist dieses Merkmal anhand der sibirischen Regionen und Russland dargestellt.

Methodisch müssen folgende wichtige Dinge vorangestellt werden:

1. Bei der Auswahl von Kennzeichen der „Industrie" wurde sich auf die klassischen Branchen beschränkt – Rohstoffförderung, verarbeitendes Gewerbe –, welche im Sinne der Definition von Altindustrieregionen schon genannt wurden (3.1, S. 24 ff.).

2. Beim Zweig des „verarbeitenden Gewerbes" sind konkrete Ausdifferenzierungen beim Vergleich für alle zwölf sibirischen Regionen nicht möglich, da die Datenverfügbarkeit begrenzt ist. Es ist jeweils ein Aggregatdatensatz, wobei u. a. folgende Bereiche darunterfallen können: Produktion von Nahrungs- und Genussmitteln, Textilherstellung, Produktion von Koks und Öl, Plastikproduktion, Metallverarbeitung, Maschinenbau, Ersatzteil- und Ausrüstungsproduktion usw.[114]

---

[112] Bei FÖRSTER wurde auch die vergleichsweise hohe Relevanz des Indikators „Branchen, die bei der Wertschöpfung stagnieren" betont [FÖRSTER, H. (1999): S. 23].
[113] BRUNOTTE et al. (Hrsg.) (2002b): S. 155.
[114] KEMEROVOSTAT (Hrsg.) (2015a): S. 44-45.

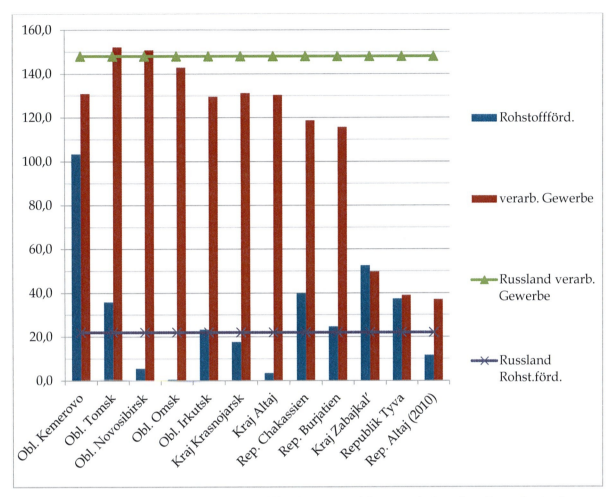

Abbildung 21: Beschäftigte in der Rohstoffförderung und im verarbeitenden Gewerbe in den Regionen Sibiriens und Russland pro 1.000 Beschäftigte (2013)

Quelle: KEMEROVOSTAT (Hrsg.) (2015a): S. 44, TOMSKSTAT (Hrsg.) (2015): S. 47, NOVOSIBSTAT (Hrsg.) (2014b): S. 37, OMSKSTAT (Hrsg.) (2014): S. 10-11, IRKUTSKSTAT (Hrsg.) (2014): S. 38, KRASSTAT (Hrsg.) (2015): S. 61-62, ALTAJKRAJSTAT (Hrsg.) (2014): S. 71, CHAKASSTAT (Hrsg.) (2015): S. 19, BURJATSTAT (Hrsg.) (2014): S. 93, ALTAJSTAT (Hrsg.) (2011): S. 27, http://stat.chita.ru:8080/bgd_site/bgd.aspx, http://tuvastat.ru/bgd/EZHEG_2014/isswww.exe/Stg/среднегодовая численность занятых в экономике по видам экономической деятельности.htm, http://www.gks.ru/free_doc/new_site/population/trud/trud10.xls (je eingesehen am 20.10.2015), eigene Berechnung und Darstellung

Die Darstellung in Abbildung 21 zeigt, dass in der Oblast' Kemerovo ca. 103 von 1.000 Beschäftigten im Sektor der Rohstoffförderung tätig sind. Es wurde bereits darauf hingewiesen (S. 3), dass dies in absoluten Zahlen im Jahr 2013 ca. 135.000 Menschen betrifft (bzw. 2014 = 125.600). In dieser relationalen Betrachtung belegt die Oblast' Kemerovo mit Abstand den ersten Platz in Sibirien und rangiert weit über dem Durchschnitt von Russland (22). Die hohen Werte bei der Rohstoffförderung einiger kleinerer Föderationssubjekte kommen u. a. durch deren niedrige Grundgesamtheit der Erwerbstätigen zustande. Der zweite Platz (Kraj Zabajkal') beschäftigt mit ca. 25.600 Personen in diesem Sektor nahezu ebenso viele wie der achte Platz Kraj Krasnojarsk. Der Industriebesatz ist ein hilfreiches vergleichendes Kennzeichen, allerdings kann eine Darstellung der absoluten Zahlen noch deutlichere Aussagen treffen: In der Russischen Föderation ist die Oblast' Tjumen' im Rohstoffsektor (2014) mit großem Abstand auf dem ersten Rang mit ca. 287.300 Beschäftigen (27 % Anteil an Russland). Im Gegensatz zum Untersuchungsgebiet speisen sich die Zahlen nicht aus der Kohle-, sondern aus der Erdgas- und Ölförderung. Die Tendenz in Tjumen' ist steigend. Der Anteil der Oblast' Kemerovo entspricht im russischen Vergleich ca. 1/8 (11,8 %), mit sinkender Tendenz in den letzten Jahren. Diese beiden Föderationssubjekte sind äußerst dominant bei der Rohstoffförderung, da der dritte Rang erst mit ca. 45.400 Arbeitern (4,3 %) von der Republik Sacha Jakutien im Fernen Osten belegt wird. In dieser Region sitzt mit Alrosa der weltweit größte Konzern im Bereich Diamantenförderung.[115]

Beim verarbeitenden Gewerbe ist der Besatz für sibirische Verhältnisse mittelmäßig und für russische unterdurchschnittlich (Abbildung 21). Die Oblasti von Tomsk, Novosibirsk und Omsk übertreffen die Oblast' Kemerovo in dieser Hinsicht deutlich. Allerdings ist deren Erwerbstätigenquote bei der Rohstoffförderung wesentlich niedriger. In der Darstellung können auch die drastischen sibirischen Disparitäten angedeutet werden: Die ärmeren und schwächer besiedelten Regionen (Kraj Zabajkal' und die Republiken Tyva und Altaj) sind extrem schwach mit verarbeitender Industrie ausgestattet.[116] Es dominieren andere Beschäftigungszweige (z. B. Landwirtschaft, Bildung und teilweise sogar auch der Rohstoffsektor). In absoluten Zahlen belegt die Oblast' beim Industriebesatz des verarbeitenden Gewerbes in Sibirien hinter Krasnojarskij Kraj und der Oblast' Novosibirsk den dritten Rang (2014) mit ca. 163.500 Personen.[117] Mit nur 1,66 % Anteil an den gesamtrussischen Beschäftigten in diesem Wirtschaftszweig lokalisiert sich das Untersuchungsgebiet zwar auf deutlich industrialisiertem Niveau, aber unter dem Durchschnitt.

Zusammenfassend kann man zum Kennzeichen des „Industriebesatzes" sagen, dass die Oblast' Kemerovo bei der Rohstoffförderung weit (fast fünfmal) über dem russischen Durchschnitt zu verorten ist. Trotz des Faktes, dass dort „nur" 10 % der Beschäftigten tätig sind, kann im Vergleich gezeigt werden, dass der Bereich doch einen relativ großen und wichtigen Arbeitgeber für die Region darstellt. Im Gegensatz dazu bewegt sich das Untersuchungsgebiet beim verarbeitenden Gewerbe eher im Mittelfeld der sibirischen Regionen und im russischen Vergleich sogar leicht unterdurchschnittlich.

3.2.7. Hohe Infrastrukturdichte

Im Kapitel zur Bevölkerungsdichte (3.2.3, S. 41 ff.) wurde bereits auf die hohe Siedlungskonzentration hingewiesen. Dies bringt u. a. weitreichende Implikationen für die Verkehrsinfrastruktur mit sich. Im folgenden Kapitel wird die vergleichsweise hohe Infrastrukturdichte der Oblast' Kemerovo dargelegt, die sich aus Platzgründen an dieser Stelle nur auf die Bereiche Straße und Schiene beschränkt.

3.2.7.1. Straßeninfrastruktur

Abbildung 22 visualisiert die Straßenkilometerdichte der sibirischen Regionen im Vergleich. Der Altajskij Kraj verfügt in Relation zu seiner Fläche über das längste Straßennetz in Sibirien. Die Oblast' Kemerovo folgt an zweiter Stelle mit 171 km asphaltierter Wegelänge auf 1.000 km² Fläche. Damit

---

[115] Eigene Berechnungen nach: http://www.gks.ru/bgd/regl/b15_14p/IssWWW.exe/Stg/d01/03-06-1.doc (eingesehen am 17.11.2016).
Ein kurzer Exkurs zur Diamantenförderung in Jakutien findet sich in Kapitel 5.4.2 (S. 256 ff.).
[116] Im Anhang ist das Bruttoregionalprodukt der Regionen Sibiriens abgetragen (Tabelle 46, S. 356).
[117] http://www.gks.ru/bgd/regl/b15_14p/IssWWW.exe/Stg/d01/03-06-1.doc (eingesehen am 17.11.2016).

liegt die Region dreimal über dem russischen (58) und fünfmal über dem sibirischen Durchschnittswert (34).

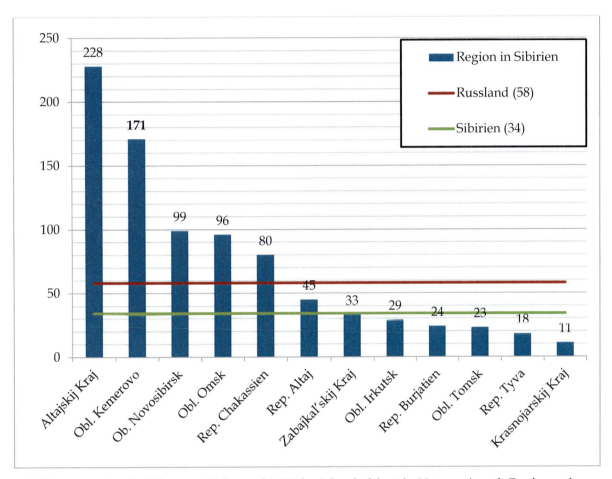

Abbildung 22: Straßenkilometerdichte auf 1.000 km² (asphaltiert, in Nutzung) nach Regionen in Sibirien (2013)
Quelle: http://www.gks.ru/bgd/regl/b14_14p/IssWWW.exe/Stg/d03/17-04.htm (eingesehen am 24.10.2015), eigene Darstellung

Der Blick auf die Karte (S. 23) zeigt, dass die wichtige föderale Trasse (M-53) durch die Oblast' von Jurga über Kemerovo-Stadt bis nach Tjažinskij (und weiter nach Osten in Richtung Krasnojarsk) führt. Von großer regionaler Bedeutung ist die Schnellstraße Nord-Süd von Kemerovo nach Novokuzneck. Dieser autobahnartige Verkehrsweg (vierstreifig, Tempolimit 110 km/h) ist in Sibirien als Infrastrukturelement einzigartig.[118] Die Straße ermöglicht eine theoretische Verbindung der 220 Kilometer langen Strecke von der Hauptstadt bis nach Novokuzneck (jeweils Stadtzentren) mit dem PKW in ca. 3:20 h (abhängig von der Verkehrssituation und prinzipiell konservativ kalkuliert).[119] Die schnellsten Linienbusse können diese Strecke ebenfalls in weniger als vier Stunden zurücklegen.[120]

---

[118] http://kuzdor.ru/первая-автомагистраль-сибири-открыта-в-кузбассе.aspx (eingesehen am 24.10.2015).
[119] Berechnet nach: https://maps.yandex.ru/ (eingesehen am 24.10.2015).
[120] Die Busverbindungen sind sehr unterschiedlich, da sie abhängig von der Route sind. Falls ein größerer Zwischenstopp in Leninsk-Kuzneckij oder Belovo eingelegt wird, benötigt der Bus mindestens 4:30 h. Einige Expressverbindungen (direkt, nur kurzer Zwischenhalt auf einer Autobahnraststätte) können die Strecke (laut Fahrplan) in ca. 200 Minuten zurücklegen.
Quelle: http://www.e-traffic.ru/schedule/kemerovo (eingesehen am 26.10.2015).

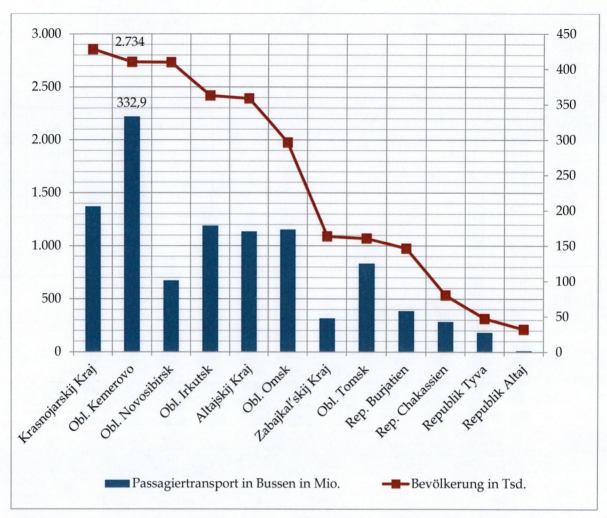

Abbildung 23: Passagiertransport in Bussen (in Mio.) und Bevölkerung (in Tsd.) in Sibirien (2013)
Quelle: http://www.gks.ru/bgd/regl/b14_14p/IssWWW.exe/Stg/d01/02-01.htm;
http://www.gks.ru/bgd/regl/b14_14p/IssWWW.exe/Stg/d03/17-03.htm (je eingesehen am 24.10.2015), eigene Darstellung

Buspassagiere können als Kennzeichen für Verkehrsintensität, allerdings nicht tendenziell als Qualitätsmesser der Verkehrswege zurate gezogen werden. In Abbildung 23 wird die Anzahl der Passagiere der Busse ins Verhältnis zur Bevölkerung der sibirischen Regionen gesetzt. In der Oblast' Kemerovo wurden 2013 ca. 333 Mio. Personen auf diese Weise transportiert. Das ist mit deutlichem Abstand der höchste Wert in Sibirien. Prozentual entspricht dies einem Anteil von ca. 22,7 %. Der Anteil des Untersuchungsgebietes an Russland liegt bei 2,9 % und ist mit 1,9 % der Einwohner (2013) überdurchschnittlich.[121]

Zum Vergleich: Die Oblast' Novosibirsk hatte 2013 nahezu die gleiche Einwohnergröße wie die Oblast' Kemerovo. Trotzdem hat letztere mehr als dreimal so viele Buspassagiere. Im Ergebnis spiegeln diese Daten aus Abbildung 22 und Abbildung 23 das sehr ausgedehnte Straßen- und das stark polyzentrale Städtenetz des Untersuchungsgebietes wider.

---

[121] Eigene Berechnung nach Quellen aus Abbildung 23.

3.2.7.2. Schieneninfrastruktur

Wie bereits im Kapitel zur Industrialisierungsgeschichte (3.2.1, S. 27) angedeutet, wurde die Transsibirische Eisenbahn im Norden der Oblast' Ende des 19. Jh.s (1893-1897) errichtet. Die Magistrale verkehrt über die Strecke Jurga–Tajga–Anžero-Sudžensk–Mariinsk–Tjažinskij.[122]

Die Oblast' Kemerovo besitzt mit 176 Schienenkilometern auf 10.000 km² in Nutzung eine vergleichsweise sehr hohe Dichte (Abbildung 24), was auch auf der Karte (S. 23) zu erkennen ist. Das Streckennetz im Untersuchungsgebiet befindet sich damit deutlich über dem Durchschnittswert Russlands (50 km) und Sibiriens (28 km). Im Föderalen Okrug Sibirien und Ferner Osten existiert kein vergleichbarer Administrativraum mit solchen Werten. Die ebenfalls stark industrialisierten Oblasti von Čeljabinsk (203) und Sverdlovsk (181) weisen ähnlich hohe Werte auf, befinden sich aber im Föderalen Okrug Ural.[123]

In Sibirien verfügen die Republiken Altaj und Tyva sogar über keinerlei Anschluss an das Eisenbahnnetz. Den zweiten Platz in dieser Darstellung belegt die Republik Chakassien, die aber auch mit Abstand die kleinste Region im sibirischen Föderalen Okrug ist und u. a. deswegen bei diesem Merkmal vergleichsweise positiv abschneidet.

In Abbildung 25 ist die Schienendichte der Oblast' Kemerovo den Administrativräumen Sibiriens gegenübergestellt und zum Vergleich eine Darstellung über die Anzahl der Passagiertransporte in Mio. Menschen (2013) abgebildet. Mit deutlichem Abstand führt die Oblast' Novosibirsk diesen Wert an. Die Oblast' verfügt über die größte Stadt Sibiriens und gilt als wichtiger Knotenpunkt für Passagiere auf der Schiene. Nicht nur die transsibirischen Durchfahrten und Verbindungen in den Altaj kreuzen sich hier, sondern auch wichtige Verbindungen nach Zentralasien (z. B. Almaty) verkehren von und nach Novosibirsk.[124]

In Bezug auf die Oblast' Kemerovo bleibt die wichtige Erkenntnis, dass das Verhältnis von Schienendichte und Zugpassagiertransport sehr gegensätzlich ist. Die Region stellt für Sibirien 9,3 % und für Russland nur 0,64 % der Passagiere auf der Schiene (2013).

---

[122] SOLOV'ËV, L. (2006): S. 47; ŠURANOV, N. (Hrsg.) (2006): S. 109.
[123] http://www.gks.ru/bgd/regl/b14_14p/IssWWW.exe/Stg/d03/17-01.htm (eingesehen am 24.10.2015).
[124] Berechnet nach: http://pass.rzd.ru/timetable/public/ru?STRUCTURE_ID=735 (eingesehen am 09.11.2015).

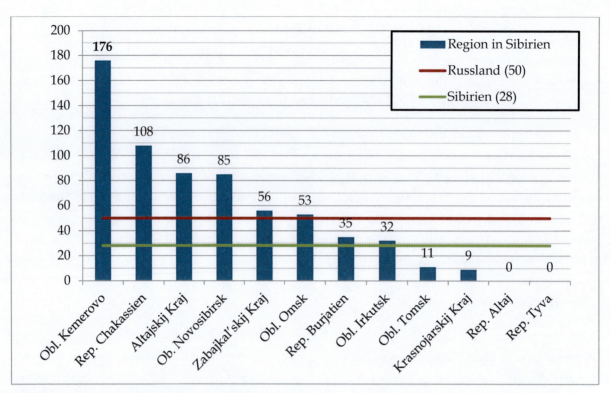

Abbildung 24: Schienenkilometerdichte auf 10.000 km² in Nutzung nach Regionen in Sibirien (2013)

Quelle: http://www.gks.ru/bgd/regl/b14_14p/IssWWW.exe/Stg/d03/17-01.htm (eingesehen am 24.10.2015), eigene Darstellung

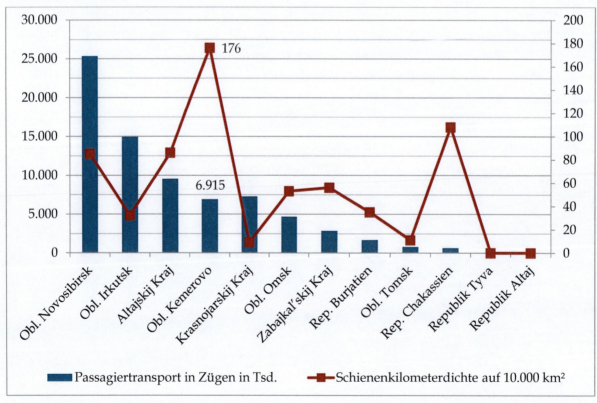

Abbildung 25: Passagiertransport in Zügen (in Tsd.) und Schienenkilometerdichte (auf 10.000 km²) in Sibirien (2013)

Quelle: http://www.gks.ru/bgd/regl/b14_14p/IssWWW.exe/Stg/d03/17-01.htm (eingesehen am 24.10.2015), eigene Darstellung

Wieso entsteht für die Oblast' Kemerovo eine derartige Diskrepanz zwischen den Passagiertransporten und der Schienenkilometerdichte?

Beim Warentransport auf der Schiene in Russland liegt die Region mit deutlichem Abstand an erster Stelle. Insgesamt wurden 2013 ca. 233,6 Mio. t befördert – mit steigender Tendenz. Dies entspricht 53,6 % des sibirischen und 16,9 % des russischen Eisenbahngüterverkehrs. An zweiter Position in Russland folgt die Oblast' Čeljabinsk (73,1 Mio. t) und an dritter die Oblast' Sverdlovsk (61,4 Mio. t).[125] Das Phänomen der hohen quantitativen Abfertigung von Waren auf der Schiene ist vorrangig auf den Abtransport von Steinkohle zurückzuführen. Insgesamt sind in Russland ca. 33 % aller auf der Schiene transportierten Güter Kohle.[126] Daten aus dem Statistischen Jahrbuch der Oblast' Kemerovo belegen, dass 85,9 % des gesamten Eisenbahntransportes der Oblast' darauf zurückzuführen sind.[127] Somit ist auch ein deutlicher Zusammenhang zwischen steigender Kohleförderung und Warenabfertigung auf der Schiene festzustellen.

Wie schon zu Zeiten der Erschließung des Kusnezk-Beckens seit Anfang des 20. Jahrhunderts[128] ist die Kohleförderung stark an die Entwicklung des Schienennetzes geknüpft.

3.2.7.3. Luftverkehr

In der Literatur zu Altindustrieregionen liegt der Fokus der Verkehrsinfrastruktur hauptsächlich auf der Straße und der Schiene. Als Ergänzung soll an dieser Stelle kurz die Flughafeninfrastruktur vorgestellt werden. Der größte Flughafen der Oblast' Kemerovo lokalisiert sich weniger als 10 km Luftlinie südlich des Zentrums der Hauptstadt Kemerovo (Flughafen Aleksej Leonov).[129] Die wichtigste Inlandsverbindung besteht nach Moskau (zweimal täglich). Bei internationalen Reisen werden vor allem Destinationen in Südostasien angeflogen (z. B. Bangkok, Phuket). Eine direkte Verbindung nach Mittel- oder Westeuropa existiert nicht.[130]

Die aktuelle wirtschaftliche Krisensituation lässt sich u. a. auch an der Entwicklung der Passagierzahlen ablesen (Abbildung 26). Die Auslandsreisen haben sich von 2013 (251.000) bis 2015 (120.000) mehr als halbiert. Der Wechselkursverfall des Rubels macht es für die Bevölkerung der Oblast' teuer, in die Ferne zu reisen bzw. dort Urlaub zu machen. Auch die Inlandsreisen stagnieren.

Aktuelle Geschäftsberichte der Flughafenbetreibergesellschaft sind im Internet oder in anderen Quellen nicht verfügbar. Jedoch verzeichnete das Unternehmen im Jahr 2012 einen offiziellen Verlust von ca. 3 Mio. RUB.[131] 2016 verkaufte der SDS-Konzern[132] den Flughafen an die Holding Novaport.[133]

Die aktuelle Betreibergesellschaft Novaport ist u. a. auch Eigner der Flughäfen von Novosibirsk und Tomsk. Der Flughafen in Novosibirsk (Tolmačevo) ist der größte im asiatischen Russland. 2014 wur-

---

[125] Eigene Berechnungen nach: http://www.gks.ru/bgd/regl/b14_14p/IssWWW.exe/Stg/d03/17-01.htm (eingesehen am 24.10.2015).
[126] ČURAŠËV, V. (2015): S. 82.
[127] Eigene Berechnungen nach: KEMEROVOSTAT (Hrsg.) (2015a): S. 191-192.
[128] Siehe Kapitel 3.2.1, S. 27 ff.
[129] Siehe zur Lage des Flughafens Abbildung 64 (S. 190).
[130] http://www.airkem.ru/shedule/internal/, http://www.airkem.ru/shedule/international/
(jeweils eingesehen am 18.02.2016).
[131] MEŽDUNARODNYJ AĖROPORT KEMEROVO (Hrsg.) (2013): S. 1.
[132] Mehr zu SDS in 3.2.12.7 (S. 92 ff.).
[133] http://novaport.ru/airports/kemerovo/ (eingesehen am 25.01.2017).

den ca. 4 Mio. Passagiere abgefertigt. Hiervon lassen sich 1,53 Mio. Fluggäste auf internationale Verbindungen zurück führen[134], was die Funktion als Drehkreuz deutlich macht. Mit den Flughäfen in Kemerovo (Aleksej Leonov) und Novokuzneck (Spičenkovo) verfügt die Oblast' Kemerovo über zwei Flughäfen mit internationalem Status. Insgesamt lässt sich jedoch resümieren, dass sich bei der Flughafeninfrastruktur keine überdurchschnittliche Ausstattung konstatieren lässt. Im Gegenteil: In Sibirien besitzen Novosibirsk oder Krasnojarsk wesentlich größere Strukturen im Luftverkehr.

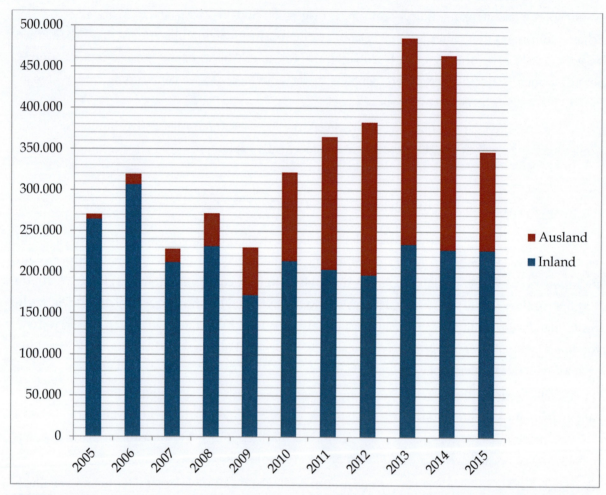

Abbildung 26: Abfertigung von Passagieren am Flughafen Kemerovo-Stadt Aleksej Leonov (2005–2015)
Quelle: http://airkem.ru/professional/info_loock/info/ (eingesehen am 18.02.2016), eigene Darstellung

Zusammenfassend zum gesamten Kapitel der Verkehrsinfrastruktur bleibt festzuhalten, dass die Oblast' Kemerovo für sibirische Verhältnisse überdurchschnittlich ausgestattet und erschlossen ist. Die Industriestruktur bedingt diese Dichte einerseits. Andererseits ist insbes. die Schieneninfrastruktur sehr stark auf die Wirtschaftsstruktur zugeschnitten. Die hohe Dichte bei der Straßeninfrastruktur ergibt sich u. a. aus der Arbeitsteilung zwischen Kemerovo und der Agglomeration von Novokuzneck. Die unterdurchschnittliche Verkehrsinfrastruktur bei den Flughäfen lässt sich u. a. auch für andere Altindustrieregionen (z. B. Ruhrgebiet) konstatieren. Unter dem Strich erfüllt die Oblast' Kemerovo, das für Altindustrieregionen typische Merkmal der hohen Infrastrukturdichte.

---

[134] https://tolmachevo.ru/mediacenter/news/89588/ (eingesehen am 25.01.2017).

3.2.8. Branchen am Ende des Produktlebenszyklus

In Zusammenhang mit der Analyse von Altindustrieregionen wird in der Literatur häufig der Produktlebenszyklus als Klassifizierungskennzeichen genannt (Tabelle 3, S. 26). Im folgenden Kapitel soll zunächst eine kurze Vorstellung der theoretischen Überlegungen dazu erfolgen, wobei anschließend geprüft wird, inwieweit diese auf die Kohleproduktion in der Oblast' Kemerovo übertragbar sind. Schließlich wird – wie in allen Unterkapiteln von 3.2 – diskutiert, ob das Merkmal einer Altindustrieregion für das Untersuchungsgebiet zutrifft.

Die Theorie des Produktzyklus geht auf die Ideen des amerikanischen Ökonomen RAYMOND VERNON zurück.[135] Er stellte in den 1960er Jahren die These auf, dass mit der Entwicklung und dem Fortbestand eines Produktes bestimmte Verlagerungs- und Niedergangsprozesse bei der Herstellung einhergehen. Hierfür werden im Original drei (und in späteren Ergänzungen auch vier[136]) Phasen unterschieden:

Die erste Phase, die „Einführung" eines Produktes („new product"), ist mit relativ hohen Investitions- und Entwicklungskosten verbunden. Hierfür werden hochspezialisierte Fachkräfte und eine bestimmte Infrastruktur benötigt. Der Gewinn ist für das Unternehmen an dieser Stelle noch relativ gering, steigt aber stetig an. Das Produkt kann sich durch die schwache oder noch nicht vorhandene Konkurrenz in seiner Marktnische entfalten und expandiert. Für die erfolgreiche Etablierung ist eine intensive Kommunikation des Anbieters mit seinen Nachfragern (z. B. durch Marketing) erforderlich.[137]

In der zweiten Phase, der „Reife" („maturing product"), tritt bereits eine Produktdifferenzierung ein, um auch noch kleinere weitere Marktnischen zu erschließen. Darüber hinaus beginnt das Unternehmen mit der serienhaften Massenproduktion („economies of scale"). Auf diese Weise können Produktions- und Arbeitskosten gesenkt werden. Die Nachfrage, der Umsatz und die Akzeptanz des Produktes erhöhen sich. Damit wird es auch zunehmend attraktiver für Unternehmer in anderen Wirtschaftsräumen. Neue Produktionsstätten mit billigeren Arbeitskräften, die im Gegensatz zur „Einführungsphase" nicht derartig spezialisiert sein müssen, werden in anderen Industrieländern eröffnet.[138]

In der dritten Phase, der „Standardisierung" („standardized product"), ist, wie in der gesamten Darstellung, die Kostenminimierung (insbes. bei den Arbeitskräften) wieder die entscheidende Antriebsfeder. Durch die standardisierte Produktion hat das Unternehmen Kapital angehäuft und verfügt über die Kapazitäten, auch in entfernten Regionen zu investieren. In der zweiten Phase verlagerte sich die Produktion in andere Industrieländer, nun in Entwicklungsländer. Die Hauptursachen sind z. B. die noch niedrigeren Lohnkosten oder geringere Steuerabgaben.

Im gesamten Verlauf dieser Phasen entwickelt sich das „Innovationsland" (in VERNONS Fall die USA) u. a. durch die Produktionsverlagerung immer stärker vom Export- zum Importland.[139]

---

[135] VERNON, R. (1966): S. 190-207.
[136] Siehe z. B. KULKE, E. (2013): S. 103-104.
[137] VERNON, R. (1966): S. 191-196.
[138] VERNON, R. (1966): S. 196-202.
[139] VERNON, R. (1966): S. 199-207.

Bei VERNON und der Produktzyklustheorie stehen betriebswirtschaftliche Kalküle (z. B. Arbeitskostenminimierung, Gewinnmaximierung) und deren Perspektive im Fokus. Er setzt den „homo oeconomicus" als wichtige Annahme voraus. Relativierend wird eingeräumt, dass es nicht nur rational agierende Unternehmer gibt. Allerdings sei möglicherweise nicht primär nur die Expansion und Gewinnmaximierung, sondern die einfache Motivation der Existenzsicherung die entscheidende Antriebsfeder.[140] Standen bei VERNON noch primär die Standorte von Innovationen und industrieller Produktion sowie deren Verlagerung im Fokus der Produktzyklustheorie, wurde diese später in den 1970er/80er Jahren ergänzt und modifiziert. Insbesondere die letzte Phase der Standardisierung wurde stärker in den Fokus gerückt.[141] NUHN resümiert, dass es in diesem letzten Abschnitt zu einem generellen asymptotischen Rückgang der Nachfrage des Produktes kommt. Ebenso sinken die Produktionskosten, der Verkaufspreis und in der Konsequenz die unternehmerische Motivation, weiterhin die Produktion aufrechtzuerhalten. Schließlich ist der Marktaustritt die Folge. Insbesondere auch dadurch, dass neue Produkte und Innovationen die alten ablösen. Letztlich schließt sich der Lebenszyklus bzw. beginnt erneut.[142]

Wie lassen sich die theoretischen Ausführungen mit der Entwicklung in der Oblast' Kemerovo in Verbindung bringen? In Abbildung 27 wird die Entwicklung des stärksten Wirtschaftszweiges, der Kohleförderung in der Oblast' Kemerovo, in den letzten 30 Jahren aufgezeigt.

Der Höhepunkt der Kohleförderung in der sowjetischen Periode betrug rd. 151 Mio. t (1990). Die 1990er Jahre sind durch einen abrupten Produktionsrückgang in der Industrie und bei der Kohle insgesamt gekennzeichnet. 1997 wurden „nur" noch 94 Mio. t Steinkohle gefördert. Seitdem lässt sich eine regelrechte Reindustrialisierung bei der Rohstoffförderung verzeichnen. Die Bedeutung der Oblast' Kemerovo ist hierbei stark gewachsen: 1990 und 1997 betrug der Anteil der Kohleförderung an der RSFSR bzw. an Russland jeweils rund 38 %.[143] Bis 2015 hat sich die Extraktion von Kohle im Vergleich zu den niedrigen Werten aus der Mitte der 1990er Jahre mehr als verdoppelt und konnte mit 215 Mio. t einen neuen Rekord einstellen. In diesem Jahr betrug der Anteil an der gesamtrussischen Förderung 58 %; bei Kokskohle waren es 71 %.[144] Diese Steigerungen waren u. a. durch die Ausweitung der Tagebauförderung möglich. Der Anteil dieser Extraktion betrug 42,6 % (1992); 49,2 % (1996) und 52,6 % (2011).[145] 2012 und 2013 lag der Anteil bereits bei über 60 %.[146]

---

[140] VERNON, R. (1966): S. 194-200.
[141] BATHELT, H.; GLÜCKLER, J. (2012): S. 388-390.
[142] NUHN, H. (1985): S. 189-190.
[143] Berechnet nach PLEINES, H. (1999): S. 7.
[144] http://www.kemerovostat.ru/bgd/EJEGOD/issWWW.exe/Stg/2015/23e_вэс.html (eingesehen am 15.02.2017).
[145] KEMEROVOSTAT (Hrsg.) (1995): S. 28; KEMEROVOSTAT (Hrsg.) (2003): S. 79; URBAN, O. (2013): S. 104.
[146] LESIN, Y. et al. (2015): S. 1.

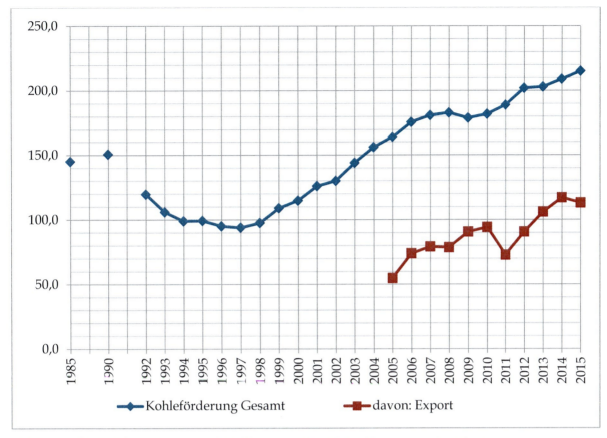

Abbildung 27: Kohleförderung und Kohleexport der Oblast' Kemerovo in Mio. t
*Exportstatistiken vor 2005 liegen nicht vor.
Quelle: KEMEROVOSTAT (Hrsg.) (2008a): S. 14, 182-183; SOLOV'ËV, L. (2009): S. 69; GOSKOMSTAT (Hrsg.) (2002): S. 416; GOSKOMSTAT (Hrsg.) (2005): S. 458; KEMEROVOSTAT (Hrsg.) (2015a): S. 162, 284; http://www.kemerovostat.ru/bgd/EJEGOD/issWWW.exe/Stg/2009/(10) добыча полезных ископаемых, обрабатывающие производства, производство.htm (eingesehen am 25.11.2015); http://www.kemerovostat.ru/bgd/EJEGOD/issWWW.exe/Stg/2009/(20) внешнеэкономическая деятельность.htm (eingesehen am 30.11.2015); KEMEROVOSTAT (Hrsg.) (2017): S. 2; http://www.kemerovostat.ru/bgd/EJEGOD/issWWW.exe/Stg/2015/23e_вэс.html (eingesehen am 15.02.2017); eigene Darstellung

Der Export von Steinkohle aus dem Untersuchungsgebiet ist in den letzten Jahren ebenfalls rasant angestiegen. 2005 wurden 55 Mio. t, 2014 schon 117 Mio. t ins Ausland oder in andere Regionen Russlands verkauft (Abbildung 27). Damit betrug der Exportumsatz bei der Steinkohle 8,9 Mrd. USD.[147] 2007 war es mit ca. 4,1 Mrd. USD weniger als die Hälfte.[148] 2014 stellten die Kohleumsätze 71,8 % der gesamten Außenhandelserlöse der Oblast' Kemerovo dar.[149]

Hierbei muss ergänzt werden, dass die Nachfrage und der Umsatz der Steinkohle insgesamt etwas instabil sind – wie bereits in Abbildung 1 auf Seite 3 gesehen. Bleibt man bei VERNONS betriebswirtschaftlicher Perspektive und blendet andere Kosten[150] aus, sind die Umsätze der Kohleunternehmen seit 2007 drastisch gestiegen. Dass man den Rohstoff in die letzte Phase des Produktlebenszyklus einordnen könnte, weil sich ein starker Nachfragerückgang entwickelt hat, ist mit diesen

---

[147] KEMEROVOSTAT (Hrsg.) (2015a): S. 284.
[148] http://www.kemerovostat.ru/bgd/EJEGOD/issWWW.exe/Stg/2011/23e_вэс.htm (eingesehen am 12.12.2015).
[149] KEMEROVOSTAT (Hrsg.) (2015a): S. 284.
[150] Mehr dazu im Kapitel 4.1.2 Kosten der Kohleförderung (S. 125 ff.).

Zahlen zu verneinen. Andererseits ist unbestritten, dass der Absatz des Rohstoffes in Zukunft ungewiss ist bzw. von sehr vielen unterschiedlichen Kenngrößen (Transporttarife, Auslandsnachfrage, globaler Kohleverbrauch usw.) abhängt.[151] Die große Abhängigkeit der gesamten Region von der Kohle birgt ein Risiko. Der Kohleexport hat seine Grenzen, z. B. da die Nachfrage endlich ist.[152]

VERNON[153] und auch andere Autoren[154] betonen in Zusammenhang mit der Produktlebenszyklustheorie, dass die Transportkosten nicht mehr die entscheidenden Bestimmungsfaktoren darstellen. Für etliche Industrieprodukte ist dies in einer globalisierten Ökonomie tendenziell richtig. Das viel zitierte Paradebeispiel zur Bestätigung dieser These stellt die Verlagerung der Textilproduktion aus den westlichen Industrieländern (z. B. Deutschland) nach Südostasien oder auf den indischen Subkontinent dar.[155] Gilt dies aber auch für andere Güter? Bei VERNON findet sich eine interessante Aussage hinsichtlich der Transportkosten: *„Moreover, high-value items capable of absorbing significant freight costs would be more likely to appear than bulky items low in value by weight."*[156]

Dies stellt eine entscheidende Relativierung von VERNONS Grundannahmen dar. Er betont doch, dass die Transportkosten bei seinen theoretischen Überlegungen relevant sein können. Sicherlich sind Produktionen von bestimmten Waren prinzipiell verlagerbar und die Weiterverarbeitung theoretisch ubiquitär. Jedoch bleibt die Rohstoffförderung dagegen unabdingbar an ihren Standort und deren Lagerstätten gebunden. Dies ist auch in der Oblast' Kemerovo der Fall. Eine Produktionsverlagerung in andere Regionen oder Länder nach VERNON ist in Bezug auf die Rohstoffe im Untersuchungsgebiet unter den gegebenen Bedingungen unmöglich und unrealistisch.

Welche Rolle können die Transportkosten schließlich spielen?

Im vorherigen Kapitel (S. 58 ff.) wurde bereits geschildert, dass die Oblast' Kemerovo 53,6 % des sibirischen und 16,9 % des russischen Gütertransportes auf der Schiene beansprucht und dafür hauptsächlich die Kohle verantwortlich ist. Der Novosibirsker Wissenschaftler V. ČURAŠËV resümiert hierfür, dass ein großer Anteil der Transportkosten der Kohle von der Tarifpolitik der Russischen Eisenbahn (RŽD) abhängt. Werden die Preise durch diese Organisation erhöht, kann sich das sofort auf den Kohleabsatz niederschlagen.[157] Die Abhängigkeit ist stark, denn die Transportkosten der Kohle beanspruchen ca. 35 bis 40 % des Preises.[158] Die einzigartige Binnenlage der Oblast' Kemerovo ist in der Tat ein entscheidender Faktor. Herr V. ČURAŠËV sagte im Interview dazu: *„Die Konkurrenz für die Kohle aus Kemerovo ist groß. Die Mongolei wird ihre Extraktion deutlich ausweiten und auch Australien ist ein bedrohlicher Wettbewerber. Sogar die anderen sibirischen Kohleförderungsregionen wie die Oblast' Irkutsk oder die Republik Burjatien sind gegenüber dem Kuzbass im deutlichen Lagevorteil, da sie viel näher an den asiatischen Märkten sind. Die Oblast' Kemerovo könnte mit ihrer Position nicht weiter weg sein von den wichtigen Nachfragern der Kohle."*[159] Bezüglich der Transportkosten, welche bei VERNON kaum eine

---

[151] Mehr dazu im Kapitel 4.1.1 Entwicklung der Ressourcenbasis Kohle (S. 119 ff.).
[152] ČURAŠËV, V. (2012): S. 206-226.
[153] VERNON, R. (1966): S. 194.
[154] Z. B. NUHN, H. (1985): S. 190.
[155] VERNON, R. (1966): S. 204; HAMM, R.; WIENERT, H. (1990): S. 240-241; KULKE, E. (2013): S. 108.
[156] VERNON, R. (1966): S. 204.
[157] ČURAŠËV, V. (2015): S. 83-98.
[158] ČURAŠËV, V. (2012): S. 218.
[159] Expertengespräch.

Rolle spielten, bleibt festzuhalten, dass diese für das Untersuchungsgebiet eine entscheidende Bestimmungsgröße darstellen. Damit ist in der Oblast' Kemerovo eine der wichtigen Grundannahmen der Produktlebenszyklustheorie nicht gegeben.

Bei den theoretischen Überlegungen stellt sich noch eine grundsätzlichere Frage: Handelt es sich bei Kohle überhaupt um ein Produkt?

Laut dem Deutschen Wörterbuch von WAHRIG ist ein Produkt das „*Ergebnis menschlicher Arbeit.*"[160] Die Steinkohle in der Oblast' Kemerovo muss erst durch menschliche Arbeit gefördert, aufbereitet und in unterschiedlicher Form transportiert werden. An dieser Stelle werden allerdings große Unterschiede zu anderen Industrieprodukten deutlich. Die Verarbeitungstiefe von einem Rohstoff (hier: Kohle) ist wesentlich geringer als beispielsweise die eines Automobils. Darüber hinaus sind die Einsatzmöglichkeiten durch den Käufer vielseitig. In der Oblast' Kemerovo sind u. a. die Branchen Energieerzeugung, Stahlherstellung oder auch die chemische Industrie Abnehmer der Kohle. Im Endergebnis ist die Basis Steinkohle zwar durch weitere Verfahren (z. B. chemische Industrie, Verflüssigung) veränder- und nutzbar, aber ein technisches Produkt kann durch andere wesentlich schneller verdrängt werden als ein Rohstoff. Hierbei sind es eher die ökonomischen, sozialen oder politischen Rahmenbedingungen, welche Einfluss ausüben, und weniger die einzelnen Entscheidungen in einer wirtschaftlichen Organisation. Zusammenfassend kann man zu dieser Frage sagen, dass Steinkohle und Rohstoffe Eigenschaften von Produkten aufweisen. Jedoch ist die Verarbeitungstiefe im Vergleich zu technischen Produkten gering und insgesamt sehr unterschiedlich. Es handelt sich bei Kohle eher um eine Produktgruppe als um ein einzelnes Produkt.

Als Zwischenbilanz lässt sich konstatieren, dass es aus den genannten Gründen schwierig ist, diesen theoretischen Zyklus im Fall von Energieträgern anzuwenden, da deutliche Unterschiede zwischen einem technischen Produkt und einem Rohstoff existieren. Durch Erschöpfung eines Energieträgers (z. B. Gas oder Öl) kann die Kohle wieder gewinnbringender werden. Es ist nicht gesagt, dass das Produkt damit dann für immer nicht mehr nachgefragt wird. Dieser Prozess ist nicht irreversibel. Die Abhängigkeit von etlichen anderen globalen Rahmenbedingungen ist viel entscheidender als das einfache Kalkül der Gewinnmaximierung (oder wenigstens Existenzsicherung nach VERNON). Darüber hinaus ist das Produkt Kohle an sich kaum veränderlich. Die Förderungstechnik, Veredelung oder Verarbeitung hingegen schon. An dieser Stelle müsste man theoretisch die einzelnen kohlebasierten Produkte auf deren Verortung im Produktlebenszyklus überprüfen, da eine Differenzierung nötig wäre. Allerdings bleibt die Relevanz oder Aussagefähigkeit dieser Überprüfung dann immer noch fraglich, da 53 % der geförderten Kohle – im Prinzip unbehandelt – exportiert werden (Abbildung 27). Insgesamt scheinen die gesteigerten Exportzahlen seit 2004 zunächst objektiv ohnehin für die Wirtschaftlichkeit zu sprechen.

Könnte der Produktlebenszyklus der Kohle möglicherweise auf ökologische Aspekte angewandt werden? Umweltschützer argumentieren, dass die Nutzung und Verbrennung von fossiler Energie, wie der Kohle, eine große ökologische Belastung darstellt:

---

[160] WAHRIG, G. (Hrsg.) (2000): S. 1001.

„Keine andere Energiequelle trägt so sehr zum Treibhausgasausstoß bei wie die Kohle. Weltweit war sie 2013 für den Ausstoß von 15,5 Mrd. Tonnen CO_2 verantwortlich. Das entspricht etwa 43 Prozent der gesamten Kohlendioxid- und etwas mehr als einem Viertel der gesamten Treibhausgasemissionen."[161]

Damit stellt die Förderung und Verbrennung von Braun- und Steinkohle weltweit eine der größten Ursachen und Beschleuniger des Klimawandels dar. Mit dem „Paris-Abkommen" vom Dezember 2015 wurden auf internationaler Ebene deutlichere Schritte eingeleitet, das „Zwei-Grad-Ziel" einzuhalten.[162] Falls die Maßnahmen zur Reduzierung der Treibhausgase im weiteren Verlauf des 21. Jahrhunderts mit größerer Konsequenz angegangen werden als bisher, wird es die Kohleindustrie in Zukunft wahrscheinlich schwer haben.

Eine gesicherte Prognose, inwieweit sich international oder in Russland die Einflüsse der globalen Erwärmung auf die Entwicklung der Kohleindustrie niederschlagen, kann und sollte an dieser Stelle nicht geleistet werden. Allerdings lässt sich hinsichtlich der Produktlebenszyklustheorie konstatieren, dass diese Fragestellungen darauf ohnehin auch nicht anwendbar sind, da diese nur Ex-post-Analysen zulässt. Darüber hinaus spielen ökologische Aspekte in der Theorie von VERNON und seinen Schülern keine Rolle. Es finden sich keine Aussagen über die Problematik von Umweltbelastungen. Es ist eine rein ökonomische Theorie und behandelt schließlich primär betriebswirtschaftliche Rentabilität bzw. Gewinn oder Verlust. Diese üben den entscheidenden Druck auf ein Produkt aus. Bei Bodenschätzen bzw. Rohstoffen bestehen gegenüber technischen Produkten aus organisatorischer Perspektive noch weitere entscheidende Unterschiede:

Die Kosten der Rohstoffförderung (insbes. der Kohle) werden in der Regel nicht allein von den Förderunternehmen getragen, sondern auch massiv durch staatliche (und damit nach VERNON marktverzerrende) Organisationen subventioniert.[163] Ein Beispiel: Von 1958 bis 2005 haben der Bund und das Land Nordrhein-Westfalen ca. 128 Mrd. EUR an Subventionen für die deutsche Steinkohleindustrie aufgebracht. Obwohl die deutsche Steinkohle im Prinzip seit Anfang der 1970er Jahre international nicht mehr konkurrenzfähig ist, wird sie im Ruhrgebiet voraussichtlich bis 2018 mit künstlichen Erhaltungsmaßnahmen weiter gefördert.[164] Unabhängig von den Gründen dieser immensen Förderungssummen ist für dieses Kapitel im Ergebnis evident, dass die Rahmenbedingungen des „Produktes" bzw. der Produktgruppe Kohle schließlich stark von nicht betriebswirtschaftlichen Faktoren abhängig sind.[165]

Insgesamt lassen sich bezüglich der Anwendung der Theorie folgende Kritikpunkte zusammenfassen:
1. Im Kapitel 3.2.5 (z. B. Abbildung 20) wurde darauf hingewiesen, dass die Wertschöpfung im Bereich der Rohstoffförderung in der Oblast' Kemerovo durch den internationalen Kohlepreis labil und seit 2011 stark rückläufig ist. Nichtsdestoweniger hat sich der Umsatz in der Branche

---

[161] HEINRICH-BÖLL-STIFTUNG (Hrsg.) (2015): S. 16.
[162] In Artikel II des „Pariser Abkommens" vom 12. Dezember 2015 heißt es u. a.: *„Holding the increase in the global average temperature to well below 2 °C above pre-industrial levels and to pursue efforts to limit the temperature increase to 1.5 °C above pre-industrial levels, recognizing that this would significantly reduce the risks and impacts of climate change."* Quelle: http://unfccc.int/resource/docs/2015/cop21/eng/l09r01.pdf (eingesehen am 16.12.2015).
[163] HEINRICH-BÖLL-STIFTUNG (Hrsg.) (2015): S. 26-27.
[164] FRONDEL, M. et al. (2006): S. 7.
[165] Das gilt auch für andere Energiebereiche, wie z. B. die Kernenergie und die staatlichen Folgekosten (siehe z. B. Endlagerungsdebatte des radioaktiven Atommülls in Deutschland).

der Rohstoffförderung von 2006 bis 2013 trotzdem verdoppelt. Die Verluste sind schließlich überwiegend in den letzten Jahren (seit 2011) zu verzeichnen. Die Beschäftigtenzahlen weisen in diesem Bereich ebenfalls einen negativen Trend auf (S. 49 ff.), was im Zusammenhang mit dem Anstieg der Förderung ein Indiz für die Senkung der Produktionskosten ist. Nichtsdestoweniger wird die qualitativ hochwertige Steinkohle nachgefragt, abgebaut und exportiert. Der Abbau lohnt sich für die Unternehmen nach wie vor,[166] was auch der Außenhandelsumsatz in Teilen belegen kann. Darüber hinaus ist der Sektor der Rohstoffförderung trotz Negativtendenzen nach wie vor der größte Wirtschaftszweig in der Oblast' Kemerovo. Schlussendlich kann ein Ende des Produktlebenszyklus im Sinne einer asymptotischen Schrumpfung bei der Kohle nicht konstatiert werden.

2. Wie bereits angemerkt, ist eine exakte Analyse des Produktlebenszyklus nur ex post möglich. Damit bleibt die Vorgehensweise deskriptiv und kann im Prinzip der historischen Wirtschaftsgeographie überlassen werden. Versucht man dennoch eine Einordnung vorzunehmen, muss man sich damit abfinden, dass eine konkrete Verortung der Zyklen und auch die Länge der Phasen nicht immer eindeutig festzulegen sind. Quantitative Schwellenwerte existieren nicht, was auch die Identifizierung und die Abgrenzung der Phasen voneinander erschwert.[167]

3. Es wurde bereits angedeutet, dass die sozialen und ökonomischen Rahmenbedingungen eine marginale Rolle spielen. Die Entwicklung dieser Lebenszyklen wurde in den USA entwickelt und funktioniert möglicherweise unter der Bedingung, dass ein schwach regulierter Markt existiert. Eine weitere wichtige Grundannahme war, dass unternehmerische Organisationen nach dem „Homo-oeconomicus"-Prinzip handeln. In einer sozialen Markt- oder gar Planwirtschaft muss dies schon eingeschränkt werden. Die politischen (z. B. Gesetze, Zölle, Kriege) und planerischen Rahmenbedingungen (z. B. Infrastrukturausstattung) sowie die Interventionsmöglichkeiten (z. B. Subventionen) werden nur marginal berücksichtigt. Das Konzept des Produktlebenszyklus ist sehr betriebswirtschaftlich auf die Organisation eines bestimmten Unternehmens bezogen. Die linearen Entwicklungen sind in der Realität und besonders unter postsozialistischen Bedingungen wesentlich bruchartiger, als die Theorie dies zulassen würde. Insgesamt werden die politischen und ökonomischen Rahmenbedingungen in der Theorie zu stark negiert.[168] Gleiches gilt für die organisatorischen Rahmenbedingungen: Dieser stark betriebswirtschaftliche Zugang in der Theorie kann dazu führen, dass die Analyse von unterschiedlichen Akteuren schnell kaschiert werden kann. Oder etwas drastischer ausgedrückt: Die möglichen Organisationsschwächen in einem Unternehmen müssen nicht thematisiert werden, wenn man es relativ einfach mit dem Determinismus des Produktlebenszyklus erklären kann. Auch Einwände bezüglich des Vorliegens von Lobbyismus oder Korruption könnte man mit dem Verweis auf die Theorie geschickt umgehen.

Nichtsdestoweniger sind die Unternehmen für die Analyse von Altindustrieregionen ein sehr wichtiger Bestandteil, wie im Kapitel 3.2.12 (S. 77 ff.) gezeigt wird. Trotzdem kann die Theorie

---

[166] An dieser Stelle kann (noch) keine Diskussion über die Folgen und Kosten der Kohleförderung getätigt werden. In den nächsten Kapiteln zu Umwelt- und Altlastenaspekten wird dies intensiver thematisiert. Eine weiterführende Darstellung zu den Kosten der Kohleförderung erfolgt in Kapitel 4.1.2 (S. 125).
[167] BATHELT, H.; GLÜCKLER, J. (2012): S. 389.
[168] Siehe zu diesem Kritikpunkt auch: BATHELT, H.; GLÜCKLER, J. (2012): S. 390.

weder Lösungsmöglichkeiten für Unternehmen noch für staatliche bzw. administrative Eingriffe bieten. Es bleibt ein stark deskriptives Konzept.

4. Schlussendlich muss ein weiterer grundsätzlicher Makel benannt werden, der in der Literatur bisher anscheinend unberücksichtigt blieb. HAMM/WIENERT schrieben, dass sich eine Altindustrieregion dadurch kennzeichnet, dass sie ein Sektor bzw. eine Branche am Ende des Produktlebenszyklus sei.[169] Diese Definition wurde von einigen Autoren übernommen.[170] SCHRADER und GELHAR haben diese sogar noch erweitert mit der Formulierung *„einer Produktionsstruktur am Ende des Produktlebenszyklus"*[171]. Bei einer strengen Prüfung ist dies jedoch eine unpräzise Argumentation. Ein Produkt, wie es auch im Titel der Theorie heißt, kann nicht mit ganzen Branchen gleichgesetzt werden. In bestimmten Bereichen, z. B. beim verarbeitenden Gewerbe, existieren Produkte oder Produktgruppen, die umsatzstark und umsatzschwach sind. Wo lassen sich hier die Grenzen zu ganzen Branchen ziehen? In der russischen Statistik sind wenigstens 15 Wirtschaftszweige differenziert (siehe z. B. Abbildung 19, S. 50). Im Statistischen Jahrbuch der Oblast' Kemerovo fällt die Differenzierung mit 30 Branchen an manchen Stellen noch etwas detaillierter aus. Demgegenüber waren in der Oblast' Kemerovo zum Jahresende 2014 insgesamt 51.302 Unternehmen registriert.[172] Wie viele Produkte diese Firmen jeweils in ihrem Portfolio haben, ist unbekannt. Allerdings dürfte sich die Gesamtanzahl wahrscheinlich mindestens im Millionenbereich bewegen. Daraus lässt sich schließen, dass Produkte von Branchen bzw. Produktionsstrukturen zu differenzieren sind. Es wäre ein Fehlschluss, einem ganzen Wirtschaftszweig aufgrund eines einzelnen Produktes den Niedergang zu attestieren. Stattdessen wäre es nötig, ausführliche Ursachenanalysen zu betreiben. Letztlich führt dieser Kritikpunkt (wieder) zu der Forderung, dass man ein ganz konkretes Produkt auf die Verortung im Lebenszyklus überprüfen müsste. Dies ist für die Zielstellung dieser Arbeit jedoch sinnfrei.

Insgesamt muss man aus diesen Gründen die Anwendbarkeit der Produktlebenszyklustheorie auf das wichtigste Produkt des Untersuchungsgebietes, die Kohle, grundsätzlich infrage stellen. Dieses Kennzeichen könnte möglicherweise zur Beschreibung von manchen Altindustrieregionen nützlich zu sein. Für Rohstoff- und periphere Regionen ist es wenig dienlich.

Zusammenfassend muss an dieser Stelle selbstkritisch ergänzt werden, dass es viel sinnvoller wäre, über die gegenwärtige und zukünftige Entwicklung von Angebot und Nachfrage sowie der Investitionen nachzudenken. Von ähnlicher Relevanz sind die ökologischen Implikationen dieser Wirtschaftsstruktur bzw. die Umweltverträglichkeit des Bergbaus (Kapitel 3.2.9). Darüber hinaus ist es entscheidend, welche Organisationen verantwortlich und zuständig sind bzw. welche Lösungsmöglichkeiten existieren, um den aktuell größten Entwicklungsproblemen zu begegnen.[173]

---

[169] HAMM, R.; WIENERT, H. (1990): S. 21.
[170] Z. B. MAIER, J.; BECK, R. (2000): S. 124.
[171] SCHRADER, M. (1993): S. 112; GELHAR, M. (2010): S. 4.
[172] KEMEROVOSTAT (Hrsg.) (2015a): S. 145-146.
[173] Siehe dazu u. a. die Handlungsempfehlungen in Kapitel 5.4, S. 254 ff.

3.2.9. Umweltprobleme

Die nächsten beiden Kennzeichen sind ökologische und wurden bei der Klassifizierung von Altindustrieregionen (Tabelle 3, S. 26) erst von den Geographen hinzugefügt. Im Folgenden soll nur überblicksartig auf die Auswirkungen von Luft- und Bodenverschmutzung sowie die Implikationen für die Bevölkerung eingegangen werden.

In Abbildung 28 sind die Schadstoffemissionen in die Atmosphäre der sibirischen Regionen dargestellt. Die Unternehmen in der Oblast' Kemerovo sind verantwortlich für mehr als 1/5 (21,9 %) dieser Menge in Sibirien. Im Vergleich wird der überdurchschnittliche Anteil ersichtlich: Die Stadt Novokuzneck und der gleichnamige Rajon emittierten 2014 mit rd. 276.000 t bzw. 238.000 t Luftschadstoffen mehr als die Oblasti Novosibirsk und Tomsk zusammen. Bei der Beurteilung der Auswirkungen ist die starke Konzentration von Industrie und Wohnen auf vergleichsweise kleinen Flächen zu beachten. Tabelle 11 listet die fünf russischen Städte mit der stärksten Schadstoffemission auf (2012).

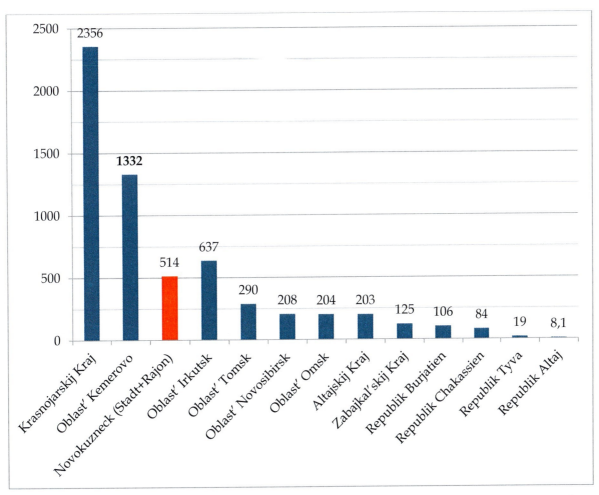

Abbildung 28: Schadstoffemissionen in die Atmosphäre in den sibirischen Regionen und Novokuzneck in Tsd. t (2014)*

* Ergänzung zur Methodik: In der russischen Statistik sind hierbei Schadstoffe von natürlichen Faktoren (z. B. Vulkanausbrüche, Waldbrände) und anthropogenen Einflüssen (z. B. Industriebetriebe, Beförderungsmittel) inkludiert [KEMEROVOSTAT (Hrsg.) (2013b): S. 7].
Quelle: KEMEROVOSTAT (Hrsg.) (2015b): S. 144, 149; eigene Darstellung

Tabelle 11: Schadstoffemissionen ausgewählter Städte (Top 5) in Russland (2012) in die Atmosphäre

№	Stadt	Region	Föderaler Okrug	Schadstoffemissionen in Tsd. t
1.	Noril'sk	Krasnojarskij Kraj	Sibirien	1.949,6
2.	**Novokuzneck**	**Kemerovskaja Oblast'**	**Sibirien**	**291,5**
3.	Magnitogorsk	Čeljabinskaja Oblast'	Ural	230,0
4.	Krasnojarsk	Krasnojarskij Kraj	Sibirien	146,3
5.	Nižnij Tagil	Sverdlovskaja Oblast'	Ural	127,0

Quelle: http://www.gks.ru/bgd/regl/b13_11/IssWWW.exe/Stg/d1/04-03.htm (eingesehen am 09.11.2015), eigene Darstellung

Die nördlichste Großstadt der Welt (Noril'sk) stellt die mit Abstand am stärksten ökologisch belastete Stadt Russlands dar. Hier ist der Sitz des größten Nickel- und Palladiumproduzenten der Welt, Noril'skij Nikel'[174], lokalisiert.[175] An zweiter Stelle rangiert bereits Novokuzneck (Tabelle 11). Hier sind u. a. das Stahlwerk Zapsib, die Aluminiumhütte, zahlreiche Aufbereitungsanlagen für Kohle und nicht zuletzt die Abgase des Verkehrs die größten Ursachen der Verschmutzung.[176] Die Schadstoffbelastung verschärft sich, wenn Inversionswetterlagen herrschen, welche im Kusnezk-Becken öfters insbes. im Winter auftreten können.[177] Dies kann dazu führen, dass die Talkessel (z. B. von Novokuzneck) dann drastisch mit Smog belastet sind. Bei den eigenen Feldaufenthalten wurde ebenfalls festgestellt, dass die Abgase im Stadtzentrum von Novokuzneck (aber auch in Kemerovo-Stadt) an manchen eigentlich wolkenfreien Tagen eine unangenehme Begleiterscheinung sein kann und die Lebensqualität beeinträchtigt (Abbildung 29).

---

[174] http://www.nornik.ru/en/about-norilsk-nickel/about-norilsk-nickel1/general-information (eingesehen am 09.11.2015).
[175] In Noril'sk leben ca. 176.000 Menschen. Novokuzneck hat mehr als dreimal so viele Einwohner (Stand 01/2015).
Quelle: http://www.gks.ru/free_doc/doc_2015/bul_dr/mun_obr2015.rar (eingesehen am 05.10.2015).
[176] Im Anhang Abbildung 29 (S. 71) befindet sich ein Foto, welches versucht den Smog von Novokuzneck an einem wolkenfreien Spätsommertag einzufangen.
[177] SOLOV'ËV, L. (2006): S. 142.

Abbildung 29: Blick in den Smog von Novokuzneck (von der Festung in südl. Richtung)
Quelle: Aufnahme Ch. Bülow, 12.09.2012

Eine Klassifizierung der Verschmutzung in den administrativen Einheiten der Oblast' Kemerovo wurde von Geographen aus Novokuzneck vorgenommen. Sie resümieren, dass die Situation in ihrer Stadt „katastrophal" ist.[178] Trotz dieser aktuell immer noch schlechten ökologischen Situation muss an dieser Stelle auch ergänzt werden, dass es bereits Verbesserungen gegeben hat. 2005 betrugen die Schadstoffemissionen in Novokuzneck noch ca. 483.000 t.[179] Unter anderem führte die Umstellung von der Hochofen- auf Elektrostahlerzeugung im ehemaligen KMK-Werk (Betreiber Evraz) 2011 zu einer Reduzierung der Luftbelastung im Stadtzentrum.[180]

Um diese Auswirkungen der Umweltverschmutzung an dieser Stelle zu verdeutlichen, kann das Kennzeichen der Sterblichkeit im Vergleich zur Bevölkerungsgröße zurate gezogen werden (Abbildung 30). Es muss eingeräumt werden, dass die Sterblichkeit neben der ökologischen Belastung von vielen weiteren Faktoren (z. B. Altersstruktur, Gesundheitssystem) abhängt. Nichtsdestoweniger verzeichnet die Oblast' Kemerovo mit 14,6 gestorbenen Menschen pro 1.000 Einwohner die höchste Sterberate in Sibirien (Durchschnitt 13,3).[181] Im russischen Vergleich belegt die Region damit den 59. von 85 Plätzen (2014).[182]

---

[178] EVTUŠIK, N.; D'JAČENKO, N. (2012): S. 218-220.
[179] KEMEROVOSTAT (Hrsg.) (2013b): S. 10.
[180] Expertengespräch.
[181] Eine kurze Darstellung zu den Todesursachen in Kemerovo im Vergleich zu Russland befindet sich in Tabelle 18 (S. 127).
[182] http://www.gks.ru/bgd/regl/b15_14p/IssWWW.exe/Stg/d01/02-08-1.doc (eingesehen am 11.11.2016).

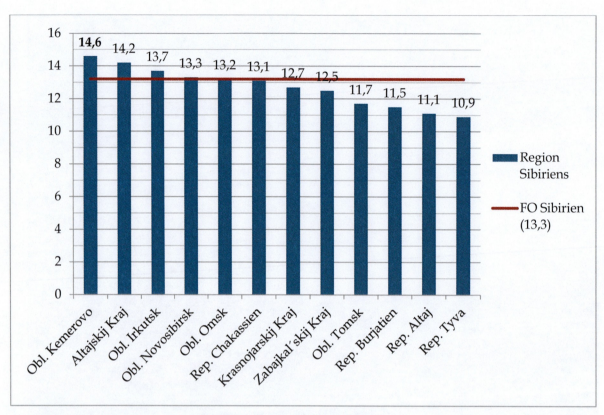

Abbildung 30: Sterberate auf 1.000 Einwohner in Sibirien (2014)

Quelle: http://www.gks.ru/bgd/regl/b15_14p/IssWWW.exe/Stg/d01/02-08-1.doc (eingesehen am 11.11.2016), eigene Darstellung

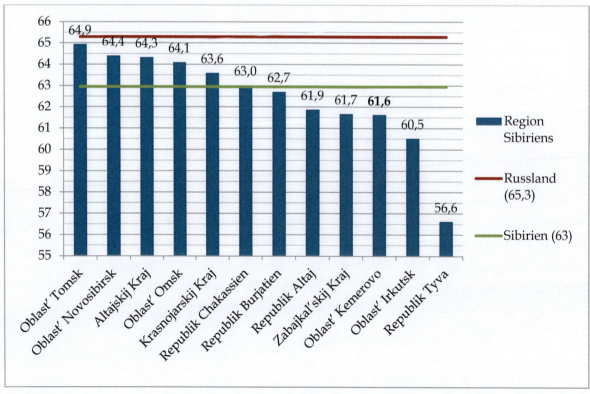

Abbildung 31: Lebenserwartung von Männern bei der Geburt in Jahren in sibirischen Regionen und Russland (2014)

Quelle: http://www.gks.ru/bgd/regl/b15_14p/IssWWW.exe/Stg/d01/02-09-2.doc (eingesehen am 11.11.2016), eigene Darstellung

Ein weiteres Kennzeichen für die Auswirkungen der starken industriellen Belastung kann u. a. die Lebenserwartung sein (Abbildung 31). Exemplarisch wurde hierbei nur die männliche Bevölkerung aufgelistet, da diese bei den Industriebeschäftigten im Vergleich zur Anzahl der Frauen dominieren. Mit 61,64 Jahren befinden sich die Männer in der Oblast' Kemerovo unter dem sibirischen (62,95 Jahre) und dem russischen Durchschnitt (65,3 Jahre). Die Region rangiert damit in Sibirien in der Schlussgruppe gemeinsam mit vergleichsweise armen Regionen. Die in der Bevölkerungszahl und Wirtschaftskraft vergleichbaren Einheiten – bis auf die Oblast' Irkutsk – schneiden alle deutlich besser ab als das Untersuchungsgebiet. Bei der Lebenserwartung von Männern und Frauen im Landesvergleich rangiert die Oblast' Kemerovo auf dem 76. von 85 Plätzen (2014).[183]

Zur ökologischen Situation ließen sich noch zahlreiche weitere Kennzeichen zurate ziehen. Dies würde allerdings den Rahmen dieser Arbeit sprengen. Der Novokuznecker Geograph V. RJABOV resümiert auch, dass sich die ökologischen Bedingungen im Prinzip in jeder Industrialisierungsepoche (siehe Tabelle 4, S. 28) seit den 1930er Jahren verschlechtert haben. Deutliche Verbesserungen wurden jedoch in der Sovnarchoz-Periode (z. B. durch flächendeckende Einrichtung von Kanalisationssystemen) und ab 1991 bzw. 1998 sichtbar.[184] Trotzdem zählt die Oblast' Kemerovo bis heute zu den am stärksten ökologisch belasteten Regionen Russlands.[185]

3.2.10. Altlasten- und Brachflächenproblematik

In der Oblast' Kemerovo werden fast 2/3 (63,4 %) der Gesamtfläche von Wald bedeckt. In Russland beträgt dieser Wert ungefähr 51 % (2011).[186] Die Waldfläche hat sich zwischen 1970 und 2015 von 58.111 km² auf 60.743 km² vergrößert, was einer Zunahme von rund 2.600 km² entspricht. Im Gegensatz dazu hat sich die landwirtschaftliche Nutzfläche im selben Zeitraum um ca. 2.000 km² auf 26.331 km² (2015) reduziert. Diese wird untergliedert in 16,1 % Ackerland; 5 % Wiesen- und 6,1 % Weideland. Die Siedlungs- und Verkehrsflächen machen nur knapp 3 % der Oblast'-Fläche aus. Von großer Bedeutung für dieses Kapitel ist der vermeintlich kleine Wert von 0,8 % für sogenannte „geschädigte Flächen" (Abbildung 32). Dahinter verbergen sich Areale wie z. B. Ödland, Halden und Kohletagebauten. In absoluten Zahlen entsprach dieses Territorium im Jahre 2009 noch 620 km², 2013 ca. 701 km² und 2015 schon 763 km².[187] Dies entspricht einer Steigerung von insgesamt 143 km² (+19 %). Darüber hinaus ist hierbei die große Besiedlungsdichte im Kusnezk-Becken zu berücksichtigen, in dem neben anderen Nutzungsformen gleichzeitig auch die wertvolle Kohle unter der Erde lokalisiert ist. Diese geschädigten Flächen sind durch menschliche Einflüsse induziert und damit auch in der Nähe von weiteren anthropogenen Nutzungsformen. Zieht man beispielsweise die große Fläche des Waldes (60.743 km²) ab, welcher größtenteils an den Grenzen der Oblast' (insbes. im Süden und Osten) zu finden ist, dann entspricht der Anteil der geschädigten Flächen schon 2,2 % – mit steigender Tendenz.

---

[183] http://www.gks.ru/bgd/regl/b15_14p/IssWWW.exe/Stg/d01/02-09-2.doc (eingesehen am 11.11.2016).
[184] RJABOV, V. (2012): S. 125.
[185] Weitere Informationen bspw. zu konkreten Schadstoffemissionen in Abbildung 49 (S. 140).
[186] ROSSTAT (Hrsg.) (2011): S. 19.
[187] KEMEROVOSTAT (Hrsg.) (2013a): S. 16, KEMEROVOSTAT (Hrsg.) (2015a): S. 14.

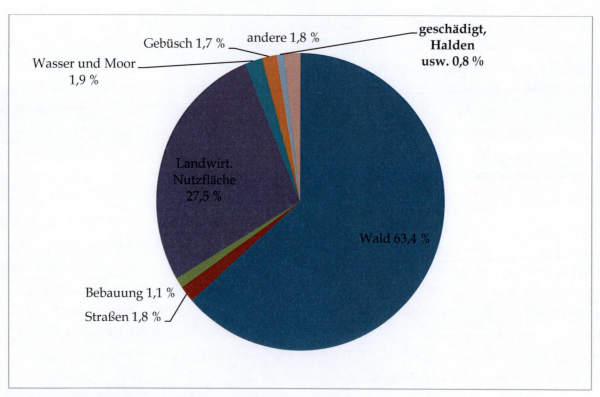

Abbildung 32: Flächenbilanz Oblast' Kemerovo in % (2015)
Quelle: KEMEROVOSTAT (Hrsg.) (2015a): S. 14, eigene Berechnung und Darstellung

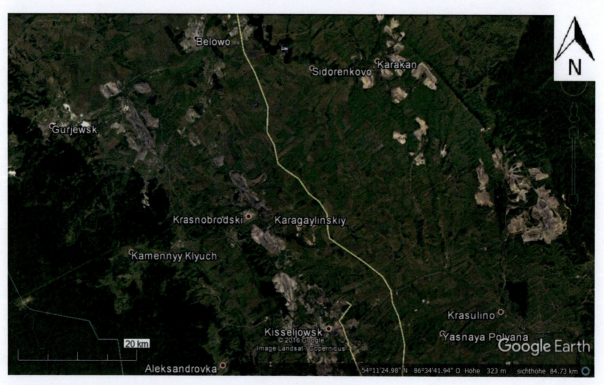

Abbildung 33: Tagebauten und Restlöcher im Satellitenbild
Quelle: Ausschnitt nach Google Earth, eigene Bearbeitung

Neben diesen statistischen Kennziffern soll mit Abbildung 33 die Landschaftszerstörung verdeutlicht werden. In dem Satellitenbild ist das südliche Kusnezk-Becken abgebildet, welches in diesem Bereich nur noch eine maximale Breite von ca. 50-80 km aufweist. Die Autobahn verläuft in Richtung Nord-Süd durch den Landschaftsraum (gelbe Linie). Bei der Stadt Kiselëvsk mit knapp 100.000 Einwohnern lässt sich deutlich erkennen, dass die Siedlungsfläche von Tagebauten und Restlöchern regelrecht eingekreist ist. Weitere sehr große devastierte Flächen lokalisieren sich am rechten Bildrand. Größere Konflikte zwischen den Interessen der Kohleindustrie und der Siedlungs- und Verkehrsentwicklung sind bei der Ausweitung der Förderung in naher Zukunft vorprogrammiert.

Die Förderung von Kohle im Tagebau führt zu weiteren drastischen Implikationen bei der Flächenbilanz. Ein besonderer Kontrast entsteht im Kusnezk-Becken dadurch, dass unter der äußerst wertvollen Schwarzerde mit hohen Bodenwertzahlen (teilweise bis 95) auch die sehr hochwertige Steinkohle liegt. Bei der Verkippung der Erde durch den Abbau sinken die ertrag- und humusreichen Böden auf einen Wert von höchstens 25. Die Bodenhorizonte sind im Abraum unwiederbringlich zerstört. Eine Rekultivierung[188] ist aufwendig und kostenintensiv. Darüber hinaus ist die Rekultivierung in der Landschaftszone des Kusnezk-Beckens (überwiegend Waldsteppen) und damit genau dort, wo die Kohle hauptsächlich gefördert wird, aufwendiger als z. B. in den niederschlags- und waldreicheren Taigagebieten der Oblast'.[189] Die Umweltverschmutzung ist auch für die nicht verkippten Böden ein großes Problem: 59,1 % (= 12.690 km^2) der landwirtschaftlichen Nutzfläche sind durch Versauerung belastet.[190] Das entspricht knapp dreimal der Fläche des Ruhrgebietes.[191] Die innerregionale Verteilung zeigt auch, dass diese Art der Verunreinigungen nicht nur in unmittelbarer Nähe der Industrie lokalisiert ist, sondern ein großflächiges Problem darstellt. Im Rajon von Novokuzneck sind bspw. 78 % der Böden versauert.[192]

Insgesamt ist resümierend für die letzen beiden Unterkapitel festzustellen, dass erhebliche Belastungen für die Umwelt und für die dort lebende Bevölkerung im Kusnezk-Becken durch die Industrie existieren: Novokuzneck ist nach Noril'sk die am stärksten mit Luftschadstoffen belastete Stadt der Russischen Föderation. Die Sterberate in der Oblast' Kemerovo ist die höchste im gesamten Föderalen Okrug Sibirien. Durch den intensiven Abbau der Kohle entstehen große Abraumhalden und riesige Tagebaulöcher, was ein typisches Folgeproblem für montanindustriebasierte Altindustrieregionen darstellt.

3.2.11. Mangelnde Fähigkeit, Anpassungsmaßnahmen aus eigener Kraft vorzunehmen

Die „mangelnde Fähigkeit, Anpassungsmaßnahmen aus eigener Kraft vorzunehmen" ist einer der wenigen Kennzeichen, welche primär qualitativ erfasst werden können. HAMM/WIENERT resümieren, dass in Altindustriegebieten in der Regel eine Kumulation bzw. ein Konglomerat aus Anpassungshemmnissen vorliegt. Ein Hindernis, welches die gewünschte Modernisierung erschwert, kann aller-

---

[188] Mehr zum Thema „Rekultivierung" im Kapitel 4.1.2 (S. 125 ff.).
[189] ANDROCHANOV, V.; VODOLEEV, A. (2012): S. 232.
[190] Mit 21.479 km^2 wurden 81,6 % der landwirt. Nutzfläche auf Versauerung überprüft.
Quelle: Eigene Berechnung nach KEMEROVOSTAT (Hrsg.) (2015b): S. 38-39.
[191] Siehe dazu Vergleich Ruhrgebiet und Lausitz u. a. in Tabelle 28 (S. 217).
[192] Eigene Berechnung nach: KEMEROVOSTAT (Hrsg.) (2015b): S. 38-39.

dings nicht allein verantwortlich für die Probleme und deren Lösung sein.[193] Im Kapitel 3.2.8 wurde deutlich, dass die Einflussfaktoren multikausal und multidimensional sind.

Nichtsdestoweniger bietet dieses Kennzeichen den Vorteil, eine Art Zusammenfassung der bisherigen Charakteristika darzustellen. Wenn die Kapazitäten bei den Akteuren (Administrationen, Unternehmen usw.) da gewesen wären, würde auch diese Konfrontationssituation mit den größten aktuellen Entwicklungsproblemen nicht existieren. Am Beispiel der Oblast' Kemerovo und der bereits dargelegten Daten bezieht sich dies auf die folgenden Kennzeichen: Bevölkerungsrückgang/ Abwanderung; Monostrukturierung der Wirtschaft/ Dominanz von Branchen, die bei der Wertschöpfung stagnieren; Umwelt- und Brachflächenprobleme. Diese drei Komplexe stellen im Prinzip auch die „klassischen" Probleme einer Altindustrieregion dar und sind in der Forschung in ihrer Bandbreite von Montan- bis Textilregionen in den westlichen Industrieländern zu beobachten.[194]

Eine detaillierte qualitative Analyse der Anpassungserfolge bzw. Misserfolge ist an dieser Stelle noch nicht abschließend möglich. Hierfür müssen die konkreten Maßnahmen zunächst ausführlich dargestellt und anschließend bewertet werden, was u. a. in Kapitel 4.4 (S. 210) erfolgt. An dieser Stelle sollte noch auf einen weiteren wichtigen Aspekt hingewiesen werden: Die Bewertung der Anpassungserfolge unterliegt im Ergebnis immer einem hohen Maß an Subjektivität.[195] Auch die Forderung nach einer externen Hilfe, um die Probleme zu bewältigen[196], hat stark normativen Charakter. Aus diesem Grund müssen hierfür ebenfalls Parameter zur Messung entwickelt und vor allem Ziele (z. B. der Modernisierung) formuliert werden. Ansonsten könnte bei dieser Forderung generell die Gefahr bestehen, dass es noch keine ausführliche Expertise von den Akteuren und der inneren Funktionsfähigkeit einer Region gegeben hat. Diese empirische Grundlage ist aber unabdingbar. Der Fokus der Identifizierung externer Verantwortungsfaktoren (ähnlich wie beim Produktlebenszyklus) bzw. der damit verbundene mehr oder weniger explizite Ruf nach externer Unterstützung kann dazu führen, die Aktivitäten (und ggf. die Fehler) der zuständigen Akteure vor Ort (z. B. Administration, Unternehmen) nicht thematisieren zu müssen.

Zusammenfassend kann konstatiert werden, dass sich das Charakteristikum „mangelnde Fähigkeit, Anpassungsmaßnahmen aus eigener Kraft vorzunehmen" für die Oblast' Kemerovo bestätigen lässt. Die Begründung kann an dieser Stelle allerdings vorerst nur mit den bereits getätigten Altindustriemerkmalen erfolgen. Darüber hinaus ist eine grundlegende Analyse für diese normative und subjektive Typisierung notwendig. Diese wird allerdings erst im Laufe der Arbeit vorgenommen.

---

[193] HAMM, R.; WIENERT, H. (1990): S. 307-308.
[194] HAMM, R.; WIENERT, H. (1990): S. 266.
[195] HAMM, R.; WIENERT, H. (1990): S. 267-270.
[196] Bei GELHAR (2010) wird es auf Seite 4 noch direkter formuliert: *„Strukturprobleme können nicht aus eigener Kraft gelöst werden, Hilfe von außen erforderlich".*

3.2.12. Dominanz von Großunternehmen

Im folgenden Kapitel gilt es, die Dominanz von großen Unternehmerstrukturen zu überprüfen. Nach einem kurzen quantitativen Vergleich werden einige Großkonzerne und deren Aktivitäten analysiert. Das Merkmal ist von besonderer Bedeutung, da er in nahezu jeder relevanten Quelle über Altindustrieregionen diesen als typische Eigenschaft zugeschrieben wird. Ziel dieses Kapitels ist es, die Besonderheit der Unternehmensorganisationen eines peripheren Altindustriegebietes am Beispiel der Oblast' Kemerovo herauszuarbeiten (siehe Fazit im Kapitel 3.2.12.8, S. 103 ff.).

Insgesamt waren in der Oblast' Kemerovo 51.302 Unternehmen registriert (2014). Hiervon sind 33.800 (65,9 %)[197] als Kleinunternehmen[198] kategorisiert. Der Gesamtumsatz bezifferte sich auf ca. 2.050,1 Mrd. RUB, wobei die Kleinunternehmen einen Anteil von 15 % besitzen (308 Mrd. RUB). Zu diesem Umsatz (bei Firmen mit weniger als 100 Mitarbeitern) trugen die Wirtschaftszweige der Rohstoffförderung nur 0,8 % und das verarbeitende Gewerbe nur 8,1 % bei.[199] Das bedeutet, dass die größten und auch wichtigen industriellen Wirtschaftszweige durch großteilige Unternehmensstrukturen geprägt sind.

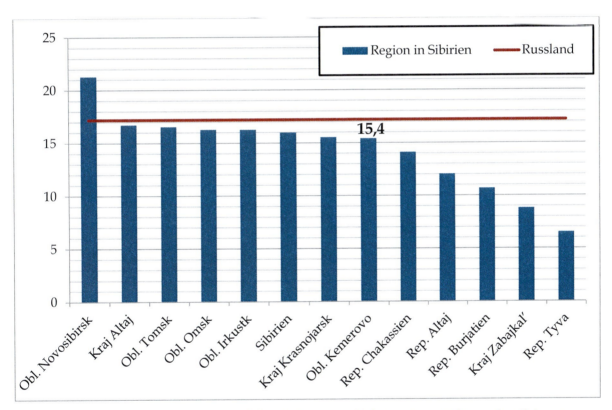

Abbildung 34: Anteil der gesamten sozialversicherungspflichtigen Beschäftigten in Kleinunternehmen (<100 Mitarbeiter) in Regionen Sibiriens und Russlands 2013 in %
Quelle: http://www.gks.ru/free_doc/new_site/business/inst-preob/pmm2013.xls,
http://www.gks.ru/bgd/regl/b14_14p/IssWWW.exe/Stg/d01/03-05.htm (je eingesehen am 15.01.2016),
eigene Berechnung und Darstellung

---

[197] KEMEROVOSTAT (Hrsg.) (2015a): S. 145, 148.
[198] Die Definition von Kleinunternehmen ist folgendermaßen gefasst: Eine wirtschaftliche Organisation mit maximal 100 Beschäftigten und bis zu 400 Mio. RUB Jahresumsatz [KEMEROVOSTAT (Hrsg.) (2015a): S. 155].
[199] KEMEROVOSTAT (Hrsg.) (2015a): S. 147-150.

Die Umsatzasymmetrie spiegelt sich auch in den Arbeitsmarktstatistiken wider. Insgesamt sind 15,4 % der Beschäftigten in der Oblast' Kemerovo in Kleinunternehmen tätig (2013). In Abbildung 34 ist das Verhältnis mit den anderen sibirischen Regionen und dem russischen Durchschnitt dargestellt. Die Oblast' Kemerovo rangiert im hinteren Mittelfeld deutlich unter dem Landesdurchschnitt von 17,4 %. Dahinter folgen nur noch Regionen, welche hinsichtlich Wirtschaftskraft und Bevölkerungsgröße wesentlich unbedeutender als die Oblast' Kemerovo sind. Stark überdurchschnittlich für sibirische und russische Verhältnisse ist hierbei die Oblast' Novosibirsk. In dieser Region mit einer sehr ähnlichen Bevölkerungsgröße sind mit ca. 63.000 fast doppelt so viele Kleinunternehmen registriert wie in der Oblast' Kemerovo. Die etwas kleinteiligere Unternehmensstruktur in der Nachbarregion erhöht die Anpassungsfähigkeit der Betriebe und die gesamte Wirtschaftsentwicklung gestaltet sich dynamischer. Als Ausdruck dessen wurde in der Arbeit u. a. schon mit der positiven Bevölkerungsentwicklung (Tabelle 6, S. 37) und der für sibirische Verhältnisse überdurchschnittlichen Lebenserwartung (Abbildung 31, S. 72) der Oblast' Novosibirsk gezeigt, dass einige Entwicklungstendenzen hier positiver als im Untersuchungsgebiet sind.

3.2.12.1. Ausgewählte Großunternehmen

Im Folgenden werden die wichtigsten privaten Unternehmen in der Oblast' Kemerovo kurz tabellarisch vorgestellt. Zur Einordnung in die Verhältnisse dient das Forbes-Rating der umsatzstärksten Firmen Russlands von 2013 (Tabelle 12). Von den ersten Hundert haben 57 ihre Verwaltungszentrale (Headquarter) in der russischen Hauptstadt Moskau. Zählt man noch drei aus der Oblast' Moskau hinzu, sind es insgesamt 60 %. Im Föderalen Okrug Sibirien sind insgesamt nur drei (2 x Novosibirsk, 1 x Irkutsk) Firmen mit ihrer Zentrale lokalisiert.[200]

Tabelle 12: Forbes-Liste der größten Unternehmen, tätig u. a. in der Oblast' Kemerovo (2013)

Platz	Unternehmen	Umsatz in Mrd. RUB (2013)	Mitarbeiter (insgesamt)	Hauptsitz	Wo in der Arbeit?	
					Kapitel	Seite (ff.)
6.	Evraz	459,7	105.100	London (UK)	3.2.12.2	81
14.	RUSAL	311,3	67.300	Moskau	3.2.12.3	85
17.	Mečel	273,6	71.600	Moskau	3.2.12.4	86
30.	SUĖK	171,4	33.600	Moskau	3.2.12.5	89
80.	Technonikol'	66,9	6.500	Moskau	4.2.4	156
103.	Kuzbassrazrez-ugol'	52,3	17.600	Kemerovo-Stadt	3.2.12.6	91
129.	Gruppa-Koks	43,0	16.400	Moskau	-	-
173.	Stroj-servis	29,9	10.000	Kemerovo-Stadt	-	-
184.	SDS-Azot	28,0	-	Kemerovo-Stadt	3.2.12.7	92
185.	Sibuglemet	27,8	-	Moskau	-	-

Quelle: nach http://www.forbes.ru/rating/200-krupneishikh-chastnykh-kompanii-rossii-2014-reiting-forbes/2014?full=1&table=1 (eingesehen am 18.01.2016), eigene Darstellung

---

[200] http://www.forbes.ru/rating/200-krupneishikh-chastnykh-kompanii-rossii-2014-reiting-forbes/2014?full=1&table=1 (eingesehen am 18.01.2016).

Zu einem der bedeutendsten Unternehmen Russlands zählt die Evraz-Gruppe. Mit allen Geschäftszweigen hat die Holding im Jahr 2013 ca. 24,2 % des Umsatzes erwirtschaftet wie die Summe der anderen 51.301 registrierten Unternehmen in der Oblast' Kemerovo.[201]

In Tabelle 13 sind die größten Kohleförderunternehmen dargestellt. In Russland wurden nach Angaben des föderalen Energieministeriums (Minėnergo) 2013 insgesamt rund 352 Mio. t Kohle gefördert. Quantitative Spitze bei der Extraktion ist der Konzern SUĖK mit knapp 100 Mio. t Förderung pro Jahr. Bis auf Vostsibugol' sind alle anderen Unternehmen u. a. auch in der Oblast' Kemerovo tätig. Die größten drei russischen Kohlekonzerne sind bei ihrer Förderungsaktivität vorwiegend (SUĖK) bzw. hauptsächlich (Kuzbassrazrezugol' und SDS-Ugol') auf die Oblast' Kemerovo konzentriert.

Tabelle 13: Die sechs größten Kohleförderunternehmen Russlands (2013)

Nr.	Unternehmen	Kohleförderung in Mio. t	Förderungsanteil in Russland in %	Tätig in der Oblast' Kemerovo?
1.	SUĖK	96,5	27,4	ja
2.	Kuzbassrazrezugol'	43,9	12,5	ja
3.	SDS-Ugol'	25,7	7,3	ja
4.	Vostsibugol'	15,7	4,5	nein
5.	Južnyj Kuzbass	15,1	4,3	ja
6.	Južkuzbassugol'[202]	12,5	3,6	ja
	Gesamtförderung Russland	352,0	100	-

Quelle: http://www.minenergo.gov.ru/activity/coalindustry/ (eingesehen am 01.12.2015), eigene Berechnung und Darstellung

Alles in allem werden in der Oblast' 58,7 % der gesamten Kohle in Russland gefördert. Damit ist das Untersuchungsgebiet in Europa und unter den GUS-Ländern insgesamt die größte Förderregion von Steinkohle mit einem Anteil von insgesamt ca. 36 %.[203]

Bei der Stahlproduktion in Russland ist die Situation noch stärker oligopolisiert als im Kohlebereich. Die sechs größten Kohlekonzerne erzielen knapp 60 % der Förderung. Im Stahlbereich besitzen die sechs größten Unternehmen 99 % des Marktes (Tabelle 14). In stark abgeschwächter aber tendenziell ähnlicher Form ist dies auch für den gesamten Weltstahlmarkt zu konstatieren: Zehn Unternehmen vereinen schon 28 % der globalen Produktion auf sich (2011).[204]

---

[201] Berechnet nach KEMEROVOSTAT (Hrsg.) (2015a): S. 147.
[202] Južkuzbassugol' ist eine hundertprozentige Tochter der EvrazHolding. Mehr dazu in Kapitel 3.2.12.2 (S. 81 ff.).
[203] Berechnet nach KEMEROVOSTAT (Hrsg.) (2015a): S. 162, BUNDESANSTALT FÜR GEOWISSENSCHAFTEN UND ROHSTOFFE (Hrsg.) (2015): S. 124.
[204] LUGAČEVA, L.; MUSATOVA, M. (2012): S. 111.

In der Oblast' Kemerovo wurden 2014 ca. 7,6 Mio. t Stahl produziert. Dies entspricht einem Anteil von 10,9 % an der gesamtrussischen Produktion.[205] Damit ist die Region zu 98,5 % der einzige Herstellungsort von Stahl im Föderalen Okrug Sibirien (2013).[206] Vergleicht man das Untersuchungsgebiet mit anderen Ländern in Europa wäre der Kuzbass in der EU-28 an siebter Stelle der größten Stahlproduzenten. Im weltweiten Vergleich liegt Russland insgesamt bei diesem Ranking hinter China, Japan, den USA und Südkorea auf Platz fünf.[207]

Tabelle 14: Die größten Stahlproduzenten Russlands (2011)

Nr.	Stahlproduzenten	Stahlproduktion in Mio. t	Produktionsanteil in Russland in %	Tätig in der Oblast' Kemerovo?
1.	EvrazHolding	16,3	23,8	ja
2.	Severstal'	15,3	22,4	nein
3.	Magnitogorskij metallurgičeskij kombinat (MMK)	12,2	17,8	nein
4.	Novolipeckij metallurgičeskij kombinat (NLMK)	12,0	17,4	nein
5.	Mečel	6,1	8,9	ja[208]
6.	UK Metalloinvest	5,8	8,4	nein
Andere Unternehmen		0,8	1,2	-
Gesamtproduktion in Russland		68,4	100	-

Quelle: nach LUGAČEVA, L.; MUSATOVA, M. (2012): S. 98, eigene Darstellung

Für die Stahlproduktion in der Oblast' Kemerovo lässt sich festhalten, dass diese für Russland eine wichtige, aber keine derartig dominante Rolle wie die Kohle einnimmt. Nichtsdestoweniger nimmt die führende Position in der Region dann die EvrazHolding ein, welche als größter Stahlproduzent in der Oblast' Kemerovo tätig ist. Viele Großunternehmen sind im Kohle- und Stahlbereich (Montanindustrie) gleichzeitig aktiv. Einerseits ist dies für Altindustrieregionen typisch und wird von manchen Autoren sogar als strategische Diversifizierungsstrategie der Unternehmen bewertet.[209] Andererseits führt es zu einer noch stärkeren Abhängigkeit ganzer Branchen von einigen wenigen Organisationen.

In den nächsten Unterkapiteln wird versucht, die Tätigkeiten der Akteure hinter diesen immensen Produktionsmengen von Kohle und Stahl etwas detaillierter für die Oblast' Kemerovo zu analysieren.

---

[205] KEMEROVOSTAT (Hrsg.) (2015a): S. 163.
[206] http://www.gks.ru/bgd/regl/b14_14p/IssWWW.exe/Stg/d02/13-50.htm (eingesehen am 18.01.2016).
[207] WORLD STEEL ASSOCIATION (Hrsg.) (2015): S. 1-3.
[208] Das Unternehmen Mečel ist in der Oblast' Kemerovo nicht direkt im Metallurgiebereich vertreten. Andererseits stellt der Konzern einen wichtigen Akteur in der Kohle- und Energiewirtschaft der Oblast' dar. Einige Ausführungen dazu im Kapitel 3.2.12.4 (S. 86 ff.).
[209] LUGAČEVA, L.; MUSATOVA, M. (2012): S. 110-111.

3.2.12.2. EvrazHolding

Wie bereits im vorherigen Kapitel beschrieben, zählt die EvrazHolding zu den größten Unternehmen in Russland. Die Bandbreite der Aktivitäten ist sehr vielfältig: Stahlerzeugung; Kohle-, Erz- und Vanadiumgewinnung; Handel und Logistik. Bei der geographischen Verteilung der Produktionsstandorte (Abbildung 35) wird deutlich, dass die Holding ein global agierender Großkonzern ist. Insgesamt existieren Standorte in acht Ländern (Russland, Kasachstan, Ukraine, Tschechien, Italien, Südafrika, Kanada und USA). Die Verwaltungszentrale befindet sich in London.[210]

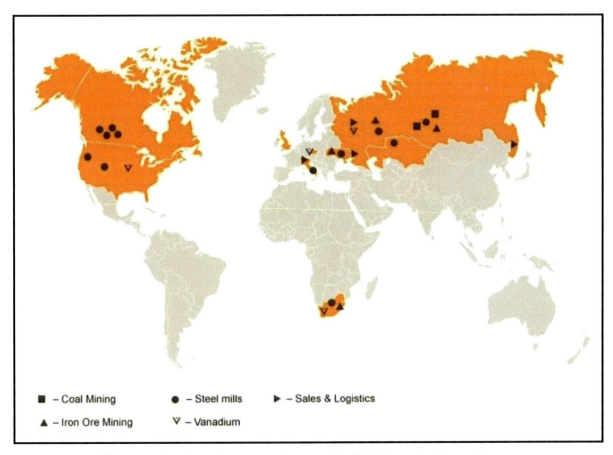

Abbildung 35: Übersicht der Produktionsstandorte und Aktivitäten der Evraz-Gruppe
Quelle: nach http://www.evraz.com/ru/about/ (eingesehen am 25.01.2016)

Die Tätigkeiten von Evraz in der Oblast' Kemerovo sind auf verschiedene Tochterfirmen und Segmente aufgeteilt:

1. **Evraz ZSMK (Ob''edinennyj Zapado-Sibirskij metallurgičeskij kombinat)**
   Evraz ist bei der Metallurgie der wichtigste Akteur in der Oblast' Kemerovo. Zwei der drei Produktionsstätten von Stahl in der Oblast' gehören zu dem Konzern.[211] 2001 kaufte das

---

[210] http://www.evraz.com/ru/about/ (eingesehen am 25.01.2016).
[211] In Gur'evsk existiert ein Produktionsstandort für Stahl, welcher bereits auf die Errichtung einer Hütte im Jahr 1816 zurück geht. Im Gegensatz zu den beiden Werken in Novokuzneck ist der Standort in Gur'evsk aktuell mit ca. 1.400 Mitarbeitern wesentlich kleiner [Quelle: http://www.ktpogmpr.ru/primary-organizations/gurievsk-metallurg/contacts.php (eingesehen am 25.01.2017].

Unternehmen das Stahlwerk „Zapsib" in Novokuzneck. Nur zwei Jahre später konnte die Holding auch das zweite und ältere Stahlwerk der Stadt (ehem. KMK) erwerben.[212] 2011 wurden dann schließlich beide unter dem Namen „EVRAZ Ob"edinennyj Zapadno-Sibirskij metallurgičeskij kombinat" (dt. Evraz – Vereinigung des West-Sibirischen Metallurgiekombinates) zusammengeführt.[213] Die Produkte der Werke sind überwiegend Rohstahl, aber auch spezielle Bauelemente und Anlagen aus Stahl. Eine wichtige Besonderheit stellt die Fertigung von Eisenbahnschienen dar. 2014 wurden ca. 1 Mio. t davon produziert. Hierbei können auch außergewöhnliche Längen von 100 m hergestellt werden.[214] Im Kapitel 3.2.9 (S. 70 ff.) zu den Umweltproblemen wurde bereits auf die Abschaffung der Hochofenstahlerzeugung im ehemaligen KMK hingewiesen. Laut offiziellen Angaben waren in beiden Werken 2013 22.508 Personen beschäftigt. 2014 waren es noch 20.424 Mitarbeiter.[215] Diese sind sehr unterschiedlich auf die Standorte verteilt. Bei einer Werksbesichtigung im August 2014 wurde mitgeteilt, dass im ehemaligen KMK ca. 5.000 und im Zapsib ca. 17.000 Personen beschäftigt sind.[216] Zieht man den valideren Wert des Geschäftsberichtes zurate, arbeiten damit insgesamt 10,3 % der gesamten Beschäftigten der Stadt Novokuzneck (2014) bei Evraz ZSMK.[217]

Russische Wissenschaftler konstatieren, dass die Investitionen von Evraz in die Modernisierung der Stahlwerke von Novokuzneck unter den russischen Standorten unterdurchschnittlich sind. Im Gegensatz dazu übersteigen die Gewinne des Unternehmens den von anderen Konkurrenten, wie z. B. Severstal', deutlich.[218]

2. **Južkuzbassugol'**

Das sechstgrößte russische Kohleunternehmen ist seit 2007 eine hundertprozentige Tochter der EvrazHolding. Laut eigenen Angaben erreicht das Unternehmen eine jährliche Förderung von insgesamt 11,5 Mio. t Kohle (2014).[219] Insgesamt werden fünf Schächte betrieben: Alardinskaja, Osinnikovskaja, Esaul'skaja, Uskovskaja und Erunakovskaja – VIII. Die beiden ersteren befinden sich in Kaltan bzw. Osinniki. Die drei letzteren sind alle nordöstlich vor den Toren der Stadt Novokuzneck lokalisiert.[220] Darüber hinaus sind drei Kohleaufbereitungsanlagen in der Hand von Južkuzbassugol'.[221]

Der Schacht Uskovskaja hat eine tragische Historie:

---

[212] http://www.evraz.com/ru/about/history/ (eingesehen am 29.01.2016).
[213] URBAN, O. (2013): S. 111.
[214] EVRAZ (Hrsg.) (2015): S. 44.
[215] EVRAZ (Hrsg.) (2015): S. 44.
[216] Expertengespräch.
[217] Eigene Berechnung nach KEMEROVOSTAT (Hrsg.) (2015c): S. 38.
[218] URBAN, O. (2013): S. 113-114 und LUGAČEVA, L.; MUSATOVA, M. (2012): S. 100.
[219] http://russia.evraz.com/enterprise/coal-and-coke/uku/ (eingesehen am 29.01.2016).
[220] https://maps.yandex.ru/ (eingesehen am 29.01.2016).
[221] EVRAZ (Hrsg.) (2015): S. 63.

Am 19. März 2007 kam es in diesem Schacht, welcher zu dieser Zeit noch Ul'janovskaja hieß, zu einer verheerenden Methangasexplosion, wobei 110 Bergarbeiter unter Tage starben.[222]

Das Unternehmen Južkuzbassugol' beschäftigte 2014 laut eigenen Angaben 9.263 Personen in der Oblast' Kemerovo. Im Vergleich von 2013 zu 2014 wurden von Evraz bei den Stahlwerken (ZSMK) und der Kohleförderung von Južkuzbassugol' mehr als 2.000 Arbeiter entlassen. Die Begründung erfolgte mit „Schließung unökonomischer Einrichtungen"[223] einer betriebswirtschaftlichen Perspektive. Auch andere Bereiche des Großkonzerns mussten Kürzungen hinnehmen: Insgesamt fielen 2014 gegenüber dem Vorjahr ca. 6.500 Stellen dem Personalabbau zum Opfer. Schließlich waren 2014 „nur" noch 95.000 Menschen für Evraz tätig. Kurz vor der Ausweitung der Weltwirtschaftskrise auf Russland hatte der Großkonzern noch ungefähr 134.000 Mitarbeiter (Dez. 2008). Die Segmente und Tätigkeiten haben sich dabei nicht grundlegend geändert.[224]

3. Raspadskaja

Die Aktienpakete des Unternehmens Raspadskaja sind zu 81,95 % im Besitz von Evraz. Zu der Tochterfirma gehören drei Schachtanlagen (Raspadskaja, MUK-96, Raspadskaja Koksovaja), ein Tagebau und eine Kohleaufbereitungsanlage. Insgesamt werden in allen Betrieben pro Jahr ca. 10,2 Mio. t Kohle gefördert (2014).[225] Die Kohle hat eine vergleichsweise gute Qualität und ist komplett zur Verkokung geeignet.[226]

Der Schacht Raspadskaja hat eine besondere Bedeutung für Russland. Es ist die größte Schachtanlage des Landes. Allein hier konnten im Jahr 2015 ca. 5,2 Mio. t hochwertigste Steinkohle gefördert werden.[227] In anderer Hinsicht erlangte der Schacht traurige Berühmtheit: Aufgrund von zwei Methangasexplosionen in einem Abstand von vier Stunden starben hier am 08./09. Mai 2010 insgesamt 91 Bergarbeiter. Viele Anlagen wurden ebenfalls zerstört.[228] Auf der Webpräsenz und in der Unternehmenschronik des Konzerns wird dieser Unfall jedoch nicht erwähnt.[229]

Die Einrichtungen und Aktivitäten von Raspadskaja konzentrieren sich alle auf die Stadt Meždurečensk im Südosten der Oblast' Kemerovo (Abbildung 36). Bei einer Mitarbeiterzahl von insgesamt 7.628 Personen (2014) sind theoretisch 19,5 % der arbeitenden Bevölkerung (7,6 % der Gesamtbevölkerung) von Meždurečensk bei dem Konzern Raspadskaja beschäftigt.[230]

---

[222] http://coal.dp.ua/index.php?catid=190:mining-ru&id=14429:2014-02-02-14-49-15&Itemid=2&option=com_content&view=article; http://docs.cntd.ru/document/902052681 (je eingesehen am 29.01.2016).
[223] EVRAZ (Hrsg.) (2015): S. 34, 63.
[224] EVRAZ (Hrsg.) (2009): S. 120.
[225] EVRAZ (Hrsg.) (2015): S. 63.
[226] http://www.raspadskaya.ru/company/ (eingesehen am 30.01.2016).
[227] http://www.metcoal.ru/news.asp?action=item&id=19356 (eingesehen am 30.01.2016).
[228] http://ria.ru/spravka/20150509/1062887792.html (eingesehen am 30.01.2016).
[229] http://www.raspadskaya.ru/company/history/ (eingesehen am 30.01.2016).
[230] Eigene Berechnung nach KEMEROVOSTAT (Hrsg.) (2015c): S. 16, 38 und EVRAZ (Hrsg.) (2015): S. 63.

Abbildung 36: Kohlewagons im zentralen Bahnhofsbereich von Meždurečensk
Quelle: Aufnahme Ch. Bülow, 06.04.2013

Abschließend lässt sich zum Kohlesegment von Evraz[231] Folgendes sagen: Die Umsätze schrumpften von 1,304 Mrd. USD (2013) auf 1,04 Mrd. USD (2014). Allerdings ist der Gewinn von 182 Mio. USD (2013) auf 278 Mio. USD (2014) angestiegen. Begründet wird dies im Geschäftsbericht vor allem mit dem schwachen Rubelkurs.[232] Insgesamt illustriert diese Asymmetrie auch deutlich das externe Unternehmertum: Die Umsätze, Personalbesatz und Investitionen sinken zwar; aber solange der Gewinn hoch ist, bleibt der Modernisierungsdruck gering.

4. Evrazruda

Bei der Stahlerzeugung im Hochofen werden neben Steinkohle auch Erze benötigt. Diese kann Evraz durch das hundertprozentige Tochterunternehmen Evrazruda generieren. Es werden drei Eisenerzminen (Taštagol', Kaz, Šeregeš), eine Kalksteinmine in Gur'evsk und eine Aufbereitungsanlage („Abagurskaja obogačitel'naja fabrika") in Novokuzneck unterhalten. Insgesamt wurden 5,7 Mio. t Erze gefördert (2014). Die Beschäftigtenzahl des Unternehmens betrug 2014 4.947 Personen. 2013 waren es noch 5.524.[233]

Bei der Darstellung der Unternehmensstrukturen von Evraz wird deutlich, dass es ein vertikal integrierter und international verflochtener Großkonzern ist. Kumuliert man die gesamten Mitarbeiterzahlen aus den vier oben beschriebenen Tochterfirmen der EvrazHolding in der Oblast' Kemerovo, so

---

[231] Bis auf das sehr kleine und junge Kohleunternehmen Mežegejugol' (Republik Tyva) sind damit über 95 % der kohlewirtschaftlichen Aktivitäten von Evraz in der Oblast' Kemerovo lokalisiert [EVRAZ (Hrsg.) (2015): S. 63].
[232] EVRAZ (Hrsg.) (2015): S. 62.
[233] EVRAZ (Hrsg.) (2015): S. 47.

erreicht dies einen Wert von ca. 42.300 Personen. Dies entspricht ungefähr 45 % der Gesamtbeschäftigten des Unternehmens. In Novokuzneck und Meždurečensk stellt Evraz mit seinen Tochterfirmen die größten Arbeitgeber dar. Die Mitarbeiterzahlen sind in der Region und auch beim Großkonzern insgesamt rückläufig. Die Gewinne von Evraz konnten allerdings im Gegensatz zu den Umsätzen von 2013 zu 2014 deutlich gesteigert werden.[234] Für die Oblast' Kemerovo stellt Evraz durch seine unterschiedlichen Segmente, die disperse regionale Verteilung und die hohe Beschäftigtenzahl den wichtigsten externen Akteur unter den industriellen Konzernen dar.

3.2.12.3. Rusal

Das Unternehmen Rusal ist der größte Aluminiumproduzent der Welt.[235] Ähnlich wie bei Evraz ist eine hochgradige vertikale Unternehmensintegration zu identifizieren. Das für die Aluminiumproduktion wichtige Bauxit wird nicht von anderen Firmen eingekauft, sondern mit eigenen Kapazitäten gefördert. Abbildung 37 zeigt die globale Verteilung der Unternehmensaktivitäten. Insgesamt ist Rusal in 13 Ländern auf fünf Kontinenten mit Produktions- und Förderstandorten vertreten.[236]

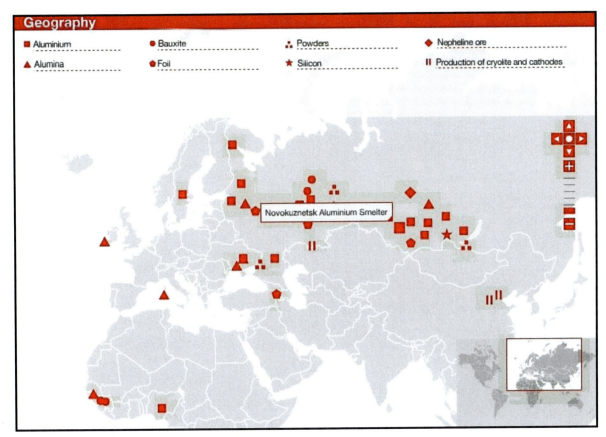

Abbildung 37: Übersicht der Produktionsstandorte und Aktivitäten von Rusal
Quelle: nach http://rusal.ru/en/about/geography/ (eingesehen am 30.01.2016)

---

[234] EVRAZ (Hrsg.) (2015): S. 115 ff.
[235] RUSAL (Hrsg.) (2015): S. 3.
[236] Für eine bessere Übersicht in Abbildung 37 wurden die Bauxitförderungsstätten auf Jamaika und in Guyana nicht berücksichtigt. Darüber hinaus ist auch die 20-prozentige Beteiligung an der Aluminiumoxidraffinerie in Queensland Australien in der Abbildung aus selbigen Gründen nicht visualisiert.
(http://rusal.ru/en/about/29.aspx, eingesehen am 30.01.2016).

Rusal besitzt 14 Aluminiumhütten in der Welt (Abbildung 37). Zwölf sind in Russland lokalisiert. Sechs Werke stehen allein im Föderalen Okrug Sibirien.[237] Die Hütte in Novokuzneck wurde 1943 aufgebaut und war damit der erste Aluminiumbetrieb Russlands östlich des Urals.[238] Die anderen Hütten (z. B. Bratsk, Krasnojarsk oder Sajanogorsk) wurden erst ab den 1950er Jahren in der TPK-Phase aufgebaut und generieren ihre Energiegewinnung bis heute aus Wasserkraft.

Das Betriebsgelände der Novokuznecker Hütte ist im Kuzneckij Rajon nur wenige Kilometer Luftlinie östlich des Stadtzentrums lokalisiert.[239] Vom quantitativen Output liegt das Werk mit ca. 207.000 t Aluminium an letzter Stelle der sibirischen Hütten. Insgesamt generiert die Hütte damit 5,8 % der gesamten Aluminiumproduktion von Rusal.[240] Produkte aus der Oblast' Kemerovo sind u. a. Hüttenaluminium und Legierungen (kleine und große Blöcke, Bügel und Stangen usw.). Die größten Abnehmer sind die Luftfahrt- und Automobilindustrie[241] und damit außerhalb Sibiriens lokalisiert.

Die Unternehmenspräsenz von Rusal teilt auf der Webseite mit, dass das Werk *„ungefähr 1.500"* Mitarbeiter hat.[242] Die „Gewerkschaft der Montanindustriellen Arbeiter" gibt 1.473 Beschäftigte an.[243] Insgesamt arbeiten bei Rusal ca. 61.200 Personen (Dez. 2014).[244] Im Gegensatz zu Evraz ist der Kuzbass damit für Rusal nur ein kleines Unternehmenssegment mit nur einem Standort. Auch an dieser Stelle sind jedoch ein hoher Fremdsteuerungsgrad und das Risiko von Unternehmensverlagerungen gegeben.

3.2.12.4. Mečel

Der Konzern Mečel rangiert beim Forbes-Ranking 2013 der größten privaten Unternehmen in Russland auf Platz 17. Ähnlich wie bei Evraz sind die Firmensegmente auf Stahlproduktion und Rohstoffförderung fokussiert. Darüber hinaus ist auch die Herstellung von Eisenlegierungen, Energie- und Wärmeerzeugung, Handel und Logistik im Produkt- und Leistungsportfolio bei Mečel zu finden. Die Konzernzentrale befindet sich in der russischen Hauptstadt Moskau. Insgesamt operiert das Unternehmen in elf russischen Regionen sowie in der Ukraine und Litauen (Abbildung 38). Bei der Betrachtung der auf der Unternehmenswebseite eingestellten Standortabbildung fällt die starke Konzentration von Aktivitäten im südlichen Ural auf (z. B. Oblast' Čeljabinsk, Oblast' Kurgan, Republik Baškortostan). Im Geschäftsbericht wird die gesamte Mitarbeiterzahl mit 67.900 Personen angegeben.[245]

---

[237] RUSAL (Hrsg.) (2015): S. 13.
[238] http://www.city-n.ru/view/85712.html (eingesehen am 30.01.2016).
[239] https://maps.yandex.ru/ (eingesehen am 30.01.2016).
[240] RUSAL (Hrsg.) (2015): S. 30.
[241] http://www.rusal.ru/about/40.aspx (eingesehen am 30.01.2016).
[242] http://www.rusal.ru/about/40.aspx (eingesehen am 30.01.2016).
[243] http://ktpogmpr.ru/primary-organizations/nkaz/contact.php (eingesehen am 30.01.2016).
[244] RUSAL (Hrsg.) (2015): S. 52.
[245] MEČEL (Hrsg.) (2015): S. 5.

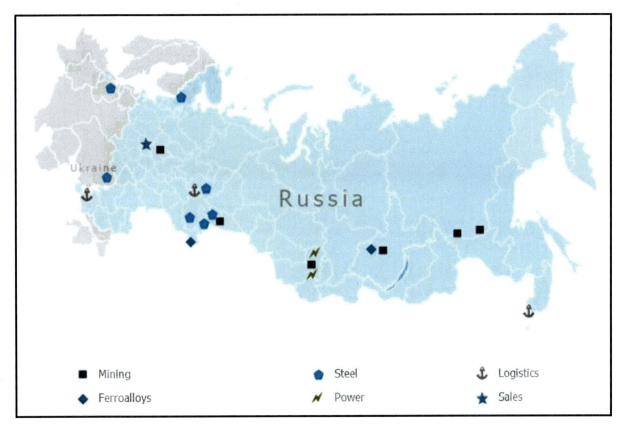

Abbildung 38: Übersicht der Produktionsstandorte und Aktivitäten von Mečel
Quelle: nach http://www.mechel.com/about/map/ (eingesehen am 01.02.2016)

Die Tätigkeiten von Mečel in der Oblast' Kemerovo sind auf folgende Bereiche konzentriert:

1. **Južnyj Kuzbass**

    Das Kohlesegment von Mečel wird neben Jakut'ugol' (10 Mio. t) von dem Tochterunternehmen Južnyj Kuzbass (15,1 Mio. t) bedient (2013).[246]

    Wie der russische Name bereits andeutet, konzentrieren sich die Aktivitäten von Južnyj Kuzbass auf den Süden der Oblast'. Insgesamt werden drei Schachtanlagen (Sibirginskaja, Ol'žeraskaja-Novaja, V. I. Lenina) und vier Tagebauten (Krasnogorskij, Sibirginskij, Ol'žeraskaja, Tomusinskij) betrieben. Diese Förderbetriebe lokalisieren sich alle südlich von Meždurečensk bzw. Myski.

    Darüber hinaus sind vier Kohleaufbereitungsanlagen unter der Ägide von Južnyj Kuzbass, welche insgesamt eine Kapazität von 17 Mio. t Kohle pro Jahr verarbeiten können.[247]

    Im September 2015 waren bei dem Unternehmen laut offiziellen Angaben 8.820 Mitarbeiter beschäftigt.[248] Ein Jahr zuvor (3. Quartal 2014) arbeiteten dort noch 9.414 Beschäftigte[249], was einem Rückgang von mehr als 6 % entspricht. Eine Differenzierung dieser Mitarbeiterzahlen nach Kohleförderungsbetrieb ist mithilfe der offiziellen Doku-

---

[246] http://utmagazine.ru/posts/10449-ekonomika-rossii-cifry-i-fakty-chast-5-ugolnaya-promyshlennost (eingesehen am 25.01.2016).
[247] MEČEL (Hrsg.) (2015): S. 7.
[248] JUŽNYJ KUZBASS (Hrsg.) (2015): S. 94.
[249] JUŽNYJ KUZBASS (Hrsg.) (2014): S. 86.

mente nicht möglich. Nichtsdestoweniger ist die Abhängigkeit für Meždurečensk und Myski vom Unternehmen insgesamt sehr groß. Addiert man die Zahlen beider Städte, ergibt sich laut offizieller Arbeitsmarktstatistik eine Beschäftigtenquote von 17,2 % bei Južnyj Kuzbass.[250]

2. **Kuzbassėnergosbyt**

Laut eigenen Angaben ist Kuzbassėnergosbyt das größte Unternehmen im Bereich der Elektrizitätsversorgung der Oblast' Kemerovo. Zu den Aufgaben zählen primär die Abnahme von Energie von Großkraftwerken und der Verkauf dieser an unterschiedliche Endverbraucher.[251] Insgesamt existieren Verträge mit ca. 20.000 juristischen Personen und es werden ca. 830.000 Haushalte versorgt. Die Mitarbeiterzahl wird mit 1.183 Personen (2014) angegeben. Büros existieren in etlichen Städten der Oblast'. Die Zentrale befindet sich in Kemerovo.[252] Im Ergebnis ist dieses Unternehmenssegment von Mečel eher dem Handel und damit dem Dienstleistungssektor zuzuordnen.

3. **Južno-Kuzbasskaja GRĖC (Kraftwerk von Kaltan)**

Neben dem Handel mit Strom und Wärme verfügt Mečel auch über ein eigenes Kraftwerk in der Kleinstadt Kaltan. Die Anlage arbeitet auf Steinkohlebasis, welche von Južnyj Kuzbass geliefert wird.[253] Die Energieleistung beträgt ca. 550 MW. Primär werden Warmwasser und Fernwärme für die Haushalte von Kaltan und Osinniki bereitgestellt.[254] Der Personalbesatz betrug 327 beschäftigte Personen (Stand 2014).[255]

Zusammenfassend ist für Mečel zu konstatieren, dass das Unternehmen ebenfalls ein vertikal integrierter Großkonzern ist. Neben den anderen Stahlgiganten der EvrazHolding und Severstal' ist es ferner gelungen, sich auch auf ein transnationales Produktions- und Aktivitätsniveau zu begeben.[256] Der globale Aktionsradius ist nicht derartig multilokal wie bei anderen bereits vorgestellten Konzernen. Nichtsdestoweniger fällt auf, dass die Geschäftsbereiche divers sind und nacheinander ablaufende Produktionsketten in den unterschiedlichen Tochterfirmen letztendlich durch eine Großorganisation getätigt werden können. Zum Beispiel: Kohleförderung und deren Verwendung in Stahl- und Heizkraftwerken sowie der Export des Rohstoffes.

Die Tatsache, dass Mečel hauptsächlich in Russland aktiv ist – im Gegensatz zu Evraz oder Rusal –, führt u. a. auch dazu, dass das Unternehmen stärker anfällig für konjunkturelle Schwankungen auf dem russischen Markt ist. Gleich zu Beginn des Geschäftsberichtes wird offen die negative Entwicklung des Aktienkurses thematisiert, welche stark mit dem Kursverfall des Rubels (seit September/

---

[250] Eigene Berechnung nach KEMEROVOSTAT (Hrsg.) (2015c): S. 38.
[251] http://www.kuzesc.ru/index.php?com=17 (eingesehen am 05.02.2016).
[252] http://www.kuzesc.ru/?id=217&nws=3 (eingesehen am 05.02.2016).
[253] http://www.mechel.ru/sector/power/yk_gres/ (eingesehen am 05.02.2016).
[254] MEČEL (Hrsg.) (2015): S. 12.
[255] http://www.ukgres.ru/content/v-mezhdurechenske-sozdano-obosoblennoe-podrazdelenie-yuzhno-kuzbasskoy-gres (eingesehen am 05.02.2016).
[256] LUGAČEVA, L.; MUSATOVA, M. (2012): S. 98-99.

Oktober 2014) korreliert.[257] Unabhängig von der Multikausalität der Ursachen beziffern sich die aktuellen Schulden von Mečel auf 5,1 Mrd. USD (Stand 02/2016). Mit drei russischen Großbanken (Sberbank, Gazprombank, VTB) wurde ein Schuldentilgungsplan für die Rückzahlung der Gelder von 2017 bis 2022 vereinbart. Hierbei bürgt das Unternehmen u. a. mit Immobilien, technischen Ausrüstungen und den Aktienanteilen der Tochterfirmen.[258] Die Zukunft von Mečel ist damit ungewiss. Ob bestimmte Geschäftszweige verkauft oder aufgegeben, Arbeitsplätze abgebaut werden müssen usw., kann zum jetzigen Zeitpunkt noch nicht hinreichend beurteilt werden. Nichtsdestoweniger stellt diese wirtschaftliche Situation des Unternehmens für die Oblast' Kemerovo einen Unsicherheits- und Risikofaktor dar.

3.2.12.5. SUĖK – Sibirskaja ugol'naja ėnergetičeskaja kompanija

In Tabelle 13 (S. 79) wurde bereits darauf hingewiesen, dass SUĖK mit Abstand das größte Kohleförderunternehmen Russlands ist. 2014 erreichte der Konzern eine Menge von 101,1 Mio. t. 2015 wurden 97,8 Mio. t Stein- und Braunkohle gefördert. Etwa die Hälfte davon (46,9 Mio. t) wird ins Ausland verkauft.[259] Insgesamt beschäftigt SUĖK 31.400 Personen (2014).[260] Im Jahr 2013 betrug die Mitarbeiterzahl laut eigenen Angaben noch 33.588[261], was dem Trend des Arbeitsplatzabbaus der bisher dargestellten Großkonzerne im montanindustriellen Bereich folgt.

SUĖK unterscheidet sich von den bisher vorgestellten Unternehmen in mehrfacher Hinsicht:
1. Der Konzern ist hauptsächlich im Bereich der Kohleförderung tätig. Laut eigenen Angaben ist das Unternehmen der sechstgrößte Exporteur von Kohle weltweit. Der Rohstoff wird gefördert, aufbereitet, in eigene Eisenbahnwagons verladen und über eigene Hafenanlagen exportiert.[262] Somit sind zwar die Förderung und Logistik in einer Hand, aber eine direkte Weiterverarbeitung der Kohle in anderen Segmenten (z. B. Stahl- oder Chemieindustrie) findet sich nicht im Portfolio des Unternehmens.
2. Die Unternehmensaktivitäten sind auf Sibirien und den Fernen Osten konzentriert. Darüber hinaus unterhält SUĖK keine Förder- oder Produktionsstätten außerhalb Russlands. Trotz des Namens (dt. Sibirisches Kohleenergieunternehmen) und der starken Fokussierung auf den Föderalen Okrug Sibirien befindet sich die Verwaltungszentrale in Moskau (Abbildung 39).

---

[257] Mečel (Hrsg.) (2015): S. 4.
[258] http://ria.ru/economy/20160204/1369834476.html (eingesehen am 05.02.2016).
[259] http://www.metcoal.ru/news.asp?action=item&id=19419 (eingesehen am 05.02.2016).
[260] SUĖK (Hrsg.) (2015): S. 86.
[261] SUĖK (Hrsg.) (2014): S. 74.
[262] SUĖK (Hrsg.) (2015): S. 3 ff., 10 ff.

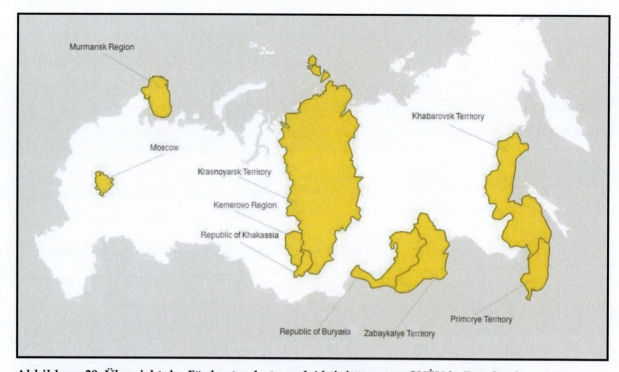

Abbildung 39: Übersicht der Förderstandorte und Aktivitäten von SUĖK in Russland
Quelle: nach http://www.suek.ru/eng/assets-operations/where-we-operate/ (eingesehen am 05.02.2016)

Insgesamt betreibt SUĖK zwölf Schachtanlagen sowie acht Steinkohle- und sechs Braunkohletagebauten. Darüber hinaus werden sieben Kohleaufbereitungsanlagen unterhalten. Obwohl das Unternehmen insgesamt in sieben russischen Regionen Rohstoffförderung betreibt, liegt der Fokus deutlich auf der Oblast' Kemerovo. Hier befinden sich allein neun Schachtanlagen, zwei Tagebauten und vier Aufbereitungsanlagen.[263] Insgesamt förderte SUĖK in diesen Anlagen 32,6 Mio. t Kohle und damit 16 % der gesamten Menge der Oblast' Kemerovo (2013).[264] Die Aktivitäten des Konzerns sind punktuell auf Leninsk-Kuzneckij konzentriert. In der Stadt mit ca. 100.000 Einwohnern herrscht damit eine doppelte Monostruktur: Erstens besteht eine massive Abhängigkeit vom Kohlebergbau insgesamt und zweitens ist die Rohstoffförderung komplett in der Hand von nur einem externen Großkonzern (SUĖK).

Mit einem Beschäftigtenbesatz von 14.483 Personen[265] (= 46 % der Gesamtbeschäftigten von SUĖK) stellt das Unternehmen mit Abstand den wichtigsten Arbeitgeber für Leninsk-Kuzneckij dar. Selbst bei einer konservativen Rechnung mit Einbeziehung der Stadt Leninsk-Kuzneckij, dem selbigen Rajon und der nahe gelegenen Stadt Polysaevo würden knapp 30 % der registrierten Beschäftigten in diesen Kommunen bei SUĖK arbeiten.[266] Bei einem Expertengespräch wurden die direkt von der Kohleförderung abhängigen Arbeitsplätze in der Stadt sogar auf 25.000 Personen beziffert. Von den kommunalen Einnahmen stammen 30 % allein von SUĖK. Dies ist ein Grund dafür, dass Leninsk-Kuzneckij seit 2010 den Status als „Monostadt" besitzt.[267]

---

[263] SUĖK (Hrsg.) (2015): S. 10 ff., 54.
[264] Berechnet nach KEMEROVOSTAT (Hrsg.) (2015a): S. 162; http://utmagazine.ru/posts/10449-ekonomika-rossii-cifry-i-fakty-chast-5-ugolnaya-promyshlennost (eingesehen am 25.01.2016).
[265] SUĖK (Hrsg.) (2015): S. 56.
[266] Eigene Berechnung nach KEMEROVOSTAT (Hrsg.) (2015c): S. 38.
[267] Expertengespräch.

Zusammenfassend lässt sich festhalten, dass SUĖK eine Sonderrolle bei den externen Großkonzernen einnimmt. Der Grad der vertikalen Integration ist wesentlich niedriger als bei Evraz oder Mečel. Dies führt zu einer großen Abhängigkeit von der internationalen Kohlenachfrage. Wie ein derartiger Großkonzern mit diesem Geschäftsmodell in einer Krisensituation reagiert, wenn der Kohlepreis auch langfristig niedrig bleibt, ist ungewiss.

Die Oblast' Kemerovo stellt für SUĖK den wichtigsten Operativraum dar, denn nahezu die Hälfte der Mitarbeiter arbeitet hier. Wie eine kleine Großstadt wie Leninsk-Kuzneckij einen Großkonzern bändigen bzw. ihn überhaupt zu grundlegenden Investitionen (ggf. auch in andere Bereiche) bewegen kann, bleibt fraglich. Der Umsatz von SUĖK betrug 2014 ca. 5,05 Mrd. USD.[268] Zum Vergleich: Die getätigten Ausgaben im Haushalt von Leninsk-Kuzneckij belaufen sich mit ca. 131 Mio. USD[269] (3,8 Mrd. RUB)[270] auf gerade mal 2,6 % dieser Umsatzsumme.

3.2.12.6. Kuzbassrazrezugol'

Nach SUĖK ist das Unternehmen Kuzbassrazrezugol' der zweitgrößte Kohlekonzern in Russland – nach Fördervolumen (Tabelle 13, S. 79). Die Aktivitäten beschränken sich hierbei vollständig auf die Oblast' Kemerovo. Im Jahr 2013 wurden 43,9 Mio. t gefördert.[271] Dies entspricht schon 21,7 % der gesamten Kohleförderung der Oblast' Kemerovo.[272]

Die Spezialisierung des Unternehmens beruht auf der Tatsache, dass (wie der Name schon impliziert)[273] ausschließlich Tagebauten unterhalten werden. Insgesamt besitzt Kuzbassrazrezugol' sechs Förderbetriebe (Kedrovskij, Bačatskij[274], Mochovskij, Krasnobrodskij, Taldinskij, Kaltanskij), welche dispers in der Oblast' Kemerovo verteilt sind. Daneben existiert mit der Förderung von speziellen Erzen (u. a. Kupferkies, Schwerspate) in Salair noch ein weiteres Bergbausegment.[275] Darüber hinaus verfügt Kuzbassrazrezugol' noch über einen eigenen Fuhrpark zum Abtransport der Steinkohle mit speziellen Lastkraftwagen (Avtotrans)[276] und über eine selbstständige wissenschaftliche Einrichtung zur Untersuchung der Lagerstätten (Geologija).[277] Insgesamt sind bei dem Unternehmen ca. 17.300 Personen (2013) beschäftigt.[278] Damit stellt Kuzbassrazrezugol' den größten Arbeitgeber im Kohlebergbau der Oblast' Kemerovo dar.

Mehr zum Thema der Monostädte in Kapitel 4.2.4 (S. 153 ff.). Eine Darstellung über die wichtigsten sozioökonomischen Entwicklungsindikatoren von Leninsk-Kuzneckij befindet sich in Abbildung 61 (S. 183 ff.).
[268] SUĖK (Hrsg.) (2015): S. 74.
[269] Die Umrechnung von RUB und USD für das Jahr 2014 fällt aufgrund der starken Kursschwankungen ab Oktober schwer. Vom 1. Januar bis zum 30. September 2014 bewegte sich der Kurs stabil zwischen 33 und 39 RUB = 1 USD. Ab 1. Dezember fiel der Kurs bis zum Jahresende nicht mehr unter die 50-RUB-Marke. Als Grundlage wird schließlich das Jahresmittel von 1 USD = 38,7 RUB verwendet. Berechnet nach:
http://www.finanzen.net/devisen/us_dollar-russischer_rubel-kurs/historisch (eingesehen am 12.09.2015).
[270] KEMEROVOSTAT (Hrsg.) (2015c): S. 166.
[271] http://www.kru.ru/ru/about/indices/ (eingesehen am 08.02.2016).
[272] Berechnet nach KEMEROVOSTAT (Hrsg.) (2015a): S. 162.
[273] „Razrez" (russ. разрез) bedeutet Tagebau.
[274] Die Aktivitäten in diesem Tagebau sind Studien zufolge für das folgenreiche Erdbeben vom Juni 2013 verantwortlich. Mehr dazu im Kapitel 4.1.2 (S. 125).
[275] http://www.kru.ru/ru/about/about/salair/ (eingesehen am 08.02.2016).
[276] http://www.kru.ru/ru/about/about/avtotr/ (eingesehen am 08.02.2016).
[277] http://www.kru.ru/ru/about/about/Geolog1/ (eingesehen am 08.02.2016).
[278] http://www.kru.ru/ru/about/indices/# (eingesehen am 08.02.2016).

Die Besonderheit gegenüber anderen bisher analysierten Konzernen ist die Tatsache, dass sich die Aktivitäten von Kuzbassrazrezugol' ausschließlich auf die Oblast' Kemerovo beschränken. Allerdings stößt man bei einer genaueren Analyse auf den Fakt, dass sich die Aktienmehrheit (ca. 52,7 %) in der Hand der OAO UGMK (Ural'skaja gorno-metallurgičeskaja kompanija) befindet.[279] Seit 2006 kontrolliert diese montanindustrielle Holding aus dem Ural mit Hauptsitz in der Agglomeration Ekaterinburg (Oblast' Sverdlovsk) das zweitgrößte Kohleunternehmen Russlands. Die UGMK ist ein vertikal integrierter Großkonzern mit Schwerpunkt in der Buntmetallindustrie. Unter anderem werden Kupfer, Zink, Blei, aber auch Stahl und Kohle gefördert bzw. produziert. Darüber hinaus sind einzelne Bereiche auch in der Landwirtschaft, dem Gastgewerbe oder bei medizinischen Dienstleistungen vertreten.[280] Laut eigenen Angaben existieren insgesamt 40 verschiedene Tochterfirmen, welche in 14 Regionen Russlands und jeweils einmal in Tschechien und Serbien tätig sind.[281]

Laut der Internetseite sind bei dem Großkonzern insgesamt ca. 88.000 Personen (ohne Jahresangabe) beschäftigt.[282] Forbes beziffert den Mitarbeiterbesatz auf „nur" ca. 60.000 Personen (2013).[283] Ein öffentlich zugänglicher aktueller Geschäftsbericht mit detaillierten Informationen von UGMK existiert nicht.

Zusammenfassend lässt sich methodisch festhalten, dass die Präsentationen im Internet von UGMK und Kuzbassrazrezugol' im Gegensatz zu den anderen bereits vorgestellten Großkonzernen an Aktualität und Ausführlichkeit nur bedingt mithalten können. Inhaltlich lässt sich zusammenfassen, dass die Kohleförderung erneut mehrheitlich nicht in der Hand lokaler Akteure ist. Wiederholt sind die wirtschaftlichen Tätigkeiten eines großen privatwirtschaftlichen Unternehmens in der Oblast' Kemerovo Teil des diversifizierten Produkt- und Leistungsportfolios eines vertikal integrierten Großkonzerns von außerhalb.

3.2.12.7. SDS – Sibirskij Delovoj Sojuz

Das letzte Beispiel der ausgewählten Großunternehmen stellt eine große Besonderheit unter den privatwirtschaftlichen Akteuren dar und wird aus diesem Grund auch etwas ausführlicher behandelt. SDS ist der einzige Großkonzern, welcher aus der Region Kemerovo stammt bzw. hier den Verwaltungssitz hat. Die Holding ist ebenfalls ein vertikal integrierter Großkonzern auf industrieller Basis. Das Unternehmen verfügt neben der Kohleindustrie in überdurchschnittlicher Breite auch über andere Geschäftszweige (Baugewerbe, Handel u. v. m.). Laut eigenen Angaben (Febr. 2016) beschäftigt SDS ca. 45.000 Personen.[284] Eine exakte Quantifizierung der Mitarbeiterzahlen nach Bereichen steht nicht zur Verfügung. Im Januar 2016 wurde auf derselben Internetseite noch eine Zahl von 50.000 Beschäftigten aufgeführt.[285] Die Tendenz ist schließlich negativ, was die Entwicklung der anderen Großunternehmen im Kohle- und Stahlbereich widerspiegelt.

---

[279] http://www.metcoal.ru/news.asp?action=item&id=17556 (eingesehen am 08.02.2016).
[280] http://www.ugmk.com/ru/company/production_investments/ (eingesehen am 08.02.2016).
[281] http://www.ugmk.com/ru/company/geography/ (eingesehen am 08.02.2016).
[282] http://www.ugmk.com/ru/value/hr/ (eingesehen am 08.02.2016).
[283] http://www.forbes.ru/forbes/issue/2014-10/268171-reiting-1-100 (eingesehen am 08.02.2016).
[284] http://hcsds.ru/about-company/general-information-about-company.php (eingesehen am 13.02.2016).
[285] http://hcsds.ru/about-company/general-information-about-company.php (eingesehen am 28.01.2016).

In Abbildung 40 sind die Standorte der Tochterunternehmen eingezeichnet. SDS ist in acht Regionen Russlands vertreten. Insgesamt konzentriert sich der Großteil der Aktivitäten (mehr als 80 %) allerdings dominant auf die Oblast' Kemerovo.

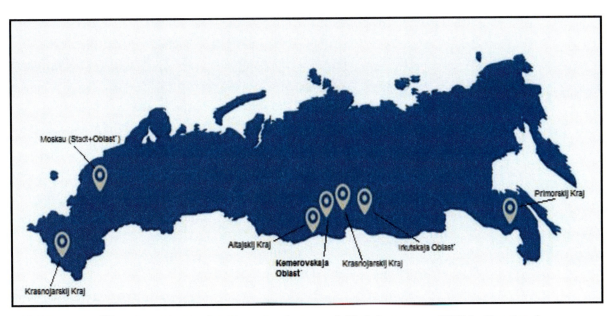

Abbildung 40: Übersicht der Produktionsstandorte und Aktivitäten von SDS in Russland
Quelle: nach http://hcsds.ru/about-company/general-information-about-company.php (eingesehen am 13.02.2016)

Die Tätigkeiten von SDS sind auf folgende zwölf Bereiche bzw. Tochterunternehmen verteilt:

1. **SDS-Ugol'**

    Dieses Tochterunternehmen zählt zu den größten und wichtigsten Bereichen der Holding. Die Kohleförderung wird aus diesem Grund am ausführlichsten behandelt, u. a. weil die aktuellen Entwicklungstrends des Großunternehmens hier am besten ablesbar sind.

    Insgesamt ist das Steinkohlesegment von SDS mit einer Förderung von ca. 26 Mio. t an dritter Stelle in Russland (Tabelle 13, S. 79). Laut Geschäftsbericht lag die Förderung 2011 noch bei 20,1 Mio. t.[286] Für das Jahr 2015 werden 30 Mio. t angegeben.[287] Diese Mengen werden in sechs Tagebauten[288] und zwei Schachtanlagen[289] gefördert sowie in zwei Aufbereitungsanlagen[290] gereinigt.[291]

    Die regionale Verteilung der Kohleförderung ist auf die Städte Prokop'evsk, Kiselëvsk, Belovo und Berëzovskij konzentriert. Die Unternehmenszentrale befindet sich in Kemerovo.[292] Aufgrund der Tatsache, dass SDS nicht im Bereich der Stahlindustrie tätig

---

[286] SDS-UGOL' (Hrsg.) (2012): S. 6.
[287] http://sds-ugol.ru/about-the-company/dinamic.php (eingesehen am 13.02.2016).
[288] Černigovec, Vostočnyj, Kiselevskij, Pervomajskij, Prokop'evskij ugol'nyj razrez, Sibènergugol'.
[289] Južnaja, Listvjažnaja.
[290] Černigovskaja-Koksovaja, Listvjažnaja.
[291] http://hcsds.ru/structure/hk-sds-coal/ (eingesehen am 13.02.2016).
[292] http://sds-ugol.ru/struk/pret/ (eingesehen am 15.02.2016).

ist und insgesamt nur geringe Mengen Kohle für die eigene Verarbeitung benötigt, wird ein Großteil der Kohle (mehr als 85 %) exportiert.[293]

Konkrete Angaben zu Mitarbeiterzahlen sind in den Geschäftsberichten nicht zu finden. Jedoch werden auf der Internetseite *„über 11.000 Beschäftigte bei SDS-Ugol'"* angegeben.[294] Andere Quellen nennen einen Personalbesatz von ca. 13.000 Mitarbeitern (2013/14).[295] Im Vergleich zu anderen Kohleunternehmen und deren Kapazitäten (z. B. SUĖK, Kuzbassrazrezugol') lässt sich dieses Intervall (11.000–13.000) als angemessene Einordnung betrachten. Falls beide Angaben der Wahrheit entsprechen, kam es zu einem leichten Arbeitsplatzabbau. Nichtsdestoweniger stellt SDS-Ugol' mit diesem Personalbesatz das größte Unternehmen innerhalb der gesamten Holding dar. Der Beschäftigtenrückgang spiegelt sich auch in den Umsatzstatistiken wider (Abbildung 41). Die globale Finanzkrise (2008/09) wirkte sich auf den Gewinn von SDS-Ugol' nur marginal aus. Der Höhepunkt des Kohlepreises 2011 führte zu einem beispiellosen Ertrag von 4,9 Mrd. RUB[296], welcher im nächsten Jahr sogar noch gesteigert werden konnte. 2014 verzeichnete das Unternehmen mit ca. 2,7 Mrd. RUB einen historisch hohen Verlust. Im Jahresbericht für 2014 werden indirekt auch einige Gründe dafür angeführt: Für das Geschäftsjahr 2015 wird die Entwicklung des Unternehmens abhängig von der makroökonomischen Situation im Land und in der Welt gemacht. Darüber hinaus übt die Tarifpolitik der Eisenbahn großen Einfluss aus. Die Transportkosten beanspruchen bei SDS-Ugol' bis zu 50 % des Kohlepreises.[297] 2015 hat sich der Verlust zwar halbiert, ist aber mit ca. 1,4 Mrd. RUB immer noch ziemlich hoch. Insgesamt spiegelt der herbe Gewinnrückgang des Unternehmens einige bereits dargestellte sozioökonomische Merkmale (z. B. Bruttoregionalprodukt, Beschäftigtenentwicklung) wider. Darüber hinaus stellen die genannte große Abhängigkeit vom internationalen Kohlepreis und der Tarifpolitik der Russischen Eisenbahn (RŽD) ein großes Risiko für die gesamte Kohlebranche der Oblast' dar.

Eine Krise von SDS mit seiner wichtigsten Unterabteilung in Form von SDS-Ugol' lässt sich auch an anderer Stelle ablesen:

Die Verbindungen von SDS zur Oblast'-Administration sind eng und insgesamt auch etwas undurchsichtig. Zum Beispiel: Im Geschäftsbericht von 2012 steht ganz offen, dass SDS-Ugol' einen *„monatlichen kostenlosen Geldtransfer"* an die Administration der Oblast' Kemerovo in Höhe von insgesamt 382 Mio. RUB (ca. 13 Mio. USD) im Jahr 2011 zahlte. 2013 beliefen sich die Zahlungen hierfür „nur" noch auf ca. 31 Mio. RUB. Auch der regional wichtigste Feiertag, der „Tag des Bergarbeiters" (russ. Den' Šachtëra), wird von SDS-Ugol' ebenfalls mit 65 Mio. RUB unterstützt (2011). Zwei Jahre später werden für

---

[293] Die größten Zielländer mit prozentualem Anteil am Export waren u. a.: Deutschland (19 %), Vereinigtes Königreich (13 %), Italien (12 %), Türkei (12 %), Schweiz (9 %); nach: http://sds-ugol.ru/proizv/geography.php (eingesehen am 15.02.2016).
[294] http://sds-ugol.ru/kadr/ (eingesehen am 15.02.2016).
[295] http://utmagazine.ru/posts/10449-ekonomika-rossii-cifry-i-fakty-chast-5-ugolnaya-promyshlennost (eingesehen am 25.01.2016).
[296] Dies entspricht ca. 120 Mio. EUR. Für die Umrechnung wurde ein historischer Wechselkurs für das Jahr 2011 (Mittelwert) von EUR zu RUB in Höhe von 1=40,7 als Grundlage verwendet; berechnet nach http://www.finanzen.net/devisen/euro-russischer_rubel-kurs/historisch (eingesehen am 15.02.2016).
[297] SDS-UGOL' (Hrsg.) (2014): S. 8.

diesen „Finanzposten" noch Mittel in Höhe von ca. 5,2 Mio. RUB zur Verfügung gestellt.[298]

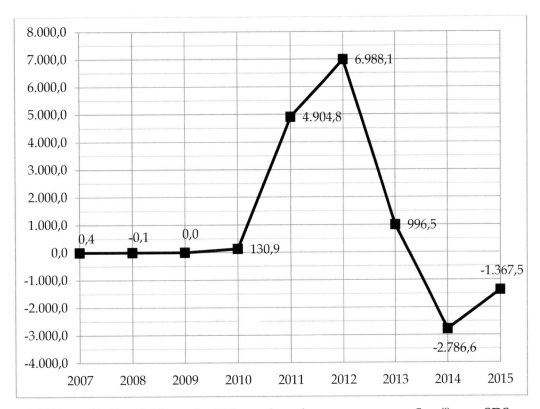

Abbildung 41: Entwicklung des Reingewinns (russ. „чистая прибыл") von SDS-Ugol' in Mio. RUB (2007–2015)
Quelle: SDS-Ugol' (Hrsg.) (2009): S. 8, SDS-Ugol' (Hrsg.) (2010): S. 8, SDS-Ugol' (Hrsg.) (2011): S. 8, SDS-Ugol' (Hrsg.) (2012): S. 8, SDS-Ugol' (Hrsg.) (2013): S. 7, SDS-Ugol' (Hrsg.) (2014): S. 7, SDS-Ugol' (Hrsg.) (2015): S. 7, https://e-ecolog.ru/buh/2015/4205105080 (eingesehen am 18.02.2017), eigene Darstellung

Leider befinden sich im späteren Geschäftsbericht von 2015 keine derartig detaillierten Aufschlüsselungen mehr über die Sozialausgaben oder die Überweisungen an die Oblast'-Administration. Betrachtet man die Gewinnentwicklung von SDS-Ugol' (Abbildung 41) und die aktuelle wirtschaftliche Situation, so ist allerdings stark von einem Rückgang der Leistungen für die Oblast' auszugehen.

Diese direkten Überweisungen sind allerdings nur ein Teil der Strategie von SDS.

Auf der Internetseite findet sich der Satz: „*Die Holding SDS trägt durch ihre Aktivitäten zur politischen Stabilisierung der Regionen (Oblast' Kemerovo, Altajskij und Primorskij Kraj, C. B.) durch jährliche Abkommen über die sozioökonomische Zusammenarbeit bei.*"[299] Eine derartige direkte Formulierung zur Förderung findet sich nicht bei den anderen bisher vorgestellten Unternehmen. Diese Form der politischen Einflussnahme ist bei SDS im Vergleich zu anderen Unternehmen besonders stark ausgeprägt. An dieser Stelle kann noch keine

---

[298] SDS-Ugol' (Hrsg.) (2012): S. 8, SDS-Ugol' (Hrsg.) (2014): S. 8.
[299] http://hcsds.ru/about-company/general-information-about-company.php (eingesehen am 13.02.2016).

abschließende Bewertung über die Sinnhaftigkeit der regelmäßigen Abkommen („Soglašenija") zwischen Unternehmen und Oblast'-Administration erfolgen.[300] Sicher ist, dass der Einfluss von bestimmten Unternehmen, wie z. B. SDS-Ugol', groß ist: Im Jahr 2012 wurden im Rahmen des Abkommens insgesamt 1,2 Mrd. RUB (ca. 30 Mio. EUR)[301] für „Sozialpolitik" in der Oblast' Kemerovo ausgegeben.[302] Die gesamten Ausgaben der Oblast' für den statistischen Posten der Sozialpolitik beliefen sich auf ca. 18,4 Mrd. RUB. Oder anders ausgedrückt: Ca. 1 % der gesamten Budgetausgaben der Oblast' Kemerovo (2012) wurden durch das Unternehmen SDS-Ugol' geleistet.[303]

2. Mir Trade

Mit Mir Trade besitzt SDS-Ugol' einen Unternehmensteil der für die Auslandsgeschäfte und damit für den internationalen Verkauft der Kohle zuständig ist. Die Zentrale befindet sich in Teufen (Schweiz).[304] Mir Trade kauft die Kohle aus der Oblast' Kemerovo gegen Rubel und verkauft sie gegen US-Dollar auf dem Weltmarkt. Aufgrund des Unternehmenssitzes in der Schweiz wird deutlich, dass zwar ein Teil des Erlöses von SDS in Form von Ausrüstungen, sowie von Konsum- und Luxusgütern wieder nach Russland fließt. Jedoch verbleibt der größere Teil sehr wahrscheinlich auf den Konten in der Schweiz und ist damit dem Zugriff anderer Abteilungen von SDS entzogen. Diese Möglichkeit der Kapitalflucht stellt eine wesentliche Ursache für die mangelnden Investitionen des wichtigsten privatwirtschaftlichen Konzerns in der Oblast' Kemerovo dar.

3. SDS-Maš

Diese Tochterfirma ist vor allem im Eisenbahnwagonbau tätig. Hauptsächlich kann damit die Logistiksparte für den Kohletransport der SDS-Holding bedient werden. SDS-Maš besitzt wiederum zwei hundertprozentige Tochterorganisationen: Die OOO Èlektroprom mit Sitz in Prokop'evsk und Altajvagon in Novoaltajsk bei Barnaul (Kraj Altaj).[305]

Die Produkte von Altajvagon sind unterschiedliche Gütertransportwagons für die Schiene (u. a. offen, geschlossen, für flüssige Produkte).[306] Laut eigenen Angaben arbeiten bei Altajvagon 7.905 Personen; hiervon 4.274 in Novoaltajsk, 2.961 in Rubcovsk und 940 Mitarbeiter in der Filiale in Kemerovo (Nov. 2010).[307] Aufgrund der aktuellen wirtschaftlichen Gesamtsituation und dem sinkenden Umsatz ist von einer Reduzierung der Mitarbeiterzahlen auszugehen. Laut Internetauftritt sind bei SDS-Maš insgesamt mehr als 8.000 Personen beschäftigt (ohne Jahresangabe).[308] Das Tochterunternehmen Èlektroprom wurde, wie das Wagonwerk in Novoaltajsk, im Rahmen der Evakuierung der Indus-

---

[300] Mehr zum Thema „Soglašenija" in Kapitel 4.2.3 (S. 151 ff.).
[301] Dies entspricht ca. 30,07 Mio. EUR. Für die Umrechnung wurde ein historischer Wechselkurs für das Jahr 2012 (Mittelwert) von EUR zu RUB in Höhe von 1=39,9 als Grundlage verwendet. Berechnet nach http://www.finanzen.net/devisen/euro-russischer_rubel-kurs/historisch (eingesehen am 15.02.2016).
[302] http://www.metcoal.ru/news.asp?action=item&id=17125 (eingesehen am 15.02.2016).
[303] KEMEROVOSTAT (Hrsg.) (2015a): S. 235.
[304] http://www.mirtrade.ch/eng/live/page.asp?id=7370 (eingesehen am 25.01.2017).
[305] SDS-MAŠ (Hrsg.) (2015): S. 3, 4.
[306] ALTAJVAGON (Hrsg.) (2015): S 2 ff.
[307] ALTAJVAGON (Hrsg.) (2010): S. 2.
[308] http://elektroprom.bget.ru/en/about-company/corporation (eingesehen am 16.02.2016).

trieanlagen kurz nach dem Überfall von Nazi-Deutschland auf die Sowjetunion 1941 nach Sibirien gebracht.[309] Heute werden am Standort in Prokop'evsk Elektromotoren, Antriebe, Leuchtdioden und etliche weitere elektrotechnische Produkte hergestellt.[310]

Ähnlich wie die Kohleabteilung von SDS registriert auch SDS-Maš Verluste. Im Jahr 2013 konnte ein Reingewinn von ca. 184 Mio. RUB verbucht werden. 2014 wurden hingegen Einbußen in Höhe von 173 Mio. RUB verzeichnet.[311]

4. SDS-Ėnergo

Die nicht exportierte Kohle von SDS-Ugol' wird in den beiden zu SDS-Ėnergo gehörenden Heizkraftwerken verwendet. Die Anlage in Mariinsk wurde 1937 gebaut. Nach eigenen Angaben kann das Kraftwerk heute ca. 45 % der Haushalte in der Stadt mit Fernwärme und 68 % mit Warmwasser versorgen. Die Anlage in Meždurečensk hingegen besitzt nur 1/5 der Energieerzeugungskapazität.[312] Darüber hinaus ist mit dem Tochterunternehmen Prokop'evskėnergo auch die Sparte des Energietransportes vertreten. Laut eigenen Angaben sind bei SDS-Ėnergo insgesamt 587 Mitarbeiter (2013) beschäftigt.[313]

5. SDS-Azot

SDS-Azot ist nach der Kohleförderung und neben dem Eisenbahnwagonbau eine der wichtigsten Sparten von SDS. Zum Unternehmen gehört die 1956 eröffnete Chemiefabrik, nur wenige Kilometer westlich des Zentrums von Kemerovo.[314] Daneben gehört das 1962 gebaute Werk in Angarsk (Angarskij Azotno-tukovy zavod) in der Oblast' Irkutsk ebenfalls zum Unternehmen.[315] Beide Anlagen wurden erst im Dezember 2011 von SDS erworben. Im Fokus der Produktion liegt die Herstellung von Stickstoffprodukten (z. B. Dünger, Ammoniakmittel).[316] Laut Geschäftsbericht exportiert das Unternehmen die Produkte u. a. in die Landwirtschaft und die Petrochemie in über 40 Länder der Welt. Im Jahr 2014 wurden ca. 955.000 t Ammoniak; 1,9 Mio. t Stickstoffprodukte und 88.000 t Caprolactam hergestellt. Seit dem Erwerb durch SDS 2011 sind jedoch in allen Bereichen leichte Produktionsrückgänge zu verzeichnen. Der Gesamtumsatz reduzierte sich von 2011 bis 2014 von 30,9 auf 27 Mrd. RUB.[317] Die Exporterlöse für Düngemittel sind in den letzten Jahren ebenfalls gesunken (siehe Abbildung 43, S. 104).

In einem Presseinterview im September 2015 gab der Direktor von SDS-Azot eine Belegschaftsstärke von 6.196 Personen an.[318] Eine Differenzierung nach Produktionsstätten ist nicht möglich, allerdings ist der wesentlich größere Besatz im Hauptstandort in

---

[309] http://elektroprom.bget.ru/en/about-company/historical-information (eingesehen am 16.02.2016).
[310] http://elektroprom.bget.ru/en (eingesehen am 16.02.2016).
[311] SDS-Maš (Hrsg.) (2015): S. 7.
[312] http://hcsds.ru/structure/sds-energo/ (eingesehen am 16.02.2016).
[313] http://sdsenergo.ru/energoholding/ (eingesehen am 16.02.2016).
[314] Senčurov, N. (Hrsg.) (2011): S. 4 ff.
[315] http://www.aatz-can.ru/about/1/ (eingesehen am 18.02.2016).
[316] http://www.sds-azot.ru/ru/kompany/menu-facts-figures (eingesehen am 17.02.2016).
[317] SDS Azot (Hrsg.) (2012): S. 3; SDS Azot (Hrsg.) (2015): S. 3, 12.
[318] Weber, A. (2015).

Kemerovo zu verzeichnen. Zum Vergleich: In der gesamten chemischen Industrie der Oblast'[319] arbeiten ca. 11.700 Personen (2014).[320]

6. **Stroitel'naja otrasl' SDS** (Baugewerbe)

Abbildung 42: Bauaktivitäten von SDS am Tom'-Ufer in Kemerovo (z. B. rechts 3 Türme von „Kemerovo-City")
Quelle: Aufnahme Ch. Bülow, 28.08.2012

Dieser Bereich von SDS fungiert nur als Oberkategorie. Es verbergen sich darunter noch wenigstens zwölf weitere Tochterunternehmen, die überwiegend im Bereich des Wohnungsbaus aktiv sind. Die Versorgungs- und Produktionskette ist in diesem Bereich ebenfalls stark vertikal orientiert, da auch Einheiten für die Bereitstellung von Baumaterial existieren (z. B. Ziegelfabrik, Schotter- und Sandförderung). Auf der Internetseite wird das Baugewerbe als „*Schlüsselrichtung*" für SDS bezeichnet. Von 2006 bis 2014 wurden insgesamt 600.000 m² neuer Wohnraum für ca. 12.000 Familien errichtet.[321] Laut Statistischem Jahrbuch wurden von 2006 bis 2014 in der Oblast' insgesamt 9.300.000 m² Wohnraum neu errichtet. Das Baugewerbe von SDS trägt daran schließlich einen Anteil von ca. 6,5 %. Die Investitionen von SDS-Finans (einer Unterabteilung) beliefen sich in diesem Zeitintervall auf 17 Mrd. RUB.[322] Umsatzstatistiken oder Mitarbeiterzahlen sind nicht aufzufinden. Die Bedeutung des Baugewerbes von SDS für die Stadt- und damit auch Regionalentwicklung ist groß: Die stark auf Kemerovo konzentrierten baulichen Aktivitäten von SDS (Abbildung 42) stellen eine wichtige Ursache für das Bevölkerungswachstum und die

---

[319] Siehe mehr zur Entwicklung der chemischen Industrie in Kapitel 4.1.3 (S. 131 ff.).
[320] KEMEROVOSTAT (Hrsg.) (2015a): S. 44.
[321] KEMEROVOSTAT (Hrsg.) (2015a): S. 186,
http://www.kemerovostat.ru/bgd/EJEGOD/issWWW.exe/Stg/2010/(15)строительство.htm (eingesehen am 17.02.2016).
[322] http://hcsds.ru/structure/construction-industry/?DETAIL=Y (eingesehen am 17.02.2016).

Suburbanisierung der Hauptstadtagglomeration dar.[323] SDS setzt mit seinen Bauaktivitäten auch neue Maßstäbe, z. B. bei der Entwicklung suburbaner Gated Communities.

7. **Agroprogramma SDS** (Landwirtschaft)

    SDS ist schließlich auch im primären Sektor vertreten. In dem landwirtschaftlich geprägten Rajon von Promyšlennaja im Westen der Oblast' betreibt SDS seit 2012 die Tochterfirma Vagonovo im gleichnamigen Ort. Neben der Produktion von Schweinefleisch werden auch Schlacht- und Milchkühe gehalten. Laut eigenen Angaben besitzt die Anlage eine Produktionskapazität von 55 t Milch pro Tag. Mitte 2014 ist die eigene Futtermittelproduktion für die Tiere hinzugekommen. Im Norden der Oblast' (Čebulinskij Rajon) wird auch die kommerzielle Jagd und Zucht von Wild (Rothirschen, Wildschweinen) praktiziert.[324] Valide Angaben zur Umsatzentwicklung oder Mitarbeiterzahlen stehen nicht zur Verfügung. Eine separate Internetpräsenz des Tochterunternehmens existiert nicht.

8. **SDS Mediacholding** (Medienbranche)

    SDS besetzt mit einem eigenen Medienunternehmen eine wichtige Sparte im Kommunikationsbereich. An dieser Stelle gliedert sich die Tochterfirma wiederum in zwei Konzerne: Die Evropejskaja mediagruppa wurde 2011 von SDS übernommen. Laut eigenen Angaben ist es der größte private Radiokonzern[325] in Russland. Jeden Tag hören über 22 Mio. Menschen in der Russischen Föderation, den GUS-Staaten und dem Baltikum einen der Sender.[326]

    Der zweite und ausschließlich auf die Oblast' Kemerovo konzentrierte Bereich ist die Kuzbasskaja Mediagruppa. Neben etlichen lokalen Radiosendern gehören u. a. auch drei regionale TV-Sender und zwei Printmedien zu dem Unternehmen. Laut eigenen Angaben ist es die *„größte Firma auf dem Werbemarkt des Kuzbass"*.[327]

    Viele Internetseiten der Tochterunternehmen werden von der SDS Mediacholding und damit von der eigenen Kommunikationsabteilung von SDS erstellt und gepflegt. Insgesamt ist dieser Zweig für die PR des ganzen Großkonzerns wichtig und bietet vielseitige Einflussmöglichkeiten.

9. **Sibirskij torgovyj dom** (Einzelhandel)

    Dieser Bereich bedient primär die Produktion und den Handel mit Lebensmitteln. Insgesamt gehören in dieses Segment u. a. eine Anlage zur Trinkwasserherstellung (Mariinsk), die größte Spirituosendestillerie in Südwest-Sibirien (Mariinsk), zwei weitere Spirituosenfabriken (Novokuzneck, Krasnojarsk), eine Milchabfüllungsanlage (Produkte aus Vagonovo), eine in allen größeren Städten der Oblast' tätige Supermarktkette (sosedi),

---

[323] Siehe dazu u. a. die Kapitel 4.3.3 zum Projekt von Lesnaja Poljana (S. 189 ff.) und Ausführungen in Kapitel 4.3.1 (S. 180 ff.).
[324] http://hcsds.ru/structure/agricultural-industry/ (eingesehen am 16.02.2016).
[325] Radiosender sind u. a.: Dorožnoe radio, Retro FM, Radio 7 na semi cholmach, Sport FM, Radio dlja druzej.
[326] http://emg.fm/about (eingesehen am 18.02.2016).
[327] http://1kmg.ru/about/ (eingesehen am 18.02.2016).

Marktstände (in Novokuzneck, Prokop'evsk) sowie mehrere Großküchen und Kantinen (fabrika kuchni).[328]

10. **Sibirskij Dom Strachovanija** (Versicherungen)

Einen weiteren Bereich der SDS-Holding stellen Finanzdienstleistungen in Form von Versicherungen dar. Das Unternehmen wurde 2004 von dem Großkonzern übernommen und stammt ursprünglich aus dem Risikoschutz für Bergarbeiter. Heute besitzt die Gesellschaft laut eigenen Angaben über 300.000 Klienten und bietet ein breites Spektrum von Versicherungspolicen an.[329] Zweigstellen und damit lokale Ansprechpartner finden sich in 14 Städten der Oblast' Kemerovo und in acht des Altajskij Kraj.[330] Trotz leicht rückläufiger Entwicklung (2013 = 15,4 Mio. RUB) erzielte das Tochterunternehmen 2014 einen Reingewinn von 10,9 Mio. RUB.[331]

11. **Erholung und Wellness**

Tourismus und Erholungseinrichtungen gehören ebenfalls zum Portfolio von SDS. In der Oblast' Kemerovo ist der Kurort Tanaj hervorzuheben, welcher im Rajon von Promyšlennaja an der westlichen Grenze zur Oblast' Novosibirsk lokalisiert ist.[332] Seit Ende der 2000er Jahre wurde hier neben Sanatorien und Hotels eine neue Infrastruktur für Wintersport errichtet. Sieben Aufstiegsanlagen (überwiegend Schlepplifte) und ein maximal zu überwindender Höhenunterschied von nur 220 Metern[333] bieten allerdings nur bedingt professionelle Abfahrtsmöglichkeiten.[334]

Es besteht eine Bettenkapazität für ca. 600 Personen.[335] Der gesamten SDS-Holding dient Tanaj als Erholungsort für die Arbeiter der zahlreichen Tochterunternehmen. Bei den Stellenausschreibungen von Ėlektroprom (SDS-Maš) wird bspw. explizit mit der Möglichkeit der Erholung – auch für die Kinder der Mitarbeiter im Sanatorium von Tanaj – geworben.[336] Darüber hinaus besitzt SDS noch das Ferienheim bzw. den Familienerholungskomplex in Kabardinka (bei Novorossijsk) am Schwarzen Meer.[337] 2014 wurde das Gesundheitszentrum „Centr' zdorov'ja" in Kemerovo erworben. Diese medizinische Einrichtung ist der Vorbeugung, Diagnostik und Heilung von Krankheiten (insbes. der Mitarbeiter von SDS) gewidmet und ist technisch überdurchschnittlich modern ausgestattet.[338]

---

[328] http://hcsds.ru/structure/siberian-trading-house (eingesehen am 18.02.2016).
[329] http://sksds.ru/about/general-information/ (eingesehen am 20.02.2016).
[330] http://sksds.ru/about/disclosure/full-name-and-contacts/ (eingesehen am 20.02.2016).
[331] SIBIRSKIJ DOM STRACHOVANIJA (Hrsg.) (2015): S. 4.
[332] http://hcsds.ru/structure/rest-and-recreation/ (eingesehen am 20.02.2016).
[333] http://www.natanay.ru/skydiving/Aerodrome.php (eingesehen am 20.02.2016), eigene Berechnung nach Google Earth.
[334] Eine kurze Analyse zur Tourismusentwicklung in Kemerovo findet sich in Kapitel 4.2.5 (S. 161 ff.).
[335] http://hcsds.ru/structure/rest-and-recreation/ (eingesehen am 20.02.2016).
[336] http://elektroprom.bget.ru/en/vacancies (eingesehen am 16.02.2016).
[337] http://www.kabardinka-ug.ru/index.php (eingesehen am 20.02.2016).
[338] http://www.czdor-energetik.com/o-centre/ (eingesehen am 20.02.2016).

12. Sportliche Einrichtungen

Insgesamt erwarb bzw. baute SDS vier Sporthallen (Mehrzweck für ca. 3.000 Personen, Judo, Schwimmen und Tennis), welche alle in der Oblast'-Hauptstadt Kemerovo lokalisiert sind.[339]

Zusammenfassend lässt sich festhalten, dass die Rolle von SDS in vielfacher Hinsicht bemerkenswert ist. Es ist ein regionaler Mischkonzern, mit dem die Oblast'-Verwaltung seinerzeit versucht hat, den Kapital- und Kaufkraftabfluss aus der Region zu mildern. Im Prinzip ist die Holding in nahezu allen Wirtschaftsbereichen vertreten: Kohleindustrie; Maschinenbau und Logistik für den Kohletransport; Energie; chemische Industrie; Baugewerbe; Landwirtschaft; Medien; Groß- und Einzelhandel; Versicherungsdienstleistungen; sowie Hotel-, Tourismus- und sportliche Einrichtungen. Trotz dieser großen Bandbreite im Produkt- und Leistungsportfolio haben die industriellen Kernbranchen ein Defizit bei der Weiterverarbeitung. Technik und Maschinen werden überwiegend importiert. Zum Beispiel: Das Chemieunternehmen Azot kauft 80–85 % der Ausrüstung und Anlagen im Ausland ein.[340] Bei der Analyse der unterschiedlichen Sparten wird auch erkennbar, dass intensiv in weiche und stark konsumorientierte Sparten investiert wurde (z. B. Kurort Tanaj). Die Förderung einer weiterverarbeitenden Industrie oder die Erschließung generell neuer Zweige im sekundären Sektor sind marginal. Nichtsdestoweniger muss anerkannt werden, dass die Investitionen teilweise zur Verbesserung des Lebensstandards beigetragen haben (z. B. durch neuen Wohnungsbau, medizinische Dienstleistungen).

Darüber hinaus konnte gezeigt werden, dass sich viele Geschäftszweige – insbes. der Kohlebergbau – aktuell in einer wirtschaftlichen Krisensituation befinden. Ein Indiz dafür ist nicht nur die offiziell zusammengetragene Umsatz- und Beschäftigtenentwicklung. Bei den instruktiven Internetpräsenzen von SDS fällt auf, dass Geschäftsberichte oder andere Informationen zu den Tochterfirmen höchstens für das Jahr 2012, meist aber sogar nur noch ältere Dokumente zur Verfügung gestellt werden.[341] Die aktuellen Geschäftsberichte von 2014 mussten teilweise über andere russische Internetdatenbanken generiert werden bzw. waren nicht verfügbar. Entweder arbeitet die PR-Abteilung von SDS (Mediacholding) nicht zeitnah an der Bereitstellung von offiziellen Dokumenten. Oder aber: Die Holding ist in eine ernsthafte wirtschaftliche Schieflage geraten und versucht, die reale Entwicklung zu verschleiern.

Eine weitere Besonderheit des Unternehmens ist die regionale Omnipräsenz. Im Prinzip existiert in nahezu jeder größeren Stadt eine Form der Unterabteilung von SDS. Nichtsdestoweniger lässt sich eine starke Fokussierung auf die Hauptstadt Kemerovo feststellen. In Novokuzneck ist das Engagement wesentlich geringer.

Die Sonderrolle von SDS ist nicht nur aufgrund der starken Konzentration bei den Aktivitäten in der Oblast' Kemerovo gegeben. Die Unterstützung und Finanzierung von essentiellen staatlichen Auf-

---

[339] http://hcsds.ru/structure/sports-facilities/ (eingesehen am 20.02.2016).
[340] WEBER, A. (2015).
[341] http://hcsds.ru/about-company/emit/ (eingesehen am 20.02.2016).

gaben (siehe Förderung bei der Sozialpolitik) entlastet einerseits das knappe regionale Budget. Andererseits sichert sich das Unternehmen damit auch wichtigen politischen Einfluss. Insofern folgt SDS dem sowjetischen Modell eines Territorialen Produktionskomplexes (TPK) oder – in marktwirtschaftlicher Terminologie – dem eines Industrie-Clusters.

Die Schwägerin des Gouverneurs (Aman G. Tuleev) ist die Frau des Präsidenten von SDS (Michail Jur'evič Fedjaev). Ein wissenschaftlicher Experte sagte, dass die Holding im Prinzip ein Familienclan sei, der mit mafiösen Strukturen vergleichbar ist.[342] Der Präsident von SDS ist ebenfalls der Direktor bei den wichtigsten Tochterfirmen (z. B. SDS-Ugol', SDS-Maš). Der Sohn des Präsidenten Pavel Michajlovič Fedjaev (geb. 1982) hat einen Sitz im Parlament der Russischen Föderation (Duma) in der Fraktion der größten Partei von „Edinaja Rossija".[343]

Es kann an dieser Stelle keine Diskussion über die Berechtigung von politischer Einflussmöglichkeit von SDS erfolgen. Sicher ist, dass die Strukturen der Holding etwas intransparent sind. Allerdings ist es einer der wenigen Großkonzerne, welcher in der Oblast' seinen Hauptsitz hat und seine Aktivitäten hier konzentriert. Der Regionalkonzern nahm für sich selbstverständlich in Anspruch, im Gegensatz zu anderen auswärtigen Großkonzernen keinen Kapitalexport aus der Oblast' Kemerovo zu betreiben. Angesichts der Tatsache, dass das wichtige Auslandsgeschäft mit der Kohle über die Schweizer Tochtergesellschaft Mir Trade abgewickelt wird, muss dieser Anspruch bezweifelt werden. Über Art und Umfang der Finanzrückflüsse von Mir Trade in die Oblast' Kemerovo gibt es kaum Informationen.

Wofür war dies ausführliche Darstellung der SDS-Holding so wichtig?

Trotz der skizzierten Probleme könnte SDS als Regionalkonzern dennoch ein interessantes Instrument zur Emanzipation der Peripherie sein. Damit wäre immerhin die Möglichkeit geboten, aus der Oblast' Kemerovo heraus stärkeren Einfluss auf die eigene Rohstoffwirtschaft zu nehmen und zumindest einen Teil der Erlöse für Entwicklungsziele in der Region zu nutzen. Die derzeitige Krise des Konzerns ist nicht dadurch bedingt, dass die Idee an sich aussichtslos wäre, sondern durch selbstverschuldetes Missmanagement. Falls in nächster Zeit keine großen Umstrukturierungen des Konzerns erfolgen, droht im schlimmsten Fall der Ausverkauf an andere externe Akteure und damit möglicherweise die Zerschlagung des Konzerns.

---

[342] Expertengespräch.
[343] http://www.duma.gov.ru/structure/deputies/131203/ (eingesehen am 20.02.2016).

3.2.12.8. Fazit Dominanz von Großunternehmen

Insgesamt lässt sich festhalten, dass die wichtigsten Unternehmen in den größten Wirtschaftszweigen (Rohstoffförderung, verarb. Gewerbe) der Oblast' Kemerovo externe Akteure sind. SDS stellt eine wichtige regionale Ausnahme dar. In Tabelle 15 sind die Konzerne mit ausgewählten Kennzeichen zusammengefasst. Eine wichtige Gemeinsamkeit der Großunternehmen ist der Fakt, dass eigenständig verarbeitende Produktionsketten existieren. Die Steinkohle aus der Oblast' Kemerovo wird vielerorts (z. B. marginal in Novokuzneck, stärker im Ural) für die Stahlproduktion verwendet. Die meisten Konzerne (insbes. SUĖK) sind stark auf den Export der Kohle spezialisiert.

Tabelle 15: Zusammenfassung Großunternehmen (Tätigkeiten, Beschäftigte, Hauptsitz)

Unternehmen	Branche (u. a.) in der Oblast'	Standorte in der Oblast' Kemerovo (u. a.)	Personal in der Oblast'	Hauptsitz
Evraz	Stahlproduktion, Kohle- und Erzförderung	Novokuzneck, Meždurečensk, Osinniki, Taštagol,	42.300	London (UK)
RUSAL	Aluminiumproduktion	Novokuzneck	1.500	Moskau
Mečel	Kohleförderung, Energieproduktion und -handel	Meždurečensk, Myski, Kaltan	10.300	Moskau
SUĖK	Kohleförderung	Leninsk-Kuzneckij	14.500	Moskau
UGMK (Kuzbassrazrezugol')	Kohleförderung	Kedrovka, Belovo, Krasnobrodskij, Kaltan, Salair	17.300	Verchnjaja Pyšma (Kemerovo)
SDS	Kohleförderung, Maschinenbau, Energieproduktion, chemische Industrie, Bau- und Gastgewerbe, Landwirt., Medien, Einzelhandel, Versicherungen	in allen größeren Städten, sehr dispers innerhalb der Oblast' (z. B. Tanaj, Vagonovo, Mariinsk)	ca. 30.000-40.000	Kemerovo

Quelle: eigene Darstellung

Der Arbeitsplatzabbau, welcher bereits im Kapitel 3.2.5 (S. 49) thematisiert wurde, lässt sich in den Unternehmensstatistiken deutlich bestätigen. Alle hier dargestellten Großkonzerne haben in den letzten Jahren signifikant ihre Beschäftigtenzahlen reduziert. Darüber hinaus konnte bei der detaillierten Darstellung zum Personalbesatz gezeigt werden, dass für bestimmte Städte eine starke Monostrukturierung am Arbeitsmarkt existiert. Leninsk-Kuzneckij illustriert exemplarisch die Abhängigkeit von der Kohle im besonderen Maße. Kumuliert man das Personal in der Kohleindustrie bei den fünf

Großkonzernen, so sind hier ca. 70.000 Menschen tätig, mindestens 6.000 weitere in der Erzförderung von Evraz und Kuzbassrazrezugol'. Dies entspricht über 60 % der gesamten Beschäftigten im Bereich der Rohstoffförderung der Oblast' Kemerovo.

Welche Strategien verfolgen die Unternehmen?

Insgesamt wird deutlich, dass die Mehrheit der Großunternehmen eine sehr starke Exportorientierung aufweist. Neben Kohle und Stahl werden auch chemische Produkte (SDS) überwiegend exportiert. Die Novokuznecker Wissenschaftlerin O. URBAN bestätigt, dass die dominierende Strategie der Montanindustrie im Prinzip auf dem Export der Produkte (Kohle, Stahl) basiert. Eine Weiterverarbeitung (insbes. bei den Rohstoffen) ist existent, aber in der Zielsetzung marginal. Die Anreize für eine qualitative Verbesserung der Produkte sind gering.[344] Ein Grund dafür sind die nach wie vor hohen Gewinne aus diesem Geschäft, was sich u. a. an den Exportumsätzen ablesen lässt (Abbildung 43).

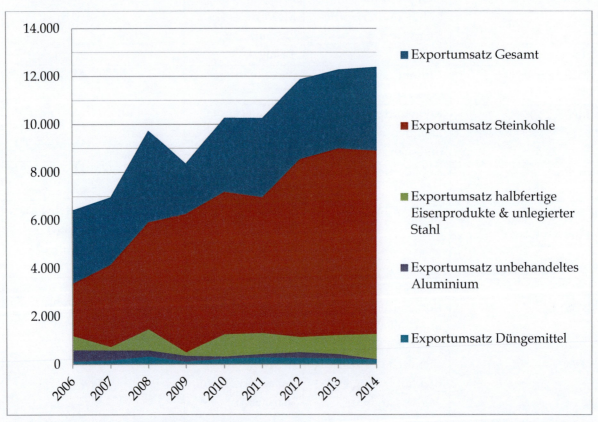

Abbildung 43: Exportumsätze der Oblast' Kemerovo ausgewählter Güter 2006–2014 in Mio. USD
Quelle: KEMEROVOSTAT (Hrsg.) (2015a): S. 281, 284;
http://www.kemerovostat.ru/bgd/EJEGOD/issWWW.exe/Stg/2010/(23)внешнеэкономическая деятельность.htm (eingesehen am 18.01.2016), eigene Darstellung

Die gesamten Erlöse aus dem Export der Oblast' Kemerovo bezifferten sich 2014 auf ca. 12,4 Mrd. USD. Der Import ist mit 529 Mio. USD von wesentlich geringerem Umfang. Das mit Abstand wichtigste Exportgut (71,8 %) stellt die Steinkohle mit ca. 8,9 Mrd. USD dar. An zweiter Stelle

---

[344] URBAN, O. (2013): S. 110-116.

rangieren „halbfertige Eisenprodukte / unlegierter Stahl" mit „nur" 10,2 %.[345] Aluminium (Rusal) und Düngemittel (Azot) spielen gegenüber der Kohle eine untergeordnete Rolle. Die in Kapitel 3.2.5 (S. 49 ff.) konstatierte Monostrukturierung der Wirtschaft durch die Kohle nimmt bei den Handelsverflechtungen noch wesentlich drastischere Züge an. Wie in der Zeitreihe von Abbildung 43 deutlich wird, hat sich diese sehr starke Dominanz bzw. diese hohen Gewinne für die Unternehmen erst in den letzten Jahren entwickelt. Auch der Grad der Dominanz der Steinkohle war vor 2008 noch nicht derartig hoch. 2006 wurden mit der Kohle 52,3 % der Exporterlöse erwirtschaftet.

Insgesamt ist die Oblast' damit intensiv in den globalisierten Welthandel eingebunden. Diese Integration führt allerdings auch zu einer starken Abhängigkeit. Insbesondere haben die letzten Jahre bewiesen, dass die gesamte wirtschaftliche und soziale Entwicklung der Oblast' am Absatz der Kohle im Ausland hängt. Das Risiko wird dahingehend verschärft, dass die Akteure global agierende Großunternehmen sind, in deren Portfolio die Oblast' Kemerovo jeweils nur eine kleine Sparte darstellt. Perspektivisch ist nicht damit rechnen, dass sich das Engagement der Großunternehmen ohne zusätzliche Einwirkungen grundlegend ändern wird. Solange die Gewinne (noch) hinreichend hoch sind, bleibt der Anreiz zur Modernisierung und für Investitionen gering.

Welche Stellung haben die privaten (Groß-)Unternehmen gegenüber der Oblast'-Administration?
Bei einem kurzen Vergleich der Finanzvolumen wird eine deutliche Asymmetrie erkennbar:
Wie oben ausgeführt betrug der gesamte Exporterlös bei der Steinkohle ca. 8,9 Mrd. USD (2014). Die Ausgaben im Haushalt der Oblast'-Administration bezifferten sich hingegen auf rd. 140,51 Mrd. RUB[346] (ca. 3,63 Mrd. USD). Dies entspricht nur ca. 40,8 %.[347]
In Abbildung 44 ist die Beschäftigtenentwicklung in privaten und staatlichen[348] Einrichtungen dargestellt.[349] Der Trend der Zunahme im privaten Sektor ist eindeutig: Von ca. 728.000 (2005) auf rund 817.000 (2014) Beschäftigte. 2005 waren hingegen noch 1/3 der gesamten Erwerbstätigen bei staatlichen Stellen beschäftigt. 2014 waren es nur noch 26,9 %. Darüber hinaus ist der Arbeitsplatzabbau bei den Erwerbstätigen im privaten Bereich von 2013 zu 2014 deutlich zu erkennen. Diese Daten stehen in großem Widerspruch zu den auf hohem Niveau verharrenden Exporterlösen der Unternehmen (Abbildung 43).

Gegenwärtig arbeiten bei der öffentlichen Verwaltung ca. 38.800 Personen, hiervon ca. 25.600 im föderalen, 3.900 im regionalen und 9.300 Mitarbeiter im kommunalen Dienst (2014).[350] In der Summe besitzt ein Unternehmen, wie z. B. Evraz mehr Beschäftigte als der Staat mit seiner Verwaltung. Noch drastischer ausgedrückt: Die Administration der Oblast' hat in etwa so viel direkt unterstellte Verwaltungsmitarbeiter wie ca. zwei Kohleförderungsanlagen.

---

[345] Eigene Berechnung nach KEMEROVOSTAT (Hrsg.) (2015a): S. 281-285.
[346] KEMEROVOSTAT (Hrsg.) (2015a): S. 235.
[347] Siehe methodische Anmerkungen zur Umrechnung der Wechselkurse in Fußnote 269 (S. 91).
[348] Die dominierenden Sektoren der staatlichen Beschäftigung sind u. a.: Bildung (102.900 Pers.); Gesundheitsfürsorge und Einrichtungen für soziale Dienstleistungen (96.800 Pers.); staatliche Verwaltung, Militär und soziale Sicherung (68.100 Pers.) [Quelle: KEMEROVOSTAT (Hrsg.) (2015a): S. 45].
[349] Für die Darstellung der Grundgesamtheit der Beschäftigtenzahlen siehe Abbildung 18 auf Seite 49.
[350] KEMEROVOSTAT (Hrsg.) (2015a): S. 15.

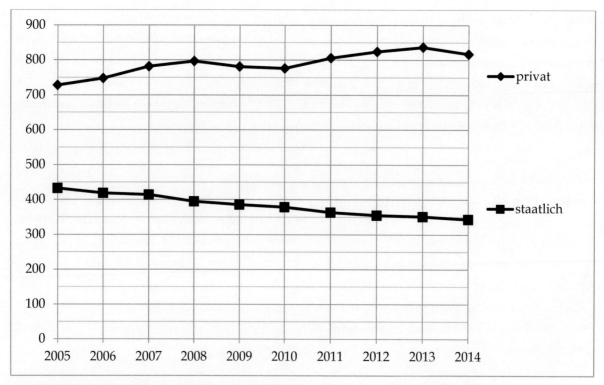

Abbildung 44: Entwicklung der Beschäftigten bei privaten und staatlichen Trägern 2005-2014 in Tsd. Personen*

* Methodische Anmerkungen: Neben den privaten und staatlichen Unternehmensformen sind in der Statistik noch religiöse Organisationen, Mischunternehmen und ausländische Firmen aufgelistet. Tendenziell sind diese dem privaten Sektor zuzurechnen, allerdings ist die Abgrenzung nicht eindeutig. Für die Kernaussage sind die Bereiche in diesem Zusammenhang irrelevant und können vernachlässigt werden.
Quelle: KEMEROVOSTAT (Hrsg.) (2015a): S. 44,
http://www.kemerovostat.ru/bgd/EJEGOD/issWWW.exe/Stg/2009/(5) труд.htm (eingesehen am 18.01.2016), eigene Darstellung

Der große Unterschied zwischen den Unternehmen und der Administration ist, das Erstere multilokal und nicht an ihren Standort gebunden sind.[351] Es ergibt sich hierbei, dass die Zielstellung der Administration flächendeckend (Totalitätsanspruch) ist. Die Unternehmen hingegen haben genuin und primär das Interesse an der eigenen Gewinnmaximierung. Die Produktionsstätten und die Absatzräume sind in der heutigen globalisierten Weltwirtschaft (und besonders bei Rohstoffen bzw. Produkten der Schwerindustrie) oftmals nicht kongruent, damit das Unternehmen erfolgreich Gewinn erwirtschaftet.[352] Diese Differenzen hinsichtlich der Kapazitäten und Strategien werden mit der konkreteren Darstellung der administrativen Strategien in Kapitel 4 (S. 117 ff.) noch deutlicher. Die für SUĖK (S. 91) bereits gestellte Frage kommt erneut und damit grundsätzlich auf: Wie können administrative Strukturen dieser Abhängigkeit von externen Großkonzernen begegnen?

Russische Wissenschaftler der Akademie der Wissenschaften brachten die Problematik der Großkonzerne auf den Punkt: *„In altindustriellen Regionen sind Unternehmen, die Privilegien/Steuervergünstigungen bekamen, lediglich auf die Verwertung und Anwerbung der verfügbaren Ressourcen (meistens der billigen und schwach organisierten Arbeitskräfte) orientiert und nicht auf die Belebung der lokalen*

---

[351] KLÜTER, H. (2000b): S. 605; KLÜTER, H. (2010): S. 53 ff.
[352] KLÜTER, H. (2000b): S. 606.

Wirtschaft und deren Integration in diese ausgerichtet. [...] Im Ergebnis kann es zu einer Filialisierung der Unternehmensstruktur führen, welche nur schwach mit der örtlichen Wirtschaft vernetzt ist."[353] Dies ist in der Oblast' Kemerovo schließlich auch der Fall. Die periphere Lage vergrößert das Problem noch.

Dadurch, dass der Großteil der Unternehmen geographisch und in den Produktionsportfolios diversifiziert ist, wird auch in Zukunft stark mit deren weiterem Fortbestand zu rechnen sein. Trotz der wirtschaftlich labilen Lage in den Segmenten der Kohle- und Stahlproduktion besitzen diese global agierenden Großkonzerne theoretisch genügend Kapazitäten, um notfalls auch in andere Segmente und Regionen vorzustoßen bzw. die bisherigen aufzugeben. Für die Oblast' Kemerovo wird das Risiko des Abzugs der Aktivitäten aus der Region dadurch aber nicht geringer - eher im Gegenteil. Die Abhängigkeit von den Großunternehmen wird auf kommunaler Ebene noch viel deutlicher. Einige Städte sind überwiegend von einem externen international agierenden Großkonzern abhängig. Zum Beispiel: Leninsk-Kuzneckij (SUĖK), Meždurečensk (Evraz, Mečel) oder Taštagol (Evraz). In gewisser Hinsicht trifft dies auch (in abgeschwächter Form) auf Novokuzneck zu (u. a. Evraz, Rusal).[354]

Wie bereits zu Beginn des Oberkapitels mit dem Beispiel der Oblast' Novosibirsk (S. 77) angeschnitten wurde, ergeben sich grundlegende Nachteile aus den großen Unternehmensstrukturen. Die Anpassungsfähigkeit und Flexibilität kleinerer wirtschaftlicher Organisationseinheiten ist wesentlich höher. Die Altindustrieregion der West Midlands steht exemplarisch dafür, wie sektorale Verlagerungsprozesse durch kleine Unternehmensgrößen erfolgreich waren.[355]

Zusammenfassend lässt sich diese Eigenschaft („Dominanz von Großunternehmen") einer Altindustrieregion für die Oblast' Kemerovo bestätigen. Die Situation wird durch den hohen Fremdsteuerungsgrad sogar noch verschärft.

---

[353] PRIVALOVSKAJA, G. et al. (1995): S. 60-62.
[354] Lösungsoptionen werden u. a. im Kapitel 5.4.2 (S. 256 ff.) angeboten.
[355] HAMM, R.; WIENERT, H. (1990): S. 194-195, 262.

3.3. Zusammenfassung: Die Oblast' Kemerovo eine Altindustrieregion!?

Die Ergebnisse aus den Kapiteln 3.1 und 3.2 sollen im Folgenden zusammengefasst werden. Tabelle 16 bietet einen kurzen Überblick über die Kennzeichen, welche für die Oblast' Kemerovo analysiert wurden.

Tabelle 16: Kennzeichenübersicht – Oblast' Kemerovo eine Altindustrieregion!?

Kennzeichen	Für die Oblast' Kemerovo zutreffend?
Frühe Industrialisierung	Ja
Bevölkerungsrückgang/Abwanderung	Ja
Hohe Bevölkerungsdichte	Ja
Strukturelle (hohe) Arbeitslosigkeit	Nein
Monostrukturierung A) der Wirtschaft B) des Arbeitsmarktes	Ja Nein (kommunal Ja)
Dominanz von Branchen, die bei der Wertschöpfung stagnieren/schrumpfen	Ja
Hoher Industriebesatz (Beschäftigte)	Ja (Rohstoffe) Nein (verarb. Gewerbe)
Hohe Infrastrukturdichte ausgerichtet auf Industrie	Ja
Branchen am Ende des Produktlebenszyklus	Nein
Umweltprobleme	Ja
Altlasten- und Brachflächenproblematik	Ja
Mangelnde Fähigkeit, Anpassungsmaßnahmen aus eigener Kraft vorzunehmen	Ja
Dominanz von Großbetrieben	Ja

Quelle: eigene Darstellung

Das Kennzeichen „frühe Industrialisierung" wird in der Literatur von allen Autoren genannt und kann auch für die Oblast' Kemerovo im Prinzip bestätigt werden. Die organisierte Industrialisierung der Montanbereiche erfolgte lokal durch die Autonome-Industrie-Kolonie und zentral gesteuert teilweise durch das Ural-Kusnezk-Kombinat (seit 1928) früher als vergleichbare Großprojekte in Sibirien. Allerdings muss bei dem Merkmal darauf hingewiesen werden, dass es per se keinen Aufschluss über den Grad einer Altindustrieregion geben kann, nur weil der Aufbau bestimmter Strukturen vor längerer oder kürzerer Zeit stattgefunden hat. Die möglichen Beispiele wurden genannt: Die einschneidenden Aufbauten der Sovnarchoz-Zeit (z. B. Bratsk-Ust-Ilimsk) sind nicht automatisch weniger altindustriell oder haben genuin weniger Entwicklungsprobleme. Trotzdem impliziert diese Betrachtung einen gewissen technischen Verschleiß, der für das Untersuchungsgebiet auch teilweise zutrifft. Darüber hinaus machte es diese historische Komponente möglich, sich einen kurzen Überblick über die Industrialisierungsgeschichte zu verschaffen. Außerdem konnte hiermit eine Überleitung zur Bevölkerungsentwicklung im Untersuchungsgebiet hergestellt werden. Gemeinsam mit der überdurchschnittlichen Bevölkerungsdichte sind dies zwei einfach zu prüfende quantitative Kennzeichen. Hierbei (und auch bei allen anderen Kennzeichen) ist der Kontext entscheidend. Zum Beispiel: Für mittel- oder westeuropäische Verhältnisse ist die Einwohnerdichte von 28,6 EW/km² in der Oblast' Kemerovo gering. Östlich des Urals gibt es in Russland allerdings kein Föderationssubjekt, das dichter besiedelt ist als die Oblast' Kemerovo. Das größte Städtenetz Sibiriens ist in der Region lokalisiert. Die Urbanisierung ist überdurchschnittlich und im Zusammenhang mit der Entwicklungsgeschichte muss konstatiert werden, dass die Erschließung stark inselhaft ist. Immerhin sind fast zwei Drittel der Oblast' Waldgebiet.

Bei der Darstellung zur Arbeitslosigkeit wurde festgestellt, dass die Oblast' Kemerovo im sibirischen Vergleich besser abschneidet. Das Untersuchungsgebiet zählt zu den Regionen mit niedriger Erwerbslosenquote (6,2 %). Dieses Kennzeichen kann damit nicht identifiziert werden. Er stellt eine wichtige Relativierung bei der Klassifizierung als Altindustrieregion dar und deutet einige sozialpolitische Errungenschaften im Untersuchungsgebiet an. Allerdings muss eingeräumt werden, dass die Beschäftigtenquote von 2014 im Vergleich zum Vorjahr rückläufig ist. Insbesondere im industriellen Sektor lässt sich ein deutlicher Trend des Arbeitsplatzabbaus erkennen. Möglicherweise wird sich diese Entwicklung dann später (ggf. 2017/18) noch deutlicher in der Arbeitslosenstatistik niederschlagen.

Die Dominanz der Montanindustrie bei der Wirtschaftsstruktur gilt es aufgrund der gesamten Darstellung deutlich zu differenzieren. Beim Kennzeichen „Monostrukturierung der Wirtschaft und des Arbeitsmarktes" konnte zwar gezeigt werden, dass für die Oblast' insgesamt nur ca. 10 % der Beschäftigten im Sektor der Rohstoffförderung arbeiten. Allerdings verzerren hier die großen Städte (Kemerovo und Novokuzneck) mit ihrer urbanen wirtschaftlichen Diversifizierung (insbes. Dienstleistungen) die Statistik. Bei der Analyse der Großunternehmen konnte gezeigt werden, dass es etliche Städte gibt, welche eine starke Abhängigkeit ihres Arbeitsmarktes von der Rohstoffförderung (u. a. Meždurečensk, Myski, Leninsk-Kuzneckij) aufweisen.[356] Zur Verschärfung der Situation trägt auch noch die starke Abhängigkeit von einigen wenigen allochthonen Großkonzernen bei.

Bei einem Vergleich mit anderen sibirischen Regionen wird zudem deutlich, dass die 10 % Beschäftigten im Rohstoffsektor der Oblast' Kemerovo im Verhältnis zur Bevölkerungsgröße eine überdurchschnittliche Stellung einnehmen. Der Industriebesatz ist schließlich hoch. Allerdings rangiert das verarbeitende Gewerbe im Mittelfeld der zwölf sibirischen Regionen. Die Entwicklung dieses Sektors relativiert die Dominanz der Sektoren, welche bei der Wertschöpfung stagnieren. Auf die Rohstoffbranche und damit die größte Branche bei der Wirtschaftsleistung trifft es allerdings eindeutig zu.

Bei der Darstellung zur Verkehrsinfrastrukturdichte zeichnet die Oblast' ebenfalls typische Entwicklungen einer Altindustrieregion nach. Die Straßen- und Schienendichte ist jeweils im Vergleich zum Durchschnitt Russlands mindestens dreimal so hoch. Die Oblast' Kemerovo verfügt über die einzige längere Autobahn in Sibirien und dem Fernen Osten. Die Zahl der Buspassagiere ist ebenfalls mehr als doppelt oder dreimal so hoch wie in vergleichbaren Regionen. Letztlich spiegelt der Straßenverkehr das dichte Städtenetz bzw. auch die Arbeitsteilung von Kemerovo und Novokuzneck wider. Das dichte Schienennetz wurde vor allem für den Transport der wertvollen Rohstoffe (Kohle, Erz)

---

[356] Siehe mehr zum Thema im Kapitel 4.2.4 Monostädte (S. 153 ff.).

entwickelt. Auch heute werden 54 % aller Güter in Sibirien und 17 % in Russland durch die Eisenbahn in der Oblast' Kemerovo transportiert. Die Infrastruktur ist überwiegend auf die Belange der Industrie zugeschnitten. Jedoch ist die Nutzung der Bahn für den Personenverkehr vor allem in den zentralen Teilen der Oblast' um Kemerovo unterdurchschnittlich, was Managementdefizite hinweist. Allerdings bietet die Hohe Dichte neben der hohen Bevölkerungsdichte grundsätzlich auch wichtige Vorteile bei den harten Standortfaktoren. Die Infrastrukturdichte ist häufig eine der wichtigsten Stärken von Altindustrieregionen, die es zu nutzen gilt. Darüber hinaus zeigt es, dass der Binnenmarkt der Oblast' Kemerovo mit über 2,7 Mio. Einwohnern und die Binnenerreichbarkeit gegenüber dem Großteil der anderen Regionen Sibiriens (z. B. Tomsk, Krasnojarsk, Irkutsk) vergleichsweise groß bzw. gut ist. Die genannten Aspekte stellen grundsätzlich gute Voraussetzungen dar, um auf Umstrukturierungs- und Krisenprozesse als Altindustrieregion zu reagieren.[357]

Die Oblast' Kemerovo ist die nach Einwohnern drittgrößte Region in Sibirien. Die Bevölkerungsverluste sind allerdings überdurchschnittlich. Seit der letzten Volkszählung in der Sowjetunion 1989 hat das Untersuchungsgebiet bis 2017 mehr als 460.000 Einwohner verloren. Besonders dramatisch ist der Fakt, dass die Region in den 1990er und 2000er Jahren immer Zuwanderungsgebiet war. Seit 2011 herrscht ein Abwanderungsüberschuss. Diese Migrationsbewegungen[358] sind insgesamt als Reaktion auf veränderte sozioökonomische Rahmenbedingungen zu interpretieren.

Das Merkmal „Branchen am Ende des Produktlebenszyklus" ist für viele Altindustriegebiete der Montanindustrie kaum passend. Rohstoffförderung ist nicht ubiquitär und Transportkosten (Entfernungen, Tarife) sind insbesondere für periphere Regionen, wie der Oblast' Kemerovo, entscheidende Faktoren. Für Altindustrieregionen, in denen Branchen der Textil- oder Schiffbauindustrie dominieren, kann es möglicherweise eine hinreichende Erklärung sein. Hier wurde es unter Umständen verpasst, entsprechende Diversifizierungen vorzunehmen. Oder aber: Es wurde versäumt, den Niedergang infolge ausländischer Konkurrenz bzw. die Produktionsverlagerung in Entwicklungsländer (z. B. Textilindustrie) durch die Optimierung von Unternehmensorganisation bzw. Existenzbedingungen vor Ort zu verhindern. Die Ausblendung vieler sozioökonomischer Rahmenbedingungen (z. B. Subventionen), der deskriptive Charakter und die mangelnden Organisationsanalysen sind eine große Schwäche des Ansatzes. Selbst wenn man mit der Produktlebenszyklustheorie Altindustrieregionen in Verbindung bringen könnte, ist wie in den meisten Studien und Operationalisierungen der Altindustrieforschung nur eine Ex-post-Analyse möglich. Für die Oblast' Kemerovo und die Produktgruppe Kohle wäre zur vollständigen Überprüfung eine detaillierte Analyse nötig, die für diese Arbeit allerdings wenig zielführend ist. Insgesamt ist die Identifizierung dieses Kennzeichens für die Situation in der Oblast' Kemerovo nicht auszumachen. Bei der Beschreibung von technischen Gütern kann die Produktlebenszyklustheorie sinnvoll sein. Für eine raumbezogene geographische Forschung über Altindustrieregionen (insbes. im Bereich der Montanindustrie) ist diese ungeeignet.

Die ökologischen Auswirkungen spielen bei der Produktlebenszyklustheorie keine Rolle, in der Kategorisierung der Altindustrieregionen ist es ein wichtiger Faktor. Für die Oblast' Kemerovo sind

---

[357] HAMM, R.; WIENERT, H. (1990): S. 49.
[358] Ausführlichere Analysen zu den Migrationsbewegungen in Kapitel 4.3.4 (S. 195 ff.).

Umweltverschmutzungen ein großes Problem. Novokuzneck ist nach Noril'sk nach Schadstoffemissionen die am stärksten belastete Stadt Russlands. Auch die Brachflächenproblematik ist insgesamt zu bejahen. Die „geschädigten Flächen" vergrößerten sich von 620 km² (2009) auf über 763 km² (2015) in der Oblast'. Die Förderung im Tagebau (und die Abraumhalden) hinterlassen ausgedehnte Mondlandschaften. Bei diesen ökologischen Auswirkungen der Kohleförderung ist festzustellen, dass soziale Merkmale bei der Altindustrieklassifizierung insgesamt rar sind. Dies ist zunächst auch wenig verwunderlich, da die Pionierarbeiten von Volkswirtschaftlern und nicht von Geographen getätigt wurden. Trotzdem konnte gezeigt werden, dass Auswirkungen auf die Bevölkerung unbedingt berücksichtigt werden sollten. Die schlechten ökologischen Bedingungen in der Oblast' Kemerovo sind u. a. ein Grund für die höchste Sterberate in Sibirien und eine geringe Lebenserwartung bei den Männern von durchschnittlich nur 61,6 Jahren. Eine Erweiterung von einfachen sozialgeographischen Kennzeichen bei der Klassifizierung von Altindustrieregionen wäre unbedingt nötig, um die essentiellen Probleme der Bevölkerung aufzudecken.

Das Merkmal „Mangelnde Fähigkeit Anpassungsmaßnahmen aus eigener Kraft vorzunehmen" bietet einen interessanten zusammenfassenden Charakter. Dieses stellt ein Konglomerat aus den wichtigsten Problemlagen dar (Bevölkerungsverlust/ Abwanderung, Monostrukturierung, Umwelt- und Brachflächenprobleme). Einen übergreifenden Charakter bietet auch die Eigenschaft „Dominanz von Branchen, die bei der Wertschöpfung stagnieren/ schrumpfen". Es konnte gezeigt werden, dass der Umsatz im größten Wirtschaftssektor (Rohstoffförderung) beim Bruttoregionalprodukt insgesamt stark rückläufig ist. Darüber hinaus zeigt der Arbeitsplatzabbau, dass von dieser Branche für den Arbeitsmarkt negative Impulse ausgesendet werden. Die rückläufigen Umsätze in der Kohleförderung spiegeln sich auch bei den Unternehmen wider – nicht jedoch bei den Exporterlösen. Das Kennzeichen „Dominanz von Großbetrieben" bietet Anlass, die Analyse auf Organisationen auszuweiten. Die Methodik musste hierfür angepasst werden: Präsentationsvergleiche, Analysen der Geschäftsberichte und damit die Herausarbeitung aktueller Entwicklungstrends (z. B. Beschäftigte, Produktionsstandorte). Es konnte gezeigt werden, dass die privaten Strukturen (insbes. in peripheren Räumen) einen entscheidenden Einfluss ausüben. Der Grad der vertikalen Integration und der Filialisierung ist insgesamt hoch. Es besteht die Gefahr des Abzugs von Produktionseinheiten durch die transnationalen Weltkonzerne. Der einzige Regionalkonzern (SDS) ist aktuell in einer ernsthaften Krisensituation.

Insgesamt treffen bis auf wenige Ausnahmen und Relativierungen die herausgearbeiteten Kennzeichen auf die Oblast' Kemerovo zu. Bei der Analyse ist es wichtig, dass Eigenschaften nur in einem Gefüge Plausibilität aufweisen. Eine Betrachtung des Kontextes zur Verortung der Altindustrieregion ist unabdingbar. SCHRADER schlug ebenfalls für die Analyse der europäischen Regionen eine Einbettung in das Umfeld vor.[359] Das Untersuchungsgebiet befindet sich inmitten von Sibirien und ist für diese Verhältnisse vergleichsweise stark industrialisiert. Die besonderen Umstände der (u. a.) großen Distanzen zu den Absatzmärkten der Steinkohle und die privatwirtschaftliche Fremdsteuerung erweitern das übliche Spektrum der Altindustrieproblematik. Im Ergebnis ist die Oblast' Kemerovo damit eine periphere Altindustrieregion.

---

[359] SCHRADER, M. (1993): S. 111 ff.

Die Auswirkungen auf den Grad des Technikimportes sind ein gutes Beispiel, dass die Kennzeichen einer Altindustrieregion erweiterbar sind. Es wurde bereits angemerkt, dass die Klassifizierungen zwingend um sozialgeographische Aspekte ergänzt werden sollten. Darüber hinaus muss betont werden, dass die Analyseebene insgesamt noch nicht hinreichend ist, da die Altindustrieforschung in der Literatur und auch bis hierhin in der Arbeit tendenziell zwar analytisch, aber noch etwas deskriptiv ist.

3.4. Weitere theoretische Bezüge

Im folgenden Kapitel soll die Analyse von Altindustrieregionen zusammenfassend diskutiert werden, bevor die weitere theoretische und methodische Vorgehensweise erläutert wird.

Es wurde deutlich, dass die Forschung zu Altindustrieregionen überwiegend erklärenden Charakter besitzt. Zurückhaltend formuliert, können die verwendeten Kennzeichen nur eine Einordnung und einen Problemüberblick bieten. Letztlich stellen die Indikatoren auch nur Klassifizierungsangebote dar. Ein Anspruch auf Vollständigkeit kann nicht erhoben werden.[360] Eine Abstraktions- oder Prognosefähigkeit ist kaum gegeben. Im Ergebnis wurde sich nur auf die wichtigsten Charakterisierungen beschränkt, welche den Grundtenor in der Literatur insgesamt gut widerspiegeln. Hinsichtlich der Auswahl der Merkmale kann konstatiert werden, dass in der Analyse ein breites und damit nützliches Spektrum abgebildet wurde: Historische Entwicklungen; Daten zur Sozial-, Wirtschafts- und Infrastruktur; ökologische Aspekte und Analysen zu den Unternehmensaktivitäten. Insgesamt konnte die Analyse einen Überblick über die wichtigsten Entwicklungstrends des Untersuchungsgebietes bieten.

Ob eine Region nun schließlich als Altindustriegebiet zu klassifizieren ist oder nicht, hängt letztlich auch von der qualitativen Gewichtung der Kennzeichen ab. Es kann schließlich Ausnahmen geben, wobei nicht alle Klassifizierungen zu bestätigen sind – wie auch beim Beispiel der Oblast' Kemerovo. Die größten Probleme bzw. wichtigsten Kennzeichen stellen abgeleitet aus den Ergebnissen für das Untersuchungsgebiet allerdings folgende dar:

Bevölkerungsverlust/Abwanderung, Monostrukturierung von Wirtschaft/Arbeitsmarkt; Dominanz von Branchen, die bei der Wertschöpfung stagnieren/schrumpfen; Umweltverschmutzungen/ Brachflächen und die Dominanz von Großunternehmen. Die einseitige Industrieausrichtung und die mangelnde Weiterentwicklung (bzw. Modernisierung) in diesen Branchen bergen strukturelle Anpassungsprobleme. Der dominante sekundäre Sektor ist nicht mehr bzw. unterdurchschnittlich in der Lage, positive Impulse für den regionalen Wirtschaftskreislauf zu setzen. Großunternehmen reagieren inflexibel auf die Probleme, investieren in der Oblast' meist nur mit kurzfristiger Perspektive und sind primär an ihren eigenen Profiten interessiert. Einer „Modernisierungs- bzw. Investitionsverweigerungshaltung" und dem Grundsatz der Gewinnmaximierung durch Rohstoffförderung kann der Staat gegenüber Unternehmen insbes. in Peripheren nur bedingt etwas entgegensetzen. Die Kosten für

---

[360] In der Literatur [insbes. bei SCHOLBACH (1997): S. 99 ff.] wurden noch weitere Klassifizierungen angeboten. Zum Beispiel: „Negativimage", „hoher internationaler Konkurrenzdruck" usw.

Rekultivierung oder Altlastensanierung werden nicht primär von den Verursachern getragen. Sie sind sehr hoch und die ökologischen Probleme nur mittel- und langfristig lösbar. Der Abwanderungsüberschuss ist letztendlich auch eine Reaktion auf dem Mangel an alternativen Arbeitsplätzen bzw. auf gravierende sozioökonomische Entwicklungsdefizite und einer unterdurchschnittlichen Lebensqualität.

Hinsichtlich der Kennzeichenbestätigung zeigen SCHÜTTEMEYER/REPS am Beispiel der indischen Textilregion Kanpur, dass eine Altindustrieregion auch durch großes Bevölkerungswachstum und Umweltverschmutzung; aber wiederum ohne eine überdurchschnittliche Infrastrukturdichte und mangelnde wirtschaftliche Prosperität geprägt sein kann.[361] WOOD führt am Beispiel von Newcastle aus, dass eine Altindustrieregion u. a. auch durch Bevölkerungswachstum, Tertiärisierung und Wachstum gekennzeichnet sein kann.[362]

Die spezifischen Probleme können in den Regionen unterschiedlich sein. In der Oblast' Kemerovo wurden sie ausführlich identifiziert. Die Mehrheit der Kennzeichen ist durch die überwiegende deskriptive Methodik auch vergleichsweise leicht zu quantifizieren. Allerdings sollte der Forscher in der Lage sein, systemimmanente Inkompatibilitäten (z. B. Sprachraum) zu überbrücken. Die verschiedenen Erhebungsmethoden bei der Arbeitslosenstatistik (Kapitel 3.2.4, S. 47 ff.) sind ein gutes Beispiel dafür, dass eine einfache Rezipientenperspektive[363] zu Fehlschlüssen führen könnte.

Insgesamt ist zu konstatieren, dass in der geographischen Altindustrieforschung tiefer gehende organisatorische Analysen und vor allem konkrete Anpassungs- und Weiterentwicklungsstrategien wenig Berücksichtigung finden. Dies kann dann auch dazu führen, dass die Forschung über Altindustrieregionen oftmals pessimistische (teilweise deterministische) Schlüsse zieht und sich zu sehr auf die „Problematisierung der Probleme" statt auf die Lösungsmöglichkeiten konzentriert. Relativierend zeigt SCHOLBACH an einigen Beispielen, dass Altindustrieregionen nicht per se zum Niedergang verurteilt sind.[364] Auch HAMM/WIENERT konstatierten, dass einige Merkmale (dichte Besiedlung/Infrastruktur, großer Binnenmarkt usw.) gute Voraussetzungen für Erneuerungsprozesse bieten.[365] Allerdings gibt es keinen Königsweg für die Modernisierung. BOSCHMA/LAMBOOY konkludieren dazu: „*When discussing the policy options* [of old industrial regions, C. B.], *the literature tends not to offer much.*"[366] Einerseits bestätigt dies, dass abseits dieser deskriptiven Analysen wenige Handlungsempfehlungen zur Modernisierung zu finden sind. Darüber hinaus existiert, wie in der Literatur oft rezitiert, keine allgemeingültige „Theorie der Altindustrieregionen" und auch über deren Anpassungsmöglichkeiten im breiteren Sinne nicht. Andererseits versucht die vorliegende Arbeit, einen wichtigen Beitrag zur Schließung dieser Forschungslücken am Beispiel der altindustriell geprägten peripheren Region der Oblast' Kemerovo zu leisten.

Nach der Diskussion der Kennzeichen einer Altindustrieregion folgt die Frage nach der Regionalisierung bzw. der Abgrenzung. Dies stellt ein nicht zu unterschätzendes Problem für die Analyse und

---

[361] SCHÜTTEMEYER, A.; REPS, N. (2010): S. 10-16.
[362] WOOD, G. (2016): S. 339-360.
[363] KLÜTER, H. (2006): S. 30 ff.
[364] SCHOLBACH, T. (1997): S. 113.
[365] HAMM, R.; WIENERT, H. (1990): S. 49.
[366] BOSCHMA, R.; LAMBOOY, J. (2000): S. 398.

die Operationalisierung von und mit Altindustrieregionen dar. SCHRADER war sich dieses Phänomens ebenfalls bewusst, aber eher vor dem Hintergrund der Verfügbarkeit von Daten und der Vergleichbarkeit von bestimmten Einheiten.[367] Ein Beispiel, um das Problem zu illustrieren: Die Altindustrieregion „Ruhrgebiet" lässt sich durch die Existenz des Regionalverbandes Ruhr vergleichsweise plausibel abgrenzen. Was ist dieser „Verband", welcher einerseits ein kommunaler Zusammenschluss und andererseits eine Informations- und Regionalplanungsorganisation ist? Welche Regionalisierung legt die Organisation zugrunde und was hat das für Auswirkungen auf die Modernisierung im Ruhrgebiet? Im Gegensatz dazu ist die Abgrenzung des ostdeutschen Lausitzer Braunkohlerevieres als Altindustrieregion wesentlich schwieriger.[368] Die Bundesländergrenze von Brandenburg und Sachsen verläuft durch die Region und bspw. sogar auch direkt durch den Industriepark „Schwarze Pumpe". Es existiert kein einheitlicher regionaler Planungsverband im Lausitzer Braunkohlerevier – im Gegensatz zum Ruhrgebiet.[369] Schließlich wird hierbei deutlich, dass die dauerhafte, für Planungs- und Orientierungsprozesse wichtige Regionalisierung eines Raumes durch komplexe Organisationen, wie z. B. einen Regionalverband, gebildet wird. Im Kapitel zu den Großunternehmen (Kapitel 3.2.12) konnte gezeigt werden, dass Organisationsanalysen relevant für die Herausarbeitung bestimmter Akteursstrategien sind. Der theoretische Unterbau für die weitere Vorgehensweise kann mit einer systemtheoretischen Grundlage erfolgen. KLÜTER ist es in den 1980er Jahren gelungen, die soziologischen Ausführungen von Niklas Luhmanns Systemtheorie in räumliche Bezüge zu übertragen und damit für die Geographie nutzbar zu machen.[370] Nach KLÜTER ist eine Region schließlich folgendermaßen definiert:

„Eine Region ist der Programmraum (bzw. ein Element des Programmraums) einer formalen Organisation (z. B. einer Gebietskörperschaft, einer staatlichen Behörde, eines Zeitungsverlages oder eines anderen Unternehmens) der in der gesellschaftlichen Kommunikation zu einer Norm geworden ist und als Bezugsrahmen für Aktivitäten und Planungen einer großen Zahl anderer Organisationen genutzt wird."[371]

Woher ist dies ableitbar und was bedeutet das?

Eine Organisation ist neben der Interaktion und der Gesellschaft ein wichtiger Typus sozialer Systeme. Die Entstehung von sozialen Systemen entwickelt sich durch die menschliche Kommunikation, wenn diese sinnvoll miteinander in Verbindung gebracht wird. Kommunikation ist insgesamt eine unabdingbare Voraussetzung für die Entstehung und den Fortbestand eines sozialen Systems. Die Interaktion kann eine lockere bzw. zeitlich betrachtet eine sehr kurzfristige Kommunikationsepisode darstellen.[372] Zum Beispiel: Der gemeinsame Mensabesuch mit Kommilitonen. Im Gegensatz dazu kann Kommunikation in einer Organisation nur in einem formalisierten sozialen System ablaufen bzw. durch die Formalisierung (z. B. Stellen, Mitgliedschaften oder Programme) entsteht und

---

[367] SCHRADER, M. (1993): S. 112-119.
[368] Das Ruhrgebiet und das Lausitzer Braunkohlerevier werden im Kapitel 5.1 (S. 217 ff.) näher analysiert. Hier werden ebenfalls die in diesem Zusammenhang aufgeworfenen Fragen (z. B. der Abgrenzung) beantwortet.
[369] Siehe dazu das Fazit des Vergleiches der Sanierungsträger im Ruhrgebiet und in der Lausitz (Kapitel 5.2.3, S. 237 ff.).
[370] KLÜTER, H. (1986).
[371] KLÜTER, H. (2002): S. 152.
[372] KLÜTER, H. (1986): S. 27-32.

stabilisiert sich die Organisation. Entscheidend für die Nutzung in dem vorliegenden Kontext ist der Fakt, dass der Zeithorizont in der Vergangenheit (Traditionen), Gegenwart (Entscheidungen) und Zukunft (Planung) liegen kann.[373] Durch die Formalisierung ist die Existenz einer Organisation tendenziell wesentlich persistenter und die Implikationen weitreichender als die einer Interaktion. Die wertneutrale Funktion dieses Programmraumes ist für die jeweilige Organisation die Steuerung und Stabilisierung einer Region. Anderen sozialen oder psychischen Systemen kann dadurch räumliche Orientierung geboten werden. Letztlich kann die Regionalisierung bzw. Erzeugung einer Region die Folge des Programmraumes sein – muss es aber nicht.[374]

Die Entstehung einer Region kann demnach nur durch Großorganisationen geleistet werden. Nur diese verfügen über die technischen, infrastrukturellen und finanziellen Voraussetzungen für eine beständige Etablierung. Individuen oder einfache Interaktionssysteme sind nicht in der Lage, Derartiges zu erfüllen.[375] Gesellschaften sind dafür zu komplex und nicht hinreichend formal miteinander verbunden. Das bedeutet letztlich im Umkehrschluss auch, dass es eine Organisation ohne Programm nicht geben kann. Ein gemeinsames Ziel – sei es die Aktivität in einem Sportverein – ist essentieller Bestandteil der Formalisierung. LUHMANN bezeichnet u. a. Zweckorientierung, Herrschaft und Mitgliedschaftsregularien als grundlegende Charakteristika einer formalen Organisation.[376]

Insgesamt wird bei diesem Regionsbegriff auch die Möglichkeit gegeben, dass andere Organisationen einen eigenen Programmraum definieren können. Nicht zwingend müssen diese Organisationen administrative oder privatwirtschaftliche sein. Das Beispiel von „Nowa Amerika" im staatlichen Grenzraum von Deutschland und Polen kann ein Beispiel hierfür sein – trotz der auch von den Autoren eingeräumten Skepsis gegenüber der Intensität und Dauerhaftigkeit des Programmes.[377] Insgesamt muss allerdings konstatiert werden, dass der Administrativraum insgesamt eine besondere Form der Raumabstraktion durch seine normierende Funktion darstellt. Die Verwaltung von juristisch definierten Verfügungsgrenzen (Grundstücke) addieren sich letztlich zum Administrativraum. Dieser stellt eine Bezugsgröße für etliche weitere Interaktions- und gesellschaftliche Subsysteme dar. Um die Bedeutung des Administrativraumes an einem Beispiel zu illustrieren: Die Oblast' Kemerovo als ein Föderationssubjekt Russlands verfügt über ca. 38.800 Verwaltungsmitarbeiter[378] – hierbei sind u. a. Lehrer oder Militärangehörige nicht inkludiert. Ein funktionales Äquivalent wäre die Landesverwaltung in einem kleinen deutschen Bundesland. Neben der Administration der Oblast' Kemerovo und den genannten Konzernen existiert keine Großorganisation (außer vielleicht die höhere Einheit der Administration in Form der Russischen Föderation), die von ihren Steuerungs- und Stabilisierungskapazitäten vergleichbar wäre. Ein Individuum (oder die sozialen Systeme Interaktion oder Gesellschaft) könnten niemals einen derartig dauerhaften Raumbegriff wie die „Oblast' Kemerovo" implementieren (= organisatorisches a priori von Raumabstraktionen).[379] Am Beispiel des Unter-

---

[373] LUHMANN, N. (1976): S. 31 ff., 39 ff.; KLÜTER, H. (1986): S. 31 ff.
[374] KLÜTER, H. (2002): S. 144 ff., 155.
[375] KLÜTER, H. (2005): S. 58.
[376] LUHMANN, N. (1976): S. 29 ff.
[377] KINDER, S.; ROOS, N. (2013): S. 3-18.
[378] KEMEROVOSTAT (Hrsg.) (2015a): S. 15.
[379] KLÜTER, H. (2005): S. 58.

suchungsgebietes übernehmen dann auch andere Organisationen diese Regionalisierung durch kommunikative Prozesse in weiteren sozialen und gesellschaftlichen Teilsystemen (z. B. Medien, Gewerkschaften, Sportvereine). Um wiederum ein Beispiel für die Oblast' Kemerovo zu bedienen: In der Arbeit wurde gezeigt, dass die Wertschöpfung in der Steinkohleindustrie stark rückläufig ist. Außerdem arbeiten „nur" 10 % der gesamten Beschäftigten in der Rohstoffförderung. Nichtsdestoweniger wird von der Oblast'-Verwaltung nach wie vor jährlich der „Tag des Bergarbeiters" und damit im Prinzip die grenzen- und bedingungslose Förderung der Steinkohle zelebriert bzw. propagiert. Unternehmen nutzen diese Veranstaltung für ihre Marketingzwecke (siehe z. B. SDS-Ugol', S. 95). Gastronomische, sportliche und etliche andere Einrichtungen übernehmen diese Stabilisierungsform schließlich.

Dieser kommunikativräumliche Ansatz bietet den Vorteil, nicht nur die aktuelle Situation beschreiben zu können. Viel wichtiger ist der Nutzen dahingehend, dass die konkreten Verursacher der größten Entwicklungsprobleme identifizierbar werden, um im Endeffekt Lösungsmöglichkeiten für die bestimmten Akteursgruppen zu entwickeln. Hiermit ist es möglich, die Fremdsteuerung durch Organisationen zu thematisieren. Damit verortet sich die vorliegende Arbeit diametral gegenüber Ansätzen wie z. B. der „Neuen Kulturgeographie", welche eher in der Tradition der beschreibenden Landschaftsforschung stehen.[380] Die Vernachlässigung von bestimmten Organisationsaktivitäten und die starke Hervorhebung von gesellschaftlichen und subjektbezogenen Narrativen, z. B. zur Identitätsbildung,[381] sind weniger für anwendungsbezogene Studien wie dieser geeignet. Oder anders ausgedrückt: Würde man in der vorliegenden Arbeit der bisherigen klassischen Methodik der Altindustrieforschung des 3. Kapitels folgen, bürge dies die Gefahr, dass man die wahren Steuerungs- und Stabilisierungsgrößen der Region vernachlässigen könnte. Schließlich wäre es im Endeffekt grundsätzlich schwierig, nachvollziehbare Handlungsimperative zur Optimierung von Steuerungsprozessen gegenüber den Akteuren, beispielsweise der Oblast'-Verwaltung, zu generieren.

Aus den genannten Gründen wird die regionale und teilweise föderale Administration als Organisation mit ihren Programmen analysiert und ihrer Relevanz bewertet, was sich im folgenden 4. Kapitel anschließt. Mit den Darstellungen des Regionalverbandes Ruhr (RVR) und der Lausitzer und Mitteldeutschen Braunkohlevereinigung (LMBV) werden später in der Arbeit noch zwei weitere wichtige Beispielanalysen von Großorganisationen in Altindustrieregionen getätigt (Kapitel 5.2, S. 227 ff.).

---

[380] KLÜTER, H. (2005): S. 43-64.
[381] SEEBACHER, M. M. (2012): S. 115 ff.

4. Staatliche Strategien der Modernisierung

Beim Fazit zur „Dominanz der Großunternehmen" (3.2.12.8, S. 103 ff.) wurde auf die speziellen Strategien der Firmen hingewiesen. Darüber hinaus konnte angedeutet werden, dass ergänzungsräumliche Differenzen zwischen den privatwirtschaftlichen und regional-administrativen Interessen existieren. Im Folgenden 4. Kapitel sollen zunächst die Strategien der Oblast'-Verwaltung analysiert werden. Hierfür dient insbesondere die Analyse der *„Strategie zur sozioökonomischen Entwicklung der Oblast' Kemerovo in langfristiger Perspektive"*. Hierbei werden die Implementierungsaktivitäten bewertet. Im 5. Kapitel (S. 216 ff.) sollen aus der Analyse und einem Vergleich mit zwei deutschen altindustriell geprägten Regionen schließlich Handlungsempfehlungen abgeleitet werden. Die größten Erfolge, Misserfolge und Ergebnisse werden in AMSWOT-Analysen (Kapitel 6, S. 278 ff.) zusammengefasst.

Bei der Analyse beschränkt sich die Untersuchung auf die wichtigsten Implementierungsmechanismen, da sämtliche branchenspezifischen Entwicklungsstrategien aufgrund der Masse an Informationen nicht bis ins letzte Detail geprüft werden können.

Das „Regionale Entwicklungsprogramm" (im Folgenden auch „Strategie" genannt) wurde 2007 vom Projektbüro Severo-Zapad (aus St. Petersburg) entwickelt. 2008 wurde das Papier vom Parlament und der Oblast'-Verwaltung angenommen. Eine Fortschreibung erfolgte 2012.[382] Das Originaldokument wird auf der offiziellen Internetseite der Administration der Oblast' Kemerovo zum Download angeboten.[383] Die Implementierung der Strategie ist bis zum Jahr 2025 angelegt. Es wird oftmals betont, dass nur eine langfristige Umsetzung möglich ist.[384] Für die vorliegende Arbeit ergibt sich der große Vorteil, dass zum jetzigen Zeitpunkt (Stand 01/2017) bereits eine Zwischenbilanzierung möglich ist. Die Prognosen und vorgeschlagenen Maßnahmen können erstmals umfassend geprüft werden.

Die Strategie verfügt über keine juristische Bindung.[385] Falls bestimmte Ziele nicht erreicht werden, können die Verwaltung der Oblast' oder das Unternehmen Severo-Zapad nicht gerichtlich belangt werden. Das Dokument stellt ein funktionales Äquivalent zu in Deutschland implementierten Landes-(raum)entwicklungsprogrammen dar. Allerdings muss ergänzt werden, dass die regionalen Implikationen in den deutschen Bundesländern tendenziell weitreichender sind bzw. sein können, da es verbindliche Ziele und Vorranggebiete sowie für Ermessensentscheidungen Grundsätze und Vorrangräume für die einzelnen Untereinheiten (z. B. Regionale Planungsverbände) vorschreibt. Diese existieren in der Oblast' Kemerovo in dieser Form nicht. Das Entwicklungsprogramm der Region hat weniger regionalplanerische Elemente. Es ist insgesamt stärker an gesamtwirtschaftlichen Zielvorstellungen orientiert. Seit dem Zerfall der Sowjetunion 1991 und den damit verbundenen drastisch veränderten Rahmenbedingungen stellt es die erste umfassende Entwicklungsstrategie der Oblast'

---

[382] http://www.regionz.ru/index.php?ds=1910810 (eingesehen am 09.03.2016).
[383] http://www.ako.ru/Ekonomik/program.asp?n=1 (eingesehen am 09.03.2016).
[384] SEVERO-ZAPAD (Hrsg.) (2007): S. 12, 102.
[385] Expertengespräch.

Kemerovo dar. Dies zeigt die Relevanz der Untersuchung. Eine vergleichbare unabhängige aktuelle Studie wie diese über eine Region Russlands ist in diesem Umfang nicht bekannt.[386]

Wer oder was ist die Organisation Severo-Zapad?

Laut eigenen Angaben stellt das Unternehmen Dienstleistungen für die Erarbeitung strategischer Expertisen und Analysen im Bereich der sozioökonomischen Fragen für mehr als 60 Städte und Regionen Russlands zur Verfügung.[387] In den Jahren 2007/2008 gab es eine regelrechte Welle der Erstellung von Entwicklungsprogrammen in Russland.[388] Das Projektbüro hat für mehrere Regionen (u. a. Oblasti von Irkutsk, Penza, Kaliningrad, Murmansk, Leningrad) ebenfalls strategische Entwicklungspapiere erarbeitet.[389] Hintergrund war das Erreichen eines vergleichsweise hohen Wohlstandsniveaus in Russland (2006/07) gegenüber den 1990er Jahren. Strategische Ziele konnten erstmals aufgrund einer längeren stabilen Entwicklung formuliert werden – bevor die globale Wirtschafts- und Finanzkrise 2008/09 ausbrach. Insgesamt bleibt zu konstatieren, dass die Föderation (das Zentrum) die Erarbeitung der regionalen Entwicklungsstrategien unterstützt hat.[390] Dies lässt sich ebenfalls bestätigen, wenn man die Angaben über die Mitglieder des Direktoriums von Severo-Zapad näher betrachtet. Alle Personen im Spitzengremium verfügen über Verwaltungs- und Managementerfahrungen in hohen Positionen von staatlichen und politischen Organisationen der Russischen Föderation.[391]

Der Einfluss von föderalen Strategien wird auch noch an einigen weiteren Projekten im Laufe der Arbeit exemplifiziert. Nichtsdestoweniger bleibt die regionale Verwaltung der Oblast' in der normativen Pflicht, das angenommene Entwicklungsprogramm zu bearbeiten und die Ziele zu erreichen.

Im Folgenden werden die drei wichtigsten Oberziele der Strategie analysiert (4.1–4.3) und zusammengefasst (4.4):

    4.1 Wachstumssicherung im industriellen Sektor (S. 119 ff.)

    4.2 Wirtschaftliche Diversifizierung (S. 143 ff.)

    4.3 Innovationsförderung / Erschließung neuer Bereiche (S. 180 ff.)

    4.4 Fazit Modernisierungsstrategien (S. 210 ff.)

---

[386] Die umfangreichste und aktuellste Regionalanalyse einer russischen Region in deutscher Sprache bei ZORNOW, A. (2015).
[387] http://csr-nw.ru/about/ (eingesehen am 09.03.2016).
[388] Expertengespräch.
[389] http://csr-nw.ru.swtest.ru/area_of_activity/territorial_development/themes/regional_development/ (eingesehen am 09.03.2016).
[390] Expertengespräch.
[391] Beispiele: Der Präsident (Vladimir N. Knjaginin) von Severo-Zapad ist u. a. Expertenmitglied im Ausschuss der Duma der Russischen Föderation für Regionalpolitik und Mitglied im Rat zur Entwicklung von Modernisierung und Innovationen in Russland. Petr G. ŠČedrovickij ist Berater des Generaldirektors von Rosatom (= russische Atomenergiebehörde). Aleksej A. Mordašov ist Generaldirektor von Severstal' (= zweitgrößtes russisches Stahlunternehmen).
Quelle: http://csr-nw.ru/about/organization/board/ (eingesehen am 09.03.2016).

4.1. Wachstumssicherung im industriellen Sektor

Die Wachstumssicherung im Bereich der Industrie, die in der Strategie als „Basissektor der Ökonomie" bezeichnet wird, ist eines der Kernanliegen der angestrebten Entwicklungsrichtung. Die wichtigsten Punkte stellen folgende dar:

- Entwicklung der Ressourcenbasis der Region

- Vertiefung/Weiterverarbeitung und effektivere Nutzung von Rohstoffprodukten

- Stärkung der Absatzmöglichkeiten/Erschließung neuer Märkte

- Ausbau der Infrastruktur zur Stärkung des industriellen Sektors[392]

4.1.1. Entwicklung der Ressourcenbasis Kohle

Die wichtigsten Ziele der Strategie zu diesem Thema sind folgende:

- Stimulierung von geologisch-technischen Untersuchungen

- Effektivere Nutzung der Lagerstättenerschließung

- Qualitative Verbesserungen bei der Rohstoffförderung (z. B. Aufbereitungsanlagen)

- Entwicklung neuer Rohstoffverarbeitungsmöglichkeiten

- Ökologische Verbesserungen

- Infrastrukturelle Optimierungen (z. B. Bahn, Häfen, Energieübertragung)[393]

Im Grundlagenteil des Papiers wird versucht, diese Maßnahmen herzuleiten: *„Die Region hat in den letzten 7–10 Jahren vom Anstieg der Preise für Rohstoffe in der Welt und der allgemeinen positiven wirtschaftlichen Entwicklung in Russland profitiert [...] Die Wirtschaft der Oblast' hat deutlich auf die günstige Konjunktur reagiert."*[394] Insgesamt wird die aufholende Entwicklung mit größerer Wertschöpfung, Eröffnung neuer Förder- und Aufbereitungsanlagen gelobt. Die stark positive Entwicklung beim Bruttoregionalprodukt (auch pro Kopf) ist vor allem auf den industriellen Sektor (=*„Lokomotive"*) zurückzuführen.[395]

Darüber hinaus wird dieser Komplex mit der Einsicht begründet, dass die Oblast' Kemerovo eine *„exportorientierte Region Russlands ist, in der die Wirtschaftsstruktur auf der Rohstoffförderung und deren weiterverarbeiteten Produkten besteht."*[396]

Die Ressourcenbasis in Zahlen: Bis zu einer Tiefe von 1.800 Meter verfügt das Kusnezk-Becken über Reserven von 733,4 Mrd. t Steinkohle. Bis 600 Meter sind es 57 Mrd. t – darunter 42,8 Mrd. Kokskohle.[397] Die durchschnittliche Mächtigkeit der Flöze beträgt ca. 4 m – im Donbass zum Beispiel nur 0,7 m. 43 % der Flöze sind 1,3–3,5 m mächtig; 31 % sind 3,5–10 m und 14 % sind sogar mächtiger

---

[392] SEVERO-ZAPAD (Hrsg.) (2007): S. 13-14.
[393] SEVERO-ZAPAD (Hrsg.) (2007): S. 104-127.
[394] SEVERO-ZAPAD (Hrsg.) (2007): S. 8.
[395] SEVERO-ZAPAD (Hrsg.) (2007): S. 28.
[396] SEVERO-ZAPAD (Hrsg.) (2007): S. 37.
[397] SEVERO-ZAPAD (Hrsg.) (2007): S. 22.

als 10 m.[398] Schließlich lässt sich resümieren, dass nirgends auf der Nordhalbkugel derartige große und vergleichsweise leicht abbaubare Mengen Steinkohle vorrätig sind wie in der Oblast' Kemerovo.

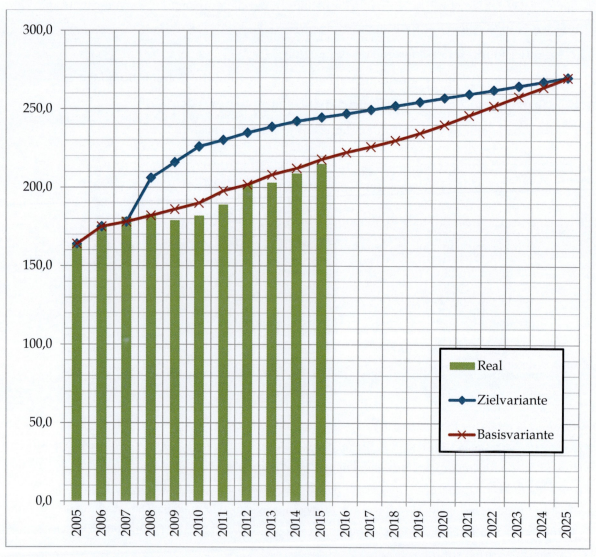

Abbildung 45: Kohleförderung (Prognosen, Real) in der Oblast' Kemerovo in Mio. t 2005–2025
Quelle: SEVERO-ZAPAD (Hrsg.) (2007): S. 182-183, 186-187; KEMEROVOSTAT (Hrsg.) (2015a): S. 162; http://novokuznetsk.ru/content/view/2886 (eingesehen am 23.03.2016); eigene Darstellung

In Abbildung 45 ist die Kohleförderung im Vergleich zu den Prognosen und der realen Entwicklung dargestellt. Die Tendenz des Anstieges wurde zutreffend prognostiziert. Allerdings dämpfte die Weltwirtschaftskrise die Entwicklung. Im Jahr 2015 liegt der tatsächliche Wert 3 Mio. t unter der Basisvariante. Das Ziel waren über 244 Mio. t. In beiden Szenarien bis 2025 wird ein Umfang von 270 Mio. t vorhergesagt bzw. angestrebt. Einerseits könnte man bereits an dieser Stelle argumentieren, dass sich die Prognosen tendenziell als korrekt und die Maßnahmen als sinnvoll herausgestellt haben. Andererseits wurde im 3. Kapitel bereits auf die aktuelle Negativentwicklung hingewiesen; z. B. Preisentwicklung der Kohle, Beschäftigtenrückgang. Im Folgenden soll detaillierter auf die Bestimmungsfaktoren und später auf die Folgen der Kohleförderung eingegangen werden.

---

[398] IL'IČEV, A. et al. (1995): S. 59-60.

Die Entwicklung des Kohlebergbaus wird neben den Eisenbahntarifen, etlichen weiteren Determinanten und wenigstens vier weiteren Faktoren bestimmt, die im Folgenden näher analysiert werden: Angebot und Nachfrage im In- und Ausland.[399]

Auf die große Abhängigkeit der Transporttarife bei der Bahn wurde bereits im Kapitel zum Produktlebenszyklus hingewiesen (3.2.8, S. 61 ff.). Zur Erinnerung: In der Oblast' Kemerovo beanspruchen die Transportkosten ca. 35–40 % des Preises.[400] In der föderalen Kohleentwicklungsstrategie werden die verschiedenen Preisszenarien durchgespielt: Bei einem Anstieg der Transporttarife der Russischen Eisenbahn (RŽD) bis 2030 um einen Faktor von mehr als 3,27 wären einige Produktionsstandorte aufgrund von Unwirtschaftlichkeit der Kohleförderung essentiell gefährdet. Ein Anstieg um das 2,5-Fache könnte hingegen eine Kapazität von 400 bis 500 Mio. t pro Jahr in Russland möglich machen.[401] Im Jahr 2014 wurde im Land insgesamt Kohle im Umfang von ca. 357 Mio. t gefördert.[402] Mit den verschiedenen Szenarien des Preisanstieges soll verdeutlicht werden, welche schwerwiegenden Implikationen bei einer kleinen Änderung der Tarife entstehen können. ČURAŠËV resümiert, dass für die weitere Entwicklung der Eisenbahninfrastruktur massive Investitionen nötig wären. Die benötigten Summen sind für die staatlichen Organisationen in Russland zu hoch und kaum zu leisten. Ein großes Defizit besteht darin, dass es bisher schwergefallen ist, Anreize für private Investoren zu setzen. Dass derartige Großprojekte bereits umgesetzt wurden, zeigt das Beispiel der Investition von Mečel in die Lagerstätte von Ėlga in der Republik Jakutien.[403]

Hinsichtlich des Angebotes in Russland werden im Folgenden zwei wichtige Konkurrenzprojekte dargestellt:

Die Steinkohlevorräte der Republik Tyva werden insgesamt auf mindestens 4,1 Mrd. t, davon ca. 3,9 Mrd. t Kokskohle geschätzt. Laut Prognosen der Republiksadministration sollen im Jahr 2026 33 Mio. t Kohle gefördert werden.[404] Aktuell beträgt die Menge allerdings noch 750.000 t Kohle (2014).[405] Der eigene Bedarf an Kohle ist für die schwach industrialisierte Region mit nur 315.000 Einwohnern nicht ausreichend und bei den Erschließungskalkülen auch nicht relevant. Eine halbe Million t Kohle wird pro Jahr per LKW exportiert.[406] Im Jahr 2010 haben Großkonzerne der Stahlindustrie (Evraz, NLMK) Förderkonzessionen erworben.[407] Durch den Neubau einer ca. 400 Kilometer langen Eisenbahnstrecke vom Krasnojarskij Kraj (Kuragino) in die Nähe der Republikshauptstadt (Kyzyl) bzw. zu den Lagerstätten von Ėlegest soll der Abtransport der Rohstoffe ermöglicht werden. Die Finanzierung des Großprojektes ist noch nicht endgültig geklärt. Seit Mitte der 2000er Jahre wechseln die Investoren und Zuständigkeiten.[408] Im Mai 2014 vereinbarten das Finanzministerium und das Ministerium für

---

[399] ČURAŠËV, V. (2012): S. 206-219.
[400] ČURAŠËV, V. (2012): S. 218.
[401] RUSSISCHE FÖDERATION (Hrsg.) (2012): S. 16-17.
[402] http://www.gks.ru/bgd/regl/b15_14p/IssWWW.exe/Stg/d02/13-14.doc (eingesehen am 16.03.2016).
[403] ČURAŠËV, V. (2015): S. 92-98.
[404] REPUBLIK TYVA (Hrsg.) (2015).
[405] http://tuvastat.ru/bgd/EZHEG_2015/isswww.exe/Stg/производство продукции в натуральном выражении.htm (eingesehen am 16.03.2016).
[406] ČURAŠËV, V. (2015): S. 84.
[407] http://www.tuvaonline.ru/2010/07/12/evraz-group-severstal-i-nlmk-pretenduyut-na-ugolnoe-mestorozhdenie-v-tuve.html (eingesehen am 16.03.2016).
[408] http://kyzyl.sibnovosti.ru/business/279465-infrastrukturnyy-proekt-kyzylkuragino-poluchil-podderzhku-iz-fnb (eingesehen am 22.03.2016).

wirtschaftliche Entwicklung Russlands, dass das Projekt aus Mitteln des nationalen Wohlfahrtsfonds (Fond nacional'nogo blagosostojanija Rossii) finanziert werden kann. Im Januar 2015 wurde dieses Vorhaben aufgrund des Rubelverfalls und der Wirtschaftskrise auf unbestimmte Zeit ausgesetzt.[409] Zum jetzigen Zeitpunkt ist die Umsetzung des Projektes ungewiss. Unter diesen Bedingungen scheinen die mittelfristig prognostizierten Kenngrößen der Rohstoffförderung der Republik fragwürdig. Trotzdem stellt das Vorhaben bei vollständiger Realisierung für die Kuzbass-Kohle langfristig eine ernstzunehmende Konkurrenz dar. Falls nicht grundlegende Änderungen erfolgen, würde es bei den Unternehmensaktivitäten in der Republik Tyva wie in der Oblast' Kemerovo zu einer ähnlichen Filialisierung und Fremdsteuerung kommen.

In dem Entwicklungskonzept von Severo-Zapad wird mehrfach erwähnt, dass die Belieferung des Urals mit Kohle die beste Perspektive für die Kohleanbieter in der Oblast' Kemerovo darstellt.[410] Hiermit soll an das alte Ziel des Ural-Kusnezk-Kombinates (1928–1940) angeknüpft werden, indem versucht wird, den industriestarken, aber kohlearmen Ural mit Kohle zu beliefern.

Der aktuelle Trend ist allerdings weniger auf die europäischen Märkte zugeschnitten: Im Jahr 2010 wurden 30 % der Kohle aus Russland an pazifischen Häfen verladen; 2012 sind dies schon 37 %. Der pazifisch-asiatische Raum beherbergt u. a. mit China, Taiwan, Südkorea und Japan große Nachfrager – auch für Kuzbass-Kohle.[411] Mečel hat diese allgemeine Tendenz erkannt und investiert in die Erschließung der Elginsker Lagerstätten (siehe auch Abbildung 38, S. 87). Hierfür finanziert der Konzern einen 320 km langen Abzweig von der Baikal-Amur-Magistrale (BAM) nach Norden in die Republik Jakutien. Die Kohlevorkommen würden bei einer Förderung (im Tagebau) von 25–30 Mio. t noch über 100 Jahre reichen.[412] Mit der Kohleförderung wurde 2011 begonnen. Ab 2018 ist eine jährliche Kapazität von mindestens 9 Mio. t Kohle pro Jahr geplant.[413] Die Strategie von Mečel liegt hierbei deutlich auf der Belieferung von Kunden in Asien (z. B. Stahlwerke in Japan).[414] Bei der Darstellung zu den Großunternehmen (3.2.12.1, S. 78 ff.) wurde bereits angedeutet, dass diese (Evraz, Mečel, SUĖK, SDS) auch jeweils eigene Logistikkapazitäten in Form einer Hafeninfrastruktur am Pazifik aufgebaut bzw. erworben haben. Das innerrussische Kohleangebot verfügt damit auch über die Möglichkeiten, intensiver die asiatischen Märkte zu bedienen.

Hinsichtlich der innerrussischen Nachfrage ist es nützlich, einen Blick auf die föderale Strategie zu werfen: In der *„Energiestrategie der Russischen Föderation bis 2030"* von 2011 wird der Kohle eine Stärkung gegenüber dem Energieträger Gas attestiert. Bis 2030 soll der Kohleanteil bei Elektrizitäts- und Wärmekraftwerken in Russland von aktuellen 26 auf 34–36 % anwachsen, der Gasanteil hingegen von 70 auf 60–62 % sinken.[415] In der Neuauflage (*„Programm 2035"*) ist der Tenor gegenüber der Kohle nicht mehr derartig positiv und es kommt zu einer starken Relativierung. Die Produktion und der Verbrauch von Gas sollen gegenüber der Strategie 2030 nicht mehr sinken, sondern stabil bleiben bzw. leicht ansteigen. Die Nachfrage wird sich mutmaßlich auf niedrigem Niveau jährlich steigern (+1,9 %).

---

[409] http://tass.ru/ekonomika/1728745 (eingesehen am 22.03.2016).
[410] SEVERO-ZAPAD (Hrsg.) (2007): S. 14, 122.
[411] ČURAŠĖV, V. (2015): S. 87-90.
[412] ČURAŠĖV, V. (2015): S. 94.
[413] http://www.mechel.ru/sector/mining/elga (eingesehen am 16.03.2016).
[414] http://www.gtai.de/GTAI/Navigation/DE/Trade/Maerkte/suche,t=neues-wirtschaftsforum-in-russland-mit-alten-projekten,did=1329700.html (eingesehen am 16.03.2016).
[415] ČURAŠĖV, V. (2012): S. 213-215.

Dem Kohleanteil beim Energieverbrauch wird eine weniger starke Erhöhung vorhergesagt. Für 2035 ist die Zielmarke einer Förderungssumme von 415 Mio. t angestrebt.[416] Aussagefähige Prognosen bezüglich des Preises und des Energieverbrauches sind unter den aktuellen wirtschaftlichen Bedingungen in Russland schwierig. Für die Kohle sind auch die Entwicklung von Öl und Gas entscheidende Bestimmungsgrößen, welche allerdings ähnlichen großen Unsicherheiten unterworfen sind.[417]

Insgesamt konnte, auch durch die Modifizierungen in der föderalen Energiestrategie, gezeigt werden, dass der Kohle als Energieträger mit großer Wahrscheinlichkeit in Russland kurz- und mittelfristig kein riesiger Boom bevorstehen wird. Hinsichtlich der innerrussischen Kohlenachfrage resümiert ČURAŠËV, das bis zur Wirtschaftskrise 2009 in vielen Prognosen von einer neuen Kohlegeneration gesprochen wurde. Diese Szenarien sind nicht eingetreten. Die Nachfrage nach Kohle in Russland wird voraussichtlich nur leicht steigen.[418] Gegenwärtig wird allerdings in naher Zukunft hinsichtlich der Beschäftigtensituation von offiziellen Stellen mit schwierigen Zeiten gerechnet: Die gesamtrussische Gewerkschaft der Kohlearbeiter rechnet damit, dass 2016 insgesamt 8–10.000 Arbeitsplätze in diesem Bereich verloren gehen. Für die Oblast' Kemerovo wird der Abbau von ca. 1.000 Beschäftigten erwartet. Die wichtigste Ursache hierfür liegt in der seit längerer Zeit niedrigen Nachfrage und dem damit verbundenen Preisverfall.[419]

Weitere wichtige Bestimmungsgrößen der Kohleentwicklung stellen das Angebot und die Nachfrage im Ausland dar. Auf der Angebotsseite sind China, Australien und Indonesien die größten Konkurrenten für Kuzbass-Kohle auf dem asiatischen Markt (Tabelle 17).[420] China ist mit großem Abstand führend als Anbieter und Verbraucher von Steinkohle. Allerdings existiert hier ein neuer Trend: Der Kohleverbrauch ist 2014 erstmalig seit Jahrzehnten gesunken (um 2,9 % im Vergleich zum Vorjahr). China gewinnt 66 % seiner Stromerzeugung durch Kohle. Die Kraftwerke hierfür sind hingegen nur noch zu 54 % ausgelastet. Es wurden zwar in den letzten Jahren Kraftwerke ausgebaut, jedoch ist der Bedarf fraglich.[421] Insgesamt sind die Folgen und die Kosten der Kohleförderung für China noch wesentlich dramatischer als bspw. in der Oblast' Kemerovo. Die kohlebasierte Industrie und andere Schadstoffemittenten sind für teilweise katastrophale Umweltverschmutzungen verantwortlich. Ein Leben in Peking, insbesondere bei Inversionswetterlagen, ist aufgrund des Smogs hochgradig gesundheitsgefährdend.[422] Ein Umdenken in der Energiepolitik wäre nötig, auch aus reinem Kostenkalkül für die Volkswirtschaft. Anfang 2016 wurde bekannt, dass chinesische Unternehmen ihre Kohleförderung um 20 % zurückfahren möchten. Die Nachfrage an Kohle ist gesunken. Andere Autoren betonen die mögliche Chance, dass in Zukunft mehr Kohle aus Russland nach China verkauft werden könnte.[423] Unter dem Eindruck des aktuell insgesamt weniger starken Wachstums der chinesischen Volkswirtschaft und der niedrigen Auslastung der Kraftwerke wird die Kohlenachfrage Chinas mit größerer Wahrscheinlichkeit jedoch sinken und damit auch die Absatzmöglichkeiten für die Oblast' Kemerovo.

---

[416] RUSSISCHE FÖDERATION (Hrsg.) (2014a): S. 5, 6.
[417] GÖTZ, R. (2015): S. 57.
[418] ČURAŠËV, V. (2015): S. 89.
[419] http://www.metcoal.ru/news.asp?action=item&id=19421 (eingesehen am 22.03.2016).
[420] ČURAŠËV, V. (2012): S. 220 ff., Expertengespräch.
[421] HEINRICH-BÖLL-STIFTUNG (Hrsg.) (2015): S. 34-35.
[422] HEINRICH-BÖLL-STIFTUNG (Hrsg.) (2015): S. 30-35.
[423] http://www.metcoal.ru/news.asp?action=item&id=19416 (eingesehen am 22.03.2016).

Neben China stellen Australien und Indonesien die größten Konkurrenten für Kuzbass-Kohle auf dem asiatischen Markt dar.[424] Australien und Indonesien exportieren jeweils nahezu doppelt so viel, wie die Oblast' Kemerovo fördern kann (Tabelle 17).

Tabelle 17: Steinkohleförderung (Top 6) und Export nach Ländern (2014)

Nr.	Land	Kohleförderung	Kohleexport
		in Mio. t	
1.	China	3.725,0	5,7
2.	USA	835,1	88,3
3.	Indien	612,4	-
4.	Australien	441,3	387,4
5.	Indonesien	410,8	408,2
6.	Russland	287,0	151,9

Quelle: BUNDESANSTALT FÜR GEOWISSENSCHAFTEN UND ROHSTOFFE (Hrsg.) (2015): S. 128-130, eigene Darstellung

Zusätzlich zur leicht sinkenden Nachfragetendenz kommen auch neue Anbieter auf den Markt. Im Jahr 2014 hat die Mongolei 19 Mio. t Steinkohle exportiert. Das Land hat noch große Reserven (ca. 1,1 Mrd. t).[425] Es ist geplant, die Kohleproduktion von 100 Mio. t (2025) auf 125 Mio. t (bis 2030) auszuweiten. Zielstellung ist der Export nach China.[426] Unter der aktuellen wirtschaftlichen Situation in der größten Volkswirtschaft der Welt könnte diese Strategie zu optimistisch sein. Allerdings sind die Bestrebungen der Mongolei auch langfristig nicht zu unterschätzen. Das Land ist wesentlich näher am chinesischen Markt als Kemerovo.

In Europa ist der größte Abnehmer für russische Kokskohle die Ukraine. Die Nische wird auf ca. 7-9 Mio. t geschätzt.[427] Im Hinblick auf die aktuellen politischen Spannungen zwischen Russland und der Ukraine, den Kriegszerstörungen und der immer noch ungewissen Zukunft des Donbass ist in naher Zukunft von dieser Seite tendenziell mit keiner größeren Abnahme von Kohle zu rechnen.

Unter diesem Gesamteindruck des Angebotes und der Nachfrage scheint es sehr fraglich zu sein, ob sich die Prognosen der Kohleförderung in der Entwicklungsstrategie realisieren lassen. In der Strategie werden die schwankenden Preise thematisiert und als Risiko gesehen. Die Projekte von Tyva und Jakutien werden kurz aufgelistet, aber die Konkurrenzsituation der Kuzbass-Kohle insgesamt als *„nicht akut"* eingestuft.[428]

Bei einer detaillierteren Analyse der Angebots- und Nachfrageentwicklung von Steinkohle wäre es nötig, eine größere Distanz gegenüber der einseitigen Ausrichtung einzunehmen.

AKULOV resümiert, dass bisher meistens der Umfang der Kohleförderung als ein Kennzeichen für Wachstum in der Kohleindustrie betrachtet wurde. Andere Kostenfaktoren finden wenig Eingang in

---

[424] KEMEROVSKAJA OBLAST' (Hrsg.) (2012a): S. 2.
[425] BUNDESANSTALT FÜR GEOWISSENSCHAFTEN UND ROHSTOFFE (Hrsg.) (2015): S. 127, 130.
[426] http://www.coalage.com/features/4275-mongolia-invests-in-coal-production-chain.html#.VvJpijHjGwU (eingesehen am 23.03.2016).
[427] ČURAŠËV, V. (2015): S. 88.
[428] SEVERO-ZAPAD (Hrsg.) (2007): S. 22-23, 54-56.

die offiziellen Kalkulationen der Administrationen oder der Unternehmen. Die ökologischen Folgen sind vielschichtig und müssten differenziert werden. Zum Beispiel nach: Flächeninanspruchnahme durch Tagebauten, Verschmutzung von Oberflächen- und Grundwasser sowie Schadstoffemissionen in die Luft.[429]

4.1.2. Kosten der Kohleförderung

Wissenschaftler aus den USA haben berechnet, dass die Kosten der Kohleförderung für die amerikanische Gesellschaft zwischen 175 und 500 Mrd. USD jährlich liegen.[430] Trotz des Faktes, dass eine exakte Quantifizierung der Kohlekosten Schwankungen und Fehlkalkulationen unterworfen sein können, sind diese Einordnungen insgesamt als grobe relative Orientierung anzunehmen. Darüber hinaus kann das Beispiel aus den USA zeigen, welche Folgen mit der Rohstoffförderung verbunden sein können. Es wird unterschieden zwischen den Kosten der Förderung, Transport, Verarbeitung und Verbrennung der Kohle. Hierfür werden jeweils Bemessungen für die Wirtschaft, die menschliche Gesundheit und die Umwelt differenziert.[431] An dieser Stelle ist eine exakte quantitative Kostenkalkulation für die Oblast' Kemerovo aufgrund der mangelnden Datenverfügbarkeit nicht zu leisten. Jedoch muss darauf hingewiesen werden, dass Studien zu diesem Thema über die Region existieren [z. B. MEKUŠ (2007)].

An drei Oberthemen soll im Folgenden gezeigt werden, welche Auswirkungen mit der Kohleförderung bereits gegenwärtig verbunden sind und welche Folgen mit der Intensivierung der Rohstoffförderung verbunden wären.

Anthropogene Erdbebenkosten

Am 19. Juni 2013 um 06:02 Uhr kam es in der Oblast' Kemerovo zum stärksten bisher gemessenen anthropogen verursachten Erbeben durch Rohstoffabbau in der Menschheitsgeschichte. Die Erschütterungen erreichten einen Wert von bis zu 6,1 auf der Richterskala. In einigen nahen Ortschaften wurden sogar Werte bis 7, in Novokuzneck noch 4 gemessen. Das Epizentrum lag beim Tagebau von Bačaty (südwestlich von Belovo). Hier werden jährlich 9 Mio. t Kohle pro Jahr gefördert. Er zählt mit einer Länge von 10 km; Breite von 2,2 km und 320 m Tiefe zu den größten Tagebauten im in der Oblast' Kemerovo.[432] Der Betrieb wird durch Kuzbassrazrezugol' getätigt.[433]

Aus geophysikalischer Perspektive ist die Oblast' Kemerovo eine seismisch moderat aktive Region. Natürliche Erdbeben mit einer Stärke von mind. 7 auf der Richterskala treten im Norden alle 5.000 und im Süden alle 500–1.000 Jahre auf. Die Wirtschaftsstruktur ändert das: Die ersten durch den Bergbau induzierten Erdbeben sind seit den 1960er Jahren zu beobachten. Zum Ende der 1980er / Anfang der 1990er Jahre intensivierten sich die Ereignisse. Der Vorfall von Bačaty 2013 besitzt eine neue Qualität. YAKOVLEV et al. sehen vor allem in den Sprengungen bei den Tagebauten,

---

[429] AKULOV, A. (2013): S. 161.
[430] EPSTEIN, P. et al. (2011): S. 90-92.
[431] EPSTEIN, P. et al. (2011): S. 78-80.
[432] EMANOV, A. et al. (2014): S. 224.
[433] http://www.metcoal.ru/news.asp?action=item&id=17678 (eingesehen am 08.02.2016).

aber auch in den immensen Wasserentnahmen eine Ursache für die Entstehung der Erdbeben. Auch in Zukunft existiert ein ernstzunehmendes Risiko, dass derartige Folgen durch den Bergbau weiterhin auftreten können.[434] Im Dezember 2015 kam es erneut zu einem durch Kohleabbau verursachten Beben in Höhe von 2,5 bei Polysaevo.[435]

Insgesamt sind durch das Erdbeben vom Juni 2013 5.000 Gebäude beschädigt worden. 350 Häuser sind unbewohnbar und müssen abgerissen werden. Nach Berechnungen des Katastrophenschutzministeriums (MČS) werden die Kosten auf insgesamt 1,7 Mrd. RUB geschätzt.[436] Zum Vergleich: Die gesamten jährlichen Haushaltsausgaben der Stadt Belovo (ca. 130.000 Einwohner) lagen bei ca. 4,2 Mrd. RUB (2014).[437]

Diese von offizieller Seite quantifizierten Erdbebenkosten werden allerdings vollständig von der Föderation übernommen. Die Unternehmen bzw. der Tagebaubetreiber Kuzbassrazrezugol' sind nicht verpflichtet, Anteile zu leisten.[438] Die konkreten Kosten der Katastrophe sind wahrscheinlich noch höher. Zum Beispiel sind Arbeitsausfälle durch die temporäre Stilllegung der Bergwerke oder auch mögliche langfristige Folgeschäden nicht in den staatlichen Kompensationsleistungen inkludiert.

In der Entwicklungsstrategie findet sich der Begriff „Erdbeben" nicht ein einziges Mal. Studien zu den Folgekosten sind nicht bekannt. Bei einer Intensivierung der Kohleförderung ist auch in Zukunft mit derartigen Katastrophen zu rechnen.

Gesundheitskosten

MEKUŠ verweist auf die Schwierigkeit bei der exakten Quantifizierung des Zusammenhangs zwischen ökologischen Faktoren und der Erkrankungsrate der Bevölkerung einer Region. In ihrer Monographie beziffert sie den Verlust des Bruttoregionalproduktes in der Oblast' Kemerovo durch die Erkrankungsraten bei der Bevölkerung, die überwiegend durch den Kohlebergbau hochgetrieben werden, auf ca. 8 % (2002). In den Oblasti von Tomsk und Novosibirsk liegt der Wert bei 3 % bzw. 5 %.[439]

Im Folgenden können weitere Annäherungswerte gegeben werden.

Von 2010 bis 2014 kamen 455 Personen bei Arbeitsunfällen in der Oblast' ums Leben.[440] Die hohe Zahl ist auf den Bergbau und die Schwerindustrie zurückzuführen. Allein 91 der 455 Menschen starben beim bereits angesprochenen Grubenunglück im Schacht Raspadskaja am 09./10. Mai 2010.[441] Insgesamt ist die Zahl der Unfälle mit tödlichem Ausgang in den letzten Jahren gesunken. Die Tagebauförderung ist für die Arbeiter tendenziell eine sicherere Abbaumethode. Andererseits sind die hochwertigen Kohlesorten (K – Kokskohle) nur in Schichten tiefer als 300 m und in dünnen, oftmals vertikalen Flözen lokalisiert.[442] Für eine qualitative Verbesserung der Ressourcenbasis kann auf diese Sorten nur schwerlich verzichtet werden. Hinsichtlich der Beschäftigten bleibt zusammenzufassen,

---

[434] YAKOVLEV, D. et al. (2013): S. 862-871.
[435] http://gazeta.a42.ru/lenta/show/201512241200-v-kuzbasse-proizoshlo-zemletryasenie.html (eingesehen am 23.03.2016).
[436] http://ria.ru/incidents/20130701/946863025.html (eingesehen am 23.03.2016).
[437] KEMEROVOSTAT (Hrsg.) (2015c): S. 16, 166.
[438] Expertengespräch.
[439] MEKUŠ, G. (2007): S. 216, 230.
[440] KEMEROVOSTAT (Hrsg.) (2015a): S. 66.
[441] Siehe Kapitel 3.2.12.2, S. 83 ff.
[442] ČURAŠĚV, V. (2015): S. 216.

dass die meisten Unfälle am Arbeitsplatz in Sibirien in der Oblast' Kemerovo registriert werden.[443] Es wäre zynisch, nach den finanziellen Kosten (insbes. bei den Sterbefällen) hierfür nachzufragen, da eine Quantifizierung von Menschenleben pietätlos wirkt. Sicher ist, dass es immense Verluste für die Gesellschaft und die Wirtschaft der Oblast' darstellt.

Tabelle 18: Ausgewählte Todesursachen in der Oblast' Kemerovo und Russland (2014)

Todesursachen		Oblast' Kemerovo gesamt	Oblast' Kemerovo auf 100.000 EW	Russland auf 100.000 EW
Natürliche Ursachen	Kreislaufsystem	16.779	615	654
	Neubildungen (Tumore)	5.971	219	201
	Erkrankungen der Verdauungswege	2.003	73	66
	Erkrankungen der Atemwege	1.836	67	53
	Infektiöse und parasitäre Krankheiten	1.553	57	21
Un-natürliche Ursachen	Selbstmorde	919	34	18
	Morde	509	19	9
	Alkoholvergiftungen	661	24	7
	Verkehrs- und Transportunfälle	514	19	20
Sonstige Ursachen		9.018	-	-
Gestorbene gesamt		39.763	1.457	1.311

Quelle: http://www.gks.ru/bgd/regl/b15_11/IssWWW.exe/Stg/d01/05-08.htm (eingesehen am 23.03.2016), KEMEROVOSTAT (Hrsg.) (2015a): S. 36, eigene Darstellung

Es wurde bereits thematisiert, dass die Oblast' mit Abstand die höchsten Sterberaten in Sibirien aufweist (Abbildung 30, S. 72). Im Jahr 2014 sind statistisch gesehen 1.457 Personen auf 100.000 Einwohner im Untersuchungsgebiet gestorben. Der Durchschnitt in Russland liegt bei 1.311 bzw. in Sibirien bei 1.320 (Tabelle 18).[444] Die Todesursachen in der Oblast' Kemerovo unterscheiden sich von den durchschnittlichen Landeswerten. Bei den häufigsten Anlässen, im Bereich des Kreislaufsystems (z. B. Schlaganfall, Herzinfarkt), schneiden die Statistiken sogar etwas positiver ab als in Russland insgesamt. Allerdings sind die Auswirkungen der ökologischen Belastungen durch die Industrie besonders bei den Todesursachen durch „Neubildungen" (insbes. Krebs), Erkrankungen der Verdauungs- und Atemwege sowie bei den infektiösen und parasitären Krankheiten überdurchschnittlich.

Als Beispiel: In der Oblast' Kemerovo waren 2014 ca. 3.000 Personen als Tuberkulosekranke registriert. Bezogen auf die Bevölkerungszahl entspricht dies nahezu dem doppelten russischen Durch-

---

[443] Zum Vergleich: Der Kraj Krasnojarsk ist mit einer ähnlichen Bevölkerungszahl, Produktionsstätten in Noril'sk und anderen schwerindustriellen Standorten in dieser Hinsicht noch am ehesten mit Kemerovo vergleichbar. Im Kraj starben von 2010 bis 2014 305 Personen durch Unfälle am Arbeitsort. Das ist ebenfalls ein sehr hoher Wert, aber noch weitaus niedriger als in Kemerovo. Quelle: KRASSTAT (Hrsg.) (2015): S. 79.
[444] http://www.gks.ru/bgd/regl/b15_11/IssWWW.exe/Stg/d01/05-08.htm (eingesehen am 23.03.2016).

schnittswert.[445] [446] Die unnatürlichen Todesursachen sind in vielerlei Hinsicht bedenklich (siehe z. B. Morde, Alkoholvergiftungen). Allerdings ist es fraglich, ob ein Zusammenhang mit der Wirtschaftsstruktur (insbes. Kohleförderung) hergestellt werden kann. In der Strategie findet sich nur in einem kleinen Absatz die Erwähnung der Begriffe „Krankheit" und „Todesursachen". Die höchste Sterberate in Sibirien wird eingeräumt.[447] Ursachenanalysen oder stichhaltige Verbesserungsstrategien werden nicht thematisiert. In der Strategie wird sogar erwähnt, dass eine Erhöhung der Förderung um 10 Mio. t Kohle auch die Erkrankungshäufigkeit der Bevölkerung um 1 % erhöht.[448] Diese Erkenntnis ändert tendenziell allerdings nichts an der Forderung, die Steinkohleförderung in Form der Stärkung der Ressourcenbasis zu intensivieren.

Insgesamt sind die Gesundheitskosten aus wirtschafts- und sozialgeographischer Perspektive möglicherweise sogar die größten. Die Erkrankungen aufgrund der Wirtschaftsstruktur führen zu individuellen Tragödien und mindern Arbeitsvermögen und Produktivität. Die Umweltverschmutzungen beeinträchtigen auch die Lebensqualität. Letztlich befördert dies tendenziell auch die Abwanderung in andere Regionen.

Ökologische Kosten (Rekultivierung)

In Kapitel 3.2.9 (z. B. Abbildung 30, S. 72) wurde auf die prekäre Umweltsituation und deren fatale Auswirkungen auf die Gesundheit hingewiesen. In der Strategie wird gesagt, dass laut *„Experten"* eine Förderung von mehr als 185 Mio. t Kohle pro Jahr aufgrund der Folgen für die Umwelt nicht überschritten werden sollte.[449] Im Jahr 2011 wurde diese Marke jedoch durchbrochen. Was bringt dies für ökologische Konsequenzen mit sich?

ČURAŠËV schätzt, dass die Erhöhung der Förderung von 1 Mio. t Kohle einen zusätzlichen Schadstoffausstoß in Höhe von 4,5 t mit sich bringt. Es wird zwar auch auf den Fakt verwiesen, dass ein linearer Anstieg hier unrealistisch ist, da sich mit einer intensiven Förderung auch die Techniken ändern (können).[450] Jedoch entspricht damit eine Erhöhung der Fördermengen um ca. 50 Mio. t Kohle der Größenordnung der gesamten Schadstoffemissionen der Oblast' Novosibirsk.[451] Auch der Verbrauch von Wasser und die Zerstörung von Flächen würden bei einer Ausweitung der Förderung massiv ansteigen. Tabelle 19 zeigt die deutliche Korrelation zwischen ausgewählten Kennzeichen der Kohleförderung und deren ökologischen Implikationen.

---

[445] KEMEROVOSTAT (Hrsg.) (2015a): S. 117.
[446] Ohne dass es einen direkten Zusammenhang zwischen der rohstofffördernden Wirtschaftsstruktur in der Oblast' Kemerovo gäbe, ist es trotzdem besorgniserregend, dass Infektionen mit dem HI-Virus in den letzten Jahren stark angestiegen sind. 2006 waren ca. 8.000 Menschen davon betroffen, 2014 bereits 36.600 Personen. Das entspricht bereits 1,34 % der Bevölkerung in der Oblast' und ist damit mehr als dreimal so hoch wie im Landesdurchschnitt. Mit einer jährlichen Neuansteckung von ca. 5.000 Personen pro Jahr ist die aktuelle Entwicklung im Untersuchungsgebiet bedenklich.
Quelle: http://www.kemerovostat.ru/bgd/EJEGOD/issWWW.exe/Stg/2010/(8)здравоохранение.htm (eingesehen am 23.03.2016), KEMEROVOSTAT (Hrsg.) (2015a): S. 117.
[447] SEVERO-ZAPAD (Hrsg.) (2007): S. 62.
[448] SEVERO-ZAPAD (Hrsg.) (2007): S. 62.
[449] SEVERO-ZAPAD (Hrsg.) (2007): S. 108.
[450] ČURAŠËV, V. (2015): S. 223.
[451] Siehe Vergleich der Schadstoffemissionen in Abbildung 28, S. 69.

Tabelle 19: Kohleförderung und Ökologie – ausgewählte Kennzeichen (2005–2012)

Kennzeichen	2005	2012
Kohleförderung in Mio. t	164,3	201,5
Zerstörte Flächen in Tsd. ha	62,8	66,8
Emissionen von Methan in Tsd. t	522,3	735,1
Wasserentnahme in Mio. m³	274,2	329,1 (2011)

Quelle: nach AKULOV, A. (2014): S. 276, eigene Darstellung

An dem Beispiel der Flächeninanspruchnahme sollen die Situation und die Auswirkungen näher analysiert werden. Insgesamt findet sich der Begriff der „Rekultivierung" (russ. = рекультивация) im Entwicklungsprogramm nur dreimal. Hierbei wird auf die Problematik verwiesen und nebulös deren Lösung gefordert.[452] Dies ist vergleichsweise schwach formuliert und ein diesbezügliches Konzept ist nicht erkennbar. Anhand der Vergrößerung der zerstörten Flächen von 620 km² (2009) auf 763 km² (2015) lässt sich offensichtlich feststellen, dass sich die Situation insgesamt sogar noch verschlechtert hat.[453] Die Ausweitung der Tagebauten ist hier deutlich sichtbar. In den Statistiken finden sich ebenfalls interessante Daten über Rekultivierung: 2013 und 2014 wurden insgesamt Flächen im Umfang von 2.138,7 ha rekultiviert.[454] 2012 rechneten Novokuznecker Wissenschaftler, dass für eine vollständige Rekultivierung der zerstörten Flächen im jetzigen Tempo mehr als 60 Jahre nötig wären.[455] Dieser Orientierungswert hat sich in den letzten Jahren sogar tendenziell noch leicht erhöht: Stellt man das faktische Tempo der Rekultivierung (ca. 10,7 km² pro Jahr – Mittelwert 2013/14) der zerstörten Fläche von 733 km² (2014)[456] gegenüber, würde man schließlich einen Zeitraum von ca. 68,5 Jahren zur vollständigen Rekultivierung benötigen. Im Detail ist diese Zahl sicherlich zu relativieren. Eine hundertprozentige Rekultivierung ist mit großer Wahrscheinlichkeit utopisch, da die Kosten dafür zu hoch sind und auch der Bedarf nicht immer eindeutig ist. Eine asymptotische Verlaufsentwicklung ist realistischer. Nichtsdestoweniger wird in dieser Darstellung offensichtlich, dass die nötige Rekultivierung nicht mit der Flächeninanspruchnahme aufgrund des Rohstoffabbaus Schritt hält.

Ein Expertengespräch in einem Unternehmen in Novokuzneck konnte einen wichtigen Beitrag zum Verständnis der Hintergründe und Funktionsweisen für diese Thematik bieten:

Die Hauptaufgabe des Unternehmens ist die Durchführung von Consulting-Dienstleistungen für andere Großunternehmen und die Verwaltung (z. B. Munizipalitäten) im Bereich des Umweltschutzes.[457] Dies kann beispielsweise in einer Grundstücksanalyse von Altlastengebieten für mögliche Investoren oder als Umweltverträglichkeitsprüfung durchgeführt werden. Dabei agiert die Firma als Dienstleister für Unternehmen hinsichtlich der Lizenzierungen, Zertifizierungen oder Erstellung von Ökobilanzen. Die möglichen Strafen für Umweltverschmutzungen können damit exakt quantifiziert werden. Im Gespräch mit den Mitarbeitern wurde allerdings eingeräumt, dass die Firma keine Evaluierungen durchführt, ob die Unternehmen wirklich die staatlich möglichen Schadstoffemissionswerte

---

[452] SEVERO-ZAPAD (Hrsg.) (2007): S. 13, 61, 163.
[453] Im Kapitel 3.2.10 (S. 73) wurde bereits auf die Brachflächenproblematik hingewiesen.
[454] Eigene Berechnung nach KEMEROVOSTAT (Hrsg.) (2015b): S. 47.
[455] EVTUŠIK, N.; D'JAČENKO, N. (2012): S. 217.
[456] KEMEROVOSTAT (Hrsg.) (2015a): S. 14.
[457] http://ineca.ru/?dr=about (eingesehen am 24.09.2015).

einhalten oder vielleicht sogar überschreiten. Sie sind von dem Informationsmonopol der Vertragspartner und deren Angaben abhängig.[458] Theoretisch ist damit das Einfallstor zur Manipulation der Daten weit geöffnet und die administrativen Strukturen verfügen über keine richtigen Kontrollmechanismen. Eine Mitarbeiterin brachte die Rolle des Staates bzw. der Administration diesbezüglich auf den Punkt: *„Der Staat kontrolliert und bestraft nur bei Vergehen der Unternehmen, aber er ist nicht aktiv bei dem Monitoring der Industriehinterlassenschaften […] Das mangelnde Monitoring der Munizipalitäten [und auch der Oblast', C. B.] ist vor allem in den sehr engen finanziellen Spielräumen begründet."*[459]

Unabhängig von der Tatsache, dass die Existenz und die Arbeit des Unternehmens zweifelsfrei einen wichtigen Beitrag zur Verbesserung der ökologischen Situation in der Oblast' leistet, ist es ein bemerkenswerter Fakt, dass die staatlichen Organisationen diese Monitoring- und Consultingaufgaben nicht selbstständig durchführen. Im Endeffekt findet keine gezielt gesteuerte aktive und präventive Rekultivierung der Altlasten in der Oblast' durch die regionale Administration statt.

Wer betreibt oder verordnet Rekultivierung?

In Kemerovo ist die föderale Behörde für „Überwachung/Aufsicht bei der Nutzung der natürlichen Rohstoffe in der Oblast' Kemerovo" ansässig.[460] In einem Expertengespräch wurde die Situation geschildert: Die Unternehmen erwerben staatliche Konzessionen zur Rohstoffförderung von der föderalen Behörde unter Moskauer Kontrolle. Hierbei verpflichten sich die Unternehmen, bestimmte Rekultivierungsmaßnahmen vorzunehmen. Es wurde indirekt differenziert zwischen kleineren Industriearealen und bspw. großen Tagebauten. Eine wichtige Erkenntnis ist der Fakt, dass die Munizipalitäten mit den Unternehmern die Details und Modalitäten bewerkstelligen. Die regionale Verwaltung der Oblast' wird hierbei prinzipiell gar nicht aktiv bzw. hat prinzipiell keine Eingriffsmöglichkeiten in diese Prozesse. Die Bundesbehörde (mit knapp 60 Mitarbeitern) stellt den administrativen Überbau, wobei betont wurde, *„dass Rekultivierungsaspekte nur einen Teilbereich der Tätigkeiten umfassen."*[461] Im Endergebnis existiert damit auf regionaler Ebene keine Monitoring- und Planungsinstitution für Rekultivierung. Das könnte auch ein Grund für die extrem oberflächliche Thematisierung in der Entwicklungsstrategie sein.

Darüber hinaus impliziert dieser Fakt weitere Folgeprobleme: Die Entscheidungen über Rohstoffkonzessionen müssen dann nur bedingt (oder ggf. direktiv) mit der Oblast'-Regierung abgestimmt werden. Dies könnte u. a. zu folgendem Szenario führen: Der Rajon von Promyšlennaja besitzt bspw. hervorragende Böden für die Landwirtschaft und kann hierauf vergleichsweise erfolgreich unterschiedliche Kulturen anbauen.[462] Im Untergrund lagern allerdings noch riesige Kohlevorkommen des Kusnezk-Beckens. Wenn also die föderale Behörde darin interessiert ist, hier Konzessionen zur

---

[458] Expertengespräch.
[459] Expertengespräch.
[460] Russ. „Управление федеральной службы по надзору в сфере природопользования (Росприроднадзора) по Кемеровской области".
[461] Expertengespräch.
[462] Der Rajon von Promyšlennaja befindet sich nach Produktion von Landwirtschaftsgütern mit 2,6 Mrd. RUB an vierter Stelle in der Oblast' Kemerovo. Der Anteil entspricht 7,2 % bei nur 1,8 % der Einwohner der Region (2014). Darüber hinaus bietet der Rajon mit über 2.400 km² (79 % der eigenen Fläche) den höchsten Anteil (9,1 %) an landwirtschaftlicher Nutzfläche in der Oblast' Kemerovo (2015).
Quelle: KEMEROVOSTAT (Hrsg.) (2015c): S. 16, 112; KEMEROVOSTAT (Hrsg.) (2015b): S. 32.

Rohstoffförderung an Unternehmen zu verteilen, kann die lokale Ebene (Rajon-Verwaltung) dem nur bedingt etwas entgegensetzen.

Auf die wichtige Frage nach der Rekultivierung von Tagebauten antwortete der Experte, dass die Unternehmen schon ihre eigenen Mittel und Rezepte der Wiederherstellung hätten. Unbeantwortet blieb, womit man die tiefen Löcher der Kohleförderung verfüllt. In der Amtszeit (seit 2009) wurde auch noch kein Projekt zur Flutung von ehemaligen Tagebauten[463] wie beispielsweise im Lausitzer Braunkohlerevier[464] umgesetzt. Im Rahmen der Recherche konnte auch kein derartiges Projekt in der Geschichte der Oblast' Kemerovo ausfindig gemacht werden. Die Entwicklung der statistischen Vergrößerung der zerstörten Flächen schien kein Problem zu sein, da die Unternehmen sich ja der Rekultivierung dieser Flächen verpflichtet hätten.[465]

Insgesamt bleibt allerdings großer Zweifel dahingehend, ob die Aufwendungen für Rekultivierung unter diesem geschilderten Organisationsdefizit ausreichen bzw. zufriedenstellend durchgeführt werden können. Ein hochentwickeltes Management des Flächenrecyclings ist aus zwei Gründen allerdings wichtig: Die Siedlungskonzentration auf den urbanisierten Teil des Kusnezk-Beckens ist immens.[466] Bei einer voranschreitenden Ausweitung der Tagebauförderung geraten die Nutzungsansprüche in immer größeren Konflikt. Darüber hinaus behindert die mangelnde Rekultivierung auch neue, andere Nutzungsformen. Schließlich kann das negative Image einer umweltbelasteten Altindustrieregion nur schwerlich beseitigt werden.[467]

Insgesamt lässt sich resümieren, dass die Auswirkungen der Kohleförderung in der Strategie zwar angedeutet werden. Jedoch mangelt es an einer kritischen Diskussion über die Größenordnung. Auch die Umsetzung von Anpassungsmaßnahmen ist defizitär, denn signifikante Verbesserungen sind nicht zu erkennen. Insgesamt muss damit konstatiert werden, dass die wahren Kosten der Kohleförderung in der Oblast' Kemerovo verschleiert werden. Wenn die Folgen offen dargelegt würden, müsste nach betriebswirtschaftlichen, regionalen und makroökonomischen Kosten unterschieden werden. Wie bereits dargestellt, ist die Förderung für die Unternehmen einträglich – trotz der Schwankungen und den aktuellen Problemen. Für die Oblast' entstehen aber etliche Folgeprobleme, die regionalwirtschaftlich schwerwiegend sind. Die Verursacher (die Unternehmen) müssten stärker in die Verantwortung für die Folgen der Kohleförderung genommen werden. Falls dies nicht geschieht, bleibt die Frage: Wie lange kann diese Art der „Erhaltungssubventionierung" noch bewerkstelligt werden?

4.1.3. Weiterverarbeitung der Kohle (Grubengas, Kohlechemie)

In diesem Unterkapitel folgen Analysen zu weiteren Nutzungsmöglichkeiten der Steinkohle. Darüber hinaus werden die Vorschläge einer Weiterentwicklung hinsichtlich der Diversifizierung in der chemischen Industrie (u. a. Beispielprojekt Raffinerie in Jaja) diskutiert. Aspekte der Energiediversifizie-

---

[463] Expertengespräch.
[464] Siehe mehr dazu in Kapitel 5.2.2 (S. 232 ff.).
[465] Expertengespräch.
[466] Im Zusammenhang mit den Darstellungen zum Lausitzer Braunkohlerevier wird die Notwendigkeit der Rekultivierung in Kemerovo erneut aufgegriffen (Kapitel 5.2.3, S. 237 ff.)
[467] HAMM, R.; WIENERT, H. (1990): S. 281.

rung (Gas, Öl und Kohle) können aufgrund des direkten Zusammenhangs in der Darstellung zur Stärkung der „Ressourcenbasis Kohle" hier abgehandelt werden. Der Komplex zur „wirtschaftlichen Diversifizierung" wird schließlich im späteren Kapitel 4.2.1 (S. 143 ff.) ausführlicher behandelt.

Die „Gasifizierung" (= Anschluss ans Gasnetz) wird in der Entwicklungsstrategie als Maßnahme vorgeschlagen, die Effektivität der Kohlenutzung zu optimieren. Darüber hinaus wird auch die ökologische Komponente durch eine saubere Energieerzeugung als Vorteil gesehen.[468] Für die gesamte Energiegewinnung der Oblast' und für die Entwicklungsrichtung einer technischen und wirtschaftlichen Modernisierung stellt dieser Bereich einen der Schlüsselzweige für die Oblast' Kemerovo dar.[469]

Insgesamt werden die Vorräte von Methangas in Kohleflözen des Kusnezk-Beckens auf 13 Bio. m^3 geschätzt. Es wird erläutert, dass die Oblast' diese neuen Zweige nicht selbstständig erschließen kann. Für die Umsetzung sind private Investoren nötig.[470] In 33 Schachtanlagen der Oblast' Kemerovo wurde ein Umfang von ca. 1,4 Mrd. m^3 Methangas nachgewiesen. Die Verteilung ist unterschiedlich. Die größten Vorkommen bieten die Anlagen Esaul'skaja (165,4 Mio. m^3), Kirova (142,2 Mio. m^3), Abaševskaja (133,4 Mio. m^3) oder Raspadskaja (125 Mio. m^3).[471] Die Schachtanlage Kirova (SUĖK) in Leninsk-Kuzneckij kann als ein erfolgreiches Beispiel für die technische Modernisierung angesehen werden. Seit 2010 wurde in den Neuaufbau eines zweiten Blockes der Aufbereitungsanlage mehr als 2,3 Mrd. RUB investiert.[472] Das Grubengas wird in einem Blockheizkraftwerk zur Wärme- und Elektroenergieerzeugung verwendet. Die Anlage hat eine Erzeugungskapazität von 1,5 MW pro Stunde. Die Betriebstechnik stammt von der Firma Pro2 Anlagenservice GmbH aus Willich (bei Krefeld).[473] Ein Mitarbeiter schilderte bei einer Unternehmensbesichtigung, dass die Motivation für die Investition eine effektivere und saubere Produktion sei. Der Hauptantrieb sei allerdings das betriebswirtschaftliche Kalkül der Kostenersparnis.[474]

Hinsichtlich der Schadstoffemissionen können Verbesserungen verzeichnet werden. Die Verbrennung von Gas ist weniger schädlich als Kohle. Im Schacht der Anlage S. M. Kirova konnten im Vergleich von 2011 zu 2012 u. a. weniger Schadstoffausstöße von Schwefeloxid (-13 %), Kohlenstoffoxid (-19 %) und Stickstoffdioxid (-12,5 %) registriert werden. Allerdings erhöhten sich die Methangasemissionen um 9 %.[475] Letztere beschleunigen zwar den Treibhauseffekt, aber für die Bevölkerung ist dieses Gas weniger gesundheitsschädlich als die oben genannten Oxide.

Dennoch kann in dieser Anlage noch keine generelle regionale Trendwende in Richtung einer sauberen Industrie- bzw. Energieproduktion gesehen werden. Es ist eine Art Pilotprojekt. In der Oblast' existiert bis dato nur noch in Prokop'evsk eine vergleichbare Anlage.[476] Die Abhängigkeit von ausländischer Technik ist ebenfalls beispielhaft für die begrenzte Tragweite dieses neuen Zweiges.

---

[468] SEVERO-ZAPAD (Hrsg.) (2007): S. 106, 107.
[469] Expertengespräch.
[470] SEVERO-ZAPAD (Hrsg.) (2007): S. 22, 106, 107.
[471] SKRYNNIK, L.; GUDIM, K. (2015): S. 1-3.
[472] http://2014.uk42.ru/assets/files/031/42.pdf (eingesehen am 21.04.2016).
[473] http://www.pro2-service.com (eingesehen am 12.05.2016).
[474] Begehung und Expertengespräch.
[475] Eigene Berechnungen nach SKRYNNIK, L.; GUDIM, K. (2015): S. 3.
[476] Begehung und Expertengespräch.

Die Entwicklungsstrategie von Severo-Zapad forderte u. a. die Entwicklung konkreter Maßnahmen in einigen Branchen; z. B. Gasifizierung der Kohle, chemische Industrie.[477] Daraufhin wurde u. a. 2012 ein Programm zur *„Entwicklung von innovativen Clustern der Weiterverarbeitung von Kohle und Abfallprodukten"* verabschiedet, wobei auch Vorschläge zur Gasifizierung enthalten sind.[478] Neben der effektiveren Nutzung des Methangases aus den Kohleflözen für die Energieerzeugung sollten auch neue Haushaltsanschlüsse mit Gas verlegt werden. Der Gouverneur A. Tuleev resümierte im Dezember 2015 ungewöhnlich direkt, dass das Programm der „Gasifizierung des Kuzbass 2012–2015" nicht erfüllt werden konnte. Er nahm den Hauptakteur Gazprom in die Kritik und äußerte, dass eine Investitionssumme von 263 Mio. RUB in dem Zeitintervall für Gasifizierungsprojekte geplant war. Faktisch wurden jedoch nur 10 Mio. RUB investiert. Von den geplanten Gasanschlüssen für ca. 1.400 Gebäude wurde nach Aussagen von Tuleev kein einziger realisiert.[479] Gazprom rühmt sich laut eigenen Angaben mit den Investitionen in die Verbesserung der Gasanschlüsse für Unternehmen und Haushalte. Von 2005–2011 wurden Leitungen zu sechs Siedlungen gelegt. Darunter befindet sich auch die Satellitenstadt „Lesnaja Poljana".[480] Insgesamt sind dies sehr bescheidene Erfolge. Für die Zeit ab 2011 findet sich bei Gazprom nur der Verweis, dass man weiter an der Verbesserung der Gasversorgung in der Oblast' arbeiten möchte und sich für die Periode von 2012 bis 2015 gegenwärtig in Abstimmungen mit der Oblast' Verwaltung befindet.[481] Diese vermeintlich überholten Informationen auf der Internetpräsenz des Unternehmens sollen über die Nichttätigkeit hinwegtäuschen. Einerseits wird hierbei ein deutlicher Misserfolg ersichtlich, der sogar von höchster Stelle (Gouverneur) sehr direkt benannt wird. Andererseits illustriert es erneut den stark begrenzten Einfluss der Administration auf die Großkonzerne.

Im Jahr 2012 wurde ein Programm zur Entwicklung eines „Kohlechemie-Clusters" verabschiedet. Es ist für einen Zeitraum von 2012 bis 2020 angelegt. In der Strategie werden bestimmte Unternehmen benannt (z. B. OAO Koks, Azot, Chimprom), welche die Kohle weiterverarbeiten sollen und damit neue Produkte hervorbringen können. Die Ausbildung von Arbeitskräften an den drei größten Hochschulen und die Zusammenarbeit mit dem Technologiepark flankieren die Entwicklung eines Kohlechemie-Clusters. Darüber hinaus wird im Programm die geographische Nähe der Unternehmen, der wissenschaftlichen Einrichtungen und des Technologieparks in Kemerovo als sehr förderlich für Innovationen betont.[482] Die erwarteten Ziele des Kohlechemie-Clusters bis 2020 sind u. a.:

- Entstehung von 75.000 neuen hochqualifizierten Arbeitsplätzen
- Anstieg der Investitionssumme bis 2020 auf 121 Mrd. RUB im Kohlechemiebereich
- Diversifizierung der regionalen Wirtschaftsstruktur und Minderung der Monostruktur in einigen Städten
- Verringerung der besonders gesundheitsschädlichen Schadstoffemissionen
- Positionierung von einheimischen Unternehmen auf dem russischen Markt für

---

[477] SEVERO-ZAPAD (Hrsg.) (2007): S. 107.
[478] KEMEROVSKAJA OBLAST' (Hrsg.) (2012b): S. 5, 11.
[479] http://www.interfax-russia.ru/Siberia/main.asp?id=684431 (eingesehen am 08.04.2016).
[480] Mehr zu Lesnaja Poljana in Kapitel 4.3.3, S. 189 ff.
[481] http://www.krg42.ru/gasification.html (eingesehen am 08.04.2016).
[482] KEMEROVSKAJA OBLAST' (Hrsg.) (2012a): S. 5-9, 11-12.

Kohle- und weiterverarbeitende Technik

- Konzentration des weltweiten Wissens und der Kompetenzen in der Oblast' Kemerovo für sauberere Kohletechnologie[483]

Im Folgenden sollen überblicksartig zwei Zielstellungen näher analysiert werden. Die erste ist die Investitionssumme von 121 Mrd. RUB in die Kohlechemie bis 2021.[484] Zum Vergleich: Das entspricht in etwa dem jährlichen Ausgabenbudget der Oblast'-Verwaltung (2014 = 127,3 Mrd. RUB).[485] Die Zielgröße scheint ambitioniert, wenn man berücksichtigt, dass von 2010 bis 2014 im gesamten Sektor des verarbeitenden Gewerbes (z. B. Stahl, Maschinen, Textilien) die Investitionssumme ca. 75 Mrd. RUB betrug. Konkrete Zahlen zur Wertschöpfung in der chemischen Industrie liegen nicht vor. Die Beschäftigtenzahlen geben etwas Aufschluss über die vergleichsweise geringe Bedeutung: Diese chemische Industrie stellt ca. 7,1 % der Arbeitsplätze im Bereich des verarbeitenden Gewerbes (2014).[486]

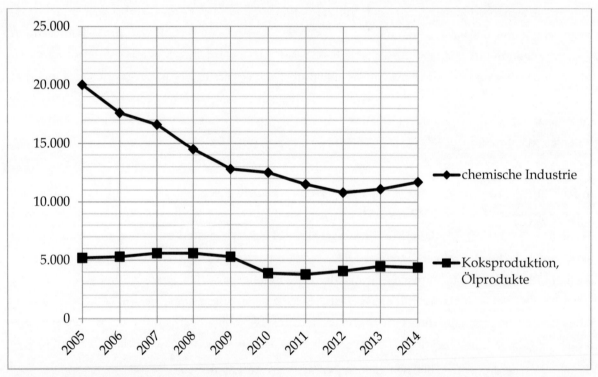

Abbildung 46: Beschäftigtenentwicklung in den Bereichen chemische Industrie, Koksproduktion/ Ölprodukte (2005–2014)
Quelle: http://www.kemerovostat.ru/bgd/EJEGOD/issWWW.exe/Stg/2009/(5) труд.htm (eingesehen am 18.01.2016), KEMEROVOSTAT (Hrsg.) (2015a): S. 44, eigene Darstellung

Im Folgenden soll die zweite Forderung zur Entstehung von 75.000 neuen Arbeitsplätzen überprüft werden. In Abbildung 46 ist die Entwicklung der Beschäftigtenzahlen zweier wesentlicher Branchen der weiterverarbeitenden (Kohle-)Industrie dargestellt. Es zeigt sich, dass seit 2005 Arbeitsplatzverluste zu verzeichnen sind. In der chemischen Industrie waren in der Oblast' 2005 noch ca. 20.000

---

[483] KEMEROVSKAJA OBLAST' (Hrsg.) (2012a): S. 5, 11.
[484] KEMEROVSKAJA OBLAST' (Hrsg.) (2012a): S. 5.
[485] KEMEROVOSTAT (Hrsg.) (2015a): S. 44, 235.
[486] Siehe mehr dazu in Abbildung 54, S. 149 ff.

Personen beschäftigt. Seit der Implementierung der Strategie zur Förderung eines Kohlechemie-Clusters (2012) konnte ein leichter Aufwärtstrend bis 2014 mit ca. 1.000 neuen Arbeitsplätzen verzeichnet werden. Nichtsdestoweniger entsprechen die ca. 11.700 Beschäftigten (2014) nur 0,9 % aller Beschäftigten der Oblast' Kemerovo. Hierbei wird die insgesamt stark untergeordnete Rolle der chemischen Industrie deutlich. Hinsichtlich der Produktion von Koks bzw. Ölprodukten ist die Bedeutung noch geringer (4.400 Beschäftigte). Der leichte Anstieg seit 2011 ist vor allem auf die Eröffnung der Raffinerie in Jaja zurückzuführen.

Es bleibt zu resümieren, dass die vorhandene chemische Industrie in der Oblast' Kemerovo zwar teilweise kohlebasiert, aber insgesamt auf niedrigem Niveau ist.[487] Die Carbochemie als Teilgebiet der Kohleveredelung umfasst u. a. die Vergasung, Schwelung, Verkokung oder Hydrierung.[488] Hierbei existieren theoretisch vielfältige Entwicklungsmöglichkeiten. Im Untersuchungsgebiet wurde bereits Kohleverflüssigung praktiziert und die Suspension konnte sogar von Belovo nach Novosibirsk-Stadt (TĖC 5) geliefert werden. Aufgrund von mangelnder Wirtschaftlichkeit wurden die Produktion und die Lieferung allerdings eingestellt.[489] Hinsichtlich einer Verkokung von Kohle ist als größter Akteur das gleichnamige Unternehmen Koks zu nennen. Die Errichtung der Anlage geht auf die Pionierarbeiten der Kopikuz bzw. der AIK zurück.[490] Die Kokerei steht heute noch im Zentrum von Kemerovo.[491]

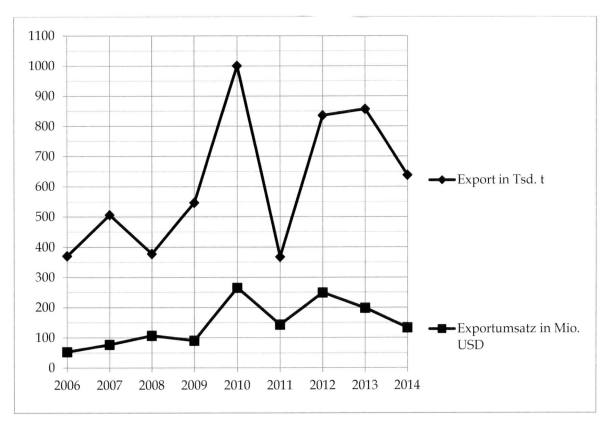

Abbildung 47: Export und Exportumsatz von Koks/Halbkoks (2006–2014)
Quelle: http://www.kemerovostat.ru/bgd/EJEGOD/issWWW.exe/Stg/2010/(23)внешнеэкономическая деятельность.htm (eingesehen am 18.01.2016); KEMEROVOSTAT (Hrsg.) (2015a): S. 284, eigene Darstellung

---

[487] Expertengespräch.
[488] JAKUBKE, H.-D.; KARCHER, R. (Hrsg.) (1998): S. 211.
[489] Expertengespräch.
[490] Expertengespräch.
[491] Siehe dazu Bild auf Seite 32 (Abbildung 10).

Die Verkokungsindustrie hat sich hinsichtlich des Exportes in den letzten Jahren sehr schwankend (Abbildung 47) entwickelt. Die Umsatzentwicklung korreliert mit der Ausfuhr, allerdings lassen sich Abweichungen erkennen. Diese sind u. a. durch eine veränderte Preisentwicklung zu erklären – ähnlich wie bei der Kohle. Insgesamt beträgt der Anteil des Exportumsatzes von Koks und Halbkoks[492] nur 1,1 % (133 Mio. USD) des Gesamtwertes der Ausfuhren. Gegenüber der Steinkohle (71,8 %; 8,9 Mrd. USD)[493] ist dies ein schwach entwickeltes Geschäftsfeld. Die Beschäftigtenzahlen im Bereich Koksproduktion/Ölprodukte bieten mit ca. 4.400 Personen insgesamt geringfügige Effekte. Zur Verbesserung der energetischen Diversifizierung kann das Beispiel von Jaja möglicherweise ein erster Ansatz sein. Die Erdölraffinerie von Jaja wurde 2012 eröffnet.[494] In dieser ersten Ausbaustufe sind Investitionen von ca. 15 bis 16 Mrd. RUB geplant.[495] Insgesamt soll das Investitionsvolumen bis 2017 ca. 57 Mrd. RUB betragen. Die Anschubfinanzierung wurde überwiegend von staatlichen Organisationen geleistet. Die Russische Föderation und die Oblast' Kemerovo haben Garantien für die Investitionen gegeben. Von der Sberbank wurde ein Kredit in Höhe von 9 Mrd. RUB zur Verfügung gestellt.[496]

Die Kapazität der Endprodukte (Benzin- und Dieselkraftstoffe, andere Ölprodukte) liegt momentan bei 3 Mio. t pro Jahr. Die Fertigstellung der Erweiterung soll den Output von bis zu 6 Mio. t jährlich möglich machen.[497] Der Vorteil dieser eigenen Raffinerie vor Ort ist die Unabhängigkeit von Lieferungen von außerhalb. Ein weiterer wichtiger Pluspunkt ist die Tatsache, dass die Verwaltungszentrale nicht in Moskau, sondern in der Oblast' (Novokuzneck) lokalisiert ist.[498] Gegenüber der allgemeinen Tendenz der Fremdsteuerung durch Großkonzerne kann hier ein Zeichen gesetzt werden.

Welche Effekte sind bereits messbar?

Laut Aussagen eines Experten sollen in der Raffinerie von Jaja 700 bis 750 neue Arbeitsplätze entstehen.[499] Auf der Internetpräsenz des Unternehmens werden 1.000 Beschäftigte angegeben.[500] Statistisch lässt sich für den kleinen Rajon von Jaja (18.800 Einwohner) eine Erhöhung der Anzahl der Erwerbstätigen von 5.200 (2011) auf 5.600 (2014) Personen feststellen.[501] Diese kleinen Erfolge können die negative Bevölkerungsentwicklung, die im Norden der Oblast' überdurchschnittlich ist, nicht grundsätzlich aufhalten. Allerdings hat sich bspw. das statistische Durchschnittseinkommen in Jaja von 15.700 RUB (2011) auf 24.100 RUB (2014) erhöht. Ein derartig starker Anstieg (+54 %) ist für die Oblast' Kemerovo in diesem Zeitraum in keinem anderen Stadt- (g. o.) oder Landkreis (Rajon) erreicht worden. Auch wenn sich der Rajon von Jaja damit immer noch unter dem Durchschnittseinkommen der Oblast' Kemerovo befindet (90 %), schneidet er wesentlich besser als alle anderen Rajony im Norden des Untersuchungsgebietes ab: Mariinskij (85 %), g. o. Anžero-Sudžensk (78 %), Jaškinskij (77 %), Tjažinskij (72 %), Čebulinskij (66 %), Ižmorskij (65 %) usw.[502]

---

[492] Halbkoks stellt halbgaren (Tiefentemperatur-)Koks dar [Quelle: SEVERO-ZAPAD (Hrsg.) (2007): S. 113-114].
[493] Eigene Berechnung nach KEMEROVOSTAT (Hrsg.) (2015a): S. 281-284.
[494] http://www.nhs-kuzbass.ru/about (eingesehen am 28.04.2016).
[495] Expertengespräch.
[496] http://neftegaz.ru/news/view/104728-Neftehimservis-zavershil-I-etap-stroitel'stva-nezavisimogo-Yayskogo-NPZ (eingesehen am 28.04.2016).
[497] http://www.nhs-kuzbass.ru/yaya (eingesehen am 28.04.2016).
[498] http://www.nhs-kuzbass.ru/about (eingesehen am 28.04.2016).
[499] Expertengespräch.
[500] http://www.nhs-kuzbass.ru/about/responsibility (eingesehen am 28.04.2016).
[501] KEMEROVOSTAT (Hrsg.) (2015c): S. 38.
[502] KEMEROVOSTAT (Hrsg.) (2015c): S. 59.

Seit 2013 schlagen sich die Entwicklungen von Jaja erstmals auch in den Handelsstatistiken der Oblast' nieder. Im Jahr 2014 wurden Öl- und deren weiterverarbeitende Produkte in Höhe von 805 Mio. USD aus der Oblast' Kemerovo exportiert. Dies entspricht schon 6,5 % des gesamten Exporterlöses und damit sechsmal mehr als bei Koks und Halbkoks.[503] Schließlich kann die Raffinerie ein Diversifizierungsansatz gegenüber der Dominanz der Steinkohle – wenn auch auf niedrigem Niveau – sein. Darüber hinaus können teure Importe von Benzin und Diesel umgangen werden und die Oblast' kann sich damit etwas mehr Eigenständigkeit verschaffen.

Insgesamt sind die Erfolge und Implikationen der ölverarbeitenden Industrie von Jaja bescheiden. Allerdings ist die Anlage noch neu, was auch daran zu erkennen ist, dass sie mit keinem Wort in der Entwicklungsstrategie von Severo-Zapad thematisiert wird. Immerhin kommt die Oblast' dem Programmziel einer Energiediversifizierung und der Entwicklung einer chemischen Industrie[504] in Ansätzen etwas näher. Wenngleich von dieser Industrieanlage wohl kein grundsätzlich neuer industrieller Kristallisationspunkt für die gesamte Oblast' Kemerovo ausgehen kann, ist sie ein Beispiel für eine aus regionaler Perspektive sinnhafte wirtschaftliche Diversifizierung, die durch staatliche (regionale) Unterstützung initiiert werden konnte.

Zusammenfassend zu den Vorschlägen der Weiterverarbeitung der Kohle lassen sich folgende Punkte festhalten:

Hinsichtlich der Entwicklung einer chemischen Industrie sind bis zum gegenwärtigen Zeitpunkt keine gravierenden Verbesserungen zu verzeichnen. Bei der Vorstellung des Unternehmens Azot wurde die aktuelle schwierige ökonomische Situation bereits illustriert (S. 97). Die Entwicklungsszenarien, z. B. zur Schaffung von 75.000 neuen Arbeitsplätzen in diesem Bereich, sind insgesamt mit großer Skepsis zu beurteilen. Die Nachfrage der Unternehmen nach derartiger Expansion bzw. personalintensiver Produktion ist in naher Zukunft unwahrscheinlich. Der Arbeitsplatzabbau in der chemischen Industrie war seit 2005 sehr stark – trotz des aktuell leichten Anstiegs in den letzten Jahren.

Insgesamt mangelt es in der Entwicklungsstrategie von Severo-Zapad und auch in anderen weiterführenden Programmen an konkreten Mechanismen zur Implementierung eines „Kohlechemie-Clusters". Das größte Problem – die Schaffung von Anreizen für Unternehmen zur Entwicklung neuer Produkte und Verfahren – bleibt ungelöst, wenn der Staat nicht in der Lage ist, finanzielle Hilfestellungen zu geben. Weitere Ausführungen dazu u. a. im Kapitel zur Innovationsförderung (Kapitel 4.3, S. 180 ff.).

Hinsichtlich der weiteren Nutzungsmöglichkeiten von Kohle bestehen theoretisch große Chancen. Falls es gelingt, innovative und wirtschaftliche neue Produkte auf Kohlebasis zu entwickeln, könnten sich völlig neue Möglichkeiten für die Wirtschaftsstruktur ergeben. Im Technologiepark wird versucht, für diesen Bereich Innovationen anzuregen.[505]

---

[503] Eigene Berechnung nach KEMEROVOSTAT (Hrsg.) (2015a): S. 281-284.
[504] SEVERO-ZAPAD (Hrsg.) (2007): S. 49 ff., 113 ff.
[505] Mehr dazu in Kapitel 4.3.2, S. 186 ff.

Andererseits betonte ČURAŠĚV, dass es in der Oblast' Kemerovo keine richtigen Spezialisten auf Planungsebene für die Kohleenergiewirtschaft gäbe.[506] Dies wäre allerdings für die strategische Entwicklung zwingend notwendig. Es lässt sich resümieren, dass die Politik (im Rahmen der Entwicklungsstrategie bspw.) an einer Weiterverarbeitung der Kohle interessiert ist, allerdings sind die Unternehmen noch nicht in der Lage, das auch hinreichend umzusetzen. Die Maßnahmen zur *„Stärkung der Rohstoffbasis"* in der Entwicklungsstrategie haben sich überwiegend auf die reine Extraktion und den Export beschränkt. Eine innovative Entwicklung hin zu weiteren oder neuen kohleverarbeitenden Industrien in großem Umfang lässt sich nicht feststellen.

Die Errichtung der Raffinerie in Jaja lässt wiederum minimale Hoffnung zu, bei den Energieträgern eine Diversifizierung zu erreichen, die die starke Abhängigkeit und die Folgen der Kohleförderung für die Oblast' Kemerovo etwas kompensieren könnte. Auch wenn die mikroregionalen Effekte noch begrenzt sind, erfüllen sie mindestens eine palliative Funktion für einen kleinen Bereich im Norden der Oblast', welcher mit überdurchschnittlich großen Entwicklungsproblemen zu kämpfen hat. Darüber hinaus ist der Ort an der Magistrale der Transsibirischen Eisenbahn gelegen und damit gut angebunden. Hier können die Transportkosten der peripheren Region (bspw. für Exporte) so weit wie möglich minimiert werden.

4.1.4. Optimierung des Energiesystems in der Oblast'

Im Rahmen des Maßnahmenkatalogs zur Wachstumssicherung im industriellen Sektor werden in der Strategie auch Aspekte der Energieversorgung thematisiert. Es arbeiten insgesamt zehn Heiz- und Elektrizitätskraftwerke in der Oblast'. Alle Anlagen sind kohlebasiert. In der Entwicklungsstrategie werden u. a. Leistungssteigerungen vorgeschlagen (Abbildung 48).[507]

Etwas ungewöhnlich ist der Fakt, dass sich die Szenarien (Ziel- und Basisvariante) in der Strategie nicht unterscheiden. Ab 2020 werden bei beiden eine Produktionsleistung von Elektroenergie in Höhe von 78,6 Mrd. kWh vorhergesagt. Diese Zielsetzungen sind unrealistisch. Es zeigt sich bereits 2014, dass der Zielwert (47) vom Realwert (21,5) um ca. 118 % abweicht. Die Tendenz der letzten Jahre ist sogar rückläufig. In der Oblast' Kemerovo wurde 2014 eine Elektroenergieleistung von ca. 21,5 Mrd. kWh erzeugt. Dies entspricht 2 % des gesamtrussischen Volumens.[508] Der Anteil der Oblast' Kemerovo für Sibirien beträgt 10 %. In der TPK-Phase aufgebaute Wasserkraftstandorte übersteigen die Kapazitäten des Untersuchungsgebietes teilweise deutlich (Kraj Krasnojarsk 65,2; Oblast' Irkutsk 55,7; Republik Chakassien 22,4 Mrd. kWh).[509] In der Strategie wird vorgeschlagen, die überschüssige Energie zu exportieren. Ähnlich wie bei der Kohle (Kapitel 4.1.1) wird ebenfalls empfohlen, den Ural und den europäischen Landesteil Russlands zu beliefern. Dieses Unterfangen ist gescheitert. Die Nachfrage aus dieser Region ist nicht plausibel. Die stärker industrialisierten Regionen im Ural (z. B. Oblasti von Sverdlovsk und Čeljabinsk) und auch andere größere Einheiten an der Wolga (z. B. Republiken Tatarstan und Baškortostan) haben alle ihre Energieerzeugungsleistungen in den letzten

---

[506] Expertengespräch.
[507] SEVERO-ZAPAD (Hrsg.) (2007): S. 36.
[508] KEMEROVOSTAT (Hrsg.) (2015a): S. 163.
[509] http://www.gks.ru/bgd/regl/b15_14p/IssWWW.exe/Stg/d02/13-64.doc (eingesehen am 12.05.2016).

Jahren (Intervall von 2010 bis 2014) leicht zurückgefahren.[510] Der Bedarf nach mehr Energie bzw. Lieferungen aus dem Untersuchungsgebiet ist nicht gegeben.

Letztlich zählen die quantitativen Kenngrößen der Energieproduktion in der Strategie zu den am stärksten mit Fehlern behafteten Zielen. Dies ist u. a. auf die mangelnden Investitionen zurückzuführen. Die veralteten Kraftwerke hätten längst modernisiert oder ersetzt werden müssen.

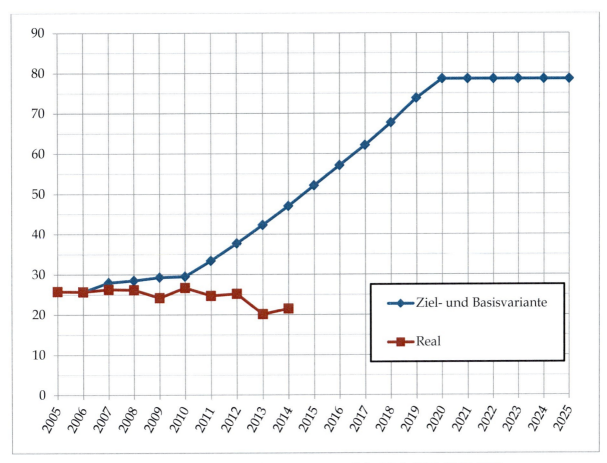

Abbildung 48: Elektroenergieproduktion (Prognosen, Real) in Mrd. kWh 2005–2025
Quelle: SEVERO-ZAPAD (Hrsg.) (2007): S. 182-183, 186-187; KEMEROVOSTAT (Hrsg.) (2015a): S. 163;
http://www.kemerovostat.ru/bgd/EJEGOD/issWWW.exe/Stg/2010/(13)добыча полезных ископаемых, обрабатывающие производства,.htm (eingesehen am 30.04.2016); eigene Darstellung

2006 wurde von der Verwaltung der Oblast' eine „Strategie zur Entwicklung des Energiesystems im Kuzbass bis 2015" erlassen. Ein neueres Programm für die Oblast' diesbezüglich ist nicht bekannt. Ziele sind u. a. die Sicherstellung der Energieversorgung durch den Bau neuer bzw. die Renovierung vorhandener Kraftwerke, insbesondere die Förderung des Baus von Gaskraftwerken, sowie die Senkung der Schadstoffemissionen.[511]

2006 existierten zehn Kraftwerke in der Oblast' Kemerovo.[512] Seitdem wurde eine Anlage komplett neu errichtet. In Novokuzneck eröffnete die Sibirskaja Generirujuščaja Kompanija 2014 ein Gaskraftwerk. Mit einer Leistung von knapp 300 MW ist es laut eigenen Angaben das leistungsfähigste Gas-

---

[510] http://www.gks.ru/bgd/regl/b15_14p/IssWWW.exe/Stg/d02/13-64.doc (eingesehen am 12.05.2016).
[511] KEMEROVSKAJA OBLAST' (Hrsg.) (2006): S. 1 ff.
[512] SEVERO-ZAPAD (Hrsg.) (2007): S. 36.

kraftwerk in Sibirien.[513] Insbesondere für die angespannte ökologische Situation im Talkessel von Novokuzneck kann die Anlage einen Verbesserungsbeitrag leisten.

Eine konkrete Prüfung der Investitionen und Verwendung von Kohle in den einzelnen Anlagen ist aufgrund der Datenlage im Detail schwierig. Nichtsdestoweniger ist der Output für die gesamte Oblast' messbar. In Kapitel 3.2.9 (S. 69 ff.) wurden bereits Statistiken zu den Schadstoffemissionen thematisiert. In Abbildung 49 ist der Verlauf verschiedener Stoffausstöße visualisiert.

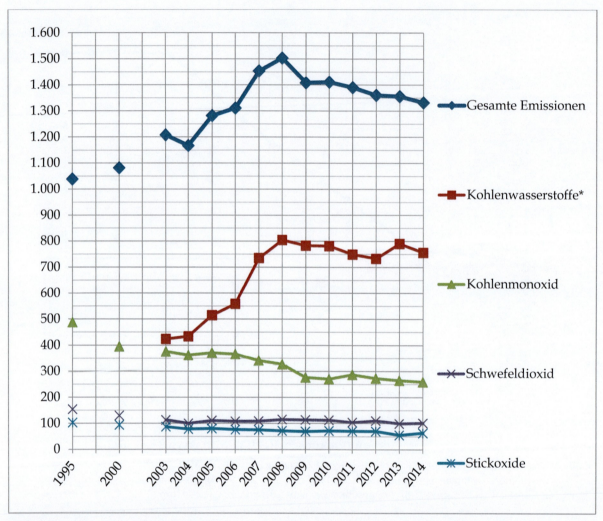

Abbildung 49: Schadstoffemissionen aus stationären Anlagen ausgewählter Stoffe in Tsd. t (1995–2014)
Quelle: KEMEROVOSTAT (Hrsg.) (2008): S. 36, KEMEROVOSTAT (Hrsg.) (2013f): S. 119, KEMEROVOSTAT (Hrsg.) (2015a): S. 23, eigene Darstellung
* Kohlenwasserstoffe = ohne flüchtige organische Verbindungen

Insgesamt wird deutlich, dass sich die Summe der Schadstoffe seit 2008 zwar reduziert hat. Allerdings lokalisiert sich der aktuelle Wert (2014 = 1.332.000 t) immer noch höher als Mitte der 1990er und Anfang der 2000er Jahre. Der Ausstoß von Kohlenwasserstoffen (z. B. Methan) hat sich in den letzten Jahren stark erhöht. Die stärker gesundheitsgefährdenden Stoffe, wie z. B. Kohlenmonoxid (CO), Schwefeldioxid (SO_2) und Stickoxide (NO_x), sind insgesamt rückläufig. Insbesondere die Emission des

---

[513] http://www.sibgenco.ru/about/enterprise/40894 (eingesehen am 12.05.2016).

bei der Kohleverbrennung entstehenden und hauptsächlich für die Versauerung der Böden[514] verantwortlichen Schwefeldioxids wurde von 154.000 t (1995) auf 101.000 t (2014) reduziert.

Im Wirtschaftssektor Rohstoffförderung wurden 814.000 t und damit 61,1 % der gesamten Schadstoffemissionen verursacht.[515] Unter Berücksichtigung der steigenden Kohleförderung in den letzten Jahren lassen sich leichte Verbesserungen identifizieren. Der Bereich der Erzeugung von Elektroenergie, Gas und Wasser ist für 16,2 % (215.400 t) der Emissionen verantwortlich – ebenfalls mit leicht sinkender Tendenz.[516] In diesem Sektor ist die Produktionsleistung allerdings ebenfalls leicht gesunken (siehe Abbildung 48), so dass man keine signifikante Verbesserung – jedenfalls in quantitativer Hinsicht – identifizieren kann.

Trotz des Absinkens der Werte belegt die Oblast' Kemerovo hinsichtlich der Emissionen den zweiten Rang in Sibirien (Abbildung 28, S. 69) und zählt zu den am stärksten ökologisch belasteten Regionen Russlands mit 7,6 % Anteil an Schadstoffemission (3. Platz von 85). Im Jahr 2005 betrug der Anteil des Untersuchungsgebietes noch 6,3 %[517], was damit zu erklären ist, dass der Trend in Russland stärker rückläufig ist als im Untersuchungsgebiet.

Insgesamt ist festzustellen, dass zwar einige Anfänge bei der Verringerung der Schadstoffemissionen gemacht wurden, die Gesamtsituation jedoch nicht signifikant verbessert werden konnte. Bezeichnenderweise fehlen in der Entwicklungsstrategie neben insgesamt 83 konkreten Kennziffern bis zum Jahr 2025 Zielwerte für die Entwicklung der Schadstoffemissionen. Die angestrebte Elektroenergieproduktion würde die ökologische Situation bis 2025 drastisch verschärfen. Aus diesem Grund sollten die unerreichbaren und unrealistischen Kennziffern kein reales Ziel sein.

4.1.5. Fazit Wachstumssicherung im industriellen Sektor

Alles in allem lässt sich festhalten, dass die Steinkohle eine dominante Rolle in der Strategie insgesamt einnimmt. Dies zeigt einerseits der Fakt, dass diese Vorschläge in der Strategie als erste genannt werden. Andererseits sind die Ausführungen hierfür überdurchschnittlich ausführlich.

Die Analyse zum Programmpunkt „Wachstumssicherung im industriellen Sektor" fällt insgesamt ambivalent aus: Einerseits wird der Ausbau der Kohleförderung massiv gefordert. Die Kohleförderung entspricht der nahezu prognostizierten Basisvariante in der Entwicklungsstrategie. Andererseits werden die Folgen nur angedeutet und die Oblast' wird von den Großkonzernen nahezu rohstoffkolonialistisch ausgebeutet. Bei den Kosten der Kohleförderung (u. a. ökologische Kosten, Gesundheitskosten für die Bevölkerung) müssten die Unternehmen viel stärker beteiligt werden. Sogar das größte anthropogen durch Bergbau verursachte Erdbeben der Menschheitsgeschichte konnte kein generelles Umdenken einleiten. Die Bekämpfung der essentiellen Folgeprobleme (z. B. niedrige Lebenserwartung durch massive Umweltbelastungen) wird unzureichend angegangen.

---

[514] Siehe Kapitel zur Altlasten- und Brachflächenproblematik (3.2.10), S. 73 ff.
[515] KEMEROVOSTAT (Hrsg.) (2015a): S. 23.
[516] KEMEROVOSTAT (Hrsg.) (2015a): S. 23.
[517] http://www.gks.ru/bgd/regl/b15_14p/IssWWW.exe/Stg/d02/09-01.doc
(eingesehen am 12.05.2016).

Hinsichtlich einer Weiterentwicklung der Kohle (z. B. Kohlechemie-Cluster) oder der Nutzung anderer Energieträger (z. B. Grubengas) muss bis dato insgesamt der Misserfolg bei der Umsetzung konstatiert werden. Es existieren zwar mit der Gasförderungsanlage in Leninsk-Kuzneckij und der Raffinerie in Jaja moderne Beispielprojekte. Allerdings bleiben diese (noch) unter den Zielvorstellungen der Strategie und damit unter den Möglichkeiten, die in der Oblast' existieren.

Bei aller Kritik muss eingestanden werden, dass eine radikale Abkehr von der Rohstoffbasis Kohle ebenfalls keine Alternative darstellt. Bei einer kurzen Analyse der Marktsituation konnte gezeigt werden, dass Steinkohle mit großer Wahrscheinlichkeit zwar nicht *der* Energieträger der Zukunft sein wird. Trotzdem lässt die föderale Strategie zur Kohleentwicklung Hoffnung auf eine konstante Entwicklung in diesem Bereich zu. Es fällt auf, dass alle drei Punkte des Oberthemas im vorliegenden Kapitel 4.1 deckungsgleich mit der föderalen Strategie zur Kohleentwicklung sind. Dies gilt insbesondere für den Bereich der „Wachstumssicherung im industriellen Bereich", in dem u. a. die Ziele verfolgt werden: Energieeffizienz (Diversifizierung), Verbesserung Transportmöglichkeiten (196 Mrd. RUB bis 2015), Neubau/Renovierung von Kraftwerken zur Stärkung der eigenen Absatzmöglichkeiten.[518] Für die Mehrheit der kommenden Bereiche (u. a. Diversifizierung, Kapitel 4.2) trifft dies weniger zu. Eine bereits konstatierte Überschneidung zwischen den Interessen der föderalen Verwaltung in Moskau und den Autoren der Strategie für die Oblast' Kemerovo wurde bereits angedeutet (S. 117 ff.). Nichtsdestoweniger sind diese programmräumlichen Kompatibilitäten auch von Nutzen. Grundsätzlich soll der Energiemix in Russland erhalten bleiben und auch die Entwicklung der Kohleindustrie wird im Grundsatz (insbes. in Sibirien und im Fernen Osten) gefördert und unterstützt.[519] Es ist erklärtes Ziel, bis 2035 eine jährliche Kohleförderung von 415 Mio. t zu realisieren.[520] Eine abrupte radikale Abkehr von der Kohleförderung als Energieträger (z. B. in Form einer drastischen Erhöhung der Eisenbahntarife) hätte für die Wirtschaft der Oblast' Kemerovo einschneidende Auswirkungen. 125.000 Personen sind hier direkt beschäftigt. Die Oblast' Kemerovo wird in einigen wenigen ihrer bergbaubezogenen Zielvorstellungen von der Föderation unterstützt, bei der Modernisierung der Kraftwerke und der Rekultivierung allerdings sehr behindert. Das teilweise einseitige Interesse der Föderation an Konzessionszahlungen, die Überzentralisierung und das Missmanagement in der Führung der Eisenbahn sind Faktoren, die die jetzige Problemlage der Oblast' mit verschuldet haben. Bei dem Fortschreiten der in diesem Kapitel skizzierten Entwicklung (keine Kohlechemie, kaum Energiediversifizierung) könnte die Region in naher Zukunft in einen verheerenden Lock-in-Effekt geraten, aus der die Auswegmöglichkeiten durch die Kumulation der Probleme einer Altindustrieregion immer geringer werden.

Dass die Fokussierung auf die Kohleförderung stark und ggf. zu stark war, wird im folgenden Kapitel (4.2) zur Diversifizierung weiter ausgeführt.

---

[518] RUSSISCHE FÖDERATION (Hrsg.) (2012): S. 24-42.
[519] RUSSISCHE FÖDERATION (Hrsg.) (2012): S. 18 ff.
[520] RUSSISCHE FÖDERATION (Hrsg.) (2014a): S. 12.

4.2. Wirtschaftliche Diversifizierung

„Die Diversifizierung der Ökonomie in langfristiger Perspektive sollte den Übergang zu einer nachhaltigen wirtschaftlichen Entwicklung der Region sicherstellen und die Risiken, welche aus der aktuellen Monostruktur hervorgebracht werden, minimieren."[521]

An dem Zitat aus der Entwicklungsstrategie kann deutlich werden, welche Bedeutung der diversifizierten Wirtschaftsstruktur für die Oblast' Kemerovo beigemessen wird. Insgesamt stellt dieser Bereich eine wichtige Säule der Modernisierung für die Region dar. In der Strategie und auch im Gespräch mit Vertretern der Oblast'-Verwaltung wurde deutlich, dass die Verringerung der Abhängigkeit von Kohle große Priorität besitzt.[522]

Wie erfolgreich die Maßnahmen bisher waren, wird im folgenden Kapitel (4.2) analysiert. Der Komplex der energetischen Minimierung der Abhängigkeit von der kohlebasierten Monostruktur bzw. Versuche der Energiediversifizierung wurden bereits in Kapitel 4.1.3 abgehandelt. In diesem Rahmen werden die Beispiele der Entwicklung des Maschinenbaus (4.2.1), der Investitionen (4.2.2), der Unternehmensdiversifizierung (4.2.3), des Programmes der Monostädte (4.2.4), der Tourismusförderung (4.2.5) und schließlich als Ergebnis die Branchen- und Beschäftigtenentwicklung (4.2.6) dargestellt.

4.2.1. Diversifizierung Maschinenbau

Der Bereich des Maschinenbaus ist ein wichtiger Bestandteil der Industriestruktur bzw. der Rohstoffförderung (z. B. Zulieferindustrie). Der Ausstattungsgrad bzw. die Modernisierung dieser Technik hat direkte Auswirkungen auf den Steinkohleabbau.

Was wird in der Entwicklungsstrategie hinsichtlich dieses Bereiches ausgesagt?

Der Gefahr des technologischen Rückstandes ist ein zweiseitiges Kapitel gewidmet.[523] Offen wird thematisiert, dass die Technik (insbes. im Bergbau) veraltet ist und die Unternehmen aus der Oblast' Kemerovo stark von ausländischen Importen abhängig sind. Insbesondere deutsche Konzerne (z. B. Eickhoff)[524] sind ein wichtiger Zulieferer für hochwertige Technik. Die Abhängigkeit wird mit überaus scharfen Worten als Fremdsteuerungsrisiko eingeordnet. Von den in Kemerovo verwendeten Maschinen und Ausrüstungen werden 80 % importiert.[525] Andere Quellen bestätigen diese Problematik im Bergbaubereich[526] sowie auch in anderen Branchen: Das größte Unternehmen der chemischen Industrie, Azot, importiert laut Angaben des Direktors 80–85 % der Technik aus dem Ausland.[527] Die Technik der Grubengasförderung in Leninsk-Kuzneckij stammt, wie bereits in Kapitel 4.1.3 (S. 131 ff.) gezeigt, aus Deutschland.

---

[521] SEVERO-ZAPAD (Hrsg.) (2007): S. 18 + 178.
[522] Expertengespräch.
[523] SEVERO-ZAPAD (Hrsg.) (2007): S. 63-65.
[524] Der Eickhoff-Konzern mit Hauptsitz in Bochum besitzt in der Oblast' Kemerovo eine Vertretung. https://www.eickhoff-bochum.de/en/eickhoff_international (eingesehen am 18.05.2016).
[525] SEVERO-ZAPAD (Hrsg.) (2007): S. 130-134.
[526] Z. B. ČURAŠĚV, V. (2012): S. 218.
[527] WEBER, A. (2015).

Insgesamt bietet die Entwicklungsstrategie wenig konkrete Vorhaben, die Entwicklung des Maschinenbaus voranzutreiben. Die Chancen werden gelobt, dass man mit einer modernen Produktion in der Oblast' die Bergbauunternehmen direkt beliefern könnte. Darüber hinaus wird der Technologiepark als mögliche Innovationsschmiede für neue Technik und Produkte angepriesen.[528] Der Abbau der Kohle im Tagebau gegenüber Konkurrenzregionen mit gemäßigtem Klima ist durch den Abtransport auf LKW teuer.[529] Es finden sich keine Aussagen, wie man möglicherweise eine Fuhrparkproduktion in der Oblast' Kemerovo oder in Russland aufbauen könnte. Die gigantischen LKW (Belaz - Abbildung 52) müssen gegenwärtig überwiegend aus Belarus' importiert werden.[530] Weitere Groß-LKW und Bergbautechnik werden aus Japan, China, USA und Deutschland importiert.

Abbildung 50: LKW (Belaz) beim Kohletransport (Tagebau bei Meždurečensk)
Quelle: Aufnahme Ch. Bülow, 14.02.2014

Im Jahr 2012 wurde die regionale Strategie zur „Modernisierung der Produktion und Erhöhung der Konkurrenzfähigkeit im Bereich des Maschinenbaus der Oblast' Kemerovo" verabschiedet. Angestrebtes Ziel ist u. a., die Rahmenbedingungen der Modernisierung zu optimieren, die Ermöglichung von öffentlich-privaten Partnerschaften und die Verbesserung der Wettbewerbsfähigkeit national und

---

[528] SEVERO-ZAPAD (Hrsg.) (2007): S. 130-134.
[529] ČURAŠËV, V. (2012): S. 217.
[530] http://www.belaz.by (eingesehen am 26.05.2016).

global. Ein erklärtes Resultat soll die Schaffung von bis zu 1.000 Arbeitsplätzen im Maschinenbaubereich bis 2014 sein.[531]

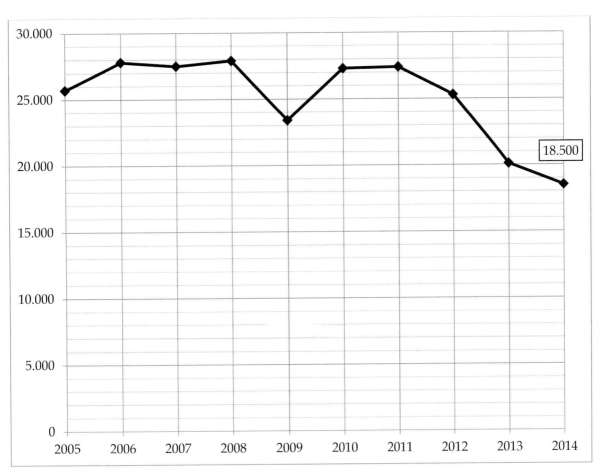

Abbildung 51: Beschäftigtenentwicklung im Bereich der Produktion von Maschinen und Ausrüstung (2005–2014)
Quelle: http://www.kemerovostat.ru/bgd/EJEGOD/issWWW.exe/Stg/2009/(5) труд.htm (eingesehen am 18.01.2016), KEMEROVOSTAT (Hrsg.) (2015a): S. 44, eigene Darstellung

In Abbildung 51 wird deutlich, dass der reale Trend dem geplanten Vorhaben diametral entgegenläuft. Seit der Veröffentlichung der Strategie von Severo-Zapad (2007) wurden ca. 9.000 Arbeitsplätze in der Produktion von Maschinen und Ausrüstung abgebaut, was nahezu einem Drittel der gesamten Substanz entspricht. Im Jahr 2014 waren ca. 18.500 Personen und damit 1,4 % der Beschäftigten der Oblast' in diesem Bereich tätig; 2011 belief sich der Anteil noch auf 2,1 %.[532] Insgesamt weist der Maschinenbau damit eine geringe wirtschaftliche Bedeutung für die Oblast' auf.

Das größte Unternehmen im Maschinenbaubereich ist das Jurginskij Maszavod in Jurga. Das Werk bildete die Keimzelle für den Aufbau der Stadt in den 1940er Jahren im Nordwesten der Oblast'.[533] Zu sozialistischen Zeiten arbeiteten in der Hochphase der 1970er und 1980er Jahre über 20.000 Personen

---

[531] KEMEROVSKAJA OBLAST' (Hrsg.) (2012c): S. 1-3, 6.
[532] Eigene Berechnung nach KEMEROVOSTAT (Hrsg.) (2015a): S. 44.
[533] DANILOVA, R. (Hrsg.) (2009): S. 11, 32-37.

in dem Betrieb.[534] Heute wird eine Mitarbeiterzahl von ca. 5.000 Personen angegeben. Das Unternehmen verzeichnete im Geschäftsjahr 2014 Einbußen in Höhe von 261 Mio. RUB.[535] Laut Aussagen eines Experten in Jurga durchlebt das Werk eine wirtschaftliche Krise, was große Herausforderungen für die rund 80.000 Einwohner Stadt mit sich bringt. Eine Diversifizierung der Wirtschaftsstruktur ist hier von großer Notwendigkeit.[536] Jurga besitzt den Status einer Monostadt, was u. a. mit besonderen Förderungsmaßnahmen verbunden ist.[537] Problematisch ist hierbei auch, dass das Maschinenbauunternehmen von Jurga vom Konzern Uralvagonsavod aus Nižnij Tagil übernommen wurde[538] und damit ebenfalls einer Fremdsteuerung unterliegt.

Bisher wurden die in der Entwicklungsstrategie erhobenen Forderungen zum Aufbau einer eigenen Maschinenbauindustrie nicht umgesetzt, die Importabhängigkeit besteht weiterhin. Insgesamt wurde die Lage durch die Veränderung der Rahmenbedingungen (u. a. Ukraine-Krise, Sanktionen der Europäischen Union) noch weiter verschärft. Die Verkäufe von Maschinen aus der EU und Deutschland in die Russische Föderation sind dramatisch eingebrochen. Im Jahr 2013 wurden aus Deutschland Maschinenbauerzeugnisse im Wert von 7,8 Mrd. EUR nach Russland exportiert. Nach den USA, China und Frankreich war die Russische Föderation der viertgrößte Abnehmer von Maschinen aus der Bundesrepublik. Im Jahr 2015 betrug der Verkaufsumsatz noch 4,7 Mrd. EUR und Russland rangiert auf dem neunten Platz.[539] Problematisch sind weniger die Verbote der Lieferung von konkreten Produkten. Bergbautechnik fällt im Gegensatz zu Militärtechnik nicht unter das Handelsembargo.[540] Vielmehr liegt eine wichtige Ursache für diesen drastischen Einbruch in dem schlechten Rubelkurs, welcher den Einkauf von Maschinen von russischer Seite im westlichen Ausland stark verteuert. Zusätzlich ist es für die Unternehmen aus Russland durch die Finanzsanktionen gegen etliche Banken schwieriger geworden, höhere Kredite bzw. Devisen für Investitionen zu erlangen.[541]

Welche Implikationen die Sanktionsmaßnahmen für den Außenhandel und die makroökonomische Entwicklung der Oblast' Kemerovo besitzen, wird in Abbildung 52 deutlich. Die Importe der Region sind mit ca. 530 Mio. USD (2014) auf dem niedrigsten Niveau seit Jahren. Grund hierfür ist der stark verringerte Import von Maschinen, der 2014 nur noch einen Anteil von 55 % aller Einfuhren ausmachte, nachdem es 2012 noch 79 % waren. Die Exporte von Deutschland in die Oblast' Kemerovo zeichnen die generelle Entwicklung nach. Im Ergebnis sind die Auswirkungen der Sanktionen und die wirtschaftliche Schwächephase für das Untersuchungsgebiet einschneidend. Es bleibt hingegen fraglich, inwieweit es sinnvoll ist, die Ausfuhren von Industriegütern mit politischen Forderungen zu verknüpfen. Wirtschaftswissenschaftler halten die Erfolgsaussichten für begrenzt.[542]

---

[534] http://www.yumz.ru/about (eingesehen am 19.05.2016).
[535] http://www.yumz.ru/about/publicity/2014 (eingesehen am 19.05.2016).
[536] Expertengespräch.
[537] Mehr dazu in Kapitel 4.2.4 (S. 153 ff.).
[538] http://www.uvz.ru/presscenter/release/553 (eingesehen am 19.05.2016).
[539] http://de.statista.com/statistik/daten/studie/236611/umfrage/export-deutscher-maschinenbauerzeugnisse--nach-laendern-weltweit (eingesehen am 18.05.2016).
[540] Unter anderem darf Technik zur Ölförderung aus der EU nicht nach Russland geliefert werden.
Eine konkrete Auflistung der Sanktionsmechanismen bei: EUROPÄISCHE UNION (Hrsg.) (2014).
[541] GTAI (Hrsg.) (2015a): S. 1.
[542] GÖTZ führt aus, dass Russland durch die Sanktionen zwar wirtschaftlichen Schaden nimmt. Allerdings sind hinsichtlich politischer Einflussnahme keine signifikanten Effekte zu erwarten [GÖTZ, R. (2014): S. 21-29]. Eine konkrete Auflistung der Einreiseverbote, Wirtschaftssanktionen usw. auch bei SCHMIDBERGER, M. (2014): S. 31-54.

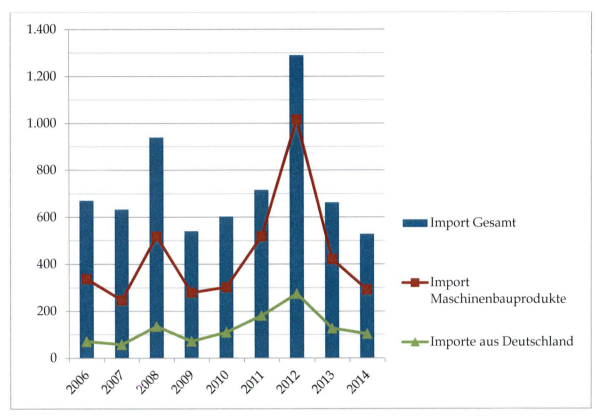

Abbildung 52: Entwicklung der Importe in die Oblast' Kemerovo gesamt, Maschinenbauprodukte, Importe aus Deutschland in Mio. USD (2006–2014)
Quelle: http://www.kemerovostat.ru/bgd/EJEGOD/issWWW.exe/Stg/2010/(23)внешнеэкономическая деятельность.htm (eingesehen am 18.01.2016), KEMEROVOSTAT (Hrsg.) (2015a): S. 285, eigene Darstellung

Insgesamt ist die Entwicklung des Maschinenbaus in der Oblast' Kemerovo bedauerlich. Es wurde verpasst, in Zeiten guter Konjunktur (vor 2008, aber auch 2010 bis 2011) in diesen Bereich zu investieren. Das Ruhrgebiet ist ein interessantes Vorbild, wie man eine Diversifizierungschance nutzen könnte. Hier ist es gelungen, während der Reduzierung der Steinkohleförderung in den letzten Jahrzehnten zu einem wichtigen globalen Exporteur von Bergbautechnik zu avancieren. Diese Möglichkeit ist für die Oblast' Kemerovo mittlerweile unwahrscheinlicher geworden. Der Aufbau einer exportorientierten Maschinenbauindustrie wurde durch andere Akteure getätigt: In der Strategie von Severo-Zapad wird auch indirekt eingestanden, dass die europäischen Konkurrenten mit derartigen Bergbauprodukten sehr aggressiv auf den russischen Markt drängen. Darüber hinaus lassen sich durch dieses Importkalkül für die russischen Nachfrager kurzfristig hohe Gewinne einfahren. Investitionen in bestimmte Bereiche (z. B. Ausbildung von Personal, technische Weiterentwicklung, Grundlagenforschung) müssen kaum getätigt werden. Die größere Arbeitssicherheit durch höherwertige ausländische Technik mindert laut Strategie den Anreiz, eigenständig tätig zu werden.[543] Regionalwirtschaftlich ist es bis dato nicht gelungen, neue Anlagen und Arbeitsplätze zu errichten, um die Versorgungsquote der Rohstoffförderunternehmen mit Technik aus der Region zu realisieren. Kombiniert man die beiden Abbildungen in diesem Unterkapitel, muss resümiert werden, dass einerseits wenig in eigene Produktionsstätten investiert und andererseits weniger moderne Auslandstechnik erworben wurde – trotz der immer stärkeren Intensivierung der Kohleförderung. Wenn die Technik

---

[543] SEVERO-ZAPAD (Hrsg.) (2007): S. 132-134.

nicht durch Zulieferer aus Russland substituiert wird, ist die weitere Vergrößerung des technologischen Rückstandes zum Weltniveau eine unausweichliche Folge. Davor wurde bereits in der Entwicklungsstrategie im Jahr 2007 gewarnt.

Die in diesem Unterkapitel thematisierte generelle mangelnde Investitionsbereitschaft russischer Unternehmen wird im nächsten Kapitel für die Oblast' näher untersucht.

4.2.2. Investitionen

Für die Diversifizierung der Wirtschaft und die Erschließung neuer Geschäftszweige sind Investitionen ins Anlagenkapital von großer Wichtigkeit. In Abbildung 53 sind die realen Daten mit den Zielvorstellungen aus der Entwicklungsstrategie kombiniert.

Im Jahr 2004 belegte die Oblast' den ersten Platz in Sibirien mit 52,7 Mrd. RUB Investitionen pro Jahr; 2011 immerhin noch den zweiten Platz.[544] In der Entwicklungsstrategie wird die hervorragende Positionierung in Russland auf Platz zwölf (2004) und sogar Platz sieben (2005) insgesamt gelobt.[545]

Die Prognosen aus der Strategie haben sich in der Realität, insbes. in jüngster Vergangenheit, allerdings nicht derartig positiv entwickelt. Im Jahr 2014 belegt die Oblast' Kemerovo noch den 27. Platz von 85 Regionen in Russland.[546] Mit dem Wert von 2014 befindet sich das Investitionsniveau fast identisch auf dem Basisszenario.[547] Für 2015 ist ein deutlicher Abfall der Investitionen zu beobachten, dessen Ursache u. a. in der Abkehr der großen Investoren vom Kohlebergbau in der Oblast' Kemerovo, im schwachen Rubelkurs und den Handelssanktionen liegt. Alle zwölf sibirischen Regionen verzeichnen 2015 im Vergleich zu 2014 eine Minderung der Investitionen. Die Oblast' Kemerovo belegt jedoch mit einem Wert von 61,8 % im Vergleich zum Vorjahr den stärksten prozentualen Rückgang im Föderalen Okrug.[548]

Insgesamt lässt sich festhalten, dass die Zielvariante mit ihrem exponentiellen Verlauf in dieser Form mit großer Wahrscheinlichkeit nicht erreichbar sein wird. Die Höhe von 162 Mrd. RUB Investitionen entspricht 2015 nur noch der Hälfte des prognostizierten Zielwertes. Es bleibt unklar, welche Akteure kurz- und mittelfristig derartig hohe Summen bereitstellen sollten. Die Großkonzerne verfolgen primär ihre eigene Gewinnmaximierung durch den Export der Steinkohle. Die etwas stärker an einer linearen Entwicklung orientierte Basisvariante bei den Investitionen scheint realistischer, zumal in fünf von elf Jahren des Zeitraumes von 2005 bis 2015 die tatsächlichen Investitionen fast mit den Werten der Basisvariante übereinstimmten. Angesichts der gegenwärtigen politischen Lage erscheint allerdings auch die Weiterverfolgung des Basisszenarios fraglich bzw. schwierig.

Bei dieser Betrachtung ergibt sich schließlich die Frage nach den Zielen der Investitionen (Abbildung 54). Um die jährlichen statistischen Ausreißer zu minimieren, wurden die Werte für die Wirtschaftssektoren auf einen Fünfjahreszeitraum kumuliert. Die gesamten Investitionen ins Anlagevermögen beliefen sich in der Oblast' Kemerovo auf ca. 712 Mrd. RUB im Zeitraum von 2010 bis 2014.

---

[544] ZOLOTYCH, I.; ŽERNOV, E. (Hrsg.) (2013): S. 265.
[545] SEVERO-ZAPAD (Hrsg.) (2007): S. 28-29.
[546] http://www.gks.ru/bgd/regl/b15_14p/IssWWW.exe/Stg/d03/23-01.doc (eingesehen am 17.11.2016).
[547] SEVERO-ZAPAD (Hrsg.) (2007): S. 184.
[548] http://novosibstat.gks.ru/wps/wcm/connect/rosstat_ts/novosibstat/resources/ab02d8804781208b8d77aded3bc4492f/Инвестиции+в+основной+капитал.pdf (eingesehen am 14.03.2016).

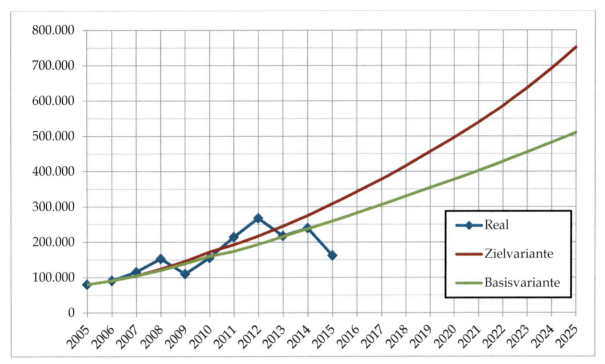

Abbildung 53: Entwicklung der Investitionen Real, Ziel- und Basisvariante 2005–2025 in Mio. RUB

Quelle: SEVERO-ZAPAD (Hrsg.) (2007): S. 180-185; KEMEROVOSTAT (Hrsg.) (2015a): S. 255; http://www.kemerovostat.ru/bgd/EJEGOD/issWWW.exe/Stg/2011/21e_инвестиции.htm; http://novosibstat.gks.ru/wps/wcm/connect/rosstat_ts/novosibstat/resources/ab02d8804781208b8d77ade d3bc4492f/Инвестиции+в+основной+капитал.pdf (je eingesehen am 14.03.2016); eigene Darstellung

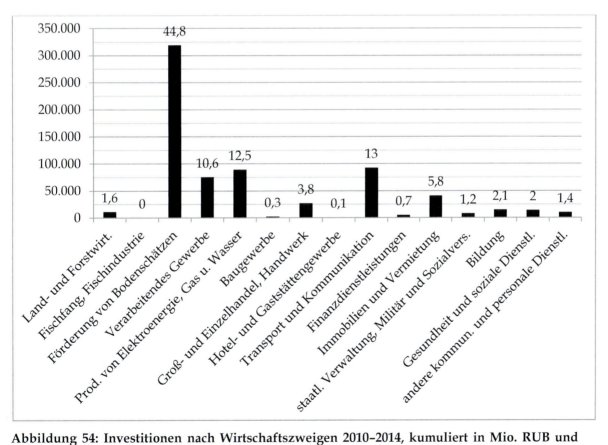

Abbildung 54: Investitionen nach Wirtschaftszweigen 2010–2014, kumuliert in Mio. RUB und prozentualem Anteil (in %)

Quelle: KEMEROVOSTAT (Hrsg.) (2015a): S. 257, eigene Berechnung und Darstellung

Mit großem Abstand trägt der Wirtschaftszweig der Rohstoffförderung mit 320 Mrd. RUB den Löwenanteil (ca. 44,8 %) an den gesamten Investitionen. Es folgen Transport und Kommunikation (92,6 Mrd. RUB) und die Produktion von Elektroenergie, Gas und Wasser (89,3 Mrd. RUB). Die Branche Groß- und Einzelhandel / Handwerk stellt zwar die meisten Beschäftigten (2014 = 16,9 %), erhält aber weniger als 4 % zu den gesamten Investitionen der Oblast' bei. Das verarbeitende Gewerbe rangiert in dieser Betrachtung nur auf Rang vier. Gerade diese Branche ist für eine wirtschaftliche Diversifizierung am stärksten prädestiniert. Andere flankierende Bereiche sind ebenfalls stark unterfinanziert (z. B. Bildung, Hotel- und Gaststättengewerbe).

Bei der dominanten Stellung der Kohleförderung resümiert URBAN, dass die aktuellen Investitionsvolumina nicht für eine erfolgreiche Modernisierung der Kohleunternehmen ausreichen.[549] Die Statistiken der letzten Jahre bestätigen, dass sich an der grundlegenden Situation wenig geändert hat. Im Gegenteil: Die Tendenz weist ins Negative. Seit der Rekordsumme von knapp 96 Mrd. RUB im Jahr 2012 sind die Investitionen in den Wirtschaftszweig der Rohstoffförderung bis 2014 auf weniger als die Hälfte und damit auf den Stand von 2010 zurückgefallen (ca. 46 Mrd. RUB).[550]

Im Ergebnis widerspricht diese einseitige Investitionstätigkeit der intendierten Diversifizierungsstrategie aus dem Entwicklungsprogramm.

Welche Ursachen lassen sich für die angesprochenen Phänomene identifizieren?

Die Problematik der labilen Entwicklung und großen Abhängigkeit vom Rohstoffsektor führt auch zu einer starken Verunsicherung von möglichen Investoren bzw. bei bereits tätigen Unternehmen. Viele mittelständische Firmeninhaber haben für ihre Geschäfte nur einen Planungshorizont von drei oder fünf Jahren. Eine langfristige Strategie auf zehn oder 20 Jahre hinaus ist selten bzw. gar nicht anzutreffen. Die starken konjunkturellen Schwankungen (u. a. Erfahrung des Zusammenbruchs der Sowjetunion, schwere Krise der 1990er Jahre, Weltwirtschaftskrise 2008/09 usw.) sind für den Großteil der Unternehmen ein zu schwerwiegendes Risiko.[551] Der Generaldirektor des Unternehmens Ėkolėnd in Novokuzneck bestätigte diese Problematik ebenfalls.[552] Ein Außendienstmitarbeiter einer deutschen Firma, schilderte ebenfalls die vorherrschende Philosophie der Rohstoffförderungsunternehmen nach kurzfristiger Gewinnmaximierung. Investitionsbereitschaft und langfristige Planung sind untergeordnet.[553]

Es drängt sich schließlich die Frage auf, welche Mechanismen existieren oder entwickelt werden könnten, um die Unternehmen zu größeren Investitionen und damit zu einer Diversifizierung zu bewegen.

---

[549] URBAN, O. (2013): S. 106, 107.
[550] KEMEROVOSTAT (Hrsg.) (2015a): S. 257.
[551] Expertengespräch.
[552] Ėkolėnd ist eine der modernsten Müllverarbeitungsanlagen östlich des Urals mit 190 Mitarbeitern. Quelle: Expertengespräch.
[553] Dieses Expertengespräch befindet sich aufgrund des ausdrücklichen Wunsches des Interviewten nicht im Verzeichnis (Tabelle 40, S. 352)

4.2.3. Unternehmensdiversifizierung: Das System der „Soglašenija"

Seit dem Jahr 2000 existieren in der Oblast' Kemerovo sogenannte „Soglašenija"[554]. Diese wurden vom Gouverneur Aman Tuleev als Mittel der sozioökonomischen Zusammenarbeit der Administration mit den Unternehmen eingeführt. Die Ausformungen können unterschiedlich sein. Es existieren Vereinbarungen über die Verbesserung der Arbeitsbedingungen[555], Festsetzungen zur Gehaltsentwicklung der Mitarbeiter oder die Verpflichtung der Unternehmen zur Bereitstellung sozialer Infrastruktur in der ansässigen Kommune. Im Jahr 2013 wurden 35 derartige „Soglašenija" unterzeichnet. In keiner anderen russischen Region waren es so viele.[556] Im Folgenden kann dies an zwei Unternehmensbeispielen[557] konkretisiert werden.

Beispiel Evraz

Im Jahr 2013 hat Evraz u. a. 14 neue Spielplätze in Novokuzneck und Taštagol errichtet. Darüber hinaus wurden etliche andere Infrastruktureinrichtungen und Projekte für Kinder oder städtische Sanierungen gefördert.[558]

Beispiel Gazprom

Im August 2013 wurde in Leninsk-Kuzneckij eine multifunktionale Sportarena (Ledovyj Dvorec)[559] eröffnet. In dieser Einrichtung können diverse Vereine ihre sportlichen Aktivitäten (u. a. Eishockey, Tanzen, Gymnastik, Boxen) durchführen. Die Zuschauerkapazität beträgt ca. 1.000 Personen. Die Fertigstellung der Arena geht auf die Vereinbarung zwischen Gazpromneft und der Regionalverwaltung zurück. Das Rohstoffförderungsunternehmen verpflichtete sich, diese soziale und kulturelle Infrastruktureinrichtung für 400 Mio. RUB zu errichten, und bekam im Gegenzug eine Konzession zur Gasextraktion. Bei nur acht Monaten Bauzeit konnte die Fertigstellung rechtzeitig zur Feierlichkeit des „Tag des Bergarbeiters" in Leninsk-Kuzneckij im August 2013 erreicht werden.[560]

Auch kleine und mittelständische Unternehmen werden bei dieser Art der Vereinbarungen in die Pflicht genommen. Unter anderem können mit diesem Instrument die Grundnahrungsmittel in der Oblast' (z. B. Brot, Milch, Eier) subventioniert werden.[561] Insgesamt ist zu ergänzen, dass die Oblast' eine starke Orientierung auf die Sozialpolitik hat und im Vergleich mit Russland und Sibirien ein überdurchschnittliches System der sozialen Sicherung besitzt.[562] Ein quantitatives Merkmal hierfür

---

[554] Soglašenie (plural: Soglašenija) bedeutet ins Deutsche übersetzt: Übereinkunft, Abkommen.
[555] Das Unternehmen SUĖK hat 2013 1,5 Mrd. RUB für die Verbesserung der Arbeitssicherheit (z. B. sicherer Umgang mit Gas in den Schächten) aufgebracht [KURBATOVA, M.; TROFIMOVA, JU. (2015): S. 156].
[556] KURBATOVA, M.; TROFIMOVA, JU. (2015): S. 152-155.
[557] Im Kapitel 3.2.12.7 (S. 95) wurden bereits besondere Zahlungen von SDS an die Oblast' thematisiert.
[558] http://kuzbassnews.ru/2014/01/27/evraz-realizuet-blagotvoritelnye-proekty.html (eingesehen am 20.05.2016).
[559] Eindrücke und Bilder des Sportkomplexes unter: http://icepalacelk.wix.com/lkuz#!untitled/cgnd (eingesehen am 26.05.2016).
[560] Expertengespräch, http://www.kuzbassnews.ru/2013/08/23/ledovyy-dvorec-sporta-poyavilsya-v-leninske-kuzneckom.html (eingesehen am 20.05.2016).
[561] KURBATOVA, M.; TROFIMOVA, JU. (2015): S. 158-159.
[562] MOROZOVA, E. (2005): S. 331 ff., Expertengespräch.

kann die Armutsgrenze sein: In Kemerovo leben 14,1 % der Bevölkerung unterhalb des Existenzminimums (Armutsgrenze). Damit belegt das Untersuchungsgebiet nach der Oblast' Omsk den zweitbesten Rang in Sibirien (Durchschnittswert = 18,2 %).[563]

Wer profitiert von den „Soglašenija"?

In der Literatur wird die Motivation der Administration u. a. mit der Verbesserung der sozialen Sicherung (z. B. Höhe der Gehälter, Schaffung neuer Arbeitsplätze), Anschub von Investitionsanreizen und Generierung von Steuereinnahmen für den Haushalt der Oblast' begründet.[564] Darüber hinaus werden in dem Rahmen etliche soziale Verbesserungen durch die Unternehmen geleistet.[565] Bei einer kritischeren Betrachtung wäre auch der Schluss möglich, dass die „Soglašenija" für die Oblast' ein Instrument darstellen, den Großkonzernen bestimmte Leistungen der sozialen Infrastruktur oder gar Investitionen abzuverlangen. Im übertriebenen Sinne könnte man auch von einer Form der Abpressung sprechen, denn die Oblast' erteilt ausgewählten Unternehmen schließlich Konzessionen für ihre wirtschaftlichen Aktivitäten, allerdings nicht im Bergrecht. Andererseits können die Zahlungen auch für die Unternehmen positive Effekte besitzen. Bestimmte Großprojekte dienen oftmals als sehr geeignete Marketingmöglichkeiten. Der Sportpalast von Gazprom in der Stadt Leninsk-Kuzneckij ist eine wichtige soziale und kulturelle Infrastruktur geworden und zählt mittlerweile zu einem kommunalen Vorzeigeobjekt. Darüber hinaus können derartige Vereinbarungen mit feierlicher Inszenierung durch die Regionalverwaltung (wie z. B. Tag des Bergarbeiters) für die Industrieunternehmen auch als Element des sog. Greenwashings genutzt werden. Diese Verzahnung zwischen administrativer Gewalt und wirtschaftlichen Akteuren ist als Korruption zu bezeichnen. Das Zustandekommen der „Soglašenija" geschieht nur in informellen Absprachen, die intransparent ablaufen. Die Verhandlungen sind nicht öffentlich oder durch parlamentarische Kontrollgremien begleitet. Indirekt wird auch in der Literatur deutlich, dass sich die Unternehmen mit diesen Vereinbarungen Rechtssicherheit bzw. das Wohlwollen des Gouverneurs erkaufen und damit größere Handlungsspielräume erhalten.[566]

Was bedeuten diese Kooperationsformen für die Diversifizierung?

URBAN kritisiert, dass diese Art der Vereinbarungen insgesamt für die Lösung der systemimmanenten strukturellen Probleme nicht sonderlich produktiv ist. Darüber hinaus beanstandet sie, dass diese Form des administrativen Zwanges kein adäquates Mittel beim erfolgreichen Übergang zu einer diversifizierten Wirtschaftsstruktur sein kann.[567]

Die „Soglašenija" dienen palliativ zur Problemlösung. Insbesondere für Sozialpolitik (z. B. Förderung von Sportinfrastruktur für Kinder, Mitarbeiter usw.) können funktionale Kapazitätsdefizite der Region zum Teil kompensiert werden. Darüber hinaus wird diese Kooperationsform bzw. diese Art der Finanzierung auch von den Städten, Rajony und sogar von der russisch-orthodoxen Kirche genutzt. Auf diese Weise hat bspw. Prokop'evsk, eine der ärmsten Städte in der Oblast', keinen neuen

---

[563] http://www.gks.ru/bgd/regl/b15_14p/IssWWW.exe/Stg/d01/04-15.doc (eingesehen am 26.05.2016).
[564] KURBATOVA, M.; TROFIMOVA, JU. (2015): S. 155.
[565] MOROZOVA, E. (2005): S. 151-152.
[566] KURBATOVA, M.; TROFIMOVA, JU. (2015): S. 153-155.
[567] URBAN, O. (2013): S. 117.

Industriebetrieb, aber dafür eine der größten Kathedralen der Oblast' bekommen. Auch die 2012 fertiggestellte Kirche Sobor Roždestva Christova in Novokuzneck ist ein ähnliches Beispiel für derartige palliative Kompensationsleistungen (zum Gedenken an die verunglückten Bergarbeiter). Insgesamt bleibt bei den Soglašenija allerdings die Kritik, dass diese Abkommen eine grundlegende Modernisierung nur bedingt beflügeln können.

Ob sich dieses Instrument auch nach der voraussichtlich baldigen Abdankung des gealterten Gouverneurs Aman Tuleev (geb. 1944) weiterhin so verhalten wird bzw. ob den Unternehmen so viel abgerungen werden kann, bleibt ungewiss. Einige Beobachter sehen dies mit großer Skepsis.[568] Darüber hinaus existiert ein weiterer Schwachpunkt in diesem System: Es ist es fraglich, ob es der Oblast' in einer wirtschaftlich schwachen Entwicklungsphase gelingt, größere Summen von den Unternehmen zu erhalten. Kurz- und mittelfristig wird es wahrscheinlich schwieriger, bestimmte Leistungen der sozialen Infrastruktur, die die Oblast' selbst leisten müsste, zu finanzieren. Dies birgt ein großes Risiko für das Budget und die Entwicklung der Oblast' in den nächsten Jahren.

Insgesamt muss resümiert werden, dass die Besonderheit der „Soglašenija" zwar flankierende Maßnahmen für bestimmte Aufwertungsprozesse sein können. Grundsätzlich stellen sie aber kein Mittel für die umfassende angestrebte Diversifizierung der Unternehmen und der Oblast' dar. Im späteren Teil der Arbeit (5.4.2, S. 256 ff.) wird ein mögliches Modell zu einer besseren Organisationsstruktur und größerem Nutzen für die Region vorgeschlagen.

4.2.4. Monostädte

In Kapitel 3.2.5 (S. 49 ff.) wurde bereits darauf hingewiesen, dass auf kommunaler Ebene viele Städte stark von einem bestimmten Wirtschaftszweig (insbes. Rohstoffförderung) abhängig sind. Welche Maßnahmen existieren für diese „Monostädte", um eine wirtschaftliche Diversifizierung anzustoßen?

In der Entwicklungsstrategie findet sich das Wort Monostädte nicht wieder und auch kein Hinweis auf ein spezielles Programm zur Diversifizierung kommunaler Strukturen. Erst während der Weltwirtschaftskrise 2009/10 wurde ein derartiger Plan von der Föderation entwickelt. Institutionell übernimmt das Ministerium für Regionalentwicklung (Minregion Rossii) in Moskau das Monitoring zur Identifizierung (z. B. Entwicklung von Abgrenzungskriterien) der Einheiten. Die staatliche Außenhandelsbank (Vnešėkonombank) leistet die Finanzierung für bestimmte Modernisierungsprojekte.[569]

Nach der Kategorisierung von 2014 gilt eine Kommune als Monostadt u. a., wenn:

- mehr als 3.000 Einwohner verzeichnet sind;

- mehr als 20 % der gesamten Beschäftigten in nur einem Unternehmen arbeiten.

- die dominierende wirtschaftliche Organisation im Bereich der Bodenschätzeförderung (außer Gas und Öl) und/oder im Bereich der Produktion bzw. der Weiterverarbeitung von Industrieprodukten tätig ist.

---

[568] Expertengespräche.
[569] KOMMERSANT' VLAST' (Hrsg.) (2012): S. 22-23.

Anschließend wird bei der Kategorisierung noch eine dreistufige Differenzierung nach Intensität der Monostruktur (z. B. Höhe der Arbeitslosigkeit, konjunkturelle und aktuelle Lage des Unternehmens) getätigt.[570] Insgesamt wurden in Russland 313 Kommunen identifiziert (2014). Die Oblast' Kemerovo hat mit 24 Einheiten die meisten Monostädte aller russischen Regionen (ca. 7,7 %). In Sibirien befinden sich insgesamt 62 Monostädte. Andere stark betroffene Regionen sind ebenfalls als altindustriell geprägt einzuordnen u. a. die Oblasti von Čeljabinsk (16 Städte) oder Sverdlovsk (13 Städte).[571] Die Ausnahmestellung für das Untersuchungsgebiet wird allerdings dahingehend noch viel deutlicher, weil fast alle Städte – bis auf die Hauptstadt Kemerovo – davon betroffen sind (Tabelle 20).[572] In Zusammenhang mit dem hohen Urbanisierungsgrad leben ca. 64 % der Bevölkerung in Monostädten. In keiner anderen russischen Region sind so viele Einwohner betroffen wie in der Oblast' Kemerovo.

Tabelle 20: Monostädte in der Oblast' Kemerovo nach Kategorien (2014)

	Kategorie I schwierige Situation	Kategorie II riskante Situation	Kategorie III stabile Situation
Monostädte in der Oblast' Kemerovo	Jurga Anžero-Sudžensk Prokop'evsk Salair Taštagol	Mariinsk Gur'evsk Topki Jaškino Šeregeš Myski Tajga Meždurečensk Osinniki Leninsk-Kuzneckij Berëzovskij Polysaevo Krasnobrodskij Belovo Mundybaš Kiselëvsk	Novokuzneck Kaltan Belogorsk

Quelle: RUSSISCHE FÖDERATION (Hrsg.) (2014c): S. 2-24, eigene Darstellung

Die Einordnung als Monostadt führt nicht automatisch zu einer föderalen Unterstützung. In der ersten Runde 2010/11 konnten ca. 50 von 333 Monostädten von dem Bundesprogramm profitieren.[573] Es wird deutlich, dass hier weniger nach „Gießkannenprinzip", sondern nach ausgewählter Förderung in Abstimmung mit den Regionen und den Kommunen Unterstützung angeboten wird.

Wie kann den Einheiten geholfen werden?

In einem Interview mit dem Wirtschaftsmagazin Vlast' erläutert die Regierungsvertreterin der Russischen Föderation bei der Vnešėkonombank, Irina Makieva, die vier wichtigsten Möglichkeiten:

    1. Die Unterstützung des einzigen Großunternehmens und der Anschub von

---

[570] RUSSISCHE FÖDERATION (Hrsg.) (2014b): S. 1-4.
[571] RUSSISCHE FÖDERATION (Hrsg.) (2014c): S. 2-24.
[572] VORONCOVA, V. (2015): S. 21.
[573] KOMMERSANT'' VLAST' (Hrsg.) (2012): S. 22.

betriebswirtschaftlicher Diversifizierung bzw. neuer Produktentwicklung.

2. Errichtung von neuen großen Infrastruktureinrichtungen, um die Bedingungen für den größten Arbeitgeber und auch für andere Unternehmen zu verbessern.

3. Errichtung von Industrieparks im direkten Anschluss an das bestimmte Großunternehmen.

4. Falls die vorherigen Instrumente nicht funktionieren, bleibt noch die Möglichkeit der intensiven Förderung der KMU.[574]

Zur finanziellen Förderung wurde u. a. der „Fonds zur Entwicklung der Monostädte" (russ. fond razvitija monogorodov) aufgelegt. Die bereitgestellten Mittel betragen 3 Mrd. RUB (2014), 5 Mrd. RUB (2015) und 10,8 Mrd. RUB (2016–17).[575]

Im Untersuchungsgebiet wurden 2010 drei Städte von der Oblast' ausgewählt, welche spezielle Förderung erhalten sollten: Prokop'evsk, Leninsk-Kuzneckij und Taštagol.[576] Im März 2015 wurde eine Vereinbarung der Oblast'-Verwaltung mit den Akteuren des Fonds geschlossen. Hierbei sollen für diese drei Städte Mittel in Höhe von 3,2 Mrd. RUB für unterschiedliche Projekte (z. B. Bau und Sanierung von Einrichtungen der Infrastruktur, Förderung der KMU, Umzugsförderung für Menschen aus Baracken) bereitgestellt werden. Die Oblast' Kemerovo ist damit eine der ersten Regionen Russlands, welche sich diese Zuwendungen sichern konnte.[577] Im April 2015 wurde zusätzlich ein Förderungsvolumen für Jurga und Anžero-Sudžensk in Höhe von 1,5 Mrd. RUB vereinbart.[578]

Laut Angaben der Administration konnten von 2010 bis 2013 in den ersten drei Einheiten bereits 16.000 neue Arbeitsplätze geschaffen werden.[579] Die Berechnungsgrundlage ist unbekannt. Laut den statistischen Daten von Kemerovostat sind in Leninsk-Kuzneckij von 2010 bis 2013 tatsächlich 2.400 Beschäftigte mehr zu verzeichnen. Eine statistische Überprüfung der Beschäftigtenentwicklung ist für die Stadt Taštagol aufgrund der breiten administrativen Abgrenzung als Rajon schwierig. In Prokop'evsk hingegen wurden fast 5.000 Arbeitsplätze abgebaut, so dass noch offiziell 50.200 Personen eine Beschäftigung haben.[580] [581]

Die Situation in der Monostadt Prokop'evsk ist besonders problematisch. Viele Schachtanlagen wurden in den letzten Jahren geschlossen. Es kam zwar zur Ausweitung der Tagebauförderung im Prokop'evskij Rajon, aber die sozioökonomische Situation ist insgesamt prekär.[582]

---

[574] KOMMERSANT'' VLAST' (Hrsg.) (2012): S. 23.
[575] RUSSISCHE FÖDERATION (Hrsg.) (2014d): S. 10.
[576] VORONCOVA, V. (2015): S. 22.
[577] http://www.kuzbassnews.ru/2011/09/08/kuzbass-lidiruet-v-realizacii-programmy.html (eingesehen am 28.05.2016).
[578] http://www.kuzbassnews.ru/news/pyat-monogorodov-kuzbassa-poluchat-bolee-120-mlrd-rubley-investiciy (eingesehen am 03.06.2016).
[579] VORONCOVA, V. (2015): S. 22.
[580] KEMEROVOSTAT (Hrsg.) (2015c): S. 38.
[581] Eine Darstellung zur Beschäftigtenentwicklung in ausgewählten Monostädten folgt in Tabelle 25 (S. 185).
[582] Expertengespräch.

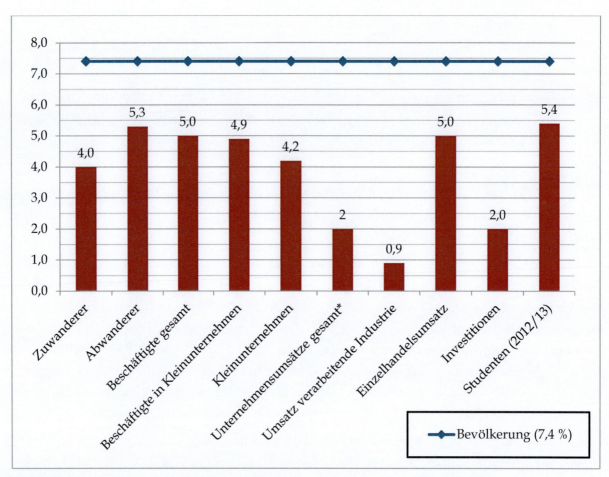

Abbildung 55: Anteile ausgewählter Indikatoren von Prokop'evsk an der Oblast' Kemerovo (2014) in %
* ohne Kleinunternehmen
Quelle: KEMEROVOSTAT (Hrsg.) (2013d): S. 83; KEMEROVOSTAT (Hrsg.) (2015c): S. 16, 21, 38, 96, 98, 99, 107, 140, 154; eigene Darstellung

In Abbildung 55 ist eine Übersicht von wichtigen sozioökonomischen Entwicklungsindikatoren von Prokop'evsk dargestellt. Die Stadt ist mit 198.400 Einwohnern (2015) und einem Bevölkerungsanteil von 7,3 % die drittgrößte in der Oblast' Kemerovo. Der Einwohneranteil kann hierbei als Referenz für über- oder unterdurchschnittlichen Entwicklungsstand betrachtet werden. Insgesamt zeigt sich, dass es in der Stadt bis dato nicht gelungen ist, eine diversifizierte Wirtschaftsstruktur zu entwickeln. Der Bereich der Kleinunternehmen ist ein wichtiger Indikator für die Entstehung neuer Arbeitsplätze, der Erschließung neuer Märkte und der Entwicklung neuer Produktionsnischen.[583] In Prokop'evsk lokalisiert sich der Anteil der Kleinunternehmen und der Beschäftigten mit jeweils ca. 5 % im innerregionalen Vergleich weit unterdurchschnittlich. Die verarbeitende Industrie generiert nur 1 % der Umsätze der Oblast'. Eine mögliche Rumpftertiärisierung lässt sich ebenfalls kaum erkennen, betrachtet man den Umsatz im Einzelhandel, welcher nicht die Einwohnergröße widerspiegeln kann. Es mangelt in Prokop'evsk deutlich an Investitionen (nur 2 %). Auch als kleiner Hochschulstandort vermag es die Stadt nur bedingt, Zuwanderer anzulocken.[584] Durch den Abwanderungs- und Sterbeüberschuss

---

[583] KRAVČENKO, N. (2015): S. 82.
[584] Die kurzfristige Zukunftsperspektive ist pessimistisch: Die Filiale der KemGU soll im Laufe des Jahres 2017 geschlossen werden. Siehe mehr dazu im Kapitel 4.3.4 (S. 195 ff.).

verliert die Stadt kontinuierlich an Bevölkerung.[585] Zu Hochzeiten lebten in Prokop'evsk 273.800 Menschen (Volkszählung 1989).[586] 27 Jahre (2016) später registriert die Statistik noch ca. 198.400 Einwohner, was einem Minus von insgesamt 27 % entspricht.[587] In den letzten Jahren ist keine Abschwächung der Einwohnerentwicklung zu beobachten, was ein Indiz für den erfolglosen Lösungsversuch der Entwicklungsprobleme ist. Relativierend muss bei dieser Betrachtung insgesamt ergänzt werden, dass Prokop'evsk Teil der Agglomeration von Novokuzneck ist. Die Stadt ist ein relativ preiswerter Wohnstandort (auch für Pendler) und attraktiv für Rentner u. a. aufgrund der weitläufigen Schrebergärten.

Aus dieser ersten Kategorie der Monostädte (Tabelle 20) soll im Folgenden noch die Stadt Jurga vorgestellt werden. Jurga ist im Gegensatz zu den meisten anderen Monostädten nicht von der Rohstoffförderung, sondern vom Maschinenbau abhängig, was bereits im vorherigen Kapitel (S. 145 ff.) thematisiert wurde. Jurga ist im Gegensatz zu Prokop'evsk eine Solitärstadt. Die geographische Lage ist vergleichsweise günstig an der Kreuzung der Fernstraße (M53) des Städtedreiecks Novosibirsk-Tomsk-Kemerovo lokalisiert. Ein großes Hemmnis ist jedoch die fehlende Autobrücke über die Tom'. Eine reguläre Flussüberquerung während des langen sibirischen Winters ist mit PKW erst wieder in Tomsk oder Kemerovo möglich. Damit existiert keine Anbindung der Siedlung Polomošnoe (ca. 1.600 Einwohner) an Jurga. Und der Stadt fehlt die Entwicklungsachse nach Jaškino und Tajga.

Verkehrsgeographisch ist jedoch der Verlauf der Magistrale der Transsibirischen Eisenbahn durch Jurga ein großer Vorteil. Dies war auch in den 1940er Jahren ein wichtiges Kriterium zur Errichtung des Jurginskij Mašzavod's und stellt auch für gegenwärtige Industrieansiedlungen einen großen Vorteil dar.

Die Stadt wurde erst in der zweiten Runde seit 2014 auf die obere prioritäre Stufe der Monostädte gesetzt. Es zeigt sich, dass Jurga im Rahmen des föderalen Programms besondere Aufmerksamkeit zuteilwird. Allerdings sind die Effekte noch nicht eindeutig mit dem Programm in Verbindung zu bringen, da sich die Förderinstrumente überlagern. Im Jahr 2010 wurde auf Ebene der Oblast' Kemerovo ein Gesetz über die Schaffung von Sonderwirtschaftszonen aufgelegt, welche im Kapitel 4.3.1 (S. 180 ff.) näher thematisiert werden.

Eine erfolgreiche Unternehmensansiedlung durch Fördermaßnahmen kann mit dem Konzern Technonikol' illustriert werden. Die Stadt und die Oblast' konnten das Unternehmen bereits 2006/07 anlocken und ein ungenutztes Gelände einer ehemaligen Möbelfabrik zur Verfügung stellen. Technonikol' produziert heute Wärmeisolierungen für Dächer und Wände im Bereich des Baugewerbes dar. Mit ihrem speziellen Produktportfolio ist das Unternehmen östlich des Urals im Prinzip konkurrenzlos. Bei einem Expertengespräch im Unternehmen von Technonikol' im Februar 2014 wurde eine Beschäftigtenzahl von ca. 350 Personen angegeben. Die Ansiedlung erfolgte vor allem wegen der relativ guten infrastrukturellen Anbindung (insbes. Bahn) und den Steuervergünstigungen. Einst wollte man sich in Novosibirsk niederlassen, aber die nötigen finanziellen Aufwendungen waren in Jurga

---

[585] Prokop'evsk ist im kommunalen Vergleich die Einheit der Oblast' mit den größten Bevölkerungsverlusten (2007 bis 2015 = -15.300 Personen). Siehe dazu u. a. Abbildung 14 (S. 45).
[586] http://demoscope.ru/weekly/ssp/rus89_reg2.php (eingesehen am 29.05.2016).
[587] http://www.gks.ru/dbscripts/munst/munst32/DBInet.cgi?pl=8112027 (eingesehen am 29.05.2016).

niedriger. Monatlich zahlt das Unternehmen zwischen 20 und 30 Mio. RUB Steuern an die Oblast'.[588] Trotz der Erfolge muss berücksichtigt werden, dass Technonikol' von außerhalb stammt (Moskau).[589]

Aus der kommunalen „Entwicklungsstrategie der Stadt Jurga bis 2025" aus dem Jahr 2012 geht der Diversifizierungsansatz als erstes Programmziel hervor. Die erwarteten Resultate sind hier bescheidener und realistischer als im regionalen Strategiepapier von Severo-Zapad. Die Administration strebt für Jurga bis 2025 u. a. folgende Ziele an:

- Anstieg des Umsatzes der industriellen Produktion um den Faktor 1,5 bis 2
- Anstieg der Arbeitsentlohnung um den Faktor 2,5 (2011–2025)
- Verbesserung der Lebensqualität auf das durchschnittliche russische Niveau
- Stabilisierung der Einwohnerentwicklung auf das Niveau von 83.500 Personen[590]

Laut Angaben des stellvertretenden Gouverneurs, Dmitrij Islamov, sollen in den Städten Jurga und Anžero-Sudžensk bis 2020 noch weitere Investitionen in Höhe von 4 Mrd. RUB getätigt und 2.500 neue Arbeitsplätze geschaffen werden.[591]

Insgesamt sind auch diese Planungen und Prognosen, mit Vorsicht zu genießen. Nichtsdestoweniger sind in Jurga die Anzeichen einer immerhin weniger schrumpfenden bzw. stagnierenden Entwicklung erkennbar, was den Ausblick auf die nächsten Jahre bis 2025 verhalten optimistisch stimmen kann.

In Abbildung 56 sind, ähnlich wie am Beispiel von Prokop'evsk, ausgewählte sozioökonomische Entwicklungsindikatoren abgetragen. Es fällt auf, dass die Kleinunternehmen zwar nicht den Bevölkerungsanteil von 3 % der Oblast' erreichen. Allerdings präsentiert sich dieser Bereich wesentlich besser als in der Monostadt Prokop'evsk. Die verarbeitende Industrie von Jurga erwirtschaftet einen Umsatz von 2,3 %; Prokop'evsk nur 0,9 %. Unternehmensumsätze (0,9 %) und auch Investitionen (1,3 %) sind in Jurga auf einem schwachen Niveau. Beim Indikator der Studenten fällt auf, dass Jurga pro Kopf mehr junge Leute binden kann als Prokop'evsk[592] und auch insgesamt eine wesentlich dynamischere Wanderungsentwicklung aufweist. Positiv ist, dass Jurga seit der Volkszählung 2010 bis zum Januar 2016 nur 0,2 % Bevölkerung (137 Personen) verloren hat. In Prokop'evsk waren es 5,6 % und in der Oblast' im Durchschnitt 1,7 % Verlust.[593]

---

[588] Expertengespräch.
[589] Der Konzern hat laut eigenen Angaben insgesamt 40 weitere Fabrikstandorte und beschäftigt insgesamt 6.500 Mitarbeiter. Quelle: http://www.tn.ru/data/list/profil/index.html#3/z (eingesehen am 03.06.2016).
[590] JURGINSKIJ GORODSKOJ OKRUG (Hrsg.) (2012): S. 3-5.
[591] http://www.kuzbassnews.ru/news/yurga-stanet-territoriey-operezhayushchego-socialno-ekonomicheskogo-razvitiya (eingesehen am 29.05.2016).
[592] Mehr zum Faktor Bildung und Studentenzahlen in Kapitel 4.3.4 (S. 195 ff.).
[593] http://www.gks.ru/dbscripts/munst/munst32/DBInet.cgi?pl=8112027 (eingesehen am 29.05.2016).

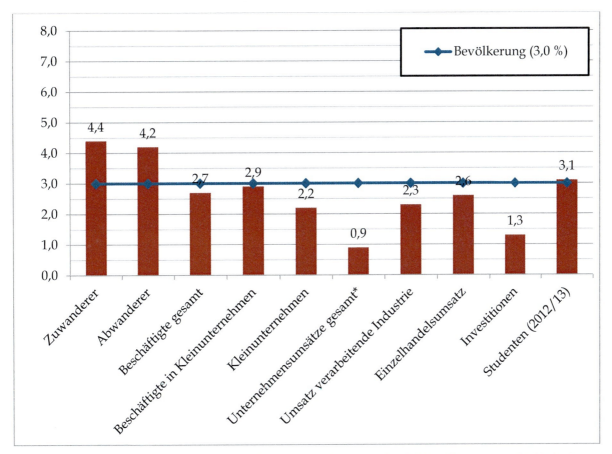

Abbildung 56: Anteile ausgewählter Indikatoren von Jurga an der Oblast' Kemerovo (2014) in %
* ohne Kleinunternehmen
Quelle: KEMEROVOSTAT (Hrsg.) (2013d): S. 83; KEMEROVOSTAT (Hrsg.) (2015c): S. 16, 21, 38, 96, 98, 99, 107, 140, 154; eigene Darstellung

Insgesamt wird bei diesem Monostädte-Vergleich deutlich, dass die Entwicklungen der letzten Jahre für Jurga wesentlich stabiler sind.[594] Die Diskrepanz zu der durchschnittlichen sozioökonomischen Entwicklung der Oblast' ist nicht angestiegen und wurde tendenziell sogar eher leicht verkleinert. Prokop'evsk zeigt insgesamt eine schwächere Entwicklung und weist wesentlich größere Entwicklungsprobleme auf. Die drittgrößte Stadt der Oblast' entwickelt sich weit unterdurchschnittlich. Nichtsdestoweniger muss betont werden, dass Jurga für die Verhältnisse in der Region eine untypische Monostadt darstellt. Hier sind die Probleme der mangelnden Diversifizierung zwar grundsätzlich nicht weniger gravierend, aber die von der Kohleindustrie abhängigen Bergbaustädte sehen sich mit größeren Herausforderungen konfrontiert.

Wie sieht es mit den anderen Beispielen von Monostädten aus?

Das Beispiel von Taštagol wird im nächsten Kapitel in Form der Tourismusförderung partiell näher analysiert. Ebenfalls unter besonderem Handlungsdruck, laut der Klassifizierung, befindet sich die Stadt Anžero-Sudžensk. Die Ausführungen zur Raffinerie Jaja (S. 135 ff.) zielten ebenfalls auf die Diversifizierung der Wirtschaftsstruktur in der Stadt ab, da die Anlage nur ca. 10 km vom Zentrum

---

[594] Siehe auch ausführlicher bei EFREMENKOV, A.; TRIFONOV, V. (2014): S. 209-214.

von Anžero-Sudžensk lokalisiert ist. Weitere Beispiele (u. a. Leninsk-Kuzneckij) werden durch das Kapitel zur Innovationsförderung 4.3.1 (S. 180 ff.) ergänzt.

Die Realisierung des Programmes der Monostädte und Investitionsanreize für örtliche oder externe Unternehmen bleibt insgesamt noch zäh in der Umsetzung. Alles in allem ist es allerdings noch zu früh, die konkreten Effekte exakt zu messen. Es benötigt Zeit, z. B. die Folgen des Infrastrukturbaus, der unternehmerischen Diversifizierung und der Förderung im Detail konkret abzulesen. Nichtsdestoweniger gibt es in Russland auch sehr kritische Stimmen. N. ZUBAREVIČ resümierte 2012 zu dieser Thematik niederschmetternd:

„Das von der Regierung erarbeitete Diversifizierungsprogramm für Monostädte zeigte allerdings keine Wirkung. Zwar wurden Investitionspläne aufgestellt, es fanden sich jedoch keine Investoren. [...] Denn wer wird schon in nicht konkurrenzfähige Städte mit sozialen Problemen investieren, wenn es schon zu wenig Investitionen in Städte gibt, die weit besser dastehen?"[595]

Bei dieser Kritik ist der zeitliche Horizont zu berücksichtigen, da die Initiative der Förderung der Monostädte zum Zeitpunkt der Aussage erst zwei Jahre alt war. Auch die Regierungsvertreterin Russlands bei der Vnešėkonombank, Irina Makieva, sagte, dass die Probleme der Monostädte nicht in ein paar Jahren gelöst werden können. Diese Programminitiative wird Dekaden benötigen, bis die wichtigsten sozioökonomischen Probleme ausgemerzt sind.[596] An der Förderpolitik der Föderation lässt sich auch erkennen, dass es unrealistisch ist, allen 313 Kommunen Unterstützung zur Verfügung zu stellen. In Russland existieren noch etliche periphere Standorte und weitaus hoffnungslosere Fälle als in der Oblast' Kemerovo. Diesen Städten wird man mit großer Wahrscheinlichkeit höchstens palliativ, aber nur mit großem staatlichem Aufwand grundsätzlich helfen können. Es hängt ebenfalls stark von den regionalen und lokalen Kapazitäten ab. Die föderalen Angebote können nur gemeinsam mit regionalen und kommunalen Zielsetzungen implementiert werden. Hierbei hat die Lobbypolitik der Oblast' in Moskau gute Arbeit verrichtet und sich als eine der ersten Regionen umfangreiche föderale Mittel gesichert. Ein weiterer lobenswerter Punkt ist der Fakt, dass sich Ansätze eines Monitoringsystems in Form einer aktualisierten Klassifizierungsliste der Monostädte etabliert haben – wenn auch auf weit entfernter föderaler Ebene. Die Identifizierung der Entwicklungsprobleme kann ein erster Schritt zur Verbesserung sein.

Insgesamt kann resümiert werden, dass das Programm der Monostädte zur Diversifizierung auf kommunaler Ebene beitragen kann. Größere Effekte sind bis dato allerdings nur in sehr kleinen Ansätzen sichtbar bzw. nur bedingt messbar.

---

[595] ZUBAREVIČ, N. (2012): S. 275.
[596] KOMMERSANT' VLAST' (Hrsg.) (2012): S. 24.

4.2.5. Tourismusförderung

Im folgenden Kapitel werden Diversifizierungsbestrebungen im Tourismusbereich mit dem Fokus auf Wintersportdestinationen näher vorgestellt. Weitere Segmente (z. B. Kultur-, Städte-, ländlicher Tourismus) können an dieser Stelle aufgrund der mangelnden Bedeutsamkeit und des Rahmens vernachlässigt werden. Insgesamt wurden im Jahr 2000 ca. 150.000 Touristen (Ankünfte) im Untersuchungsgebiet verzeichnet. 2011 waren es laut Angaben des Amtes für Jugendpolitik und Sport in der Oblast' Kemerovo ca. 700.000 Personen. Hiervon waren etwa 54.000 Ausländer.[597]

In der Entwicklungsstrategie wird die Errichtung von zwei Wintersportorten ausgeführt: Šereges (Schorisches Bergland) und Tanaj (Salairrücken). Letzteres wurde bereits in Kapitel 3.2.12.7 (S. 100 ff.) thematisiert. Unter anderem wird in Tabelle 21 (S. 164) die sehr geringe Bedeutung von Tanaj gegenüber Šereges illustriert. Tanaj befindet sich an einem klimatisch ungünstigen und flachen Nordost-Hang. Für überregionalen Tourismus ist die Destination nur bedingt attraktiv, eher für Wochenendausflügler und Familien aus Kemerovo und Novosibirsk. Die natürlichen Voraussetzungen und die Möglichkeiten für die Tourismusentwicklung sind im Schorischen Bergland wesentlich besser. Dieser Mittelgebirgsrücken verfügt über eine ovale Ausdehnung (Ost-West ca. 100 km; Nord-Süd 170 km). Die höchste Erhebung erreicht ungefähr eine Höhe von 1.570 m.[598] Mit durchschnittlich ca. 2.100 Sonnenstunden im Jahr ist das Winterwetter hier in der Regel klar mit trockener Kälte.[599] Aufgrund der klimatischen Bedingungen besitzt der Schnee einen besonders weichen und fluffigen Charakter und stellt für Wintersporttouristen ein außergewöhnliches Erlebnis dar.[600]

Ökologisch steht dieser Naturraum im diametralen Gegensatz zu den industriellen Strukturen, welche das Bild der Region dominieren. 1989 wurde im Süden des Schorischen Berglandes der einzige Nationalpark („Schorisches Bergland") der Oblast' mit einer Fläche von 4.138 km² eingerichtet.[601] Die einzigartige Flora und Fauna dieser Schutzzone weist auf die außergewöhnlichen und sauberen natürlichen Gegebenheiten hin, welche u. a. auch für touristische Zwecke vermarktet werden sollen.

Im März 2013 wurde eine Strategie zur „Entwicklung des Tourismus in der Oblast' Kemerovo bis 2025" verabschiedet. Die Prioritäten der Tourismusförderung liegen u. a. in folgenden Bereichen:

- *„Erhöhung des wirtschaftlichen Diversifizierungsniveaus (insbes. in kleinen Städten und Monostädten)*
- *Verbesserung der Wettbewerbsfähigkeit*
- *Verbesserung des Lebensstandards der Bewohner der Oblast'*
- *Entwicklung des Humankapitals im touristischen Bereich"*[602]

---

[597] KEMEROVSKAJA OBLAST' (Hrsg.) (2013): S. 19, 24.
[598] SOLOV'ËV, L. (2006): S. 87-88.
[599] SEVERNYJ, V. (Hrsg.) (2009): S. 107-109.
[600] ZAJCEVA, N.; MEKUŠ, G. (2015): S. 8-9.
[601] SEVERNYJ, V. (Hrsg.) (2009): S. 107-109.
Ausführliche Informationen zum Nationalpark unter:
http://www.zapoved.net/index.php?link_id=51&option=com_mtree&task=viewlink
(eingesehen am 04.06.2016).
[602] KEMEROVSKAJA OBLAST' (Hrsg.) (2013): S. 11.

Insgesamt erhält der Wintertourismus im Süden der Oblast' in diesem Programm besondere Aufmerksamkeit. Die Überprüfung der erwarteten Resultate ist quantitativ aufgrund der mangelnden Datenverfügbarkeit nur bedingt möglich.

Šeregeš wird in der regionalen Entwicklungsstrategie als Kurort im gesamtrussischen Maßstab gehandelt. Bei Fertigstellung sollen 21 Lifte, 39 Trassen (140 km Länge), ca. 5.000 Betten und ca. 4.100 neue Arbeitsplätze entstehen.[603] In der Strategie zur „Entwicklung des Tourismus in der Oblast' Kemerovo bis 2025" wird angegeben, dass in Šeregeš u. a. folgende Infrastruktur existiert: 19 Trassen (Gesamtlänge 42 km), 17 Aufstiegsanlagen (19.500 Pers./h), 48 Hotelbetriebe (für insgesamt mehr als 2.500 Personen/Betten), 57 Restaurants und Cafés, Ski- und Snowboardverleihe, Ski- und Snowboardschulen u. v. m. (Abbildung 57).[604]

Abbildung 57: Šeregeš - Blick auf den Berg „Zelenaja" (1270 m) mit Aufstiegsanlage „Sky Way" rechts
Quelle: Aufnahme Ch. Bülow, 01.03.2015

Laut eigenen Angaben verfügt der Kurort über 3.000 Betten (Jan. 2016). Die Urlauberzahlen sind stark steigend. In den ersten zehn Tagen des Jahres 2016 wurden 160.000 Besucher gezählt. In der Saison 2015/16 konnte Anfang Mai die Marke von einer Million erreicht werden.[605] Šeregeš profitiert vom

---

[603] SEVERO-ZAPAD (Hrsg.) (2007): S. 163.
[604] KEMEROVSKAJA OBLAST' (Hrsg.) (2013): S. 33.
[605] http://www.sheregesh.su/forum-sheregesha/obshchiy-forum/skolko-turistov-priezzhaet-v-sheregesh (eingesehen am 17.06.2016).

Rubelverfall und den EU-Sanktionen der letzten Jahre. Sie haben dazu geführt, dass sich viele russische Touristen keinen Alpenurlaub mehr leisten können.

Es existiert kein anderes Wintersportgebiet in Sibirien, welches über ein derartig großes Angebot bzw. so große Nachfrage wie Šeregeš verfügt (Tabelle 21). Nichtsdestoweniger zeigt sich, dass die geplanten Kapazitäten aus der regionalen Entwicklungsstrategie (noch) nicht erreicht wurden. Darüber hinaus weichen die Angaben teilweise stark voneinander ab.

Zur Förderung des Tourismus in Šeregeš wurde eine PR-Kampagne gestartet, die auch von der Oblast'-Administration unterstützt wurde.[606] Im Jahr 2011 wurde eine internationale Tagung in Taštagol abgehalten, wo die Oblast'-Verwaltung die Existenz von Yetis in der Region als bewiesen postulierte.[607] Das Kalkül ist, eine neue Marke zu entwickeln, um damit mehr Touristen anzulocken – unabhängig vom Wahrheitsgehalt des Mythos. Als Vorbild dient die Kleinstadt Velikij Ustjug in der Oblast' Vologda, wo angeblich „Väterchen Frost" (russ. Ded Moroz) leben soll. BREL/KAJSER sehen den Yeti mit Eigenschaften ausgestattet, welche sich assoziativ positiv auf die Wintersportdestination übertragen lassen: Gesundheit, Aktivurlaub, individuelle Stärke, gute Laune und Mystik. Sie sehen die große Chance, dass dieses Symbol bzw. diese Marke dazu beitragen kann, sich vom negativen Image der dreckigen Kohleindustrie insgesamt zu lösen.[608] Fakt ist, dass es die Oblast' Kemerovo mit der Yeti-Kampagne kurzzeitig geschafft hat, auch in der deutschen und internationalen Presse Aufmerksamkeit zu erregen. Die Bewertung der Marke und der Mythos als Werbezweck bleibt letztlich Geschmackssache. Hinsichtlich der Fragestellung in diesem Kapitel muss allerdings konstatiert werden, dass die alljährliche Durchführung des „Tages des Schneemenschen"[609] oder der Verkauf von ein paar Yeti-Souvenirs sicherlich nur sehr begrenzt zu einer wirtschaftlichen Diversifizierung der Oblast' beitragen kann.

Die Wintersportgebiete von Sibirien sind bspw. für alpine Maßstäbe vergleichsweise klein. Der maximale Höhenunterschied ist mit nur ca. 630 Metern in Šeregeš bereits am höchsten. Allerdings ist die Saison in Sibirien aufgrund des kontinentalen Klimas in der Regel länger als in nicht vergletscherten Skigebieten der Alpen. In Tabelle 21 fällt auf, dass einige kleine Gebiete existieren, die eine regionale Nachfrage bedienen sollen (z. B. Bobrovy log für die Millionenstadt Krasnojarsk). Auch in der Stadt Novokuzneck oder Novosibirsk gibt es an kleinen Talhängen einige Schlepplifte, an denen die Stadtbewohner am Wochenende oder nach dem Feierabend kurze Abfahrten mit Skiern oder Snowboard tätigen können. Diese einzelnen Einheiten, welche überwiegend für Anfängerfahrer geeignet sind, bleiben hier unberücksichtigt.

---

[606] BREL', O.; KAJSER, F. (2015): S. 2.
[607] http://www.spiegel.de/reise/aktuell/forschertreffen-in-sibirien-russische-yetis-sind-scheu-a-791050.html (eingesehen am 17.06.2016).
[608] BREL', O.; KAJSER, F. (2015): S. 2-3.
[609] ZAJCEVA, N.; MEKUŠ, G. (2015): S. 8-9.

Tabelle 21: Große Wintersportdestinationen im Föderalen Okrug Sibirien[610]

Ort	Region	Anzahl der Aufstiegsanlangen	max. Höhenunterschied in m	Anzahl der Trassen	Länge der Trassen in m
Šeregeš	**Oblasť Kemerovo**	17[611]	630	15	23.000
Tanaj		7	220	4	10.000
Gora Sobolinaja	Oblasť Irkutsk	8	470	12	15.000
Belokuricha	Kraj Altaj	6	550	7	6.900
Bobrovyj log	Kraj Krasnojarsk	3	350	14	10.000

Quelle: http://www.nedoma.ru/glc, http://gornolyzhki.ru/sibir, mithilfe von Google Earth (je eingesehen am 17.06.2016), eigene Darstellung

Die nächstgelegene Konkurrenz für Šeregeš befindet sich in Belokuricha (Kraj Altaj). Dieser Kurort bestand schon zu sowjetischen Zeiten und ist bis heute eine bedeutende Sommerdestination. In Šeregeš gab es auch vor 1990 schon ein paar Hotels und kleine Liftanlagen. Der Wintertourismus stellt für Belokuricha eher eine saisonale Diversifizierungsbemühung dar. Es zeigt sich allerdings, dass im Vergleich zu Šeregeš die Infrastruktur (z. B. Aufstiegsanlagen) weniger attraktiv ist. Es existieren nur ein Sessel- und sechs Schlepplifte.[612] Das Gebiet von Gora Sobolinaja befindet sich in der Monostadt von Bajkal'sk am gleichnamigen See in der Oblasť Irkutsk. Unter dem Eindruck der wirtschaftlichen Schwierigkeiten der Zellulose-Fabrik (Bajkal'skij celljulozno-bumažnyj kombinat) wurde hier ebenfalls im Rahmen einer Diversifizierungsstrategie auf touristische Entwicklung in Form von Wintersport gesetzt. Eine wirtschaftliche Kompensation ist festzustellen, jedoch kann der Tourismus keinen komplett neuen Kristallisationspunkt darstellen.[613] An dieser Stelle kann keine ausführliche Analyse der vergleichenden Tourismusentwicklung in allen Wintersportdestinationen Sibiriens geleistet werden. Weitere Parameter [Übernachtungen, Bettenkapazitäten oder die Beförderungskapazität der Liftanlagen (Passagiere pro Stunde)] liegen nicht vor. Nichtsdestoweniger lässt sich anhand der Daten (Tabelle 21) resümieren, dass sich Šeregeš mit Abstand zum größten Wintersportzentrum Sibiriens entwickelt hat. Darüber hinaus ist der Einzugsbereich vergleichsweise groß (Tabelle 22).

---

[610] Die Tabelle erhebt keinen Anspruch auf Vollständigkeit. Bei der Auswahl wurde eine Beschränkung auf größere Anlagenkomplexe vorgenommen. Weitere kleinere Orte sind u. a.: Gora Tumannaja bei Taštagol (3 Schlepplifte) in der Oblasť Kemerovo, Ergaki im Kraj Krasnojarsk (2 Lifte), Gladen'kaja (3 Lifte) und Priiskovyj (keine Lifte) in der Republik Chakassien. In der Republik Altaj befindet sich das Ressort von Manžerok, welches allerdings nur einen großen Sessellift besitzt.
Quelle: http://www.nedoma.ru/glc/ (eingesehen am 17.06.2016).
[611] In Šeregeš befinden sich fünf Sessel-, neun Schlepp- und drei Kabinenbahnlifte.
Quelle: http://gornolyzhki.ru/sibir/sheregesh (eingesehen am 18.06.2016).
[612] http://gornolyzhki.ru/sibir/belokuriha (eingesehen am 18.06.2016).
[613] KORJUCHINA, I. et al. (2012): S. 67-74, 93-98.

Tabelle 22: Einzugsbereiche (Landweg < 12 h) und Nachfrager für Šerageš

Agglomerationen/Städte	Einwohner[614] (2015)
Oblast' Kemerovo	2.720.000
Agglomeration Novosibirsk (u. a. mit Berdsk, Ob')	1.800.000
Westl. Altajskij Kraj (u. a. mit Agglomeration Barnaul, Bijsk)	1.100.000
Südl. Oblast' Tomsk (u. a. mit Seversk)	700.000
Südl. Chakassien (u. a. mit Agglomeration Abakan-Sajanogorsk, Minusinsk)[615]	400.000
Nördl. Republik Altaj (u. a. mit Agglomeration Gorno-Altajsk)	80.000
Insgesamt	6.800.000

Quelle: berechnet nach http://www.gks.ru/free_doc/doc_2015/bul_dr/mun_obr2015.rar (05.10.2015), https://maps.yandex.ru/ (eingesehen am 24.10.2015), eigene Darstellung

In Tabelle 22 sind die Einwohnerzahlen in einem zwölfstündigen Einzugsbereich des Wintersportortes Šerageš aufgelistet. Die Begrenzung auf einen halben Tag erfolgte, da diese Entfernung in einem überschaubaren Kostenrahmen (bspw. ohne Flugzeuganreise) noch lohnenswert ist, um im Winter in die Destination zu reisen. Krasnojarsk ist mit einer Einwohnergröße in der Agglomeration von ca. 1,2 Mio. Menschen bereits mehr als 900 km entfernt. Die Erreichbarkeit innerhalb von 12 h (mit Pausen) ist per Landweg nicht mehr gegeben. Die Nachfrager aus der Oblast' Kemerovo (2,72 Mio.) und hier insbesondere aus der Agglomeration von Novokuzneck (ca. 1,2 Mio.) sind vergleichsweise nah (max. 2,5 Autostunden). Die drittgrößte Stadt Russlands und größte Agglomeration Sibiriens, Novosibirsk, beherbergt ebenfalls eine große Nachfragegruppe (ca. 1,8 Mio.). Weitere wichtige Großstädte im Einzugsbereich sind Tomsk, Barnaul oder Bijsk. Im Endresultat steht eine mögliche maximale Besucherzahl von ca. 6,8 Mio. Personen. Selbstverständlich müsste man in jedem Fall u. a. folgende Bevölkerungsgruppen ausschließen: Einkommensschwache und immobile Personen, gesundheitlich beeinträchtigte Menschen und ältere Rentner. Insgesamt soll diese Berechnung keine exakte Kundeneinzugskalkulation darstellen, da konkrete Studien (z. B. zur Herkunft der Touristen) nicht vorliegen. Vielmehr kann damit verdeutlicht werden, dass die möglichen Nachfrager von Šerageš nirgendwo in Sibirien derartig nah auf dem Landweg (per PKW, Bus, Bahn oder kombinierte Verkehrsmodelle) lokalisiert sind. Unter dem Eindruck des aktuellen schwachen Wechselkurses existiert für diese Personen keine nähere und günstigere Alternative im Inland zum Ski- und Snowboardfahren als Šerageš. Das zweitgrößte Skigebiet von Sibirien (Gora Sobolinaja) in der Oblast' Irkutsk würde bei dieser Berechnung einer zwölfstündigen Anreise und optimistisch geschätzt höchstens 3 Mio. Menschen im Einzugsbereich besitzen, obwohl die Stadt Bajkal'sk einen Halt an der Transsibirischen Eisenbahn besitzt.[616]

---

[614] Die Werte in dieser Darstellung sind grob (ab)gerundet und prinzipiell konservativ geschätzt.
[615] Zwischen Abakan und Novokuzneck verkehrt täglich jeweils eine Zugverbindung, die ca. 09:20 h benötigt. Von Novokuzneck erreicht man Šerageš mit dem Bus oder mit dem PKW schnellstens in 3:20 h. Mit Umsteige- und Wartezeiten wäre eine Anreise aus der Agglomeration Abakan schließlich mit einem zeitlichen Aufwand von ca. 13-14 h verbunden.
Quellen: http://pass.rzd.ru/timetable/public/ru?STRUCTURE_ID=735 (eingesehen am 09.11.2015), http://www.e-traffic.ru/schedule/novokuznetsk (eingesehen am 18.11.2015).
[616] Für das Skigebiet bei Bajkal'sk kommen hauptsächlich nur die beiden Hauptstadtagglomerationen von Irkutsk und Ulan-Udė als Einzugsbereich infrage, welche zusammengenommen ca. 1,5 Mio. Einwohner (2015) ver-

Nichtsdestoweniger muss diese theoretisch große Nachfrage relativiert werden. In den Jahren 2008 und 2011 zeigte sich laut Untersuchungen der Administration, dass zwei Drittel der ausreisenden Touristen aus der Oblast' Kemerovo Strandurlauber sind. Nur etwa 10 % sind Aktivurlauber (Wasser-, Berg-, Ski-, Fischerei- oder Jagdtouristen).[617] Diese Statistiken können die Urlaubsnachfrage innerhalb der Oblast' zwar nicht exakt wiedergeben, aber es wird deutlich, dass die Bewohner der Oblast' Kemerovo und auch von Südwest-Sibirien insgesamt dazu tendieren, wenigstens für eine kurze Zeit dem langen sibirischen Winter zu entfliehen. Ein Winterurlaub steht damit nicht zwangsweise an oberster Stelle der Prioritätenliste. Auf der anderen Seite konnte bereits bei dem drastischen Rückgang der Abfertigung von Flugpassagieren in Abbildung 26 (S. 60 ff.) gezeigt werden, dass es seit Ende 2014 für die Bewohner der Oblast' zu teuer ist, im Ausland Urlaub zu machen. Selbst die günstige und populäre Variante eines Türkei-Urlaubes[618] ist mit den politischen Entwicklungen im Land (u. a. Abkühlung der Beziehungen mit Russland – gegenseitigen Wirtschaftssanktionen ab November 2015, Putschversuch) ebenfalls nicht mehr derartig stark wie noch vor ein paar Jahren.[619] Die aktuellen Entwicklungen werden den inländischen Tourismus sogar eher stärken und den Kaufkraftabfluss durch weniger ausländische Urlaubsreisen abmildern.[620]

Für die Zielgruppe der Menschen aus dem europäischen Landesteil (z. B. Moskau oder St. Petersburg) ist die Destination Šeregeš zu weit entfernt. Aus der russischen Hauptstadt ist ein Tourist schneller bspw. über den Münchner oder Salzburger Flughafen in den Alpen und hat dort als Wintersportler ein wesentlich größeres Angebotsportfolio als in der Oblast' Kemerovo oder in Sibirien insgesamt.

In Tabelle 23 sind die wichtigsten positiven und negativen Aspekte der Tourismusentwicklung der Destination Šeregeš in Form einer AMSWOT-Analyse zusammengefasst. Im Folgenden werden ausgewählte Punkte ausgeführt und diskutiert.

Eine wichtige staatliche Hilfe war die Bereitstellung der Straßeninfrastruktur. Aus föderalen und regionalen Mitteln wurde eine neue Straßenverbindung zwischen Čugunaš und Šeregeš errichtet. Die Anbindung bis nach Novokuzneck wurde umfassend erneuert.[621] Die theoretische Fahrtzeitverkürzung ist zwar nur marginal: Für die Strecke Novokuzneck nach Šeregeš benötigt man heute ca. 2:26 h (166 km), vor dem Straßenbau theoretisch ca. 2:40 h (179 km).[622] Jedoch müssen die Straßenverhältnisse und Behinderungen (Schneetreiben und Stau) berücksichtigt werden, was durch die neue Straße deutlich verbessert wurde. Darüber hinaus ist die Entlastung von Taštagol mit Durchgangsverkehr sehr wichtig.

---

zeichnen. Berechnet nach: http://www.gks.ru/free_doc/doc_2015/bul_dr/mun_obr2015.rar (eingesehen am 05.10.2015), https://maps.yandex.ru/ (eingesehen am 24.10.2015).
[617] KEMEROVSKAJA OBLAST' (Hrsg.) (2013): S. 21.
[618] 2014 sind laut offizieller Statistik durch regionale Touristikunternehmen 21.439 Personen aus der Oblast' Kemerovo in die Türkei gereist – 2. Platz nach Thailand (22.951). Die Destination Türkei beansprucht damit bereits ein Fünftel des Gesamtvolumens (103.473). Quelle: KEMEROVOSTAT (Hrsg.) (2015a): S. 125.
[619] http://www.auswaertiges-amt.de/DE/Aussenpolitik/Laender/Laenderinfos/Tuerkei/Aussenpolitik_node.html#top (eingesehen am 12.08.2016).
[620] SCHARR, K. (2016): S. 44-46.
[621] KEMEROVSKAJA OBLAST' (Hrsg.) (2013): S. 34.
[622] Berechnet nach: https://maps.yandex.ru/ (eingesehen am 04.06.2016).

Tabelle 23: AMSWOT-Analyse des Tourismusstandorts „Šeregeš"

Leistungen	Versäumnisse
<ul><li>Aufbau einer konkurrenzfähigen Tourismusinfrastruktur seit 2007</li><li>Generierung von Investoren, welche die Lift- und Hotelinfrastruktur aufgebaut haben</li><li>Schaffung von Arbeitsplätzen außerhalb der Rohstoffförderung und dem Industriesektor</li><li>Bau der Straße Čugunaš nach Šeregeš durch staatliche Zuwendungen (Entlastung Durchgangsverkehr Taštagol)</li></ul>	<ul><li>kein Aufbau einer gemeinsamen dauerhaften Planungs- und Marketingorganisation</li><li>Räumliche Nutzungskonflikte: direkt an der Südspitze der Zufahrtsstraße existiert ein Gefängnis (Schließung ist in Planung)</li></ul>
Stärken	**Schwächen**
<ul><li>größtes Skigebiet im Föderalen Okrug Sibirien</li><li>ca. 1 Mio. Touristen pro Wintersaison</li><li>großes Einzugsgebiet der Gäste: Gesamte Oblast' Kemerovo, Südwest-Sibirien</li><li>lange Saison (ca. November bis Ende April/Anfang Mai)</li><li>einzigartige Schneebedingungen (trockener Pulverschnee)</li><li>keine Lawinengefahr</li></ul>	<ul><li>verschiedene Preissysteme und Sektoren: es gibt keinen einheitlichen Skipass</li><li>keine einheitlichen Standards durch unterschiedl. Unternehmensphilosophien</li><li>relativ hohes Preisniveau bei den Unterkünften und der Verpflegung (primär nur für gehobene Mittel- bzw. Oberklasse)</li><li>Typisches Problem der Saisonalität bei Wintersportdestinationen: Mangelnde Angebote und weniger Gäste im Sommer</li></ul>
Chancen	**Risiken**
<ul><li>Ausbau des Flughafens von Taštagol zur besseren Anbindung sibirischer und überregionaler Metropolen (z. B. Novosibirsk, Krasnojarsk)</li><li>theoretisch große Erweiterungsmöglichkeiten des Gebietes (z. B. in Richtung des Mustag nach Norden)</li><li>Imagewandel für die Region (von der Kohle- zur Tourismusregion)</li><li>Stärkung von weichen Standortfaktoren</li><li>Konkurrenzdruck unter den Sektoren erhöht ggf. die Investitions- bzw. Aufwertungsbereitschaft</li><li>Bau der Straße Abakan–Orton–Taštagol bzw. Meždurečensk (Erschließung neuer Zielgruppen, z. B. aus Krasnojarsk)</li></ul>	<ul><li>Zerstörung der Natur (z. B. Wald) durch mangelhafte Planung/Abgrenzung der Pisten; mögliche ökologische Folgeprobleme (Erosion, Hangrutschungen usw.)</li><li>mangelhafte Planung führt zur Zersplitterung/Unübersichtlichkeit</li><li>unter gewinnmaximierender Prämisse leidet die Qualität</li></ul>

Quelle: Ortsbegehung Šeregeš und Expertengespräch, eigene Darstellung

Entscheidende natürliche Voraussetzung für den Tourismus ist der sibirische Winter. Es ist hier möglich, auf nur 600 oder 1.200 Höhenmetern von November bis Anfang Mai Schnee für Ski- und Snowboardfahrer zu nutzen. Ein typisches Problem ist die Saisonalität. Von Ende November bis zum 10. Januar und vom 11. Februar bis Ende April ist Hochsaison.[623] Den Rest des Jahres können Wanderungen und andere Erholungsformen im Schorischen Bergland getätigt werden, aber die Intensität kann den Andrang im Winter nicht kompensieren.

In der Tourismusstrategie wird es gelobt, dass es für die Errichtung des „Komplexes von Šeregeš" mehrere Investoren gab und nicht nur externe Großunternehmen beteiligt sind.[624] In der Praxis ist dies allerdings für die Kunden und die gesamte Planung ungünstig. Es ist nicht möglich, wie nahezu in jedem Skigebiet der Alpen, einen gemeinsamen Skipass zu erwerben. Insgesamt existieren aktuell drei verschiedene Bereiche (Sektoren), wobei die Liftkarten nicht kompatibel sind und sich auch für ähnliche Leistungen unterschiedliche Preise ergeben können. Dies macht den Übergang zwischen den Sektoren zu einer komplizierten und unübersichtlichen Angelegenheit. Aufgrund der Tatsache, dass die Liftanbieter in Konkurrenz stehen, fehlen Beschilderungen bei den Sektorenübergängen (Stand März 2015). Darüber hinaus verleitet die mangelnde Beschilderung der Trassen viele Fahrer dazu, quer durch die Waldgebiete zu fahren.[625] Eine Beeinträchtigung der Vegetation mit Absenkung der Baumgrenze und ökologische Langzeitschäden (z. B. Erosion) könnten die Folge sein. Eine staatliche (z. B. kommunale) Beteiligung oder die Organisation aus einer Hand (siehe alpine Skigebiete) hätten den Aufbau (u. a. Wartung, Trassierung und Pflege der Pisten) möglicherweise von Beginn an optimieren können. Stattdessen ist die Errichtung von insgesamt fünf Sektoren in Planung.[626] Ein kleiner Vorteil könnte allerdings aus der zersplitterten Struktur durch die Konkurrenz erwachsen. Bestimmte Preise für Dienstleistungen können nicht überschritten werden, ansonsten nutzen die Kunden die anderen Bereiche. 2012 wurde die Organisation Kuzbassturindustrija gegründet. Diese stellt eine Art Unternehmerverband der Tourismusanbieter von Šeregeš dar. Ziel der Vereinigung ist laut eigenen Angaben der Rechtsschutz und die Lösung von Konflikten untereinander.[627] Eine Schwäche hierfür ist die Existenz einer Justizvollzugsanstalt direkt an der Südspitze der Zufahrtsstraße nur 500 Meter von den ersten Aufstiegsanlagen entfernt. Dieses Gefängnis („4. Kolonie") hat laut eigenen Angaben eine Kapazität von 850 Personen[628] und stellt ein zynisches Nebeneinander von Erholung und Verwahrung dar.

Durch die Zersplitterung der Sektoren findet auch kein Monitoring statt, was u. a. bei den unterschiedlichen Angaben deutlich wurde. Besucherbefragungen (z. B. Herkunft der Touristen, Reiseverhalten) sind bis dato nicht bekannt. Auch eine valide Quantifizierung der geschaffenen Arbeitsplätze oder der Unternehmensumsätze ist nicht möglich.

Insgesamt gilt es, die Euphorie des neuen Wirtschaftszweiges „Wintersport" zu dämpfen: Laut Statistik arbeiten in der Oblast' 24.900 Personen im Hotel- und Gaststättengewerbe, was ca. 1,9 % der Gesamtbeschäftigten der Oblast' entspricht. Dieser Wert wurde bereits vor der Wirtschaftskrise 2008

---

[623] NOSKOV, S.; ESIPOVA, S. (2012): S. 115.
[624] KEMEROVSKAJA OBLAST' (Hrsg.) (2013): S. 34.
[625] CH. BÜLOW Ortsbegehung Šeregeš am 28.02./01.03.2015.
[626] KEMEROVSKAJA OBLAST' (Hrsg.) (2013): S. 34.
[627] http://org-ukti.ru/o-sro (eingesehen am 17.06.2016).
[628] http://42.fsin.su/structure/ispravitelnye_kolonii/ik_4.php (eingesehen am 17.06.2016).

erreicht (Abbildung 60, S. 176).[629] Weitere Beschäftigte im Tourismus werden anderen Wirtschaftszweigen zugerechnet (z. B. Handel, Transport) und lassen sich statistisch nicht isolieren. Es zeigt sich, dass ein leichter Anstieg von 2009 bis 2013 zu verzeichnen ist. Darüber hinaus sind die Löhne in keiner anderen Branche so niedrig wie im Hotel- und Gaststättengewerbe (Abbildung 59, S. 175), was allerdings auch auf die geringe Monetarisierung in diesem Bereich zurückzuführen ist. Es bleibt abzuwarten, welche Effekte die Wirtschafts- und Rubelkrise 2016 und darüber hinaus auf die Tourismusentwicklung in Šeregeš zeigen werden. Aufgrund der Terrorismusgefahr im Orient und dem Wertverfall des Rubels ist damit zu rechnen, dass der russische Inlandstourismus weiter anwächst. Davon könnte auch Šeregeš profitieren.

Für die zukünftige Entwicklung bieten sich auch einige Chancen:

Im Programm zur „Entwicklung der Transportinfrastruktur Russlands 2010–2020" ist der Ausbau des Flughafens von Taštagol geplant. 2018–2019 sollen die Bauarbeiten beginnen. Insgesamt stehen im föderalen Budget hierfür 1,17 Mrd. RUB zur Verfügung. Der Finanzierungsabteilung der Oblast' beläuft sich auf „nur" 155 Mio. RUB.[630] Unter dem Eindruck der aktuellen Finanz- und Wirtschaftskrise ist es fraglich, ob das Vorhaben auch tatsächlich umgesetzt bzw. finanziert wird. Es könnte aber zukünftig eine große Chance für die Tourismusdestination von Šeregeš werden, das größte Skigebiet Sibiriens für hochpreisige Nachfrage aus Novosibirsk, Krasnojarsk oder möglicherweise sogar aus dem europäischen Landesteil zu erschließen. Theoretisch bestehen für das Wintersportgebiet noch Erweiterungsflächen. In nördlicher Richtung (Berg Mustag) könnte man zwar in Konflikt mit Naturschutzinteressen (Grenze zum Nationalpark Schorisches Bergland) geraten. Aber insgesamt stünden noch einige andere Hänge zur Verfügung, die man mit dem Bau weiterer Liftanlagen erschließen könnte. Ob sich tatsächlich ein grundsätzlicher Imagewandel von der „Kohle zum Yeti" ergibt, wie es in der Literatur verheißungsvoll vorgeschlagen wird,[631] ist mit großer Skepsis zu betrachten. Allein die wirtschaftliche Dominanz und die Arbeitsplätze in der Rohstoffförderung sind mit den Dimensionen des Tourismus nicht ansatzweise vergleichbar. Nichtsdestoweniger entstehen im Hotel- und Gaststättengewerbe völlig neue Beschäftigungsmöglichkeiten – insbesondere auch für junge Frauen.

Neben der Marke „Yeti" wäre es auch zielführend, stärkere Aufmerksamkeit, bspw. mit Großereignissen, zu induzieren. Die lange Saison machen sich in Russland auch schon andere Orte für internationale Wintersportwettbewerbe zunutze: Chanty-Mansijsk (Biathlon) oder Nižnij Tagil (Skispringen).

In langfristiger Zukunft könnte die Straßenverbindung zwischen der Republik Chakassien und der Oblast' wichtige Effekte bringen – auch für die Agglomeration „Südlicher Kuzbass" insgesamt. Der Bau einer Straße von Meždurečensk über Bolšoj Orton bis nach Abakan wird immer wieder diskutiert. Jedoch sind die Kosten für die beiden Föderationssubjekte allein zu groß. Eine nötige föderale Teilfinanzierung ist bis dato nicht zugesichert worden.[632] Für die Oblast' Kemerovo birgt diese Verbindung allerdings auch Risiken, da möglicherweise noch mehr Bewohner der Oblast' in das landschaftlich abwechslungsreichere und ökologisch weniger belastete Chakassien fahren können.

---

[629] KEMEROVOSTAT (Hrsg.) (2015a): S. 44-45.
[630] RUSSISCHE FÖDERATION (Hrsg.) (2013): S. 326.
[631] BREL', O.; KAJSER, F. (2015): S. 1-4.
[632] http://vg-news.ru/n/109667 (eingesehen am 18.06.2016).

Die größten Risiken gehen hauptsächlich aus den aktuellen Schwächen der mangelnden Organisationsstrukturen hervor. Falls es nicht gelingt, eine langfristige gemeinsame Planung für die Destination zu entwickeln, können Folgeprobleme u. a. in den Bereichen der Ökologie, Bebauungsstruktur oder Verkehr die Attraktivität mindern. Weitere Investitionen zur qualitativen Verbesserung sollten nicht vernachlässigt werden.

Neben dieser Darstellung zum Wintersporttourismus und der im Jahr 2013 verabschiedeten Strategie zur „Entwicklung des Tourismus in der Oblast' Kemerovo bis 2025" muss die im Juni 2015 publizierte Strategie zur Entwicklung des sog. „Tourismus- und Erholungscluster in der Oblast' Kemerovo" genannt werden. Einige Ziele werden hier bereits wesentlich konkreter ausgeführt, u. a.: Verbesserung der touristischen Angebote, Verbesserung der Kommunikations- und Marketingstrukturen zwischen staatlichen und privaten Akteuren. Darüber hinaus ist die Gründung eines wissenschaftlich begleiteten Ausbildungssystems gemeinsam mit der KemGU ein weiteres wichtiges Ziel. Die größte Errungenschaft dieses „Tourismus-Clusters" stellt die Erstellung eines professionellen Internetauftritts in russischer, englischer und chinesischer Sprache dar.[633] Erstmalig wird hier versucht, die wichtigsten Attraktionen (Architektur, Denkmäler, Theater, Museen, Sportstätten, Galerien usw.) der gesamten Oblast' systematisch zu präsentieren. Die Entwicklungen in diesem Bereich sind vergleichsweise neu. Der Ansatz und die Aufbereitungen im Internet sprechen allerdings für eine deutliche Professionalisierung im Bereich der Tourismusförderung.

Zusammenfassend lässt sich festhalten, dass es für eine Altindustrieregion wie die Oblast' Kemerovo schwierig ist, den Tourismus als *die* neue Boombranche zu entwickeln.[634] Auch im Ruhrgebiet kann die Wirtschaftsstruktur nach dem Ende der Montanindustrie unmöglich primär auf dem Tourismus basieren.[635] Die Verbesserung der Lebens- und Beschäftigungsbedingungen der Bevölkerung der Oblast' ist das primäre Ziel. Das ist teilweise erreicht worden. Für Šceregeš besteht noch ein großer Marktvorteil für Sibirien, welcher nicht verspielt werden sollte. Im Altajgebirge und in den Sajany gibt es Orte, in denen die physiogeographischen Voraussetzungen weit besser sind. Bisher wurde dort jedoch wenig investiert. Ein weiterer Kapazitätsausbau für Šeregeš ist möglich und sollte auch mit qualitativen Verbesserungen der Angebotsstrukturen einhergehen. Im Endeffekt kann der Wintersporttourismus eine flankierende Maßnahme unter anderen zur wirtschaftlichen Diversifizierung darstellen.

---

[633] http://visit-kuzbass.ru/ru (eingesehen am 27.10.2016).
[634] Siehe dazu weitere Ausführungen bei den Handlungsempfehlungen in Kapitel 5.4.3 (S. 259 ff.).
[635] BÜLOW, CH. (2015b): S. 2-4.

4.2.6. Diversifizierung nach Branchen

Im folgenden Kapitel können die Daten aus der regionalen Entwicklungsstrategie mit den aktuellen Statistiken verglichen werden, um die Frage nach dem Erfolg der wirtschaftlichen Diversifizierung zu beantworten. Die Entwicklung der Wertschöpfung der fünf wichtigsten Branchen von 2006 bis 2014 wurde bereits in Abbildung 20 (S. 51) dargestellt, wobei daran erinnert werden muss, dass das BRP in den letzten Jahren insgesamt in der Oblast' Kemerovo rückläufig war. In Abbildung 58 sind die relativen Anteile des Bruttoregionalproduktes in der Realität mit den beiden prognostizierten Varianten gegenübergestellt.

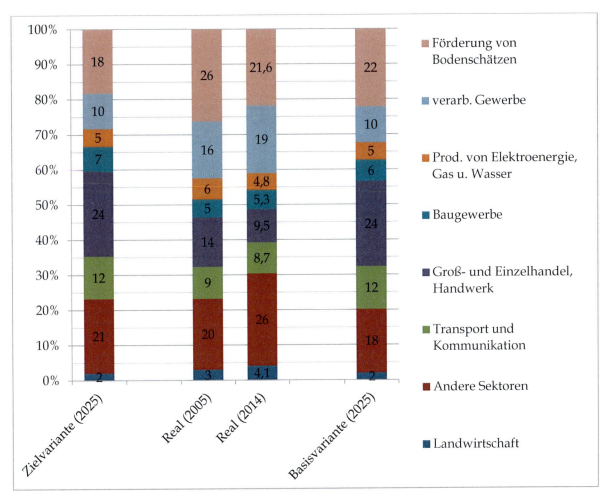

Abbildung 58: Anteile der Wirtschaftssektoren am BRP Real (2005, 2014) und Zukunftsszenarien (Ziel, Basis) in %
Quelle: SEVERO-ZAPAD (Hrsg.) (2007): S. 177, http://www.gks.ru/free_doc/new_site/vvp/otr-stru14.xlsx (eingesehen am 23.06.2016), eigene Darstellung

Der Rohstoffsektor hat in der Darstellung etwas an Bedeutung eingebüßt und verortet sich mit 21,6 % (2014) bereits bei der „Basisvariante" der Entwicklungsstrategie. Ziel soll es sein, dass sich der Anteil auf ca. 18 % reduziert. Falls sich die Entwicklung der letzten Jahre in dieser Form fortsetzt, könnte dies sogar eintreten. Allerdings sind die Schwankungen in diesem Bereich sehr groß. Zur Erinnerung:

2011 betrug der Anteil sogar noch 34,6 %.[636] Zum Vergleich: In Russland beträgt der Anteil der Förderung von Bodenschätzen an der Bruttowertschöpfung ca. 10,6 %; in Sibirien 12,6 % (2014).[637] Prinzipiell wird mit den Zielwerten deutlich, dass es zu keiner radikalen Abkehr von der Kohle in der Oblast' Kemerovo kommt, was regionalwirtschaftlich auch wenig Sinn machen würde. Im Ergebnis ist die Kohleförderung aber nach wie vor der wichtigste Wirtschaftszweig. Eine Abkehr von der Monostruktur kann nicht konstatiert werden.

Der vergleichsweise hohe Anteil des produzierenden Gewerbes in Höhe von 19 % (2014) ist positiv zu bewerten. Relativierend muss allerdings eingeräumt werden, dass der Rückgang beim Rohstoffsektor den vergleichsweise hohen prozentualen Wert beflügelt halt. Warum ein Rückgang auf 10 % in beiden Szenarien als Entwicklungsziel ausgegeben wird, kann nicht überzeugend dargelegt werden. Stattdessen soll der Konsum bzw. der Groß- und Einzelhandel mit nahezu einem Viertel der Wirtschaftskraft zum größten Sektor anwachsen. Hiervon ist die Oblast' 2014 noch sehr weit entfernt. Hier hat sich Severo-Zapad offensichtlich von Strukturen in hoch entwickelten europäischen Stadtregionen leiten lassen, die in dieser Form für eine periphere Insel-Ökonomie absurd sind.

Hinsichtlich der Diversifizierung ist der vergleichsweise hohe Anteil der „anderen Sektoren" zu nennen, welcher die Zielmarke von 21 % (2025) deutlich übertrifft. Hierunter subsumieren sich wietere private (z. B. Finanzsektor, Immobilienhandel, Hotel- und Gaststättengewerbe) und staatliche Dienstleistungen (Verwaltung, Bildung, soziale Dienste). Diesbezüglich können zaghafte Ansätze einer diversifizierten Wirtschaftsstruktur identifiziert werden.

Ein nützliches Grundgerüst für die Differenzen zwischen urbanen und ländlichen Räumen bzw. Regionen in Russland wird schon bei RUDOLPH (2001) angeboten: Dem Zerfall der Sowjetunion folgte eine flächendeckende Deindustrialisierung, welche mit einer starken Rumpftertiärisierung einherging. Die City-Bildung mit marktwirtschaftlichem Dienstleistungssektor lässt sich zur Jahrtausendwende in Russland nur in Moskau und St. Petersburg antreffen. Andere Millionenstädte (wie z. B. Ekaterinburg, Kazan, Nižnij Novgorod) holen zwar auf, aber die Peripherien im Land können diese Strukturen nicht ansatzweise adaptieren. Vielerorts ist diese Entwicklung allerdings nur ein Substitut bzw. eine Teilkompensation in Zusammenhang mit der Schrumpfung im sekundären Sektor.[638] Schließlich muss konstatiert werden, dass in etlichen russischen Großstädten (unter 1 Mio. Einwohnern), so auch in Kemerovo oder Novokuzneck, viele Dienstleistungen aufgrund der informellen Strukturen keinen Eingang in die Statistik finden. Der Tauschhandel (z. B. mit Naturalien) auf dem Markt oder im Privaten ist in den kleineren Städten und den ländlichen Räumen der Oblast' Kemerovo sogar noch ausgeprägter. Eine exakte statistische Erfassung ist nur schwer möglich.[639] Darüber hinaus führt die Datschen-Kultur zu einem hohen Grad der Selbstversorgung – selbst in der Hauptstadt Kemerovo. Der Anbau von eigenem Gemüse und Obst sowie deren Weiterverarbeitung lässt sich nahezu in jeder Familie beobachten. In den großen Agglomerationen von Moskau oder St. Petersburg sind diese Phänomene wesentlich schwächer ausgeprägt. Stattdessen ersteht man dort die Waren des kurz-

---

[636] KEMEROVOSTAT (Hrsg.) (2015a): S. 135.
[637] http://www.gks.ru/free_doc/new_site/vvp/otr-stru14.xlsx (eingesehen am 23.06.2016).
[638] RUDOLPH, R. (2001): S. 63 ff., 174 ff.
[639] Der hohe Grad der Subsistenzwirtschaft ist u. a. ein Grund, warum die sehr ländlich geprägten Regionen Sibiriens, Republik Altaj und Tyva, eine sehr geringe faktische Bruttowertschöpfung aufweisen.

fristigen Bedarfs mit dem anerkannten Tausch- und Zahlungsmittel Geld. Diese wesentlich schwächere Monetarisierung von Dienstleistungen ist ein besonderes Charakteristikum der russischen Peripherie und ist im Untersuchungsgebiet ebenfalls anzutreffen.

In Russland beträgt der prozentuale Anteil des „Groß- und Einzelhandels / Handwerk" am Bruttoregionalprodukt 19 %, in Sibirien nur 11,7 % (2014). Der Spitzenwert in Sibirien wird durch die Oblast' Novosibirsk (17,4 %) belegt,[640] was nicht nur durch die starke Entwicklung der drittgrößten russischen Stadt (über 1,5 Mio. EW) zur Dienstleistungs- und Handelsmetropole erklärbar ist,[641] sondern ursächlich auch an der stärkeren urbanen Monetarisierung liegt. Für die Oblast' Kemerovo ist es statistisch und auch faktisch unrealistisch, dass unter diesen Rahmenbedingungen des Dienstleistungssektors die Zielmarke von 24 % bis 2025 erreicht werden kann. Ein weiteres Argument abseits dieser methodischen Probleme wurde bereits bei der Darstellung der mikroregionalen Beispiele, insbes. bei Prokop'evsk (Abbildung 55, S. 156), aufgezeigt. Die Dienstleistungen (z. B. Einzelhandel) sind, sofern kein neuer Kaufkrafterzeuger gefunden werden kann, nicht in der Lage, die Probleme des Rohstoffsektors und der verarbeitenden Industrie (u. a. Arbeitsplatzabbau – Abbildung 60, S. 176) zu kompensieren. Dies ist eine typische Schwäche in Altindustrieregionen.[642]

Die zweite Frage: Wie sinnvoll ist diese postulierte Tertiärisierung?

Es bleibt insgesamt fraglich, warum man eine derartig stark dienstleistungsorientierte Ökonomie in einer peripheren Altindustrieregion anstreben sollte. Hier wird der schablonenartige Ansatz des Projektbüros von Severo-Zapad aus St. Petersburg deutlich, der sich an westlichen und urbanen Vorbildern orientiert. Eine Tertiärisierung ist eine vergleichsweise einfallslose Medizin (Strategie), die man als Arzt (Planer) mit Ferndiagnose nahezu jedem kränkelnden Patienten (Region) verschreiben könnte. Befürworter könnten argumentieren, dass der Binnenmarkt durch die Existenz des größten Städtenetzes östlich des Urals sicherlich von interessanter Größe ist. Jedoch sind die Verhältnisse im Dienstleistungssektor der Oblast' Kemerovo im Vergleich zu den russisch-europäischen und großstädtischen Dimensionen (Moskau oder St. Petersburg) andersartig.[643]

In Abbildung 59 sind die monatlichen Einkommen in den einzelnen Wirtschaftssektoren dargestellt. Laut Statistik verdient ein Beschäftigter in der Oblast' Kemerovo im Mittel ca. 26.800 RUB (2014). Die höchsten Löhne werden im Bereich der Rohstoffförderung, bei Finanzdienstleistungen und in staatlichen Organisationen (Militär, Behörden usw.) bezahlt. Diese Branchen lokalisieren sich bei jeweils ungefähr 40.000 RUB und damit ca. 50 % über dem Durchschnitt. Mit nur 18.140 RUB schneidet der Bereich Groß- und Einzelhandel / Handwerk weit unterdurchschnittlich ab. Am schlechtesten wird im Hotel- und Gaststättengewerbe (13.700 RUB) bezahlt, was nur etwas mehr als die Hälfte des Mittelwertes in der Oblast' beträgt. Dieser Fakt ist eine interessante Ergänzung zum Kapitel der Tourismusförderung (4.2.5). Die Effekte für den Arbeitsmarkt sind schließlich unterdurchschnittlich. Unabhängig von den Verzerrungen durch die statistische Erfassung, der unterschiedlichen Monetari-

---

[640] http://www.gks.ru/free_doc/new_site/vvp/otr-stru14.xlsx (eingesehen am 23.06.2016).
[641] In Novosibirsk-Stadt sind auch etliche westliche Konzerne des Groß- und Einzelhandels vertreten z. B. IKEA, Metro AG [Quelle: http://news.ngs.ru/more/32715/ (eingesehen am 25.06.2016)].
[642] DÖRRE, K.; RÖTTGER, B. (2006): S. 32-56.
[643] RODRÍGUEZ, M.; MELIKHOVA, Y. (2016): S. 669-674.

sierungsniveaus usw. bleibt es fraglich, warum der massive Bedeutungsanstieg dieser Niedriglohnbranchen zielführend sein sollte. Die hohen Löhne in der Industrie sind schließlich die Basis für den weiteren Konsum und deshalb auch für die Tertiärisierung ein wesentlicher Faktor.

Dieser Bereich und die Abbildung 58 ein gutes Beispiel für die eingangs getätigte Kritik am Begriff des Strukturwandels (1.5.1, S. 11 ff.) dar: Von 2005 bis 2013 hat sich zwar eine Veränderung bei dem Anteil der Wirtschaftssektoren vollzogen, was bereits einen Strukturwandel darstellen würde. Ab welchem Industrie- oder Dienstleistungsgrad (Schwellenwerte) dieser beginnt, ist allerdings nicht definiert und der Begriff damit etwas oberflächlich. Insgesamt muss jedoch resümiert werden, dass für den Bereich der Diversifizierung nach Branchen leichte Ansätze erkennbar sind, aber keine grundsätzliche Kehrtwende von der Monostruktur.

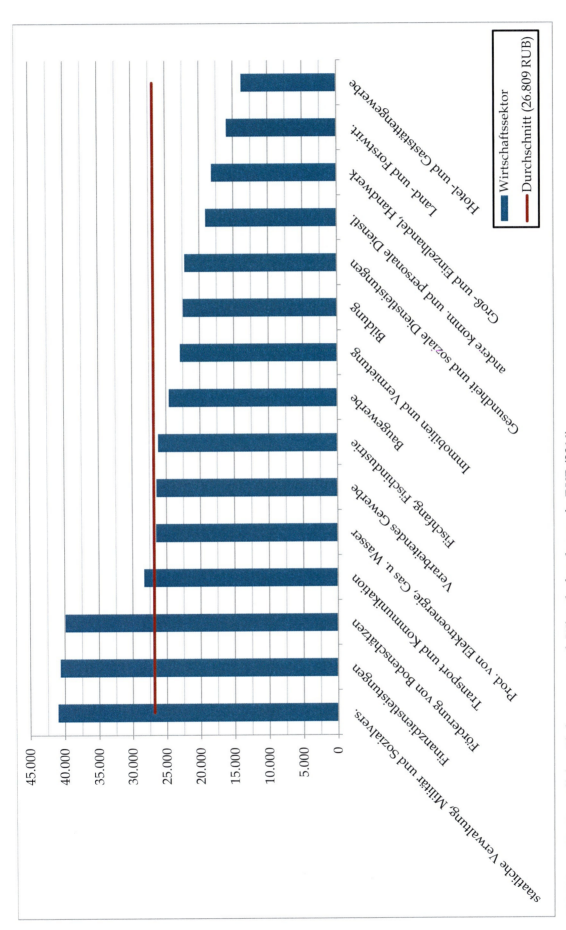

Abbildung 59: Monatliches Einkommen nach Wirtschaftssektoren in RUB (2014)
Quelle: KEMEROVOSTAT (Hrsg.) (2015a): S. 72-73, eigene Darstellung

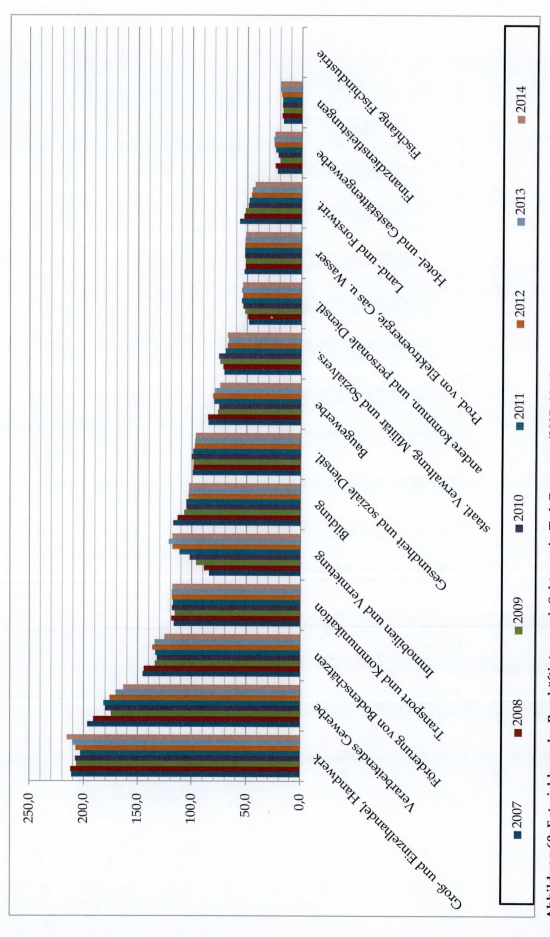

Abbildung 60: Entwicklung der Beschäftigten nach Sektoren in Tsd. Personen (2007–2014)
Quelle: KEMEROVOSTAT (Hrsg.) (2012b): S. 73-74, KEMEROVOSTAT (Hrsg.) (2015a): S. 44-45, eigene Darstellung

Wie bereits in Kapitel 3.2.5 (S. 49 ff.) angedeutet, ist die Beschäftigtenstruktur in der Oblast' Kemerovo nur bedingt monostrukturell. In der Entwicklungsstrategie wird dem „Risiko des unausgewogenen Arbeitsmarktes" rund dreieinhalb Seiten gewidmet. Hierbei werden hauptsächlich die demographischen Probleme (z. B. allgemeine Bevölkerungsentwicklung, Überalterung der Arbeitskräfte, Entwicklung der Studentenzahlen[644]) thematisiert.[645] Klare quantitative Zielvorstellungen einer Diversifizierung auf dem Arbeitsmarkt werden nicht formuliert.

In Abbildung 60 ist die Entwicklung der registrierten sozialversicherungspflichtigen Arbeitnehmer von 2007 bis 2014 dargestellt. Zur Einordnung: In diesem Zeitintervall hat sich die absolute Zahl von 1.327.300 auf 1.278.200 Personen reduziert.[646] Es ist deutlich zu ersehen, dass die Branchen der Rohstoffförderung (-20.000) und des verarbeitenden Gewerbes (-33.200) einen deutlichen Arbeitsplatzabbau zu verzeichnen haben. Allein der Rückgang in diesen beiden Branchen kann bereits den größten Teil des Beschäftigtenrückgangs von insgesamt 49.100 Personen erklären. Die Wirtschaftskrisen 2009 und aktuell 2014 sind in diesen Sektoren in der Abbildung kaskadenartig abzulesen. Im Ergebnis bestätigen diese Deindustrialisierungstendenzen die starke Abhängigkeit von der Schwankung des Kohlepreises auf dem Weltmarkt.

Hinsichtlich der im vorherigen Kapitel angesprochenen Tertiärisierung im Bereich Groß- und Einzelhandel / Handwerk lässt sich feststellen, dass er mit ca. 215.000 Personen der größte Beschäftigungssektor ist. Es bleibt aber vielmehr die Frage, ob es nicht eher notgedrungene Kompensation als wirklich geplante Entwicklung war. Die Dienstleistungssektoren konnten hinsichtlich des Arbeitsmarktes den Verlust teilweise kompensieren, jedoch spiegelt sich dieses Phänomen nicht in der Wertschöpfung wider (Abbildung 58). Dies unterstreicht die Kritik, dass die Tertiärisierung nur bedingt eine Abhilfe für die strukturellen regionalökonomischen Probleme sein kann. Auch staatliche Beschäftigungsmöglichkeiten haben keine Kompensation übernommen. In der Verwaltung sind 3.200 und im Bildungsbereich sogar 14.600 weniger Beschäftigte zu verzeichnen.

Die größten Wachstumsbranchen auf dem Arbeitsmarkt stellen der Handel und die Vermietung von Immobilien dar. Letzteres ist vor allem durch die zunehmende Monetarisierung dieses Bereiches bedingt. Darüber hinaus ist der Zuzug in die Hauptstadtagglomeration eine wichtige Ursache. Dadurch, dass der Bausektor leichte negative Tendenzen aufweist, ist abzuleiten, dass das Angebot (z. B. an Wohnraum) nicht mit der Nachfrage Schritt hält. Es können damit teilweise hohe Preise verlangt werden, welche allerdings in der aktuellen Wirtschaftskrise momentan im Fallen begriffen sind. Nichtsdestoweniger schafft dieser Bereich zwar Arbeitsplätze, jedoch wären Investitionen wichtiger als Spekulationen.

Zusammenfassend lässt sich festhalten, dass die Dienstleistungssektoren (insbes. Groß- und Einzelhandel / Handwerk, Immobilien), die einzigen Branchen sind, welche Arbeitsplätze schaffen. Allerdings sind die Löhne in diesen Bereichen unterdurchschnittlich. Die industrielle Basis sollte gestärkt und erhalten bleiben. Im Endeffekt ist am Arbeitsmarkt keine Diversifizierung zu konstatieren.

---

[644] Mehr zum Thema Bevölkerungsentwicklung und Hochschulbildung in Kapitel 4.3.4 (S. 195 ff.).
[645] SEVERO-ZAPAD (Hrsg.) (2007): S. 66-69.
[646] Visualisiert in Abbildung 18 (S. 49).

4.2.7. Fazit Wirtschaftliche Diversifizierung

Insgesamt besteht die Abhängigkeit vom Rohstoffsektor fort. An den unterschiedlichen Beispielen konnte gezeigt werden, dass ein Resümee differenziert ausfallen muss.

Der Maschinenbau stellt ein sehr negatives Beispiel dar u. a. durch den Verlust von einem Drittel der Arbeitsplätze in nur zehn Jahren. Der Ausblick in die kurzfristige Zukunft ist hinsichtlich von neuen Investitionen pessimistisch: Durch die aktuelle wirtschaftliche Krisensituation (schwacher Rubel) verteuern sich die Einkäufe (z. B. von Maschinen) im westlichen Ausland immens. Viele Unternehmen in Russland, aber auch in der Oblast' verzichten auf eigentlich notwendige Investitionen.[647] Die Konzerne setzen allerdings ihre Strategie des Rohstoffabbaus und des Exportes fort. Der technische Rückstand ist jedoch jetzt schon existent und sollte nicht noch weiter zunehmen. Hiervor wurde schon in der Entwicklungsstrategie gewarnt.

Das jetzige System der regionalen Administration, die Unternehmen mit besonderen Vereinbarungen (Soglašenija) zu Investitionen zu veranlassen, stellt nur für ausgewählte soziale Bereiche eine Modernisierung dar. Für die grundlegende Umstrukturierung bzw. Diversifizierung kann dies kein Mittel sein.

Die Oblast' Kemerovo hat mit 24 Kommunen die meisten „Monostädte" in Russland, was eine besondere Herausforderung darstellt. Das dafür aufgelegte Bundesprogramm stellt ein prinzipiell nützliches Konzept zur Diversifizierung dar. Für die Oblast' Kemerovo zeigt sich jedoch, dass in einer Solitärstadt mittlerer Größe, wie Jurga, leichter Erfolge zu erzielen sind als in einer großen Bergbaustadt wie Prokop'evsk. Die ideenlose Förderung des Dienstleistungssektors kann hier keine Alternative sein, obwohl es in der Entwicklungsstrategie vorgeschlagen wird. Der Groß- und Einzelhandel besitzt in einer peripheren Region wie der Oblast' Kemerovo stark informelle Strukturen. Darüber hinaus kann die Tertiärisierung eher als zwanghafte Anpassungsstrategie aus privatwirtschaftlicher Perspektive interpretiert werden. Aufgrund der niedrigen Löhne im privaten Dienstleistungssektor sollte die Stärkung der industriellen Basis ein wichtiges Ziel sein.

Die Förderung des Tourismus ist ebenfalls eine junge Entwicklung im Untersuchungsgebiet. Die Wintersportdestination Šeregeš kann vom schwachen Rubel profitieren und den Kaufkraftabfluss aus Sibirien und der Oblast' Kemerovo minimieren. Jedoch können 50 Hotels mit ca. 2.500 bis 3.000 Betten auch nur einen begrenzten Beitrag zur Diversifizierung der gesamten Region leisten.

In der Untersuchung einer Wirtschaftswissenschaftlerin aus Novosibirsk wurde die Intensität der Diversifizierung in den sibirischen Regionen von 2008 bis 2013 gemessen. Für die Oblast' Kemerovo kommt sie zu dem Schluss, dass die Region zwar prinzipiell in eine Gruppe der *„stabilen Entwicklung"* einzuordnen sei. Allerdings wird bei vielen Indikatoren nur das untere Mittelfeld belegt. Insbesondere erfolgt die Identifizierung der größten Probleme, u. a.: sehr einseitige Exportstrategie von Rohstoffgütern, mangelnder Aufbau von KMU und die nicht gelöste Problematik der Monostädte.[648]

---

[647] GTAI (Hrsg.) (2015b): S. 2-3.
[648] KRAVČENKO, N. (2015): S. 71-85.

Im Expertengespräch antwortete ein Wissenschaftler auf die Frage, ob es in der Oblast' zu einer Diversifizierung der Ökonomie komme, mit: *„Ja, aber das wird nicht in zehn Jahren machbar sein!"*[649] Diese Aussage lässt vorsichtig optimistisch in die Zukunft blicken. Allerdings haben sich einige wichtige Rahmenbedingungen seit dem Zeitpunkt des Interviews (Februar 2014) verändert. Der Erfolg der Diversifizierungsbestrebungen ist schließlich auch davon abhängig, ob neue Bereiche erschlossen werden können, was im nächsten Kapitel thematisiert wird.

---

[649] Expertengespräch.

4.3. Innovationsförderung / Erschließung neuer Bereiche

Im folgenden Kapitel werden die Bestrebungen zur Verbesserung der Innovationsfähigkeit analysiert. Etliche der hier zu thematisierenden Aspekte (u. a. Regionale Sonderwirtschaftszonen – 4.3.1, Technologiepark – 4.3.2, Suburbanisierungsprogramme in Form von Lesnaja Poljana – 4.3.3) tauchen in der Entwicklungsstrategie von Severo-Zapad nur beiläufig oder gar nicht auf. Im Rahmen der Verbesserung der staatlichen Verwaltung wird jedoch gefordert, dass die Region eine aktivere Rolle bei der Innovationspolitik einnehmen soll (u. a. Gründung von speziellen Technologieparks und Sonderwirtschaftszonen).[650]

Der Abschnitt zur Bildung wird hingegen ausführlicher thematisiert, verknüpft Aspekte der bevölkerungsgeographischen Entwicklung und kann intensiver mit der Strategie und den realen Entwicklungen abgeglichen werden (4.3.4, S. 195 ff.). Eine kurze Zusammenfassung rundet das Unterkapitel ab (4.3.5, S. 209 ff.).

4.3.1. Regionale Sonderwirtschaftszonen (RSWZ)

Sonderwirtschaftszonen (SWZ) sind in Russland seit den 1990er Jahren ein Instrument, altindustrielle, insbesondere aber periphere Regionen mit staatlicher Unterstützung zu neuer Prosperität zu verhelfen. Die Erfolgsbilanz bleibt insgesamt durchwachsen, jedoch wurden auch oftmals übertriebene Erwartungen geweckt.[651] In der peripheren Oblast' Kaliningrad hat die Implementierung eines speziellen Subventionssystems hingegen die wirtschaftliche Benachteiligung mehr als kompensiert.[652] Diese föderalen Sonderwirtschaftszonen besitzen unterschiedliche Ziele: Innovationen, Industrieförderung, Tourismus, Verkehr- und Logistik und Glücksspiel. Institutionell werden die Entscheidungen und die konkreten Bedingungen in den Zonen vom russischen Wirtschaftsministerium in Moskau kontrolliert.[653] Die Regionalen Sonderwirtschaftszonen (RSWZ) liegen hingegen in der Gesetzgebungskompetenz des jeweiligen Föderationssubjektes.

Am 8. Juli 2010 wurde das Gesetz zur Gründung von „Regionalen Sonderwirtschaftszonen" (RSWZ)[654] in der Oblast' Kemerovo erlassen. Hierbei werden vier Kategorien zur Ausformung angeboten, die sich stark an die obigen anlehnen: Industrieproduktion, Landwirtschaft, Technologieentwicklung, Tourismus/Erholung. In dem Dokument sind eher grundsätzliche Bestimmungen (Einrichtung, Auflösung, Kompetenzverteilung Administration vs. Parlament usw.) verankert. Die Kommunen bewerben sich um den Erhalt der Vergünstigungen bei der Oblast'-Verwaltung und bekommen anschließend den entsprechenden Zuschlag.[655]

Im aktuellsten Investitionspass der Oblast' Kemerovo von 2014 werden vier RSWZ aufgeführt (Tabelle 24).[656] Im Jahr 2015 kam der Standort in Novokuzneck („*Kuzneckaja sloboda*") hinzu.[657] Die

---

[650] SEVERO-ZAPAD (Hrsg.) (2007): S. 51.
[651] GÖLER, D.; LEVCHENKOV, A. (2010): S. 18-25.
[652] BÜLOW, CH. (2011a): S. 83-88, 164-169.
[653] GÖLER, D.; LEVCHENKOV, A. (2010): S. 21-22.
[654] Im Russischen werden diese „Zona ėkonomičeskogo blagoprijatstvovanija" genannt. Als freie deutsche Übersetzung und zur systematischen Abgrenzung zu den bisherigen SWZ wird in der Arbeit der Begriff der „Regionalen Sonderwirtschaftszonen" (RSWZ) verwendet.
[655] KEMEROVSKAJA OBLAST' (Hrsg.) (2010): S. 1-5.
[656] KEMEROVSKAJA OBLAST' (Hrsg.) (2014): S. 20-22.

staatlichen Fördermaßnahmen können individuell unterschiedlich ausfallen. Für alle gelten jedoch u. a. folgende Vergünstigungen:

- komplette Befreiung von Steuern auf Immobilien (Grundsteuer)

- Reduzierung der Körperschaftssteuer von 18 auf 13,5 %

- für unter das „vereinfachte Steuerabgabensystem"[658] fallende Organisationen reduziert sich die Körperschaftssteuer von 15 auf 5 %[659]

In Investitionspässen und von offizieller Stelle wird immer wieder dezidiert betont, dass es nicht nur passive Ansiedlungsmechanismen sind, sondern die staatlichen Stellen auch versuchen, eine bestimmte Infrastruktur bereitzustellen.[660] Dies wurde im Fall von Jurga (S. 153 ff.) oder Šeregeš (S. 161 ff.) bereits gezeigt.

Tabelle 24: Regionale Sonderwirtschaftszonen in der Oblast' Kemerovo

Ort	Name	Fläche in ha	Art der RSWZ
Šeregeš	*Gornaja Šorija*	1.965,9	Tourismus/Erholung
Novokuzneck	*Kuzneckaja sloboda*	948,0	Industrieproduktion
Prokop'evsk	*Tyrganskaja promzona*	402,8	Industrieproduktion
Leninsk-Kuzneckij	*Severnaja promzona*	400,0	Industrieproduktion
Jurga	*Promzona Jurga*	87,7	Industrieproduktion

Quelle: KEMEROVOSKAJA OBLAST' (Hrsg.) (2014): S. 20-22,
http://www.novosloboda.ru/assets/images/full_map.jpg (eingesehen am 09.07.2016), eigene Darstellung

Im Folgenden soll das Beispiel von Leninsk-Kuzneckij näher betrachtet werden. Die Stadt besitzt ca. 100.000 Einwohner.[661] Besondere Fördermechanismen wurden hier gegenüber anderen Städten in der Oblast' Kemerovo vergleichsweise früh implementiert, so auch die Regionale Sonderwirtschaftszone „*Severnaja promzona*". Bis dato sind zwei Unternehmen ansässig:

1. SibĖkoProm-N

Das Unternehmen beschäftigt sich primär mit der Verarbeitung von Autoreifen zu Kunststoffprodukten (z. B. Laminat, Linoleum). Auf der Internetpräsenz des Unternehmens stehen darüber hinaus bedauerlicherweise keine weiteren relevanten Informationen zur Verfügung (z. B. Arbeitsplätze, Umsatz usw.).[662]

Auf dem Investitionsportal der Oblast'-Administration wird das Projekt „*Entsorgung und Recycling von großen und massiven Reifen*" von SibĖkoProm-N aufgelistet. Die Projektkosten

---

[657] NOVOKUZNECKIJ GORODSKOJ OKRUG (Hrsg.) (2014): S. 1.
[658] Das „vereinfachte Steuerabgabensystem" (russ. Uproščennaja sistema nalogooblozenija) ist auf mittlere und kleinere Unternehmensformen ausgelegt. Voraussetzung, um diesem Abgabensystem beizutreten, sind u. a. weniger als 100 Mitarbeiter, weniger als 60 Mio. RUB Jahreseinkommen und weniger als 100 Mio. RUB Nettowert des Unternehmens.
Quelle: https://www.nalog.ru/rn42/taxation/taxes/usn (eingesehen am 21.07.2016).
[659] KEMEROVSKAJA OBLAST' (Hrsg.) (2012d): S. 99-100.
[660] KEMEROVSKAJA OBLAST' (Hrsg.) (2012d): S. 100.
[661] Siehe Tabelle 8: Städte über 50.000 Einwohner in der Oblast' Kemerovo (1.1.2016), S. 41.
[662] http://sibecoprom-n.ru/ (eingesehen am 27.07.2016).

belaufen sich auf ca. 165 Mio. RUB, die Investitionskosten auf ca. 65 Mio. RUB. Der Förderzeitraum beträgt fünf Jahre, wobei 100 Arbeitsplätze entstehen sollen.[663]

2. Transportnye Sistemy

Das Unternehmen wurde Ende 2010 in der *Severnaja Promzona* von Leninsk-Kuzneckij registriert. Geplant ist die Produktion von Förderbandsystemen (insbes. für die Bergbauindustrie).[664] Die Projektkosten werden hier mit 4,16 Mrd. RUB und die Investitionskosten mit ca. 3,3 Mrd. RUB angegeben. Damit sind die Vorhaben wesentlich umfangreicher als im ersten Beispiel. Darüber hinaus ist die Schaffung von 290 Arbeitsplätzen geplant.[665]

Insgesamt sind die öffentlich zugänglichen Informationen über die *Severnaja promzona* in Leninsk-Kuzneckij oberflächlich.[666] Dies ist auch ein Grund, warum eine abschließende Bewertung über die Effekte noch verhalten ausfallen muss. Andererseits sollte allerdings eingestanden werden, dass sich größere Unternehmensansiedlungen oder Investitionen bisher noch nicht eingestellt haben.

Das größte ungelöste Problem für die Stadt ist die ökonomische Monostruktur. Bei einem Gespräch mit Spezialisten aus der Stadtverwaltung von Leninsk-Kuzneckij wurde mitgeteilt, dass es nach wie vor ein großes Problem darstellt, neben SUĖK noch andere weiterverarbeitende Industrie zu entwickeln. Indirekt wurde hier die Tendenz einer Resignationshaltung deutlich, das Großunternehmen zu einer Diversifizierung bewegen zu können.[667] Dies ist anscheinend unter den aktuellen Rahmenbedingungen aus kommunaler Sicht nicht möglich. Die Machtlosigkeit gegenüber einem Großkonzern ist hier besonders drastisch.

In Abbildung 61 sind, wie bereits für Prokop'evsk (Abbildung 55) und Jurga (Abbildung 56) dargestellt, ausgewählte Entwicklungsindikatoren von Leninsk-Kuzneckij abgetragen. Der Umsatz bei der Förderung von Bodenschätzen liegt mit 5,5 % weit über dem Bevölkerungsanteil (3,7 %). Das Großunternehmen SUĖK ist der einzige Akteur bei der Rohstoffförderung und beschäftigt am Standort ca. 15.000 Personen.[668] Die Monostruktur wird insbesondere beim Indikator „Umsatz im verarbeitenden Gewerbe" deutlich. In den Jahren 2011 und 2012 wurden laut offiziellen Statistiken noch über 4 Mrd. RUB in diesem Bereich erwirtschaftet; 2013 und 2014 sind die Werte unter diese Marke gesunken.[669]

---

[663] http://keminvest.ru/ru/projects/5465cfe744656273f9090000 (eingesehen am 27.07.2016).
[664] KEMEROVSKAJA OBLAST' (Hrsg.) (2014): S. 20.
[665] http://keminvest.ru/ru/projects/5465cfe744656273f9140000 (eingesehen am 27.07.2016).
[666] Eine allgemeine Übersicht wird hier geboten (russ.): http://monogorod.kemobl.ru/Leninsk/zona.asp (eingesehen am 22.07.2016). Das Unternehmen OOO Transportnye Sistemy hat keinen eigenen Internetauftritt.
[667] Expertengespräch.
[668] Siehe hierfür Kapitel 3.2.12.5, S. 89 ff.
[669] KEMEROVOSTAT (Hrsg.) (2015d): S. 107.

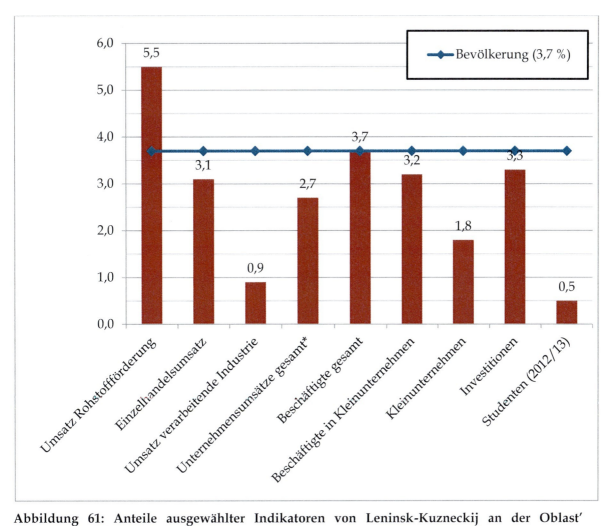

Abbildung 61: Anteile ausgewählter Indikatoren von Leninsk-Kuzneckij an der Oblast' Kemerovo (2014) in %

* ohne Kleinunternehmen
Quelle: KEMEROVOSTAT (Hrsg.) (2013d): S. 83; KEMEROVOSTAT (Hrsg.) (2015c): S. 16, 32, 33, 96, 98, 99, 106, 107, 154; eigene Darstellung

Eine mangelnde Diversifizierung wird bei dem niedrigen Anteil der Kleinunternehmen deutlich. Die absolute Zahl hat sich zwar von 433 (2007) auf 622 (2014) erhöht. Im Kontext der Oblast' reduzierte sich jedoch der Anteil von 2,4 auf 1,8 %. In Jurga sind 750 Kleinunternehmen registriert, obwohl die Einwohnergröße geringer ist.[670] Die Beschäftigtenanzahl entspricht mit 3,7 % exakt dem Bevölkerungsanteil (2014). Obwohl es insgesamt seit 2007 zu einem Arbeitsplatzverlust kam, wurden seit dem Tiefpunkt von 2010 bis 2014 wieder 2.000 neue Arbeitsplätze geschaffen (Tabelle 25, S. 185). Schließlich haben die Maßnahmen der Monostadt und der RSWZ eine leichte Kompensation, aber trotzdem keine generelle Trendwende erwirkt.

Unterdurchschnittlich schwach stellt sich die Studentenquote dar. Der Standort verfügt nur über die Filiale der „Technologischen Hochschule für Lebensmittelindustrie Kemerovo" (russ. KemTIPP) mit ca. 300 bis 400 Studenten.[671] Alles in allem kann für Leninsk-Kuzneckij im Vergleich mit der Bergarbeiterstadt Prokop'evsk gezeigt werden, dass der Entwicklungsrückstand nicht derartig drastisch

---

[670] KEMEROVOSTAT (Hrsg.) (2008b): S. 55, KEMEROVOSTAT (Hrsg.) (2015c): S. 98.
[671] Wie sich die Einrichtung in Zukunft entwickeln wird, ist etwas ungewiss, da 2016 die Fusion der KemTIPP mit der KemGU beschlossen wurde. Siehe dazu die Ausführungen in Kapitel 4.3.4 (S. 205 ff.).

ist. Nichtsdestoweniger sind hier prinzipiell ebenso wenig eine diversifizierte Wirtschaftsstruktur oder bedeutende Effekte der Innovationsförderung sichtbar.

Um die Effekte der RSWZ zu quantifizieren, sind in Tabelle 25 die fünf Standorte der Regionalen Sonderwirtschaftszonen mit der jeweiligen Beschäftigtenentwicklung von 2007 bis 2014 dargestellt. Das Jahr 2007 wurde als frühester Bezugspunkt aufgrund des Höhepunktes der Beschäftigtenanzahl und als Jahr der Erstellung der Entwicklungsstrategie ausgewählt. Insgesamt sind in der Oblast' in diesem Zeitintervall 49.100 Arbeitsplätze verloren gegangen, ein Verlust von 3,7 %, der sich fast mit dem Bevölkerungsverlust von 3,5 % deckt. Zwischen den Kommunen bestehen jedoch große Unterschiede. Insgesamt konnten nur sechs von 34 kommunalen Einheiten der Oblast' in dem Zeitraum von 2007 bis 2014 einen Beschäftigungszuwachs verzeichnen.[672]

Es kann gezeigt werden, dass sich auch mit der Einführung der Programme der Monostädte oder der Regionalen Sonderwirtschaftszonen (noch) keine signifikanten Beschäftigungseffekte verzeichnen lassen. Zumindest sind in Leninsk-Kuzneckij seit 2010/11 wieder neue Arbeitsplätze entstanden, zugleich hatte diese Stadt die geringsten Verluste unter den Bergbaustädten zu verzeichnen. Besonders drastisch ist hingegen die Entwicklung in Prokop'evsk. In nur acht Jahren hat die drittgrößte Stadt der Oblast' mehr als ein Viertel ihrer Beschäftigten verloren. Zur Relativierung ist hier anzuführen, dass die Verluste in sehr kleinem Umfang durch Suburbanisierungseffekte kompensiert werden konnten, was auch für andere Standorte gilt (u. a. Leninsk-Kuzneckij, Belovo). Diese Verlagerungseffekte sind in Novokuzneck marginal, in Kemerovo drastisch anzutreffen. Hierfür existieren mehrere Ursachen: Die Siedlungsstruktur in der Hauptstadt der Oblast' ist wesentlich kompakter. Als Wohnort ist das Umland zwar gefragt, aber neue Teilzentren mit Arbeitsplätzen entstehen nur bedingt. Darüber hinaus sind wichtige neue Wohngebiete administrativ der Stadt zugehörig (insbesondere Lesnaja Poljana – siehe nächstes Kapitel). Für Novokuzneck sind die extremen Verschmutzungswerte im Talkessel (Abbildung 28, S. 69) u. a. ein Grund für den Wegzug vieler Menschen aus der Kernstadt und der Entstehung neuer Arbeitsplätze im Umland. Aufgrund der gesamten ökologischen Situation ist die Wohnsuburbanisierung allerdings wesentlich schwächer als in Kemerovo.

Zur Vollständigkeit soll kurz die jüngste RSWZ erwähnt werden. Die „*Kuzneckaja sloboda*" ist rund um das Aluminiumwerk östlich des Stadtzentrums von Novokuzneck eingerichtet worden. Offizieller Projektbeginn war der 1. Januar 2015.[673] Bisher ist nur ein Teilnehmer registriert. Das Unternehmen OOO SZGC besitzt laut eigenen Angaben mit einem Output von ca. 21.000 t verzinkten Metallprodukten eine der neuesten und modernsten Anlagen Sibiriens.[674] Es scheint hier insgesamt die Bestrebung zu sein, Modernisierungsanreize für das älteste Aluminiumwerk Sibiriens zu setzen. Ob dies gelingen wird, ist zum jetzigen Zeitpunkt noch nicht abzusehen. Aufgrund der kurzen Laufzeit sind weitere handfeste Effekte der RSWZ in Novokuzneck trotz der überdurchschnittlich informativen Webseite noch nicht verfügbar.

---

[672] Eigene Berechnung nach KEMEROVOSTAT (Hrsg.) (2008b): S. 12, KEMEROVOSTAT (Hrsg.) (2015c): S. 16.
[673] http://novosloboda.ru/ (eingesehen am 27.07.2016).
[674] http://novosloboda.ru/informaciya-o-zeb/rezidenty.html (eingesehen am 27.07.2016).

Tabelle 25: Beschäftigtenentwicklung in ausgewählten kommunalen Einheiten (2007-2014)

Einheiten		Beschäftigte in Tsd.			Differenz 2007-2014 absolut	Differenz 2007-2014 in %
		2007	2010	2014		
Städte mit RSWZ	Jurga g. o.	25,0	25,9	24,5	- 500	- 2,0
	Leninsk-Kuzneckij g. o.	35,4	31,5	33,5	- 1.900	- 5,4
	(Rajon Taštagol*)	19,0	17,1	15,5	- 3.500	- 18,4
	Prokop'evsk g. o.	61,0	55,0	45,1	- 15.900	- 26,1
	Novokuzneck g. o.	231,7	204,8	197,8	- 33.900	- 14,6
Rajony/Stadt mit Beschäftigungszuwachs	Novokuzneckij Rajon	18,0	25,9	28,5	+ 10.500	+ 58,3
	Prokop'evskij Rajon	15,7	14,8	18,3	+ 2.600	+ 16,6
	Kaltan Stadt	5,1	4,7	7,6	+ 2.500	+ 49,0
	Leninsk-Kuzneckij Rajon	5,3	6,5	6,1	+ 800	+ 15,1
	Belovskij Rajon	13,8	15,3	14,6	+ 800	+ 5,8
	Kemerovskij Rajon	15,9	16,7	16,1	+ 200	+ 1,3
Oblast' Kemerovo gesamt		1.327,3	1.294,7	1.278,2	- 49.100	- 3,7

* Konkrete Angaben für Šeregeš stehen nicht zur Verfügung, u. a. aufgrund der kommunalen Abgrenzung.
Quelle: KEMEROVOSTAT (Hrsg.) (2008b): S. 20, KEMEROVOSTAT (Hrsg.) (2015c): S. 38, eigene Darstellung und Berechnung

Eine wichtige Erkenntnis aus der Verknüpfung der Innovationsstrategien (RSWZ) mit der Entwicklung bestimmter Branchen ist, dass sich die Bereiche (z. B. Programm der Monostädte) oftmals schwer trennen lassen. Die Verflechtungen untereinander sind teilweise erheblich. So wurde bspw. in der Strategie zur Entwicklung eines Kohlechemie-Clusters auch auf die Einrichtung der Regionalen Sonderwirtschaftszonen hingewiesen. Hier wurde ein Investitionsvolumen von 9,3 Mrd. RUB in den Einheiten (Jurga, Leninsk-Kuzneckij, Taštagol) bis 2022 prognostiziert.[675]

Die Idee einer kleinen urbanen, wirtschaftlichen Sonderzone als Erneuerungsimpuls für Altindustrieregionen ist bereits bekannt. In den 1980er Jahren wurden in den USA und in Großbritannien „Enterprise Zones" entwickelt. Die Einführung war allerdings dem damaligen Zeitgeist der Minimierung staatlicher Einflüsse geschuldet. Aus diesem Grund beliefen sich die Maßnahmen hauptsächlich auf die Reduzierung der Abgabenlast (Erschließungskosten, Kommunal- und Einkommenssteuer, Zölle, niedrigere Löhne usw.). Es wurde weniger eine aktive staatliche Förderung bzw. Steuerung der wirtschaftlichen Aktivitäten durchgeführt.[676] In der Oblast' Kemerovo hingegen versucht die Administration (z. B. mit Förderung der Infrastruktur), die Innovationsprozesse aktiv anzustoßen. Dieses Vorgehen ist für periphere Standorte ein guter Ansatz. Die mangelnde Bereitschaft zur Diversifizierung bei den Großunternehmen macht dies dringend nötig. Darauf zu hoffen, dass sich Investoren selbstständig den 3.500 km östlich von Moskau gelegene Oblast' Kemerovo aussuchen, wäre eine zu passive und naive Ansiedlungspolitik.

---

[675] KEMEROVSKAJA OBLAST' (Hrsg.) (2012a): S. 10.
[676] TANK, H. (1988): S. 19-21.

GÖLER/LEVCHENKOV resümieren, dass die Regionalen Sonderwirtschaftszonen in naher Zukunft möglicherweise erfolgreicher sein könnten. Hier kann eine flexiblere und schnellere Anpassung an veränderte Rahmenbedingungen erfolgen.[677] Die SWZ (z. B. in der Oblast' Kaliningrad) zur Förderung des verarbeitenden Gewerbes sind u. a. aufgrund des WTO-Beitrittes Russlands ein Auslaufmodell.[678] Die Erfahrung zeigt, dass sich die volle Leistungsfähigkeit bei beiden Modellen der Sonderwirtschaftszonen erst zehn bis 15 Jahre nach der Einrichtung einstellt.[679] Ähnlich wie bei dem Programm zu den Monostädten sind die sozioökonomischen Effekte bisher begrenzt messbar, was u. a. an der vergleichsweise jungen Implementierung liegt.

Nichtsdestoweniger muss ehrlich eingestanden werden, dass die Maßnahmen bis dato auch nur schwach zur Diversifizierung und zur Innovationsförderung beigetragen haben.

4.3.2. Technologiepark

Die Einrichtung von Technologieparks[680] geht auf eine föderale Initiative zurück. Im März 2006 wurde ein komplexes Programm zur Gründung von Technologieparks in Russland entwickelt. Zielstellungen sind hier u. a. Wachstum in Branchen der Hochtechnologie, Erhöhung der Investitionsattraktivität, Verbesserung der Konkurrenzfähigkeit von russischen Produkten auf dem Weltmarkt (Artikel II, III). Von 2006 bis 2014 wurden insgesamt 14 Regionen[681] Russlands ähnliche Einrichtungen geplant. Die konkreten Ausformulierungen sollen vor Ort getätigt und von dem jeweiligen staatlichen Verwaltungsunternehmen geleitet werden.[682] Grundsätzlich stellen die Technologieparks in Russland Äquivalente zu Technologie- oder Wissenschaftsparks in Deutschland dar.

In der Oblast' Kemerovo wurde 2007 begonnen, die föderale Gründungsinitiative regional zu implementieren.[683] Im Jahr 2008 wurde ein Gesetz verabschiedet, welches die Organisationsformen und Kompetenzabgrenzungen (ähnlich wie bei den RSWZ) festlegt. Als Ziele werden u. a. formuliert, dass die sozioökonomische Entwicklung in der Oblast' stimuliert, eine innovative Kultur angestoßen, die Gründung neuer hochwertiger Märkte eingeleitet sowie die Integration von innovativen Geschäftsmodellen und wissenschaftlichen Organisationen erreicht werden soll.[684] Als Standort wurde ein Gelände im Rudničnyj Rajon der Hauptstadt Kemerovo nördlich des Zentrums und des Tom'-Flusses gewählt.[685] Die infrastrukturellen Erschließungskosten sowie die Errichtung der Gebäude werden zu jeweils 50 % vom föderalen und regionalen Budget finanziert. Damit erhält die Oblast' Kemerovo diesbezüglich besondere Subventionen aus Moskau. Die leitende Verwaltungsorganisation, OAO

---

[677] GÖLER, D.; LEVCHENKOV, A. (2010): S. 24-25.
[678] BÜLOW, CH. (2014b): S. 109 ff.
[679] EFREMENKOV, A.; TRIFONOV, V. (2014): S. 213.
[680] Im Russischen lautet die Bezeichnung „Technopark".
[681] Regionen mit Technologieparks sind in den Republiken von Mordovija und Tatarstan; in den Oblasti von Kaluga, Kemerovo, Moskau, Nižni Novgorod, Novosibirsk, Penza, Samara, Sverdlovsk, Tambov, Tjumen' und in den beiden Städte von föderaler Bedeutung St. Petersburg und Moskau [Quelle: RUSSISCHE FÖDERATION (Hrsg.) (2006)].
[682] RUSSISCHE FÖDERATION (Hrsg.) (2006).
[683] http://technopark42.ru/departments/park/history-technopark (eingesehen am 30.07.2016).
[684] KEMEROVSKAJA OBLAST' (Hrsg.) (2008).
[685] Siehe Lage unter: http://technopark42.ru/departments/park/contacts-technopark (eingesehen am 30.07.2016).

Kuzbasskij Technopark, ist hingegen eine Aktiengesellschaft, welche zu 100 % der Oblast'-Verwaltung gehört.[686]

Was kann den Interessenten geboten werden?

Registrierte Residenten können vor allem unterschiedliche Infrastruktur und Serviceangebote nutzen:

- günstige Kreditbedingungen für KMU (gefördert durch das föderale Wirtschaftsministerium)
- Verleihung von speziellen Ausrüstungen und Maschinen
- Anmietung von Tagungs- und Kongressräumen
- Nutzung von Dienstleistungen im Bereich Consulting und Weiterbildung für Fachkräfte
- Anmietung von Gebäude- und Büroräumen mit bis zu 50 % Vergünstigung.[687]

Der interviewte Experte schilderte beim Besuch sehr deutlich, dass die Einrichtung zwar unter der Aufsicht der regionalen staatlichen Organisationen steht und großes Interesse zur Förderung von Unternehmensansiedlungen bzw. zur Förderung von Innovationen besteht. Jedoch sind die Dienstleistungen, die in der Einrichtung bezogen werden können, nicht kostenlos verfügbar.[688]

Für das Jahr 2011 wurde berichtet, dass 32 Residenten im Technologiepark registriert sind.[689] In einer Publikation der Verwaltung wird von 36 gesprochen (2012/13).[690] Aktuell hat sich die Zahl reduziert, denn auf der Internetseite des Technologieparks werden für Juni 2015 noch 25 Residenten angegeben.[691] Eine Übersicht über die Unternehmen mit kurzen Informationen zu den jeweiligen Aktivitäten findet sich in Tabelle 47 (S. 357). Hierbei wird deutlich, dass die meisten der Unternehmen aus dem Bereich der Bergbau- und Gesundheitswirtschaft stammen. Bei einem Expertengespräch wurde gesagt, dass die Zielsetzung der Gründung dieser Einrichtung vorrangig die Förderung von IT-Technologie war. In der Regel liegt der Fokus in anderen Regionen Russlands ebenfalls darauf. In Kemerovo jedoch ist die Ausrichtung an den Bedürfnissen der Kohleindustrie und die Modernisierung in diesem Bereich prioritär.[692] Dies wird auch in dem Logo sehr deutlich, welches die Kohle – im wahrsten Sinne des Wortes – in den Mittelpunkt rückt (Abbildung 62).

Mithilfe des qualitativen Gesprächs konnte eine Ursache für den bisher nur geringfügig erfolgreichen Technologiepark identifiziert werden: Momentan gibt es nur drei Spezialisten in der gesamten Oblast', die sich mit Patentanmeldungen beschäftigen. Die einzige Expertin für internationale Anmeldungen von Patenten sei kürzlich verstorben. Falls hier in der Oblast' Kemerovo Bedarf besteht, muss

---

[686] Expertengespräch.
[687] Expertengespräch, http://technopark42.ru/departments/park/how-become-resident, http://technopark42.ru/tech_park_services (je eingesehen am 31.07.2016).
[688] Expertengespräch.
[689] Expertengespräch.
[690] ISLAMOV, D. (2013): S. 112.
[691] http://technopark42.ru/departments/park/rezidents-technopark (eingesehen am 30.07.2016).
[692] Expertengespräch.

ein Interessierter nach Tomsk oder Novosibirsk fahren.[693] Wie in Abbildung 63 zu sehen ist, sind diese Regionen schließlich wesentlich besser bei der Entwicklung von Innovationen aufgestellt.

Abbildung 62: Logo des „Kuzbasskij Technoparks"
Quelle: http://www.venture-news.ru/26994-kuzbasskiy-tehnopark.html (eingesehen am 30.07.2016)

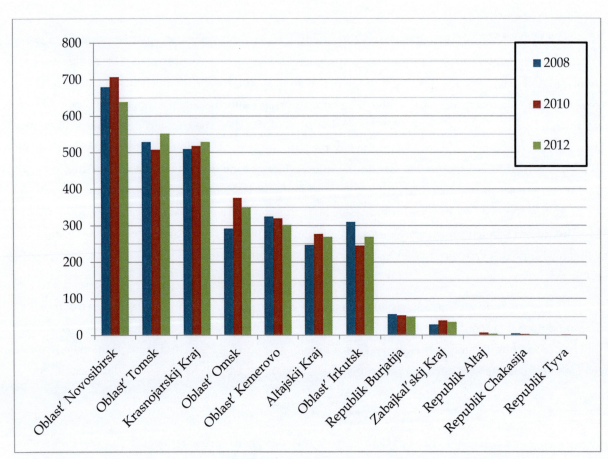

Abbildung 63: Patenterteilungen (Erfindungen, technische Modelle) in Sibirien 2008–2012
Quelle: TOMSKSTAT (Hrsg.) (2013): S. 80-82, eigene Darstellung

---

[693] Expertengespräch.

Im Föderalen Okrug Sibirien hat sich die Erteilung von Patenten in den letzten Jahren vergleichsweise konstant entwickelt: 2.985 (2008), 3.057 (2010) und 3003 (2012).[694] Die Oblast' Novosibirsk führt deutlich mit 639 (21,3 %) im Jahr 2012. Der Experte bestätigte, dass diese Nachbarregion einen anderen Weg als die Oblast' Kemerovo eingeschlagen hat. In Novosibirsk gibt es u. a. aufgrund der breiten Hochschullandschaft[695] sehr viele junge und kreative Menschen. Im Zusammenspiel mit vielen kleinen und wettbewerbsfähigen Unternehmen hat sich auf diese Weise ein innovatives Milieu entwickelt.[696] Die Patentanmeldungen sind nur ein Indikator, um diese dynamische Entwicklung zu bestätigen. Die Oblast' Kemerovo rangiert auf dem fünften Platz und konnte 2012 10,1 % der Patentanmeldungen von Sibirien auf sich vereinen, obwohl sie mit 14,1 % (2016) der Bevölkerung den dritten Platz belegt.[697] Für dieses Kapitel ist auch der zeitliche Verlauf von Bedeutung. Die Anträge und die Erteilung von Patenten sind im Untersuchungsgebiet rückläufig und haben sich trotz der Inbetriebnahme des Technologieparks (oder der Regionalen Sonderwirtschaftszonen) nicht erhöht. Der Rückgang der Anzahl der Residenten ist ebenfalls ein pessimistisches Signal, dass es in jüngster Vergangenheit nicht gelungen ist, den Erfolg der Einrichtung signifikant zu steigern.

Die regionalpolitischen Instrumentarien der westeuropäischen und angloamerikanischen Altindustrieregionen zielen ebenfalls stark auf die Initiierung des regionalen Fortschritts ab. Durch die Errichtung von Gründer- und Technologiezentren versucht man, die Unternehmensstruktur und damit die regionale Wirtschaft stärker in neue Zweige zu entwickeln.[698] Dies wird mit dem Technologiepark in Kemerovo ebenfalls versucht. Grundsätzlich können Technologiezentren einen wichtigen Beitrag für die Innovationsförderung einer Altindustrieregion leisten, was am Beispiel des Ruhrgebietes gut illustriert wird.[699] Aus diesem Grund ist die Initiative des Technologieparks in Kemerovo lobenswert. Vor allem erhält die Oblast' gegenüber anderen Regionen in Sibirien wichtige Vergünstigungen.

Obwohl bisher noch keine ausführlichen und unabhängigen Studien zu den regionalwirtschaftlichen Effekten des Technologiepark vorliegen, lässt sich trotzdem anhand der dargestellten Entwicklungen bereits ein weniger optimistisches Fazit ziehen. Die innovativen Impulse für die Wirtschaftsstruktur der Oblast' sind noch auf einem vergleichsweise niedrigen Niveau. Die Aussage des Experten bringt es auf den Punkt: *„Der Technologiepark kann noch nicht richtig seinen Einfluss geltend machen, der wünschenswert wäre."* [700]

4.3.3. „New Suburbia" – Lesnaja Poljana

Lesnaja Poljana stellt ein besonderes Projekt der Innovationsförderung bzw. der Erschließung neuer Bereiche dar. Circa 15 Autokilometer nordöstlich des Stadtzentrums von Kemerovo (Abbildung 64) wurde ein neuer Vorort auf dem Reißbrett entworfen.

---

[694] TOMSKSTAT (Hrsg.) (2013): S. 80-82.
[695] Siehe mehr dazu im Kapitel 4.3.4 (S. 195 ff.).
[696] Expertengespräch.
[697] Siehe Daten aus Tabelle 6 (S. 37).
[698] HAMM, R.; WIENERT, H. (1990): S. 293.
[699] PROSSEK, A. et al. (Hrsg.) (2009): S. 126-127.
[700] Expertengespräch.

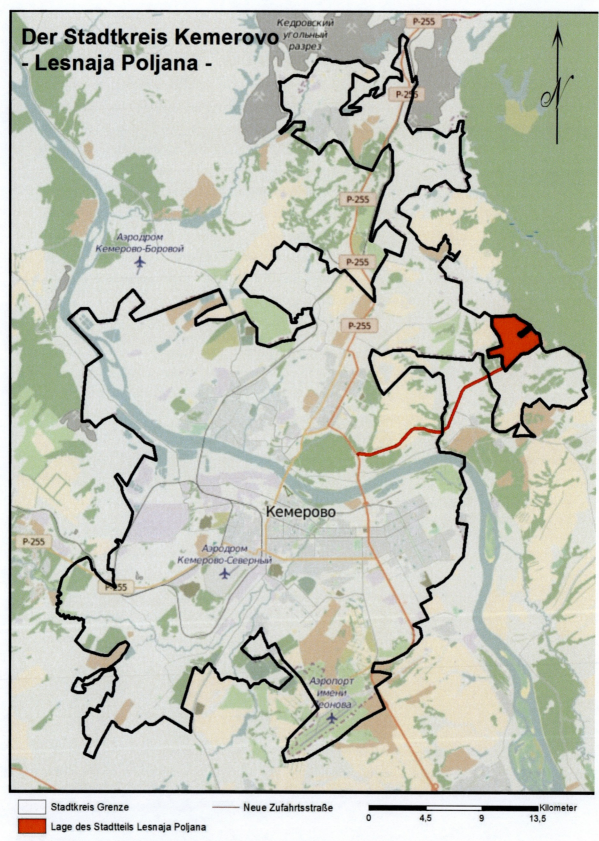

Abbildung 64: Lage von Lesnaja Poljana im Stadtkreis Kemerovo

Der Name „Lesnaja Poljana" ist ins Deutsche mit „Waldlichtung" zu übersetzen. In der Tat erstreckt sich östlich der Satellitenstadt ein ausgedehntes und unbesiedeltes Waldgebiet. Aufgrund dieser

Naturnähe bietet der Standort gute Voraussetzungen. Die Verschmutzung der Atmosphäre ist hier wesentlich geringer. Lesnaja Poljana stellt den saubersten Stadtteil von Kemerovo dar.[701] Die Satellitenstadt ist damit wesentlich geringer den ökologischen Problemen der Kessellage (z. B. Inversionswetterlagen) ausgesetzt. Aufgrund ihrer Abschirmung durch mehrere Höhenlagen sowie eine erhöhte Lokalisation von ca. 100 m über dem Stadtzentrum von Kemerovo[702] kann sich die Siedlung etlichen gesundheitsschädlichen Schadstoffemissionen entziehen.

Die Initiative des Projektes geht hauptsächlich auf das Föderale Programm „Dostupnoe i komfortnoe žil'e – graždan Rossii" (dt. „Erschwingliches und komfortables Wohnen für russische Bürger") aus dem Jahr 2005 zurück.[703] Offiziell wurde die Anlage mit dem Einzug der ersten Bewohner im Oktober 2008 eröffnet. Bereits zum Schuljahr 2009/10 nahm das „Gymnasium Nr. 42" als eine der wichtigsten Infrastruktureinrichtungen mit einer Kapazität von über 400 Schülern seine Arbeit auf.[704] Laut Auskunft eines Mitarbeiters des Immobilienunternehmens Promstroj lebten im August 2014 schon ca. 6.200 Menschen in Lesnaja Poljana. Zur Fertigstellung soll eine Einwohnerzahl von 40.000 erreicht werden.[705] Andere Quellen sprechen von maximal 30.000 Bewohnern.[706]

Im Herbst 2014 wurde der gesamte Wohnraum mit 260.000 m² angegeben. Zielmarke stellen 1 Mio. m² dar. Die Ausdehnungskapazität der Satellitenstadt beläuft sich auf 1.615 ha. Insgesamt sind acht „Mikrorajony" (Stadtteilzentren) geplant. Bis dato sind der erste und dritte nahezu komplett fertiggestellt.[707] Im ersten Teil sind zunächst mehrheitlich Einfamilienhäuser (russ. „kottedžy", Abbildung 65) gebaut worden. Parallel dazu entstanden mehrstöckige Stadthäuser (russ. „taunchausy", Abbildung 66) insbes. entlang der Fußgängerzone des Vesennij Prospekts und später auch einige fünfstöckige Mehrfamilienhäuser. Letztere dominieren die Baustruktur des „3. Mikrorajons" (Abbildung 67). Mit dieser gezielten baulichen Durchmischung, die sich trotzdem locker in die Landschaft zu integrieren versucht, wollten die Planer unterschiedliche Zielgruppen ansprechen: mittlere bis gehobene Klassen. Faktisch sind 90 % der jetzigen Bewohner jünger als 35 Jahre. Der Anteil von Kindern an der Bevölkerung ist weit höher als in der übrigen Stadt bzw. der Oblast'. Das staatliche Programm bevorzugt bewusst die jüngere Zielgruppe durch vergünstigte Kreditvergabe. Darüber hinaus sind die Immobilienpreise insgesamt durch weitere föderale und regionale Subventionsmaßnahmen vergleichsweise niedrig. Zielstellung ist es, den Zuzug zu beschleunigen.[708]

Die weitere organisatorische Besonderheit besteht darin, dass die Planung sozialer und wirtschaftlicher Infrastruktur gleichzeitig erfolgte. Somit konnten neben den ersten Wohnhäusern parallel Kindergärten, Schulen, Parks (siehe bspw. Abbildung 68), ärztliche Einrichtungen, eine Poststelle, eine orthodoxe Kirche, ein Supermarkt, Bankfilialen und weitere Strukturen eingerichtet werden.

---

[701] Zum Beispiel: Eine Untersuchung zur ökologischen Situation wurde von einer Botanikerin aus Novosibirsk durchgeführt, welche mithilfe der Analyse von Flechten im Stadtgebiet von Kemerovo die unterschiedlichen Verschmutzungszustände nachweisen konnte [Quelle: ROMANOVA, E. (2012): S. 203-214].
[702] Berechnet mit Google Earth.
[703] https://42.мвд.рф/news/item/405556 (eingesehen am 01.08.2016).
[704] http://www.kemerovo.ru/administration/istoricheskaya_spravka.html (eingesehen am 31.07.2016).
[705] Expertengespräch.
[706] ISLAMOV, D. (2013): S. 94.
[707] Expertengespräch und Ortsbegehung CH. BÜLOW.
[708] ISLAMOV, D. (2013): S. 94-95 und Expertengespräch.

Abbildung 65: Einfamilienhäuser (russ. „kottedži") Lesnaja Poljana (1. Mikrorajon)
Quelle: Aufnahme Ch. Bülow, 07.09.2012

Abbildung 66: Reihenhäuser (russ. „taunchausy") in Lesnaja Poljana (1. Mikrorajon)
Quelle: Aufnahme Ch. Bülow, 07.09.2012

Abbildung 67: Mehrfamilienhäuser Lesnaja Poljana (3. Mikrorajon)
Quelle: Aufnahme Ch. Bülow, 21.08.2014

Abbildung 68: Park „Lesnaja skazka" in Lesnaja Poljana (1. Mikrorajon)
Quelle: Aufnahme Ch. Bülow, 21.08.2014

Konzeptionell besteht der große soziale Nutzen darin, dass Lesnaja Poljana keine „gated community" darstellt, bei der die Abgrenzung einer reichen Elite intendiert ist. Das Gelände ist nicht durch Zäune eingegrenzt, wie es bei anderen neueren suburbanen Eigenheimsiedlungen in der Oblast' Kemerovo der Fall ist.[709] Es ist zwar an manchen Stellen nötig, bei der Zufahrt mit dem PKW eine Authentifizierung vorzuweisen. Jedoch ist dies nicht flächendeckend und es besteht keine generelle Ausweispflicht.[710]

Ein Experte bringt die erbrachte Leistung auf den Punkt: *„Ohne die staatliche Unterstützung wäre ein Projekt wie Lesnaja Poljana nicht zu realisieren. Die Infrastruktur, die Schulen usw. Das kann sonst niemand bezahlen."*[711]

Vorteilhaft ist, dass mit der staatlichen Organisation keine unorganisierte Zersiedelung und Planung einhergeht. Die Oblast'-Verwaltung hat sich an dieser Stelle wichtige Gelder aus Moskau gesichert. Alles in allem ist bereits vor dem Ende der endgültigen Ausbaustufen ein neuer Stadtteil für junge Menschen aus der Oblast' Kemerovo entstanden, der neben Wohnen auch die Funktionen Bildung, Erholung, kurzfristige Nahversorgung (und teilweise Arbeit) bietet.

Zur weiteren Aufwertung, teilte der Immobilienhändler mit, solle ein Zoo errichtet werden. Die Stadt Kemerovo (mit ca. 550.000 Einwohnern) besitzt bis dato keinen.[712] Die Naturverbundenheit als Imageträger und eine an artgerechter Tierhaltung orientierte Einrichtung könnten einen weiteren wichtigen Anziehungspunkt (auch für Besucher aus der Kernstadt) darstellen und die Attraktivität von Lesnaja Poljana steigern. Zukünftig sollte die Planung die Satellitenstadt nicht vernachlässigen. Die Erhaltung der angestrebten sozialen Durchmischung ist auch in Zukunft eine große Herausforderung. Darüber hinaus ist die Umsetzung des gesamten Projektes prinzipiell überdurchschnittlich ambitioniert. Der Weiterbau hängt auch stark von der gesamtwirtschaftlichen Situation in Russland und in der Oblast' Kemerovo ab. Der Experte bestätigte vor Ort zwar, dass trotz der aktuellen Wirtschaftskrise die Nachfrage sehr groß sei und nicht sinken würde. Allerdings könnte hier soziale Erwünschtheit einen methodischen Nachteil bieten. Darüber hinaus waren die größeren Auswirkungen der Handelssanktionen, der Rubelkrise usw. zum Zeitpunkt des Interviews noch nicht hinreichend absehbar.

Insgesamt lässt sich Lesnaja Poljana zwar weniger als Projekt der wirtschaftlichen Diversifizierung oder der strukturellen Innovationsförderung verbuchen. Die regionale Bauwirtschaft konnte beweisen, dass sie nicht nur Plattenbauten und Luxusvillen, sondern auch erschwinglichen Wohnraum für die Mittelklasse modern bereitstellen kann. Im Sinne einer Modernisierung (u. a. Verbesserung der Lebensbedingungen) ist es ein gelungenes Projekt, welches in Sibirien in diesem Ausmaß keine Analogie hat.

---

[709] Die von SDS finanzierte Siedlung „Malen'kaja Italija-2" östlich von Kemerovo-Stadt wäre ein Beispiel für eine „gated community". Quelle: http://sds-finance.ru/objects/204 (eingesehen am 31.07.2016).
[710] CH. BÜLOW Ortsbegehung Lesnaja Poljana am 07.09.2012, 21.08.2014.
[711] Expertengespräch.
[712] Expertengespräch.

4.3.4. (Aus-)Bildung und Nachwuchs

Bildung ist ein wichtiger Faktor für die zukünftige Innovationsfähigkeit und die Erschließung neuer Bereiche. Dementsprechend hat die Anwesenheit junger Menschen bzw. die Herstellung einer Attraktivität der Region für solche eine zentrale Bedeutung. Aufgrund der Breite des Themas wird sich „Bildung" in diesem Kapitel hauptsächlich auf die Hochschulen beschränkt. In der Entwicklungsstrategie von Severo-Zapad werden die (vor)schulischen Einrichtungen ebenfalls nicht thematisiert.

Zunächst sind die innerregionale Verteilung und die Entwicklung der Studentenzahl darzustellen. In einem Vergleich mit anderen sibirischen Regionen und der Verknüpfung mit Wanderungsstatistiken wird die schwache Position der Oblast' Kemerovo deutlich. Schließlich werden staatliche Lösungsstrategien aufgezeigt und diskutiert.

In der Strategie wird positiv hervorgehoben, dass sich die Studentenzahlen von 1990 (42.000) bis 2005 (107.600) um den Faktor 2,5 gesteigert haben. Dies sei in Sibirien der stärkste relative Anstieg.[713] In der Realität hat sich allerdings seit 2007 – nach der Veröffentlichung der Strategie – ein starker Rückgang bei den Zahlen der Immatrikulierten an Hochschulen ergeben. In den Jahren 2014/15 gab es laut Statistik nur noch ca. 67.300 Studenten. Die regionale Verteilung (Abbildung 69) und deren Verlauf (Abbildung 70) sind im Folgenden dargestellt. Bei den Analysen musste auf die Zahlen des Studienjahres 2012/13 zurückgegriffen werden, da aktuellere Daten nicht mehr zur Verfügung gestellt werden. Insgesamt existierten zu diesem Zeitpunkt 35 Einrichtungen, die sich auf ca. 20 verschiedene Hochschulorganisationen verteilen. Das System der Filialen ist ein Relikt aus sowjetischen Zeiten, als die staatlichen Betriebe bzw. die Ministerien ihre eigenen und damit teilweise separaten Ausbildungsstätten unterhielten. Dieses Netz ist heutzutage generell eine sinnvolle Möglichkeit, auch in peripheren Orten junge Menschen zu binden und als lokaler Impulsgeber der Modernisierung zu dienen. Alle Städte über 50.000 Einwohner besitzen wenigstens eine Einrichtung – bis auf Kiselëvsk. In Abbildung 70 wird deutlich, dass dieses Filialnetz in den letzten Jahren immer stärker ausgedünnt wurde. 2008/09 existierten noch 42 Einrichtungen. Insbesondere in den problembehafteten Bergbaustädten ist der Rückgang drastisch. Speziell hier wären starke Hochschulbildungsstandorte wichtig. In Leninsk-Kuzneckij studierten 2008/09 1.326 Personen. In den Jahren 2012/13 waren es laut Statistik noch 375.[714] Jurga ist der einzige Standort, in dem die Studentenzahlen stagnierten, was u. a. daran liegt, dass zwei Filialen von Hochschulen aus Tomsk hier ansässig sind. Deutlich wird auch die schwächere Position von Novokuzneck (23.000 Studenten in sieben Einrichtungen) im Vergleich zur Hauptstadt Kemerovo (41.000 Studenten in zehn Einrichtungen), obwohl die Einwohnergröße nahezu identisch ist. Die größten Hochschulen der Oblast' sind die Staatliche Universität Kemerovo (KemGU) und die Staatliche Technische Universität Kemerovo (KuzGTU) mit 22 % bzw. 18,6 % Studentenanteil.[715]

---

[713] SEVERO-ZAPAD (Hrsg.) (2007): S. 67.
[714] KEMEROVOSTAT (Hrsg.) (2013d): S. 83.
[715] http://gazeta.a42.ru/lenta/show/v-kemgu-i-kuzgtu-uchitsya-40-kuzbasskih-studentov.html (eingesehen am 04.08.2016).

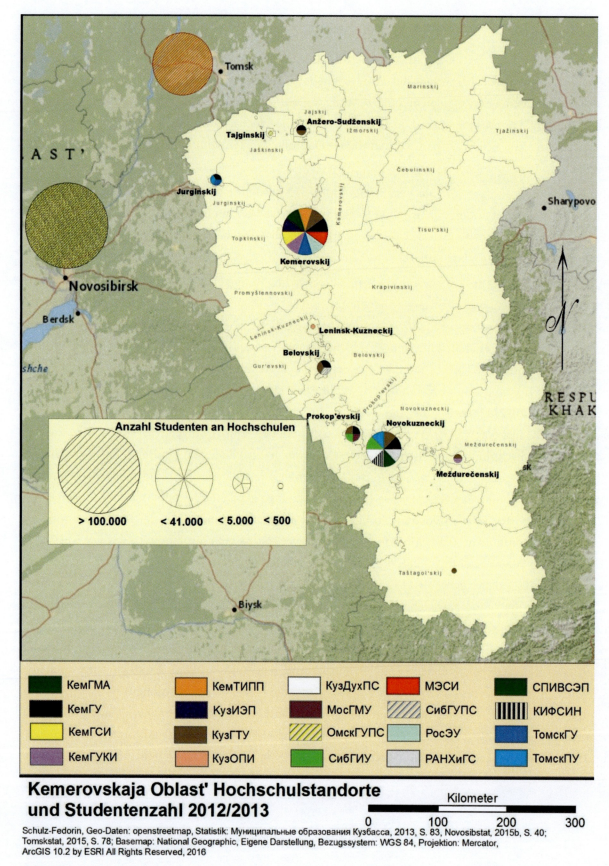

Abbildung 69: Verteilung der Hochschulstandorte und Studenten in der Oblast' Kemerovo, Oblasti Novosibirsk und Tomsk (2012/13)*

* Die Namen der Hochschulen sind im russ. Abkürzungsverzeichnis (S. 371) aufgelistet. Die Kreisdiagramme für Novosibirsk und Tomsk stellen die jeweiligen Studentenzahlen für die gesamten beiden Oblasti dar. Aufgrund der starken Monozentralisierung dieser Regionen entfallen mindestens 90 % der Studenten auf die jeweiligen Hauptstadtagglomerationen.

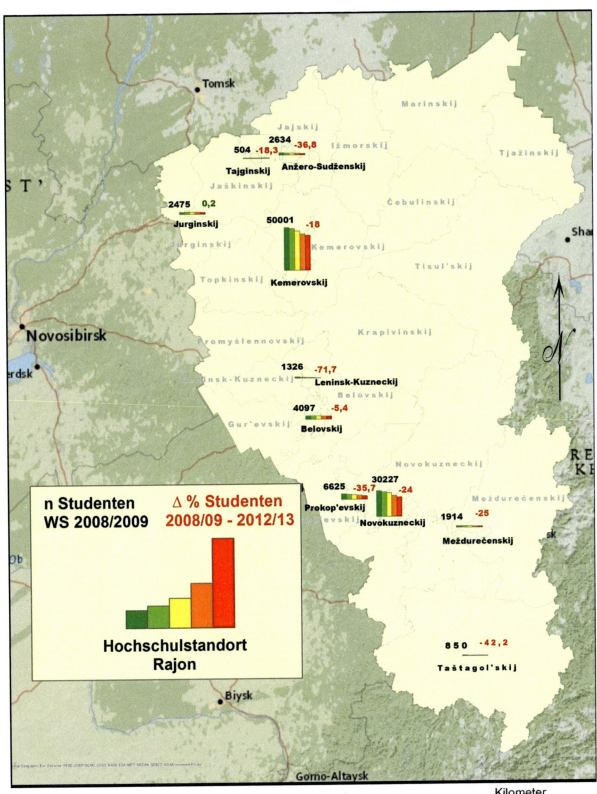

Abbildung 70: Entwicklung der Studentenzahlen an den Hochschulstandorten in der Oblast' Kemerovo (2008–2012)

Wie lassen sich diese Ergebnisse in den sibirischen Kontext einordnen? In Abbildung 69 wurde bereits das Niveau der Oblasti Tomsk und Novosibirsk angedeutet. In Abbildung 71 sind die Studentenzahlen mit der Einwohnergröße ins Verhältnis gesetzt. Die Oblast' Kemerovo ist gegenüber dem russischen Durchschnitt und der Mehrzahl der Regionen Sibiriens schlechter ausgestattet. Mit nur 247 Studenten auf 10.000 Einwohner belegt die Oblast' Kemerovo in Russland nur den 66. von 85 Plätzen (2014).[716] Die Oblast' Tomsk rangiert hingegen auf dem dritten, die Oblast' Omsk auf dem sechsten und die Oblast' Novosibirsk auf dem zehnten Platz. In Sibirien sind nur die schwächer besiedelten, wirtschaftlich weniger bedeutenden und infrastrukturell geringer erschlossenen Republiken (Chakassien, Altaj, Tyva) mit einer noch niedrigeren Quote ausgestattet.

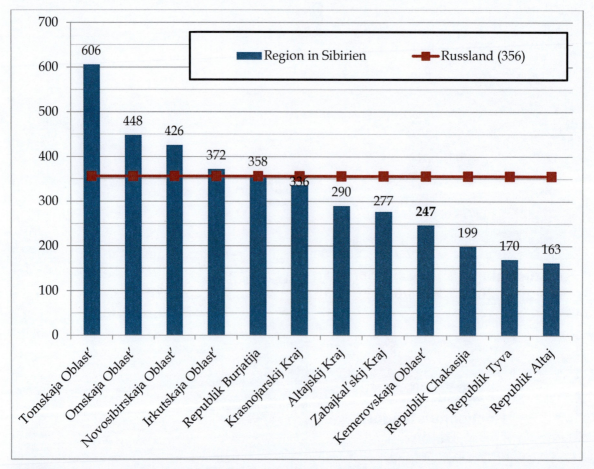

Abbildung 71: Anzahl der Studenten auf 10.000 EW (2014/15) in Sibirien
Quelle: http://www.gks.ru/bgd/regl/b15_14p/IssWWW.exe/Stg/d01/05-27-2.doc (eingesehen am 15.03.2016), eigene Darstellung

Des Weiteren stellt sich die Frage, ob die in Abbildung 70 thematisierten Schrumpfungsprozesse ebenfalls auch auf andere Regionen zutreffen?

Im Vergleich zu den Oblasti Novosibirsk, Omsk und Tomsk ist deutlich zu erkennen, dass der Rückgang nicht nur in der Oblast' Kemerovo zu beobachten ist (Abbildung 72). Die sozioökonomisch unsicheren Jahre nach dem Zusammenbruch der Sowjetunion (spätestens ab 1991) waren durch einen signifikanten Geburtenrückgang gekennzeichnet, der sich als Spätfolge ab dem Jahr 2008 auf die Studienanfänger und damit auf die Studentenzahlen in Russland insgesamt niederschlug. Das führt

---

[716] http://www.gks.ru/bgd/regl/b15_14p/IssWWW.exe/Stg/d01/05-27-2.doc (eingesehen am 15.03.2016).

aktuell u. a. auch dazu, dass die Konkurrenz zwischen den einzelnen Fachbereichen um die Anwerbung von Studenten zwischen den Universitäten und Instituten größer geworden ist.[717]

Die Oblast' Kemerovo verzeichnete allerdings mit 37,4 % die größte Abnahme bei der Anzahl der Studenten (2006 bis 2014) in diesem Vergleich. Im Jahr 2006 hatte das Untersuchungsgebiet noch ähnliche Werte wie die Oblast' Omsk. Hier beträgt der Rückgang bis 2014 lediglich 16,4 %. Im Jahr 2014 hatte die Oblast' Kemerovo ähnlich viele Studenten wie die mit 1,07 Mio. Personen deutlich einwohnerschwächere Oblast' Tomsk. Dies sind deutliche Indizien für eine schwach ausgebaute und weniger attraktive Hochschullandschaft im Untersuchungsgebiet. Tomsk hat seit dem Studienjahr 2012/13 die Oblast' Kemerovo bei den Neuimmatrikulationen überholt (2014/15 = 17.900 in Oblast' Tomsk bzw. 14.000 in Oblast' Kemerovo).[718] Die Oblast' Novosibirsk verzeichnet eine nahezu identische Einwohnergröße wie das Untersuchungsgebiet, verfügt aber über 74 % mehr Studenten – insgesamt 117.000 (2014).

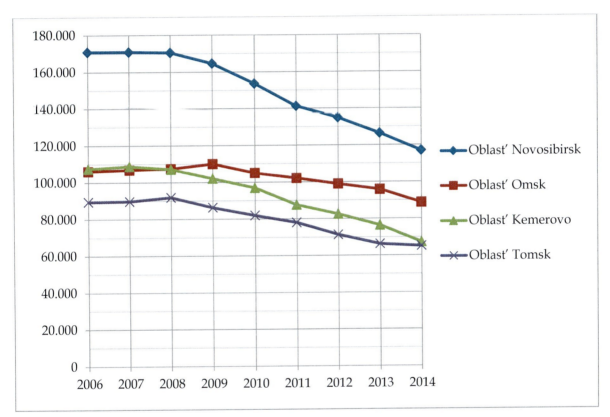

Abbildung 72: Entwicklung der Studentenzahlen in den Oblasti von Novosibirsk, Omsk, Kemerovo und Tomsk (2006–2014)
Quelle: NOVOSIBSTAT (Hrsg.) (2015b): S. 40, KEMEROVOSTAT (Hrsg.) (2015a): S. 108, OMSKSTAT (Hrsg.) (2014): S. 15, OMSKSTAT (Hrsg.) (2016): S. 11, TOMSKSTAT (Hrsg.) (2015): S. 78, http://www.gks.ru/bgd/regl/B10_14p/IssWWW.exe/Stg/d01/06-18-2.htm (eingesehen am 15.03.2016), eigene Darstellung

In Abbildung 73 kann diese Entwicklung demographisch bestätigt werden. Lebten in der Oblast' Kemerovo 2005 noch knapp 500.000 Personen im Alter von 15 bis 24 Jahren und damit grob in der Altersgruppe von Hochschülern, bezifferte sich diese Kohorte 2014 nur noch auf ca. 300.000. Die geburtenschwachen Jahrgänge wurden nur bedingt durch Zuwanderung kompensiert. Auf eine inten-

---

[717] Expertengespräch.
[718] KEMEROVOSTAT (Hrsg.) (2015a): S. 109, TOMSKSTAT (Hrsg.) (2015): S. 79.

sive demographische Analyse muss an dieser Stelle verzichtet werden. Entscheidend für diese Darstellung ist die Aussage, dass es in den nächsten Jahren auch wieder zu einem Anstieg der Kohorten und damit der nächsten Studentengeneration kommen wird. Die Gruppe der 0- bis 9-Jährigen ist seit 2005 um 73.000 auf 343.000 angewachsen. Ab ca. 2020 erlangt eine größere Generation der geburtenstärkeren Jahrgänge der 2000er Jahre ihre Hochschulzugangsberechtigung. Für die Hochschullandschaft wäre es schließlich gefährlich, wenn die aktuelle Flaute als Argument für Kürzungen von Fachbereichen herangezogen werden würde. Allerdings scheint genau dieser Trend aufgrund von Fusionen bestimmter Einrichtungen bereits real zu sein.

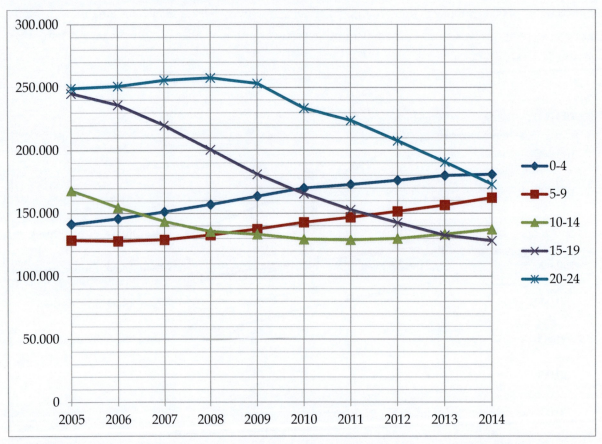

Abbildung 73: Entwicklung der Alterskohorten 0–24 Jahre in Personen in der Oblast' Kemerovo (2005–2014)
Quelle: http://www.kemerovostat.ru/bgd/EJEGOD/issWWW.exe/Stg/2009/(4) население.htm
(eingesehen am 09.10.2015), KEMEROVOSTAT (Hrsg.) (2015a): S. 31, eigene Darstellung

Bei Bevölkerungsprognosen muss eingeräumt werden, dass insbesondere Wanderungsbewegungen schwer vorhersehbar sind. Allerdings hätte man in der Strategie den Trend des Geburtenknicks für die Entwicklung der Studentenzahlen sehr leicht prognostizieren können, da er kurz bevorstand und auch in den Nachbarregionen der Oblast' Kemerovo zu beobachten ist. Dadurch, dass die Strategie bis zum Jahr 2025 angelegt ist, sollte bei einer Neuauflage des Programms der mit großer Wahrscheinlichkeit eintretende Fall des baldigen Wiederanstiegs der Nachfrager unbedingt berücksichtigt werden. Darüber hinaus wird deutlich, dass die Hochschulen im Untersuchungsgebiet nur bedingt überregional attraktiv sind, was zu der Forderung führt: Wenn man die Abwanderung junger Leute nach Novosibirsk oder Tomsk abmildern möchte, sollte verstärkt in die Verbesserung der Hochschullandschaft investiert werden (Abbildung 74 und Abbildung 75).

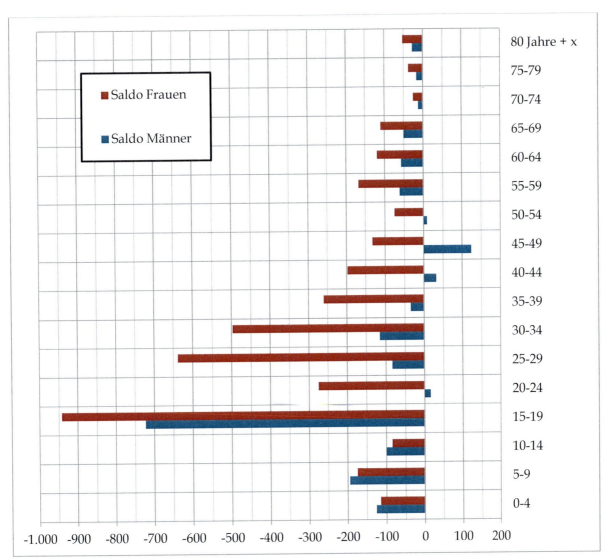

Abbildung 74: Migrationssaldo nach Altersgruppen und Geschlecht in Personen (2014)
Quelle: KEMEROVOSTAT (Hrsg.) (2015d): S. 31-32, eigene Darstellung

In Abbildung 74 ist der Wanderungssaldo nach Kohorten für das Jahr 2014 dargestellt. Es zeigt sich, dass die schwache Hochschulbildungspolitik und die Probleme am Arbeitsmarkt auch Auswirkungen auf die Migrationsaktivitäten haben.

Der Saldo ist eine starke Vereinfachung der Entwicklung. Bei den Männern ist bspw. die internationale Zuwanderung aus Zentralasien für eine leichte Abschwächung verantwortlich, was u. a. in der Gruppe der 20- bis 24-Jährigen zur Geltung kommt. Nichtsdestoweniger sind die Ergebnisse frappierend: In absoluten Zahlen sind in der Gruppe der 15- bis 19-Jährigen (und damit in der Gruppe der möglichen Erstsemester[719]) 5.718 Männer und 6.451 Frauen aus der Oblast' in andere Regionen Russlands oder ins Ausland umgezogen.[720] Das bedeutet, dass von den 64.660 Männern und 63.542 Frauen, die am 1. Januar 2014 in der Oblast' in dieser Kohorte registriert waren (Abbildung 73), bis zum Jahresende 8,8 % bzw. 10,2 % abgewandert sind. Zum Vergleich: Von der Gesamtbevölkerung

---

[719] In Russland sind zur Erlangung der allgemeinen Hochschulreife nur elf Jahre nötig. Das bedeutet, dass die meisten Erstsemester mit 17 Jahren (oder teilweise sogar mit 16) an die Hochschulen kommen [Quelle: http://www.auswaertiges-amt.de/DE/Aussenpolitik/Laender/Laenderinfos/RussischeFoederation/Kultur-Bildung_node.html#doc363644bodyText2 (eingesehen am 10.08.2016)].
[720] KEMEROVOSTAT (Hrsg.) (2015d): S. 28, 29.

sind statistisch 2,6 % aus der Oblast' verzogen (2014).[721] Relativierend muss zugestanden werden, dass diese Alterskohorten in der Regel die größten Migrationsaktivitäten aufweisen. Jedoch ist die Abwanderung hier überdurchschnittlich und ein negatives Phänomen. Darüber hinaus ist die Situation für jüngere Frauen sehr unbefriedigend. Ein Grund hierfür wurde bereits genannt und untermauert die geäußerte Kritik: Der Groß- und Einzelhandel als großer Arbeitgeber für Frauen zahlt weit unterdurchschnittliche Löhne.[722] Die am besten bezahlten Arbeitsplätze haben auch die höchste Quote von Personen mit Hochschulbildung: Finanzdienstleistungen (63,5 %), staatliche Verwaltung / Militär (52,2 %) – bis auf Förderung von Bodenschätzen (21,1 %).[723]

Mithilfe von Abbildung 75 kann die weiterführende Frage nach den Zielen der Abwanderung beantwortet werden.

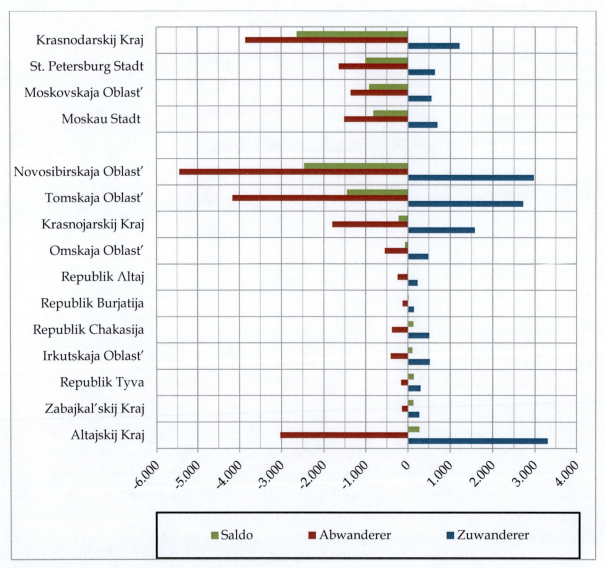

Abbildung 75: Migrationsaktivitäten der Oblast' Kemerovo in/aus Regionen Sibiriens und Russlands in Personen (2014)

Quelle: KEMEROVOSTAT (Hrsg.) (2015d): S. 20-22, eigene Darstellung

---

[721] Eigene Berechnung nach KEMEROVOSTAT (Hrsg.) (2015a): S. 29, 32, 38; KEMEROVOSTAT (Hrsg.) (2015d): S. 31-32.
[722] Siehe Abbildung 59 (S. 175) und Abbildung 60 (S. 176).
[723] KEMEROVOSTAT (Hrsg.) (2015a): S. 51.

Die wichtigste Zielregion im Saldo stellt der Krasnodarskij Kraj im Föderalen Okrug „Süden" dar. Das einzige Föderationssubjekt Russlands – neben der Republik Krim –, welches Anteil an der subtropischen Klimazone besitzt, bietet den Vorteil für Bewohner der Oblast' Kemerovo und auch für viele andere Regionen Russlands, sich dem langen und kalten Winter zu entziehen.[724] Weitere Ziele stellen die Hauptstadtagglomeration von Moskau und die zweitgrößte Stadt Russlands, St. Petersburg, dar. Die intensivsten Wanderungsbewegungen des Untersuchungsgebietes laufen allerdings innerhalb Sibiriens bzw. in näher gelegenen Regionen ab. In absoluten Zahlen sind 2014 die meisten Abwanderer aus der Oblast' Kemerovo in die Oblasti von Novosibirsk und Tomsk umgezogen. Insbesondere junge Menschen verlassen das Untersuchungsgebiet, um in prosperierenden Nachbarregionen bessere Lebensbedingungen zu suchen. Darüber hinaus sind in den Oblasti von Novosibirsk und Tomsk u. a. auch die größten und erfolgreichsten Hochschulstandorte Sibiriens lokalisiert.[725] Zwischen der Oblast' Kemerovo und dem wirtschaftlich wesentlich schwächer entwickelten Altajskij Kraj kommt es ebenfalls zu intensiven Austauschbewegungen der Bevölkerung. Mit nur 269 Personen im Saldo stellt diese Region bereits die wichtigste Zuwanderungsregion für die Oblast' Kemerovo in Russland[726] dar (Abbildung 75), was die geringe Attraktivität des Untersuchungsgebietes unterstreicht.

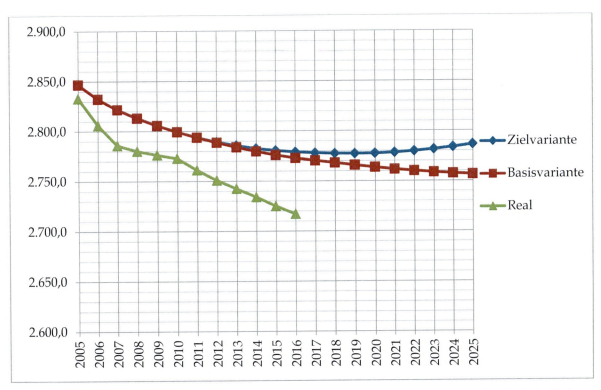

Abbildung 76: Bevölkerungsentwicklung Ziel- und Basisvariante, Real (Jahresbeginn) in Tsd. Personen (2005–2025)
Quelle: SEVERO-ZAPAD (Hrsg.) (2007): S. 181-182, 184-185; KEMEROVOSTAT (Hrsg.) (2015a): S. 29; http://www.gks.ru/free_doc/new_site/population/demo/popul2016.xls (eingesehen am 16.02.2016), eigene Darstellung

---

[724] Der Kraj Krasnodar ist eine der stärksten Zuwanderungsregionen Russlands. Im Jahr 2014 verzeichnete die Region einen Wanderungsüberschuss von 45.800 Personen. Die Bevölkerung erhöhte sich von 2011 bis 2016 kontinuierlich um 5,5 % auf 5,513 Mio. Personen [Quelle: KRASNODARSTAT (Hrsg.) (2016): S. 26, 32].
[725] Novosibirsk und Tomsk sind die stärksten Zuwanderungsregionen in Sibirien (Tabelle 7, S. 39).
[726] Die internationale Migration kann die Abwanderung aus der Oblast' Kemerovo geringfügig kompensieren (2014 = +6.123 Personen). Die fünf wichtigsten Herkunftsländer sind hierbei im Saldo (2014): Kasachstan (+1.668), Ukraine (+1.335), Tadschikistan (+952), Usbekistan (+684) und Armenien (+583).
Quelle: KEMEROVOSTAT (Hrsg.) (2015d): S. 23.

Insgesamt ist u. a. der schwache Magnet der Bildungsinstitutionen eine Ursache, warum sich die optimistischen Bevölkerungsprognosen aus der Entwicklungsstrategie nicht realisieren lassen (Abbildung 76).[727] Die Zielvariante hatte für 2016 eine Zahl von 2.779.100 und die Basisvariante eine von 2.773.000 Einwohnern vorgegeben. Der Realwert liegt allerdings zum Januar 2016 mit 2.717.200 Personen ca. 2 % unter dem Basiswert. Eine Annäherung bei den Werten ist nur bei einer Umsteuerung bzw. Implementierung von neuen Maßnahmen möglich.

Welche Strategien wurden angeboten, um die Situation zu verbessern?

1. Zuwanderungsprogramm

Im Dezember 2015 wurde ein Programm mit dem Titel „Unterstützung der freiwilligen Umsiedlung in die Oblast' Kemerovo von im Ausland lebenden Landsleuten 2016–2020" verabschiedet. Hier wird konstatiert, dass der Sterbe- und Abwanderungsüberschuss ein grundsätzliches Problem darstellt.[728] Der finanziell bereitgestellte Rahmen zur Anwerbung von Zuwanderern beträgt pro Jahr 1,5 Mio. RUB.[729] Das Budget stammt komplett von der Oblast'. Zielmarke ist es, bis 2020 4.900 neue Personen dauerhaft in der Oblast' anzusiedeln. Die Hälfte der Summe könne durch das Programm direkt und die anderen als Familiennachzug gewertet werden. Es ist ausdrückliches Ziel, die Menschen in allen Teilen der Oblast' anzusiedeln.[730]

Derartige Übersiedlungssubventionen waren in anderen Peripherien Russlands bereits erfolgreich, wie das Beispiel der Oblast' Kaliningrad zeigt. Allerdings basierte das Programm hier vollständig auf föderaler Unterstützung. Aus diesem Grund sind die finanziellen Mittel und insgesamt auch andere Pull-Faktoren wesentlich größer.[731]

Es bleibt fraglich, ob ein regionales Programm wie in der Oblast' Kemerovo mit derartig kleinen finanziellen Anreizen in der Lage ist, signifikant den Abwanderungsüberschuss abzufedern. Darüber hinaus stellt sich ein weiterer Kritikpunkt: In dem Programm wird vor allem der Fokus auf Personen aus dem Ausland gelegt. Die großen Defizite bei der Migration entstehen allerdings durch den Wegzug in andere Regionen Russlands. Welche Zielgruppe angesprochen werden soll, ist nicht ersichtlich. Ob es Russlanddeutsche, Personen aus dem kriegszerstörten Donbass oder Russischstämmige aus Zentralasien sein sollen, wird in dem Programm nicht geklärt.

Nichtsdestoweniger ist ein dezidiertes Ziel, den Aufbau eines Monitoringsystems bei möglichen Zuwanderern im Ausland einzuführen.[732] Die Erfolgschancen und Effekte für die Übersiedlungsstrategie sind dann möglicherweise langfristig angelegt. Letztlich sind die Wanderungsbewegungen Ausdruck der sozioökonomischen Bedingungen. Solange hier keine signifikante Besserung eintritt, wird die Oblast' für Zuwanderer aus anderen russischen Regionen und dem Ausland unverändert mäßig attraktiv bleiben.

---

[727] Im Anhang (Tabelle 44, S. 355) sind die vier entscheidenden Indikatoren der Bevölkerungsentwicklung abgetragen.
[728] KEMEROVSKAJA OBLAST' (Hrsg.) (2015b): S. 7 ff.
[729] Bei einem Wechselkurs von 1 EUR = 75 RUB (Sommer 2016) beträgt das jährliche Volumen ca. 20.000 EUR. Quelle: http://www.finanzen.net/devisen/euro-russischer_rubel-kurs (eingesehen am 10.08.2016).
[730] KEMEROVSKAJA OBLAST' (Hrsg.) (2015b): S. 3, 6.
[731] BÜLOW, CH. (2014b): S. 108.
[732] KEMEROVSKAJA OBLAST' (Hrsg.) (2015b): S. 11.

Für die Entwicklungsstrategie muss konstatiert werden, dass die weiteren negativen Auswirkungen der wirtschaftlichen und demographischen Entwicklung sowie der schwachen Bildungslandschaft mit ihren unterschiedlichen Folgeproblemen für andere Bereiche (u. a. Verlust von jungen kreativen Menschen, Senkung der Binnenkaufkraft) unterschätzt wurden.

2. Föderale Universität „Kuzbass"

Hinsichtlich der Verbesserung des Bildungsstandortes wurde in der Strategie ebenfalls konstatiert, dass die Oblast' Kemerovo gegenüber seinen größten Konkurrenzregionen (Oblasti Novosibirsk und Tomsk, Kraj Krasnojarsk) bei der Hochschulförderung benachteiligt wurde.[733]

Das russische Hochschulbildungssystem ist zentralistisch organisiert und liegt in Zuständigkeit der Bundesbehörden in Moskau. In den Jahren 2005/06 wurde eine Initiative entwickelt, um die Modernisierung und die internationale Wettbewerbsfähigkeit der russischen Hochschulen durch punktuelle Förderung voranzutreiben – ähnlich wie das bundesdeutsche Programm der Eliteuniversitäten. Hierbei werden teilweise periphere Standorte mit einbezogen (z. B. Kaliningrad, Archangel'sk oder Jakutsk).[734] In Tabelle 26 sind die zehn existierenden Standorte mit Gründungsjahr aufgelistet.

Tabelle 26: Standorte von „Föderalen Universitäten" in Russland

Nr.	Stadt	Föderaler Okrug	Gründungsjahr
1.	Krasnojarsk	Sibirien	2006
2.	Rostov (am Don)	Süden	2006
3.	Jakutsk	Ferner Osten	2010
4.	Vladivostok	Ferner Osten	2010
5.	Kazan'	Wolga	2010
6.	Archangel'sk	Nord-West	2010
7.	Ekaterinburg	Ural	2011
8.	Kaliningrad	Nord-West	2011
9.	Stavropol'	Nord-Kaukasus	2012
10.	Simferopol'	Krim	2014

Quelle: http://www.edu.ru/abitur/act.73/index.php (eingesehen am 12.10.2015), eigene Darstellung

Die beiden größten Städte (Moskau, St. Petersburg) und damit auch der Föderale Okrug Zentrum sind nicht berücksichtigt worden. Hier existieren allerdings bereits überregional und international bedeutende Einrichtungen.[735] Im Fernen Osten und Nord-West gibt es sogar jeweils zwei Standorte von Föderalen Universitäten (Jakutsk, Vladivostok bzw. Archangel'sk, Kaliningrad). Für Sibirien hat bisher nur Krasnojarsk als eine der ersten im Jahr 2006 den Zuschlag bekommen. Novosibirsk und Tomsk wurden zwar von diesem Programm nicht berücksichtigt. Jedoch wurden hier bereits zu sowjetischer Zeit, u. a. durch die „Russische Akademie der Wissenschaften" bzw. die Errichtung von „Akademgorodoki" (dt. Wissenschaftsstädtchen) größere Strukturen etabliert.[736] Der Vergleich der

---

[733] SEVERO-ZAPAD (Hrsg.) (2007): S. 139.
[734] Als Beispiel: Die Baltische Föderale Universität in Kaliningrad hat pro Jahr (2011–2015) 1 Mrd. RUB zusätzliche Förderung zur Verbesserung von Forschung und Lehre erhalten. Quelle: BÜLOW, CH. (2011b): S. 135.
[735] Die Dichte von wissenschaftlichen Einrichtungen ist in der Stadt Moskau und auch in der Oblast' Moskau (siehe z. B. Dubna) überdurchschnittlich. Siehe hierzu ausführlich: AGIRREČU, A. (2009): S. 119-154.
[736] AGIRREČU, A. (2009): S. 64-71.

Studentenzahlen (Abbildung 71, S. 198) deutete bereits an, dass eine stärkere Förderung in diesen beiden Oblasti tendenziell weniger nötig ist. Trotz der schwachen Ausstattung wurde die Oblast' Kemerovo bei dem Programm der „Föderalen Universität" nicht berücksichtigt.

Das ist verwunderlich, denn es existierte bereits in der Entwicklungsstrategie der Vorschlag, die Oblast' Kemerovo mit einer derartigen Einrichtung auszustatten. Einerseits sollte man sich um die Gründung einer Föderalen Universität nach den Vorbildern von Rostov am Don und Krasnojarsk bemühen. Andererseits wäre die stärkere Ausrichtung an bestimmten nationalen Förderprogrammen oder Krediten eine weitere Möglichkeit, die innovative Entwicklung in der Region voranzutreiben. Thematisch bestünde die große Chance, eine Art „Nationales wissenschaftliches Zentrum der Kohleindustrie" (u. a. mit neuer kohlebasierter Grundlagenforschung, Erforschung weiterer Verarbeitungs- und Nutzungsmöglichkeiten) als Nische zu besetzen.[737] Diese Ansätze konnten bis dato nicht umgesetzt werden.

Darüber hinaus hatte das Projektbüro Severo-Zapad im Jahr 2008 ein ausführliches Konzept zur Gründung einer „Föderalen Universität Kuzbass" ausgearbeitet. Ziel des Projektes ist die Etablierung einer großen föderalen Hochschule als forschungsorientierte Einrichtung, die gleichzeitig die Ausbildung von Fachkräften für die führenden industriellen Sektoren durchführt. Des Weiteren sollte die globale Wettbewerbsfähigkeit hinsichtlich der Investitionen, der Arbeitskräfte und der aktuellen prioritären Projekte optimiert werden. Perspektivisch auszubauende Forschungs- und Lehrbereiche sind u. a.: Bergbautechnik, Kohlechemie, Material- und Nanotechnologie, Architektur/Städtebau – Nachhaltige Ressourcennutzung, Energie- und Energienutzung.[738]

Indirekt wird in dem Projektvorschlag deutlich, dass sich die drei größten Einrichtungen zusammenschließen sollten. Diese Fusionspolitik wurde bei den meisten anderen Föderalen Universitäten ebenfalls durchgeführt. Organisatorisch würden bei der Entstehung einer großen „Föderalen Kuzbass Universität" damit wahrscheinlich die KemGU, KuzGTU und die SibGIU fusionieren. In dem Papier wird dieser Zusammenschluss mit einem kurzen Vergleich der Hochschuleinrichtungen zu untermauern versucht und es wird mit der These argumentiert, dass keine Einrichtung ihre maximale Leistungsfähigkeit allein entfalten kann.[739]

Ein weiteres wichtiges Ziel stellt die Internationalisierung dar. Aktuell beträgt die Quote von ausländischen Studenten in den drei großen Einrichtungen nur 0,13 %. In langfristiger Perspektive (10 bis 15 Jahre) plant man schließlich einen Anteil von 10 %, wobei bei Masterstudenten und Doktoranden die Quote sogar 20 % betragen soll.[740] Auch wenn die Zahl sehr optimistisch erscheint, da die Nachfrager unklar bleiben, stellt es trotzdem einen Schritt in die richtige Richtung dar. Die Internationalisierung der Hochschulstandorte in der Region ist in jedem Fall ausbaufähig.[741] Darüber hinaus könnte der starke Rückgang bei den Studentenzahlen möglicherweise etwas kompensiert werden.

---

[737] SEVERO-ZAPAD (Hrsg.) (2007): S. 128-131, 137-139.
[738] SEVERO-ZAPAD (Hrsg.) (2008): S. 19-20.
[739] Beim Vergleich der Hochschulen werden u. a. folgende qualitativen Indikatoren verwendet: Existenz landesweit bedeutender Wissenschaftsschulen, Möglichkeiten der kommerziellen Vermarktung (Drittmittelakquise), Nachfrage nach Bildungsdienstleistungen durch Abiturienten, Modernisierungsniveau des Bildungsmanagements, Fachkräftepotenzial, Verknüpfung der Lehrinhalte mit den Anforderungen des regionalen Arbeitsmarktes, Vernetzung mit anderen regionalen Akteuren und Wissenschaftsbereichen.
Quelle: SEVERO-ZAPAD (Hrsg.) (2008): S. 16.
[740] SEVERO-ZAPAD (Hrsg.) (2008): S. 34.
[741] Kleine Ansätze der Internationalisierung existieren: Die KemGU hat 2016 zum ersten Mal eine Sommerschule für Ausländer zum Erlernen der russischen Sprache aufgelegt.

Zeitlich sollten der Projektentwicklung (2009–2012), der Aufbau der Hochschulstrukturen (2012–2015) und schließlich die Eröffnung der Föderalen Universität (2016–2020) folgen. Zu Beginn des gesamten Projektes wird in der ersten Phase (2009–2011) ein Finanzierungsvolumen von ca. 6,16 Mrd. RUB angedacht. Die Hälfte dieser Summe könnte von der Föderation bereitgestellt werden.[742]

Warum das Projekt nicht umgesetzt werden konnte, lässt sich nicht eindeutig klären. Die Entscheidungen in den Ministerien in Moskau sind intransparent. Ein wichtiger Faktor stellt allerdings die Weltwirtschaftskrise dar, welche seit 2008/09 die russische Wirtschaft und damit auch die finanziellen staatlichen Handlungsspielräume stark einschränkte. Im Herbst 2007 wurde die Initiative einer „Föderalen Universität Kuzbass" noch in der regionalen und überregionalen Presse thematisiert.[743]

Auch wenn die Forderung nach einer großen „Kuzbass-Universität" zunächst sinnvoll scheint, sollte eine kritische Betrachtung an dieser Stelle nicht ausbleiben. Trotz der Initiativen und punktuellen Hochschulsubventionen haben sich die Disparitäten in Russland bei der innovativen Entwicklung nicht reduziert. Im Gegenteil: Die großen Agglomerationen in Russland mit höherer Bildung sind tendenziell wesentlich erfolgreicher bei der Allokation von Innovationen (z. B. Patente – Abbildung 63, S. 188) und damit auch attraktiv für junge Menschen aus anderen Landesteilen. Die sozioökonomische Differenz zwischen den großen Städten (z. B. Moskau, St. Petersburg, aber auch innerhalb der Regionen) und Standorten der Peripherie vergrößert sich zunehmend.[744] Nichtsdestoweniger kann es für einige periphere Standorte eine nützliche flankierende Maßnahme zur Innovationsförderung und Bindung junger Fachkräfte sein (siehe z. B. Archangel'sk, Kaliningrad oder Jakutsk).

Die Tendenz der Hochschulförderung in Russland weist allerdings eine immer stärker künstlich induzierte Konkurrenzsituation auf, welche ohnehin größere Standorte bevorzugt und stark an die deutsche Exzellenzinitiative erinnert: Mit dem „Projekt 5-100" soll die internationale Wettbewerbsfähigkeit der Hochschulen in Russland gestärkt werden.[745] Insgesamt erhalten 21 Einrichtungen besondere Subventionen aus dem föderalen Bildungsministerium. Darunter sind fünf föderale Universitäten. Neun Standorte sind in Moskau oder St. Petersburg. In Sibirien nehmen nur zwei Einrichtungen in Tomsk und eine in Novosibirsk teil.[746]

Wie sieht die aktuelle Situation der Hochschullandschaft in der Oblast' Kemerovo aus?

Eine neue Tendenz sind Zusammenführungen von Hochschuleinrichtungen in der Oblast' Kemerovo. Im Frühjahr 2016 wurde bekannt, dass die „Staatliche Universität Kemerovo" (KemGU) mit der „Technologischen Hochschule für Lebensmittelindustrie Kemerovo" (KemTIPP)[747] fusionieren wird. Der ehemalige Rektor der letzteren und kleineren Einrichtung, A. Prosekov, übernahm den Posten des neuen Rektors der KemGU.[748] In der regionalen Presse wird die Effektivitätssteigerung durch die Fusion gelobt. Darüber hinaus wird behauptet, dass die Anzahl der Studienplätze damit gesichert

---

Quelle: http://russchool.kemsu.ru/index.php (eingesehen am 11.08.2016).
[742] SEVERO-ZAPAD (Hrsg.) (2008): S. 32, 45.
[743] https://regnum.ru/news/894978.html (eingesehen am 10.08.2016).
[744] RODRÍGUEZ, M.; MELIKHOVA, Y. (2016): S. 669-674.
[745] http://5top100.ru/about/more-about/ (eingesehen am 10.08.2016).
[746] http://5top100.ru/universities/ (eingesehen am 10.08.2016).
[747] Die KemTIPP hat eine überdurchschnittlich instruktive Internetpräsenz in deutscher Sprache: http://www.kemtipp.ru/ger/index.php (eingesehen am 11.08.2016).
[748] http://www.kemsu.ru/pages/about_administration_rector (eingesehen am 11.08.2016).

werden könne.[749] Eine valide Prognose zur neuen Ausrichtung bzw. zu möglichen Effekten ist noch nicht möglich. Unter optimalen Umständen kann die große Universität (KemGU) von den eher technischen und praktischen wissenschaftlichen Erfahrungen profitieren. Die Vernetzung mit Unternehmen ist durch den stark angewandten Bezug bei der KemTIPP intensiver[750] und könnte der neuen KemGU und der Oblast' möglicherweise zur stärkeren Innovationsfähigkeit (z. B. Entwicklung neuer Verfahrenstechniken, bessere Spill-over-Effekte) verhelfen. Nichtsdestoweniger ist es ratsam, die möglichen Synergieeffekte nicht zu überschätzen. Die KemTIPP bietet mit dem Fokus auf Nahrungsmittelindustrie nur bedingt Know-how zur umfassenden industriellen Modernisierung der Oblast' an.[751]

In Novokuzneck kam es ebenfalls zu Zusammenlegungen von Hochschuleinrichtungen. Die „Staatliche Pädagogische Hochschule von Novokuzneck" (NGPI) wurde 2014 an die Filiale der KemGU angeschlossen.[752] Der Rektor der „Sibirischen Staatlichen Industriellen Universität" (SibGIU) verkündete im Mai 2015, dass in Novokuzneck bis 2018 eine optimal handlungsfähige und bedeutsame Hochschule aufgebaut werden wird.[753] Die sehr große Filiale der KemGU in Novokuzneck soll mit der SibGIU fusionieren.[754] Bis dato sind hierfür allerdings noch keine Fakten geschaffen. Bei einem Feldaufenthalt im Frühjahr 2015 liefen umfangreiche Akkreditierungs- und Evaluierungsverfahren. Eine auf Kooperation angelegte Zielstellung der Leitungsebenen bzw. administrative Vorgaben konnten von den interviewten Mitarbeitern der Hochschulen nicht herausgelesen werden. Die Skepsis, dass ganze Fachbereiche wegfallen und „Rationalisierungen" umgesetzt werden könnten, war allerdings existent.[755]

Es ist zum jetzigen Zeitpunkt nicht eindeutig, ob diese Fusionspolitik eine Anpassungsmaßnahme an Moskauer Vorgaben ist, die mit großer Wahrscheinlichkeit letztlich versuchen, im Bildungssystem Gelder einzusparen. Abwicklungen von ganzen Struktureinheiten sind mit dem Argument der rückläufigen Studentenzahlen relativ einfach zu rechtfertigen. Einer weiteren Verschlechterung der Situation sollte nicht Vorschub geleistet, sondern Einhalt geboten werden.

Andererseits könnten diese Fusionen die Gründung einer großen Föderalen Universität vorbereiten bzw. die Wahrscheinlichkeit von Zuwendungen erhöhen. Zum jetzigen Zeitpunkt sind noch keine validen Prognosen zur Entwicklungsrichtung möglich. Der Ausblick ist insgesamt aber wenig optimistisch. Im Juli 2016 wurde bspw. bekannt, dass die KemGU bis 2017 ihre Filialen in Anžero-Sudžensk und in Prokop'evsk schließen muss.[756] Die ohnehin großen sozioökonomischen Probleme in den beiden Monostädten werden damit noch verschärft.[757]

Für den Bereich der höheren Bildung bleibt zu konstatieren, dass die vorgeschlagenen Strategien (insbes. Föderale Universität) nicht umgesetzt werden konnten. Im Gegenteil: Die Hochschulen der

---

[749] http://www.kuzbassnews.ru/news/v-kuzbasse-hotyat-obedinit-kemgu-i-kemtipp (eingesehen am 11.08.2016).
[750] http://www.kemtipp.ru/?page=partners (eingesehen am 11.08.2016).
[751] In Kapitel 5.4.1 (S. 254 ff.) wird jedoch ein Vorschlag zum Ausbau der Nahrungsmittelindustrie ausgeführt.
[752] Expertengespräch.
[753] http://www.novokuznetsk.su/news/city/1438749558 (eingesehen am 11.08.2016).
[754] http://kuzpress.ru/other/30-05-2015/38953.html (eingesehen am 11.08.2016).
[755] Expertengespräch.
[756] http://kuzbass-today.ru/anzhero-sudzhensk/27454-два-филиала-кемеровского-государств.html (eingesehen am 15.08.2016).
[757] Beide Städte verzeichnen in absoluten Zahlen die größten Bevölkerungsverluste unter den Munizipalitäten in der Oblast' Kemerovo (Abbildung 14, S. 45).

Oblast' Kemerovo sind für Studenten, auch aus anderen Regionen, wenig attraktiv. Die Entwicklungsimpulse durch hochgebildete junge Milieus können kaum genutzt werden. Am Beispiel von Novosibirsk oder Tomsk konnte gezeigt werden, dass die Hochschulen eine wichtige Infrastruktur bieten können – z. B. als Zuwanderungsmaschine. Beim gesamten Vergleich der Hochschulstandorte des Untersuchungsgebietes mit den Nachbarregionen sollten die langen Traditionen nicht unerwähnt bleiben. Tomsk besitzt die erste Universität Sibiriens (gegr. 1878). 20 km südlich vom Stadtzentrum von Novosibirsk wurde Ende der 1950er Jahre eine ganze Wissenschaftsstadt (Akademgorodok) aufgebaut. Diese vermeintliche Pfadabhängigkeit sollte jedoch keine Ausrede für die schwache Position der Hochschullandschaft in der Oblast' Kemerovo sein. Das Ruhrgebiet zeigt, dass es als Altindustrieregion möglich ist diesen strategischen Nachteil zu kompensieren (Kapitel 5.1, S. 221). Es wäre wichtig, die junge und innovative Altersgruppe im Untersuchungsgebiet zu halten. Das kann u. a. mit der Implementierung von qualitativ hochwertigen Bildungsmaßnahmen geschehen. Diese sind momentan aber nicht in Sicht.

4.3.5. Fazit Innovationsförderung / Erschließung neuer Bereiche

Die Innovationsförderung stellte in der Strategie von Severo-Zapad einen wichtigen Bereich dar. Größere Maßnahmen wurden aber erst nach der Veröffentlichung implementiert.

Die Regionalen Sonderwirtschaftszonen sollen in Zusammenhang mit der Diversifizierung bei bestimmten Monostädten neue Bereiche erschließen. Der aktive Versuch, zu günstigen Konditionen Infrastruktur zur Verfügung zu stellen, ist eine gute Konzeption, welche über den angloamerikanischen Ansatz der „Enterprise Zones" hinausgeht. Allerdings wurde am Beispiel von Leninsk-Kuzneckij deutlich, dass die Effekte (z. B. Schaffung von neuen Arbeitsplätzen) bisher marginal sind. Größere Investitionen lassen auf sich warten.

Der Technologiepark zielt in eine ähnliche Richtung und soll für die Oblast' eine Schmiede für Innovationen darstellen. Die Erfolge sind bis dato, diplomatisch ausgedrückt, ebenfalls sehr überschaubar. Die Patentanmeldungen in der Oblast' Kemerovo sind gegenüber anderen vergleichbaren Regionen (z. B. Novosibirsk und Tomsk) deutlich unterdurchschnittlich. Es existiert eine eindeutige Korrelation zwischen Innovationen (Patenten) und der Ausstattung der Hochschulen. Im Vergleich zu ihrer Einwohnergröße hat die Oblast' Kemerovo eine stark unterdurchschnittliche Studentenquote. Darüber hinaus wurden im Untersuchungsgebiet gegenüber vergleichbaren Einheiten überdurchschnittlich viele Studienplätze abgebaut. Falls sich die Anzeichen einer Zusammenlegung bzw. Rationalisierung von Hochschuleinrichtungen fortsetzen, verliert das Untersuchungsgebiet auch in mittel- und langfristiger Zukunft die wichtige junge Altersgruppe der Schulabgänger (insbes. an die Oblasti Novosibirsk und Tomsk). Das Programm der Einrichtung einer „Föderalen Universität Kuzbass" konnte nicht umgesetzt werden. Die Oblast' Kemerovo wurde bei der zentralistischen Vergabepolitik nicht berücksichtigt.

Lesnaja Poljana ist ein besonderes Beispiel, welches weniger mit wirtschaftlichen Diversifizierung- oder Innovationsprozessen in Verbindung steht als die anderen Programme (u. a. Programm der Monostädte, Regionale Sonderwirtschafszonen). Wenn, wie eingangs in der Arbeit definiert, eine Modernisierung u. a. als Ziel die Stabilisierung und Verbesserung der Lebensbedingungen hat[758],

---

[758] LAPIN, N. (Hrsg.) (2011): S. 8.

kann das Suburbanisierungsprojekt möglicherweise als erfolgreichstes Beispiel unter den gesamten Maßnahmen der Innovationsentwicklung bzw. der Erschließung neuer Bereiche betrachtet werden. Die Bedingungen sind hier deutlich über dem durchschnittlichen Maß und bieten bereits über 6.000 Personen ein sauberes und friedliches Mittelstadtidyll.

Eine wichtige Erkenntnis aus dem gesamten Kapitel ist der Fakt, dass der wichtigste Impulsgeber bzw. Hemmfaktor für Innovationen die Ministerien der Russischen Föderation in Moskau sind. Ohne größere Subventionen (insbes. bei Lesnaja Poljana) wäre die Region kaum in der Lage, bestimmte Modernisierungen umzusetzen. Dies wurde von einem Experten ebenfalls geäußert: *„Ohne eine bessere Unterstützung bzw. Förderung aus Moskau wird es keine Innovationen im Kuzbass geben."*[759]

4.4. Fazit Modernisierungsstrategien

Die Klassifizierung der Altindustrieregionen (Kapitel 3.4, S. 112 ff.) ergab u. a. sechs Hauptprobleme: wirtschaftliche Monostruktur, mangelnde wirtschaftliche Diversifizierung, Umweltverschmutzung/ Rekultivierung, negative Bevölkerungsentwicklung (Sterbe- und Abwanderungsüberschuss), Dominanz allochthoner Großunternehmen. Diese können im Folgenden mit den drei wichtigsten Oberzielen der Modernisierung aus der Entwicklungsstrategie von Severo-Zapad[760] und den weiteren Maßnahmen (Programmen) kombinierend zusammengefasst und bewertet werden.

1. Wachstumssicherung im industriellen Sektor

Die Wachstumssicherung im industriellen Sektor (primär Optimierung der Kohleförderung) ist aufgrund seiner Ausführlichkeit in der Strategie einer der wichtigsten Modernisierungskomplexe. Allerdings ist die Abkehr von der wirtschaftlichen Monostruktur bis dato weder zufriedenstellend gelungen noch mit den vorgeschlagenen Strategien möglich.

Die Verwendung alternativer Energieformen (z. B. Grubengas) ist auf einem schwachen Niveau. Das Programm zur „Gasifizierung des Kuzbass 2012–2015" wurde sogar vom Gouverneur als gescheitert bezeichnet. Der Aufbau der Raffinerie in Jaja ist hingegen gelungen. An dieser Stelle kann die günstige geographische Lage (Transsib) und die hohe Infrastrukturdichte ausgenutzt werden. Die Raffinerie ist für die Oblast' ein bedeutsamer Faktor für die Versorgungssicherheit mit Treibstoffen. Effekte für den Arbeitsmarkt sind bis dato noch marginal. Nichtsdestoweniger stellt die Raffinerie in diesem Bereich der Oblast' (Region Anžero-Sudžensk) den größten industriellen Arbeitgeber dar.

Die Strategie zur Entwicklung eines Kohlechemie-Clusters ist gescheitert. Statt der geplanten Errichtung von 75.000 hochqualifizierten Arbeitsplätzen bis 2020 arbeiten 2014 noch 11.700 Personen in der chemischen Industrie (2005 = 20.000).

Insgesamt ist eine Diversifizierung mit der Kohle nicht erreicht worden. Die Dominanz der Großunternehmen kann mit diesen Maßnahmen nicht unterbunden werden. Stattdessen wäre es nötig, die hohen Kosten der Kohleförderung (u. a. Erdbeben, Gesundheit, Ökologie) für die Gesellschaft wenigstens teilweise auf die Konzerne umzulegen. Hiermit könnte die Oblast'

---

[759] Expertengespräch.
[760] SEVERO-ZAPAD (Hrsg.) (2007): S. 13.

insbesondere bei der Verbesserung der Umweltsituation entscheidende Kompensationsleistungen generieren. Ansonsten werden die Föderation und auch die Oblast' beim nächsten (durch den Rohstoffabbau induzierten) Erdbeben erneut umfangreiche finanzielle Wiederaufbaumittel zur Verfügung stellen müssen.

Die Prognosen des Volumens der Kohleförderung sind eingetreten. Die föderale Kohlestrategie deckt diese Politik weitestgehend. Aus betriebswirtschaftlicher Perspektive ist das noch ertragreich, da schwankende und sinkende Preise mit einer Ausweitung der Förderung kompensiert werden können. Sind jedoch einige Konzerne bereits in ernste finanzielle Schwierigkeiten geraten (z. B. SDS-Ugol', Mečel). Der Widerspruch in der Strategie ist insgesamt groß: Es ist bekannt, dass durch die Kohleförderung die Erkrankungsraten der Bevölkerung und damit die Gesundheitskosten bei der Ausweitung der Förderung steigen.[761] Trotzdem wird seit 2011 jedes Jahr ein neuer Rekord bei der Kohleförderung eingestellt und noch höhere Zielmarken gefordert (270 Mio. t bis zum Jahr 2025). Die Erschließung neuer Absatzmärkte (z. B. China) ist unter den aktuellen Bedingungen eher fraglich. Solange hier keine grundlegenden staatlichen Anpassungsmaßnahmen vorgenommen werden, bleibt der Druck zur Diversifizierung und der Innovationsförderung auf die privatwirtschaftlichen Akteure gering. Ein Experte sagte aus, dass in der Oblast' ca. 15 verschiedene Kohleförderunternehmen tätig sind, die sich untereinander nicht koordinieren. Die Oblast'-Verwaltung schafft es ebenfalls nicht hinreichend, eine Art Moderatoren- oder Koordinierungsfunktion zu übernehmen.[762]

2. Wirtschaftliche Diversifizierung

Die Diversifizierung in Branchen, die eng mit der Kohleförderung verflochten sind und damit vergleichsweise gute Voraussetzungen aufgrund der Nachfrage bieten würden, ist gescheitert (siehe z. B. Maschinen- und Ausrüstungsbau). Zur stärkeren Abkehr von der Monostruktur müssten Investitionen auch viel stärker in andere Bereiche als außerhalb der Rohstoffförderung erfolgen. Die Aktivitäten bzw. die zeitliche Orientierung der Großunternehmen sind allerdings kurzfristig angelegt. Das gängige Instrument der Oblast', die Konzerne mit besonderen Vereinbarungen (Soglašenija) zu Investitionen und anderen Sozialleistungen zu nötigen, ist für eine grundlegende Modernisierung ungeeignet. Das Konzept der Monostädte zielt ebenfalls auf die Bändigung der Großunternehmen bzw. einseitigen Beschäftigungsstruktur ab.[763] Dieses föderale Programm ist ein guter Ansatz. Jedoch wurde auch am Beispiel von Leninsk-Kuzneckij deutlich, dass die Munizipalität gegenüber SUĖK als Großkonzern nahezu machtlos ist. Größere und andere Investoren (auch in den Regionalen Sonderwirtschaftszonen) lassen noch auf sich warten.

Die Förderung des Tourismus (am Beispiel von Šeregeš) kann hinsichtlich der bisherigen Effekte als erfolgreiches Diversifizierungsprojekt angesehen werden. Der Aufbau einer neuen Wintersportinfrastruktur konnte in nur wenigen Jahren umgesetzt werden. Entscheidend sind hier die Entwicklung eines besseren Images und die Minimierung des Kaufkraftabflusses ins

---

[761] SEVERO-ZAPAD (Hrsg.) (2007): S. 62, 108.
[762] Expertengespräch.
[763] Die Problemlösung von Altindustrie- und Monostädten ist ein wichtiger Teil der Modernisierung [ANOCHINA, N. (2015): S. 15].

Ausland bzw. in andere russische Regionen. Nichtsdestoweniger muss eingestanden werden, dass der Tourismus in einer Altindustrieregion nur eine Maßnahme unter vielen zur Diversifizierung der Wirtschaftsstruktur darstellen kann.

Insgesamt setzt sich die Ambivalenz bei der Monostruktur weiter fort: Bei der Wertschöpfung dominiert der Rohstoffsektor. Andere Branchen konnten diese drastischen Schwankungen nicht kompensieren. Auf dem Arbeitsmarkt zeigt sich ein differenzierteres Bild, in dem Dienstleistungen (Groß- und Einzelhandel) die größte Branche darstellen.

3. Innovationsförderung / Erschließung neuer Bereiche

Der Bereich Innovationsförderung soll ebenfalls einen Beitrag zur Diversifizierung leisten. Die vergleichsweise positiven Voraussetzungen der hohen Bevölkerungs- und Infrastrukturdichte (größtes Städtenetz östlich des Urals) konnten nur bedingt genutzt werden. Innovative Milieus sind in den Regionalen Sonderwirtschaftszonen und im Technologiepark bis dato kaum entstanden. Die Hochschullandschaft bietet keinen hilfreichen Beitrag zur besseren Ausbildung von jungem kreativem Personal. Im Gegenteil: Das Projekt einer „Föderalen Universität Kuzbass" ist gescheitert. Der strukturelle Abbau bei den Hochschulen ist in der Oblast' Kemerovo stärker als in anderen vergleichbaren Regionen Sibiriens. Die Abwanderung, als übliche Folge sozioökonomischer Probleme in einer Altindustrieregion, wird damit auch in mittelfristiger Zukunft weiter stimuliert.

Bei diesem Komplex wird ebenfalls das mangelhafte Interesse der Unternehmen an der Erschließung neuer Bereiche deutlich. Hier gilt ähnlich wie bei Punkt zwei: Solange die bisherigen Aktivitäten für die exogenen Industriekonzerne derartig ertragreich sind und die staatlichen Akteure keine besseren Anreizmechanismen entwickeln, bleibt die Motivation zur Innovationsentwicklung gering.

Das Projekt der Satellitenstadt Lesnaja Poljana ist zwar von geringerer regionalwirtschaftlicher Bedeutung als andere Projekte, stellt jedoch eine erfolgreiche Modernisierung in Form einer signifikanten Verbesserung der Lebensbedingungen für Tausende Bewohner der Oblast' Kemerovo dar.

In der Kombination der Ergebnisse aus der Darstellung zu Altindustrieregionen (Kapitel 3), der Analyse der Entwicklungsstrategien der Unternehmen (Kapitel 3.2.12) und der Administration (Kapitel 4) ergibt sich die wichtige Erkenntnis, dass entscheidende programmräumliche Differenzen existieren. An dieser Stelle Ausgleichsmechanismen zu schaffen, stellt eine große Herausforderung dar. In der bisherigen Forschung wurden akteurs- bzw. organisationszentrierte Analysen (insbes. in Bezug auf postsozialistische Altindustrieregionen) vernachlässigt. In Kapitel 4 konnte insgesamt gezeigt werden, dass es sinnvoll ist, die konkreten Ziele, Maßnahmen und deren Implikationen zu hinterfragen.

Was hat das Entwicklungsstrategie von Severo-Zapad geleistet?

Insgesamt wird deutlich, dass die „Strategie zur sozioökonomischen Entwicklung der Oblast' Kemerovo in langfristiger Perspektive" von Severo-Zapad eher ein Programm zur Industrieentwicklung darstellt. In diesem 190 Seiten starken Dokument werden zwar insgesamt verschiedenartige Themen und Bereiche tangiert, jedoch steht der sekundäre/industrielle Sektor im Fokus.

Wenig bis gar nicht thematisiert wurden beispielsweise die Landwirtschaft und der ländliche Raum.[764] Die Bevölkerungsverluste sind zwar absolut in den Bergbaustädten (z. B. Prokop'evsk) am stärksten. Allerdings haben einige Rajony (insbes. im Norden) von 2007 bis 2015 prozentual wesentlich mehr Einwohner verloren: z. B. Tjažinskij (-25,4 %), Ižmorskij (-22,9 %), Jajskij (-18,6 %).[765] Für die Entwicklung des ländlichen Raumes, der zwar nur 15 % der Einwohner, aber immerhin 387.000 Menschen betrifft, wurden kaum nennenswerte Maßnahmen angeboten bzw. sind keine Verbesserungen zu verzeichnen. Insgesamt werden kommunale Disparitäten und Entwicklungsmöglichkeiten innerhalb der Oblast' sehr spärlich thematisiert.

Der Wert des Programms ist in dem Anliegen zu sehen, die regionale und sektorale Entwicklung der Oblast' mittel- und langfristig in Einklang zu bringen. In dieser Form ist es das erste umfassende Programm, welches seit dem Zusammenbruch der Sowjetunion bis 2007/08 aufgestellt werden konnte. Severo-Zapad hat in manchen Bereichen ehrlich und kritisch die Schwächen der Oblast' Kemerovo aufgedeckt. Anschließend oder parallel dazu folgte die Verabschiedung Dutzender spezieller Programme für einzelne Branchen. Unabhängig von der jeweiligen Erfolgsbilanz sind damit Diskussions- und Abstimmungsprozesse innerhalb der Oblast'-Verwaltung in Gang gesetzt worden, die zu einer grundlegenden systematischen Bestandsaufnahme geführt haben. Dahingehend ist das Entwicklungsprogramm ein wichtiger Schritt zur Modernisierung, da die Kommunizierbarkeit von Problemen eine Grundvoraussetzung für deren Lösung ist.

Hinsichtlich der Implementierungserfolge fällt die Bilanz zwar unterschiedlich, aber insgesamt negativ aus. Die Fokussierung auf die Kohle ist inkonsequent und ein radikales Reformprogramm sucht man vergeblich. Bei etlichen quantitativen Prognosen existiert das Problem, dass die wirtschaftlichen Krisen und die große Abhängigkeit der Kohle vom Weltmarkt, was auch im Programm thematisiert wurde, nicht einer linearen Entwicklungsrichtung folgen. Die Krisen 2009 und 2015 haben die optimistischen Planungen und damit die Zielvorgaben stark durcheinandergebracht bzw. verzerrt. Ein Experte bot folgende Aussage an: *„Es gibt viel auf dem Papier, aber bisher teilweise nur wenig vorzeigbare Ergebnisse [bei der Modernisierung der Oblast' Kemerovo, C. B.]."*[766]

Insgesamt muss eingeräumt werden, dass eine Beurteilung der Maßnahmen mit etwas Zurückhaltung erfolgen sollte. Einige Folgeprogramme (z. B. Monostädte, Regionale Sonderwirtschaftszonen) sind

---

[764] Die sehr hochwertigen Böden sind stark von der Kohleindustrie und den Tagebauten bedroht, was u. a. im Kapitel zu den Kosten der Kohleförderung angesprochen (4.1.2, S. 125 ff.) wurde.
[765] Siehe dazu Abbildung 15 (S. 46).
[766] Expertengespräch.

noch vergleichsweise jung. Die Entwicklungsstrategie ist bis auf das Jahr 2025 angelegt und fordert ebenfalls eine langfristige Planung und Perspektive ein.[767]

Welche theoretischen Verknüpfungen existieren?

Die primäre Zielgruppe der Entwicklungsstrategie ist die eigene Verwaltung und mögliche Investoren.[768] Das Papier kann erstmalig seit dem Ende der Planwirtschaft eine fach- und ministerienübergreifende Handlungsanleitung darstellen.

In systemtheoretischer Hinsicht ist die Abfassung des Entwicklungsprogramms auch zur besseren Koordinierung bzw. Erhöhung der Formalisierung in der Verwaltungsorganisation (Administration) eingeführt worden. Die Strategie gibt erstmals innerhalb des sozialen Systems ein Programm heraus, das auch außerhalb der kommunikativen Grenzen in andere Systeme (z. B. Interaktionen, Organisationen, Gesellschaften) gelangen bzw. von diesen übernommen werden kann. Somit besitzt das Programm theoretisch eine stabilisierende Funktion.

In der Definition von Region (Kapitel 3.4, S. 112 ff.) wurde ausgeführt, dass die räumliche Orientierung mithilfe von Programmen einer Organisation in einem bestimmten Raum (Oblast' Kemerovo) vorgenommen wird. In Kapitel 4 wurde ausführlich gezeigt, dass sich die Voraussetzungen für das Programm geändert haben. Falls die erwünschten Ziele tatsächlich konsequent umgesetzt werden sollen, müssten schließlich angepasste neue Vorgaben definiert werden, um letztlich eine neue Regionalisierung umzusetzen. Dies ist u. a. Aufgabe des nächsten Kapitels 5 (S. 216 ff.).

Wie ist der organisatorische Hintergrund zu bewerten?

Wie bereits dargestellt ist das Projektbüro Severo-Zapad eine stark mit der föderalen Administration, der politischen Elite und vielen Unternehmen verflochtene Organisation.[769] Einerseits ist es positiv, dass das Zentrum überhaupt eine Formulierung von bestimmten Entwicklungszielen für etliche Regionen und so auch für die Oblast' Kemerovo initiiert hat. Die Regionen, und auch die Oblast' Kemerovo, sind jedoch dazu allein kaum in der Lage. Andererseits wird bei der Ausrichtung deutlich, dass die Vorschläge stark auf die industrielle Entwicklung und im Prinzip auf deren Fortschreibung mit Diversifizierungsansätzen konzentriert sind. Der schablonenartige Charakter (z. B. „stärkere Tertiärisierung") wurde deutlich.

Es ist bemerkenswert, dass nicht nur die Entwicklungsstrategie von außen kam, sondern nahezu alle größeren Modernisierungsprojekte ebenfalls. Die wichtigsten Impulse für Innovationen stammen aus Moskau. Wobei es eher eine Frage der finanziellen Ressourcen ist, da die Summen für Projekte wie z. B. Lesnaja Poljana und die Monostädte umfangreich sind.

Diese Art der Fremdsteuerung wird bis dato kaum kritisch hinterfragt. Auf die Frage, warum die Oblast'-Verwaltung ein derartiges Programm nicht selbstständig entwickelt hat, antwortete ein

---

[767] SEVERO-ZAPAD (Hrsg.) (2007): S. 12.
[768] Expertengespräch.
[769] Siehe dazu die Ausführungen auf S. 117 ff.

befragter Experte: Dies sei vor seiner Amtszeit getätigt worden. Er teilte die Skepsis gegenüber einer möglichen Fremdsteuerung nicht.[770]

Andererseits scheint es sinnvoll, wenn die Oblast' ihre strategische Zielrichtung in eigenen Aushandlungsprozessen selbst formuliert hätte. Der Lerneffekt wäre für die Verwaltung größer gewesen. Mit der Entwicklung eines eigenen Monitorings (z. B. unterstützt von lokalen Akteuren der Wissenschaft), der Beschäftigung und dem Vergleich von Strategien anderer Altindustrieregionen könnten möglicherweise neue Organisationseinheiten und damit innovative Ideen und Konzepte entstehen. Es wäre ratsam, wenn die nächste Strategie komplett aus der eigenen Region oder wenigstens aus Sibirien stammen würde. Es würde den individuellen Bedingungen damit wesentlich besser gerecht werden. Darüber hinaus ist von anderen Altindustrieregionen bekannt, dass die Regionalverwaltungen für die Bewältigung von Umwälzungsprozessen eine zentrale Rolle spielen. Hier können wesentlich flexibler und schneller Anpassungsmaßnahmen vorgenommen werden. Im optimalen Fall sollten regionale bzw. lokale staatliche Akteure und die Verwaltung nicht erst tätig werden, wenn die sozioökonomischen Auswirkungen schon evident, sondern wenn die Entwicklungen noch stabil sind.[771]

Zum Entwicklungsprogramm der Oblast' Kemerovo existieren interessante Parallelen zum deutschen Ruhrgebiet der 1960er Jahre. Nach den zahlreichen Zechenstilllegungen Ende der 1950er Jahre geriet die Region in eine schwere strukturelle Krise. Neben anderen Anpassungsmaßnahmen (z. B. Etablierung des Opel-Werks in Bochum, Ausbau der Hochschulen, Kohleanpassungsgesetz) wurde hier 1968 das „Entwicklungsprogramm Ruhr 1968–1973" von der Landesregierung Nordrhein-Westfalen verabschiedet.[772] Mit diesem Programm wurde die Phase einer defensiven Strukturpolitik verlassen und der *„strukturelle Wandel konnte aktiv ge- und befördert"* werden.[773] Indirekt wird hierbei ebenfalls die Zielstellung deutlich, dass vor allem Handlungsanweisungen für die unterschiedlichen Bereiche in den Kommunen und Behörden entwickelt wurden.[774]

Im folgenden Kapitel 5 werden die Entwicklung und Erfahrungen (insbes. aus organisatorischer Perspektive) des Ruhrgebietes und des Lausitzer Braunkohlereviers vorgestellt. Anschließend werden Handlungsempfehlungen, um die Modernisierung in der Oblast' Kemerovo zu optimieren, abgeleitet.

---

[770] Expertengespräch.
[771] PRIVALOVSKAJA, G. et al. (1995): S. 63.
[772] LANDESREGIERUNG NORDRHEIN-WESTFALEN (Hrsg.) (1968).
[773] HAMM, R.; WIENERT, H. (1990): S. 163.
[774] LANDESREGIERUNG NORDRHEIN-WESTFALEN (Hrsg.) (1968): S. 11.

5. Vergleich Altindustrieregionen / Handlungsempfehlungen

Kapitel 5 wird sich zunächst mit den Erfahrungen aus den beiden deutschen Altindustrieregionen „Ruhrgebiet" und „Lausitzer Braunkohlerevier" beschäftigen. Warum wurden diese ausgewählt? Das Ruhrgebiet stellt mit über 5 Mio. Einwohnern die größte Agglomeration Deutschlands dar. Es ist es eines der wichtigsten und größten Altindustriegebiete Europas. Das Beispiel der Lausitz wird näher analysiert, um die Erfahrungen der Modernisierung einer postsozialistischen Altindustrieregion (mit Tagebauförderung) für die Oblast' Kemerovo zu nutzen.

Aus Platzgründen kann der folgende Überblick über die aktuellen sozioökonomischen Entwicklungstendenzen in diesen beiden deutschen Regionen nur die allerwichtigsten Indikatoren darstellen (5.1).[775] Eine ausführliche Einordnung als Altindustrieregion, wie es für die Oblast' Kemerovo durchgeführt wurde (Kapitel 3), würde den Untersuchungsrahmen sprengen. Nichtsdestoweniger können ausgewählte Klassifizierungsindikatoren (z. B. Bevölkerungsentwicklung, Arbeitsmarkt, Großunternehmen) zur besseren Einordnung aufgegriffen werden. Das wesentlich wichtigere Ziel dieses Kapitels stellt die Analyse der organisatorischen Tätigkeiten der jeweiligen größten Sanierungsträger bzw. Planungsorganisationen dar (5.2). Anschließend werden diese Erkenntnisse gemeinsam mit den Ausführungen aus den Kapiteln 2 bis 4 in konkrete Handlungsempfehlungen für die Oblast' Kemerovo zusammengeführt und diskutiert (5.4). Ein Überblick zu den Vorschlägen findet sich in Tabelle 27.

Tabelle 27: Handlungsempfehlungen zur Modernisierung der Oblast' Kemerovo

Handlungsempfehlung	Wo in der Arbeit?	
	Kapitel	Seite (ff.)
Diversifizierung der Wirtschaft	5.4.1	254
Regionalisierung wirtschaftlicher Organisationsstrukturen	5.4.2	256
Förderung des Tourismus	5.4.3	259
Kultur als Impulsgeber	5.4.4	264
Verbesserung des Monitorings	5.4.5	267
Optimierung der Administrativstrukturen	5.4.6	268
Verbesserung des Bildungssystems	5.4.7	270
Internationalisierung	5.4.8	271
Zusammenfassung der Handlungsempfehlungen	5.5	273

Quelle: eigene Darstellung

---

[775] Abhandlungen über die Modernisierungsprozesse (bzw. den „Strukturwandel") im Ruhrgebiet existieren sehr zahlreich. Unter anderem: PROSSEK, A. et al. (Hrsg.) (2009); HOPPE, W. et al. (2010); FAUST, H. (1999); BOGUMIL, J. et al. (2012); KULKE, E. (Hrsg.) (1998): S. 435-463; HAMM, R.; WIENERT, H. (1990): S. 144-171.
Für die Lausitz können diesbezüglich folgende Quellen empfohlen werden: IBA FÜRST-PÜCKLER-LAND 2000-2010 (Hrsg.) (2010a); SCHWARTZKOPFF, J.; SCHULZ, S. (2015): S. 1-34; LINTZ, G.; WIRTH, P. (2015): S. 214-237; LINTZ, G. et al. (2016): S. 333-355; STEINHUBER, U. (2005); KULKE, E. (Hrsg.) (1998): S. 418-434. Siehe auch die aktuelle diskursanalytische Promotionsschrift von SCHWARZER, M. (2014).

5.1. Strukturvergleich Ruhrgebiet – Lausitzer Braunkohlerevier

Tabelle 28: Ausgewählte Indikatoren Ruhrgebiet und Lausitzer Braunkohlerevier

Indikator	Ruhrgebiet (RVR)	Lausitzer Braunkohlerevier
Fläche	- 4.435 km²	- ca. 8.400 km²
Bevölkerung (12/2014)	- ca. 5.054.600 Einwohner - Bev. Entwicklung (1990–2014): -6,3 %	- ca. 592.000 Einwohner - Bev. Entwicklung (1989–2014): -32 %[776]
Kohleart	- Steinkohle (Untertage)	- Braunkohle (im Tagebau)
Kohleförderung (01/2017)	- 1 Schachtanlage - Schließung der letzten Zeche 2018	- 4 Tagebauten - Zukunft der Braunkohletagebauförderung ungewiss (Verkauf von Vattenfall an EHP)[777]
Arbeitsmarkt Kohleindustrie	- ca. 3.000 direkte Arbeitsplätze im Bergbau - sukzessive Beschäftigungsverluste seit 1957 - überdurchschnittlich hohe Arbeitslosigkeit gegenüber Bundes- und Landesdurchschnitt (Nordrhein-Westfalen)	- ca. 7.500 direkte Arbeitsplätze im Bergbau - starke, rasche Beschäftigungsverluste nach 1990 - überdurchschnittlich hohe Arbeitslosigkeit gegenüber Bundes- und Landesdurchschnitt (Brandenburg/ Sachsen)
Bildung[778] **(Hochschulen)**	- ca. 273.00 Studenten (WiSe 2015/16) - 540 Studenten auf 10.000 EW (2014)	- ca. 8.200 Studenten (WiSe 2015/16) - 139 Studenten auf 10.000 EW (2014)
Unternehmen	- RAG-Konzern mit Tochtergesellschaften (z. B. Evonik) ist wichtiger Regionalkonzern (= Fremdsteuerungsvorbeugung) - Headquarterfunktion (z. B. E.ON, RWE, ThyssenKrupp, Hochtief, Karstadt, Aldi)	- größter Akteur der Rohstoffindustrie ist tschech. Konzern Energetický a Průmyslový Holding (EPH) - keine regionalen Konzerne und wenige große Arbeitgeber (z. B. BASF, Deutsche Bahn AG) - Fremdsteuerungs- und Filialisierungsprobleme
IBA	- IBA Emscher Park 1989–1999	- IBA Fürst-Pückler-Land 2000–2010

Quelle: REGIONALVERBAND RUHR (Hrsg.) (2015b): S. 1; STATISTISCHES BUNDESAMT (Hrsg.) (2016): S. 71, 74, 75, 82, 100-106; PROSSEK, A. et al. (Hrsg.) (2009): S. 11; REGIONALVERBAND RUHR (Hrsg.) (2015c): S. 3; AGENTUR FÜR ARBEIT BAUTZEN (Hrsg.) (2015): S. 28, 40; Expertengespräche; eigene Berechnung und Darstellung

---

[776] Quelle und Berechnung der inkludierten Einheiten in Tabelle 48 (S. 359).
[777] http://www.rbb-online.de/wirtschaft/thema/braunkohle/beitraege/eph-kuendigt-konkrete-plaene-bis-weihnachten.html (eingesehen am 09.09.2016).
[778] Eine Liste der inkludierten Hochschulstandorte befindet sich Tabelle 49 (S. 366).

Die in Tabelle 28 dargestellten Indikatoren (im Folgenden fett gedruckt) zur Einordnung des sozioökonomischen Entwicklungsstandes im Ruhrgebiet und im Lausitzer Braunkohlerevier werden anschließend konkreter ausformuliert. Die Ausführungen in diesem Unterkapitel basieren – wenn nicht anders aufgeführt – auf den Quellenangaben der Tabelle.

Hinsichtlich der **Fläche**nausdehnung (4.435 km²) lässt sich das Ruhrgebiet wesentlich leichter abgrenzen. Der Regionalverband Ruhr stellt u. a. einen kommunalen Zusammenschluss dar. Die Administrativgrenzen der 15 eingebundenen Landkreise und kreisfreien Städte im Bundesland Nordrhein-Westfalen sind eindeutig. Es herrscht ein polyzentrales Städtenetz vor. Das wesentlich größere Lausitzer Braunkohlerevier ist hingegen auf zwei bzw. drei Bundesländer (Sachsen, Brandenburg, Sachsen-Anhalt[779]) aufgeteilt.[780] Drei Landkreise (Elbe-Elster, Oberspreewald-Lausitz, Spree-Neiße) und die kreisfreie Stadt Cottbus gehören vollständig zum Revier; fünf Landkreise (Teltow-Fläming, Dahme-Spreewald, Bautzen, Görlitz, Wittenberg) mit unterschiedlichen Anteilen. In der vorliegenden Untersuchung wird teilweise die Abgrenzung des ehemaligen Bezirks Cottbus genutzt. Dieses „*Kohle- und Energiezentrum der DDR*"[781] stellt für die Analyse zwar eine großzügige, aber adäquat vergleichbare Einheit dar, wie bspw. bei der Berechnung der Bevölkerungsentwicklung deutlich wird.

Das Ruhrgebiet weist eine **Bevölkerung**sgröße von ca. 5,05 Mio. Einwohnern (2014) auf und besitzt damit den größten Verdichtungsraum in Deutschland. Seit 1990 hat die Region 6,3 % ihrer Einwohner verloren. Die Verluste sind überwiegend durch die Defizite bei der natürlichen Bevölkerungsentwicklung und durch Suburbanisierung bedingt. Die Zuwanderung kann die Verluste teilweise kompensieren. In der Lausitz ist der Einwohnerrückgang mit rund einem Drittel (1989–2014) fast fünfmal so hoch. Aktuell leben mit ca. 592.000 Menschen in der Region nur etwas mehr als in den Städten Dortmund (581.000) oder Essen (574.000).[782] Neben dem Sterbeüberschuss ist die Abwanderung (insbes. junger Menschen) in der Lausitz der Hauptfaktor der negativen Bevölkerungsentwicklung. Besondere Beispiele befinden sich insbes. im sächsischen Teil: Hoyerswerda hatte 1989 noch ca. 67.900 Einwohner. Im Jahr 2014 sind es noch 33.825, was einer Halbierung entspricht. Weißwasser schrumpfte im selben Zeitraum von ca. 36.800 auf 17.074 Einwohner.[783] Aus der Oblast' Kemerovo sind derartig drastische Bevölkerungsverluste seit dem Zusammenbruch der Sowjetunion nicht bekannt.

Damit ist der Altindustrieregionen kennzeichnende Indikator einer negativen Bevölkerungsentwicklung in beiden Regionen zu beobachten. Hinsichtlich der Einwohnerdichte ist die Lausitz allerdings dünn besiedelt (ca. 70 Einwohner pro km²) und damit untypisch. Demgegenüber übertrifft

---

[779] Im ehemaligen DDR-Bezirk Cottbus besaß das heutige Bundesland Sachsen-Anhalt ebenfalls Anteile. In den Publikationen nach 1990 werden diese Gebietskörperschaften weder zum Lausitzer Braunkohlerevier noch zum Seenland gerechnet. Das Einzugsgebiet der Lausitzer Rundschau (wichtigste Lokalzeitung der Region) orientiert sich – bis auf den ehemaligen Kreis Jessen (Sachsen-Anhalt) – bis heute an den Grenzen des ehemaligen DDR-Bezirkes Cottbus [Quelle: http://www.lr-online.de/regionen (eingesehen am 19.09.2016)].

[780] In der Literatur unterscheiden sich die Angaben zur Abgrenzung der Region Lausitz [GROß, S. (2010): S. 34] Der Landkreis Görlitz und die gleichnamige Kreisstadt können in das Lausitzer Braunkohlerevier fallen [SCHWARTZKOPFF, J.; SCHULZ, S. (2015)].

[781] KULKE, E. (Hrsg.) (1998): S. 420.

[782] REGIONALVERBAND RUHR (Hrsg.) (2015b): S. 1.

[783] https://www.digizeitschriften.de/download/PPN514402644_1990/PPN514402644_1990___log7.pdf (eingesehen am 02.09.2016), DESTATIS (Hrsg.) (2015).

die Bevölkerungsdichte des Ruhrgebietes mit rd. 1140 EW/km² den deutschen Durchschnitt (226 EW/km²) um mehr als das Fünffache.[784]

Die **Kohleförderung** ist im Ruhrgebiet stark, aber sukzessiv zurückgegangen. Im Jahr 2015 wurden noch 4,6 Mio. t Steinkohle gefördert; 1990 waren es noch 54 Mio. t.[785] Nach der Schließung der Anlage von Auguste-Viktoria in Marl im Dezember 2015 ist im Ruhrgebiet nur noch die Zeche Prosper-Haniel in Bottrop in Betrieb.[786] Im Jahr 2018 soll auch hier die Förderung eingestellt werden. Laut eigenen Angaben beschäftigt die Zeche 3.000 Mitarbeiter und fördert ca. 2,4 Mio. t Kohle pro Jahr.[787] Die RAG betreibt in Ibbenbüren eine weitere Zeche, in der hochwertige Anthrazitkohle gefördert wird. Die Anlage befindet sich allerdings westlich von Osnabrück im Tecklenburger Land.[788]

Der absolute, nicht aber relative Rückgang der Kohleförderung in der Lausitz war mit dem Zusammenbruch der DDR 1990 wesentlich bruchartiger. Im Jahr 1989 wurden im Lausitzer Kohlerevier noch 195,7 Mio. t gefördert;[789] 2014 waren es 61,8 Mio. t.[790] Aktuell sind in der Lausitz vier Tagebauten in Betrieb: Welzow-Süd, Nochten, Jänschwalde, Reichwalde. Der Tagebau Cottbus Nord wurde Ende 2015 ausgekohlt. Die Braunkohle wird hauptsächlich zum Zweck der Energiegewinnung genutzt und direkt in den drei nahe gelegenen Kraftwerken (Schwarze Pumpe, Boxberg, Jänschwalde) verstromt.[791] Perspektivisch sprechen die internationalen, nationalen und regionalen Rahmenbedingungen tendenziell für ein Ende der Kohleindustrie in der Lausitz gegen 2040, möglicherweise sogar noch früher. Es existieren bei der Kohleförderung in der Lausitz und in der Oblast' Kemerovo interessante Parallelen: Noch sind die betriebswirtschaftlichen Erträge für die Unternehmen unter dem Strich positiv. Bei der gesamten Berechnung der Folgekosten (u. a. Gesundheit, Umwelt, Kompensationszahlungen für Umsiedlungen) und der Subventionen ist die Förderung jedoch volkswirtschaftlich unrentabel. Der klimapolitische Druck, den emissionsintensivsten Energieträger Braunkohle (verursacht für 55 % der CO_2-Emissionen in Deutschland) in seiner Bedeutung zu reduzieren, wird mit größerer Wahrscheinlichkeit zunehmen. Darüber hinaus wird ein Anstieg der Zertifikatspreise für CO_2 erwartet.[792] Es muss ergänzt werden, dass der quantitative Umfang der Kohleförderung mit ca. 215 Mio. t Steinkohle im Jahr 2015 in der Oblast' Kemerovo höher ist, als es im Ruhrgebiet oder der Lausitz je der Fall war.

Der Volkswirtschaftler GROß von der BTU Cottbus formuliert die regionalwirtschaftliche Entwicklung nach dem Ende der DDR in einem Essay sehr drastisch und direkt: „[…] *die Lausitz hat keinen Strukturwandel erlebt, sondern einen abrupten Strukturabbruch.*"[793] Dies lässt sich an der Beschäftigung in der

---

[784] STATISTISCHES BUNDESAMT (Hrsg.) (2015): S. 26.
[785] http://de.statista.com/statistik/daten/studie/157390/umfrage/steinkohle-foerderung-im-ruhrrevier-seit-1957/ (eingesehen am 09.09.2016).
[786] https://www.rag.de/unter-tage/bergwerk-auguste-victoria/ (eingesehen am 09.09.2016).
[787] https://www.rag.de/unter-tage/bergwerk-prosper-haniel/ (eingesehen am 09.09.2016).
[788] https://www.rag.de/unter-tage/bergwerk-ibbenbueren/ (eingesehen am 09.09.2016).
[789] KULKE, E. (Hrsg.) (1998): S. 420.
[790] SCHWARTZKOPFF, J.; SCHULZ, S. (2015): S. 6.
[791] Primär wird mit der Kohle Fernwärme und Strom für die umliegenden Städte und Gemeinden zur Verfügung gestellt. Die drei laufenden Braunkohlekraftwerke haben eine Leistung von insgesamt ca. 15.000 MW. Allein die Anlage in Schwarze Pumpe kann die Städte Hoyerswerda und Spremberg komplett mit Fernwärme versorgen (Quelle: Expertengespräch).
[792] SCHWARTZKOPFF, J.; SCHULZ, S. (2015): S. 3-5, 11-13.
[793] GROß, S. (2010): S. 36.

Braunkohleindustrie bzw. am **Arbeitsmarkt** anschaulich illustrieren. Im Jahr 1989 existierten ca. 80.000 Arbeitsplätze in der Braunkohleförderung. In nur fünf Jahren gingen ca. 60.000 Beschäftigte in diesem Bereich verloren. Ende 1996 waren es schon weniger als 15.000.[794] Heute arbeiten nach eigenen Angaben noch ca. 8.000 Personen direkt in der Braunkohleindustrie.[795] In der Studie einer Umweltorganisation werden ca. 7.500 direkte Arbeitsplätze (Kraftwerke und Tagebauten) und mit Zulieferern 15.000 angegeben.[796] Im Ruhrgebiet gestaltete sich der Rückgang der industriellen Arbeitsplätze ebenfalls drastisch, aber – wie bei der Kohleförderung – über einen 50-jährigen Anpassungszeitraum gestreckt. Von 390.000 (1960) über 140.000 (1980), 49.000 (2000), 18.000 (2010) Personen arbeiteten 2015 noch ca. 3.000 Beschäftigte im Bergbau. Laut Plan soll diese Zahl nach 2018 auf null sinken.[797]

Hinsichtlich einer überdurchschnittlichen **Arbeitslosigkeit** lässt sich dieser Indikator eines Altindustriegebietes in beiden Regionen bestätigen: Im September 2015 hatte Deutschland eine offizielle Arbeitslosenquote von 6,2 %; das Bundesland Nordrhein-Westfalen 7,8 % und das Ruhrgebiet 10,5 %.[798] Das Ruhrgebiet liegt damit über dem Durchschnitt von vergleichbaren Einheiten. Die Zusammenstellung dieser Daten übernimmt der Regionalverband Ruhr. Die Berechnung der Quote ist in der Lausitz aufgrund der mangelnden administrativen bzw. planerischen Einheit kompliziert. Eine genaue Zahl kann nicht angegeben werden. Annäherungen sind jedoch möglich: Das Land Brandenburg zählte eine durchschnittliche Arbeitslosenquote von 8,1 %. Alle Kreise und die kreisfreie Stadt Cottbus, die gänzlich dem Braunkohlerevier zuzuordnen sind, verzeichneten einen höheren Wert (Tabelle 29). Der höchste relative Stand von Erwerbslosen in der Lausitz wurde im Landkreis Oberspreewald-Lausitz (10,8 %) registriert. Dies wird in Brandenburg nur noch von der Uckermark (13,7 %) und Brandenburg an der Havel (11,3 %) übertroffen. In Sachsen betrug die Quote im Herbst 2015 ca. 7,6 %. Der Landkreis Görlitz, welcher nicht gänzlich Teil des Lausitzer Braunkohlerevieres ist, rangiert mit 10,4 % als negativer Spitzenreiter im Freistaat Sachsen. Der Landkreis Bautzen schneidet vergleichsweise positiv ab. Jedoch fällt bei einer differenzierten Betrachtung des Arbeitsagenturbezirkes Bautzen auf, dass die Regionen des Lausitzer Braunkohlerevieres deutlich überdurchschnittliche Arbeitslosenquoten aufweisen: Im Geschäftsstellenbezirk Hoyerswerda liegt die Quote bei 10,0 %; in Weißwasser bei 10,6 % (September 2015).[799] In einigen Kommunen im Ruhrgebiet sind teilweise noch höhere Quoten auszumachen. Zum Beispiel: Gelsenkirchen (15,0 %), Duisburg (13,1 %) oder Herne (12,9 %).[800]

---

[794] KULKE, E. (1998): S. 423; SCHWARTZKOPFF, J.; SCHULZ, S. (2015): S. 10, 14.
[795] Expertengespräch.
[796] SCHWARTZKOPFF, J.; SCHULZ, S. (2015): S. 1.
[797] Expertengespräch.
[798] REGIONALVERBAND RUHR (Hrsg.) (2015c): S. 3.
[799] AGENTUR FÜR ARBEIT BAUTZEN (Hrsg.) (2015): S. 28, 40.
[800] REGIONALVERBAND RUHR (Hrsg.) (2015c): S. 3.

Tabelle 29: Arbeitslosenquote in Brandenburg, Sachsen und ausgewählten Landkreisen der Lausitz in % (Sept. 2015)

Bundesland	Landkreise / kreisfreie Stadt	Arbeitslosenquote in %
Brandenburg	Spree-Neiße	8,5
	Elbe-Elster	9,6
	Cottbus	9,6
	Oberspreewald-Lausitz	10,8
Brandenburg gesamt		**8,1**
Sachsen	Bautzen	7,4
	Görlitz	10,4
Sachsen gesamt		**7,6**

Quelle: https://statistik.arbeitsagentur.de/Navigation/Statistik/Statistik-nach-Regionen/Politische-Gebietsstruktur/Brandenburg-Nav.html (eingesehen am 15.09.2016), eigene Darstellung

Die Dichte der **Hochschulen** ist unterschiedlich entwickelt. Kurz nachdem strukturelle wirtschaftliche Defizite in der Montanindustrie im Ruhrgebiet deutlich wurden, konnte u. a. mit der Gründung der Universitäten in Bochum (1961) und Dortmund (1962) der umfassende Neuaufbau von Standorten eingeleitet werden. Eine beispiellose Bildungsoffensive setzte ein.[801] Heute existieren ca. 20 Hochschulen mit mehr als 270.000 Studenten im Ruhrgebiet (2015/16).[802] Die Tendenz der letzten Jahre ist eindeutig positiv, da im Wintersemester 2012/13 noch ca. 244.000 Immatrikulierte registriert waren.[803] In Bochum zum Beispiel stellen die Hochschulen mit ca. 6.000 Beschäftigten schon lange vor der Schließung des Opel-Werkes im Jahr 2014 den größten Arbeitgeber der Stadt dar.[804]

Das Ruhrgebiet verfügt statistisch über 540 Studenten auf 10.000 Einwohner. Zum Vergleich: Die Oblast' Kemerovo weist mit ca. 247 Studenten weniger als die Hälfte auf (2014/15).[805] Das Ruhrgebiet hat sich mittlerweile zur größten Hochschulregion Deutschlands entwickelt. Wissenschaftler aus Bochum berechneten, dass sich ca. 47.000 (davon 25.000 direkte) Arbeitsplätze in der Region auf die Hochschulen, außeruniversitäre Forschungseinrichtungen und Studentenwerke zurückführen lassen. Die Effekte sind für andere Bereiche (insbes. Handel, Wohnungs- und Immobilienwirtschaft) von großer regionalwirtschaftlicher Bedeutung[806] und übertreffen in dieser Hinsicht auch den Bergbau der Region.

In der wesentlich bevölkerungsärmeren Lausitz existieren nur zwei Hochschulstandorte: Cottbus und Senftenberg. Im Wintersemester 2012/13 konnten hier insgesamt 10.300 Studenten registriert werden.[807] Durch den Anschluss der Hochschule Lausitz (in Senftenberg) an die Brandenburgische Technische Universität Cottbus-Senftenberg sind die Strukturen zum Teil ausgedünnt worden. Im WiSe 2015/16 studierten hier laut Statistik insgesamt nur noch 8.224 Personen. Mit 139 Studenten auf

---

[801] KRIEGESMANN, B. et al. (2016): S. 178.
[802] Die Fernuniversität Hagen ist mit 69.000 Studenten ebenfalls in dieser Rechnung inkludiert, aufgrund der Einfachheit. Auch hier ist eine geringe, aber geregelte Anwesenheit in den überwiegenden Fällen erforderlich. Die regionalwirtschaftlichen Effekte der Studenten sind zwar marginal, jedoch nur äußerst kompliziert zu extrahieren. Personal wird trotz alledem vor Ort gebunden. Aus diesem Grund fließt diese Hochschule mit in die Berechnung ein. Des Weiteren wird die Kalkulation durch die Berechnungen des Regionalverbandes Ruhr bestätigt (ca. 260.200 Studenten im WiSe 2014/15) [Quelle: REGIONALVERBAND RUHR (Hrsg.) (2015d): S. 1].
[803] Eigene Berechnung nach STATISTISCHES BUNDESAMT (Hrsg.) (2013): S. 69, 71, 72, 80, 91, 97-103.
[804] BÜLOW, CH. (2015a): S. 25; Expertengespräch.
[805] Siehe Abbildung 71 (S. 198).
[806] KRIEGESMANN, B. et al. (2016): S. 181-182.
[807] STATISTISCHES BUNDESAMT (Hrsg.) (2013): S. 69, 91.

10.000 Einwohner ist die Lausitz damit unterdurchschnittlich ausgestattet. GROß betont, dass die Hochschulstandorte sehr wichtige Institutionen seien, um junge Leute zu binden bzw. neue Studenten (z. B. aus Berlin) nach Cottbus oder Senftenberg zu locken. Er fordert eine Stärkung der Institutionen und dem Trend des Personalabbaus entgegenzutreten.[808]

Hinsichtlich der Konzernstrukturen überwiegen in der Lausitz kleinere und mittlere **Unternehmen**.[809] Große Unternehmen im industriellen Bereich unterhalten nur Zweigbetriebe in der Region. Zum Beispiel: BASF (Schwarzheide)[810], Vestas (Lauchhammer)[811], DB Fahrzeuginstandhaltungswerk (Cottbus)[812]. Die Kohleförderung bzw. die Weiterverarbeitung wird seit längerem nur durch einen einzigen Akteur getätigt. Die aktuelle Entwicklung ist dynamisch: Der schwedische Staatskonzern Vattenfall hat im April 2016 seine Anteile an der Braunkohlesparte an das tschechische Energieversorgungsunternehmen Energetický a Průmuslový Holding (EPH)[813] verkauft.[814] Inwieweit die Bestrebungen zur Fortsetzung des Kohleabbaus und der Umsiedlung ganzer Dörfer[815] umgesetzt werden sollen bzw. wie sich die Braunkohlesparte insgesamt entwickeln wird, ist zum jetzigen Zeitpunkt noch nicht eindeutig zu beantworten. Sicher ist jedoch, dass die grundsätzliche Fremdsteuerung von industriellen Strukturen für das Lausitzer Braunkohlerevier beibehalten wird. Darüber hinaus muss ein Ausblick tendenziell skeptisch ausfallen, da das tschechische Unternehmen mit seinen Aktivitäten in jüngster Zeit eher durch kurzfristige Gewinnmaximierung als durch langfristige Investitionsbereitschaft aufgefallen ist.[816] Festzuhalten bleibt, dass die wichtigsten Industrieunternehmen der Lausitz keine aus der Region stammenden Akteure sind. Ähnlich wie in der Oblast' Kemerovo ist der industrielle Fremdsteuerungsgrad und damit das Abhängigkeitsrisiko vom Weltmarktpreis für Kohle oder andere bestimmte Produkte groß. Des Weiteren haben die Lausitz und die Oblast' Kemerovo gemeinsam, dass die Regionen den schwer beeinflussbaren externen, global agierenden Großkonzernen und politisch übergeordneten Entscheidungsträgern ausgesetzt sind.

Diese Art der Fremdsteuerung ist im Ruhrgebiet weniger stark anzutreffen, da mehrere international bedeutende Konzerne hier ihren Hauptsitz haben. Gegenüber anderen Altindustrieregionen ist dies ein großer Vorzug des Ruhrgebietes.[817] Drei der 30 DAX-Unternehmen haben ihre Hauptverwaltung

---

[808] GROß, S. (2010): S. 37.
[809] SCHWARTZKOPFF, J.; SCHULZ, S. (2015): S. 7.
[810] Mit ca. 1.740 Mitarbeitern ist das Chemiewerk in Schwarzheide ein wichtiger Arbeitgeber in der Region. BASF übernahm 1990 das VEB-Synthesewerk [Quelle: BASF SCHWARZHEIDE GMBH (Hrsg.) (2016): S. 2-6]. Für das weltweit größte Chemieunternehmen ist der Standort in der Lausitz wichtig, aber nicht überlebenswichtig.
[811] Das aus Dänemark stammende Unternehmen Vestas produziert am Standort in Lauchhammer Rotoren für Windkraftanlagen. Wie wenig verwurzelt der Weltkonzern in der Lausitz ist, wurde bspw. deutlich als Vestas Ende 2014 die Stadt Lauchhammer aufforderte, Gewerbesteuern in Höhe von 10 Mio. EUR an das Unternehmen zurückzuzahlen. Für die 15.000 Einwohner große Kommune würde ohne Hilfe aus dem Brandenburger Landesministerien der Bankrott drohen.
(Quelle: http://www.rbb-online.de/politik/beitrag/2014/11/lauchhammer-droht-millionen-rueckforderung.html, eingesehen am 19.09.2016).
[812] Das ehemalige Reichsbahnausbesserungswerk in Cottbus hat laut eigenen Angaben (Mai 2013) ca. 640 Beschäftigte (Quelle: http://www.db-fzi.com/fahrzeuginstandhaltung-de/start/Werke/Werk_Cottbus.html, eingesehen am 19.09.2016).
[813] http://www.epholding.cz (eingesehen am 19.09.2016).
[814] http://www.rbb-online.de/wirtschaft/thema/braunkohle/beitraege/eph-kuendigt-konkrete-plaene-bis-weihnachten.html (eingesehen am 09.09.2016).
[815] Z. B. Atterasch und Gribko für Jänschwalde, Proschim für Welzow-Süd.
[816] SCHWARTZKOPFF, J.; SCHULZ, S. (2015): S. 11.
[817] PROSSEK, A. et al. (Hrsg.) (2009): S. 124-125.

in der Region[818] – in diesem Fall in der Stadt Essen: E.ON[819], RWE[820], ThyssenKrupp AG[821]. Alle Konzerne sind aus dem Montanbereich hervorgegangen bzw. ein Relikt dessen. Das wichtigste aktive Bergbauunternehmen des Ruhrgebietes, die RAG, stellt einen Regionalkonzern dar, worauf im nächsten Absatz eingegangen wird. Auch unter den 500 größten Unternehmen in Deutschland ist das Ruhrgebiet gut vertreten – insbes. im Einzelhandelsbereich.[822] Zum Beispiel: Aldi Nord (Essen)[823] und Aldi Süd (Mülheim).[824] Am Beispiel des Einzelhandels muss für das Ruhrgebiet ergänzt werden, dass das polyzentrale Städtenetz auch Probleme mit sich bringen kann. Ein drastisches Beispiel für das vielfach kritisierte „Kirchturmdenken" der Städte und Kommunen[825] stellt das „CentrO" in Oberhausen dar. Einer der größten Konsumtempel Deutschlands ist einerseits architektonisch kaum in die Stadt eingebunden. Andererseits werden durch das gigantische Einkaufszentrum einige umliegende Innenstädte (z. B. Bottrop, Mülheim) ihrer Kaufkraft und Belebtheit beraubt.[826] Der Boom von Einkaufszentren außerhalb der Stadtkerne hat auch für andere Innenstädte im Ruhrgebiet teilweise negative Implikationen.[827]

Die Anpassungsprozesse an die wirtschaftliche Krisensituation regelte im Ruhrgebiet 1968 der sogenannte „Hüttenvertrag". Hierbei verpflichteten sich die deutschen Stahlwerke zur Abnahme der deutschen Kokskohle. Um diesen Prozess zu steuern, entstand die Ruhrkohle AG (RAG) als Einheitsgesellschaft.[828] Im „Ruhrkohle AG Grundvertrag" vom Juli 1969 vereinigten sich 19 der 29 Bergwerksunternehmen, welche damit über einen Anteil von 73 % der Förderung im Ruhrgebiet verfügten. Weitere Beitritte ließen den Anteil auf 94 % anwachsen. Durch das 1970 verabschiedete Grundsatzprogramm des Konzerns konnte erstmalig eine koordinierte und effektivere Nutzung der Kohleförderung eingeführt werden.[829] Ein sehr entscheidender Vorteil war, dass damit die Kanalisierung der Interessen der Steinkohleindustrie gegenüber den politischen Entscheidungsträgern verstärkt werden konnte. Diese Organisationsform konnte weitere Erhaltungssubventionen gegenüber dem Bund und dem Land NRW heraushandeln, was die Grundlage für den langsamen jahrzehntelangen Übergangsprozess im Ruhrgebiet war. Im Gegenzug verpflichtete sich die RAG, auch nach dem Ende der Steinkohleförderung 2018 für Bergschäden aufzukommen.[830]

Zur Restrukturierung bzw. Modernisierung wurde in beiden Regionen **Internationale Bauausstellungen** (IBA) durchgeführt. Im Ruhrgebiet wurde die IBA Emscher Park offiziell 1989 eröffnet und 1999 beendet. Eine umfassende Darstellung der ca. 90 Projekte und deren Implikationen würden an dieser Stelle den Rahmen dieser Untersuchung sprengen.[831] Ein Experte bringt die Konzeption gut auf

---

[818] http://www.boerse.de/kurse/Dax-Aktien/DE0008469008 (eingesehen am 19.09.2016).
[819] http://www.eon.com/de/info-service/kontakt.html (eingesehen am 19.09.2016).
[820] https://www.rwe.com/web/cms/de/111488/rwe/ueber-rwe/kontakt (eingesehen am 19.09.2016).
[821] https://www.thyssenkrupp.com/de/kontakt.html? (eingesehen am 19.09.2016).
[822] PROSSEK, A. et al. (Hrsg.) (2009): S. 124-125.
[823] https://www.aldi-nord.de/impressum.html (eingesehen am 19.09.2016).
[824] https://www.aldi-sued.de/de/impressum (eingesehen am 19.09.2016).
[825] BOGUMIL, J. et al. (2012): S. 148 ff.
[826] BRUNE, W.; PUMP-UHLMANN, H. (2009).
[827] PROSSEK, A. et al. (Hrsg.) (2009): S. 152-155.
[828] GÜNTER, R. (2010): S. 121.
[829] RAG AKTIENGESELLSCHAFT (Hrsg.) (2008): S. 9-10.
[830] Siehe mehr dazu in Kapitel 5.2.1 (S. 227 ff.).
[831] Eine erste – teilweise kritische – Zwischenbilanz der IBA bei MÜLLER, S.; SCHMALS, K. (1993). Ausführliche Informationen mit weiteren Links unter http://www.iba.nrw.de/main.htm (eingesehen am 19.09.2016).

den Punkt: „*Der Emscher Landschaftspark ist kein Park oder Garten. Es ist eine Entwicklungsstrategie.*"[832] Er unterstrich, dass man aus heutiger Perspektive eine ökologische Philosophie dahinter vermuten würde. Vielmehr war in den 1980er Jahren allerdings ein ökonomisches Ziel mit dem Megaprojekt verbunden, da attraktive urbane Landschaften eine Grundvoraussetzung für neue wirtschaftliche Aktivitäten sind.[833]

In der Lausitz wurde die IBA Fürst-Pückler-Land (2000–2010) durchgeführt.[834] Ähnlich wie im Ruhrgebiet standen neue Nutzungsformen und die Attraktivität der Bergbaufolgelandschaften zu erhöhen im Vordergrund. Die große Besonderheit ist die Flutung der Tagebauten. Die Entstehung von über 20 Seen zur touristischen Nutzung stellt damit die Entwicklung der größten künstlichen Wasserlandschaft Europas dar.[835] Die Zugänglichkeit für den Tourismus auf dem Wasser wird durch die Errichtung von 13 Kanälen, welche von der LMBV projektiert werden[836], erhöht.[837] Das Logo der IBA visualisiert diese Entwicklung: ein weißer Schriftzug des Wortes „See" auf wasserblauem Untergrund. Insgesamt sind 30 Projekte Teil der Bauausstellung, wovon allerdings nur drei im Bundesland Sachsen lokalisiert sind.[838] Das Land beteiligte sich „*nur an ausgewählten Vorhaben der IBA*"[839]. [840]

Insgesamt steht bei beiden Bauausstellungen der Bedeutungswandel und damit teilweise eine neue Regionalisierung im Vordergrund. Den Einheimischen und möglichen Touristen soll ein Bedeutungswandel vermittelt werden, um das negativ konnotierte Image einer umweltverschmutzten Altindustrieregion abzulegen. Die Erhöhung der überregionalen Aufmerksamkeit konnte jeweils mit der Einrichtung einer UNESCO-Welterbestätte noch weiter gesteigert werden. Im Ruhrgebiet dient die Zeche Zollverein mit ihrem Förderturm in Essen als Symbol für die Industriekultur (Ernennung 2001).[841] In der Lausitz besitzt der Fürst-Pückler-Park in Bad Muskau die Funktion des überregionalen Aushängeschildes mit UNESCO-Status (Ernennung 2004).[842]

Als **Fazit** dieses kurzen **Vergleichs** bleibt festzuhalten, dass es dem Ruhrgebiet besser gelungen ist, eine Modernisierung einzuleiten. Allerdings konnte hier wesentlich früher damit begonnen werden, umfassende Umsteuerungsprozesse vorzunehmen, als in der Lausitz. Im Ruhrgebiet konnte mit Hilfe einer „konzertierten Aktion" von Spitzen der Industrie, der Bundes-, der Landesregierung von Nordrhein-Westfalen und der Städte organisatorische und finanzielle Ressourcen mobilisiert werden,

---

Der planerisch-geographische Hintergrund (u. a. die Musealisierung von Industriedenkmälern) und die Philosophie wird sehr instruktiv in der Biographie des Planers Karl Ganser geschildert: GÜNTER, R. (2010).
[832] Expertengespräch.
[833] Expertengespräch.
[834] Die Aufarbeitung der wichtigsten Ergebnisse im Tagungsband: IBA FÜRST-PÜCKLER-LAND 2000-2010 (Hrsg.) (2010a). Weitere ausführliche Informationen unter: http://www.iba-see2010.de (eingesehen am 19.09.2016).
[835] Informationen zum Flutungsstand der Seen bietet die LMBV unter:
https://www.lmbv.de/index.php/Brandenburgische_Lausitz.html (eingesehen am 23.09.2016).
[836] Siehe dazu das übernächste Kapitel 5.2.2, S. 232 ff.
[837] https://www.lmbv.de/index.php/ueberleiter-kanaele.html (eingesehen am 23.09.2016).
[838] Siehe dazu die Karte unter http://www.iba-see2010.de/downloads/10152 (eingesehen am 19.09.2016).
[839] LINTZ, G.; WIRTH, P. (2015): S. 226.
[840] Neben anderen Förderern und Unterstützern (u. a. LMBV, EFRE-Fonds, Land Brandenburg, Vattenfall, Bundesministerium für Verkehr Bau- und Stadtentwicklung) treten jedoch „nur" die teilnehmenden brandenburgischen Landkreise (Elbe-Elster, Dahme-Spreewald, Oberspreewald-Lausitz, Spree-Neiße) und die Stadt Cottbus als offizielle Träger und Finanzierer der IBA im Tagungsband auf [IBA FÜRST-PÜCKLER-LAND 2000-2010 (Hrsg.) (2010a): S. 4]. Zum Ende der IBA wurde in der „Lausitz-Charta" erklärt, dass die Ideen fortgesetzt und weiterentwickelt werden. Unter den 13 Unterzeichnern findet sich kein sächsischer Kreis bzw. keine Stadt [Quelle: FÜRST-PÜCKLER-LAND 2000-2010 (Hrsg.) (2010b): S. 3.].
[841] https://www.zollverein.de (eingesehen am 26.09.2016).
[842] http://www.muskauer-park.de/?cat=8 (eingesehen am 26.09.2016).

die in der Geschichte der Bundesrepublik einmalig sind. Es ist größtenteils diesen Weichenstellungen in den 1960er Jahren zu verdanken, dass die industrielle Schrumpfung und der Aufbau einer Dienstleistungs- und Wissenschaftsbasis im Ruhrgebiet über fünf Jahrzehnte gestreckt und ohne eine massenhafte Abwanderung von Arbeitskräften und Kapital umgesetzt werden konnte.

Die geschickte Vermarktung der Industriekultur mündete schließlich darin, dass das Ruhrgebiet (in Vertretung von der Stadt Essen) 2010 zur europäischen Kulturhauptstadt gekürt wurde, was die regionale, nationale und auch internationale Bekanntheit deutlich steigern konnte. Darüber hinaus konnten seit den 1960er Jahren durch die Hochschuloffensive innovative Milieus entwickelt werden. Durch umfangreiche staatliche Erhaltungsmaßnahmen konnten die Verluste in der Montanindustrie auf Raten abgebaut werden. Mittlerweile ist nur noch eine Schachtanlage in Betrieb. Die Stahlindustrie hat sich in einem Konzern (ThyssenKrupp AG) aus der Region am Rhein gebündelt. Trotz der Erfolge hat das Ruhrgebiet nach wie vor sozioökonomische Strukturprobleme, die bspw. an der überdurchschnittlichen Arbeitslosenquote und zum Teil an dem Bevölkerungsrückgang seit 1990 abzulesen sind.

Das postsozialistische Lausitzer Braunkohlerevier weist ähnlich abrupte Umbruchmuster wie die Oblast' Kemerovo nach 1990/91 auf. Der Zusammenbruch der Märkte des RGW und die Privatisierungen haben die sozioökonomischen Strukturen radikal geändert. In der Lausitz sind die Auswirkungen der Deindustrialisierung noch extremer als im übrigen Ostdeutschland. In der Oblast' Kemerovo kam es hingegen seit Ende der 1990er Jahre zu einer Ausweitung des Kohlebergbaus, der das Fördermaximum aus sozialistischen Zeiten bis heute bei weitem übertrifft. Die Defizite an die Rekultivierung sind bis heute in der Lausitz (aber auch in der Oblast' Kemerovo) groß. Im übernächsten Kapitel (5.2.2, S. 232 ff.) kann ausführlicher analysiert werden, welche Regelungen nach der Wiedervereinigung zur Verbesserung getroffen werden konnten. Ähnlich wie in der Oblast' Kemerovo sind hier unternehmerische Fremdsteuerungsprobleme identifizierbar. In der Lausitz waren es mit der Vattenfall AG und den neuen tschechischen Betreibern (EHP) in jüngster Vergangenheit sogar ausländische Großkonzerne als wichtigste Akteure der Rohstoffindustrie.

Die Bevölkerungsentwicklung verläuft in der Lausitz noch negativer als im Ruhrgebiet oder in der Oblast' Kemerovo. Die Städte wie z. B. Hoyerswerda oder Weißwasser weisen ähnliche, hauptsächlich im Sozialismus erbaute Stadtstrukturen auf. Die Städte in der Oblast' Kemerovo werden ebenfalls von dieser Aufbauphase dominiert. Am Beispiel von Hoyerswerda, welches die Hälfte seiner Einwohner verloren hat, stellt sich die Frage, ob das sibirische Untersuchungsgebiet konstruktive Modernisierungskonzepte übernehmen kann. Der organisierte Rückbau ganzer Stadtstrukturen (z. B. im Rahmen des Programms „Stadtumbau Ost") stellt eher einen destruktiven Anpassungsprozess als grundlegende Lösungen von strukturellen sozioökonomischen Problemen dar. Möglicherweise ist hinsichtlich des Wissenstransfers aus der Perspektive der Oblast' Kemerovo allerdings an diesem Beispiel auch die Erkenntnis möglich, wie regionale und kommunale Anpassungsprozesse (u. a. Verlust des Kreissitzes 2008, administrative Zerteilung[843], keine höheren Bildungseinrichtungen[844]) eher nicht

---

[843] Hoyerswerda war hauptsächlich als sozialistische Wohnsiedlung für die Mitarbeiter des Kombinates in Schwarze Pumpe konzipiert worden. Nach 1990 verblieb der ehemalige Bezugspunkt in dem neuen Bundesland Brandenburg. Hoyerswerda kam zum Freistaat Sachsen, was unterschiedliche Folgen hatte. Zum Beispiel: Die neuen Verkehrsverbünde orientierten sich an der Finanzierung der Bundesländer. Einige Verbindungen des ÖPNV wurden aufgrund der getrennten Zuständigkeiten gestrichen [Quelle: KIESEL, R. (2005): S. 42-62].

[844] Mit der „Konrad-Zuse-Akademie" existiert zwar faktisch eine Hochschuleinrichtung in Hoyerswerda. Die private Hochschule dient jedoch nur als sehr kleine Zweigstelle von Mittweida (Fernstudium möglich) und Weiterbildungsinstitution (siehe dazu: http://www.konrad-zuse-akademie-hoyerswerda.de/index.php, eingesehen am 20.09.2016).

ablaufen sollten. Schließlich muss mit Ausnahmen (z. B. Cottbus und Senftenberg[845]) konstatiert werden, dass das Lausitzer Revier als positives Beispiel für die Industrieentwicklung in einer peripheren Region unter postsozialistischen Bedingungen eher weniger geeignet ist.[846] Ob der Tourismus *der* neue und erfolgreiche Kristallisationspunkt sein sollte, kann an dieser Stelle nicht hinreichend diskutiert werden. Hinsichtlich der Bildungsinfrastruktur konnte am Beispiel des Ruhrgebietes gezeigt werden, dass Hochschulen einen wichtigen Anziehungspunkt für junge und kreative Menschen als Studenten und auch als Arbeitgeber darstellen können. Die Schrumpfungstendenzen in Cottbus und Senftenberg sind der Entwicklung in der Oblast' Kemerovo ähnlich und weisen offensichtlich darauf hin, dass langfristige Investitionen in diesem Bereich als Modernisierungsbeitrag in beiden Regionen nötig wären.

Letztlich könnte die Oblast' Kemerovo massiv von den Ideen der Internationalen Bauausstellungen lernen. Die Vernetzung der Akteure, die Erhöhung der Aufmerksamkeit und die Initiierung neuer Funktionalitäten für altindustrielle Hinterlassenschaften wären für die Region eine wichtige Grundlage, neue wirtschaftliche Aktivitäten zu entwickeln.

---

[845] Die Wirtschaftsstruktur von Senftenberg ist im Gegensatz zu anderen vergleichbaren Einheiten in der Lausitz stark diversifiziert. Die Stadt stellt einen wichtigen Hochschul- und Verwaltungsstandort (Kreis- und LMBV-Verwaltung) für die Region dar. Weitere wichtige Wirtschaftsbranchen sind u. a. das verarbeitende Gewerbe und medizinische Dienstleistungen. Darüber hinaus bietet Senftenberg als staatlich anerkannter Erholungsort auch im touristischen Segment Beschäftigungsmöglichkeiten im größeren Umfang (Quelle: Expertengespräch).

[846] Die Rekultivierungsleistungen sind in der Lausitz seit 1990 hingegen sehr beachtlich (5.2.2, S. 232 ff.).

5.2. Vergleich Sanierungsträger RVR-LMBV

Die unterschiedliche Bilanz der Modernisierungsprozesse, welche beim Strukturvergleich deutlich wurde, kann für das Ruhrgebiet und die Lausitz in diesem Kapitel nochmal intensiver hinterfragt werden. Hierfür dienen die kurzen Darstellungen zu den wichtigsten Akteuren in Form der Sanierungsträger bzw. Planungsorganisationen: Regionalverband Ruhr (5.2.1) und LMBV (5.2.2). Anschließend folgt ein ausführlicher Vergleich mit Fazit und der Diskussion zu den Übertragungsmöglichkeiten auf die Oblast' Kemerovo (5.3 und 5.4).

5.2.1. Regionalverband Ruhr (RVR)

Im vorherigen Kapitel wurden die wirtschaftlichen, sozialen und ökologischen Veränderungsprozesse (in der Literatur oft als Strukturwandel bezeichnet) thematisiert. Die Besonderheit dieses relativ langen Modernisierungsprozesses und die Leistungen zur Wiederurbarmachung der altindustriellen Hinterlassenschaften sind u. a. dem Regionalverband Ruhr zu verdanken. Bei einem Gespräch in Essen mit Vertretern der Organisation brachte es ein Mitarbeiter auf den Punkt: *„Seit den 1960er Jahren begleiten und gestalten wir den Strukturwandel im Ruhrgebiet."*[847]

Was ist diese Organisation? Der Verband ist aus kommunalen Strukturen erwachsen und geht auf die Gründung des „Siedlungsverbandes Ruhrkohlenbezirk" im Jahr 1920 zurück.[848] Aktuell gehören der Vereinigung elf kreisfreie Städte (Bochum, Bottrop, Dortmund, Duisburg, Essen, Gelsenkirchen, Hagen, Hamm, Herne, Mülheim a. d. Ruhr und Oberhausen) und vier Landkreise (Ennepe-Ruhr-Kreis, Recklinghausen, Unna und Wesel) an.[849] In Abbildung 77 sind die Organe und die Funktionsweise des Verbandes schematisch dargestellt. Die Bürger der insgesamt 53 Kommunen wählen ihre Abgeordneten nach einem Proporzsystem mit der Kommunalwahl in die Verbandsversammlung. Diese wird umgangssprachlich auch als „Ruhrparlament" bezeichnet. Es dürfen keine Beamten und Angestellten des öffentlichen Dienstes Mitglieder der Verbandsversammlung oder eines der Fachausschüsse sein.[850] Aufgrund eines komplizierten Wahlrechts in Nordrhein-Westfalen und zu wenigen Listenplätzen der SPD erweiterte sich die Verbandsversammlung mit der Kommunalwahl 2014 auf 137 Mitglieder[851] – statt wie im Gesetz vorgeschriebenen 91. Die Aufgaben der Verbandsversammlung bestehen vor allem in der Wahl der Geschäftsführung und der Bereichsleiter. Diese werden auf acht Jahre gewählt und können mit einer Zwei-Drittel-Mehrheit auch wieder abberufen werden.[852] Der Vorsitzende der Verbandsversammlung ist ebenfalls Mitglied im Verbandsausschuss. Dieser wird ebenfalls durch das Ruhrparlament gewählt, wobei Vertreter aus der Mitte der Versammlung entsendet werden. Der Verbandsausschuss ist wiederum einerseits dafür zuständig, dass die Beschlüsse der Verbandsversammlung vorbereitet und durchgeführt werden. Andererseits überwacht dieser die Geschäftsführung und ist auch beratend tätig. Darüber hinaus soll der Ausschuss *„den organisato-*

---

[847] Expertengespräch.
[848] Bis 2004 lautete die offizielle Bezeichnung „Kommunalverband Ruhr", seitdem „Regionalverband Ruhr" [Quelle: PROSSEK, A. et al. (Hrsg.) (2009): S. 204-205].
[849] REGIONALVERBAND RUHR (Hrsg.) (2015a): § 1/1.
[850] REGIONALVERBAND RUHR (Hrsg.) (2015a): § 10/1.
[851] http://www.ruhrbarone.de/ruhrparlament-afghanistan-koalition-gestartet/90465 (eingesehen am 21.09.2016).
[852] REGIONALVERBAND RUHR (Hrsg.) (2015a): § 9, § 10.

rischen Aufbau und die administrative Gliederung des Verbandes beraten [...] und einen jährlichen Controllingbericht verfassen."[853]

Die Geschäftsführung bereitet u. a. die *„Beschlüsse der Verbandsversammlung und der Ausschüsse vor, führt die laufenden Geschäfte und vertritt den gesamten Verband nach außen."*[854] Die Geschäftsbereiche und Abteilungen sind nicht in dem Gesetz fixiert. Tabelle 30 visualisiert die Bereiche, um die Bandbreite der Tätigkeiten der Organisation zu verdeutlichen. Die Pflichtaufgaben dieser Geschäftsbereiche und des Verbandes insgesamt sind im Gesetz (unter § 4) derartig fixiert:

„1. Erstellung und Aktualisierung von Masterplänen,

2. Trägerschaften, Fortführung und Weiterentwicklung des Emscher Landschaftsparks und der Route der Industriekultur,

3. Sicherung und Weiterentwicklung von Grün-, Wasser-, Wald- und sonstigen von der Bebauung freizuhaltenden Flächen mit überörtlicher Bedeutung für die Erholung und zur Einhaltung eines ausgewogenen Naturhaushaltes (Verbandsgrünflächen),

4. Regionale Wirtschaftsförderung und regionales Standortmarketing einschließlich der Entwicklung und Vermarktung von Gewerbeflächen von regionaler Bedeutung sowie regionale Tourismusförderung und Öffentlichkeitsarbeit für das Verbandsgebiet,

5. Analyse und Bewertung von Daten zur Strukturentwicklung (Raumbeobachtung)"[855]

Diese Aufgaben spiegeln sich in den Referaten der Geschäftsbereiche wider (Tabelle 30).

Der Regionalverband Ruhr ist eine historisch gewachsene und von den Kommunen des Ruhrgebietes legitimierte Institution. Durch die Existenz einer Geschäftsführung (quasi exekutiven Gewalt) kann die Organisation eine umfassende und perspektivische Planung durchführen, die gut kontrolliert werden kann. Bei einem Expertengespräch wurde deutlich, dass der Regionalverband Ruhr eine kompetente Raumbeobachtung durchführen kann. Der Spezialist bezeichnete den RVR als *„Informationsorganisation"*, die wichtige Daten zur sozioökonomischen Entwicklung sammelt und für andere Abteilungen (bzw. Teams) und bestimmte Interessenträger aufbereitet. Des Weiteren ist die große Besonderheit, dass der Regionalverband Ruhr die klassischen Aufgaben eines regionalen Planungsverbandes übernimmt, die seit 2009 (wieder) die Flächennutzungsplanung einschließt.[856]

---

[853] REGIONALVERBAND RUHR (Hrsg.) (2015a): § 13/1.
[854] REGIONALVERBAND RUHR (Hrsg.) (2015a): § 15/1
[855] REGIONALVERBAND RUHR (Hrsg.) (2015a): § 4/1.
[856] Expertengespräch.

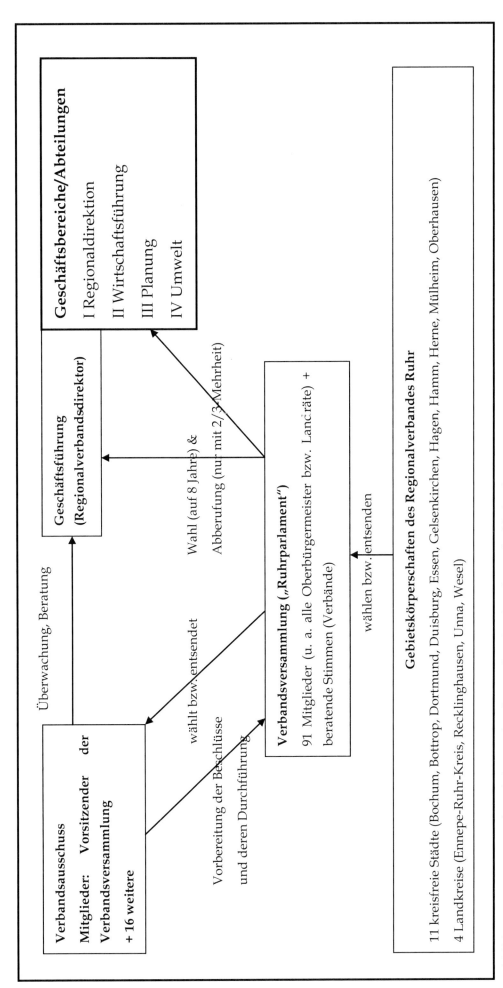

Abbildung 77: Organe und Funktionsweise des Regionalverbandes Ruhr (de jure)
Quelle: REGIONALVERBAND RUHR (Hrsg.) (2015a), eigene Darstellung

Tabelle 30: Geschäftsbereiche (Referate, Teams) im Regionalverband Ruhr

Bereiche	Referate	Teams/Stabsstellen
I Regionaldirektion	1 Strategische Entwicklung und Kommunikation	1-1 Medien und Internet
		1-2 Redaktion, Fachinformation
		1-3 Kommunikationsdesign
	2 Verbandsgremien und Veranstaltungsmanagement	2-1 Verbandsgremien
		2-4 Geschäftsstelle Schlichtungsstelle Bergschäden
	3 Bildung und Soziales	3-1 Bildung
		3-2 Regionale Statistik und Umfragen
	4 Kultur und Sport	4-1 Regionale Kultur
		4-2 Regionale Sportprojekte
		Stabsstelle Klimametropole Ruhr 2022
	5 Europäische und regionale Netzwerke Ruhr	
II Wirtschaftsführung	6 Finanzmanagement / Zentrale Dienste	6-1 Geschäftsbuchhaltung/Zahlungsabwicklung
		6-3 Controlling/Beteiligungsmanagement
	7 Personal	7-1 Personalservice
		7-2 Personalentwicklung/-dienstl.
	13 Recht	
	18 Zentrale Dienste	18-1 Hausservice
		18-2 IT-Prozesse und Datenmanagement
		18-3 Bibliothek
		Stabsstelle Organisation
III Planung	8 Regionalentwicklung	8-1 Masterplanung
		8-2 Mobilität
		8-4 Städtebauliche Planung / Freizeitplanung
	9 Geoinformation und Raumbeobachtung	9-1 Stadtplanwerk Ruhrgebiet
		9-2 Luftbild und Geoinformationssysteme
		9-3 Kartografische Produkte
		9-4 Klimaschutz, Klimaanpassung und Luftreinhaltung
	15 Staatliche Regionalplanung	15-1 Siedlungs- und Freiraumentwicklung
		15-2 Rechtliche Grundsatzfrage / Geschäftsstelle Regionalrat
	19 Industriekultur	19-1 Nationales und Internationales Netzwerk Industriekultur
		19-2 Regionales Standort- und Infrastrukturmanagement
IV Umwelt	10 RVR Ruhr Grün	10-1 Waldbewirtschaftung West
		10-2 Waldbewirtschaftung Ost
		10-3 Freiflächengestaltung
		10-4 Ökosystemmanagement
	11 Regionalpark / Emscher Landschaftspark (ELP) / Freiraumsicherung	11-1 Regionale Freiraumkonzepte / Nachhaltigkeitsstrategien
		11-2 Parkstationen/ Pflegemanagement ELP
		11-3 Realisierung ELP
		11-4 Konzeption ELP / AG Neues Emschertal
	12 Flächenmanagement	12-1 Grundstücksverkehr
		12-2 Vermessungswesen
		12-3 Bewirtschaftung von Liegenschaften
		12-4 Realisierung von Bau-, Ingenieurbau- und Landschaftsprojekten

Quelle: nach http://www.metropoleruhr.de/regionalverband-ruhr/ueber-uns/organisation.html (eingesehen am 07.09.2016), eigene Darstellung

Neben den genannten Aufgaben tritt der Regionalverband Ruhr als Träger von Unternehmen auf (Tabelle 31).[857] Besonders hervorzuheben sind in diesem Zusammenhang die Wirtschaftsförderung und die Vermarktung im Tourismus- und Kulturbereich. Zum Beispiel ist die „Route der Industriekultur" ein wichtiges Instrument, die industriellen Hinterlassenschaften in neue Nutzungsformen zu überführen. Gemeinsam mit diesen Tochterbetrieben des RVR kann das Ruhrgebiet schließlich mit einer einheitlichen Strategie auftreten und die möglichen kommunalen Alleingänge bzw. das Konkurrenzdenken der Kommunen untereinander versuchen zu minimieren.

Tabelle 31: Verbundene Unternehmen des Regionalverbandes Ruhr (Stand 12/2014)

Art der Gesellschaft	Name des Unternehmens	Sitz	RVR-Anteile in %
Freizeit	Freizeitzentrum Kemnade GmbH	Bochum	69,9
	Glörtalsperre GmbH	Essen	51
	Betreibergesellschaft Silbersee II Haltern am See mbH	Essen	60
Ökologie	Abfallentsorgungsgesellschaft Ruhrgebiet mbH	Herten	100
	Ruhrwind Herten GmbH	Herten	51
Kultur- und Tourismus	Ruhr Tourismus GmbH	Oberhausen	100
	TER Touristik Eisenbahn-Ruhrgebiet GmbH	Essen	100
Eigenbetriebsähnliche Einrichtungen	RVR Ruhr Grün	Essen	100
	RVR-Route der Industriekultur	Essen	100
Sonstige Gesellschaften	Wirtschaftsförderung metropoleruhr GmbH	Essen	100

Quelle: nach REGIONALVERBAND RUHR (Hrsg.) (2015f): S. 9 ff., eigene Darstellung

Als Ergänzung an die Projektierungs- und Planungsarbeiten des Bereiches IV kann hinzugefügt werden, dass die Rekultivierung von durch den Bergbau devastierten Flächen teilweise von der RAG übernommen wird. Auch für die Zeit nach der Kohleförderung versichert der Vorstandsvorsitzende der RAG-Aktiengesellschaft, dass das Unternehmen für Bergschäden im Ruhrgebiet aufkommen wird. Die RAG hat sich für die Ewigkeitsaufgaben verpflichtet, die finanziell von der RAG-Stiftung bereitgestellt werden. Die Unterhöhlung der Bergbaulandschaften macht beispielsweise das dauerhafte Abpumpen von Grundwasser nötig, u. a. um dies vom salzhaltigen Grubenwasser zu trennen. Darüber hinaus wird weiterhin ein Monitoring für mögliche Bergschäden benötigt, was ebenfalls von der RAG geleistet wird.[858] Der Regionalverband kann hier wiederum einen Interessenausgleich durch das Team 2.4 „Schlichtungsstelle Bergschäden" vornehmen.

Es wird deutlich, dass die Organisationsformen im Ruhrgebiet für die Modernisierung gut geeignet sind. Im Bundesgebiet existiert kaum eine Organisation, die mit der Struktur des Regionalverbandes Ruhr als kommunaler Zusammenschluss und gleichzeitig regionaler Planungs- und Informationsbehörde in diesem Kompetenzumfang und für einen derartig großen Einzugsbereich vergleichbar

---

[857] Des Weiteren bestehen noch etliche Beteiligungen insbes. bei Freizeitgesellschaften. Siehe dazu ausführlich REGIONALVERBAND RUHR (Hrsg.) (2015f): S. 13 ff.
[858] http://www.rp-online.de/wirtschaft/mit-dem-bergbau-endet-eine-aera-aid-1.2700634 (09.09.2016). (eingesehen am 09.09.2016).

wäre. Mit seiner Koordinations-, Grundstücks- und Informationspolitik hat der Verband erheblich zur Modernisierung des Ruhrgebietes beigetragen.

5.2.2. Lausitzer und Mitteldeutsche Bergbau-Verwaltungsgesellschaft mbH

Die Braunkohleindustrie hatte seit den Aufbaujahren in der DDR eine große energiepolitische Bedeutung. Mitte/Ende der 1960er Jahre wurde die Idee der Flutung des Tagebaus Niemtsch (südlich von Senftenberg) geplant. Im Jahr 1973 wurde der erste Strandabschnitt des neuen „Senftenberger Sees" bei Großkoschen für die Besucher freigegeben. Dieses Vorhaben war einzigartig. Anschließend (insbes. in den 1980er Jahren) blieb die Rekultivierung in der DDR immer stärker hinter der Förderleistung zurück.[859] Mit dem Ende des sozialistischen Systems und u. a. mit den Regelungen im Einigungsvertrag 1990 setzte eine neue Entwicklung ein: Rückgang der Braunkohleförderung und Schließung von Industrieanlagen (z. B. Brikettfabriken). Gleichzeitig wurden dem Bund und den Ländern die extensiven industriellen Hinterlassenschaften und die dringende Notwendigkeit der Planung zur Wiedernutzbarmachung der devastierten Flächen deutlich.[860] Die Treuhandanstalt übernahm zunächst die VEB Kombinate und deren Nachlässe (Immobilien, Technik, Grundstücke). Gemeinsam aus unterschiedlichen Organisationsformen [u. a. Verschmelzung der Lausitzer Bergbau-Verwaltungsgesellschaft (LBV) und der Mitteldeutschen Bergbau-Verwaltungsgesellschaft (MBV)] hervorgehend wurde schließlich 1994 die LMBV ins Handelsregister eingetragen und 1995 offiziell gegründet. Sie verpflichtete sich, einige ausgewählte Tagebauten weiterzubetreiben, was bis 1999 durchgeführt wurde. Darüber hinaus wurde vereinbart, dass das Unternehmen für die Rekultivierung der ostdeutschen ehemaligen Braunkohletagebauten zuständig ist.[861] Die LMBV ist bis heute ein Unternehmen, welches zu 100 % in Bundesbesitz ist. Administrativ ist es dem Bundesfinanzministerium angegliedert.[862]

Das Ziel des Unternehmens wird auf der Webpräsenz wie folgend zusammengefasst:

> *„Hauptziel des Unternehmens ist die schnelle und wirtschaftliche Sanierung der stillgelegten Tagebaue und Veredlungsbetriebe als eine entscheidende Voraussetzung zur Nachnutzung dieser Standorte für die Ansiedlung von Industrie und Gewerbe, für Land- und Forstwirtschaft, den Naturschutz sowie für die touristische Nutzung"*[863]

Zur Erreichung dieser Ziele lassen sich die wichtigsten Aufgaben der Organisation[864] grob in drei Punkte gliedern:

---

[859] HASENÖHRL, U.; RÖHRING, A. (2013): S. 50, 55-56.
[860] LINTZ, G.; WIRTH, P. (2015): S. 222-223.
[861] https://www.lmbv.de/index.php/lmbv-historie.html (eingesehen am 22.09.2016); Expertengespräch.
[862] LMBV (Hrsg.) (2016a): S. 1.
[863] https://www.lmbv.de/index.php/unternehmen-lmbv.html (eingesehen am 23.09.2016).
[864] Ein Organigramm der LMBV ist nur oberflächlich verfügbar [LMBV (Hrsg.) (2016c): S. 6]. Die Webseite des Regionalverbandes Ruhr ist dort etwas instruktiver. Es muss jedoch betont werden, dass die Internetpräsenz insgesamt und die dort verfügbaren Dokumente der LMBV (www.lmbv.de) äußerst umfangreich sind.

1. Bergbausanierung

Die LMBV ist für die sogenannte Grundsanierung der Hinterlassenschaften der ostdeutschen Braunkohleindustrie zuständig. Das inkludiert u. a., die Sicherheit in den ehemaligen Tagebauten zu gewährleisten und die ökologischen Altlasten zu beseitigen.[865] Darüber hinaus ist das Unternehmen verantwortlich für die Auswirkungen des zunehmenden Grundwasseranstiegs mit all seinen Folgen. Hierfür sind u. a. bodenmechanische Standsicherheitsuntersuchungen, hydrologische Untersuchungen und Modellierungen zur Grundwasserentwicklung notwendig, bevor die Flächen anderen Nutzungsformen zugeführt werden können.[866] Dass ein aktuelles und umfassendes Monitoring der Bergbausanierung notwendig ist, wurde bei dem Unglück von Nachterstedt (Sachsen-Anhalt) deutlich: Am Rande des gefluteten Concordiasees kam es am 18. Juli 2009 zu einer großräumigen Erdrutschung, wobei sich ca. 4,5 Mio. m³ Erdreich in Gang setzten und Siedlungsflächen sowie Einfamilienhäuser verschütteten. Das Unglück forderte drei Menschenleben.[867]

Die LMBV ist ebenfalls für die Umwidmung der devastierten Flächen in neue Nutzungsformen verantwortlich. Diese Rekultivierungsaufgabe ist vielseitig. Zum Beispiel: Melioration, Begrünung, Böschungsbau, Wegebau. Des Weiteren stellt die Flutung der Tagebauten eine wichtige Rekultivierungspraxis dar. Insgesamt hat die LMBV in beiden Revieren (Lausitz und Mitteldeutschland) von 1990 bis 2013 16.544 ha Land- und Forstflächen rekultiviert. Des Weiteren wurden 55 Mio. Bäume gepflanzt. Hinsichtlich der Flächenaufbereitungen wurden in diesem Zeitraum ca. 1,71 Mrd. m³ Erdmassen bewegt und 1,12 Mrd. m³ verdichtet.[868]

Die „Erhöhung des Folgenutzungstandes" rückte erst in den Verwaltungsabkommen (siehe unten) Ende der 1990er / Anfang der 2000er Jahre in den Fokus der LMBV. Damit sind die Bereiche der Grundsanierung gegenüber anderen (insbes. Wassermanagement) etwas in den Hintergrund getreten. Insgesamt wird damit in den letzten Jahren immer mehr das Ziel verfolgt, die infrastrukturellen Voraussetzungen zur stärkeren touristischen Nutzung der industriellen Hinterlassenschaften zu verbessern. Die Projektierungen der Überleiter (Kanäle) zwischen den Gewässern der neuen Seenlandschaft stellen bspw. ein umfangreiches und aufwendiges Maßnahmenpaket dar. Andererseits ist die LMBV Initiator bei der Musealisierung von Objekten, die bereits alle Teil der IBA waren: Brikettfabrik Louise bei Domsdorf, Biotürme der früheren Kokerei Lauchhammer, Besucherbergwerk F60 in Lichterfeld, Industriemuseum Knappenrode.[869] Hier sind große Parallelen zwischen dem Regionalverband Ruhr und der „Route der Industriekultur" im Ruhrgebiet zu erkennen. Der Unterschied ist hierbei jedoch, dass die Trägerschaft (z. B. für Museen) nicht in der Zuständigkeit der LMBV verbleibt.

2. Flächenmanagement

Das Flächenmanagement knüpft direkt an die Bergbausanierung an. Ähnlich wie bei der Idee der IBA Emscher Park im Ruhrgebiet stellt die ökologische Altlastenbeseitigung die Grundlage für neue ökonomische Nutzungsformen dar. Die LMBV hat den Auftrag, die Flächen für bestimmte Adressaten

---

[865] https://www.lmbv.de/index.php/grundsanierung.html (eingesehen am 23.09.2016).
[866] https://www.lmbv.de/index.php/Geotechnische_Sicherheit.html (eingesehen am 23.09.2016).
[867] https://www.lmbv.de/index.php/nachterstedt-313.html (eingesehen am 23.09.2016).
[868] LMBV (Hrsg.) (2014b): S. 24.
[869] https://www.lmbv.de/index.php/folgenutzen-erhoehung.html (eingesehen am 23.09.2016).

(z. B. Gebietskörperschaften, Unternehmen, Privatpersonen) aufzubereiten, um diese zu veräußern.[870] Dies stellt die einzige größere Möglichkeit dar, Erträge zu erwirtschaften und damit Eigenanteile für die Sanierung bereitzustellen. In diesem Bereich unterstützt die LMBV bspw. die Kommunen sogar bei der Wirtschaftsförderung. In Lauchhammer wurde der Industriepark mithilfe der LMBV erschlossen und konnte anschließend u. a. für die Ansiedlung von Vestas (Hersteller von Windkraftanlagen) genutzt werden.[871]

In der Geschichte der LMBV wird in der Literatur auch eine Veränderung bei der Fokussierung der Arbeitsbereiche festgestellt. Durch das Interesse der LMBV, Flächen anderen Nutzungsformen zuzuführen und damit für mögliche Käufer attraktiv zu machen, ergab sich auch die wichtige Motivation, die wirtschaftliche Umstrukturierung (insbes. die Umgestaltung zur Lausitzer Seenlandschaft) zu fördern.[872] Dies liegt unter anderem an den höheren Gewinnen bei der Veräußerung für das Unternehmen als auch in der durch die IBA-propagierte Philosophie, die Entwicklung des „Seenlandes" in die Realität umzusetzen.

3. Wassermanagement

Hierzu zählt u. a. das sogenannte Flutungsmanagement der ehemaligen Tagebauseen. Mit ingenieurstechnischem und hydrologischem Know-how werden die Wassereinleitungen projektiert und in einer Flutungszentrale überwacht.[873] Insgesamt konnten 2,72 Mrd. m³ Wasser in die ehemaligen Tagebauten der Lausitz und Mitteldeutschlands eingeleitet werden (1990–2013).[874] Parallel dazu gehört auch die Projektion der Überleiter für die Seenlandschaft dazu,[875] was eine wichtige Voraussetzung zur tourismuswirtschaftlichen Entwicklung darstellt. Die Zuständigkeiten aus den Verwaltungsabkommen setzen hierbei allerdings Grenzen, so dass die LMBV nur bedingt als Akteur der Regionalplanung betrachtet werden kann. Der Kanalbau wird letztlich von den Ländern (Brandenburg und Sachsen) finanziert. Allerdings übernimmt die LMBV die Projektierung, die Ausschreibung, das technische Controlling und damit die Projektsteuerung. Einer der aktuellsten und aufwendigsten Überleiterbauten war bspw. die Verbindung des Geierswalder Sees mit dem Senftenberger See. Die Errichtung dieses sog. „Koschener Kanals" (Überleiter 12) kostete ca. 40 Mio. EUR.[876] Neben der Errichtung einer Schleuse mussten hierbei die Schwarze Elster und die Bundesstraße 96 unterquert werden.[877]

Wie werden die gesamten Aufgaben und die LMBV finanziert?

Anfang der 1990er Jahre wurden zunächst Arbeitsbeschaffungsmaßnahmen zur Abfederung der Arbeitslosigkeit in der Lausitz eingeführt. Die Mittel wurden primär zur Bekämpfung der wichtigsten sozialen Probleme als Übergangslösung bereitgestellt. In den Jahren 1991/92 liefen zwischen den

---

[870] https://www.lmbv.de/index.php/flaechenmanagement-34.html (eingesehen am 26.09.2016).
[871] LMBV (Hrsg.) (2016b): S. 3-8.
[872] LINTZ, G.; WIRTH, P. (2015): S. 227.
[873] https://www.lmbv.de/index.php/Flutungsmanagement.html (eingesehen am 23.09.2016).
[874] LMBV (Hrsg.) (2014b): S. 24.
[875] https://www.lmbv.de/index.php/ueberleiter-kanaele.html (eingesehen am 23.09.2016).
[876] Expertengespräch.
[877] Siehe dazu die Infoblätter zu allen Kanälen/Überleitern bei der LMBV unter:
https://www.lmbv.de/index.php/ueberleiter-kanaele.html (eingesehen am 23.09.2016).

Bundesländern und der Bundesregierung (Wirtschafts- und Umweltministerium) Verhandlungen zur umfassenden Sanierung der Altlasten, welche in der DDR aus dem Braunkohleabbau resultierten. Schließlich einigten sich die Akteure auf den Abschluss eines „Verwaltungsabkommens" in Höhe von ca. 3,3 Mrd. EUR (1993-1997). Die Verteilung wurde zu 75 % vom Bund und 25 % von den Ländern übernommen. Trotz zähen Verhandlungsringens wurden an dieser Aufteilung spätestens mit dem Abschluss des zweiten Verwaltungsabkommens (1998-2002) grundsätzlich keine Änderungen mehr vorgenommen.[878] Nichtsdestoweniger lässt sich allerdings eine leichte Verschiebung der Anteile aufgrund der unterschiedlichen Finanzierungsbereiche vorfinden. In Tabelle 33 ist ein Überblick über den gesamten finanziellen Rahmen der Braunkohle in den neuen Bundesländern abgebildet – eine getrennte Betrachtung für die Lausitz ist nicht möglich. Unter Einbeziehung der bis 2017 vorgesehenen Gelder haben Bund und Länder seit 1990 ca. 10,8 Mrd. EUR für die Finanzierung der LMBV aufgewendet.[879] Berechnet man die Summe auf Dauer der Sanierung (27 Jahre) werden hier pro Jahr ca. 400 Mio. EUR ausgegeben. Ein Experte wies darauf hin, dass *„es sich vielleicht viel anhört. Aber ich habe einmal ausgerechnet, dass dies [8,5 Mrd. EUR, C. B.] in etwa 10 bis 15 % des gesamten Umsatzes aus dem Bergbau ausmacht. Da relativieren sich diese Kosten deutlich."*[880]

Tabelle 32: Finanzierung Braunkohlesanierung Ostdeutschland (1990-2017)

Zeitraum	Grundlage	Summe in Mio. EUR
1990-1993	Arbeitsbeschaffungsmaßnahmen	724
1993-1997	Verwaltungsabkommen I	3.323
1998-2002	Verwaltungsabkommen II	2.700
2003-2007	Verwaltungsabkommen III	1.771
2008-2012	Verwaltungsabkommen IV	1.025
2013-2017	Verwaltungsabkommen V	1.230
Gesamtsumme		10.773

Quelle: https://www.lmbv.de/index.php/Finanzierung.html (eingesehen am 22.09.2016), eigene Berechnung und Darstellung

Am aktuellen fünften Verwaltungsabkommen sind folgende Partner beteiligt: Bundesfinanzministerium; Bundesministerium für Umwelt, Naturschutz und Reaktorsicherheit und die Länder Brandenburg, Sachsen, Sachsen-Anhalt und Thüringen. Im Bereich der Bergsanierung und im Flächenmanagement („Grundsanierung") belaufen sich die Kostenanteile auf 75 % beim Bund und 25 % bei den Ländern (736,52 Mio. EUR). Darüber hinaus leistet die LMBV noch einen Eigenanteil (33,48 Mio. EUR), der sich u. a. aus den Erlösen von Flächenverkäufen generiert. Bei Maßnahmen, die zur Gefahrenabwehr beitragen, welche sich auf den Grundwasseranstieg beziehen (459,6 Mio. EUR) wurde eine Aufteilung der Anteile von jeweils 50 % ausgehandelt. Die gesamten Finanzierungsbeiträge für das Verwaltungsabkommen V sind in Tabelle 33 dargestellt.

---

[878] LINTZ, G.; WIRTH, P. (2015): S. 224.
[879] Der Eigenanteil der LMBV, welcher sich bspw. durch Verkaufserlöse ergeben hat, findet keinen Eingang in die Berechnung. Wie in Tabelle 33 am Beispiel des aktuellen Verwaltungsabkommens jedoch deutlich wurde, sind die Anteile gegenüber der Gesamtsumme marginal.
[880] Expertengespräch.

Tabelle 33: Finanzierung Verwaltungsabkommen V (2013–2017)

Akteur	Finanzrahmen in Mio. EUR	Kostenanteil in %
Bund	782,19	63,6
LMBV	33,48	2,7
Land Brandenburg	170,63	13,9
Land Sachsen	179,92	14,6
Land Sachsen-Anhalt	58,31	4,8
Land Thüringen	5,07	0,4
Gesamte Finanzierung	1.229,6	100

Quelle: BUNDESMINISTERIUM DER JUSTIZ (Hrsg.) (2013): S. 4, eigene Berechnung und Darstellung

Es ist davon auszugehen, dass es auch ein sechstes Abkommen geben wird, da die Aufgaben der LMBV noch nicht endgültig erfüllt sind. Ein Mitarbeiter betonte allerdings, dass das Unternehmen einen zeitlich begrenzten Auftrag hat. Wenn dieser erledigt ist, werden vielleicht noch kleinere Teilaufgaben anfallen, aber langfristig ist bei Zielerreichung die Auflösung der Organisation geplant.[881] Es ist verständlich und auch wahrscheinlich, dass die öffentlichen Geldgeber, insbes. der Bund, an der Minimierung der finanziellen Aufwendungen interessiert sind. Inwieweit dies aufgrund der Probleme der Bodenverdichtung und der Verockerung realistisch ist, kann im nächsten Kapitel diskutiert werden.

Zusammenfassend lässt sich hinsichtlich der LMBV festhalten, dass die Organisation bundesweit ein besonderes Konstrukt ist, welches vor allem aus den besonderen Umständen der deutschen Wiedervereinigung resultiert. Vergleichbar wäre es bspw. mit dem EWN Entsorgungswerk für Nuklearanlagen GmbH in Lubmin. Die speziellen Erfordernisse in der Lausitz sind durch die nicht hinreichenden Rekultivierungsmaßnahmen der DDR und dem abrupten Übergang in ein neues wirtschaftliches und politisches System entstanden. Die Sanierung und Rekultivierung nach der Wende wurden zur bundesadministrativen Chefsache gemacht. Die staatlichen Aufwendungen sind beachtlich. Größere Projekt zur Reindustrialisierung der Lausitz wurden in den 1990er Jahren ad acta gelegt und so kristallisiert sich der Tourismus als zukunftsweisende Branche im neuen „Lausitzer Seenland" heraus. Inwieweit dies aus Sicht der Regionalentwicklung sinnvoll ist und welche Kommunen hierbei am meisten profitieren können, kann an dieser Stelle nicht hinreichend dargestellt und diskutiert werden. Die Zuständigkeit der LMBV endet allerdings auch an dieser Stelle. Es bleibt eine Großorganisation, die zwar die Voraussetzungen für neue Nutzungsformen schafft, aber hinsichtlich der wirtschaftlichen Entwicklung in der Region keine Monitoring- und nur eine sehr begrenzte Planungsfunktion übernimmt.

---

[881] Expertengespräch.

5.2.3. Fazit Vergleich Sanierungsträger

Tabelle 34: Vergleich der Sanierungsträger Ruhrgebiet (RVR) und Lausitz (LMBV)

Organisation / Indikator	Regionalverband Ruhr (RVR)	Lausitzer und Mitteldeutsche Bergbau-Verwaltungsgesellschaft (LMBV)
Geschichte	- existiert (in verschiedenen Organisationsformen) seit 1920	- existiert seit 1994/95
Hauptsitz	- Essen	- Senftenberg
Organisationsform und Aufgaben	- kommunaler Zusammenschluss - Verwaltungsorganisation mit Planungs- und Marketingauftrag (u. a. gemeinsam mit Tochtergesellschaften)	- kein kommunaler Zusammenschluss - Unternehmen in Bundesbesitz mit Rekultivierungsauftrag (faktisch Aufgaben einer Verwaltungsorganisation)
Regionale Abgrenzung / Zuständigkeit	- Kommunaler Zusammenschluss: 15 Kommunen (11 kreisfreie Städte, 4 Landkreise) - durch den Zusammenschluss klar abgrenzbar und als eigener Programmraum gegenüber Landesinteressen (NRW) nutzbar	- zuständig für Braunkohlesanierung in den neuen Bundesländern (primär Brandenburg, Sachsen)
Prozess der Implementierung	- eher Bottom-up (z. B. Wahl Vertreter für Verbandsversammlung), aber auch mit institutionalisierten Top-down-Elementen	- fast gänzlich Top-down durch Aushandlung Bund und Länder, Einbeziehung der Kommunen bei Rekultivierungsaufgaben
Finanzen	- 74,87 Mio. EUR Erträge (2016) - Hauptanteil durch Kommunen	- 2013–2017: 1,23 Mrd. EUR - Hauptanteil durch Bundesreg.
Beschäftigte	- 358 Personen (Juni 2015) – nur Kernbereich (ohne Eigenbetriebe)	- 951 Personen (Dez. 2015) – davon 227 in ATZ
Monitoring zur Raumentwicklung	- Verarbeitung, Kompilation und Bereitstellung von sozio-ökonomischen Daten (Raumbeobachtung)	- kein regionales Monitoring - reiner Sanierungsauftrag der Altlasten
Kompetenz für Regionalplanung	- einheitliche Regionalplanung für das gesamte Ruhrgebiet - Kompetenzen bei der Gestaltung von Flächennutzungsplänen	- hauptsächlich Sanierungsauftrag - teilweise Projektierung von Infrastruktur (z. B. Überleiter) - Aufteilung der Regionalplanung auf zwei Verbände (nicht landesübergreifend)

Quelle: REGIONALVERBAND RUHR (Hrsg.) (2015e): S. 30, 260-261; LMBV (Hrsg.) (2016a): S. 3, 15; Expertengespräche; eigene Darstellung

Nach der kurzen Vorstellung der Strukturen und Aufgaben des Regionalverbandes Ruhr (RVR) und der Lausitzer und Mitteldeutschen Bergbau-Verwaltungsgesellschaft (LMBV) folgt eine Gegenüberstellung der beiden Organisationen (Tabelle 34). Die ausgewählten Indikatoren sind zur besseren Übersicht fett gedruckt. Die Quellenangaben in der Tabelle basieren zum Teil auf den Ausführungen in diesem Unterkapitel.

Die Entwicklung des Regionalverbandes Ruhr lässt sich auf eine lange **Geschichte** zurückführen. Im Jahr 1920 wurde dieser als „Siedlungsverband Ruhrkohlenbezirk" gegründet. Seitdem unterlag er vielen Veränderungen und Umbenennungen. Die sozioökonomischen Umstrukturierungen konnten langfristig – vor allem seit dem Beginn der Deindustrialisierung Ende der 1950er Jahre – begleitet werden. Die LMBV wurde erst nach der Wiedervereinigung (1994/95) gegründet und ist demgegenüber ein jüngeres Konstrukt. Die besondere **Organisationsform** der LMBV (als Unternehmen in Bundesbesitz) entspringt der Herausforderung, auf die industriellen Hinterlassenschaften der DDR-Zeit in den ostdeutschen Kohlerevieren zu reagieren. Der Auftrag ist hierbei deutlich auf die Rekultivierung zugeschnitten. In den letzten Jahren hat das Wassermanagement immer stärkere Bedeutung erlangt. Als quasi Treuhandunternehmen besteht nach Erledigung der Aufgaben die Selbstauflösung als langfristiges Ziel. Der **Prozess der Implementierung** verläuft hier von der Bundes- und Landesebene auf die speziellen Hinterlassenschaften in der Lausitz bzw. in Mitteldeutschland. Der Regionalverband Ruhr wird hingegen als kommunaler Zusammenschluss von insgesamt 15 Einheiten getragen. Es existieren eigene und vergleichsweise transparente Institutionen (z. B. „Ruhrparlament", Verbandsausschuss, Geschäftsführung). Die LMBV folgt im Gegensatz dazu eher einer Top-down-Implementierung. Die Koordinierung mit anderen Organisationen (Landesregierungen, Planungsverbänden) und auch den Kommunen wird in der Literatur jedoch insgesamt als gut bewertet.[882] Trotz alledem unterliegen die Kommunen dem Informationsmonopol des Bergbausanierers und haben nur bedingt Einfluss auf das Unternehmen im Gegensatz zum RVR, welcher direkt Teil der Planung ist. Nichtsdestoweniger sind die Kommunen auch in der Lausitz nicht gänzlich von der Teilhabe ausgeschlossen. Insbesondere durch die IBA, bei der die LMBV ebenfalls wichtiger Partner war, konnten auch entscheidende Projekte „von unten" initiiert und umgesetzt werden.[883] Im Ruhrgebiet bietet jedoch die Eigenschaft als kommunaler Zusammenschluss hinsichtlich der Implementierungsprozesse (Bottom-up) für die Kommunen einen großen Vorteil. Die Zuständigkeit und Finanzierung der Einheiten ist klar geregelt. Darüber hinaus besitzt der Regionalverband wichtige Verankerungsmöglichkeiten in den Kommunen (u. a. durch seine Beteiligungen und Tochtergesellschaften).[884] Unter anderem übernimmt bspw. die Ruhr Tourismus GmbH die einheitliche Vermarktung für den Fremdenverkehr.[885]

Der Zuständigkeitsbereich der LMBV erstreckt sich auf alle Gebiete der ehemaligen Braunkohleförderung in Ostdeutschland. Es lässt sich eine starke Konzentration auf Brandenburg (Lausitz) und Sachsen (Lausitz, Südraum Leipzig) feststellen. Diese mangelnde Regionalisierung ist der LMBV als quasi Bundesorganisation nicht vorzuwerfen. Es bleibt jedoch die Frage, inwieweit andere Organisationen der Lausitz diese Aufgabe übernehmen können?

---

[882] LINTZ, G.; WIRTH, P. (2015): S. 226-234.
[883] HASENÖHRL, U.; RÖHRING, A. (2013): S. 51.
[884] Eine Übersicht der Beteiligungen in REGIONALVERBAND RUHR (Hrsg.) (2015e): S. 287 ff.
[885] http://www.ruhr-tourismus.de (eingesehen am 21.09.2016).

Die **Regionalisierung** bzw. die **Abgrenzung** des Lausitzer Braunkohlerevieres war zu DDR-Zeiten administrativräumlich durch den Bezirk Cottbus besser gewährleistet. Dieser wurde gezielt als „Energiebezirk" (1952–1990) eingerichtet.[886] Heute erstreckt sich das Lausitzer Braunkohlerevier in den ostdeutschen Bundesländern Brandenburg und Sachsen (und teilweise Sachsen-Anhalt) und eine Abgrenzung der „Lausitz" ist – auch in der gesellschaftlichen Kommunikation – schwierig.[887] Es konnte gezeigt werden, dass einfache Darstellungen (z. B. zur Bevölkerungsentwicklung seit 1989) einer komplizierten Berechnung bedürfen. In Brandenburg sind die Landkreise Spree-Neiße, Oberspreewald-Lausitz und Elbe-Elster sowie die kreisfreie Stadt Cottbus relativ eindeutig im Lausitzer Braunkohlerevier zu verorten. Beim Landkreis Dahme-Spreewald ist nur der südliche Teil dem Gebiet zuzurechnen. Durch den nördlichen Teil hat der Kreis u. a. aufgrund der Grenze zum Bundesland Berlin und der starken Suburbanisierung in diesem Bereich sowie dem Großprojekt Flughafen Schönefeld (BER) – im wahrsten Sinne des Wortes – größere Baustellen als die altindustriellen Hinterlassenschaften der Braunkohleförderung. Der sächsische Teil der Lausitz weist hinsichtlich einer Abgrenzung eine noch wesentlich kompliziertere Situation auf: Die zweitgrößte Stadt im Lausitzer Braunkohlerevier, Hoyerswerda, liegt jenseits der Landesgrenze in Sachsen. Der Einwohnerverlust seit der Wende von ca. 67.000 auf 33.000 Personen ist drastischer als in irgendeiner Stadt in der Oblast' Kemerovo. Durch die Kreisgebietsreform im Freistaat im Jahr 2008 hat Hoyerswerda ihren Kreissitz verloren und ist mit Kamenz im Landkreis Bautzen aufgegangen. Dieser vergleichsweise große Landkreis weist eine heterogene Struktur auf, wie z. B. bei der unterschiedlichen Arbeitslosenquote gezeigt werden konnte. Beim Landkreis Görlitz können ebenfalls nur die nördlichen Teile in das Untersuchungsgebiet hinein gezählt werden. Beide Landkreise können, ähnlich wie der Kreis Dahme-Spreewald, ihre institutionellen Kapazitäten schließlich nicht gänzlich den Problemen des Lausitzer Braunkohlerevieres widmen.

Hinsichtlich einer Bottom-up-Perspektive haben die brandenburgischen und die sächsischen Kommunen jeweils einen „Zweckverband Lausitzer Seenland" gegründet. In Brandenburg widmet sich diese Organisation unterschiedlichen Aufgaben u. a.: „*Koordinierung im Rahmen der Bergbausanierung anfallenden Entscheidungen, gebündelte Interessenvertretung, Schaffung von Baurecht durch Flächennutzungspläne, bodenordnende Maßnahmen, Entwicklungsrahmenplanung, Flächen und Strände sichern und erforderliche Infrastruktur betreiben, landschaftspflegerische Maßnahmen.*"[888] Insgesamt ist u. a. durch die Partizipation von einigen Unternehmen (u. a. Familienpark Großkoschen, Strandhotel Senftenberg, Komfortcamping in Niemtsch, Stadthafen Senftenberg)[889] ein deutlicher Fokus auf die Koordinierung von Ausbau und Instandhaltung der touristischen Infrastruktur zu erkennen. Parallel dazu existiert auf sächsischer Seite ebenfalls ein kommunaler Zweckverband (Abbildung 78).[890]

---

[886] KULKE, E. (Hrsg.) (1998): S. 420.
[887] GROß, S. (2010): S. 34-35.
[888] http://www.zweckverband-lsb.de/de/ueber-uns/aufgaben.html (eingesehen am 23.09.2016).
[889] http://www.zweckverband-lsb.de/de/ueber-uns/aufgaben.html (eingesehen am 23.09.2016).
[890] Die Abgrenzung (wenn man diese als solche bezeichnen kann) ist inkonsequent: Der Landkreis Bautzen ist Teil des sächsischen Zweckverbandes; der Landkreis Görlitz oder die Stadt Weißwasser nicht
[Quelle: ZWECKVERBAND LAUSITZER SEENLAND SACHSEN (Hrsg.) (2016): S. 3].

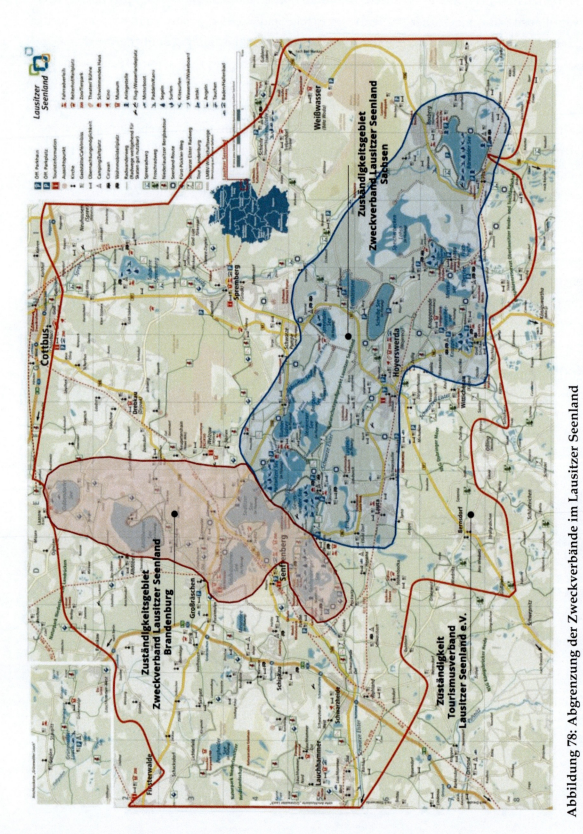

Abbildung 78: Abgrenzung der Zweckverbände im Lausitzer Seenland
Quelle: nach http://zweckverband-lss.de/wordpress/wp-content/uploads/2014/09/Verbandsgebiet.jpg (eingesehen am 23.09.2016)

Die Aufgabenstruktur der drei festen Mitarbeiter im sächsischen Zweckverband ist dem des Äquivalentes in Brandenburg ähnlich.[891] Diese kommunalen Zusammenführungen sind als Instrument der Kanalisierung von lokalen Interessen sehr zu begrüßen. Eine Koordinierung der touristischen Entwicklung oder die gemeinsame Beantragung und Durchführung von Förderprojekten sind somit besser durchsetzbar. Nichtsdestoweniger muss kritisiert werden, dass die Bundesländergrenze in diesem Bereich zu ineffektiven Regionalisierungen geführt hat, die dann von anderen Organisationen (in diesem Fall die Kommunen) übernommen wurden. Eine Koordinierung der beiden Verbände findet zwar statt, aber an einer einheitlichen Organisationsstruktur mangelt es. Darüber hinaus beschäftigen sich beide Zweckverbände überwiegend mit der Entwicklung des Tourismus in ihren Bereichen. Ein Monitoring, statistische Aufbereitungen und damit die wichtige Raumbeobachtung (wie beim RVR) können mit diesen Strukturen nicht geleistet werden. Ein einheitlicher und adäquat ausgestatteter Verband, der alle Gemeinden einschließt, wäre wahrscheinlich wirksamer und für die Entwicklung des Lausitzer Braunkohlerevieres insgesamt sinnvoller.

Ein guter Ansatz ist hingegen die Zusammenlegung einiger Tourismusverbände und die Gründung des „Tourismusverband Lausitzer Seenland e. V." im Jahr 2012.[892] Dieser kann wichtige Marketingfunktionen länderübergreifend übernehmen (Abbildung 78). Die Organisation bietet Ansätze für eine neue Regionalisierung. Bei der LMBV wird die Region überwiegend als „Lausitzer Braunkohlerevier" bezeichnet. In neueren Fachpublikationen wird die erwünschte Orientierung auf die touristische Nutzung bereits mit der Bezeichnung der Region als „Lausitzer Seenland" neu definiert.[893] Die tatsächliche Abgrenzung bzw. die teilnehmenden Gemeinden im Tourismusverband unterscheiden sich jedoch von den Angaben in der Literatur.[894] Darüber hinaus ist der Tourismusverband noch jung. Auch er kann nicht verhindern, dass das Konkurrenzdenken um mögliche Besucher stark ist. Ein Beispiel ist Spremberg, das nicht Teil dieses Verbandes ist. Als städtisches Marketingmotto wird der Slogan *„Spremberg … die Perle der Lausitz"*[895] geführt, was implizieren soll, dass keine anderen Perlen (schönen Orte) in der Region existieren?![896]

Hinsichtlich einer besseren Vernetzung der Unternehmen wurde im Frühjahr 2016 die Innovationsregion Lausitz GmbH gegründet. Die wichtigsten Großunternehmen, die IHK Cottbus, die BTU Cottbus-Senftenberg und andere gesellschaftliche Akteure intendieren, den *„Strukturwandel in der Lausitz in seinen Auswirkungen zu erfassen und entsprechende Strategien zu ermitteln."*[897] Sächsische Akteure partizipieren hier, wie bei der IBA, allerdings in nur geringem Umfang.

---

[891] http://zweckverband-lss.de/geschaeftsstelle (eingesehen am 23.09.2016).
[892] TOURISMUSVERBAND LAUSITZER SEENLAND E. V. (Hrsg.) (2012): S. 1.
Eine Liste zu den teilnehmenden Gemeinden unter: http://www.lausitzerseenland.de/de/presse/allgemeine-presseinformationen/artikel-lausitzer-seenland-zahlen-daten-fakten.html (eingesehen am 20.09.2016).
[893] LINTZ, G.; WIRTH, P. (2015): S. 221 ff.
[894] Eine Liste zu den teilnehmenden Gemeinden unter:
http://www.lausitzerseenland.de/de/presse/allgemeine-presseinformationen/artikel-lausitzer-seenland-zahlen-daten-fakten.html (eingesehen am 20.09.2016).
[895] http://sprem.vps.spremberg.de/index.php?pos_top=2 (eingesehen am 21.09.2016).
[896] Spremberg verzeichnete 2015 ca. 27.800 Übernachtungen und damit bspw. ca. zehnmal weniger als Senftenberg [Quelle: AMT FÜR STATISTIK BERLIN-BRANDENBURG (Hrsg.) (2016)]. Diese Zahl spiegelt schließlich eher das Wunschdenken Sprembergs, „die Perle der Lausitz" zu sein, wider, als dass es ein reales Abbild der Situation wäre.
[897] https://www.cottbus.ihk.de/standortpolitik/innovationsregion-lausitz/Ueber-die-Innovationsregion-Lausitz/3134408 (eingesehen am 09.09.2016).

Als Nachfolgeprojekt der IBA Fürst-Pückler-Land kann u. a. die kommunale Kooperation der „Energieregion Lausitz" interpretiert werden. Die vier brandenburgischen Landkreise (Oberspreewald-Lausitz, Elbe-Elster, Dahme-Spreewald und Spree-Neiße) und die kreisfreie Stadt Cottbus haben sich als Gesellschafter zu einer Organisation der Wirtschaftsförderung zusammengeschlossen. Erklärtes Ziel ist es, *„die Wahrnehmbarkeit der Energieregion Lausitz als Investitionsstandort zu erhöhen, das Image als Wirtschafts-, Wissenschafts- und Bildungsregion auszubauen und die Wettbewerbsfähigkeit des Wirtschaftsstandortes zu verbessern."*[898] Diese Koordinierung ist notwendig, da es die Akteure auf der administrativen Ebene zusammenbringt. Problematisch ist auch an dieser Stelle, dass das Projekt nicht länderübergreifend ist. Sächsische Kreise oder Kommunen wirken nicht mit.

Zusammenfassend zu dieser Regionalisierungsdiskussion ist festzuhalten, dass die LMBV hier weniger zuständig bzw. der Adressat ist. Es ist ein Unternehmen in Bundesbesitz und hat einen klaren Auftrag. Nichtsdestoweniger konnte gezeigt werden, dass sich die Landesgrenze, direkt durch das Lausitzer Braunkohlerevier verlaufend, als hinderlich erwiesen hat, was am deutlichsten bei der Nicht-Beteiligung des Landes Sachsens an der IBA sichtbar wird. Die Kooperationen im Ruhrgebiet sind durch die Verortung in einem einzigen Bundesland, Nordrhein-Westfalen, im Vorteil. Darüber hinaus ist die wichtige kommunale Beteiligung durch den Regionalverband Ruhr wesentlich besser institutionalisiert.

Direkt daran anschließend existiert in der Lausitz – im Gegensatz zum Ruhrgebiet – keine koordinierende Organisation der **Regionalplanung**, da dies in der Kompetenz der Bundesländer liegt. In Brandenburg ist der Planungsverband „Lausitz-Spreewald" zuständig. Dieser umfasst die Landkreise Dahme-Spreewald, Elbe-Elster, Oberspreewald-Lausitz, Spree-Neiße und die Stadt Cottbus. Auch an dieser Stelle ist eine deutlich Zweiteilung von Problemlagen (Berlin-Suburbanisierung und Flughafen Schönefeld gegenüber dem strukturschwachen Südbrandenburg) erkennbar. Dieser Heterogenität ist man sich laut der Internetpräsenz auch bewusst.[899] Auf sächsischer Seite ist der Planungsverband Oberlausitz-Niederschlesien zuständig, welcher die beiden Landkreise Bautzen und Görlitz umfasst. Der Fokus ist hierbei mit einem eigenen Fachbereich zur *„Braunkohlenplanung und Entwicklung Lausitzer Seenland"*[900] grundsätzlich gut auf die industriellen Hinterlassenschaften bzw. den aktuellen Aspekten der Kohleförderung gelegt. Ob vier Mitarbeiter angesichts der komplexen Problematik in diesem Bereich ausreichen, ist zweifelhaft. Darüber hinaus stellt nicht nur die Grenze zu Brandenburg eine Herausforderung für die Planung bzw. den Verband dar, sondern auch die anspruchsvolle und notwendige Zusammenarbeit mit den Anrainern Polen und Tschechien. Schließlich können die beiden Planungsverbände eine einheitliche, koordinierte und bundesländerübergreifende Abstimmung nur bedingt leisten. Damit ist neben der einheitlichen Raum- und Regionalplanung auch kein Monitoring, auf dem hohen Niveau wie im Ruhrgebiet, für das Lausitzer Braunkohlerevier zu erwarten. Trotz dieser Kritik muss ergänzt werden, dass hinsichtlich der Effekte der Regionalentwicklung in der Literatur betont wird, dass die LMBV eine sehr bedeutende Rolle gespielt hat. In den

---

[898] http://energieregion-lausitz.de/de/ueber-uns/energieregion-lausitz.html (eingesehen am 19.09.2016).
[899] http://www.region-lausitz-spreewald.de/rp/de/planungsregion/portrait-der-region.html (eingesehen am 03.09.2016).
[900] http://www.rpv-oberlausitz-niederschlesien.de/planungsverband/organisation.html (eingesehen am 04.10.2016).

1990er Jahren fokussierte sich die Organisation primär auf die ingenieurstechnischen Bergbausanierungen. In den 2000er Jahren rückte das Unternehmen verstärkt als aktiver Ansprechpartner für die Kommunen in den Fokus, um die Nachnutzung der Flächen voranzutreiben und die Seenlandschaft zu gestalten.[901]

Hinsichtlich der Ausstattung und der Mechanismen bei den **Finanzen** ergeben sich wichtige Unterschiede in beiden Organisationen. Insgesamt belaufen sich die Einnahmen des Regionalverbandes auf ca. 74,87 Mio. EUR (2016). Der größte Anteil (54,67 Mio. EUR) wird durch die Verbandsumlage der 15 Kommunen generiert. Diese müssen einen jährlichen Hebesatz in Höhe von 0,6499 % ihres Haushaltes entrichten. Im Vergleich zum gesamten Budget einiger Großstädte ist dieser Anteil gering. Im Finanzplan des Regionalverbandes wird jedoch offen die angespannte Haushaltssituation der Kommunen im Ruhrgebiet thematisiert und vom Bund mehr Unterstützung (insbes. bei den Sozialleistungen) eingefordert. Die größten Ausgabenposten des Regionalverbandes sind Personalkosten (21,6 Mio. EUR) und Transferaufwendungen (22,9 Mio. EUR). Letzteres stellen überwiegend investive Projekte dar.[902] In der Lausitz werden wesentlich höhere Summen umgesetzt, wobei die Zuständigkeiten andere und die Rekultivierungsaufgaben umfassender sind: Seit der Wiedervereinigung wurden *„bis Ende 2012 ca. 9,4 Mrd. € für die Sanierung der ostdeutschen Braunkohlegebiete ausgegeben."*[903] Wie groß der Anteil für die Lausitz ist, lässt sich nicht exakt herausrechnen. Aufgrund der Größe und des Fördervolumens ist allerdings davon auszugehen, dass mindestens die Hälfte dieser Summe in das Lausitzer Braunkohlerevier geflossen ist. Der LMBV wurden für den fünfjährigen Zeitraum von 2013 bis 2017 ein Gesamtvolumen von 1,23 Mrd. EUR zur Verfügung gestellt (Tabelle 33).[904] Das entspricht pro Jahr etwa 246 Mio. EUR. Der Regionalverband Ruhr hat ein wesentlich geringeres Budget. Allerdings sind hier umfassende Sanierungen schon stärker abgeschlossen und Kosten auf andere Organisationen und Tochterunternehmen verteilt. Darüber hinaus sind die Anforderungen der LMBV in der Lausitz aufgrund der Kohleförderung im Tagebau und der großen Abbaumengen umfangreicher. Nichtsdestoweniger bietet ein Blick auf die Gehälter der Leitungsebenen interessante Einblicke und lässt deutliche Unterschiede erkennen: Die fünf Personen der Verbandsleitung im RVR erhalten ca. 782.000 EUR an *„Personalaufwendungen"* und weitere 150.000 EUR an *„ordentlichen Sachaufwendungen"* (2016).[905] Bei der LMBV beziffern sich die Bezüge der beiden Geschäftsführer bereits auf 435.000 EUR.[906] Darüber hinaus werden für ehemalige Geschäftsführer weitere 174.000 EUR im Jahr 2015 zur Verfügung gestellt.[907] Mit größerer Wahrscheinlichkeit würden die mit großen Finanzproblemen geplagten Kommunen im Ruhrgebiet als hauptsächliche Geldgeber des Regionalverbandes derartige Gehälter für die Leitungsebene wie bei der LMBV in den Gremien (Verbandsversammlung) zur Diskussion stellen. Dieses Beispiel verdeutlicht, dass die Organisationsstruktur des Regionalverbandes Ruhr (Bottom-up) über bessere Kontroll- und Korrektivmöglichkeiten verfügt.

---

[901] LINTZ, G.; WIRTH, P. (2015): S. 232.
[902] REGIONALVERBAND RUHR (Hrsg.) (2015e): S. 28 ff.
[903] LINTZ, G.; WIRTH, P. (2015): S. 224.
[904] LMBV (Hrsg.) (2016a): S. 3.
[905] REGIONALVERBAND RUHR (Hrsg.) (2015e): S. 32.
[906] Der ehemalige Geschäftsführer Prof. Dr. Mahmut Kuyumcu, welcher bis 31.12.2013 auf diesem Posten tätig war, erhielt im Jahr 2013 allein eine Vergütung in Höhe von 343.000 EUR [Quelle: LMBV (Hrsg.) (2014a): S. 45].
[907] LMBV (Hrsg.) (2016a): S. 51-52.

In beiden Organisationen stellen die Aufwendungen für Personal (**Beschäftigte**) die größten Posten dar: Bei der LMBV waren laut Geschäftsbericht zum 31. Dezember 2015 685 Mitarbeiter beschäftigt. Weitere 39 Personen befinden sich in der Ausbildung und 227 Angestellte befinden sich in Altersteilzeit. Insgesamt sind damit 951 Personen beschäftigt.[908]

Das Personal ist etwa zu einem Drittel am Standort in Leipzig und zu zwei Dritteln in Senftenberg lokalisiert.[909] Die Kleinstadt in Südbrandenburg wird in den Geschäftsberichten als Hauptsitz ausgegeben.[910] Damit stellt die LMBV einen wichtigen Arbeitgeber vor Ort dar.[911] Der Regionalverband Ruhr verfügt mit ungefähr 360 Beschäftigten über wesentlich weniger Mitarbeiter. Diese sind überwiegend am Standort in Essen und damit relativ zentral im Ruhrgebiet lokalisiert.

Die Organisationsstruktur ermöglicht ein umfassendes **Monitoring** (Raumbeobachtung) für das Ruhrgebiet. Insbesondere die Projekte wie die Verabschiedung des „Masterplan Emscher Landschaftspark 2010" stellen eine detaillierte regionale Entwicklungsstrategie dar, wobei der Regionalverband Koordinator ist. Die Hinterlassenschaften der industriellen Aktivitäten können in umfangreichen Sanierungs- und Modernisierungsmaßnahmen der Öffentlichkeit zugänglich gemacht und aufgearbeitet werden. Die Implementierung wird gemeinsam mit u. a. kommunalen Akteuren realisiert.[912] Der Masterplan hat eine sehr wichtige Monitoringfunktion. Derartige Masterpläne sind nicht Teil des Auftrags der LMBV und damit auch für die Lausitz in dieser Form nicht existent. Bei der Analyse wurde deutlich, dass auch die statistischen Datenaufbereitungen zu unterschiedlichen Themen (u. a. Bevölkerung, Bildung, Tourismus, Arbeitsmarkt)[913] für bestimmte gesellschaftliche oder wissenschaftliche Zielgruppen sehr einfach und instruktiv abrufbar sind. In der Lausitz existieren derartige Möglichkeiten nicht.

Die LMBV und der Regionalverband Ruhr haben beide u. a. das Ziel der **Rekultivierung** der Altlasten. Als letzten Vergleichspunkt in diesem Kapitel können diese Tätigkeiten gemeinsam mit der Situation in der Oblast' Kemerovo verglichen werden. Die Sanierung der Altlasten durch die Kohleförderung im Schacht bzw. im Tagebau unterscheidet sich stark voneinander. Im Ruhrgebiet ist das Management der Abraumhalden die primäre Herausforderung. Der RVR verfügt hierfür u. a. über ein Haldenkataster, in dem die Flächen erfasst werden und dann anschließend auch beplant werden können. Mindestens 36 Bergehalden sind im Besitz des Verbandes und nehmen eine Fläche von ca. 10,5 km² ein (Stand 04/2015).[914] Insgesamt muss ergänzt werden, dass das Ruhrgebiet mit einer Art Ewigkeitslast zu kämpfen hat. Solange Menschen in der Region leben wollen, müssen die über 200

---

[908] LMBV (Hrsg.) (2016a): S. 15.
[909] Expertengespräch.
[910] LMBV (Hrsg.) (2016a): S. 1.
[911] Der Sitz der LMBV ist am östlichen Stadtrand von Senftenberg direkt an der B 96 lokalisiert. Die vier neungeschossigen Plattenbauten (ehemalige Verwaltung des Kohleförderunternehmens LAUBAG) mit sehr großzügiger Anlage (u. a. 750 PKW-Stellplätze) stellen für die Kleinstadt eine unübersehbare Landmarke und sehr präsente Organisation dar [Quelle: TRADITIONSVEREIN BRAUNKOHLE SENFTENBERG E. V. (Hrsg.) (2004): S. 16, 17].
[912] Siehe PROJEKT RUHR GMBH (Hrsg.) (2005).
[913] http://www.metropoleruhr.de/regionalverband-ruhr/statistik-analysen/statistik-trends.html (eingesehen am 05.10.2016).
[914] eigene Berechnungen nach:
http://www.metropoleruhr.de/fileadmin/user_upload/metropoleruhr.de/01_PDFs/Regionalverband/Umwelt_Freiraum/Halden/RVR-Halden_Ruhrgebiet_Stand_April_2015.pdf (eingesehen am 04.10.2016).

Pumpwerke der Emschergenossenschaft und des Lippelandschaftsverbandes sicherstellen, dass die niedrigeren Flächen entwässert werden. Durch den Bergbau sind großflächige Senkungen verursacht worden. Zum Umgang mit diesen Folgen ist schließlich ein langfristiges Management erforderlich.[915] Diese Dauerlast existiert in der Lausitz ebenso. Hier ist aktuell jedoch das Ausmaß der Sanierung aufgrund der größeren Flächeninanspruchnahme der Braunkohleförderung im Tagebau wesentlich umfangreicher. Das spiegelt sich, wie bereits dargestellt, u. a. in den Kosten und den Beschäftigten der Organisation wider. Aufgrund der Tatsache, dass in der Oblast' Kemerovo 2015 ca. 763 km² als „zerstörte Flächen" deklariert sind[916] und die Tagebauförderung der Steinkohle ebenfalls eine weitreichende Flächeninanspruchnahme für die am dichtesten besiedelte Region Russlands östlich des Ural darstellt, soll dieser Bereich am Beispiel der Lausitz kurz etwas ausführlicher thematisiert werden.

Die LMBV verfügte zu ihrer Gründungszeit noch über ca. 968,72 km² Grundeigentum (1995). Durch das Flächenmanagement konnten große Teile aufbereitet und wieder veräußert werden. Im Jahr 2015 besaß das Unternehmen in ganz Ostdeutschland noch ca. 317,68 km². Betrachtet man jedoch die Größe der durch die LMBV gesperrten Flächen, so fällt auf, dass diese allein in der Lausitz mit 334,7 km² mehr als die Summe des Eigentums betragen. Davon sind etwa 230 km² Land- und 105 km² Wasserfläche.[917] Hierbei wird deutlich, dass immer noch sehr große nicht rekultivierte Bereiche existieren. Darüber hinaus leitet sich aus der Differenz ab, dass die LMBV bereits veräußerte Bereiche in ihrer Kompetenz als Organisation der Bergaufsicht sperrt. Diese Entwicklung ist in den letzten Jahren immer häufiger zu beobachten.[918] Verantwortlich sind hierfür der Grundwasseranstieg und die Probleme bei der Standsicherheit (z. B. Hangrutschungen). Ein Beispiel hierfür ist der Knappensee (ehemaliger Tagebau „Grube Werminghoff") südlich von Hoyerswerda. Durch den Grundwasseranstieg in den ehemaligen Bergbaubereichen seit den 1990er Jahren entwickeln sich ungeahnte neue unterirdische Fließverhältnisse. Diese können Hangrutschungen und weitere Unglücke verursachen (z. B. Mini-Tsunamis). Aufgrund der unsicheren und gefährlichen Situation wurde die komplette Wasser- und Uferfläche des Sees 2014 gesperrt. Die LMBV ist seitdem mit umfangreichen Sanierungsarbeiten beschäftigt. Die aktuellen Planungen intendieren, dass der Zugang frühestens 2022 wieder gewährleistet werden kann.[919] Als grundlegende Maßnahmen werden u. a. Stützkörper in Form von Spundwänden und unterirdischen Dämmen zur Sicherung des Uferbereiches installiert. Darüber hinaus werden durch Verfahren der Rütteldruckverdichtung die Böden stabilisiert.[920] Aus der wissenschaftlichen Perspektive bestätigte ein Experte, dass es ärgerlich für die Nutzer sein kann, wenn einst veräußerte Flächen aufgrund der nun erkannten Gefahren wieder gesperrt werden müssen. Der Aufwand und die Kosten dieser Sicherungsmaßnahmen sind umfangreich, aber auch absolut notwendig.[921] Das Unglück von Nachterstedt hat gezeigt, welche fatalen Auswirkungen (drei Tote) Rutschungen haben können und welchen langfristigen Imageschaden die LMBV als Bergbausanierer

---

[915] Mehr dazu ausführlich in der Habilitationsschrift von HARNISCHMACHER, S. (2012): S. 17-20.
[916] Siehe dazu Darstellung in Kapitel 3.2.10 (S. 73 ff.).
[917] LMBV (Hrsg.) (2016c): S. 20.
[918] Expertengespräch.
[919] https://www.lmbv.de/index.php/Gefahrenabwehr_am_Knappensee.html (eingesehen am 05.10.2016).
[920] LMBV (Hrsg.) (2013a): S. 3-4.
[921] Expertengespräch.

davontragen kann. Prinzipiell seien die aktuellen Maßnahmen geeignet, um die *„Probleme der Sackungen und Rutschungen kurz- bis mittelfristig in den Griff zu bekommen."*[922]

Das wesentlich größere Problem der Bergbausanierung in der Lausitz ist die Verockerung der Gewässer (in Fachkreisen „Acid Mine Drainage" genannt). Zur Entstehung: Pyrit ist ein Mineral, welches aus Eisen und Schwefel besteht und in marinen Sedimentgesteinen häufig und auch in der Lausitz anzutreffen ist. Wenn Pyrit schließlich durch die Verkippung der Böden bei der Kohleförderung mit Sauerstoff in Verbindung kommt, oxidiert es und Eisen wird ausgefällt. Die Problematik wird dadurch verschärft, dass durch die Stilllegung vieler Tagebauten seit den 1990er Jahren das Grundwasser wieder ansteigt und sich neue Abflusswege sucht, die anschließend zu Oberflächenwasser werden können. Hier wird Eisenoxid dann dadurch sichtbar, dass das Gewässer eine rotbraune Färbung erhält. Darüber hinaus kann der Bereich unangenehm nach Schwefel riechen. Diese Versauerung kann die Funktionsfähigkeit eines Ökosystems extrem stören (z. B. Fisch- und Pflanzensterben). Darüber hinaus stellt es einen großen Konflikt mit anderen Nutzungsformen (insbes. Tourismus und Naturschutz) in der Lausitz dar.[923] Im südlichen Bereich der Spree kann die Verockerung durch die Talsperre in Spremberg begrenzt werden. Das Eisen kann hier abklingen und lagert sich am Grund des Standgewässers ab.[924] Nördlich der Talsperre ist die Spree weitestgehend frei von Eisen und Schwefel. Jedoch bieten die Einträge um Calau und südlich von Vetschau weitere Gefahrenherde, die insbesondere in mittelfristiger Zukunft das Biosphärenreservat Spreewald bedrohen können.[925] Im Geschäftsbericht der LMBV wird als mögliche Lösung die Abklingmethode erwähnt. Darüber hinaus wird versucht, mit Grubenwasserbehandlungsanlagen (z. B. in Vetschau) bspw. durch die Zugabe von Kalk Eisenausfällungen zu minimieren. Die Organisation von Schlammberäumungen und deren Entsorgung gehört mittlerweile auch zu den Tätigkeitsbereichen der LMBV.[926]

Insgesamt ist die geplante künstliche Seenkette in den letzten Jahren von zunehmenden Versauerungsprozessen betroffen. Folgende Seen weisen bspw. einen pH-Wert von ca. 3 auf: Sabrodter See, Blunoer Südsee, Bergener See, Neuwieser See, Partwitzer See (2012).[927] Das Wasser ist hier zwar sauber und für den Tourist und Badegast zunächst ansehnlich, jedoch ist in diesen Seen kein typisch ausgeprägtes Ökosystem wie in anderen mitteleuropäischen Seen zu finden.[928]

Ein Wissenschaftler der BTU Cottbus-Senftenberg sieht in der Problematik von Acid Mine Drainage eine schwierige langfristige Herausforderung, welche zwar grundsätzlich lösbar ist, aber nur mit überdurchschnittlich aufwendigen und kostenintensiven Maßnahmen. Die Forschung zu dieser Thematik steht hier für die Lausitz erst am Beginn. Die Ursache des Problems liegt primär im Untergrund, da die Löslichkeit von Pyrit durch das Grundwasser kaum unterbunden werden kann. Nach dem Vordringen des Wassers an die Oberfläche kann nur noch mit Verzögerung reagiert werden. Präventive Maßnahmen sind somit äußerst schwierig realisierbar. Im Rheinischen Braunkohlerevier (Garzweiler II) wird versucht, direkt bei der Kohleförderung in die Abraummassen Kalk einzumischen, um die ablaufende Pyritverwitterung zu immobilisieren. Die langfristigen Effekte sind hier-

---

[922] Expertengespräch.
[923] RÖCKMANN, C. (2001): S. 7-10; Expertengespräch.
[924] LMBV (Hrsg.) (2013b): S. 80.
[925] Expertengespräch.
[926] LMBV (Hrsg.) (2016a): S. 8.
[927] LMBV (Hrsg.) (2013c): S. 86.
[928] Expertengespräch.

bei allerdings noch nicht absehbar und die riesigen Mengen an benötigten Kalk müssen ebenso extrahiert werden und induzieren schließlich wiederum anderswo massive Umwelteingriffe. Da es bis dato noch nicht *die* Lösung für das Versauerungs- und Verockerungsphänomen gibt, *„wird uns, und da sind sich die Fachleute einig, dieses Problem die nächsten Jahrzehnte, 50, 60, 70 Jahre begleiten."*[929]

Diese beiden Folgeprobleme (Hangrutschungen, Verockerung) im Lausitzer Braunkohlerevier lassen drei zusammenfassende Schlüsse zu:

1. Die Sanierungsarbeiten in Bergbaufolgelandschaften sind sehr aufwendig und langwierig. Ohne eine gut ausgestattete Großorganisation wären die Aufgaben nicht zu bewältigen. Die LMBV ist mit ihrem Know-how gut geeignet, um sich der Beseitigung der industriellen Hinterlassenschaften in langfristiger Perspektive zu widmen.

2. Die Entstehung der „Lausitzer Seenlandschaft" ist mit vielen Hindernissen und teilweise mit Problemen verbunden, die in diesem Ausmaß (insbes. Acid Mine Drainage) bei Beginn der LMBV-Tätigkeiten nicht abzusehen waren.

3. Die LMBV wird als Sanierungsträger noch etliche Jahre und Jahrzehnte mit der Rekultivierung beschäftigt sein. Das Ende des erteilten Sanierungsauftrags rückt mit größerer Wahrscheinlichkeit noch in weite Ferne. Jedoch sollten für eine bessere langfristige Planung der LMBV die Verwaltungsabkommen in größeren Intervallen – und nicht alle fünf Jahre neu - ausgehandelt werden. Ähnlich wie im Ruhrgebiet ist die Existenz eines koordinierenden Unternehmens mit langfristiger Perspektive unabdingbar.

Für die Oblast' Kemerovo bieten diese Ausführungen wichtige Erkenntnisse:

Der Kohlebergbau – insbesondere in Tagebauten – verursacht Rekultivierungs- und Strukturanpassungslasten, die die normalen gebietskörperschaftlichen Strukturen (Städte, Gemeinden, Oblast') oder die einzelnen Unternehmen überfordern. Es müssen zusätzliche, extern unterstützte Organisationen geschaffen werden, die mit einem langfristigen Planungshorizont die anstehenden Aufgaben wahrnehmen können. Wie am Beispiel des Ruhrgebietes gezeigt werden konnte, müssen dabei die Aufgaben der Rekultivierung mit denen der Modernisierung verknüpft werden. Die Konzentration einer solchen Organisation fast ausschließlich auf Rekultivierung wie in der Lausitz ist aus Sicht der Regionalentwicklung nur bedingt befriedigend. Wem nützt die schöne Seenlandschaft, wenn die Bevölkerung der Lausitz keine Arbeitsplätze mehr hat?

Hinsichtlich einer möglichen Rekultivierung für die Oblast' Kemerovo sind bspw. größere Hangrutschungen aus jüngster Vergangenheit, wie bspw. in Nachterstedt zwar nicht bekannt. Dies kann aber u. a. an der mangelnden Nutzung der Uferbereiche von Tagebaurestlöchern liegt. Das Problem der Verockerung ist jedoch ein langfristiges Phänomen, welches bei einem Grundwasseranstieg auch für das Kusnezk-Becken noch weitreichende Folgen mit sich bringen kann. Der Tom'-Fluss ist bereits jetzt schon sehr stark verschmutzt und zur Trinkwasserentnahme ungeeignet. Die Einfuhr von Eisen und Schwefel würde dem Gewässer noch weiter zusetzen. Unter diesen Bedingungen sollte auch für

---

[929] Expertengespräch.

die Oblast' Kemerovo deutlich kommuniziert werden, dass hier ebenfalls Ewigkeitslasten bestehen und noch weiter entstehen werden. Pumpwerke und die Folgen eines Grundwasseranstiegs müssten in der langfristigen Planung eine Rolle spielen. In der Entwicklungsstrategie von Severo-Zapad findet sich kein Verweis darauf. Es ist auch nicht klar geregelt, welche Organisation für langfristige Bergschäden aufkommen kann. Am Beispiel des Erdbebens vom Juni 2013[930] wurde deutlich, dass es nicht die Kohleunternehmen, sondern die Föderation und die Region sind, welche die negativen Auswirkungen teuer bezahlen. Die langfristigen Rekultivierungskosten können in der Lausitz durch die Altlasten aus sozialistischen Zeiten nur mithilfe großer staatlicher Subventionen geleistet werden. In der Oblast' Kemerovo müssten derartige Überlegungen und Aushandlungsprozesse in den nächsten Jahren angegangen werden.

In Kapitel 4.1.2 (S. 129 ff.) wurde bereits auf die organisatorischen Defizite bei den Rekultivierungsaktivitäten in der Oblast' hingewiesen. Das zuständige föderale Amt für Rekultivierung besitzt ca. 60 Mitarbeiter, wobei die Koordinierung der Altlastenbeseitigung nur ein kleiner Teilbereich der Aufgaben darstellt. Wissenschaftler aus Kemerovo fordern, dass insbesondere bei der Bewältigung der ökologischen Herausforderungen die Kompetenzen und die Aktivität der Region gestärkt werden müssten.[931]

Ein transparentes Monitoring zu den Altlasten (wie bspw. Haldenkataster des RVR im Ruhrgebiet) konnte in der Recherche nicht ausgemacht werden. Die LMBV verfügt allein für die Lausitz über Hunderte Mitarbeiter und Spezialisten, die umfassend und aufwendig die Rekultivierung der Kohleförderung betreiben. Ungeachtet der großen Herausforderungen (Rutschungen, Verockerung) in dem ostdeutschen Braunkohlerevier existiert durch die Organisation ein kompetentes Monitoringsystem, welches sich langfristig den Problemen annehmen kann.

Warum benötigt die Oblast' Kemerovo die Rekultivierung?

Ein Experte bringt es für die Lausitz auf den Punkt: „[...] *Anders geht es gar nicht. In einem derart dicht besiedelten Land [wie Deutschland, C. B.] muss man klare Regelungen der Rekultivierung besitzen. Man kann es sich einfach nicht leisten, solche derart devastieren Flächen hinterher sich selbst zu überlassen.*"[932] Unabhängig von der konkreten Nutzungsform, soll dieses Zitat unterstreichen, dass nach der Kohleförderung eine sinnvolle Art der Rekultivierung gefunden werden muss. Dass dieses Kalkül ernsthaft angestrebt wurde und wird, beweisen die milliardenschweren Subventionen des Bundes seit der Wiedervereinigung. Bei einer genaueren Überprüfung fällt auf, dass die Lausitz in den großzügigen Grenzen des ehemaligen Bezirks Cottbus heute ca. 70 Einwohner pro km² verzeichnet.[933] Die drei brandenburgischen Landkreise (SPN, OSL, EE) der Lausitz und die Stadt Cottbus erreichen zusammengenommen aktuell eine Dichte von ca. 88 EW/km².[934] Dies entspricht einer vergleichsweise geringen Bevölkerungsdichte. Die Oblast' Kemerovo verzeichnet ca. 28,6 EW/km².[935] Die Fläche der gesamten Region beträgt zwar ca. 95.700 km², aber hiervon sind 63,4 % bewaldet.[936] Der Landschafts-

---

[930] Siehe dazu die Ausführungen in Kapitel 4.1.2 (S. 125).
[931] AKULOV, A. (2014): S. 285-287.
[932] Expertengespräch.
[933] Siehe Tabelle 28 (S. 217).
[934] Einwohnerzahlen von Dezember 2014. Berechnungsgrundlage im Anhang (Tabelle 48, S. 359).
[935] Siehe Abbildung 13 (S. 41).
[936] Siehe Abbildung 32 (S. 74).

raum des Kusnezk-Beckens stellt den Siedlungsschwerpunkt (ca. 80 % der Einwohner) des Untersuchungsgebietes dar und weist mit einer Fläche von ca. 26.700 km² [937] eine Besiedlungsdichte von ca. 82 EW/km² auf. Damit wird der Wert des Lausitzer Braunkohlerevieres übertroffen bzw. er unterschreitet nur geringfügig den Mittelwert des brandenburgischen Teils der Region. Es muss eingeräumt werden, dass Deutschland und Mitteleuropa insgesamt einen wesentlich stärker verdichteten Siedlungsraum aufweisen, als es im Umfeld von Südwest-Sibirien zu konstatieren ist. Nichtsdestoweniger zwingt das Zitat und der Vergleich zu der These, dass es sich die Planungsorganisationen in der Oblast' Kemerovo nicht leisten können, durch den Tagebau devastierte Flächen anschließend sich selbst zu überlassen. Neben den höheren Kosten für Gesundheit und Ökologie führt die Ausweitung der Tagebauten in der gegenwärtigen Form zu klassischen Flächennutzungskonflikten; wobei für Wohnen, Verkehr, Landwirtschaft, Freizeit und alternative Industrie nicht mehr genügend Raum zur Verfügung steht. Darüber hinaus stellt der stetige Anstieg der „zerstörten Flächen" in den letzten Jahren auf aktuell 763 km² (2015) eine besorgniserregende Entwicklung dar.

5.3. Fazit: Was kann die Oblast' Kemerovo von Ruhrgebiet & Lausitz lernen?

Ein Überblick über aktuelle sozioökonomische Entwicklungstendenzen des Ruhrgebietes und der Lausitz konnte nur angeschnitten werden (5.1, S. 217 ff.). Entscheidender ist, dass bei beiden Beispielen die wichtigsten Organisationen in Form der Sanierungsträger analysiert werden konnten (5.2, S. 227 ff.). Obwohl die Bedingungen unterschiedlich sind, bieten sich interessante Transfermöglichkeiten bzw. Lernstrategien für die Oblast' Kemerovo an. Ausgewählte Punkte aus den folgenden Ausführungen werden teilweise in den Handlungsempfehlungen (5.4, S. 254 ff.) erneut aufgegriffen.

Ein sehr wichtiger Unterschied zwischen dem Ruhrgebiet und den beiden sozialistischen Altindustrieregionen ist, dass mit der „konzertierten Aktion" und weiteren Maßnahmen (z. B. Gründung der Ruhrkohle AG, Einführung des „Kohlepfennigs") die Weichen für eine langfristige, allmähliche Anpassung gestellt werden konnten. Die Umstrukturierungen wurden auf 50 Jahre gestreckt, was ausreichend Zeit bot, um Ersatzarbeitsplätze zu schaffen und die Modernisierung umzusetzen. Erst 2018 sollen schließlich die letzten Zechen im Ruhrgebiet geschlossen werden.[938] Vergleicht man die Subventionen für den Umbau im Ruhrgebiet mit denen in Ostdeutschland nach der Wiedervereinigung, waren die Maßnahmen im Lausitzer Braunkohlerevier vor allem in Bezug auf Regionalentwicklung (Vermeidung von Abwanderung und Verarmung) weniger effektiv.[939] Für postsozialistische Altindustriegebiete (z. B. Lausitzer Braunkohlerevier oder die Oblast' Kemerovo) kamen die Umwälzungsprozesse mit dem politischen Systemwechsel wesentlich blitzartiger. Ein koordiniertes Handeln von Industrie, Gewerkschaften, Bund, Länder und Gemeinden kam in den 1990er Jahren nicht hinreichend

---

[937] KLÜTER, H. (1997): S. 724; SOLOV'ËV, L. (2006): S. 91.
[938] PROSSEK, A. et al. (Hrsg.) (2009): S. 103; SCHRADER, M. (1993): S. 120 ff., 151.
[939] Allein in den Jahren von 1978 bis 1986 werden die staatlichen Subventionen in den Steinkohlebergbau des Ruhrgebietes auf ca. 50 Mrd. DM geschätzt [SCHRADER, M. (1993): S. 134].

zustande. In der Oblast' Kemerovo wurden die Problemlagen durch den Zusammenbruch des RGW noch verstärkt.[940] Jedoch zeigen auch andere Beispiele in Russland, dass es möglich war diese Umbruchsituation besser zu nutzen. In den Regionen, in denen es zu einem koordinierten Handeln von Föderation, Unionssubjekten und Industriekonzernen kam, konnten die Strukturprobleme abgefedert und Modernisierungsprozesse eingeleitet werden. Das war und ist beispielsweise im Industrieknoten von Noril'sk sowie in den Autonomen Okruga Jamalo Neneckij und Chanty-Mansijskij der Fall, die heute trotz starker Rohstofforientierung und peripherer Lage zu den reichsten Regionen Russlands zählen.

Die Bedeutung der Montanindustrie ist für die Oblast' Kemerovo noch wesentlich größer, als es aktuell in der Lausitz oder im Ruhrgebiet der Fall ist. Die genannten Erkenntnisse aus dem Ruhrgebiet betonen die Notwendigkeit einer langfristigen Entwicklungsstrategie, was Severo-Zapad für die Region ebenfalls eingefordert hat. Die Verwaltung der Oblast' sollte nicht erst ex post auf strukturelle Umbrüche reagieren, sondern frühzeitig Programme entwickeln, um die Rekultivierung und die Modernisierung zu steuern. Die Programme und deren Effekte bei der Implementierung sind, wie in Kapitel 4 dargestellt, noch nicht zufriedenstellend.

Bei der Betrachtung der beiden deutschen Altindustriegebiete im Vergleich zu der Oblast' Kemerovo existieren hinsichtlich der geographischen Lage wichtige Unterschiede. Das Ruhrgebiet ist u. a. Teil der Metropolregion „Rhein-Ruhr", welche mit nahezu 10 Mio. Einwohnern in Europa zentral lokalisiert und insgesamt Teil eines sehr dynamischen Wirtschaftsraums ist.[941] Das Lausitzer Braunkohlerevier ist zwischen Berlin und Dresden lokalisiert – ebenfalls zwei in jüngster Zeit vergleichsweise dynamische Städte. HAMM/WIENERT schildern die besonderen Umfeldfaktoren (Agglomerationsvorteile, geographische Nähe) von Altindustriegebieten in Mittel- und Westeuropa.[942] Für periphere Regionen, wie die Oblast' Kemerovo in Sibirien, ist die Situation durch die größeren Entfernungen (siehe bspw. hohe Transportkosten der Kohle) problematischer. Diese periphere Lage des Untersuchungsgebietes ist jedoch ein wichtiges Argument für den größeren Handlungsdruck zur Modernisierung. Es konnte gezeigt werden, dass es selbst in der Lausitz nicht die Unternehmen sind, die die Rekultivierung allein organisieren können bzw. umfassende Investitionen in die Infrastruktur und die Region bereitstellen wollen. Für eine umfassende und langfristige Modernisierung müssen Organisationen aus der Region bzw. die staatlichen Strukturen überdurchschnittlich aktiv werden. Anknüpfend an diese größere regionale Verantwortung der staatlichen Strukturen ergeben sich interessante Bezüge hinsichtlich der Unternehmen:

In Westdeutschland sind in den 1950er und 1960er Jahren unterschiedliche Modelle entwickelt worden, um Reindustrialisierung und damit u. a. auch das „Wirtschaftswunder" umzusetzen. Die Beteiligung des Staates an Unternehmen (siehe z. B. Volkswagen) sicherte und entwickelte wichtige

---

[940] GÖTZ beschreibt die sehr unterschiedlichen Ursachen der „Deindustrialisierung" in den westlichen Industrieländern gegenüber den ehemaligen sozialistischen Staaten des RGW. Die Altindustrieregionen in Westeuropa (oder den USA) sind u. a. durch schleichende Prozesse der Verlagerung in sogenannte Entwicklungs- und Schwellenländer entstanden. Der Zusammenbruch der planwirtschaftlichen Systeme in Osteuropa war wesentlich abrupter [Quelle: GÖTZ, R. (1995): S. 5 ff., 17 ff.], was in vielen Regionen u. a. zu tiefen sozioökonomischen Einschnitten führte.
[941] PROSSEK, A. et al. (Hrsg.) (2009): S. 14-15.
[942] HAMM, R.; WIENERT, H. (1990): S. 305-307.

industrielle Strukturen.[943] Im Ruhrgebiet war es damit möglich, (z. B. durch die RAG und staatlich-private Kooperationsformen), eine Deindustrialisierung abzufedern bzw. Zeit für Umstrukturierungsmaßnahmen zu gewinnen. In der Lausitz hingegen besteht, ähnlich wie in der Oblast' Kemerovo, das große Problem der unternehmerischen Fremdsteuerung. Die Braunkohlensparte gehört in der Lausitz einem Konzern aus dem Ausland. Diese doppelte Monostruktur ist in beiden postsozialistischen Altindustriegebieten (Abhängigkeit von der Kohle und von einem bzw. wenigen Großunternehmen) riskant. Ein Regionalkonzern wie die RAG kann dieses Risiko minimieren, Kapitalabfluss verhindern und größere Investitionen vor Ort generieren. Das Unternehmen hat mit vielen Teilbereichen mittlerweile abseits der Montanindustrie ein diversifiziertes Portfolio als global tätiger Großkonzern aufgebaut (siehe bspw. Evonik Industries AG).[944] Derartige Geschäftsmodelle mit langfristiger Steuerung und Planung wären auch für die Oblast' Kemerovo wünschenswert. Der SDS-Konzern müsste für diese Aufgabe eine transparente Struktur bekommen. Die Abwicklung der Finanzgeschäfte mit MIR Trade und der damit verbundene Kapitalabfluss müssten hierfür unterbunden werden. Die Oblast' könnte als Käufer von bestimmten Anteilen auftreten und damit der bisherigen Strategie der Großkonzerne (Rohstoffförderung und Export ohne Entwicklung von weiterverarbeitenden Bereichen) entgegentreten. Die Föderation könnte aus den Konzessionsgebühren des Kohlebergbaus einen Fonds aufbauen, aus dem Rekultivierungsmaßnahmen unterstützt werden.

Gemeinsam ist den beiden deutschen Altindustriegebieten die Durchführung einer Internationalen Bauausstellung. Insbesondere die IBA Emscher Park (1989–1999) setzte neue Maßstäbe für die Modernisierung des Ruhrgebietes. In der Retrospektive wird diese oftmals als Beginn des Wandels betrachtet. Die Durchführung einer Internationalen Bauausstellung bzw. einer modifizierten Form dieses Projektes in Kemerovo, Novokuzneck und/oder anderen größeren Städten der Oblast' könnte einen wichtigen neuen Impuls für die urbane und ökologische Entwicklung geben. Die wichtige Vernetzung von Planern, Architekten, Kommunalpolitikern, Unternehmen und gesellschaftlichen Akteuren hat im Ruhrgebiet und auch in der Lausitz einen sehr wichtigen Beitrag zur Modernisierung geleistet. Für die Oblast' Kemerovo könnte das Gründungsjubiläum von Novokuzneck (1618) und/oder Kemerovo (1918) im Jahr 2018 als einleitendes Auftaktjahr dienen.

Die Vision, die das Ruhrgebiet bis heute mit den unterschiedlichen Stationen (z. B. IBA Emscher Park, Kulturhauptstadt RUHR.2010) umgesetzt hat, fehlt in der Oblast' Kemerovo bislang. Über die Zielrichtungen von Umstrukturierungen kann diskutiert werden.[945] Ein Experte aus dem Ruhrgebiet empfahl gegenüber einer Delegation aus Kemerovo und Greifswald: *„Ich rate Ihnen: Machen Sie zunächst den Wandel mit Kohle."*[946] Im Ruhrgebiet wurde dieses Konzept bis in die 1990er Jahre hinein praktiziert. Der Spezialist führte aus, dass es keine abrupte Abkehr von diesem Rohstoff ohne größere sozioökonomische Probleme bzw. Verluste geben kann.[947] Die Begleitung der Modernisierung kann und muss allerdings parallel zur Rohstoffförderung einsetzen. In der Lausitz ist diese Parallele – trotz der Schwächen in der Regionalentwicklung - bereits zu beobachten: Der Wandel *mit* Kohle wird in der

---

[943] KLÜTER, H. (1997b): S. 397-398.
[944] Die Tätigkeiten und Endmärkte des Konzerns sind sehr breit gestreut: Konsum- und Pflegeprodukte, Nahrungs- und Futtermittel, Fahrzeug- und Maschinenbau, Bauwirtschaft, Gummi und Kunststoffe usw.
[Quelle: EVONIK (Hrsg.) (2016): S. 71 ff.].
[945] Ein sehr kritischer Blick u. a. bei BOGUMIL, J. et al. (2012).
[946] Expertengespräch.
[947] Expertengespräch.

Lausitz bspw. im Findlingspark von Nochten sehr deutlich. Dieser sehr ansprechend gestaltete Landschaftsgarten stellt eine reizvolle Tourismusdestination dar. Jedoch lokalisiert sich die Einrichtung direkt zwischen zwei aktiven industriellen Großanlagen, dem Kohlekraftwerk Boxberg und dem Tagebau Nochten (Abbildung 79).

Abbildung 79: Blick vom Findlingspark Nochten auf das Kraftwerk Boxberg (Lausitz)
Quelle: Aufnahme Ch. Bülow, 27.09.2015

Der kurze Vergleich der Hochschullandschaft im Ruhrgebiet und der Lausitz bietet ebenfalls interessante Übertragungsmöglichkeiten: Als Zuwanderungsmaschine für junge Leute und wichtiger Arbeitgeber für Hochqualifizierte konnte das Ruhrgebiet seit den 1960er Jahren massiv von diesen Investitionen profitieren. Der Bevölkerungsverlust konnte seitdem zwar nicht gänzlich aufgehalten werden. Aber demgegenüber stehen bspw. Effekte der Suburbanisierung und unwiederbringliche Arbeitsplatzverluste im industriellen Bereich. Ohne die höheren Bildungseinrichtungen wäre der Bevölkerungsverlust sicherlich drastischer gewesen.[948] In der Lausitz zeigt sich das andere Extrem: Cottbus und Senftenberg sind wichtige Hochschulstandorte, welche jedoch zu schwach sind um kreative Köpfe im notwendigen Umfang in die Region zu locken. Im sächsischen Teil des Braunkohlerevieres (z. B. Hoyerswerda, Weißwasser) fehlen derartige Einrichtungen gänzlich. In den letzten Jahren sind die Studentenzahlen an der BTU gesunken. Die Zusammenlegung der ehemals eigenständigen Standorte führt zum Strukturabbau in einigen Bereichen. Die mangelhafte Ausstattung mit hochwertigen

---

[948] ZORNOW, A.; BÜLOW, CH. (2014): S. 227-232.

Bildungseinrichtungen ist einer der Gründe für die starke Abwanderung. Junge Menschen gehen zum Studium nach Berlin, Dresden oder Leipzig. Die Bevölkerung ist seit der Wiedervereinigung 1990 um 32 % geschrumpft.

Die schwache Ausstattung der Hochschulen in der Oblast' Kemerovo ist auch dort eine Ursache für die überdurchschnittliche Abwanderung in besser ausgestattete Nachbarregionen (z. B. Oblasti von Novosibirsk und Tomsk). Die aktuellen Zentralisierungs- und Einsparungstendenzen im Hochschulwesen im Untersuchungsgebiet sollten zurückgenommen werden. Stattdessen sollte mehr in Bildung und damit in die Verbesserung der Lebensbedingungen junger Menschen investiert werden (siehe Beispiel Ruhrgebiet).

Hinsichtlich der Organisationsstrukturen der wichtigsten Sanierungsträger ist festzustellen, dass die frühe Etablierung einer kommunalen Vereinigung mit zunehmenden Planungskompetenzen konsolidierte Strukturen in Form des Regionalverbandes Ruhr hervorgebracht hat. Die LMBV ist jünger, aber durch mittlerweile fünf Verwaltungsabkommen ebenfalls etabliert. Der Struktur- und Systemumbruch erfolgte in der Lausitz und in der Oblast' Kemerovo zu einem ähnlichen Zeitpunkt. Jedoch muss anerkannt werden, dass in der Lausitz im Vergleich zur Oblast' Kemerovo bereits wesentlich tiefgreifendere Veränderungsprozesse (insbes. im Bereich der Rekultivierung) angestoßen werden konnten.

Insgesamt ist die Existenz des RVR von sehr großer Bedeutung für das Ruhrgebiet. Neben den insgesamt umfangreichen Zuständigkeitsbereichen werden wichtige Regionalplanungs- und Monitoringmaßnahmen getätigt. Im Gegensatz dazu ist der Sanierungsträger in der Lausitz (LMBV) ein Unternehmen, welches vollständig mit Bundesmitteln finanziert wird. Es ist kein kommunaler Zusammenschluss, sondern nimmt hauptsächlich den Auftrag der Altlastensanierung wahr. Eine langfristige Planung wie im Ruhrgebiet ist angesichts der nur mittelfristig genehmigten Finanzierung erheblich erschwert. In der Oblast' Kemerovo existiert keine Organisation, die man annähernd mit den Aufgaben und der Größe des Regionalverbandes Ruhr oder der LMBV vergleichen könnte.

Ein Experte sagte aus, dass es *"in der Oblast' an einer administrativen Organisation mangelt, die sich mit Planungsstrategien für die Kohleindustrie auseinandersetzt."*[949] Aus diesem Grund sind koordinierende Instanzen für die Regionalplanung einerseits und die Rekultivierung andererseits notwendig. Der RVR und die LMBV können grundsätzlich die Transparenz an Informationen herstellen, um anschließend die industriellen Hinterlassenschaften aktiv in die Planung mit einzubeziehen. Theoretisch könnte eine Art Regionalverband in der Oblast' Kemerovo auch zunächst nur für die Agglomeration des „Südlichen Kuzbass" ins Leben gerufen werden, denn dort sind die langfristigen Problemlagen mit besonderer Dringlichkeit zu bearbeiten. Die Agglomeration von Novokuzneck ist innerhalb der Oblast' Kemerovo am stärksten industrialisiert und fördert die meiste Kohle.

In organisatorischer Hinsicht hat die Lausitz ein gravierendes Regionalisierungsproblem. Es mangelt hier an einer langfristigen länderübergreifenden Regionalplanung und an einem Monitoring. Die Ländergrenzen, die durch das Revier verlaufen, haben sich als hinderlich aufgrund unterschiedlicher Organisationsstrukturen erwiesen. Darüber hinaus sind die jeweiligen kommunalen Zweckverbände

---

[949] Expertengespräch.

ungeeignet, ihre Interessen gegenüber ihren Bundesländern oder den Industrieunternehmen durchzusetzen. Konkurrenzdenken und Abstimmungsprobleme sind Begleiteffekte dieser schwachen Regionalisierung. Ein einheitlicher Administrativraum könnte eine effektive Abgrenzung vornehmen und für den Programmraum (die Region) ein Programm entwickeln.

An dem kurzen Exkurs zu den Rekultivierungsproblemen in der Lausitz wird deutlich, dass die Nutzungsform als Seenlandschaft auch nur *ein* mögliches Szenario für die Oblast' Kemerovo darstellt, wie man die industriellen Hinterlassenschaften in Wert setzen könnte. Der Aufwand für die Altlastensanierung ist umfangreich. Die Flutung einiger Tagebauten in der Oblast' Kemerovo wäre ebenfalls eine große ingenieurstechnische Herausforderung und müsste hinreichend projektiert und begleitet werden. Darüber hinaus müssten saubere Wasserquellen geschützt und vor allem das Nutzungsziel definiert werden. Unter den aktuellen Umständen sind diese Flutungen auch aufgrund des Mangels einer hinreichenden organisatorischen Basis und schwacher finanzieller Ausstattung unrealistisch. Sicher ist jedoch, dass sich die Gruben nach der Kohleförderung ohnehin mit Wasser füllen, da sich der Grundwasserspiegel erhöhen wird.[950] Ein langfristiges Abpumpen wäre extrem aufwendig. Die Ewigkeitslasten des Bergbaus müssen schließlich in der am dichtesten besiedelten Region Russlands östlich des Ural angegangen werden. Auch dieser Punkt unterstreicht die Notwendigkeit einer Verbesserung des Monitorings und der organisatorischen Strukturen hierfür.

5.4. Handlungsempfehlungen für die Oblast' Kemerovo

Im Folgenden werden Handlungsempfehlungen zur Modernisierung des Untersuchungsgebietes aufgeführt, die teilweise aus dem Vergleich mit Erfahrungen aus anderen Altindustrieregionen abgeleitet wurden. Eine Priorisierung der Vorschläge erfolgt im Fazit, Kapitel 5.5 (S. 273 ff.).

5.4.1. Diversifizierung der Wirtschaft

Die Forderung einer wirtschaftlichen Diversifizierung stellt in der Entwicklungsstrategie von Severo-Zapad (13 Nennungen) eine der drei zentralen Modernisierungsziele dar.[951] Im Kapitel 4.2 (S. 143 ff.) wurden die Konzepte zur Diversifizierung analysiert und bewertet. Aufgrund der Tatsache, dass das Fazit u. a. im Bereich des Maschinenbaus, der chemischen Industrie, bei den Investitionen, bei dem Programm der Monostädte und auch insgesamt hinsichtlich der bisherigen regionalökonomischen Effekte negativ ausfallen muss, stellt diese Forderung nach wie vor eine sehr wichtige Handlungsempfehlung zur Modernisierung dar.

Die Stärkung und Verbesserung der industriellen Basis bei der Schwerindustrie, die vor allem durch größere Investitionen geleistet werden muss, wurde bereits bei der Entwicklungsstrategie umfassend vorgestellt. Dieser Fokus dominiert allerdings. Andere Bereiche des produzierenden Gewerbes

---

[950] Expertengespräch.
[951] SEVERO-ZAPAD (Hrsg.) (2007).

werden in den staatlichen Programmen bisher vernachlässigt. Beispielsweise bestehen in der Nahrungs- und Futtermittelindustrie noch viele Handlungsmöglichkeiten. Die Oblast' ist bei folgenden Produkten auf Importe angewiesen: Konservendosen (gefüllt mit Fleisch, Fisch, Gemüse, Früchten oder Obst), Margarine, Pflanzenöl, Mineralwasser, Tomatenprodukte (Saft, Ketchup, Soße). Darüber hinaus wird Bier im Gesamtwert von 8,3 Mrd. RUB (2012) in die Oblast' Kemerovo geliefert. Die drei größten Herkunftsregionen für Letzteres sind die Regionen Omsk, Tomsk und Novosibirsk. Des Weiteren weist die Statistik keine Exporte bei Maschinen zur Holz- oder Metallverarbeitung, Abtragegeräte (Bagger) oder Planierraupen (Bulldozer) auf.[952] Diese Bereiche könnten in der Oblast' entwickelt werden. Insbesondere der Maschinenbau wäre eine lohnenswerte Branche, die mit dem Steinkohlebergbau sehr wichtige Abnehmer besäße.

In Zusammenhang mit einer modernen Landwirtschaft könnte die Oblast' Kemerovo von den für sibirische Verhältnisse vergleichsweise guten natürlichen Voraussetzungen profitieren. Die hohe Klimavariabilität unter kontinentalen Bedingungen ist zwar mit vielen Unsicherheiten verbunden. Jedoch sind die Böden im Kusnezk-Becken sehr hochwertig.[953] Der eigene Markt von ca. 2,7 Mio. Einwohnern, die überwiegend in einem gut erreichbaren polyzentralen Städtenetz leben, ist vergleichsweise groß. Die Entwicklung ländlicher Räume oder der Landwirtschaft findet in der Strategie von Severo-Zapad im Prinzip keine Beachtung. In diesem Bereich bestehen aufgrund des Einfuhrverbots von Lebensmitteln aus der EU nach Russland seit 2014 allerdings vielfältige Möglichkeiten zur Entwicklung neuer eigener Wertschöpfungsketten für ländliche Räume und damit auch für die weiterverarbeitende Nahrungs- und Futtermittelindustrie. Eine konstruktive Kooperation mit der Wissenschaft (Fusion der KemTIPP mit der KemGU)[954] könnte neue Synergien hinsichtlich der Entwicklung von Nachwuchskräften und neuen Verfahrenstechniken hervorbringen. Eine wichtige Bedingung zur Förderung der Landwirtschaft müssten einerseits hochwertige Produkte sein, die in der Lage sind, Arbeitskräfte zu binden (z. B. Obst, Gemüse, Kartoffeln). Mittlerweile stellen die Verbraucher auch in Russland immer höhere Ansprüche an die Qualität der Lebensmittel.[955] Andererseits sollten die Produktion in einheimischem Eigentum und eigener Steuerung verbleiben, um den Kapitalabfluss in andere russische Regionen zu minimieren.

Es muss jedoch ergänzt werden, dass die möglichen zusätzlichen Beschäftigungseffekte in der Nahrungsmittelindustrie insgesamt nicht überschätzt werden sollten. Im Jahr 2014 arbeiteten 3,4 % (ca. 43.000 Personen) der Erwerbstätigen in der Landwirtschaft – mit sinkender Tendenz.[956] Die Löhne liegen in diesem Bereich weit unter dem Durchschnitt der Oblast'.[957] Nichtsdestoweniger könnte die Kombination aus Landwirtschaft und verarbeitender Industrie einen weiteren Teilbereich zur wirtschaftlichen Diversifizierung erschließen. Der stark von der Landwirtschaft und einigen Verarbeitungsbetrieben geprägte Rajon von Promyšlennaja zeigt, dass es auch ohne Kohle und Schwerindustrie möglich ist, eine stabile Entwicklung organisieren. Beispielsweise ist die Bevölkerungsentwicklung im Rajon von Promyšlennaja nicht derartig negativ, wie der Oblast'-Durchschnitt. Die Einheiten, in denen der Bergbau dominiert, schneiden am schlechtesten ab

---

[952] In der Statistik sind nur die Daten von mittleren und großen Betriebe innerhalb der Russischen Föderation erfasst. Quelle: KEMEROVOSTAT (Hrsg.) (2013g): S. 4, 17, 20-22, 26, 28-30, 60-61.
[953] Siehe Ausführungen in Kapitel 3.2.10 (S. 73 ff.).
[954] Siehe dazu die Ausführungen in Kapitel 4.3.4 (S. 195 ff.).
[955] BELAYA, V. (2016): S. 2-5.
[956] Siehe dazu Abbildung 60 (S. 176).
[957] Siehe dazu Abbildung 59 (S. 175).

Unerfüllt und nach wie vor stark ausbaufähig ist die Entwicklung einer modernen Chemieindustrie, die im optimalen Fall die Ressourcenbasis Kohle besser integrieren kann. Die Beschäftigungsverluste in diesem Bereich stehen den Zielen des Entwicklungsprogramms diametral entgegen.

An diese Vorschläge zur wirtschaftlichen Diversifizierung reihen sich noch weitere Kapitel an. Zum Beispiel: Förderung des Tourismus (S. 259 ff.) und Kultur als Impulsgeber (S. 264 ff.). Im kommenden Kapitel lassen sich ebenfalls Bezüge zur Diversifizierung herstellen.

5.4.2. Regionalisierung wirtschaftlicher Organisationsstrukturen

Es wurde in der Arbeit deutlich, dass große ergänzungsräumliche Differenzen hinsichtlich der Aktivitäten der Unternehmen und der Regionalverwaltung bestehen.[958] Die Zentralregierung in Moskau verfolgt bei der Förderung der Rohstoffe primär fiskalische Eigeninteressen.[959] Dass damit die regionalen Zielstellungen der Oblast' unterlaufen werden können, wurde am Beispiel der großen volkswirtschaftlichen Kosten durch die Kohleförderung bspw. für Gesundheit und Rekultivierung gezeigt.[960] URBAN resümiert hinsichtlich der Unternehmen: *„Das Modell des Rohstoffexportes spiegelt die Interessen der Großunternehmen wider. Es ist unwahrscheinlich, dass die großen Kohle-Konzerne den Prozess der postindustriellen Transformation der regionalen Ökonomie anstoßen!"*[961]

Wo könnten dennoch Lösungsansätze liegen?

KLÜTER schlug in einem Artikel schon 1989 vor, dass es u. a. unter (post)sozialistischen Bedingungen zu einer Dezentralisierung von Informationssystemen und Kompetenzen kommen müsse, um eine bessere Koordinierung der Regionalentwicklung zu gewährleisten.[962] Die Ausführungen stehen stark unter dem Eindruck der Perestroikazeit. Nichtsdestoweniger sind sie auch mehr als 25 Jahre danach immer noch aktuell. Um die Regionen wieder stärker handlungsfähig zu machen, müsste man diese auch mit hinreichenden Kompetenzen ausstatten. Schließlich ist die industrielle Erschließung Sibiriens im 20. Jahrhundert durch staatliche Großprojekte in teilweise dezentralen Organisationseinheiten geleistet worden. Zum Beispiel: Im Falle der Oblast' Kemerovo durch die Internationale Arbeiterkolonie (1922-1927) sowie in Sibirien während der Sovnarchoz-Periode (1957-1965).

URBAN plädiert direkt dafür, dass der Stimulus für eine innovative Entwicklung und die Bändigung der Unternehmen mit ihrer primären Strategie des Rohstoffraubbaus nur von der Oblast'-Verwaltung ausgehen sollte. Es liegt ihrer Meinung nach in der Hand der regionalen Administration, die Rahmenbedingungen für eine attraktive Innovations- und Investitionspolitik zu verbessern.[963] Aus diesem Grund sind neue Organisationsstrukturen bzw. neue Institutionalisierungen zur Verbesserung der regionalen Wirtschaftsstruktur nötig.

---

[958] Siehe Kapitel 3.2.12.8, S. 103 ff.
[959] AKULOV, A. (2014): S. 285-286.
[960] Siehe Kapitel 4.1.2, S. 125 ff.
[961] URBAN, O. (2013): S. 118.
[962] KLÜTER, H. (1989): S. 53-63.
[963] URBAN, O. (2013): S. 116-118.

Ein erster Schritt wäre hier die Verbesserung der finanziellen Basis der Oblast'. Wenn die Budgetausgaben der Region nur etwa 40 % des gesamten Exporterlöses der Kohle entsprechen, wird deutlich, wie begrenzt die Gestaltungsmöglichkeiten gegenüber privaten Interessen sind.[964] Das Zentrum müsste der Oblast' deutlich mehr Kapital bzw. mehr Mittel für staatliche Investitionsprojekte bereitstellen.

Für die bessere Entwicklung von und in Peripherien schlug ZORNOW für die Oblast' Murmansk die Einrichtung einer Regionalbank vor. Zentrales Ziel war hierbei die Verhinderung des Kapitalabflusses, der beachtliche Ausmaße annehmen kann, wenn bspw. ein Unternehmen, das seine Einnahmen durch Geschäfte mit regionalen Kunden erzielt, sein Kreditinstitut in Moskau hat.[965] Für die Oblast' Kemerovo kann dieser Vorschlag nach einem regionalen gut ausgestatteten Kreditinstitut ebenfalls Anwendung finden. Die Großkonzerne präferieren es, ihr Geld im russischen Zentrum oder verstärkt im Ausland anzulegen. Wenn nur ein kleiner Teil der immensen Gewinne aus dem industriellen Sektor in der Oblast' Kemerovo angelegt und damit für Investitionskredite oder einem mit Know-how, vernünftigen Zielkonzepten und Befugnissen ausgestatteten Regionalkonzern zur Verfügung stehen würde, könnte die wirtschaftliche Leistungsfähigkeit deutlich gesteigert werden. Darüber hinaus könnte eine Regionalbank bestimmte Investitionsgarantien sicherstellen, was u. a. dazu führen würde, dass weniger in Luxusobjekte und Konsum (siehe z. B. Tanaj bei SDS) investiert wird und der Fokus stärker auf weiterverarbeitende Bereiche in der Industrie gelegt werden könnte.

Am Beispiel des Ruhrgebietes wird deutlich, wie eine derartige Organisationsstruktur aussehen könnte. Der Zusammenschluss der Kohlekonzerne zur RAG Ende der 1960er Jahre konnte den Kapitalabfluss verhindern und eine Konzentration auf bestimmte Förderanlagen gewährleisten. Trotz der zahlreichen Arbeitsplatzverluste konnte Zeit für die Entwicklung neuer Bereiche gewonnen werden. Das Unternehmen war damit in der Lage, aufgrund seiner Größe auch ganz gezielt in andere Geschäftsmodelle zu investieren und sich selbst ein diversifiziertes Portfolio anzueignen (siehe bspw. den heutigen Evonik-Konzern). Mit dieser Organisationsstruktur und der Verknüpfung einer geschickten Lobbypolitik konnte eine Modernisierung des Unternehmens und die Erschließung neuer Geschäftsfelder eingeleitet werden. Das Beispiel des Ruhrgebietes zeigt schließlich, dass es selbst in der zentral gelegenen mitteleuropäischen Region möglich bzw. nötig war, von staatlicher Seite mit Subventionen und Entwicklungsprogrammen in die wirtschaftlichen Prozesse einzugreifen.[966]

In der Arbeit wurde dargestellt, dass die Kohleförderung in diesem Ausmaß in kurz- und mittelfristiger Zukunft nicht zu halten sein wird, da die negativen Auswirkungen auf Mensch und Umwelt zu groß werden. In dieser gesamtwirtschaftlichen Krise, die auch bei dem einzigen Regionalkonzern SDS deutlich wurde, drohen möglicherweise eine Zerschlagung bzw. der Ausverkauf an andere

---

[964] Siehe dazu Kapitel 3.2.12.8, S. 103 ff.
[965] ZORNOW, A. (2015): S. 461.
[966] In der Literatur sind sich Studien uneins, ob die Großkonzerne und die staatlichen Eingriffe die Umstrukturierungsprozesse abgefedert oder nicht vielleicht sogar gehemmt haben [SCHRADER, M. (1993): S. 137 ff.]. Nichtsdestoweniger ist eindeutig, dass es ohne größere staatliche Interventionen im Ruhrgebiet zur deutlichen Verschärfung der Probleme und stärkeren sozialen Verwerfungen (z. B. Arbeitslosigkeit, Abwanderung usw.) gekommen wäre. Das Negativbeispiel aus Detroit zeigt, wohin die Entwicklung münden kann, wenn die „Modernisierung" primär dem Markt und den Unternehmen überlassen wird: eine unwiederbringliche Deindustrialisierung mit massiven Strukturverlusten und fatalen sozialen Folgen [OSWALT, P. (Hrsg.) (2004)].

externe Großkonzerne. Die Oblast' könnte mit dem Kauf von bestimmten Sparten auftreten und damit Arbeitsplätze sichern, Kaufkraftabfluss minimieren und eine bessere sozial, ökonomisch und ökologisch verträgliche Entwicklung generieren. Faktisch weist SDS schon Eigenschaften eines Regionalkonzerns auf.

Die große Chance besteht darin, dass SDS als finanzkräftiger halbstaatlicher Großkonzern in eine weiterverarbeitende Industrie vor Ort investieren könnte. Die Abhängigkeit von Technikimporten im Bergbaubereich (80 %) könnte bspw. durch den Ausbau einer eigenen Maschinenbauindustrie gemindert werden. Bis zur Auflösung der Sowjetunion war das Werk in Jurga teilweise hierfür zuständig. Insgesamt wäre diese Organisationsform möglicherweise auch für die Weiterentwicklung der chemischen Industrie denkbar. Letztlich könnte dieses Modell der konstruktiven Aushandlung von regionalen Interessen zwischen staatlichen und privatwirtschaftlichen Ebenen auch zu einer Diversifizierung der Wirtschaftsstruktur beitragen. Voraussetzung wäre allerdings eine Neuordnung des Controllings, insbesondere der über MIR Trade laufenden Devisengeschäfte. Mit der Raffinerie von Jaja gibt es in der Oblast' bereits schon ein beispielhaftes Entwicklungsmodell in kleinem Maßstab.

Russische Wissenschaftler fordern eine neue Industrialisierung und Integration für Sibirien, welche nur durch Dezentralisierung von Kompetenzen, die bisher bei der Föderation in Moskau liegen, erreicht werden kann.[967] Hierfür existieren neben dem bereits vorgestellten Ruhrgebiet auch Beispiele in Russland: Die Republik Sacha Jakutien (FO Ferner Osten) stellt mit einer Fläche von ca. 3,084 Mio. km^2 das größte Föderationssubjekt Russlands dar (18 %), besitzt aber nur ca. 960.000 Einwohner (0,65 %).[968] Jakutien ist mit wesentlich größeren Herausforderungen als die Oblast' Kemerovo konfrontiert (u. a. Klima, Erschließungskosten). Beispielsweise ist das Hauptverkehrsmittel zur Anbindung des Republikzentrums (Jakutsk) und der kleineren Städte an die Außenwelt das Flugzeug bzw. der Hubschrauber. In der drittgrößten Stadt der Region, Mirny[969], befindet sich der Hauptsitz des weltgrößten Förderers von Diamanten, Alrosa.[970] Insgesamt arbeiten für den Konzern ca. 39.500 Personen (2015). Die Besitzstruktur von Alrosa ist unterschiedlich verteilt: 43,93 % Rosimuščestvo[971], 25 % Republik Sacha Jakutien, 8 % acht Rajony (= Ulusy) in Jakutien und 23,07 % andere Organisationen.[972]

Das bedeutet, dass die Föderation, die Region und einige von der Rohstoffförderung betroffene Landkreise in Jakutien Anteile am Unternehmenskapital besitzen. Die weiteren Streubesitzanteile genügen nicht, um entscheidende Veränderungen bei der Ausrichtung des Unternehmens vorzunehmen. Das unterscheidet sich deutlich von den Konzernstrategien des Rohstoffexportes mit Ausbeutungstendenzen in der Oblast' Kemerovo. Alrosa leistet umfangreiche Investitionen in der Region. Jakutien belegt bei den Investitionen pro Kopf mit ca. 212.000 RUB Platz sieben unter den 85 Föderations-

---

[967] ŠMAT, V. (2014): S. 63-65.
[968] Diese Angaben beziehen sich auf Werte vom Stand Januar 2015 (einschließlich Republik Krim, Sevastopol').
Quelle: http://www.gks.ru/bgd/regl/b15_14p/IssWWW.exe/Stg/d01/01-01-1.doc (eingesehen am 17.10.2016).
[969] In der sehr peripher gelegenen Stadt von Mirny in West-Jakutien mit der größten Diamantenmine der Welt leben ca. 35.000 Personen.
Quelle: http://www.gks.ru/free_doc/doc_2015/bul_dr/mun_obr2015.rar (eingesehen am 05.10.2015).
[970] 2015 betrug die Fördermenge des Weltmarktführers ca. 38,3 Mio. Karat Diamanten [Quelle: ALROSA (Hrsg.) (2016): S. 21].
[971] Rosimuščestvo ist das „Bundesamt für staatliche Immobilienverwaltung" mit Sitz in Moskau.
Internetseite: http://www.rosim.ru (eingesehen am 17.10.2016).
[972] ALROSA (Hrsg.) (2016): S. 133-134, 145.

subjekten Russlands (2014). Die Oblast' Kemerovo erreicht hingegen nur den 27. Platz (ca. 88.000 RUB).[973] GÖLER zeigte, dass Alrosa in einigen kleinen äußerst peripheren Siedlungen im Hohen Norden der Republik (z. B. Saskylach) Monopolist bei der Bereitstellung von grundlegender sozialer und ökonomischer Infrastruktur ist.[974] In der Oblast' Kemerovo könnten derartige wirtschaftliche Organisationsstrukturen in anderer Form für bestimmte industrielle Bereiche ebenfalls entwickelt werden. Die Zentralregierung könnte dafür aus den Konzessionsabgaben eine gewisse Anschubfinanzierung zur Verfügung stellen bzw. die finanziellen Rahmenbedingungen für die Oblast' verbessern.

Diese Aussagen und die Analysen in der Arbeit führen letztlich zu folgender These:

Wenn eine periphere Region ihre Industriestrukturen erhalten und entwickeln will, dann sollte sie es staatlich kontrolliert in eigener Regie durchführen!

Die besonderen Vorteile einer solchen Strategie bestehen in der Möglichkeit langfristiger Planung, der Minimierung von Kaufkraftabflüssen und der Möglichkeit zu investiven Modernisierungsprojekten. Dies erhöht die Steuerungsfähigkeit und könnte auch in einen kontrollierten Übergang zu einer diversifizierten regionalen Wirtschaftsstruktur münden.

Des Weiteren wäre nicht nur eine wirtschaftliche Regionalisierung anzuraten. Eine Aufwertung der dezentralen Entscheidungs- und Monitoringstrukturen mit föderalen Mitteln ist auch beim Bereich der Rekultivierung zu empfehlen. Am Beispiel der Rekultivierungspolitik in der Lausitz und auch im Ruhrgebiet wurde deutlich, dass für die Oblast' Kemerovo deutlich mehr Mittel in diesem Bereich zur Verfügung gestellt werden müssen. Den organisatorischen Überbau und die Koordinierung könnte möglicherweise ebenfalls wie die RAG im Ruhrgebiet ein „Kuzbass-Regionalkonzern" unter staatlicher Kontrolle übernehmen. Insgesamt ergäbe sich aus solchen Organisationsstrukturen auch eine deutliche Verbesserung der ökologischen Situation.

5.4.3. Förderung des Tourismus

Insgesamt sollte bei dieser Forderung nicht vernachlässigt werden, dass *„altindustrielle Gebiete naturgemäß wenig touristischen Reiz haben"*[975]. Als Gründe werden hierfür vor allem die großen Umweltbelastungen angeführt, worunter die Attraktivität und das Image leiden. Außerdem trat

---

[973] http://www.gks.ru/bgd/regl/b15_14p/IssWWW.exe/Stg/d03/23-02.doc (eingesehen am 14.03.2016).
Die Monetarisierung unterscheidet sich in den Regionen des Hohen Nordens gegenüber anderen Landesteilen u. a. aufgrund der höheren Infrastrukturkosten, Subventionen. Die Vergleichbarkeit der Investitionen sollte schließlich eher als grobe Orientierung betrachtet werden.
[974] GÖLER, D. (2005): S. 105-110, 115.
Die staatlichen Aktivitäten sind trotz der Kritikpunkte (Umweltzerstörungen, Monostrukturen usw.) in Jakutien insgesamt so erfolgreich, dass die Einwohnerzahl der Republik stagniert bzw. in den letzten Jahren sogar leicht angestiegen ist. Innere Zentralisierungs- und Konzentrationsprozesse existieren hier zwar drastischer, aber prinzipiell ebenso wie in der Oblast' Kemerovo. Die auf Permafrost errichtete Hauptstadt Jakutsk wächst stärker als Kemerovo: Von 2010 bis 2015 erhöhte sich die Bevölkerung um 9,7 % auf ca. 325.200 Personen (Quelle: http://stat.sakha.gks.ru:8899/bgd_pub/S1313T1321/2014/01/i5901051.doc, eingesehen am 18.10.2016).
[975] HAMM, R.; WIENERT, H. (1990): S. 282.

häufig die Ausbildung eines breiten Kulturangebotes während der Erschließungsphase und auch danach deutlich hinter der Industrialisierung zurück.[976]

Auch im Lausitzer Braunkohlerevier wurde angedeutet, dass die starke Ausrichtung der Regionalentwicklung auf den Tourismus kein Allheilmittel darstellt. Der Tourismusverband „Lausitzer Seenland" gibt für 2015 eine Übernachtungszahl von 562.700 Personen an.[977] In dieser Abgrenzung sind wichtige Destinationen des Spreewaldes nicht eingeschlossen. Die Gemeinde Burg bspw. verzeichnete 506.000, die Stadt Cottbus 240.000 Übernachtungen.[978] Diese Beispiele zeigen einerseits die starke Konkurrenzsituation in der Lausitz und andererseits, dass der Tourismus in der Bergbaufolgelandschaft noch nicht die Wirkung entfalten kann, die wünschenswert wäre. Ein positives Beispiel stellt in diesem Bereich jedoch die Stadt Senftenberg dar, welche 2016 den Status eines „staatlich anerkannten Erholungsortes" erlangen konnte. Die Kommune verbuchte 2015 ca. 296.000 Übernachtungen.[979] Ein Experte teilte mit, dass die Fokussierung auf den Tourismus für die Stadt von enormer Bedeutung sei. Es wird geschätzt, dass der Beitrag dieses Bereiches zur Wirtschaftskraft zwischen 8 und 10 % liegt. Er warnte indirekt vor überzogenen Erwartungen bei den touristischen Entwicklungsmöglichkeiten und unrealistischen Kennziffern von mehr als 20 % der Bruttowertschöpfung. Andere Standbeine, wie das verarbeitende Gewerbe, sind schließlich unabdingbar für eine gesunde Wirtschaftsstruktur.[980] Es bestätigt sich, dass dem Beitrag des Tourismus zur wirtschaftlichen Diversifizierung einer Altindustrieregion schließlich Grenzen gesetzt sind.

Nichtsdestoweniger wurde im Kapitel 4.2.5 (S. 161 ff.) dargestellt und diskutiert, welche Effekte vom größten Wintersportgebiet der Oblast' (Šeregeš) ausgehen können.[981] Als eine Diversifizierungsmaßnahme kann es für die Modernisierung und damit für die Verbesserung der Lebenssituation der Bevölkerung hilfreich sein. Positiv zu bewerten sind die Tatsachen, dass die Region hauptsächlich von kleinen und mittleren Unternehmen entwickelt wurde, und dass die Nachfrage mit den Einzugsgebieten aus der Agglomeration von Novokuzneck mit ca. 1,2 Mio. Einwohner und von Südwest-Sibirien insgesamt mit ca. 6,8 Mio. Personen vergleichsweise groß ist. Trotz oder vielleicht gerade wegen der Umweltsituation existiert hier ein großer Bedarf nach (Nah-)Erholung. Wenn der Städtetourismus möglicherweise nicht optimal genutzt werden kann bzw. nur bedingt attraktiv ist, könnten die Besucher auch in die wesentlich saubereren umliegenden Bereiche gelenkt werden. Die Entfernungen zu Zielen in sauberer Natur sind im Süden und Osten nah und gut erreichbar.[982]

Der Aufbau des Wintersporttourismus in Šeregeš ist schließlich eine große Leistung, die mit weiteren qualitativen Verbesserungsmaßnahmen gefördert werden sollte. Zur Optimierung könnte eine noch stärkere Internationalisierung angestrebt werden. Die Saison ist im Gegensatz zu europäischen Wintern sehr lang. Bestimmte Sportwettbewerbe (wie bspw. Biathlon in Chanty-Mansijsk) könnten

---

[976] HAMM, R.; WIENERT, H. (1990): S. 282.
[977] http://www.lausitzerseenland.de/de/presse/allgemeine-presseinformationen/artikel-lausitzer-seenland-zahlen-daten-fakten.html (eingesehen am 20.09.2016).
[978] AMT FÜR STATISTIK BERLIN-BRANDENBURG (Hrsg.) (2016).
[979] http://www.rbb-online.de/panorama/beitrag/2016/07/senftenberg-ist-jetzt-staatlich-anerkannter-erholungsort.html (eingesehen am 19.09.2016).
[980] Expertengespräch.
[981] Die wichtigsten Ergebnisse wurden in einer AMSWOT-Analyse zusammengefasst (Tabelle 23, S. 167).
[982] ANDREEVA, O.; RJABOV, V. (2014): S. 57.

der Region noch mehr Bekanntheit und Touristen einbringen. Längere und steilere Abfahrten für Weltcup-Ereignisse kommen aufgrund des schwachen Gefälles und der Länge jedoch weniger infrage. Nichtsdestoweniger existieren hier etliche andere Möglichkeiten insbes. im Snowboardbereich. Auch hier gilt schließlich, wie insgesamt bei der Tourismusförderung, dass dies gemeinsam mit koordinierenden Organisationsstrukturen entwickelt werden muss, die bis dato noch nicht ausreichend existieren. Die Errichtung einer stichhaltigen Planungs- und Marketingorganisation für Šeregeš sollte eine wichtige Zielvorgabe für das nächste Tourismuskonzept sein.

Abseits der konkreten Weiterentwicklung des Wintersporttourismus könnte ein weiteres Ziel auch die wichtige Schaffung einer Marke oder eines Stadtmarketings sein, was letztlich zur Verbesserung des Images beitragen kann. Das wurde bereits in der Entwicklungsstrategie vorgeschlagen.[983] Russische Wissenschaftler sehen das Hindernis, dass es für Industriestädte eine große Herausforderung darstellt, eine eigene Marke zu entwickeln. Das kulturelle und historische Erbe unter postsowjetischen Bedingungen ist begrenzt bzw. die Alleinstellungsmerkmale sind teilweise spärlich.[984]

Erneut bietet das Beispiel der Lausitz interessante Vorbilder: Die 25.000 Einwohner große Stadt Senftenberg hat ein eigenes Marketingmotto: *„Investieren, Studieren, Flanieren"*[985]. Ob dieser Slogan optimal geeignet für das Marketing ist, bleibt eine andere Frage. In jedem Fall werden die Zielgruppen (Unternehmen, junge Leute, Touristen) angesprochen. Es soll schließlich verdeutlicht werden, dass derartige Slogans in Senftenberg ohnehin, aber sogar in einer vergleichsweise schwach touristisch geprägten Stadt wie Spremberg existieren.[986] In diesem Sinne ist die Existenz des Mottos von Kemerovo, *„Stadt der guten Nachrichten"*[987], grundsätzlich zu begrüßen und als Forderung teilweise umgesetzt. Für Novokuzneck oder andere Städte in der Oblast' existiert Derartiges noch nicht. Aus diesem Grund sollten die größeren kommunalen Einheiten solche Slogans als Instrument zur Verbesserung des Images und Marketings entwickeln.

Die vergleichsweise kostengünstige Einrichtung einer Tourismusinformationsstelle, wie sie mittlerweile in jeder deutschen Mittelstadt und auch etlichen Kleinstädten existiert, wäre auch für die Oblast' Kemerovo denkbar. Als Voraussetzung müssten hierfür zunächst Ziele und Highlights der Vermarktung festgelegt werden. In diesem Bereich mangelt es an adäquaten Organisationsstrukturen. Im Ruhrgebiet existieren als Untereinheiten des Regionalverbandes Ruhr professionelle Marketingorganisationen. Das Ruhrgebiet ist ein gutes Beispiel dafür, wie durch eigene Organisationsstrukturen mit der IBA Emscher Park die Basis für ein neues Image und für neue Möglichkeiten bei der touristischen Inwertsetzung aufgebaut werden konnten.

Ein anfängliches Projekt für die Oblast' Kemerovo könnte sich auf die Verbindung einiger Attraktionen beziehen wie bspw. die „Route der Industriekultur"[988] im Ruhrgebiet oder die „Energie-Route Lausitzer Industriekultur"[989]. In der Oblast' Kemerovo existieren etliche Einheiten, die mit einem gemeinsamen Marketing schlagkräftiger werden könnten: Das Museum „Krasnaja Gorka" in

---

[983] SEVERO-ZAPAD (Hrsg.) (2007): S. 151.
[984] LAZAREV, M. (2015): S. 161-167.
[985] https://www.senftenberg.de (eingesehen am 17.10.2016).
[986] Siehe dazu Ausführungen in Fußnote 896 (S. 241).
[987] Im Russischen „Город хороших новостей" [Quelle: http://www.kemerovo.ru (eingesehen am 17.10.2016)].
[988] http://www.route-industriekultur.ruhr (eingesehen am 26.10.2016).
[989] http://www.energie-route-lausitz.de (eingesehen am 26.10.2016).

Kemerovo behandelt die industrielle Erschließungsgeschichte der Kohleförderung.[990] Das Museum ist in der teilweise erhaltenen Bausubstanz der einstigen Autonomen Industrie Kolonie (AIK) aus den 1920er Jahren beherbergt. Die Musealisierung der Industriegeschichte ist hier insgesamt gelungen. Der Komplex könnte als Ausgangspunkt einer „Route der Industriekultur Kuzbass", einer Internationalen Bauausstellung oder sogar einer Stätte mit besonderem Schutz durch UNESCO-Welterbestatus dienen. Parallel dazu existiert in Leninsk-Kuzneckij ein Museum, welches die Geschichte der Kohleförderung in dem Ort nachzeichnet.[991] Es wurde erst 2013 zu den Feierlichkeiten des „Tags des Bergarbeiters" in der Stadt eröffnet. Die Finanzierung und das Marketing werden vollständig von dem Unternehmen SUĖK geleistet.[992] Die private Finanzierung der Musealisierung der wirtschaftlichen Erschließung ist in Novokuzneck (Geschichte des Aufbaus des Stahlwerkes KMK) mit dem „Wissenschaftlich-technischen Museum Bardin" ähnlich. Es wird überwiegend privat von Evraz finanziert.[993] Diese drei Museen sind nur Beispiele, wo eine Vernetzung und ein gemeinsames Marketing möglicherweise ansetzen könnten. Mit abgestimmten Maßnahmen (Tickets, Publikationen, Veranstaltungen usw.) wäre die Vermarktung in jedem Fall optimierbar.

Das durch das „Tourismus-Cluster" eingerichtete Marketing[994] und die damit verbundene Präsenz von ausführlichen und systematischen Informationen im Internet sind bereits ein wichtiger Schritt für eine bessere Koordinierung.

Im Bereich des Naturtourismus besteht die Möglichkeit, den einzigen Nationalpark Schorisches Bergland in der Oblast' mit einem umfassenden Besucher- und Informationszentrum aufzubessern. Die Webseite wurde kürzlich einer grundlegenden Überarbeitung unterzogen.[995] Hier werden umfassende Dienstleistungen (z. B. Führungen, Abenteuertouren) angeboten bzw. vermittelt.[996]

Für eine bessere touristische Inwertsetzung existieren auch Organisationsbeispiele in anderen Teilen Russlands. Die Stadt Nižnij Tagil im Ural (Oblast' Sverdlovsk) weist eine ähnliche schwerindustrielle Entwicklung mit parallelen aktuellen Herausforderungen (u. a. Monostruktur, Umweltbelastungen[997]) wie Novokuzneck auf. In den Jahren 2012/13 wurde eine städtische Tourismusagentur auf Basis einer föderalen Initiative gegründet. Insgesamt arbeiten in dieser Organisation zehn Personen.[998] Ein dezidiertes Ziel ist u. a. die Errichtung eines einheitlichen staatlichen Systems der touristischen Vermarktung für die Stadt.[999] Zum Beispiel: Die „Malachit-Linie" ist ein städtischer Rundgang, der mit Schildern und Informationstafeln 24 wichtige historische, kulturelle und architektonische Highlights von Nižnij Tagil miteinander verbindet.[1000]

---

[990] http://www.redhill-kemerovo.ru/ (eingesehen am 30.10.2015).
[991] http://exrubana.jimdo.com (eingesehen am 26.10.2016).
[992] Expertengespräch.
[993] http://visit-kuzbass.ru/ru/chto-posetit/mesta-kulturnogo-otdykha/muzei/98-nauchno-tekhnicheskij-muzej-imeni-akademika-i-p-bardina.html (eingesehen am 27.10.2016).
[994] http://visit-kuzbass.ru/ru/ (eingesehen am 27.10.2016).
[995] http://www.shorskynp.ru (eingesehen am 17.10.2016).
[996] http://www.shorskynp.ru/predostavlyaemyie-uslugi (eingesehen am 17.10.2016).
[997] Nižnij Tagil ist unter den Top 5 der Städte in Russland mit der stärksten ökologischen Belastung (siehe Tabelle 11, S. 70).
[998] Expertengespräch.
[999] http://www.turizmnt.ru/center (eingesehen am 27.10.2016).
[1000] http://www.turizmnt.ru/malahitline/ (eingesehen am 27.10.2016).

Abbildung 80: Modifizierte Ernst-May-Bauten der 1. Generation in der Ulica Ėntuziastov (Novokuzneck)
Quelle: Aufnahme Ch. Bülow, 23.08.2014

Eine derartige Spaziergängerrunde wäre insbesondere für Novokuzneck und auch für Kemerovo eine einfache Möglichkeit, die urbanen Sehenswürdigkeiten zu verknüpfen und aufzuwerten. Nižnij Tagil besitzt aufgrund einer ähnlichen Industriehistorie prinzipiell ähnliche Attraktionen wie die beiden größten Städte in der Oblast' Kemerovo. Novokuzneck könnte seine einzigartige Aufbaugeschichte (bspw. Ernst-May-Bauten in Abbildung 80 und „sozialistische Gartenstadt") besser in Szene setzen. Dieser Vorschlag gilt auch für andere Städte der Oblast' mit erhaltenswerter historischer Bausubstanz bzw. Industriearchitektur (z. B. Anžero-Sudžensk, Prokop'evsk usw.).[1001]

Des Weiteren könnte die Errichtung eines modernen und artgerechten Zoos, welcher bis dato in der ganzen Oblast' nicht existiert, eine Möglichkeit sein, Besucher anzulocken. Die saubere Satellitenstadt Lesnaja Poljana vor den Toren von Kemerovo wäre ein guter Standort hierfür.

Nach einer Umsetzung dieser Ideen ist nicht zu erwarten, dass damit eine massive Belebung des internationalen Tourismus einhergehen würde. Dafür sind die Maßnahmen und möglichen Effekte zu

---

[1001] Der Band von ZACHAROVA, I. (2005) bietet bereits eine Katalogisierung der wichtigsten Architekturdenkmäler in der Oblast' an. Darüber hinaus ist der Geschichte und der ansprechenden Modernisierung des „Palasts der Arbeit" in Kemerovo-Stadt ebenfalls eine sehr interessante Publikation gewidmet [BESPALOVA, O. (2012)].

marginal. Nichtsdestoweniger stellt diese Stärkung der urbanen Attraktivität eine Möglichkeit zur Aufwertung des Umfeldes der Bewohner und ggf. mancher russischer Gäste dar. Eine Internationalisierung dieser Angebote käme erst in langfristiger Perspektive und dann nur für sehr spezielle Zielgruppen infrage.

Eine wichtige Grundvoraussetzung zur Stärkung des Tourismus ist, dass es eine mit Know-how, Kapital und Befugnissen ausgestattete Organisation geben sollte, welche die Akteure in der Region vernetzt und ein Marketing aus einer Feder durchsetzen kann. Hier besteht deutlicher Handlungsbedarf, trotz der Gründung des „Tourismus-Clusters" und der kürzlich eingerichteten Webseite.[1002] Die staatlichen Stellen sollten den privatwirtschaftlichen Tourismusanbietern nicht unkoordiniert die „Planung" überlassen.

5.4.4. Kultur als Impulsgeber

Dieses Kapitel schließt teilweise an die Handlungsempfehlung einer Tourismusförderung an bzw. ist eng mit ihr verknüpft. Kultur zu fördern als Anstoß für Innovationen und weiche Standortfaktoren zu verbessern sind bei der Modernisierung in westlichen Altindustrieregionen mittlerweile populäre Mittel geworden. Als Beispiel dient die Initiative der „Kulturhauptstadt Europas": Das Konzept wurde einst zur Stärkung der europäischen Integration in den 1980er Jahren entwickelt. In den 1990er Jahren wandelten sich die Motive und die Durchführung. Ab den 2000er Jahren wurden aufgrund der EU-Erweiterung wenigstens zwei Städte als Ausrichter bestimmt. Hinsichtlich der Betrachtung von Altindustrieregionen nutzten etliche Städte bzw. Regionen insbes. Glasgow (1990), aber auch Essen und das Ruhrgebiet (2010)[1003] dieses Megaevent zur städtebaulichen Aufwertung und zur Förderung des Tourismus. Darüber hinaus kann die Kreativwirtschaft gestärkt werden. Die Durchführung von Theaterstücken, Konzerten, Museumsführungen sowie zahlreichen weiteren Möglichkeiten der Kulturförderung bieten ein wichtiges neues identitätsstiftendes Element für die Bewohner.[1004] Nach außen hin sind der Imagewandel und die Förderung des Städtetourismus ein wichtiger Nutzen. Die Dauerhaftigkeit der Effekte ist zwar umstritten und unterschiedlich zu bewerten.[1005] Es hängt stark von den organisatorischen Umsetzungen ab, ob das Event erfolgreich ist. Glasgow und das Ruhrgebiet sind erfolgreiche Beispiele, wie langfristig ein urbaner Modernisierungsprozess durch Kulturförderung begleitet werden konnte.[1006]

Auch in Russland existieren bspw. im Ural bereits bedeutsame Modelle, von denen die Oblast' Kemerovo lernen könnte:

[1002] http://visit-kuzbass.ru/ru (eingesehen am 27.10.2016).
[1003] Eine ausführliche Analyse zu den Effekten der Kulturhauptstadt an den Beispielen von Glasgow und dem Ruhrgebiet bei HOLLMANN, L. (2011).
[1004] MITTAG, J. (2008): S. 55-96.
[1005] OERTERS, K. (2008): S. 97-124.
[1006] METTLER, E. (2008): S. 125-143.

1. Perm'

NAZUKINA zeigt in ihrem Beitrag, wie ein peripheres industriell geprägtes Föderationssubjekt (Kraj Perm' im Föderalen Okrug Wolga)[1007] aus eigener Kraft eine neue Kulturpolitik auflegen kann und sich damit erfolgreich neue Möglichkeiten der Regionalisierung erschließt. Im Jahr 2006 wurde das Programm „Perm' Kulturhauptstadt Wolga" überwiegend von regionalen und lokalen Akteuren organisiert. Die insgesamt 53 durchgeführten Kulturprojekte reichten von Ausstellungen über Theater-, Ballett- und Filmvorführungen.[1008] Im September 2009 wurde das Projekt „Perm – Kulturhauptstadt Europas" ins Leben gerufen.[1009] Eine der wichtigsten kulturellen Institutionen in Perm', das Museum für zeitgenössische Kunst, bezeichnet seine eigene Rolle folgendermaßen: „[…] *es ist nicht nur ein Museum für zeitgenössische Kunst, sondern ein zeitgenössisches Museum, was bedeutet, dass es ein interaktiver Ort für kollektive Arbeiten von Künstlern, Besuchern, Kuratoren, Politikern und Soziologen ist.*"[1010] Hiermit wird der Anspruch von Kultur deutlich, dass auch eine Vernetzung von Akteuren im Fokus steht bzw. die Entstehung einer kreativen und innovativen Szene impliziert wird. Auch wenn für manche Betrachter die Bezeichnung „Europäische Kulturhauptstadt Perm'" zu großspurig erscheint, spricht der Erfolg dieser Kulturoffensive für sich. Perm' war zu sowjetischen Zeiten eine Rüstungsschmiede. Die Abhängigkeit von der Industrie ist nach wie vor groß. Jedoch erweitert die Stadt ihre Wirtschaftsstruktur nun durch Kunst und Kultur.[1011] Der Permskij Kraj belegt mit seinen Theaterbesuchern im Jahr 2014 den neunten von 82 hierbei erfassten Plätzen unter den Regionen Russlands. Die Oblast' Kemerovo liegt nur im Mittelfeld auf Rang 44.[1012] Das Beispiel von Perm' zeigt, dass Kulturförderung in der Peripherie von unten initiiert werden und ihren Beitrag leisten kann. Obwohl die Stadt Perm' als Millionenstadt eine größere Nachfrage nach kulturellen Events besitzt, verzeichnet die Region mit 2,63 Mio. Einwohnern (2016) eine ähnliche Bevölkerungsgröße wie die Oblast' Kemerovo.[1013]

2. Ekaterinburg

Als Beispiel für eine Top-down-Initiative können die acht „Nationalen Zentren für zeitgenössische Kunst" in Russland betrachtet werden.[1014] In Ekaterinburg bspw. arbeiten ca. 20 Personen dauerhaft an der Bespielung dieses Kunstzentrums, welches zu 100 % aus föderalen Geldern finanziert wird. Es wurde hier bereits die dritte Biennale durchgeführt. Bei der Biennale im Jahr 2014 wurden mehr als 100.000 Besucher verzeichnet. In der Großstadt im Ural wird – ähnlich wie im Ruhrgebiet – mit der Industrietradition gespielt und die Elemente werden geschickt in die Ausstellungen eingebaut. Kritisch wurde von den Spezialisten dort angemerkt, dass die Nachfragesituation und die Inter-

---

[1007] Siehe zur Lokalisation von Perm' in Russland Abbildung 5 (S. 18).
[1008] NAZUKINA, M. (2015): S. 177-183.
[1009] http://www.rg.ru/2009/12/15/reg-permkray/permreport-site.html (eingesehen am 28.08.2015).
[1010] http://permm.ru/info/museum.html (eingesehen am 28.08.2015).
[1011] SIROTININA, S. (2012): S. 64-67.
[1012] Im Übrigen belegen nach den Kulturmetropolen St. Petersburg und Moskau andere sibirische Regionen wie bspw. Novosibirsk (3. Platz) und Omsk (4. Platz) bei den relativen Theaterbesuchen sehr starke Platzierungen [Quelle: http://www.gks.ru/bgd/regl/b15_14p/IssWWW.exe/Stg/d01/07-01.doc (eingesehen am 28.10.2016)].
[1013] http://www.gks.ru/free_doc/new_site/population/demo/popul2016.xls (eingesehen am 16.02.2016).
[1014] Die Standorte sind in folgenden Städten lokalisiert: Moskau, St. Petersburg, Ekaterinburg, Kaliningrad, Nižnij Novgorod, Tomsk, Vladikavkaz und Samara [Quelle: http://www.ncca.ru/index.jsp (eingesehen am 27.10.2016)].

nationalisierung von Kunst problematisch bzw. mühselig sind.[1015] Nichtsdestoweniger bleibt es ein wichtiges Element zur Aufwertung des Images und des urbanen Lebens. Ein Experte schilderte: *"Kultur wird in Russland noch nicht hinreichend als wichtige Entwicklungsressource erkannt."*[1016] Auch in russischen Publikationen wird kritisiert, dass die Bedeutung von Kultur und Kreativität als möglicher Impuls für die Stadt- und Regionalentwicklung in Westeuropa schon seit über 25 Jahren bekannt ist und in Russland noch nicht ausreichend genutzt wird. Schließlich begünstigt die Kulturförderung auch die Kreativwirtschaft und vereint letztlich die technischen Erneuerungen, die Wirtschaft, die Kunst und die Kultur miteinander.[1017]

Das obige Zitat gilt nicht nur für Russland, sondern auch für die Oblast' Kemerovo, der von den Strategien aus der Musealisierung der Industriekultur im Ruhrgebiet, der Lausitz oder aber auch im Ural lernen könnte. Eine regionale oder sibirische Biennale für die Region wäre eine Möglichkeit, in diesem Bereich Akzente zu setzen.

Es ist zwar unrealistisch, dass neben Tomsk ein weiteres „Nationales Zentrum für zeitgenössische Kunst" in Sibirien und damit in der Oblast' Kemerovo eröffnet werden wird. Die Investitionen aus dem Zentrum müssten vergleichsweise umfangreich sein. Nichtsdestoweniger sollte der Kunst- und Kulturförderung in der Region eine größere Rolle zugesprochen werden. Insbesondere die Initiative der „Kulturhauptstadt" wäre gut auf Russland oder den Föderalen Okrug Sibirien übertragbar. Jedes Jahr rotierende Ausrichter könnten die unterschiedlichen Kulturen der sibirischen Regionen durch eine Großveranstaltung in den Fokus rücken. Eine mögliche Internationalisierung wäre erst in der längerfristigen Perspektive realisierbar. Der „Tag des Bergarbeiters" in der Oblast' Kemerovo weist schon Analogien durch sein jährliches Rotationsprinzip auf. Die regionalen Effekte sind jedoch überschaubar, die überregionalen Effekte begrenzt.[1018]

Die Empfehlungen zur Kulturförderung weisen starke Ähnlichkeiten zu denen bei der Förderung des Tourismus auf bzw. sind eng miteinander verflochten. Hiervon ist keine grundlegende wirtschaftliche Modernisierung einer Altindustrieregion zu erwarten. Beispiele aus dem Ruhrgebiet und dem Ural haben jedoch gezeigt, dass es eine flankierende Maßnahme sein kann, die weichen Standortfaktoren primär für die einheimische Bevölkerung und sekundär auch für Besucher von außerhalb zu verbessern, insbesondere auch für ein positiveres Image der Region.

[1015] Expertengespräch.
[1016] Expertengespräch.
[1017] ANOCHINA, N. (2015): S. 17-18.
[1018] BÜLOW, CH. (2015b): S. 1-3.

5.4.5. Verbesserung des Monitorings

Unter anderem wurde in den Kapiteln zur Rekultivierung (4.1.2, S. 125 ff.) und zur Tourismusförderung (4.2.5, S. 161 ff.) bereits auf die Probleme eines Monitoringdefizites hingewiesen.

Im Prinzip spiegelt dieser Vorschlag die Herangehensweise dieser Arbeit wider: Zunächst wird ein umfangreiches Monitoring (Kapitel 2–4) benötigt, um anschließend Empfehlungen und Ableitungen (Kapitel 5) für die zukünftige Entwicklung geben zu können. Für eine langfristige und zielgerichtete Planung sind umfassende und regelmäßige Informationen zur sozioökonomischen Entwicklung der Region unabdingbar.

Die Lausitz kann aufgrund der bereits thematisierten organisatorischen Defizite nicht als Vorbild dienen. Hingegen stellt das Ruhrgebiet bspw. mit dem „Atlas der Metropole Ruhr"[1019] eine instruktive und umfangreiche Aufarbeitung der Entwicklung zur Verfügung. Der Regionalverband Ruhr ist federführend für die Erstellung dieses Atlas sowie für weitere regelmäßige Publikationen, bspw. auch in Fremdsprachen, verantwortlich.[1020] Die Organisation bietet genau diese entscheidenden fachlichen Kapazitäten für die Gewährleistung einer umfangreichen Raumbeobachtung. Der „Atlas der Metropole Ruhr" könnte als wichtiges Vorbild für eine vergleichbare Arbeit über die Oblast' Kemerovo dienen. Eine aktuelle kompilierte Aufarbeitung (Geschichte, Wirtschaftsentwicklung, Soziales, Infrastruktur, Kultur, Bildung usw.) existiert dort in dieser Form nicht.[1021] Ohne den Anspruch auf Vollständigkeit zu erheben, versucht diese Arbeit ebenfalls, einen unabhängigen Anfang für ein besseres Monitoring für die Oblast' Kemerovo zu leisten.

Derartige Raumbeobachtungen sind auch für mögliche Investoren von essentiellem Interesse. Die Oblast' besitzt bspw. sog. Investitionspässe in deutscher Sprache[1022], was grundsätzlich zu begrüßen ist. Allerdings ist die Präsentation aufgrund von Übersetzungsschwächen optimierungsbedürftig. Es sollten hierbei mehr Mittel in eine einwandfreie Broschüre investiert werden, um entsprechende regionale Informationen zur Verfügung zu stellen. Zum Vergleich: Allein mit Deutschland, welches nur der neuntwichtigste Handelspartner ist, wickelte die Oblast' 2014 einen Warenumsatz von ca. 416,7 Mio. USD ab – unabhängig von anderen deutschsprachigen Zielländern wie Österreich und der Schweiz.[1023] Ein Projekt zur professionelleren und ausführlicheren Monitoringpräsentation in deutscher oder englischer Sprache sollte für 0,01 % dieser Warenumsatzsumme (ca. 42.000 USD) zu organisieren sein.

Letztlich führt dieser Vorschlag erneut zur Forderung nach der Gründung einer Monitoring- und Marketingorganisation bzw. zur Aufwertung bestimmter Ministerien oder Einheiten der regionalen Verwaltung. Die Region ist hiermit in der Pflicht, ihre eigenen Instrumente in Kombination mit wissenschaftlicher Expertise zu optimieren.

[1019] PROSSEK, A. et al. (2009).
[1020] Siehe dazu http://www.shop.metropoleruhr.de/public/rvr/Startseite (eingesehen am 31.10.2016).
[1021] Die Publikationen von SOLOV'ËV, L. (2006 und 2009) stellen wertvolle Aufarbeitungen der physio- und wirtschaftsgeographischen Entwicklungen der Oblast' Kemerovo dar. Aufgrund des Todes des Autors (1943–2013) sind eine Weiterführung dieser Reihe und aktualisierte Auflagen seiner Regionalkunde zunächst nicht in Sicht.
[1022] http://keminvest.ru/de/pages/54532c3444656235ef020000 (eingesehen am 31.10.2016).
[1023] KEMEROVOSTAT (Hrsg.) (2015a): S. 281.

5.4.6. Optimierung der Administrativstrukturen

Die Handlungsempfehlung in diesem Kapitel zur Schaffung besserer organisatorischer administrativer Strukturen ist eng mit der vorherigen Forderung zur Optimierung des Monitorings verknüpft. Für die Oblast' Kemerovo existieren Verbesserungsmöglichkeiten auf kommunaler und überregionaler Ebene.

Am Beispiel des Regionalverbandes Ruhr wurde ein mögliches Modell für die Oblast' Kemerovo aufgezeigt. Einst aus einem kommunalen Zusammenschluss erwachsen, bietet die Organisation heute einen sehr wichtigen Einflusskanal für die Interessen der Munizipalitäten im Ruhrgebiet. Ein Zusammenschluss für eine bessere Raum- und Regionalplanung wäre auch für die Oblast' Kemerovo nötig.

Am Beispiel der Satellitenstadt von Lesnaja Poljana wurde deutlich, dass die Steuerung von Suburbanisierungsprozessen schlicht dadurch geregelt wird, dass sich die Großstadt Areale des Umlandes einverleibt. In Abbildung 64 (S. 190) zur Lage des Ortes wurden die ineffektiven kommunalen Grenzziehungen sichtbar. Die Steuerung dieser Siedlungsentwicklung und der dazugehörigen Infrastruktur könnte noch effektiver durch eine bessere Zusammenarbeit der Munizipalitäten insgesamt erfolgen. Für Kemerovo und insbesondere für die Agglomeration von Novokuzneck wäre eine derartige Regionalisierung bzw. die Schaffung einer Institution, die Monitoring, Marketing und Planung vereint, hilfreich. Als Vorbild könnten nicht nur die Altindustrieregion Ruhrgebiet mit dem Regionalverband, sondern auch Kooperationsstrukturen der deutschen Metropolregionen oder der „Gemeinsamen Landesplanung Berlin-Brandenburg" dienen.[1024]

Die Institutionalisierung der Steuerung von Stadt-Umland-Beziehungen ist insgesamt in Russland noch optimierungsbedürftig. Selbst im Großraum Moskau sind die Raumordnungs- und Regionalpläne nicht hinreichend aufeinander abgestimmt.[1025]

Ein weiteres Beispiel aus dem Ural: Die stark wachsende suburbane Stadt Berëzovskij (Oblast' Sverdlovsk)[1026] besitzt keine offizielle planerische Kooperationsform mit der direkt angrenzenden 1,5 Mio. Einwohner zählenden Metropole Ekaterinburg. Daraus resultierend, teilte ein hoher Vertreter der Stadtverwaltung des Vorortes mit, dass die Transport- und Verkehrsituation bzw. die Anbindung ins 15 km entfernte Ekaterinburg eines der größten Probleme darstelle.[1027]

Es zeigt sich, dass bestimmte Organisationsschwächen der Oblast' Kemerovo auch in anderen russischen Regionen Russlands anzutreffen sind. Der Handlungsdruck für eine bessere kommunale Kooperation zur Koordinierung der Entwicklungsprozesse ist in der Altindustrieregion jedoch noch größer.

Abgesehen von diesen kommunalen Optimierungsvorschlägen existieren auch weitere überregionale Kooperationsmöglichkeiten. Eine bessere Abstimmung der Oblast' Kemerovo mit den Nachbarsubjekten in Südwest-Sibirien (insbesondere bei der Verkehrsplanung) wäre sinnvoll. Hierbei wäre es

---

[1024] http://gl.berlin-brandenburg.de/ (eingesehen am 02.11.2016).
[1025] KUDRJAVCEV, F. (2012): S. 374-382.
[1026] Die Stadt Berëzovskij stellt ein Paradebeispiel für postsowjetische Suburbanisierungsmodernisierung dar. Bspw. lebten hier 1989 ca. 48.000 Personen. Mit stetigem Anstieg seit den 2000er Jahren und neuen Bauprojekten verzeichnete die Stadt zum Januar 2016 ca. 56.500 Einwohner
[Quellen: http://demoscope.ru/weekly/ssp/rus89_reg2.php, (eingesehen am 29.05.2016),
http://www.gks.ru/free_doc/doc_2016/bul_dr/mun_obr2016.rar (eingesehen am 03.11.2016)].
[1027] Expertengespräch.

möglich, eine effektive Arbeitsteilung in dieser wichtigen Großregion zwischen den vier größten Föderationssubjekten zu entwickeln. Zum Beispiel:

- Novosibirsk mit Logistik, Verkehr, Handel, Wissenschaft;
- Tomsk mit Wissenschaft, Kultur, Innovationstechnologien;
- Kemerovo mit Verwaltung, Energie, „Kohle-Headquarter", Chemieindustrie;
- Novokuzneck mit Schwerindustrie, Energie, Verkehr, Headquarter von Tourismusorganisationen und
- Barnaul mit Maschinenbau, weiterverarbeitender Nahrungsmittelindustrie.

Als organisatorischer Überbau dieser Arbeitsteilung wäre eine Teilung des Sibirischen Föderalen Okrugs in einen Ost- und einen Westteil zu diskutieren. Diese Maßnahme könnte mit einer administrativen Kompetenzaufwertung und größeren Finanzierungsmitteln (z. B. Gründung einer West-Sibirischen Föderationsbank) ergänzt werden. Die oben genannten Schwerpunkte für die jeweiligen Agglomerationen könnten sich in sinnvoller Abstimmung produktiv ergänzen und eine schlagkräftige Einheit mit ca. 9 Mio. (mit Omsk sogar fast 11 Mio.) bilden.

Bei diesen Szenarien sollte eine bessere Kooperation in östlicher Richtung nicht unberücksichtigt bleiben. Für die Republik Chakassien sollte bspw. die Errichtung einer Straßenverbindung zwischen der Agglomeration von Novokuzneck bis nach Abakan ein Entwicklungsziel sein, das wichtige Synergien induzieren könnte. Ohne föderale Unterstützung wird dieses Projekt schwierig zu realisieren sein. Jedoch bleibt eine stärkere Orientierung zu den wirtschaftlich prosperierenden und nah gelegenen Nachbarregionen Novosibirsk und Tomsk ebenfalls wünschenswert. Beispielsweise existiert keine direkte Zugverbindung für Passagiere von Kemerovo-Stadt nach Tomsk, nach Novosibirsk nur jeden zweiten Tag.[1028] Die nördlichen Teile der Oblast' Kemerovo an der Transsibirischen Eisenbahn bieten für stärkere wirtschaftliche Verflechtungen gute Voraussetzungen. Die Ansätze von Jaja (Raffinerie) und teilweise auch Jurga (produzierendes Gewerbe) weisen prinzipiell in die richtige Richtung.

Im Ural existiert eine Organisation, die von insgesamt fünf Föderationssubjekten[1029] innerhalb des Föderalen Okrugs getragen wird: „*Ural Promyšlennyy – Ural Poljarnyj*". Ziel dieser Kooperation ist u. a. das gemeinsame Marketing zur Akquise von Investoren bzw. die eigene Organisationshoheit der industriellen Erschließung in der Peripherie durch Tochterunternehmen. Der Fokus liegt primär darauf, die infrastrukturelle Anbindung der nördlichen Regionen bspw. bei der Rohstoffförderung zu organisieren.[1030] Aufgrund der Größe des Zusammenschlusses können bestimmte Investitionsprojekte besser unterstützt werden.

[1028] Fahrplananalyse auf http://pass.rzd.ru/ (eingesehen am 02.11.2016).
[1029] Teilnehmende Regionen sind: Jamalo-Neneckij avtonomnyj Okrug, Chanty-Mansijskij avtonomnyj Okrug – Jugra, Tjumenskaja Oblast', Čeljabinskaja Oblast' und Sverdlovskaja Oblast' [Quelle: http://www.cupp.ru/ (eingesehen am 02.11.2016)].
[1030] http://www.cupp.ru/o-korporacii/ (eingesehen am 02.11.2016).

5.4.7. Verbesserung des Bildungssystems

Die schwache Rolle der Hochschulinfrastruktur in der Oblast' Kemerovo ist bereits thematisiert worden (4.3.4, S. 195 ff.). In der Analyse konnte gezeigt werden, dass die sibirischen Regionen mit großen Hochschulstandorten (Novosibirsk, Tomsk, teilweise auch Krasnojarsk) attraktiv für junge Menschen (Zuwanderung) sind. Die Abwanderung der jungen kreativen Kohorte aus der Oblast' Kemerovo ins nahe gelegene Novosibirsk oder Tomsk sollte durch Verbesserung der Hochschullandschaft in der Oblast' Kemerovo minimiert werden. Der aktuelle Trend der Zusammenlegungen bzw. die Schließung von höheren Bildungseinrichtungen in den kleineren Städten (z. B. Prokop'evsk, Anžero-Sudžensk) sollte zurückgenommen werden. Außerdem sollte insgesamt an dieser Stelle und ggf. mit neuen Programmen stärker in die Berufs- und Fachausbildung der Menschen in der Oblast' Kemerovo investiert werden. Von russischen Wissenschaftlern aus der Region wird ebenfalls eine bessere Förderung der Kreativen und Intellektuellen in allen Bildungseinrichtungen (Kita, Schulen, berufsausbildenden Einrichtungen und Hochschulen) gefordert.[1031] Die Bezahlung sollte ebenfalls verbessert werden: Der durchschnittliche Monatslohn im Bildungsbereich betrug 2014 lediglich 22.400 RUB und lag damit 17 % unter dem durchschnittlichen Verdienst (26.800 RUB) der Oblast'.[1032]

Eine bessere Bildung ist für die Innovationsförderung von großer Relevanz. Wissenschaftler der Staatlichen Technischen Universität (KuzGTU) versuchen schon seit Jahren mehr oder weniger erfolgreich die Wissensökonomie als Untersuchungsgegenstand bzw. zur Entstehung neuer Bereiche in den Fokus zu rücken.[1033] Insbesondere der Bereich der KIBS (Knowledge Intensive Business Services) wäre zur Entwicklung einer innovativen Dienstleistungsstruktur in der Oblast' Kemerovo wichtig.

Eine gute Bildung ist insbesondere für periphere Regionen ein sehr entscheidender regionaler Entwicklungsfaktor. In Westeuropa beschäftigt man sich schon seit längerer Zeit mit den Auswirkungen von wissenschaftlich-technischen Prozessen auf die Industrie- und Wirtschaftsentwicklung.[1034] Das Ruhrgebiet dient hierbei erneut als positives Beispiel, wie durch eine umfangreiche Hochschuloffensive seit den 1960er Jahren die größte Hochschullandschaft Deutschlands entstehen konnte. Die Lausitz zeigt als Negativbeispiel, welche Konsequenzen (z. B. noch größere Abwanderung) auch für die Oblast' Kemerovo drohen könnten.

[1031] ALABINA, T. (2011): S. 184-185.
[1032] KEMEROVOSTAT (Hrsg.) (2015a): S. 72-73.
[1033] Siehe z. B. ZOLOTYCH, I.; ŽERNOV, E. (Hrsg.) (2013).
[1034] Siehe z. B. LARSSON, B. (Hrsg.) (2008).

5.4.8. Internationalisierung

Eine stärkere Internationalisierung im Hochschulbereich wäre erst in langfristiger Perspektive und nur unter der Bedingung von großen Investitionen in diesem Bereich möglich. An der größten Hochschule der Oblast' Kemerovo (KemGU) sind laut offiziellen Angaben von den 17.000 Studenten 94 Ausländer (2015). Das entspricht einer Quote von nur ca. 0,55 %.[1035] Hier besteht Handlungsbedarf.

Insgesamt wären Bestrebungen zur stärkeren Anziehung von internationalen Einrichtungen eine weitere Möglichkeit. Die Robert-Bosch-Stiftung unterhält bspw. Nebenstellen in Tomsk, Gorno-Altajsk und Čita, nicht aber in Kemerovo oder Novokuzneck.[1036] Die Oblast' Kemerovo bleibt unberücksichtigt. Immerhin existiert in Kemerovo ein „Zentrum für Deutsche Sprache", welches als Kooperationspartner des Goethe-Institutes akkreditiert ist.[1037]

Eine stärkere Internationalisierung ist auch in anderen Bereichen möglich:

In der Strategie zur Entwicklung eines Kohlechemie-Clusters wird gefordert (4.1.3, S. 131 ff.), dass man in der Oblast' das globale Wissen und die Kompetenzen für eine innovative, wettbewerbsfähige und saubere Kohletechnologie bündeln sollte.[1038] Dieses Ziel ist sinnvoll, um nicht nur als Kohlelieferant, sondern auch als Bereitsteller von Know-how dienen zu können. Die hier entwickelte Technik könnte in andere Kohleregionen exportiert werden. Allerdings konnte gezeigt werden, dass die Bergbautechnik aktuell zu ca. 80 % importiert werden muss. Anlagen wie z. B. Grubengasförderung in Leninsk-Kuzneckij stammen nicht aus einheimischer Produktion.

Für den Bereich der Weiterentwicklung der Steinkohleindustrie (z. B. Kohlechemie, Kohlewissenszentrum) muss konstatiert werden, dass internationale Netzwerke stärker stimuliert werden sollten. Die Anreize für die Unternehmen sind zu gering.

Eine umfassende Internationalisierungsstrategie wäre für den peripheren Standort notwendig. Der industrielle Aufbau der Kohle- und Stahlindustriestrukturen in den 1920er und 1930er Jahren konnte nicht von der örtlichen Bevölkerung geleistet werden und ist ein positives Beispiel für Internationalisierung. Es müssten stärker Vernetzungen mit anderen Altindustrieregionen (z. B. Ruhrgebiet) geschaffen werden, um von deren Wissens- und Erfahrungsstand zu profitieren. Übersetzungskapazitäten und Fremdsprachenkenntnisse wären hierfür zu optimieren. Die jährliche Messe „Coal and Mining"[1039] in Novokuzneck ist ein Mittel, bestimmte Akteure (Unternehmen, Administrationen, Wissenschaft usw.) einander näherzubringen. Der wissenschaftliche Transfer müsste mit Konferenzen und Informationsangeboten mehr Know-how in die Region tragen. Ebenso müssen stärkere Anstrengungen unternommen werden, um Personal aus der Oblast' Kemerovo in andere ausländische Bergbauregionen zum Erfahrungsaustausch zu entsenden. Für diese Zwecke sollten mehr Finanzmittel zur Verfügung gestellt werden.

[1035] KEMGU (Hrsg.) (2016): S. 36.
[1036] http://www.bosch-stiftung.de/content/language1/html/57703.asp (eingesehen am 03.11.2016).
[1037] http://www.slz-kemerovo.ru/ru/ (eingesehen am 03.11.2016).
[1038] KEMEROVSKAJA OBLAST' (Hrsg.) (2012a): S. 11.
[1039] http://www.kuzbass-fair.ru/fair/?id=132 (eingesehen am 03.11.2016).

Ein weiteres Instrument könnte die Stärkung von Städtepartnerschaften darstellen. In Deutschland besitzen 98 Kommunen derartige Kooperationen, wobei der Fokus stark auf dem europäischen Landesteil liegt. Die Oblast' Kemerovo ist nicht vertreten. Der Erfahrungsaustausch der großen Städte im Ruhrgebiet wird mit anderen Orten in Russland betrieben: Duisburg mit Perm', Essen mit Nižnij Novgorod, Gelsenkirchen mit Schachty (Oblast' Rostov).[1040] Immerhin besitzt Novokuzneck mit Birmingham (UK), Pittsburgh (USA), Zaporož'e (Ukraine) und Nižnij Tagil Städtepartnerschaften mit anderen Industriestädten.[1041] Kemerovo hat hingegen nur mit der ungarischen Stadt Salgótarján eine Kooperation.[1042] Für alle anderen Städte in der Oblast' (z. B. Prokop'evsk, Leninsk-Kuzneckij, Meždurečensk, Kiselëvsk, Jurga) sind keine Städtepartnerschaften bekannt. Obwohl die großen Entfernungen sicherlich etwas hinderlich für derartige Kooperationsformen sind, könnte diese stärker genutzt werden. Der Kultur- und Wissensaustausch könnte hierdurch deutlich profitieren.

Der wichtigste Vorschlag in diesem Themenkomplex zur Internationalisierung stellt erneut die Forderung nach der Durchführung einer Internationalen Bauausstellung in der Oblast' Kemerovo dar. Dieses Format könnte ebenfalls einen sehr wichtigen Entwicklungsimpuls für die Region und die Stadtplanung generieren. Als Themen bieten sich bspw. die Bauten und Stadtvisionen von Andrej Krjačkov (1876-1950) an, die bis heute in mehreren Großstädten in Sibirien (u. a. Tomsk, Novosibirsk, Kemerovo, Novokuzneck, Krasnojarsk) zu bewundern sind. Desweiteren sind die bereits angesprochenen Experimente im sozialen Wohnungsbau von Ernst May, die frühsozialistischen Gartenstädte, die sozialistische Stadt der Sovnarchoz-Periode oder aber auch modernen Planstädte wie Lesnaja Poljana zu nennen. Ausländische Spezialisten (Wirtschaftswissenschaftler, Geographen, Bergbauingenieure, Architekten, Stadt- und Regionalplaner usw.) könnten bspw. aus dem Ruhrgebiet, der Lausitz und/oder anderen europäischen Altindustrieregionen in die Oblast' Kemerovo kommen und sich mit Experten vor Ort austauschen und vernetzen. Damit wäre dem Untersuchungsgebiet auch eine größere mediale Aufmerksamkeit innerhalb Russlands und auch international sicher. Weitere Synergieeffekte durch internationalen Austausch sind damit wahrscheinlicher

---

[1040] Östlich des Urals existieren nur drei Städtepartnerschaften zwischen Russland und Deutschland: Novosibirsk und Landshut, Pforzheim und Irkutsk, Celle und Tjumen' [Quelle: DEUTSCH-RUSSISCHES FORUM E. V. (Hrsg.) (2016): S. 1-4].
[1041] http://www.travellers.ru/city-novokuzneck-2 (eingesehen am 04.11.2016).
[1042] http://www.travellers.ru/city-kemerovo-4 (eingesehen am 04.11.2016).

5.5. Zusammenfassung der Handlungsempfehlungen

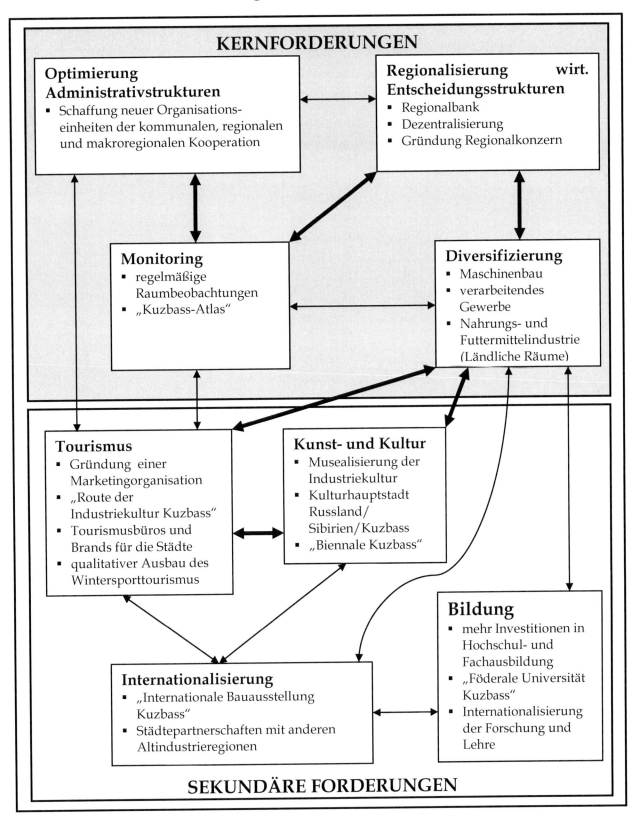

Abbildung 81: Zusammenfassung und Zusammenhang Handlungsempfehlungen

Quelle: eigene Darstellung

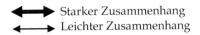
Starker Zusammenhang
Leichter Zusammenhang

In Abbildung 81 sind die Handlungsempfehlungen zusammengefasst. Die einzelnen Oberthemen wurden mit jeweiligen ausgewählten Teilforderungen ergänzt. Die Pfeile symbolisieren die starke Verknüpfung und den Zusammenhang der Handlungsbereiche. Schließlich müssen diese im Kontext betrachtet und können nur miteinander in Angriff genommen werden. Die dickeren Pfeile unterstreichen intensivere Verknüpfungen. Die Vorschläge erheben keinen Anspruch auf Vollständigkeit besteht nicht, da die Situation dynamisch ist und die Liste in vielen Bereichen erweiterbar bleibt.

In Tabelle 35 sind die Adressaten der Handlungsempfehlungen aufgelistet. Die Kreuze stehen für eine niedrige (kein Kreuz) bzw. größere (maximal drei Kreuze) Handlungsnotwendigkeit der verschiedenen Ebenen.

Tabelle 35: Adressaten der Handlungsempfehlungen

Handlungsempfehlungen	Adressaten				
	Föderale Ebene Russland	Föderaler Okrug Sibirien	Regionale Ebene Oblast' Kemerovo	Kommunale Ebene in der Oblast' Kemerovo	Unternehmen
Diversifizierung	x		xxx		xx
Regionalisierung Entscheidungsstrukturen	xx	x	xxx	x	xx
Förderung des Tourismus	x	x	xxx	x	x
Kulturförderung	x	xx	xxx	xx	x
Monitoring		x	xxx	x	x
Optimierung Administrativstrukturen	x	xx	xxx	xxx	
Bildung	xxx	x	xx	x	
Internationalisierung	x		xxx	xx	x

Quelle: eigene Darstellung

In einer Synthese der beiden Applikationen aus diesem Kapitel können die Handlungsempfehlungen, welche zur besseren Übersicht fett gedruckt sind, und die Adressaten im Folgenden zusammengefasst werden.

Eine wichtige Basis stellt die **Verbesserung des Monitorings** dar. Die Gründung einer Informations- und Planungsorganisation für derartige Arbeiten wäre ein wichtiger Impuls für eine umfassende Raumbeobachtung, welche dann regelmäßig neue Handlungsimperative aufzeigen und adressieren kann. Die Verbesserung des Monitorings für die Oblast' kann hauptsächlich auch nur von diesen Strukturen initiiert und getragen werden. Eine weitere Finanzierungsquelle oder eine mögliche Serie von Raumbeobachtungen könnte auch auf Ebene des Föderalen Okrugs geleistet werden. Bestimmte statistische Aggregatdaten für die Regionen Sibiriens werden bereits teilweise in Novosibirsk („Novosibstat") zusammengestellt und publiziert. Die Analyse und Auswertung dieser Daten mit entsprechender Expertise wäre nur noch ein kleiner weiterer Schritt. Die Kommunen in der Oblast' Kemerovo sollten bei diesem Monitoring ebenfalls eingebunden werden, um mikroregionale Daten und besondere Informationen zu liefern. Eine Publikation könnte schließlich kommerziell durch bestimmte privatwirtschaftliche Akteure unterstützt werden. Vattenfall hat bspw. in der Lausitz für bestimmte Projekte (z. B. abschließender Tagungsband der IBA) ebenfalls Mittel bereitgestellt.[1043] Für diesen Bereich könnten **optimierte Administrativstrukturen** wichtige Synergien induzieren. Die Munizipalitäten könnten eine derartige Raumbeobachtung auch kommunenübergreifend in einer gemeinsamen Organisation (z. B. „Südlicher Kuzbass") initiieren. Insgesamt bietet der Regionalverband Ruhr interessante Übertragungsmöglichkeiten für die Oblast' Kemerovo, wie Monitoring, Marketing und Planung vereint werden könnten. Die Oblast' ist hierbei in der größten Pflicht, die Voraussetzungen bzw. die Genehmigungen für derartige Strukturen zu schaffen. Die Initialzündung für neue Kooperationsformen könnte durch die Notwendigkeit der Koordinierung der Stadt-Umland-Beziehungen generiert werden. Hier könnten die Kommunen gegenüber der Oblast' stärker ihre Interessen einfordern. Die Optimierung von Administrativstrukturen auf höheren Ebenen wäre bspw. dahingehend möglich, wenn die Oblast' lobbyiert und gemeinsam mit den prosperierenden Nachbarregionen eine Teilung des Föderalen Okrugs Sibirien in die politischen Diskussionen einbringt. Ein sinnvolles Konzept der Arbeitsteilung wäre für das Städtenetz Novosibirsk-Tomsk-Kemerovo-Novokuzneck-Barnaul eine effektive Maßnahme. Ein Föderaler Okrug „West-Sibirien" wäre mit seiner Bevölkerungsgröße und teilweise in seiner Ausdehnung schon eher mit europäischen Maßstäben (z. B. Teile Skandinaviens) vergleichbar. Die Föderale Ebene müsste als oberster Gesetzgeber dieser Initiative zwingend zustimmen. Falls diese Forderung unter Umständen zu weit gefasst ist, wäre als erster Schritt wenigstens eine deutliche Aufwertung des Föderalen Okrugs hinsichtlich von Marketing- und Monitoringkompetenzen möglich.

Die Ideen einer stärkeren Dezentralisierung von Kompetenzen sind eng mit der Forderung nach der **Regionalisierung wirtschaftlicher Entscheidungsstrukturen** verknüpft. Eine hinreichende Ausstattung der Regionen mit Handlungsspielräumen zur eigenen wirtschaftlichen Entwicklung ist eine sehr wichtige Modernisierungsvoraussetzung. Eine prinzipielle bessere finanzielle Ausstattung für die Regionen wird schon seit längerem von russischen Wissenschaftlern von dem Zentrum eingefordert.[1044] Insgesamt muss jedoch auch darauf verwiesen werden, dass eine Dezentralisierung unter den aktuellen politischen Rahmenbedingungen weniger wahrscheinlich ist.[1045] Die Zentralregierung in Moskau hat mit ihren 85 Regionen und einer Fläche, die 48-mal der Größe der Bundesrepublik Deutschland entspricht, sehr umfangreiche und vielschichtige Herausforderungen. Die Altindustrieregion der Oblast' Kemerovo stellt nur eine von vielen dar. Diese Ausführungen sollen jedoch die Forderung nach einer stärkeren Regionalisierung keineswegs abmildern.

Die Erfahrungen aus den Revitalisierungsmaßnahmen der westeuropäischen und angloamerikanischen Altindustrieregionen spiegeln eine interessante Entwicklung wider: Bei der Umsetzung von Maßnahmen, um die Regionalentwicklung in den benachteiligten Regionen zu verbessern, und der Formulierung von neuen Zielvorstellungen kam es auf föderaler- bzw. bundespolitischer Ebene oft-

---

[1043] IBA FÜRST-PÜCKLER-LAND 2000–2010 (Hrsg.) (2010a).
[1044] ŠMAT, V. (2014): S. 53 ff.
Im Übrigen ist dies kein Phänomen, was nur auf Russland beschränkt bleibt. Der Regionalverband Ruhr wies in seiner Haushaltssatzung auf die prekäre Situation der Kommunalfinanzen hin, welche die Handlungsfähigkeit empfindlich einschränken. Insbesondere die hohen Sozialkosten, bei denen kaum Spielräume existieren, sollten stärker vom Bund kompensiert werden [REGIONALVERBAND RUHR (Hrsg.) (2015e): S. 28 ff].
[1045] LEVCHENKOV, A. (2014): S. 250-251.

mals zu zeitverzögerten Implementierungen („Time Lag"). Die Ursachen hierfür sind vielfältig. Oftmals ist die späte Erkenntnis („Recognition Lag") der Probleme oder Widerstände bei der Umverteilung bzw. Inflexibilität zu konstatieren.[1046] Mit vorsichtigem Optimismus könnte aus diesen Erfahrungen abgeleitet werden, dass sich die Föderale Ebene in mittel- und langfristiger Zukunft den speziellen altindustriellen Problemen in der Oblast' Kemerovo noch stärker stellen wird. Russische Wissenschaftler fordern ebenfalls eine neue Integration und Industrialisierung für Sibirien und den Fernen Osten. Vor allem spiegelt es auch das Eigeninteresse des Flächenstaates wider, da bei einer zunehmenden gravierend schwachen (makro)regionalen bzw. stark divergenten Entwicklung die allgemeine Unzufriedenheit der Bevölkerung steigen würde.[1047] Schließlich sollte es das grundsätzliche Interesse des Zentrums sein, seine Peripherien adäquat anzubinden.

Anerkennend muss an dieser Stelle auch betont werden, dass das Zentrum maßgeblich für die Initiierung der regionalen Entwicklungsstrategie von Severo-Zapad verantwortlich war. Insbesondere beim Bereich der Innovationsförderung und der Diversifizierung spielen die unterschiedlichen Programme aus den Ministerien aus Moskau eine sehr wichtige Rolle.

Die **Diversifizierung** der regionalen Ökonomie könnte vor allem durch die Dezentralisierung der wirtschaftlichen Entscheidungsstrukturen geleistet werden. Hier ist eine aktivere Rolle der Oblast' unabdingbar. Diversifizierung bleibt ein breites Feld, worin die **Förderung von Tourismus und Kultur** ein Teilbereich abbilden kann. Im touristischen Sektor ist aus der Region in den letzten Jahren ein umfassender Strukturaufbau geleistet worden. Hinsichtlich der Optimierung von Administrativ- und Organisationsstrukturen besteht insbesondere beim einheitlichen Marketing und der Musealisierung noch Handlungsbedarf. Konzepte, die sich bspw. an der „Route der Industriekultur" im Ruhrgebiet orientieren, wären auch für die Oblast' Kemerovo denkbar. Der Hauptadressat hierfür ist die Oblast' unter Mitarbeit der Kommunen. Dies trifft auch auf die **Förderung von Kunst und Kultur** zu. Die Föderation kann mit größeren Programmen wie einem „Museum für zeitgenössische Kunst" möglicherweise wesentlich schlagkräftiger agieren, jedoch konnte am Beispiel von Perm' gezeigt werden, dass auch eine Region und ihre Bürger wichtige Projekte umsetzen können. Es ist schließlich eine Stimulierung durch die Region und die Kommunen erforderlich.

Eine äußerst wichtige Maßnahme wäre die Durchführung einer „Internationalen Bauausstellung Kuzbass". Die Impulse hierfür könnten die Oblast' in Zusammenarbeit mit den Kommunen setzen. Langfristig könnten die Bereiche jedoch u. a. zu einer stärkeren **Internationalisierung** beitragen. Eine bessere Vernetzung mit anderen altindustriell geprägten Städten wäre neben einer IBA ein probates Mittel, einen stärkeren Erfahrungsaustausch und möglicherweise langfristig zivilgesellschaftliche Projekte der Modernisierung zu initiieren. Vielleicht ist es auch möglich, mit einer geschickten Marketingoffensive durch optimierte Administrativstrukturen innerhalb der Oblast' bestimmte internationale kulturelle Organisationen (z. B. DAAD- oder Bosch-Lektorat) in die Region zu locken. Für eine stärkere Internationalisierung könnten ebenso die **Bildung**seinrichtungen ihren Beitrag leisten. Durch Schaffung besserer Angebote bspw. für internationale Studenten und/oder Sommerschulen. Darüber hinaus ist das Zentrum aufgrund des föderalistischen Bildungssystems in der Pflicht, die Hoch- und Fachschulen besser auszustatten. Hier sind umfassende Investitionen aus Moskau und aus der Oblast' Kemerovo notwendig.

[1046] HAMM, R.; WIENERT, H. (1990): S. 290-302.
[1047] ŠMAT, V. (2014): S. 62-65.

Hinsichtlich der Adressaten fällt ein deutlicher Schwerpunkt für die Oblast' Kemerovo auf. Die wichtigsten Forderungen stellen schließlich die **Verbesserung des Monitorings**, die wirtschaftliche **Diversifizierung** und die **Regionalisierung der wirtschaftlichen Entscheidungsstrukturen** dar. Das Zentrum sollte zwar angemessene Mittel hierfür bereitstellen, jedoch liegt es primär in der Hand der Oblast', die mangelnde Investitionsbereitschaft der Unternehmen und deren Strategie der Rohstoffausbeutung abzulegen. Für eine periphere Region wie die Oblast' Kemerovo müssen staatliche Akteure über adäquate Organisationsstrukturen zur Planung und Gestaltung der wirtschaftlichen Aktivitäten verfügen. Es kann nur die Region sein, die langfristige Interessen durchsetzen kann. Die Unternehmen handeln gewinnorientiert und kurzfristig. Es bedeutet für die Modernisierung einer peripheren Altindustrieregion, dass staatliche Institutionen insgesamt mehr leisten müssen als bspw. in begünstigten, zentral gelegenen Metropolregionen des europäischen Russlands wie Moskau oder St. Petersburg.

Die konkrete Quantifizierung von ausgewählten Entwicklungsindikatoren der „Basis-" und „Zielvariante" konnten in dem Programm von Severo-Zapad bereits stark kritisiert werden. Insgesamt bleibt zu sagen, dass die Perspektive und die Strategien langfristig angelegt sein müssen. Das wurde in den Konzepten von Severo-Zapad ebenfalls in Anspruch genommen. Auch die Erfahrungen von anderen Altindustrieregionen (siehe Ruhrgebiet oder Lausitz) haben gelehrt, dass zu einer umfassenden Modernisierung Geduld und Durchhaltevermögen von den Akteuren und der Bevölkerung benötigt werden.

6. AMSWOT-Analysen für die Oblast' Kemerovo

Im vorliegenden Kapitel sollen im ersten Schritt wichtige Daten zur Entwicklung der Oblast' Kemerovo aus den Kapiteln 2 bis 4 zusammengefasst werden (Abbildung 82, Abbildung 83). Die Bevölkerungsgröße dient hierbei als quantitative Orientierung und Bezugsgröße.

Anschließend werden unter der Hinzunahme der Analysen aus dem Kapitel 5 die Stärken und Schwächen in einer AMSWOT-Analysen zu vier Oberthemen aufbereitet. Diese sind qualitativ systematisiert und in zeitlicher Dimension (Vergangenheit, Gegenwart und Zukunft) dargestellt.

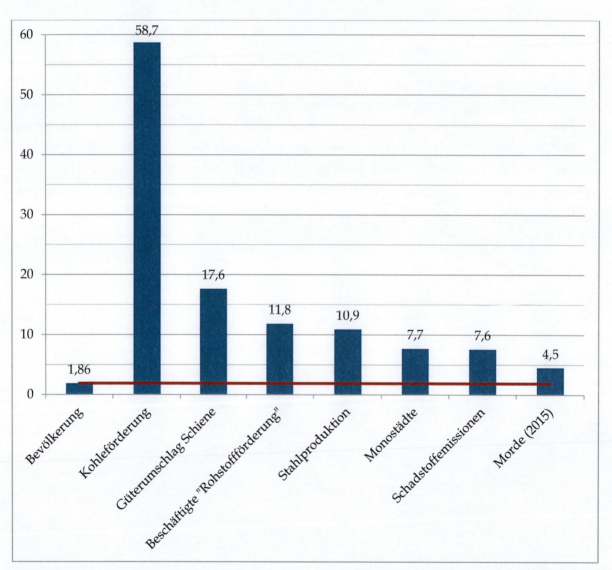

Abbildung 82: Anteile der Oblast' Kemerovo nach ausgewählten Indikatoren an Russland in % (2014) > 4 %

Quelle: KEMEROVOSTAT (Hrsg.) (2015a): S. 162, KEMEROVOSTAT (Hrsg.) (2016): S. 26, RUSSISCHE FÖDERATION (Hrsg.) (2014c): S. 2-24, http://www.gks.ru/bgd/regl/b15_14p/IssWWW.exe/Stg/d02/09-01.doc (eingesehen am 12.05.2016), http://www.gks.ru/bgd/regl/b15_14p/IssWWW.exe/Stg/d01/02-01.doc, http://www.gks.ru/bgd/regl/b15_14p/IssWWW.exe/Stg/d03/17-01.doc, http://www.gks.ru/bgd/regl/b15_14p/IssWWW.exe/Stg/d01/03-06-1.doc, http://www.gks.ru/free_doc/new_site/population/demo/demo24-2.xls (je eingesehen am 17.11.2016), eigene Berechnung und Darstellung

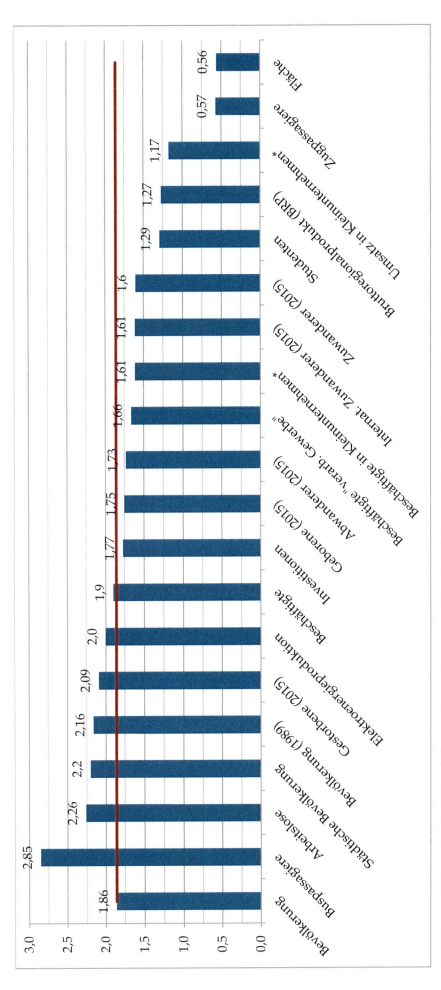

Abbildung 83: Anteile der Oblast' Kemerovo nach ausgewählten Indikatoren an Russland in % (2014) < 4 %

* Kleinunternehmen haben weniger als 100 Beschäftigte.

Quelle: KEMEROVOSTAT (Hrsg.) (2015a): S. 10; http://www.gks.ru/free_doc/new_site/vvp/vrp98-14.xlsx (eingesehen am 17.03.2016); KEMEROVOSTAT (Hrsg.) (2012a): S. 29, 163; KEMEROVOSTAT (Hrsg.) (2015a): S. 10; http://www.gks.ru/free_doc/doc_2016/bul_dr/mun_obr2016.rar (eingesehen am 03.11.2016); http://www.gks.ru/bgd/regl/b15_14p/IssWWW.exe/Stg/d01/05-24-2.doc; http://www.gks.ru/bgd/regl/b15_14p/IssWWW.exe/Stg/d01/02-01.doc; http://www.gks.ru/bgd/regl/b15_14p/IssWWW.exe/Stg/d01/03-04.doc; http://www.gks.ru/bgd/regl/b15_14p/IssWWW.exe/Stg/d01/03-13.doc; http://www.gks.ru/bgd/regl/b15_14p/IssWWW.exe/Stg/d01/03-06-1.doc; http://www.gks.ru/bgd/regl/b15_14p/IssWWW.exe/Stg/d02/12-08.doc; http://www.gks.ru/free_doc/new_site/population/demo/migr1.xls; http://www.gks.ru/bgd/regl/b15_14p/IssWWW.exe/Stg/d03/23-01.doc; http://www.gks.ru/bgd/regl/b15_14p/IssWWW.exe/Stg/d03/17-03.doc; http://www.gks.ru/bgd/regl/b15_14p/IssWWW.exe/Stg/d03/17-01.doc, http://www.gks.ru/free_doc/new_site/population/demo/migr2.xls (je eingesehen am 17.11.2016); eigene Berechnung und Darstellung

Tabelle 36: AMSWOT Bevölkerung/Soziales

Leistungen	Versäumnisse
<ul><li>bevölkerungsreichste Region Sibiriens bzw. der Sowjetunion östlich des Ural nach 1945 bis in die 1990er Jahre (1989 = 3,17 Mio. Einwohner)</li><li>1990–2010: Zuwanderungsüberschuss</li><li>ab 2006: Neuaufbau einer staatlich geplanten modernen Suburbanisierung mit dazugehöriger Infrastruktur für über 6.000 Bewohner in Lesnaja Poljana</li></ul>	<ul><li>seit 1989: Größter Bevölkerungsverlust einer sibirischen Region (1989–2017 = -14,6 %; ca. 460.000 Personen)</li><li>seit 1990er Jahre: Die Region Krasnojarsk und Novosibirsk (seit 2014) haben die Oblast' Kemerovo auf den dritten Platz der bevölkerungsreichsten Regionen Sibiriens verwiesen</li><li>seit 2011: Abwanderungsüberschuss</li></ul>
Stärken	Schwächen
<ul><li>größtes Städtenetz Russlands östlich des Ural (polyzentrale Struktur)</li><li>größte Besiedlungsdichte (28,6 EW/km²) einer Region Russlands östlich des Ural</li><li>überdurchschnittliche Urbanisierungsquote (85,8 %) mit starker Bevölkerungskonzentration</li><li>im sibirischen Vergleich unterdurchschnittliche Arbeitslosenquote (6,2 %)</li><li>in der Region insgesamt keine Monostrukturierung am Arbeitsmarkt (10 % der Erwerbstätigen im Kohlebergbau), jedoch Monostädte</li><li>zweithöchste Platzierung in Sibirien bei der Bevölkerung, die unter der Armutsgrenze lebt (14,1 %)</li><li>vergleichsweise starke Sozialpolitik der Oblast' (u. a. Unternehmen werden durch „Soglašenija" zur Finanzierung von sozialer Infrastruktur veranlasst)</li><li>internationale Zuwanderung aus Zentralasien kann Bevölkerungsverlust etwas lindern</li><li>minimaler Zuwanderungsüberschuss aus ärmeren Regionen Sibiriens (z. B. Kraj Altaj)</li><li>Hauptstadtagglomeration (Kemerovo und Rajon) als einzige und größte Bevölkerungswachstumseinheit der Oblast' (2007 bis 2013 = +35.700 EW)</li></ul>	<ul><li>höchste Sterberate in Sibirien</li><li>Rückgang der Geburtenrate: 2015 niedrigster Stand seit 2007</li><li>neben dem Kraj Altaj die einzige Region in Sibirien mit Defizit in der natürlichen Bevölkerungsentwicklung</li><li>unterdurchschnittliche Lebenserwartung (Platz 76 von 85 in Russland)</li><li>64 % der Bevölkerung leben in „Monostädten" (höchster Wert in Russland)</li><li>im russischen Vergleich überdurchschnittliche Anzahl an Arbeitslosen</li><li>überdurchschnittlich hohe Abwanderungsrate bei der jungen Bevölkerung (insbes. im Alter von 15 bis 19 Jahren); hauptsächliche Abwanderungsziele: Krasnodar, Novosibirsk, Tomsk, Großraum Moskau</li><li>unterdurchschnittliche Studentenzahlen</li><li>überdurchschnittliche Mord- und Selbstmordrate</li><li>anhaltender Bevölkerungsverlust aufgrund von Sterbe- und Abwanderungsüberschuss</li><li>massive absolute Bevölkerungsverluste in den Bergbaustädten (Negativbeispiel: Prokop'evsk), höchste relative Verluste in den ländlichen Regionen (insbes. Nordosten)</li></ul>

Chancen	Risiken
■ ab 2020 kommt größere Bevölkerungskohorte von 15- bis 19-Jährigen an die Hoch- und Fachschulen ■ neue Investitionen in Fach- und Hochschulbereich sichern periphere Standorte, bilden gute Nachwuchskräfte aus, stärken Attraktivität professioneller Ausbildung (z. B. Föderale Kuzbass-Universität) ■ Attraktivitätssteigerung im Bildungsbereich durch umfassende Investitionen (und langfristig Internationalisierung) ■ Initiative zur Gründung von Städtepartnerschaften (ggf. mit anderen Altindustrieregionen) ■ Gründung eines Kommunalverbandes (bspw. für die Agglomeration von Novokuzneck)	■ Vernachlässigung der Monostädte und Peripherien der Oblast' führt zu weiteren innerregionalen Disparitäten ■ anhaltender Bevölkerungsverlust führt zum weiteren Strukturabbau in kriselnden Bergbaustädten, mindert insgesamt Größe des wirtschaftlichen Binnenmarktes der Oblast' ■ anhaltende wirtschaftliche Krise führt zu sozialen Unsicherheiten (z. B. Senkung der Geburtenrate) ■ Weitere Zusammenlegungen, Schließungen von Standorten und Kürzungen im Fach- und Hochschulbereich induzieren weitere fatale Folgen (u. a. Abwanderung junger und kreativer Menschen, Hemmung der Innovationsfähigkeit, Mangel an qualifiziertem Personal)

Quelle: eigene Darstellung

Tabelle 37: AMSWOT Verkehrsinfrastruktur/Anbindung

Leistungen	Versäumnisse
■ Bau einer autobahnartigen Schnellstraße von Leninsk-Kuzneckij bis nach Novokuzneck in den 1990er Jahren, 2011 Weiterführung der Strecke (mit noch kurzer Unterbrechung) bis Kemerovo ■ Investitionen in Straßeninfrastruktur (z. B. Ortsumgehung für Taštagol durch Verbindung Čugunaš-Šerageš)	■ Keine Ortsumgehung für Kemerovo (Bundesfernverkehrsstraße M53 führt durch das Stadtzentrum) ■ Schlechte Anbindung von Kemerovo mit regionalem und überregionalem Schienenverkehr (insbes. Passagiere)
Stärken	**Schwächen**
■ zweitdichtestes Straßennetz in Sibirien ■ sehr gut ausgebautes innerregionales Busnetz (insbes. Kemerovo–Novokuzneck) ■ meiste Buspassagiere in Sibirien ■ dichtestes Schienennetz in Russland östlich des Ural: wenig Passagier-, sondern Gütertransport (Kohle) ■ 17,6 % des russischen Güterverkehrs in der Oblast' Kemerovo abgewickelt ■ Novokuzneck als Verkehrsknotenpunkt mit etlichen überregionalen Verbindungen ■ zwei internationale Flughäfen (Kemerovo	■ schwacher Schienenpersonenverkehr ■ keine bedeutende Großstadt an der Transsibirischen Eisenbahn (im Vergleich zu anderen Regionen – z. B. Omsk, Novosibirsk, Krasnojarsk, Irkutsk) ■ Flughäfen in der Oblast' Kemerovo gegenüber Standorten in Novosibirsk oder Krasnojarsk wesentlich unbedeutender

– Aleksej Leonov, Novokuzneck – Spičenkovo)	
Chancen	**Risiken**
<ul><li>Bessere Nutzung und Ausbau des Verkehrsnetzes im Städtedreieck Kemerovo-Novosibirsk-Tomsk (z. B. schnellere Zugverbindungen)</li><li>Großprojekt zum Bau einer Straßenverbindung zwischen der Oblast' Kemerovo und der Republik Chakassien (Abakan-Orton-Taštagol bzw. Meždurečensk)</li><li>Ausbau des Flughafens von Taštagol zur besseren Anbindung sibirischer und überregionaler Nachfrager an das Wintersportgebiet von Šeregeš</li><li>Gründung einer Planungsorganisation nach dem Vorbild des Regionalverbandes Ruhr (ggf. als kommunale Vereinigung) zum Ausbau der Verkehrsinfrastruktur mit den Nachbarregionen (insbes. Novosibirsk, Tomsk, Chakassien)</li></ul>	<ul><li>verkehrstechnische Marginalisierung gegenüber den anderen sibirischen Regionen (Flughäfen, Bahn)</li><li>mangelnde Investitionen in die Infrastruktur (insbes. Bahn) erhöht technologischen Rückstand bzw. kann Transportkapazitäten für die Kohle beeinträchtigen</li><li>noch stärkere Ausdünnung des Zugpersonenverkehrs führt zu weiterer Zentralisierung und stärkerer Nutzung von PKW (zusätzliche Abgase usw.)</li></ul>

Quelle: eigene Darstellung

Tabelle 38: AMSWOT Wirtschaft allgemein

Leistungen	Versäumnisse
<ul><li>1922–1927: Internationale Arbeiterkolonie (AIK) legt Grundstein für industrielle Erschließung des Kusnezk-Beckens</li><li>1920er/30er Jahre: Umfassender Aufbau von Industriestrukturen in der Peripherie (Ural-Kusnezk-Kombinat 1928–1940)</li><li>1941–1945: Beschleunigung der Industrialisierung durch Evakuierung von Produktionsstätten aus dem europäischen Landesteil</li><li>bis 1989: Die Oblast' Kemerovo war die wichtigste Industrieregion der Sowjetunion östlich des Ural</li><li>ab 1997/1998: Wiederbelebung der Wirtschaft</li></ul>	<ul><li>Anfang 1990er Jahre: schwere Wirtschaftskrise mit umfangreichen Strukturverlusten</li><li>2011–2014: Rückgang des Bruttoregionalproduktes um 0,5 % (schlechteste Entwicklung unter allen 83 Föderationssubjekten in Russland), 2011 noch zweithöchstes BRP in Sibirien – 2014 nur noch Platz vier</li><li>Rückgang der Beschäftigtenzahlen (insbes. von 2013 bis 2014)</li><li>große Verluste (z. B. Arbeitsplätze) in der Maschinenbauindustrie (80 % der Bergbautechnik müssen importiert werden)</li></ul>

Stärken	Schwächen
<ul><li>starke Einbindung in die Weltwirtschaft</li><li>vergleichsweise gute landwirtschaftliche Voraussetzungen (bspw. hochwertige Böden)</li><li>durchschnittliche Beschäftigungsquote</li><li>überdurchschnittliche Energieproduktion</li><li>wichtiger Standort der Stahlindustrie (ca. 11 % des Stahls aus Russland)</li><li>größter Produktionsstandort für Eisen- und Straßenbahnschienen in Russland</li><li>Entwicklung des föderalen Programms zur Förderung der „Monostädte", Erfolge allerdings bis dato mäßig</li><li>Aufbau des größten Wintersportortes von Sibirien in Šereges mit vergleichsweise großem Einzugsbereich in Südwest-Sibirien</li><li>Einrichtung von Regionalen Sonderwirtschaftszonen in fünf Städten der Oblast', Effekte sehr marginal</li><li>Einrichtung eines Technologieparks zur Innovationsförderung</li></ul>	<ul><li>Bruttoregionalprodukt unterdurchschnittlich (1,3 % von Russland)</li><li>bis auf Kemerovo sind alle anderen als „Monostädte" (24) eingestuft</li><li>höchster Anteil an Monostädten (7,7 %) und davon betroffener Bevölkerung (64 %) in Russland</li><li>unterdurchschnittliche Beschäftigtenquote und Umsatz in Kleinunternehmen</li><li>Großkonzerne sind global agierende Akteure mit Hauptsitz außerhalb der Oblast' Kemerovo (z. B. Evraz, Rusal, Mečel, SUĖK) und reiner Exportstrategie</li><li>hoher unternehmerischer Fremdsteuerungsinput in wichtigsten Wirtschaftsbranchen (Kohle, Stahl, Aluminium) – keine Headquarterfunktion</li><li>unterdurchschnittliche Investitionen im russischen Vergleich</li><li>unzureichende Investitionen in andere Bereiche außerhalb des Rohstoffsektors</li><li>Oblast' besitzt bis dato keine hinreichenden Instrumente (bspw. „Soglašenija") gegenüber den Unternehmen zum Übergang in eine diversifizierte Wirtschaftsstruktur</li><li>wenig effektive Organisationsstrukturen zum Monitoring</li></ul>
Chancen	Risiken
<ul><li>bessere Nutzung der Arbeitsteilung zwischen Verwaltungs- (Kemerovo) und Wirtschaftsstandort (Novokuzneck)</li><li>Aufwertung/Anteilskauf von SDS als teilstaatlicher Regionalkonzern schützt vor Ausverkauf der wichtigsten Industriebranchen</li><li>Gründung eines Regionalkonzerns mit staatlicher Beteiligung zur Förderung von langfristigen Investitionen als Impuls der Diversifizierung (Vorbild RAG aus dem Ruhrgebiet)</li><li>Ausbau einer eigenen petrochemischen Basis zur Weiterverarbeitung der Kohle (vgl. Evonik)</li></ul>	<ul><li>durch mangelnde regionale Verankerung der Unternehmen in der Oblast' Kemerovo droht bei Veränderung der Rahmenbedingungen die Aufgabe des Geschäftszweiges (Verlust von Arbeitsplätzen usw.)</li><li>bei zunehmender Ausweitung der Kohleförderung steigen die volkswirtschaftlichen und gesellschaftlichen Kosten ebenfalls</li><li>konzeptlose Tertiärisierung der Entwicklungsstrategie beraubt der Wirtschaftsstruktur die wichtige industrielle Basis (z. B. gute Ausbildung, gute Lohnstruktur)</li><li>Verschärfung der aktuellen Probleme bei</li></ul>

• Entwicklung einer regionalen Maschinenbauindustrie, die in der Lage ist, Technik für den Bergbau zu liefern • stärkerer qualitativer Ausbau des Wintersporttourismus in Šeregeš (Gründung einer einheitlichen Planungs- und Vermarktungsorganisation) • Förderung des Tourismus als ergänzende Maßnahme zur wirtschaftlichen Diversifizierung und Imageverbesserung • Durchführung einer Internationalen Bauausstellung als Impuls u. a. zur urbanen und ökologischen Modernisierung, Imageverbesserung, Vernetzung der Akteure • Gründung einer koordinierenden Marketingorganisation im Tourismus zur besseren Verknüpfung der Sehenswürdigkeiten bzw. Errichtung einer „Route der Industriekultur Kuzbass"	mangelnden administrativen Aktivitäten bzw. Initiativen der Region und des Zentrums (insbes. in den Bergbaustädten)

Quelle: eigene Darstellung

Tabelle 39: AMSWOT Rohstoffsektor

Leistungen	Versäumnisse
• Ausweitung der Kohleförderung seit 1998 • Ausbau der Förderung im Tagebau seit 1990er Jahren senkt Gesundheits- und Unfallrisiko für die Bergarbeiter • „Tag des Bergarbeiters" findet seit 2000 jedes Jahr in einer anderen Stadt statt, ermöglicht jeweils kleine infrastrukturelle Verbesserungen	• Vernachlässigung der Kohlewirtschaft zugunsten der Erdgas- und Ölindustrie in Westsibirien führt zu Protesten der Bergarbeiter in Perestroikazeiten und in den 1990er Jahren • seit 2011: Umsatz bei der Rohstoffförderung stark rückläufig • Erhöhung des Anteils der „geschädigten Flächen" bei Ausweitung der Kohleförderung • Methangasexplosionen in den Schächten verursachen Katastrophen (bspw. Schacht Raspadskaja im Mai 2010: 91 tote Bergarbeiter) • kein Aufbau einer umfangreichen weiterverarbeitenden Kohleindustrie (bspw. Kohlechemie)
Stärken	**Schwächen**
• größte Region der Kohleförderung in Russland (59 %) • ca. 12 % der Beschäftigten im	• aufgrund der peripheren Lage: hohe Transportkosten – beanspruchen ca. 35 bis 40 % des Kohlepreises

Rohstoffsektor Russlands (2. Platz) - immense Steinkohlevorräte (ca. 733 Mrd. t) - vergleichsweise leicht abbaubare (mächtige Flöze) sehr hochwertige Steinkohle - föderale Strategien decken bzw. unterstützen die Kohlewirtschaft - Raffinerie in Jaja als energetische Diversifizierung - Löhne bei der Förderung von Bodenschätzen ca. 50 % über dem Durchschnitt der Oblast'	- große Abhängigkeit von den Tarifen bei der Russischen Eisenbahn (RŽD) - große Abhängigkeit vom internationalen Kohlepreis - zweitstärkste ökologisch belastete Region in Russland, Novokuzneck ist unter den russischen Großstädten die mit der zweitstärksten Luftverschmutzung, dadurch: - höchste Sterberate Sibiriens und hohe Gesundheitskosten - regionalwirtschaftliche Kosten der Kohleförderung (Erdbeben, Gesundheit, Ökologie) werden nicht hinreichend kompensiert bzw. überwiegend vom Staat und nicht von den Unternehmen geleistet - mangelnde Organisationsstrukturen (u. a. Spezialisten) zur Koordinierung und Planung der Kohleenergiewirtschaft
Chancen	**Risiken**
- Stärkere Nutzung des asiatischen Marktes für Kohleexporte (Japan, Südkorea, Vietnam usw.) - Veränderung der Rahmenbedingungen (Ölpreis, Erdgaspreis) kann auch in langfristiger Perspektive die Kohle wieder bzw. noch wirtschaftlicher machen - Förderung von Grubengas als sauberes Substitut für die Steinkohle - Investitionen in Forschung und Entwicklung zur modernen Weiterverarbeitung der Steinkohle (z. B. Kohlechemie), mehr Wertschöpfung vor Ort und keine reine Exportstrategie - Gründung eines nationalen bzw. internationalen Kohlezentrums, welches Know-how, Technik und Innovationen vereint - Gründung einer regionalen Organisation zur Rekultivierung bzw. Bergbausanierung der wichtigsten Flächen nach dem Vorbild der LMBV in Ostdeutschland bzw. Gründung einer Organisation nach dem Vorbild des Regionalverbandes Ruhr (Planung, Monitoring, Marketing)	- Steigerung der gesundheitlichen Belastung für die Bevölkerung - Konflikt mit RŽD bzw. Tariferhöhung verteuert die Kohle - Konkurrenzprojekte der Kohleförderung in Tyva und Jakutien, Mongolei - Schwächelnde chinesische Volkswirtschaft bzw. Umdenken bei der Energienutzung senkt Nachfrage nach Kuzbass-Kohle - Durch Bergbau induzierte Erdbeben mit fatalen Folgen für die Bevölkerung und hohen regionalwirtschaftlichen Kosten wiederholen sich - Weltweite politische Klimainitiativen zur Senkung der Treibhausgase erschweren die Nutzung von Kohle langfristig - langfristig hohe Rekultivierungskosten bei Handlungsuntätigkeit der staatlichen Akteure oder riesige nicht nutzbare zerstörte Flächen - bei noch stärkerer Kohleförderung im Tagebau erhöhen sich Flächennutzungskonflikte (Siedlungen, Landwirtschaft usw.) - mangelnde föderale Unterstützung erschwert Modernisierung der Kohlewirtschaft

Quelle: eigene Darstellung

7. Ausblick

Die Erkenntnisse aus dieser Arbeit können auch für andere Peripherien (z. B. Lausitz) bestimmter Schwellen- und Entwicklungsländer von großer Relevanz sein. Auch bspw. die chinesische Volkswirtschaft wird sich in naher Zukunft bestimmten Modernisierungen stellen müssen, welche unter den besonderen administrativen und organisatorischen Bedingungen Parallelen zu Russland besitzen. Aber auch in Russland können die Erkenntnisse hilfreich sein. Beispielsweise wird sich der Erdgas- und Erdölkomplex in der Oblast' Tjumen' in ferner Zukunft – wahrscheinlich noch viel eher als die Oblast' Kemerovo – mit der Endlichkeit fossiler Rohstoffe auseinandersetzen müssen. Obwohl hier eher das Modell des Fernpendelns mit nur begrenztem Infrastrukturaufbau in der nördlichen Peripherie verfolgt wird, existieren trotzdem Parallelen. Wirtschaftliche Diversifizierungsstrategien sind hier teilweise schon weiter fortgeschritten und umgesetzt. Jedoch müssen die Ziele immer wieder neuen Bedingungen angepasst werden. Besonders aus dem Grund, da die natürlichen Gegebenheiten in der Westsibirischen Tiefebene wesentlich lebensfeindlicher als in der Oblast' Kemerovo sind bzw. noch höhere Infrastrukturkosten nötig sind.

Die Tendenzen der industriellen Fremdsteuerung sind auch in weiteren Regionen Russlands bzw. Sibiriens zu beobachten. In der Republik Chakassien sind einige wirtschaftliche Akteure sogar dieselben wie in der Oblast' Kemerovo (z. B. SUĖK als einziger Kohleförderer von Chakassien oder Rusal).[1048] Falls die Kohleförderung auch für die Republik Tyva ausgebaut werden sollte, würden hier ebenfalls industrielle Strukturen ohne bedeutsame regionale Steuerungskapazitäten herrschen.

Im Prinzip ermöglicht die Vorgehensweise, die gewählt wurde, aufgrund des vergleichsweise breiten Ansatzes unterschiedliche Vorschläge zur Modernisierung einer Altindustrieregion auch für diverse Bedingungen zu generieren. Die Arbeit muss ein Anstoß sein, über die möglichen Entwicklungsziele von Peripherien in postsowjetischen bzw. postsozialistischen Regionen zu diskutieren.

Die räumlichen Implikationen von Organisationsanalysen sind die eminente Aufgabe der modernen Geographieforschung. Selbst Kommunikationswissenschaftler gestehen sich ein, dass sie sich mit den Ressourcen (z. B. Finanzen, Techniken) von Organisationen bisher kaum beschäftigt haben.[1049] Politikwissenschaftler (z. B. Polity-Forschung) oder Soziologen arbeiten zwar mit den internen Abläufen und den Kommunikationsmechanismen von Organisationen. Der Output für einen bestimmten Raum und die Konsequenzen für die darin lebenden Menschen kann und sollte aber nur von Geographen mit interdisziplinären Ansätzen gelöst werden.

Eine endgültige Bewertung des Entwicklungsprogramms von Severo-Zapad für die Oblast' Kemerovo ist erst im Jahr 2025 möglich. In dieser „Halbzeitanalyse" konnten erste Tendenzen und Vorschläge für eine Modifizierung getätigt werden. Für die Oblast' Kemerovo wird mit großer Wahrscheinlichkeit in den nächsten Jahren ein neues und angepasstes langfristiges Entwicklungsprogramm ausgearbeitet und verabschiedet. Die Zielvorstellungen sollten stärker an den regionalen Interessen und der Bevölkerung ausgerichtet werden.

[1048] KLIMM, F. (2016).
[1049] RÜHL, M. (2014): S. 24.

Ende Dezember 2016 wurde ein neues Gesetz zur strategischen Planung verabschiedet.[1050] Hier werden erstmalig konkrete Implementierungsmechanismen und Zuständigkeiten der langfristigen Entwicklungsplanung definiert. Darüber hinaus werden Monitorings- und Kontrollmechanismen juristisch fixiert. Der Ausblick und die Hoffnung auf Umsetzung der in dieser Arbeit geforderten Maßnahmen lässt eine vorsichtig optimistische Einschätzung zu. Vor allem kann die im Gesetz implizierte aktive Rolle der Oblast'-Verwaltung u. a. bei der Implementierung einer neuen Entwicklungsstrategie mit periodischem Monitoring eine sehr wichtige Grundlage zur stärkeren Durchsetzung langfristiger regionaler Interessen sein.

[1050] Siehe dazu Abbildung 86 (S. 359) im Anhang.

8. Zusammenfassung

In der Promotionsschrift mit dem Thema „Das Kusnezk-Becken in Sibirien: Entwicklungsstrategien zur Modernisierung einer altindustriell geprägten peripheren Region" wurde im ersten Schritt eine wirtschafts- und sozialgeographische Regionalanalyse durchgeführt, die sich auf die Auswertung russischer Fachtexte, Geschäftsberichte und Statistiken stützt. Als Bewertungsmaßstab für die Entwicklungs- und Modernisierungsmaßnahmen wurden u. a. die Ziele der 2007 erstellten „Strategie zur sozioökonomischen Entwicklung der Oblast' Kemerovo in langfristiger Perspektive" (Entwicklungsstrategie 2025) in einer Halbzeitbilanz genutzt. Das Kusnezk-Becken bildet etwa ein Viertel der Fläche der Oblast' Kemerovo, erzeugt jedoch über 90 % der Wertschöpfung der Region. Die Ergebnisse der Analyse wurden mit 27 russischen Spezialisten diskutiert. Darüber hinaus wurden die Modernisierungs- und Diversifizierungsanstrengungen in der Oblast' Kemerovo mit denen in deutschen altindustriellen Regionen verglichen, und zwar mit dem Ruhrgebiet und dem Braunkohlerevier Niederlausitz. Im Folgenden werden die fünf Fragenkomplexe aus der Einleitung (S. 5) beantwortet:

I. Inwieweit ist die Oblast' Kemerovo als Altindustrieregion zu klassifizieren?

Aus der Fachliteratur wurden folgende Merkmale als Kriterien für altindustrielle Regionen übernommen:

- Relativ frühe Industrialisierung,
- Monostrukturen in der Wirtschaft,
- Leitbranchen befinden sich am Ende ihres Produktlebenszyklus,
- stagnierende oder schrumpfende Wertschöpfung,
- Dominanz von Großbetrieben,
- überdurchschnittliche Umweltverschmutzung,
- erhöhte Arbeitslosigkeit,
- Abwanderung von Fachkräften und der nachwachsenden Generation.

Die meisten dieser Kriterien treffen auf das Kusnezk-Becken zu. Seit 2012 schrumpft das Regionalprodukt der Oblast' Kemerovo zu Vergleichspreisen jährlich um etwa 4 %. Von 2013 auf 2014 gab es eine leichte Erholung um +2,1 %. Mit 273.825 Rubeln lag das Regionalprodukt je Einwohner der einst reichsten Region Sibiriens 2014 bei 68 % des gesamtrussischen Durchschnittswerts von 403.179 Rubel. 58 % des russischen Kohlebergbaus sind im Kusnezk-Becken konzentriert. Die Frage, ob die Steinkohle bereits das Ende ihres Produktlebenszyklus erreicht hat, oder ob der derzeitige Nachfragerückgang eher konjunktur-, krisen- oder umweltschutzbedingt ist, kann nicht abschließend beantwortet werden.

Ia. Welche makroökonomischen Entwicklungstendenzen lassen sich identifizieren?

In der späten Sowjetzeit wurden im Kusnezk-Becken jährlich bis zu 150 Millionen t Steinkohle (1990) gefördert. Das war bereits mehr als im Ruhrgebiet Anfang der fünfziger Jahre des letzten Jahrhunderts. In der Perestroika-Zeit fiel die jährliche Förderung auf unter 100 Millionen t (1997). Danach stieg sie bis 2015 auf 215 Millionen t an, vor allem durch Ausweitung der Tagebauten. Mit der Wirtschaftskrise 2007/08 konnte der sinkende Kohlepreis durch das Mengenwachstum nicht mehr kompensiert werden, so dass die Wertschöpfung seit 4 Jahren rückläufig ist. In der Bergbauindustrie sind von 2007 bis 2015 ca. 25.000 Arbeitsplätze abgebaut worden. 2015 waren hier noch 120.000 Personen beschäftigt. Das macht etwa 10 % der Gesamtbeschäftigtenzahl aus. Berücksichtigt man die Multiplikatoreffekte, dann ist weit über die Hälfte der Arbeitsplätze direkt oder indirekt vom Montanbereich abhängig.

Die Einwohnerzahl sank von 3,17 Millionen im Jahre 1989 auf 2,71 Millionen im Jahre 2016. Gleichzeitig wächst aufgrund der anhaltenden Land-Stadt-Migration die Konzentration der Bevölkerung auf die 16 städtischen Okruga (Stadtkreise), von denen 14 im Kusnezk-Becken liegen. Mit einer Fläche von 2.452 km² nehmen sie 2,6 % der 95.725 km² großen Oblast'-Fläche ein. Dort wohnen mit 2,13 Millionen Personen 78,5 % der Oblast'-Bevölkerung, und zwar mit einer durchschnittlichen Dichte von 870 Einwohnern/km². Damit wird die Bevölkerungsdichte der meisten deutschen Metropolregionen übertroffen.

Berücksichtigt man, dass ein großer Teil der städtischen Flächen durch Tagebauten und ihren Abraum eingenommen wird, dann sind die bewohnbaren Flächen der Stadtkreise dichter besiedelt als das Ruhrgebiet. Über 1,1 Millionen Einwohner leben in der Hauptstadt Kemerovo und in der zweitgrößten Stadt Novokuzneck. 430.000 wohnen in drei weiteren Großstädten (Prokop'evsk, Belovo und Leninsk-Kuzneckij).

Bis 2010 konnte die überwiegend arbeits- und bildungsorientierte Abwanderung durch die Zuwanderung meist älterer Personen aus dem sibirischen Norden und aus Mittelasien ausgeglichen werden. Seitdem sind die Salden negativ. Aus Mangel an Ersatzarbeitsplätzen wandern die Erwerbslosen zügig ab. Die wiederum hat zur Folge, dass die Arbeitslosenquote der Oblast' nur leicht überdurchschnittlich ausfällt. Auf ähnliche Weise wird die Überalterung gebremst. Da die Lebenserwartung der Männer mit nur 61,6 Jahren eine der niedrigsten in Russland ist, wächst der Anteil der Rentner (Männer über 55 Jahre) an der Bevölkerung nur mäßig.

Ib. Worin bestehen die größten Entwicklungsprobleme?

Von 2014 auf 2015 gingen in Russland die Bruttoanlageinvestitionen zu Vergleichspreisen um 8,4 % zurück. In der Oblast' Kemerovo gab es jedoch einen Einbruch 38,1 %. Es ist bereits der zweite starke Investitionsrückgang innerhalb kurzer Zeit. Von 2012 auf 2013 gab es eine Schrumpfung um 21,7 %. 2015 beliefen sich die Bruttoanlageinvestitionen in der Oblast' auf 59.552 Rubel pro Einwohner. Das waren nur 60 % des gesamtrussischen Werts von 99.421 Rubeln pro Einwohner. Allein die Rohstoffwirtschaft der bevölkerungsschwächeren Autonomen Okruga Chanty-Mansijskij und Jamalo-Neneckij erhielt 2015 576 bzw. 530 Milliarden Rubel an Investitionen für die dortige Erdöl- und Erdgaserschließung. Mit nur 47 Milliarden Rubel erhielt die Rohstoffwirtschaft der Oblast' Kemerovo weniger als ein Zehntel jener Investitionssummen. Damit ist sie extrem unterfinanziert. Die Wirtschaft der Oblast' Kemerovo wird weitgehend von Konzernen kontrolliert, die ihren Sitz in Moskau oder im Ausland haben. Sie sind überwiegend an kurz- und mittelfristiger Rohstoffextraktion interessiert. Investitionen in Umweltschutz oder Infrastruktur von Seiten der auswärtigen Konzerne sind selten. Auch Ersatzinvestitionen werden so weit wie möglich hinausgeschoben. Der Maschinenpark ist entsprechend überaltert, die Produktivität niedrig. Obwohl seit über 60 Jahren immer wieder geplant, ist bis heute kein Spezialmaschinenbau für den Montanbereich des Kusnezk-Beckens entstanden. Fast die gesamte Ausrüstung für den Bergbau und die Hüttenwerke muss aus anderen Regionen, davon 80 %

aus dem Ausland, eingekauft werden. Auf der Output-Seite herrschen ähnliche Verhältnisse: Abgesehen von zwei Kokereien gibt es keine petrochemischen oder pharmazeutischen Weiterverarbeitungskapazitäten für die Kohle. Die teilweise hochwertige Steinkohle wird entweder auf teure Weise über Tausende von Kilometern exportiert oder in überwiegend veralteten Kraftwerken verheizt. Nach Luftschadstoffemissionen nimmt die Oblast' Kemerovo nach dem Kraj Krasnojarsk und dem Autonomen Okrug Chanty-Manijskij den dritten Platz unter den 85 Föderationssubjekten in Russland ein. Bezieht man diesen Indikator auf die Großstädte der Oblast', ist Novokuzneck am stärksten belastet. Innerhalb Russlands wird es dabei nur von dem nordsibirischen Noril'sk im Kraj Krasnojarsk übertroffen. Eine Rekultivierung der Bergbaufolgelandschaften findet in nur unzulänglichem Ausmaß statt. Derzeit beläuft sich die Summe der Schadflächen (überwiegend Tagebauten und Abraum) auf 763 km² (2015). 2009 waren es noch 620 km².

II. Welche Strategien wurden entwickelt, um diese Problem zu bewältigen?

Im weiteren Vorgehen dominieren funktionale Vergleiche. Im Rahmen eines raum-kommunikativen Ansatzes wurden die genannten Probleme über die Programme der Unternehmen (Geschäftsberichte) und der Oblast'-Verwaltung sowie die sich daraus ergebenden Programmräume miteinander verschnitten. Als Leitprogramm diente die bereits genannte, 2007 erstellte, langfristige Entwicklungsstrategie der Oblast' Kemerovo bis 2025. Da bereits neun Jahre des Programmzeitraums verflossen sind, konnten Ziele und Maßnahmen der anfangs erwähnten Halbzeitbilanz unterzogen werden. Nachfolgend werden die Programmblöcke Wachstumssicherung, Diversifizierung und Innovation beleuchtet.

IIa. Welche Strategien und Maßnahmen wurden von unternehmerischer Seite umgesetzt?

1. Wachstumssicherung

Die Aktivitäten der großen privatwirtschaftlichen Akteure in der Oblast' Kemerovo sind überwiegend Komponenten überregionaler Arbeitsteilung innerhalb Russlands oder internationaler Arbeitsteilung in der Welt (z. B. Evraz, Rusal, Mečel, SUĖK, UGMK). Ihre Konzernsitze befinden sich außerhalb der Oblast' Kemerovo, womit eine erhebliche Fremdsteuerung gegeben ist. Ihre hauptsächliche Strategie beruht auf kurz- und mittelfristigen Gewinnkalkülen, vor allem beim Export von Kohle, Koks und Stahl. Die Förder- und Exportmengen haben sich in den letzten Jahren drastisch vergrößert. Dies war die einzige Maßnahme, mit der die Konzerne den Preisverfall zu kompensieren versuchten. Ihre Gewinne und Mitarbeiterzahlen sind dennoch rückläufig.

2. Diversifizierung

Als positives Beispiel der Energiediversifizierung konnte die Raffinerie in Jaja im Norden der Oblast' Kemerovo neue wichtige Impulse setzen. Mit ca. 1.000 neuen Arbeitsplätzen sind im Norden durch staatliche Anreize neue industrielle Strukturen abseits der Kohleindustrie errichtet worden. Die Raffinerie sichert die Treibstoffversorgung für die Kraftfahrzeuge in der Oblast'. Obwohl der westsibirische Erdöl- und Erdgaskomplex einer der größten Energielieferanten der Welt ist, reichten die veralteten Raffineriekapazitäten östlich des Urals nicht aus, den stark angewachsenen Kraftfahrzeugverkehr hinreichend zu versorgen.

Der Ausbau von Šereges im Süden der Oblast' zum größten Wintersportort im asiatischen Russland kann als ein weiteres erfolgreiches Diversifizierungsprojekt angesehen werden. Es waren überwiegend kleine und mittlere Unternehmen, die dort investiert haben. Die Oblast'-Verwaltung baute dafür eine asphaltierte Zufahrtstraße. Mit Šereges konnte der Wohn- und Freizeitwert in der südlichen Oblast' Kemerovo beträchtlich erhöht werden. Außerdem wurde der Kaufkraftabfluss in andere russische Regionen und ins Ausland gebremst. Derzeit profitiert Šereges vom niedrigen Rubel-Kurs. Dadurch ist die Reise nach Österreich oder in die Schweiz für viele Winterurlauber unerschwinglich geworden. Nichtsdestoweniger muss eingestanden werden, dass die Ausstrahlungseffekte begrenzt sind. Tourismus kann in einer Altindustrieregion nur eine Maßnahme unter vielen zur Diversifizierung der Wirtschaftsstruktur sein.

Die in der Entwicklungsstrategie geforderte Einrichtung einer eigenen Maschinen- und Anlagenbaubasis für den Kohlebergbau sowie für Petrochemie ist gescheitert. Tendenzen einer energetischen Diversifizierung (z. B. Grubengasförderung) sind noch marginal, versprechen jedoch eigentlich ein interessantes, sauberes Energiesubstitut. Falls in diesem Bereich keine weitreichenden Änderungen erfolgen, könnte die Oblast' Kemerovo in einen verheerenden Lock-in-Effekt geraten, wodurch die Handlungsmöglichkeiten aufgrund der Kumulation der skizzierten Probleme immer geringer werden.

3. Innovation

Die meisten Innovationen wurden von kleinen und mittleren Betrieben eingeführt. Eine Ausnahme bildet der Hauptbahnhof von Novokuzneck, der 2011 bis 2013 zu einem der modernsten Bahnhöfe Russlands umgebaut wurde. Im Gegensatz zu modernen deutschen Bahnhöfen spielt in russischen Bahnhöfen die Aufenthaltsqualität eine große Rolle. Es gibt bequeme, beheizte Wartesäle mit Gaststätte, Getränke- und Zeitschriftenkiosken.

IIb. Welche Strategien und Maßnahmen wurden von Seiten der Oblast'-Administration und der Föderation umgesetzt?

Während 2015 im gesamtrussischen Durchschnitt 13,7 % der Bruttoanlageinvestitionen von der Föderation und ihren Mitgliedsregionen getragen wurden, waren es in der Oblast' Kemerovo nur 6,7 %.

1. Wachstumssicherung

Im Ergebnis sind die Bemühungen in diesem Bereich ambivalent: Trotz der Warnung vor den Folgen (insbes. Gesundheitsgefährdung der Bevölkerung) wird der Ausbau der Kohleförderung auch von der Administration gestützt. An den umfangreichen Folgekosten werden die Unternehmen bis dato nur marginal beteiligt. Stattdessen leisten die Föderation und die Oblast' Kompensationszahlungen bspw. für die Schäden von durch Bergbau induzierten Erdbeben. Einerseits ist diese strategische Rückendeckung des Zentrums (Ministerien in Moskau) hilfreich zur stabilen Weiterentwicklung der Kohleförderung, von der viele Sekundärarbeitsplätze und Strukturen abhängen. Ein abrupter Niedergang wäre fatal, wie nach 1990 oder auch im Lausitzer Braunkohlerevier gezeigt werden konnte. Andererseits fand in den letzten Jahren außer dem stärkeren Export keine signifikante Weiterentwicklung dieses industriellen Sektors statt.

2. Diversifizierung

Die realen Kennziffern bei den Investitionen sind insbesondere 2015 stark hinter den Planzahlen aus der Entwicklungsstrategie 2025 zurückgefallen. Eine verhaltene Diversifizierung im Dienstleistungsbereich konnte die Oblast'-Führung durch besondere Vereinbarungen (russ. Soglašenija) mit den Konzernen erzielen, die zu Investitionen im Sozial-, Kultur- und Freizeitbereich führten. Für eine grundlegende Modernisierung der Industrie sind die Soglašenija jedoch ungeeignet.

Die Föderation entwickelte 2010/11 ein Programm zur Strukturverbesserung in den Monostädten, also in Orten, die unter wirtschaftlicher Abhängigkeit von einem Unternehmen leiden. Von den 333 russischen Monostädten liegen 24 in der Oblast' Kemerovo – mehr als in jeder anderen russischen Gebietseinheit auf der Ebene der Föderationssubjekte. In der Oblast' sind 58 % der Städte und Siedlungen städtischen Typs als Monostädte klassifiziert, darunter auch die Großstädte Novokuzneck, Prokop'evsk und Leninsk-Kuzneckij. Am Beispiel der drittgrößten Stadt der Oblast', Prokop'evsk, konnte dargestellt werden, dass die Problemlagen bisher prinzipiell unverändert sind. In Jurga zeigen sich hingegen gewisse positive Entwicklungen. Für eine endgültige Bewertung der Effekte des Programms ist die bisherige Laufzeit zu kurz. Parallel zu diesem Programm wurden von der Oblast'-Administration insgesamt fünf Regionale Sonderwirtschaftszonen (RSWZ) gegründet. Der Staat und die Munizipalitäten stellen Infrastruktur zu vergünstigten Bedingungen und Steuererleichterungen in Aussicht. Das Konzept ist eine modifizierte Variante der „Enterprise Zones", die in Altindustrieregionen der USA oder Großbritannien bereits in den 1980er Jahren Anwendung fanden. Am Beispiel von Leninsk-Kuzneckij wurde deutlich, dass die Munizipalität gegenüber SUĖK als Großkonzern nahezu machtlos bleibt. Größere und andere Investoren (auch in den anderen Regionalen Sonderwirtschaftszonen) lassen noch auf sich warten. Das Marketing für die RSWZ muss verbessert werden.

3. Innovation

Größere organisatorische und technische Innovationen konnten im Gesundheitswesen umgesetzt werden. In Kemerovo wurde eine der führenden russischen Herzkliniken errichtet, die in die weltweite Forschung auf diesem Gebiet integriert ist. Einige Spezialkliniken, aber auch Krankenhäuser wurden neu aufgebaut bzw. mit modernster Technik ausgestattet.

Oblast'-Administration und Föderation bauen seit 20 Jahren an der ersten interregionalen Autobahn Sibiriens. Sie verbindet Kemerovo mit Novokuzneck auf einer Länge von ca. 200 km und ist zu etwa 80 % fertig gestellt.

Der Bereich der Innovationsförderung knüpft tendenziell an das Ziel der Diversifizierung an. Im Jahr 2008 konnte in Kemerovo ein Technologiepark gegründet werden. Ähnliche Einrichtungen existieren ebenfalls in 13 anderen Regionen Russlands. Die Anzahl der Residenten ist jedoch in den letzten Jahren leicht rückläufig. Innovative Milieus sind bis dato kaum entstanden. So konnte beispielsweise die Anmeldung von Patenten in der Oblast' mit dem Technologiepark nicht gesteigert werden. Darüber hinaus sind insbesondere moderne Bildungsinfrastrukturen nur sehr schwach ausgeprägt. Die Oblast' Kemerovo hat überdurchschnittlich stark an Hochschulstudenten verloren. Während 2015 im russischen Durchschnitt 325 Studenten auf 10.000 Einwohner kamen, waren es in der Oblast' Kemerovo nur 227. In der benachbarten Oblast' Tomsk mit der ältesten Universität Sibiriens waren es mit 590 mehr als doppelt so viel. In der ebenfalls sibirischen Oblast' Omsk waren es 448 und in der Oblast' Novosibirsk 399. Selbst im immer noch stark ländlich strukturierten Kraj Altaj war die

Studierendenquote mit 255 höher als in der Oblast' Kemerovo. Die Strategie zur Einrichtung einer „Föderalen Kuzbass Universität" mit größerer finanzieller Ausstattung seitens der Föderation ist gescheitert. Zunehmend werden höhere Bildungseinrichtungen fusioniert oder selbst in Mittelstädten gänzlich geschlossen (z. B. Prokop'evsk, Anžero-Sudžensk).

Die erfolgreichste Maßnahme bei der Erschließung neuer Bereiche stellt das Suburbanisierungsprojekt von Lesnaja Poljana dar. Mit umfangreichen staatlichen Mitteln entsteht seit 2006 eine Stadt nach dem Reißbrett. 2008 zogen bereits die ersten Bewohner ein. Bisher wohnen hier ca. 6.500 Personen mit komplett neuer sozialer Infrastruktur, die einem überdurchschnittlichen Niveau entspricht. Wohnungskauf und Mieten werden insbesondere für junge Familien von der Oblast' gefördert. In der letzten Ausbaustufe sollen in Lesnaja Poljana etwa 30.000 Menschen wohnen.

III) Wie erfolgreich waren die Strategien seit Mitte der 2000er Jahre bis zur Gegenwart?

Insgesamt sind bereits einige aus anderen Altindustrieregionen bekannte klassische Instrumentarien zur Modernisierung eingesetzt worden. Vieles scheiterte an Halbherzigkeit und Finanzknappheit. Es wurde deutlich, dass besonders wichtige Projekte (insbes. bei der Innovationsförderung) von der Föderation initiiert worden sind. Das gilt auch für die „Entwicklungsstrategie 2025". Sie wurde von einem regierungsnahen Projektbüro in St. Petersburg erstellt.

Insgesamt scheint sich eine starke Zielabweichung von der Entwicklungsstrategie 2025 zu ergeben. Allerdings ist dabei zu berücksichtigen, dass einige Effekte aufgrund des zu kurzen Zeitraums seit der Implementierung noch nicht messbar sind. Insgesamt ist hervorzuheben, dass allein mit der Initiative dieser Entwicklungsstrategie die weitere Verabschiedung von etlichen branchenspezifischen Programmen auf der Ebene der Oblast' angeregt werden konnte. Hinsichtlich der theoretischen Bezüge ist damit aber noch nichts grundlegend Neues umgesetzt worden.

Neu war demgegenüber 2004 die Gründung des Regionalholding SDS. Die Idee, auf diese Weise die Fremdsteuerung im Kohlebergbau zu reduzieren und das Investitionsgeschehen aus der Sicht der Oblast' Kemerovo zu optimieren, war faszinierend. Ähnlich wie die Ruhrkohle AG (RAG) versuchte SDS, durch den Erwerb von Tagebauten und Schachtanlagen den Steinkohlebergbau zu besetzen. Doch Kuzbassrazrezugol', die größte Tagebaugesellschaft der Region, blieb der Holding fern. Einer der Hintergründe war der unklare Status der SDS-Tochtergesellschaft MIR Trade in der Schweiz, über die der einträgliche Export in westliche Länder abgewickelt wird. Bis heute ist ungeklärt, wer auf welche Weise MIR Trade kontrolliert, und was mit den erwirtschafteten Devisenguthaben geschieht. SDS entwickelte sich zu einem Mischkonzern, der im Waggonbau, im Tourismus, in der Bauwirtschaft, stärker aber noch in den Massenmedien engagiert ist. Manchmal wurde der Mischkonzern als „Feuerwehr" eingesetzt, um bestimmte Unternehmen vor der Insolvenz zu bewahren. Auf diese Weise ist ein Konglomerat entstanden, das nur schwer zu führen ist. Derzeit hat der zweitgrößte privatwirtschaftliche Arbeitgeber im Kusnezk-Becken nach mehreren verlustreichen Jahren erhebliche Finanzierungsprobleme.

IV) Welche alternativen Ansätze zur Bewältigung der größten sozioökonomischen Probleme lassen sich aus dem Vergleich mit anderen Altindustrieregionen ableiten?

Als erste Vergleichsregion wurde das Ruhrgebiet gewählt. Dort kam es bereits in den 1950er Jahren zu einem Einbruch bei der Nachfrage nach Steinkohle, nachdem die Einfuhrzölle für Erdöl abrupt aufgehoben worden waren. Das darauf folgende Zechensterben mit wachsender Arbeitslosigkeit führte dazu, dass die Bundesregierung die Unternehmensspitzen der Montanindustrie und der Energieerzeugung, die Landesregierung von Nordrhein-Westfalen, die Gewerkschaften und andere Verbände zu einer „konzertierten Aktion" aufrief, in der die anstehenden Probleme gemeinsam gelöst wurden. Die Bergwerke wurden zur Ruhrkohle AG (RAG) zusammengefasst, der Kohleabsatz durch einen Jahrhundertvertrag mit den Kraftwerksbetreibern stabilisiert, eine breite Diversifizierungsstrategie implementiert und mit einer Bildungsoffensive abgestützt, die es in diesen Dimensionen noch nie gegeben hatte. Sechs Universitäten wurden neu gegründet. Heute ist das Ruhrgebiet die größte Wissenschafts- und Forschungsregion in Deutschland. Die RAG und der Regionalverband Ruhr befassen sich mit der Rekultivierung und den Ewigkeitslasten des Bergbaus. Auf diese Weise gelang es, den Strukturwandel zeitlich so abzumildern, dass die Arbeitsplatzverluste im Montanbereich durch neue Wachstumsindustrien und Dienstleistungen ersetzt werden konnten und es zu keiner Massenabwanderung kam. Auch innerhalb des Montanbereichs wurde diversifiziert: Der größte Tochterkonzern der RAG (Evonik Industries AG) hat mittlerweile ein Produkt- und Leistungsportfolio aufgebaut, das vergleichsweise unabhängig von einer eigenen regionalen Kohlebasis operieren kann.

Als zweite Vergleichsregion wurde das postsozialistische Altindustriegebiet des Lausitzer Braunkohlereviers analysiert. Ähnlich wie aktuell in der Oblast' Kemerovo ist dort der Kohlebergbau in der Hand eines auswärtigen Konzerns. Daher ist fragwürdig, inwieweit in der Lausitz in naher Zukunft investive Projekte getätigt werden. Reine Gewinnmitnahmen sind hier ebenfalls abzusehen. Fragen der Finanzierung der Rekultivierung und der Ewigkeitslasten sind nicht vollständig geklärt. Größter Rekultivierungsträger ist die 1994/95 gegründete Lausitzer- und Mitteldeutsche Bergbau-Verwaltungsgesellschaft mbH (LMBV). Die Entstehung dieser Organisation ist den besonderen Umständen der deutschen Wiedervereinigung geschuldet. Das Unternehmen befindet sich in hundertprozentigem Bundesbesitz. Die umfangreiche und anspruchsvolle Sanierung der Bergbaufolgelandschaften in Ostdeutschland hat von 1990 bis 2017 bereits ca. 10,8 Mrd. EUR gekostet. Die Mittel generieren sich überwiegend aus Bundeszuweisungen.

Eine konzertierte Aktion für die Entwicklungs- und Strukturprobleme Ostdeutschlands kam nach der Wiedervereinigung 1990 nicht zustande. Im Gegensatz zum Ruhrgebiet (Bundesland Nordrhein-Westfalen) liegt die Braunkohleregion nicht in einem, sondern auf dem Gebiet von drei Bundesländern: Brandenburg, Sachsen und Sachsen-Anhalt. Die Zuständigkeiten für Regionalentwicklung, Umwelt- und Naturschutz, Verkehr, Bildung und Gesundheit sind entsprechend zersplittert. Eine gemeinsame Diversifizierungsstrategie, getragen von den Unternehmen, Bund und Bundesländern kam nicht zustande. Nur im Bereich der Vermarktung gibt es mit dem 2012 gegründeten Tourismusverband „Lausitzer Seenland" ein gemeinsames Vorgehen der Bundesländer Brandenburg und Sachsen.

Die Lausitz hat seit der Wiedervereinigung fast ein Drittel ihrer Bevölkerung verloren, was u. a. auch an der unzureichenden Bildungsinfrastruktur liegt. Es gibt dort nur 139 Studierende auf 10.000 Einwohner. In der Oblast' Kemerovo sind es 227 und im Ruhrgebiet 540.

V) Welche Entwicklungsziele und Handlungsempfehlungen sind aus unabhängiger wissenschaftlicher Perspektive für welche Adressaten abzuleiten?

Wenn eine periphere Region ihre Industriestrukturen erhalten und entwickeln will, dann sollte sie dies staatlich kontrolliert in eigener Regie durchführen können. Es bedeutet für die Modernisierung einer peripheren Altindustrieregion, dass staatliche Institutionen insgesamt mehr leisten müssen als beispielsweise in den begünstigten zentral gelegenen Metropolregionen des europäischen Russlands wie Moskau oder St. Petersburg.

Unternehmen:
- Es wäre sinnvoll, den Regionalkonzern SDS in eine Struktur zu bringen, in der die Aktivitäten von der Politik und den Teilhabern besser kontrolliert werden können. Dabei erscheint es dringend notwendig, alle Unternehmen des Kohlebergbaus in eine von der Politik kontrollierte Gesellschaft einzubringen. Nur so kann die teilweise absurde Konkurrenz um Konzessionen und größtmögliche Externalisierung von Umwelt- und Sozialkosten an die Öffentlichkeit vermieden werden.
- Der Ausbau des Wintersportzentrum Šeregeš und die Errichtung der Raffinerie in Jaja zeigen, dass kleine und mittlere Unternehmen erheblich zur Diversifizierung beitragen können. Allerdings gibt es in der Oblast' Kemerovo zu wenige Unternehmen dieser Art. Es fehlen vor allem Spezialunternehmen für Bergbautechnik.
- In diesen Bereichen hängt vieles von der zukünftigen Förderpolitik auf staatlicher Seite ab, zu der die folgenden Empfehlungen gegeben werden:

Föderation:
- Die Genehmigung weiterer Bergbaukonzessionen muss die Siedlungsnähe, die Umweltgegebenheiten, die Rekultivierungsmöglichkeiten und -kosten berücksichtigen.
- Für den Rekultivierungsaufwand muss bereits jetzt gemeinsam mit den Unternehmen und der Oblast' Kemerovo ein Fond ins Leben gerufen werden, aus dem die entsprechenden Maßnahmen und Ewigkeitslasten in Gegenwart und Zukunft finanziert werden.
- Die Föderation sollte dafür Sorge tragen, dass das Missmanagement bei der überzentralisierten Russischen Eisenbahn (RŽD) beendet wird. Die Wirtschaft Sibiriens benötigt verlässliche Eisenbahntarife und schnelle Slots, um die Kohle in die Nachfrageregionen und in die Häfen zu bringen.
- Die Föderation muss den interregionalen Finanzausgleich reformieren, so dass die Entwicklungsnachteile peripherer Regionen so weit wie möglich ausgeglichen werden.
- Dabei ist zu berücksichtigen, dass Hochschulen in der Peripherie nicht nur wichtige Bildungs- und Forschungsinstitutionen sind, sondern ebenso wichtige Unternehmensfunktionen wahrnehmen, die Abwanderung der Jugend bremsen und für ihren Standort bedeutsame Kaufkraftimporteure sind.
- Mit einem Wettbewerb „Kulturhauptstadt Russlands" – nach dem Vorbild der „Kulturhauptstadt Europas" sollte versucht werden, das reichhaltige architektonische und kulturelle Erbe Russlands - insbesondere auch Sibiriens - aufzuwerten und besser zu schützen.

Föderaler Okrug:

- Im föderalen Okrug Sibirien muss die wirtschaftliche und politische Zusammenarbeit verstärkt werden.
- Insbesondere die Wirtschaft der Oblasti Novosibirsk und Tomsk, des Kraj und der Republik Altaj ergänzen sich mit der der Oblast' Kemerovo. Ihre Kooperation sollte entsprechend gefördert werden.

Oblast'-Administration Kemerovo:

- Auf Basis der Konzessionsgelder und des einzurichtenden Rekultivierungsfonds (s.o.) könnte eine regionale Entwicklungsbank unter Regie der Oblast' eingerichtet werden.
- Sie könnte auch die Keimzelle für einen echten Regionalkonzern bilden, der eine besser durchschaubare Struktur haben müsste als der jetzige SDS-Konzern. Ein interessantes Beispiel ist ALROSA in Sacha-Jakutien, in dem die Föderation, die Republik Jakutien, einige Rajony und andere als Aktionäre auftreten.
- Die Oblast'-Administration sollte die Raumbeobachtung und das entsprechende Monitoring verbessern. Eines der Instrumente könnte ein tief gegliederter „Kuzbass-Atlas" sein, der beispielsweise die Themen des „Atlas der Metropole Ruhr" und weitere interessante Aspekte für das Kusnezk-Becken oder die gesamte Oblast' Kemerovo abbildet.
- Der Kuzbass-Atlas könnte ganz oder auszugsweise in verschiedene Sprachen übersetzt und für das Auslandsmarketing eingesetzt werden.
- Gutes Monitoring, regelmäßige Raumbeobachtung und offene Information sind die Voraussetzung für eine bessere Raumplanung. Nur die Oblast'-Administration kann langfristige Planungen durchsetzen und auf diese Weise die Interessen des Rohstoffkolonialismus der Großunternehmen steuern und gegebenenfalls beschränken.
- Auf dieser Monitoring-Basis können gemeinsam mit den Stadtkreisen und ländlichen Rajony die Rekultivierungs- und Bergbausanierungsmaßnahmen besser und verlässlicher geplant werden.
- Mit Hilfe des Monitorings könnten auch landwirtschaftliche Flächen langfristig gesichert und ihre Nutzung stabilisiert und intensiviert werden.
- Eine „Kuzbass-Route der Industriekultur" könnte nach dem Vorbild des Ruhrgebiets das Regionalmarketing verbessern. Es gibt bereits eine kleine Anzahl von Industriemuseen und -denkmälern, doch sind sie kaum miteinander vernetzt. Die Zahl der Denkmäler könnte angesichts der Menge historischer Technik erheblich erweitert werden.
- Projekte und neue Städte wie Lesnaja Poljana könnte man im Rahmen einer Internationalen Bauausstellung nach Vorbildern der IBA Emscherpark oder IBA Fürst-Pückler-Land präsentieren.

Munizipalitäten:

- Die Monitoring- und Raumplanungsaktivitäten auf Oblast'-Ebene könnten teilweise auf Kommunal- oder Regionalverbände (Vorbild: Regionalverband Ruhr), bestehend aus Stadtkreisen und ländlichen Rajony, disaggregiert werden. Allerdings gibt es derartige Strukturen derzeit noch nicht. Sie wären aber insbesondere für das südliche Kusnezk-Becken wünschenswert.

- Die Munizipalitäten könnten die dadurch gewonnenen Kenntnisse und über den Verband Einfluss auf die Konzessionierung des Bergbaus und auf die Festsetzung des Aufwands für Rekultivierung nehmen.
- Außerdem könnten solche Verbände die interkommunale Zusammenarbeit in Stadt-Umland-Räumen verbessern.
- Mit internationalen Städte- und Hochschulpartnerschaften sollten Wissen, Kenntnisse und Strategien ausgetauscht werden, die in anderen vormals altindustriellen Regionen das Zusammenspiel von Wirtschaft, Politik und Wissenschaft in Richtung auf eine erfolgreiche Modernisierung verbessert haben.

8.1. Abstract in English

In this thesis named "The Kuznetsk Basin in Siberia: Strategies of development for the modernization of an old industrial peripheral region" firstly a comprehensive socio-economic regional analysis has been carried out. Secondly, the development programs have been evaluated. In comparison with other old industrial regions, recommendations for the modernization of the Oblast of Kemerovo have been derived and developed. Methodically, the study is based on analyses of statistics, literature and internet resources. On the other hand, the results were validated with about 35 qualitative expert interviews, which cover a wide range of specialists in Russia (e.g. Kemerovo, Novokuznetsk, Novosibirsk, Yekaterinburg, Nizhny Tagil) and in Germany (region of Ruhr, region of Lower Lusatia).

In this summary the five following questions are going to be answered and discussed:

I) To what extent is the Oblast of Kemerovo to be classified as an old industrial region?
  a) What are the current socio-economic development trends?
  b) What are the greatest development problems?

An analysis of statistics and literately sources was carried out to answer these questions in order to identify which indicators (written in bold as follows) are capable to classify an old industrial region: The Kuzbass has been **industrialized relatively early**. In 1922 an international Autonomous Industrial Colony, which represents the nucleus of today's Kemerovo City, was founded. Afterwards the foundation of the Ural-Kuznetsk State Combine (1928-1940) was able to achieve an important division of labor between raw material (black coal) and ore supply. In 1943 the establishment of the Oblast as an administrative unit took place in order to manage the further industrialization. Since then the Kuzbass has become the most populated region of Russia east of the Urals (1989 = 3.17 million inhabitants). Up to the present, the Oblast represents the region with the **highest density of population** in Siberia and the Far East, with about 28 inhabitants per km². However, by the end of the Soviet Union deep structural losses had begun. For instance, the **above-average losses of population** amount to around 460,000 people from 1989 to 2017. Currently, the highest death surplus of Siberia and since 2011 also a net migration loss has been responsible for that development. In 2016 the Kuzbass has got about 2.71 million inhabitants.

On the labor market, Kemerovo has a lower **unemployment rate**, or somewhat higher in Russia, compared to the Siberian average. This typical indicator of an old industrial region cannot be confirmed in the context of Siberia as a whole. The labor market does not have an **industrial monostructure** in regional regard. Approximately 125,000 people work in the field of extraction of raw materials. Therefore only 10 % of the whole workforces in the Oblast of Kemerovo are employed in this branch. However, that corresponds about 11.8 % of the employees of Russia in the field of extraction of mineral resources and in a comparative perspective represents a very **high rate of industrialization**. The regional perspective is also statistically distorted due to the structure of the service sector in the two largest cities of the Oblast (Kemerovo and Novokuznetsk, each about 550,000 inhabitants). In cities such as Leninsk-Kuznetsky or Mezhdurechensk at least 1/3 of the employed population are directly active in the mining sector. Despite the fact of the existence of extensive industrial structures in Novokuznetsk (e.g. steel and aluminum industry), the employment rate in the manufacturing sector is slightly below the average. A specific kind of **economic monostructure** is confirmed by the fact that these two sectors have eliminated roughly 50,000 jobs between 2007 and 2014. Therefore the extraction of raw material and the manufacturing sector have been mainly responsible for a total loss of employment in the region in the last years. Important causes are, among other things, the fact that the adding value in the coal industry has been declining. The tariffs of transport on the Russian Railways (RZD) and the international coal price are only conditionally determinable factors considered from the perspective of the Oblast. Furthermore the transport costs claim between 35 to 40 % of the coal price due to the peripheral location (large distances to ports and sales markets). Reminding the classification of old industrial regions, **the dominant branches of economy stagnate or decrease**. This can be also confirmed in Kuzbass. The extraction of raw material is still the most important economic sector with a share of around 22 % (2014) of the gross domestic product of the region of Kemerovo. In addition, these core businesses are under control of large-scale external companies (**dominance of large enterprises**), which rarely reinvest their profits into the region. Their interest is primarily the pure export of coal.

The classical indicator of an old industrial region, where **the dominating branches are at the end of the product life cycle**, cannot be confirmed for the Oblast of Kemerovo. The case study has shown that for regions with an economic raw material base in the periphery, the theoretical references and the current reality are difficult to combine in this model. The uselessness of the approach is mainly based in the lack of consideration of important framework requirements and the lack of analyzing organizational structures. This indicator is supposed to be abandoned in geographical researches of old industrial regions. It would be more sensible to carry out specific analyses of the acting organizations, causes and recommendations.

Regarding an ecological perspective, **environmental pollution** also plays a relevant role in old industrial regions. According to the region of Krasnoyarsk, Kemerovo is the second ecologically contaminated region in Siberia and Russia regarding polluting emissions. Novokuznetsk is the second-dirtiest city in the whole country. These burdens are, among other things, responsible for the highest death rate in Siberia. The average life expectancy of men does only reach about 61.6 years. Thereby, the region of Kemerovo occupies the tenth place of a total of twelve regions in Siberia. Also in Russia, the Kuzbass ranks very poor in life expectancy and performs only on the 76th place of 85 regions (2014). Such important social indicators have so far received little attention in classical literature of old industrial regions. Continuing the classification, the increase in the number of damaged areas has been raised in the last years by the extension of coal extraction to 215 million tonnes per year (2015) to 763 km². Finally, there are significant **problems with contaminated sites and wasteland**.

The indicator of **high infrastructure density** provides the Oblast of Kemerovo with rather positive indicators of economic development. The Kuzbass occupies top positions in Siberia and Russia in road and rail density. It is the only region in Siberia that possess a long four-lane freeway (over 200 km). Almost 17 % of the total Russian carriages of goods on railroads take place in the region of Kemerovo. Overall, this area is strongly tailored to the industry. The transport of passengers, in particular the connections to Kemerovo City, are below average.

The greatest development problems of the Kuzbass have resulted, on the one hand, from the great dependence on the raw material sector, which is quickly and deeply able to affect the socio-economic conditions of the Oblast substantially. On the other hand, the situation has been exacerbated by the current economic crisis in Russia (including the weak ruble rate, low oil price, EU-Russia trade tensions).

As a result of this contribution to the research of old industrial regions, it has been shown that the indicators in the case study of Kuzbass can be predominantly confirmed. A great advantage is the necessary presentation and comparison with other regions in Siberia. However, the classification mostly offers mainly the possibility of descriptions. The most important actors are neglected. This leads to a lack of developing empirically based concrete recommendations improving the socio-economic circumstances. Consequentially, a space-communicative approach has been chosen in this study, which considers a region as the program space of a formal organization. This makes it possible to examine the state development strategies and their implications. The so-called "Strategy for the socio-economic development of the Kemerovo Oblast in a long-term perspective 2025" served as an analysis basis. Three main categories of modernization have been elaborated, which have been analyzed with their respective sub-strategies. Modernization in this study is defined as an improvement of living conditions not under the average development level in the macro-region or country.

II) What strategies exist to deal with these problems?
   a) Of the companies?
   b) On the administration side?

III) How successful have the strategies been from the mid-2000s up to the present?

The dominance of external large corporations in the industrial sector is a serious problem in the region. The activities of the large private stakeholders are mainly part of a diversified product and service portfolio of globally active and vertically integrated companies (e.g. Evraz, Rusal, Mechel, SUEK, UGMK). The companies headquarters are located outside the Oblast of Kemerovo, which implies a large external control of essentially important economic branches. Thus, the main strategy is guided by the profit and the export of coal or industrial products. Recently, the volume of production and export has increased, which seems to be the only way for the companies to compensate their declining turnover. Furthermore the analysis examined that the profits and the number of employees at the large enterprises have declined. The municipalities and the Oblast are hardly able to induce investments, modernization and diversification processes from the companies. This is caused, among other things, by the risk of deduction of production units. Nevertheless under these conditions a comprehensive development strategy was adopted by the regional administration in 2007/08. Further programs have followed. The three most important categories can be presented as follows:

1. Maintenance of growth in the industrial sector

As a result of the analysis, the efforts in this area are ambivalent: Despite the warning about the consequences (in particular worsening the health of the population) the expansion of coal extraction and production is still supported by the federal and regional administration. In contradiction to that, the companies are only marginally involved in the extensive follow-up costs. Instead, the Federation and the Oblast spend compensational payments for instance for the damage caused by mining-induced earthquakes. On the one hand, the Center's strategic rear cover is essential for the more or less stable development of coal production. About 125,000 jobs depend directly on this. An abrupt decline would be fatal, as could be shown in the Region of Lower Lusatia after 1990. On the other hand, in recent years there has been no significant enhancement in this industrial sector, besides a larger export. The required development of a carbochemistry has not been fulfilled. Tendencies of an energetic diversification (e.g. Coal Bed Methane) are still marginal, but offer a useful and perspectivly clean energy substitute in the future. If there is no significant generall change in this area, the Kuzbass will get into a calamitous lock-in effect, from which the possibilities for action are gradually diminishing as a result of the cumulation of the problems outlined. However there are already positive examples of energy diversification; the refinery in the town of Yaya employs already about 1,000 people. These new industrial structures have been set up new impulses outside the coal industry in the north of the region through governmental incentives.

2. Economic diversification

Following the failed modernization of the coal industry, the strategy of developing or improving a mechanical engineering industry could not be fulfilled, too. The mining technique has to be imported for 80 %. Theoretically useful synergies could arise and the Oblast of Kemerovo could possibly appear as a technology supplier in the long term. All in all, for splitting up the economic monostructure stronger and diverse investments have to be generated in other areas outside of raw material productions. In 2015, the real figures for investments felt sharply behind the target figures from the document of the development strategy. The current informal instrument of the Oblast, which intends to force more or less companies with special agreements to invest in other spheres or to carry out specific social contributions, is not suitable for a basic modernization. The Federation has developed a program to foster mono-cities of Russia in 2010/11. The most of the mono-cities of Russia (24 of 333) are located in the Kuzbass. The success to stimulate socio-economic development there has been very moderate. In the third largest city of Prokopyevsk it was shown that the problems are fundamentally unchanged. For example, in the city of Yurga there are slight positive development tendencies recognizable. Parallel to this program five regional special economic zones have been founded by the initiative of the Oblast. These administrative entities in cooperation with the municipalities appear as a provider of infrastructure and tax reliefs. The concept serves as a modification of enterprise zones, which were already introduced in some old industrial regions of the USA or Great Britain in the 1980s. One regional special economic zone is located in the city of Leninsk-Kuznetsky. This example made it clear that the capacity of the local administration in terms of attracting investors besides the only coal company of SUEK is highly limited. Other investors have not appeared yet, besides two enterprises with a maximum sum of about 400 new jobs. Marketing for these five regional special economic zones could be optimized.

The strategy of promotion of tourism (using the example of Sheregesh) can be regarded as the most successful diversification project in terms of visible effects. A totally new infrastructure for winter sports has been constructed in just a few years. Thus, the largest destination of winter sports in Siberia is located in the Oblast of Kemerovo. However it is too far away from European markets and realistically not lucrative for tourists from Moscow or St. Petersburg. The decisive advantage of Sheregesh is the development of a better image for the Kuzbass and the minimization of outflow of capital into other Russian regions. All in all, it must be acknowledged that the spillover effects to the regional economy are limited. Generally, in an old industrial region, tourism can only be one strategy among others to diversify the economic structure. Additionally, there is a lack of a consistent planning and marketing organization in Sheregesh.

Summarizing the efforts of diversification, the ambivalence of the economic monostructure is principally continuing: The raw material sector dominates the current revenue. Other sectors have not been able to compensate the heavy fluctuations in this area. However, the industrial base is a very important prerequisite for a stronger development of the service sectors. The above-average wages in coal extraction are only one reason for that. The regional development strategy suggests an even greater and radical degree of tertiarization in its indicators. In the study it was shown that this concept does not provide sufficient solutions to modernize and develop a peripheral old industrial region.

3. Promoting innovations/developing new areas

The area of promotion of innovations is tied to the goal of diversification. In 2008 a Technology Park was established in Kemerovo City. Such facilities also exist in 13 other regions of Russia. Unfortunately, the number of residents has declined in recent years. An innovative environment has been developed hardly so far. Thus the applications for patents could not be increased with the establishment of the Technology Park. One of the fundamental problems lays in the weakness of modern educational infrastructure. For instance, the Oblast of Kemerovo had lost students above the average of Siberian regions. Meanwhile there are as many students as in the neighboring Oblast of Tomsk, which inhabits only 1.07 million people. The strategy to establish a Federal University of Kuzbass with greater financial resources from the Center has failed. Instead, a new tendency has increased to fuse or even close down higher education facilities in smaller cities (e.g. Prokopyevsk, Anzhero-Sudzhensk).

The most successful measure in the development of new areas has been achieved through the project of Lesnaya Polyana. This suburban settlement was planned on a drawing board and financed by extensive federal resources. About 6,500 people live here on an above-average modern level.

Altogether, classical instruments for modernization have already been experienced in other old industrial regions. However, the requirements of successful implementations have not been reached sufficiently yet. Especially in the area of innovation promotion it became clear that particularly important projects have been launched by the Center and the administrational capacities in Moscow. The initiative of modernization in terms of the Development Strategy 2025 was also executed by a think tank close to the federal government. Despite the partially missed goals from the different development strategies, the empirical analysis has pointed out that the measurement of the effects is in some cases difficult due to the recent implementation. Therefore a certain degree of patience is to be expected. Furthermore it should be emphasized that an important process of sector-specific programs could be initiated by the Development Strategy 2025. Regarding theoretical references a new regionalization besides the dominance of raw material and industrial structures of the Oblast of Kemerovo has not been developed yet by the organizations and their new programs for the region. However the strategies operate as a very important guideline in the organization in terms of the regional administration of Kemerovo, furthermore stabilizing the organization. It is the first comprehensive program on the strategic development of the Oblast since the collapse of the Soviet Union. At the very least, when formulating new targets a stronger regional emphasis is supposed to be set in the near future or should be initiated from the administration of the Oblast of Kemerovo.

IV) Which alternative approaches can be derived to tackle the greatest socio-economic problems in comparison with other old industrial regions?

V) Which development goals and recommendations for action are to be derived from an independent scientific perspective for which stakeholders?

The region of Ruhr serves as a prototype of an old industrial region. It has been chosen as a comparative example because of the similarities to the Kuzbass. The process of deindustrialization has begun in the region of Ruhr already at the end of the 1950s. Radical economic disruptions could be delayed by skillful organizational efforts. For example, at the end of the 1960s the Ruhrkohle AG (RAG) was founded. This regional corporation was able to channelize the interests of the coal industry to the political decision-makers. Furthermore, merging the coal production plants has offered new opportunities to invest a larger capital stock in other areas (diversification). The largest subsidiary of the RAG (Evonik Industries AG) has nowadays established a product and service portfolio, which is comparatively independent from the coal-based raw material industry in the region. Such an entrepreneurial model is also to be recommended for the region of Kemerovo. A decentralization of decision-making structures (e.g. in terms of the foundation of a regional or Siberian financial institution for investment projects) with state participation would make it possible to counter the current external large-scale enterprises and their strategies with the negative effects on the Oblast. In the Republic of Sakha Yakutia in Russia a similar and very successful business model for an economic regional corporation with the company of Alrosa exists. In the Oblast of Kemerovo this could be also used to implement key projects, for instance an establishment of a mechanical engineering industry supplying the regional coal industry or an improvement of the manufacturing sector in general. The region of Lower Lusatia shares similar problems with the region of Kemerovo, since the only coal producing company is an external stakeholder from the Czech Republic. Investments into other economic branches besides the brown coal industry are very improbable. The focus on maximizing profits is obviously here, too.

In the Oblast of Kemerovo the organizational structures have to be improved as a whole. The Regional Association Ruhr can serve as a model. This is a planning and monitoring organization, which is supported by the 15 participating municipalities of the region of Ruhr. Furthermore this association with about 350 employees can be regarded as an information organization, for example recording regular statistics or publishing an enormous amount of space observations about the region. These experiences could be transferred to the region of Kemerovo, for example by optimizing marketing performances in order to attract investors. Or a kind of "Kuzbass Atlas" in different languages would be a possible project adapting successful experienced projects from the region of Ruhr. Another project could be the establishment of an "Industrial Heritage Trail" in the Oblast of Kemerovo. This link of tourist attractions already exists in the region of Ruhr and Lower Lusatia. It serves as an instrument to improve the living conditions for the population as well.

The analysis of the region of Lower Lusatia has shown in many respects that there is hardly a regionalization in terms of a uniform planning and regional management due to the border of the two federal states of Brandenburg and Saxony. In the field of marketing, however, a joint association for tourism (Lausitzer Seenland) has been established recently. The most important organization in terms of restructuring is the so-called Lausitzer- und Mitteldeutsche Bergbau-Verwaltungsgesellschaft (LMBV), established in 1994/95. The company is 100 % owned by the Federal Ministry of Finance of Germany. The extensive and ambitious restoration of damaged areas executed by the LMBV has already required a financial volume of about € 10.8 billion between 1990 and 2017. These funds were mainly generated by federal allocations. About 700 specialized employees deal with the recultivation of the former mining areas in Eastern Germany. There is a need for a better recultivation in Kuzbass, too. As already outlined, the density of population is above average, mainly caused by the concentrated settlements near the coal extraction in the Kusnetsk Basin, which contains an area of only about 26,000 km². Current capacities of recultivation in the Oblast of Kemerovo are not sufficient to ensure a long-term mining management with precious after-use concepts for the vast destroyed areas.

Regarding strategies of regional development in the region of Lower Lusatia there are only a few successful possibilities for the transfer of knowledge for the Kuzbass. The development of an artificial Lake District and the focus on the economy of tourism cannot be achieved under Siberian conditions and with the current organizational structures. Furthermore, the partially destructive philosophy of organized shrinkage, e.g. in the town of Hoyerswerda or Weißwasser, seems to be not a very fruitful model for the region of Kemerovo. Counting the development of population, the region has lost about one third of their inhabitants since the German reunification. One reason for that is the comparatively weak structure of higher education. Statistically, there are only 139 students among 10,000 inhabitants. In the Kuzbass the number is about 247 and in the region of Ruhr even 540. The Ruhr area has launched a comprehensive initiative supporting higher educational infrastructure since the 1960s. Nowadays it is supposed to be the largest scientific and research area in Germany. About 25,000 people are directly and 47,000 indirectly employed in higher educational institutions. Furthermore it serves as a significant magnet for young and creative people. It leads to the recommendation that these facilities need to be strengthened in the Oblast of Kemerovo, too. The current trend of merging and cutting facilities has to be stopped.

Experiences from the region of Ruhr as well as from the Urals (Nizhny Tagil, Yekaterinburg) have shown that the development of tourism, art and culture can make partially contribution to the diversification and the internationalization of the economy. However the effects for the region of Kemerovo can only be developed limited. The focus has to be on an industrial diversification, better monitoring and the regionalization of decision-making structures. Nevertheless an initiative based on the ideas of the "European Capital of Culture" might also be conceivable in Russia or Siberia. Further the so-called "Internationale Bauausstellung Emscher Park" in the region of Ruhr was at its beginning in 1989 a comparatively revolutionary idea to revitalize urban landscapes. Nowadays, it is regarded as the starting point of a totally new regionalization for the region of Ruhr and for Lower Lusatia, too (Internationale Bauausstellung Fürst-Pückler-Land 2000-2010). These ideas and the organizational structures of implementation could act as a role model for the old industrial region of Kemerovo.

Addressing the recommendations to the stakeholders, the federal institutions are obliged to provide the region with adequate organizational and financial structures. Further programs for regional development are expected to take the special interests of over 2.7 million inhabitants of the Kuzbass into account. The federal district (okrug) of Siberia could play a coordinating role in certain cooperative projects in the region of Western Siberia. A stronger regionalization of decision-making structures might possibly first feasible through this level of federal districts. The administrational structures located in Novosibirsk are supposed to take a more active part improving the soft factors (promotion of tourism, culture, monitoring). The municipalities in the Oblast of Kemerovo could promote greater inter-communal cooperation. Firstly, an important instrument in that could be a better planning of urban-suburban relations (especially in the agglomeration of Novokuznetsk). These relations are generally to be more instiutionalized viable in Russia. The Regional Association Ruhr proves that a joint regular spatial monitoring and coordinated regional planning is possible for a sub-regional unit below the federal states for even more than 5 million inhabitants.

Ultimately, the initiatives and capacities of the Oblast are most important for modernizing the region. Long-term achievements and therefore a stronger position against the ruthless raw material extracting interests of the companies can only be enforced by regional ambitions. For the modernization of a peripheral old industrialized region, it means that the (regional) governmental institutions must fulfill more than they do in favored centrally located metropolitan regions (e.g. European Russia such as Moscow or St. Petersburg). All in all, the empiric data has led to the thesis: If a peripheral region wants to maintain and develop its industrial structures, it is has to be carried out under regional state-controlled structures. In the 20th century there were already approaches and concepts to develop industrial structures the periphery of Siberia (time of Sovnarkhoz from 1957 to 1965) and in the Kuzbass (international Autonomous Industrial Colony from 1922 to 1927).

Finally, the most important development goal is a compatible coal production, which can ensure a stable dimension of ecology, social and economic organizational structures on an average level considering the Russian and Siberian standards

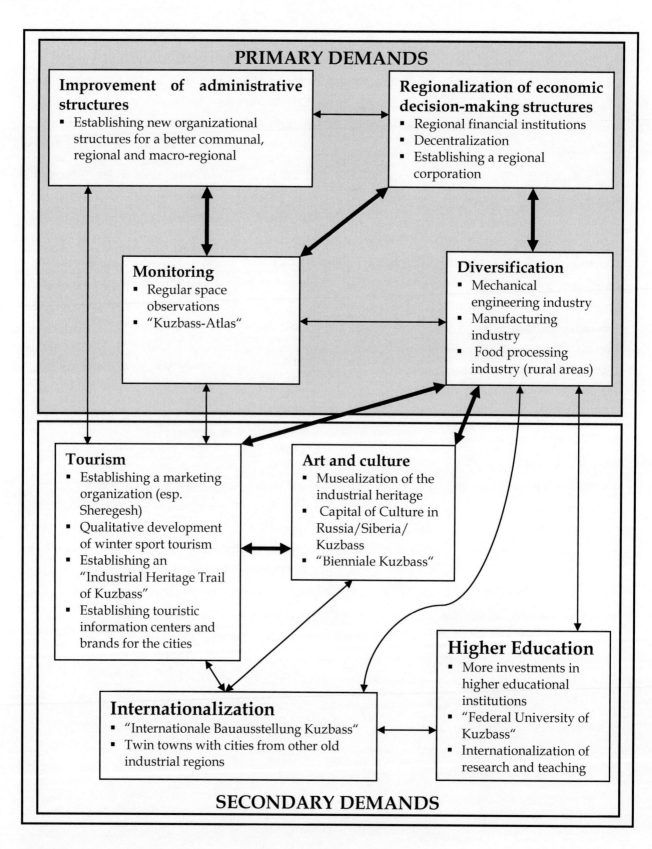

Abbildung 84: Recommendations modernizing the Oblast of Kemerovo

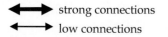 strong connections
low connections

Quelle: eigene Darstellung

8.2. Резюме

В первой части настоящей работы с темой «Кузнецкий бассейн в Сибири: стратегия развития и модернизации старопромышленного периферийного региона» была проведена обширная социально-экономическая оценка региона, базируемая на анализе российских технических текстов, финансовых отчетов и статистических данных. Основой для анализа служит подведение промежуточных итогов разработанной в 2007 г. программы «Стратегия социально-экономического развития области Кемерово на период до 2025 года". Территория Кузнецкого угольного бассейна занимает примерно четвертую часть области Кемерово, но производит более 90 % добавленной стоимости региона. Результаты этого анализа были обсуждены с 27-ю специалистами из России. Кроме того, усилия по модернизации и диверсификации в области Кемерово были сопоставлены с немецкими старопромышленными регионами, такими как регион Рур и бассейн добычи бурого угля в Лаузице. В дальнейшем будут даны ответы на поставленные в начале работы вопросы исследования.

I.) В какой степени можно классифицировать область Кемерово как старо-промышленный периферийный регион?

Из научной литературы были взяты следующие индикаторы как критерии, определяющие старопромышленный регион:

- Относительно ранняя индустриализация,
- Моноструктуры в промышленности,
- Ведущие отрасли находятся в конце жизненного цикла продукта,
- Стагнация или сокращение добавочной стоимости,
- Преобладание крупных компаний,
- Высокое загрязнение окружающей среды,
- Высокий процент безработных,
- Утечка мозгов и отток молодежи.

Большинство этих индикаторов подходят к Кузнецкому угольному бассейну. Начиная 2012 года сокращается валовый региональный продукт Кемеровской области ежегодно примерно на 4 % (сравнительные цены). С 2013-го по 2014-й было зафиксировано небольшое востановление +2,1 %. В 2014 г. валовый региональный продукт на душу населения этого некогда богатого региона Сибири составил 273.825 рублей или 68 % от среднего общероссийского значения в 403.179 рублей. 58 % российской добычи угля сосредоточены в Кузнецком бассейне. Достигла ли добыча каменного угля конца жизненного цикла продукта или снижение спроса связано с коньюктурными, кризисными причинами, включая проблемы по охране окружающей среды, этот вопрос остался открытым.

I а.) Какие социально-экономические тенденции развития можно идентифицировать?

В конце советского периода в Кузбассе в год добывалось до 150 миллионов тонн каменного угля (1990). Это было больше, чем в регионе Рур в начале 50-ых годов последнего столетия. В 90-ые годы ежегодная добыча угля упала до 100 млн т (1997 г.). Впоследствии добыча угля возросла до

215 млн тонн в 2015 г., прежде всего, за счет расширения открытой горной выработки. В условиях экономического кризиса 2007/08 годов низкие цены на уголь не могли быть компенсированы за счет повышения добычи, поэтому добавочная стоимость снижается уже в течение 4-х лет. Начиная с 2007 г. в угольной и металлургической промышленности (горнодобывающей и сталелитейной) были сокращены 50.000 рабочих мест. В 2015 г. число занятых в этом секторе составило 125.00 человек - это около 10 % от общего числа занятых. Принимая во внимание эффект мультипликатора, то более половины рабочих мест прямо или косвенно зависят от угольной и металлургической промышленности.

Население области снизилось с 3,17 млн человек в 1989 г. до 2,71 млн в 2016 году. Одновременно из-за продолжающейся миграции сельского населения в города, возросла плотность населения в 16-ти городских округах, 14 их которых лежат в Кузнецком угольном бассейне. С площадью 2.587 км² они занимают 2,7 % территории области (95.725 км²). Там проживают 2,26 млн человек или 83% населения области. Средняя плотность населения составляет 872,2 чел./км², что превосходит среднюю плотность большинства немецких метропольных регионов. Учитывая, что значительная часть городских земель занята под горные разработки, карьеры и прилежащие к ним территории, то жилые районы городских округов еще более густонаселенны, чем регион Рур. Около 1,1 миллиона жителей живут в столице Кемеровской области и втором по величине городе Новокузнецке. 43.0000 жителей живут в трех других городах (Прокопьевск, Белово и Ленинск-Кузнецкий).

До 2010 года области удавалось компенсировать, ориентированный на поиск работы и получение образования, отток населения благодаря притоку в основном пожилых людей из сибирского Севера и имигрантов из Средней Азии. С тех пор область имеет негативный баланс миграции. Из-за отсутствия альтернативных рабочих мест безработные стремительно покидают регион. Это в свою очередь приводит к тому, что уровень безработицы в области «лишь» немногим выше среднего. Тоже самое происходит с возрастным уровнем населения. Так как продолжительность жизни мужчин является одной из самых низких по России - 61,6 лет, доля пенсионеров - мужчин старше 55 лет, растет лишь умеренно.

I b.) Что можно назвать глобальными проблемами развития?

С 2014 по 2015 год объем инвестиций в основной капитал в России снизился на 8,4% (сравнительные цены). В области Кемерово, однако, это падение составило 38,1 %. Это уже второй сильный спад инвестиций в течение короткого периода времени: с 2012 по 2013 гг. произошло сокращение на 21,7 %. В 2015 году объем инвестиций в основной капитал в области составил 59.552 рубля на одного жителя - 60 % от среднего общероссийского значения в 99.421 руб. на душу населения.

Только в 2015г. были вложены 576 млрд и 530 млрд руб. инвестиций в сырьевой сектор экономики слабонаселенных Ханты-Мансийского и Ямало-Ненецкого автономных округов на разведку местной нефти и газа. В тоже время инвестиции в добычу сырья в Кемеровской области составили только 47 млрд рублей, т.е. менее одной десятой части. Сырьевой сектор экономики области страдает от отсутствия инвестиций.

Экономика Кемеровской области в значительной степени контролируется корпорациями, которые имеют свои штаб-квартиры в Москве или за рубежом. Они в основном заинтересованы в добыче сырья в краткосрочной и среднесрочной перспективе. Инвестиции в охрану окружающей среды или инфраструктуру со стороны нерегиональных компаний, очень редки. Также вложения в капитальный ремонт переносятся на более поздние сроки. Техника устарела, соответственно, низкая производительность. Несмотря на то что на протяжении более 60-ти лет неоднократно планировалось, но до сих пор не было осуществлено создание в Кузнецком бассейне специального машиностроения для горнодобывающей и металлургической промышленности. Почти все оборудование для горнодобывающих и металлургических предприятий покупаются в других регионах, из них 80 % за рубежом.

Аналогичная ситуация и при выпуске конечной продукции: кроме двух коксохимических заводов нет петрохимических и/или фармацевтических мощностей по переработке угля. Частично высококачественный каменный уголь либо экспортируется за тысячи километров, что приводит к его удорожанию, либо сжигается в основном на устаревших электростанциях.

По выбросам в воздух загрязняющих веществ на душу населения среди 85 субъектов Федерации Кемеровская область занимает третье место после Красноярского края и Ханты-Мансийского автономного округа. Из крупных городов области самым загрязненным является Новокузнецк. При этом Новокузнецк занимает второе место после г. Норильска (Красноярский край) среди самых «грязных» городов в стране. Рекультивация площадей под горными отбросами и отвалами происходит в недостаточной степени. В настоящее время площадь нарушенных площадей (преимущественно открытые разрезы и отвалы) составляет 763 км², из которых более трети приходится на городские округа.

II.) Какие стратегии существуют, чтобы решить эти проблемы?

В дальнейшем в работе доминирует функциональный подход сравнения. В рамках пространственно-коммуникативного подхода сравниваются друг с другом вышеназванные проблемы, путем анализа программ компаний (годовые отчеты) и стратегии областной администрации, а также вытекающие из них проблемы программных территорий. Основой для анализа служит, принятая в 2007 г. так называемая «Стратегия социально-экономического развития области Кемерово на период до 2025 года". Так как со времени принятия стратегии прошло уже 9 лет, можно подвести промежуточные итоги целей и мероприятий программы. В дальнейшем будут рассмотрены программные блоки: обеспечение роста производства, диверсификация и инновации.

II а.) Какие стратегии и мероприятия, были реализованы со стороны предприятий/компаний?

1. Обеспечение роста производства

Деятельность крупных частных экономических субъектов в области Кемерово является преимущественно компонентом межрегионального разделения труда внутри России или за рубежом (например: ЕВРАЗ, Русал, МЕЧЕЛ, СУЭК, УГМК). Штаб-квартиры корпораций расположены за пределами области Кемерово, в результате чего необходимо учитывать значительное внешнее управление. Основной стратегией корпораций является получение кратко - и среднесрочной «быстрой» прибыли, прежде всего, за счет экспорта угля, кокса и стали. Объемы добычи и экспорта резко возросли в последние годы. Это единственная мера, с помощью которой корпорации пытались компенсировать падение цен. Тем не менее доходы и численность занятых в крупных корпорациях снижаются.

2. Диверсификация

В качестве положительного примера энергетической диверсификации можно привести Яйский нефтеперерабатывающий завод на севере Кемеровской области, который придает новые важные импульсы региону. Благодаря государственной поддержке были построены новые промышленные структуры на севере региона, с созданием около 1.000 новых рабочих мест, не зависящие от угольной промышленности. Завод обеспечивает поставки топлива для автотранспорта области. Несмотря на то что нефтегазовый комплекс Западной Сибири является одним из крупнейших поставщиков энергии в мире, устаревшие перерабатывающие мощности не могли обеспечивать топливом значительно возросшее транспортное сообщение к востоку от Урала.

Строительство в Шерегеш в южном регионе области, крупнейшего горнолыжного курорта в азиатской части России, можно рассматривать как еще один успешный проект диверсификации. Это были в основном малые и средние предприятия, которые вкладывали средства в этот проект. Администрация области взяла на себя строительство асфальтированных подъездных дорог. С введением в строй зимнего курорта выросла жилая и рекреационная ценность южного региона Кузбасса. Кроме того, замедлился отток покупательной способности в другие российские регионы и за рубеж. В настоящее время Шерегеш получает выгоду от низкого курса рубля, так как поездка на зимние курорты в Австрию или Швейцарию стала недоступной для многих отдыхающих. Тем не менее следует признать, что сопутствующие эффекты ограничены. Туризм может быть только одним сегментом среди многих диверсификации экономической структуры в старопромышленном регионе.

Не было выполнено и следующее требование «Стратегии развития», а именно создание собственного машиностроения для горнодобывающей и петрохимической промышленности. Стремление диверсифицировать энергетику (н-р: добыча рудничного газа) все еще маргинально, но оно обещает интересный чистый энергетический субститут. Если в этой области не произойдет никаких серьезных изменений, это может привести в Кузбассе к разрушительным синхронным эффектам, которые значительно ограничат возможности противодействия из-за накопившихся, вышеизложенных проблем.

3. Инновации

Большинство нововведений были введены малыми и средними предприятиями. Исключением является Центральный вокзал г. Новокузнецка, который был модернизирован с 2011 по 2013 год и превратился в один из самых современных железнодорожных вокзалов России. В отличие от сегодняшных немецких вокзалов, в российских железнодорожных вокзалах важную роль играет удобство пребывания. Во всех вокзалах должны быть удобные, теплые комнаты ожидания, рестораны, кафе и газетные киоски.

II b.) Какие стратегии и мероприятия, были реализованы со стороны администрации области и Федерации?

В течение 2015 года Федерация и регионы вложили в среднем 13,7 % инвестиций в основной капитал, в области Кемерово инвестиции составили только 6,7 %.

1. Обеспечение роста производства

В результате усилия в этой области двойственны: несмотря на предупреждения о последствиях (особенно из-за вреда здоровью населения) администрация области поддерживает увеличение добычи угля. В связанных с этим дополнительных затратах по восстановлению здоровья, предприятия привлечены лишь незначительно.

Вместо этого Федерация и область Кемерово возмещают ущерб от землетрясений, связанных с горнорудными работами. С одной стороны, это стратегическая поддержка центра (министерства в Москве) полезна для стабильного развития добычи угля, от которого зависят многие вторичные рабочие места и структуры. Резкий спад будет фатальным, как показало развитие событий после 1990 года в Лаузицком бассейне добычи бурого угля. С другой стороны, кроме увеличения экспорта, никакого значительного развития этого промышленного сектора в последние годы не произошло.

2. Диверсификация

В 2015 году не были выбраны плановые инвестиции, заложенные в бюджет «Стратегии развития». Скромная диверсификация в секторе услуг была достигнута благодаря так называемым «соглашениям» между администрацией области и концернами, в которых обговаривались обязательные инвестиции в культурную, социальную и рекреационную сферу. Однако для фундаментальной модернизации промышленности эти соглашения непригодны.

В 2010/11 годах Федерация разработала программу структурных улучшений монопрофильных городов, т.е. населенных пунктов, страдающих из-за экономических моноструктур. В области Кемерово находится большинство российских моногородов (24 из 333), больше, чем в любой другой российской территориальной единице на уровне субъектов Федерации. В области к моногородам относятся 58 % городов и поселков городского типа, в том числе и такие крупные города как Новокузнецк, Прокопьевск и Ленинск-Кузнецкий. На примере третьего по величине города области, Прокопьевска, было показано, что положение дел в принципе не изменилось. Только в Юрге произошли незначительные положительные сдвиги. Но для подведения окончательной оценки эффектов необходимо больше времени, так как совокупное время работы программы слишком коротко.

Параллельно с программой правительства, в области были организованы в общей сложности пять региональных свободных экономических зон (СЭЗ). Государство и муниципалитеты являются здесь активными поставщиками инфраструктуры и налоговых льгот. Концепция представляет собой модифицированный вариант "Enterprise Zones", который уже нашел применение в 1980-х годах в старопромышленных регионах Соединенных Штатов или Соединенного Королевства. Но приводя в пример город Ленинск-Кузнецкий становиться ясно, что муниципалитет практически бессилен против такой крупной корпорации как СУЭК. Крупные и другие инвесторы (как и в других региональных свободных **экономических зонах)** еще не торопятся вкладывать деньги в регион. Необходимо также улучшить маркетинг этих региональных СЭЗ.

3. Инновации

Более крупные организационные и технические инновации были реализованы в сфере здравоохранения. В Кемерово был построен один из ведущих российских кардиологических центров, который интегрирован в мировую сеть исследований в этой области. Некоторые специализированные клиники и больницы были заново построены или восстановлены, и оборудованы по последнему слову техники.

Областная администрации и Федерация уже 20 лет строят первую межрегиональную автомагистраль Сибири. Она соединит Кемерово с Новокузнецком и построена примерно на 80 %.

Сфера поддержки инноваций связана, как правило, с диверсификацией производства. В 2008 году в Кемерово был основан первый технологический парк. Подобные учреждения существуют уже в 13 других регионах России. Тем не менее, число резидентов технопарков в последние годы несколько снизилось. Инновационная среда в технопарках на сегодняшний день практически не существует. Например, не было замечено увеличения регистрации патентов. Кроме того, в регионе особенно слаба современная инфраструктура образования. Потери студентов высших учебных заведений в Кемеровской области были выше среднего показателя по стране. Если в 2015 году среднее число студентов на 10.000 жителей в России составило 325 человек, то в области Кемерово только 227 чел. В соседней Томской области с самым старым университетом в Сибири насчитывалось более 590 человек, что в два раза больше. В сравнении с другими областями Сибири: в Омской области среднее число студентов составило 448, а в Новосибирской области 399 студентов. Даже в Алтайском Крае с его малонаселенными сельскими структурами среднее число студентов - 255 человек на 10.000 жителей - было выше, чем в области Кемерово. Стратегия создания Федерального университета "Кузбасс" с большой финансовой поддержкой со стороны центра, потерпела неудачу. Вместо этого происходит слияние высших учебных заведений или в небольших городах, таких как Прокопьевск, Анжеро-Судженск, они были просто закрыты.

Самой успешной мерой по созданию новых сегментов иллюстрирует субурбанизационный проект в Лесной Поляне. В 2006 г. с чистого листа было начато строительство города, финансируемого правительством страны. В 2008 г. заселились первые жители. Сейчас в городе с совершенно новой социальной инфраструктурой, построенной по самым высоким стандартам, живут около 6.500 человек. Продажа и аренда квартир преимущественно для молодых семей, поддерживается областью. После введения в строй последней очереди, в Лесной Поляне будут жить 30.000 человек.

III.) Насколько успешны эти стратегии с середины 2000-ых годов до наших дней?

В целом, некоторые классические инструменты, уже известные из других старопромышленных регионов, были использованы для модернизации. Многое не удалось довести до конца из-за половинчатости решений и недостатка средств. Во многом потому, что наиболее важные проекты (в особенности поддержка инноваций) были инициированы Федерацией. Это также относится к проекту «Стратегия развития до 2025 года". Проект был разработан близким к правительству России проектным бюро из Санкт-Петербурга.

В целом, прослеживается сильное отклонение от целей «Стратегии развития до 2025 года». Тем не менее, следует помнить, что некоторые эффекты не могут быть измеримы из-за слишком короткого периода времени с момента начала осуществления проекта. Необходимо также подчеркнуть, что с запуском стратегии развития, было инициировано дальнейшее принятие ряда отраслевых программ на уровне области. Что касается теоретического содержания, ничего принципиально нового не было разработано до сих пор.

Новым было, однако, создание в 2004 г. регионального холдинга «Сибирский деловой союз» (СДС). Идея, таким способом сократить внешнее управление в угольной отрасли, оптимизировать инвестиции с учетом особенностей области Кемерово, была очень интересна. Подобно Ruhrkohle AG (RAG), СДС попытался, путем приобретения открытых разрезов и шахт, доминировать в добыче каменного угля. Но крупнейшая горнодобывающая компания региона «Кузбассразрезуголь», не вошла в холдинг. Одной причиной для этого был неясный статус дочерней компании СДС «MIR Trade» в Швейцарии, через которую осуществлялись высокодоходные экспортные сделки с западными странами. До сегодняшнего дня неясно, кто и каким образом контролирует «MIR Trade» и что происходит с получаемыми валютными доходами. Сибирский деловой союз превратился в смешанный концерн, который занимается вагоностроением, туризмом, строительством и владеет многими СМИ. Иногда СДС используется в качестве „пожарных", чтобы спасти некоторые компании от банкротства. Таким образом возник конгломерат, которым трудно управлять. В настоящее время, после нескольких убыточных лет, второй по величине частный работодатель в Кузбассе, имеет значительные финансовые проблемы.

IV.) **Какие альтернативные подходы по решению крупнейших социально-экономических проблем, могут быть получены из сравнения с другими старопромышленными регионами?**

Первым объектом сравнения был выбран старопромышленный регион Рур. Еще в конце 1950-х годов там произошло резкое падение спроса на каменный уголь после того, как внезапно были отменены таможенные пошлины на нефть. Последующее закрытие шахт с ростом безработицы привел к тому, что Федерация Германии пригласила за один стол руководство горнодобывающих компаний и производителей энергии, правительство земли Северный Рейн-Вестфалия, профсоюзы и др. объединения и призвала к "согласованным действиям", чтобы совместно решить предстоящие проблемы.

Шахты были объединены в акционерное общество Руруголь (RAG), продажа угля была стабилизирована через долгосрочный договор с операторами ТЭС. Была реализована широкая стратегия диверсификации и проведены мероприятия по поддержке образовательной компании в маштабах, которые еще никогда не проводились. Были основаны шесть новых университетов. Сегодня регион является одним из крупнейших научно-исследовательских центров Германии.

Акционерное общество Руруголь (RAG) и Региональная ассоциация Рур занимаются рекультивацией земель и унаследованными обязательствами горнодобывающей промышленности. Таким образом удалось так смягчить структурные изменения, что потеря рабочих мест в горнодобывающей сфере, была компенсирована созданием новых в быстрорастущих сегментах промышленности и в сфере услуг, предотвратившим массовый отток населения.

Также внутри горнодобывающей промышленности произошла диверсификация: самая крупная дочерняя компания RAG «Evonik Industries AG» создала портфель продуктов и услуг, который работает относительно независимо от собственной региональной угледобывающей базы.

В качестве второго сравнительного региона был проанализирован пост-социалистический старопромышленный регион - Лаузицкий бассейн добычи бурого угля. Аналогично, как и в настоящее время в области Кемерово, добыча угля там находится руках «чужой» компании. Поэтому остается под вопросом, в какой степени в Лаузице в ближайшее время будут реализованы инвестиционные проекты. Чистое извлечение прибыли здесь также прослеживается. Вопросы финансирования рекультивации и возвращения нарушенных земель в оборот еще не выяснены. Обязанности крупнейшего агентства по рекультивации взяло на себя в 1994/95 гг. так называемое Лаузицкое и центрально-немецкое горнопромышленное управляющее общество с органиченной ответственностью (LMBV). Появление этой организации связано с особыми обстоятельствами при объединения Германии и 100 % компаниии находится в федеральной собственности. Обширная и тщательная реабилитация нарушенных земель в Восточной Германии обошлась в 10,8 млрд евро за период с 1990 по 2017 год. Основные средства для этого выделило государство.

После объединения Германии в 1990 году не удалось собрать всех заинтересованных актеров за одним столом в рамках акции "согласованные действия" для решения структурных вопросов и проблем развития в регионе. В отличие от региона Рур (земля Северный Рейн-Вестфалия), бурый уголь добывается не в одной, а сразу в трех приграничных Федеральных землях: Бранденбург, Саксония и Саксония-Анхальт. Соответственно подведомственность и круг полномочий, такие как региональное развитие, охрана окружающей среды, транспорт, образование и здравоохранение, раздроблены и находятся на разных уровнях и землях. Также не удалось разработать общую стратегию диверсификации, которая была бы поддержана предприятиями, Федерацией и землями. Однако, в области маркетинга был учрежден в 2012 г. туристический союз «Лаузицкий озеный ландшафт» - совместная инициатива земель Бранденбург и Саксония. После объединения Германии регион Лаузиц потерял почти 1/3 населения, что, кроме вышеназванного, объясняется и недостаточной инфраструктурой в сфере образования. В Лаузице насчитывается только 139 студентов на 10.000 человек. В области Кемерово этот показатель составляет 227 человек, а в регионе Рур 540 чел.

V.) Какие цели и рекомендации по развитию региона могут быть получены благодаря независимой научной точки зрения и для каких адресатов?

Если периферийный регион планирует сохранение и развитие своих промышленных структур, то он должен иметь возможность провести это самостоятельно под контролем государства. Это означает, что для модернизации периферийного старо-промышленного региона, государственные учреждения должны делать больше, чем для пользующихся благосклонностью, центрально расположенных метропольных регионов европейской части России, вкл. Москву и Санкт-Петербург.

Предприятия:
- Было бы целесообразно, реорганизовать региональный концерн «Сибирский деловой союз» в такую структуру, которая могла бы эффективнее контролировать деятельность администрации и партнеров по бизнесу. При этом представляется настоятельная необходимость объединить все предприятия угледобывающей промышленности в одно общество, находящееся под контролем политической власти. Только так можно избежать частично абсурдную конкуренцию из-за концессий и максимальную экстернализацию экологических и социальных издержек на плечи общественности.
- Развитие центра зимних видов спорта в Шерегеш и возведение Яйского нефтеперерабатывающего завода показывают, что малые и средние предприятия в значительной степени могут способствовать диверсификации производства. Однако в области Кемерово слишком мало предприятий такого типа. Прежде всего не хватает специализированных предприятий по производству оборудования для горнодобывающей промышленности.
- В этих сегментах многое зависит от будущей поддержки со стороны государства, к которой относятся следующие рекомендации:

Федерация:
- При распределении будущих горнодобывающих концессий должны учитываться: близость к населенным пунктам, особенности окружающей среды, возможности рекультивации и затраты на восстановление нарушенных земель.
- Уже сейчас для финансирования настоящих и будущих расходов на рекультивацию, должен быть создан фонд, учрежденный совместно с областной администрацией и промышленными компаниями.
- Федерация должна позаботиться о лучшей работе зацентрализованных Российских железных дорог (РЖД). Экономика Сибири требует стабильных железнодорожных тарифов и быстрых временных интервалов, чтобы оперативно транспортировать уголь в регионы спроса и в порты.
- Федерация должна реформировать межрегиональное бюджетное регулирование так, чтобы недостатки развития периферийных регионов могли быть компенсированы в максимально возможной степени.
- При этом следует учитывать, что университеты на периферии являются не только образовательными и научно-исследовательскими учреждениями, но и имеют другие важные предпринимательские функции, такие как сдерживание оттока молодежи из региона и как поставщики существенной покупательной способности по месту жительства.
- С помощью проекта «Культурная столица России», организованного по образцу европейской программы „Культурная столица Европы", можно было бы повысить

ценность и лучше сохранить богатое архитектурное, культурное наследие России и в особенности Сибири.

Федеральный округ:
- В Федеральном округе должна быть усилена экономическая и политическая кооперация.
- Особенно экономики Новосибирской и Томской областей, Алтайского края и Республики Алтай дополняют друг друга. Их кооперация должна быть соответственно поддержана.

Администрация области Кемерово:
- На основе доходов от продажи концессий и вновь созданного (восстановительного) фонда рекультивации, мог бы быть образован региональный банк развития под контролем администрации области.
- Так могло бы сформироваться ядро регионального концерна, который имел бы более прозрачные структуры, чем сегодняшный СДС. Подобная успешная бизнес-модель уже существует в Республике Саха-Якутия на примере регионального концерна ALROSA, акционерами которого являются Федерация, Республика Якутия, некоторые ее районы и другие актеры.
- Администрация области должна улучшить территориальное планирование и соответственно проводить постояный мониторинг. Возможным инструментом для этого мог бы стать глубокоэшелонированный «Атлас Кузбасса», предлагающий например темы аналогичные «Атласу региона Рур» и другие интересные аспекты для Кузнецкого бассейна или для всей Кемеровской области.
- «Атлас Кузбасса» мог бы быть полностью или частично переведен на другие языки и использован в целях маркетинга региона за рубежом.
- Хороший мониторинг, регулярные наблюдения пространства и доступная информация являются предпосылками для лучшего территориального планирования. Только областная администрация может обеспечить исполнение долгосрочных планов и таким образом контролировать колонизаторские интересы крупных компаний по добыче сырья и при необходимости их ограничивать.
- На основе этого мониторинга городские округа и сельские районы могли бы лучше и надежнее планировать мероприятия по рекультивации и возвращению в использование нарушенных земель.
- С помощью мониторинга может быть обеспечено сохранение земель сельско-хозяйственного назначения в долгосрочной перспективе и активизировано их использование.
- «Кузбасский маршрут индустриального наследия" по образцу Рурского региона может улучшить региональный маркетинг. Уже существует некоторое число индустриальных музеев и памятников, но они не объединены в одну сеть. С учетом наличия большого количества старопромышленного оборудования в регионе, численность памятников может быть значительно увеличена.

- Успешные проекты и новые города, такие как Лесная Поляна, могли бы быть представлены в рамках международных строительных выставок по примеру IBA „Emscher Park" или IBA «Fürst-Pückler-Land».

Муниципалитеты:
- Деятельность по мониторингу и территориальному планированию на областном уровне могли бы быть частично переданы в ведение коммунальных и региональных объединений, состоящих из городских округов и сельских районов. Примером может служить Региональная ассоциация Рур. Однако, в настоящее время такие структуры еще не существуют. Они были бы желательны в особенности для южной части Кузнецкого угольного бассейна.
- Используя таким образом полученные данные, муниципалитеты в рамках ассоциации, могли бы оказывать влияние на распределение горных концессий и установление объема затрат на рекультивацию земель.
- Кроме того, такие организации могли бы улучшить сотрудничество между местными органами власти в городских и сельских районах.
- С помощью международного партерства между городами и высшими учебными заведениями в других бывших старопромышленных регионах, можно приобрести новые знания, навыки и стратегии по улучшению взаимодействия между бизнесом, политикой и наукой с целью проведения успешной модернизации.

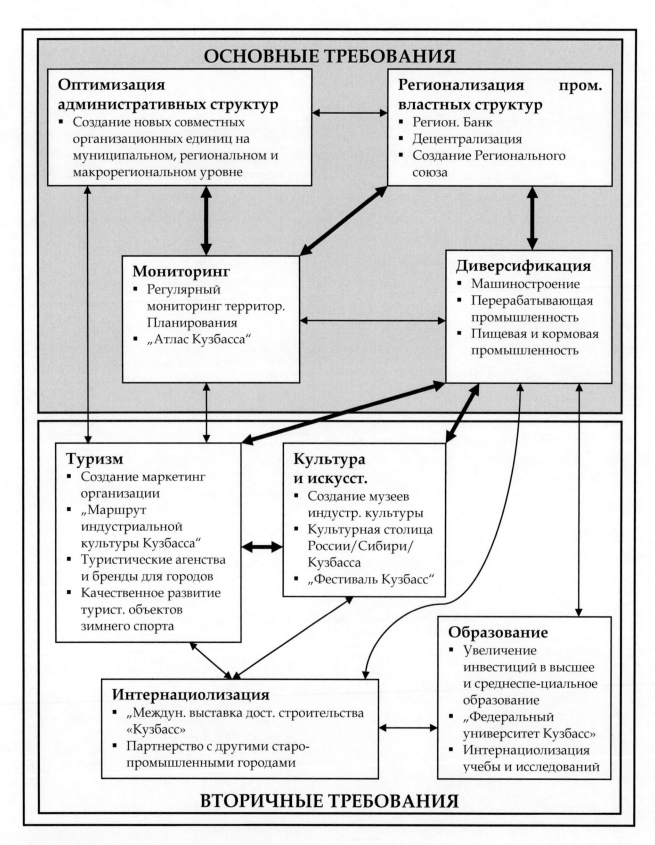

Abbildung 85: Рекомендации по модернизации области Кемерово

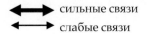 сильные связи

слабые связи

Quelle: eigene Darstellung

9. Quellenverzeichnis

Für eine effektivere Darstellung des Kapitels 9 wird bei den Quellen mit Autoren bzw. Herausgebern (9.1) und bei der Auflistung der Experteninterviews (9.3, S. 352 ff.) auf einen einfachen Zeilenabstand zurück gegriffen. Aus ähnlichen Gründen erfolgt die Auflistung der Internetquellen (9.2, S. 342 ff.) in Schriftgröße 8.

9.1. Quellen mit Autoren/Hrsg.[1051]

ADAMENKO, A. M.; BAEV, O.V.; BLINOV, A.V.; VOLČEK, V.A.; GIZEJ JU. JU.; ERMOLAEV, A. N.; KARPINEC, A. JU.; OVŠINNIKOV, V. A.; USKOV, I. JU. (Hrsg.) (2013): *Leninsk Kuzneckij – stranicy istorii (1759-1941) (Seiten der Geschichte von Leninsk-Kuzneckij)*, Tom 1, Izdatel'stvo Priobskie vedomosti, Novosibirsk

AGENTUR FÜR ARBEIT BAUTZEN (Hrsg.) (2015): *Arbeitsmarktreport Agentur für Arbeit Bautzen – September 2015*,
unter:
https://www.arbeitsagentur.de/web/wcm/idc/groups/public/documents/webdatei/mdaw/mtu5/~edisp/l6019022dstbai780436.pdf?_ba.sid=L6019022DSTBAI780468 (eingesehen am 15.09.2016)

AGIRREČU, ALEKSANDR ANTONOVIČ (2009): *Naukogrady Rossii – istorija formirovanija i razvitija (Geschichte der Entstehung und Entwicklung von Wissenschaftsstädten in Russland)*, Izdatel'stvo Moskovskogo universiteta, Moskau

AKULOV, ANATOLIJ O. (2013): *Decoupling effect in industrial region – the case of the Kemerovo Oblast*, in: Economic and social changes: facts, trends, forecast 4 (28), 2013, S. 159-166

AKULOV, ANATOLIJ O. (2014): *Vlijanie ugol'noj promyšlennosti na okružajuščuju sredy i perspektivy razvitija po modeli dekaplinga (Einfluss der Kohleindustrie auf die Umwelt und Entwicklungsperspektiven anhand eines Entkopplungsmodells)*, in: Region - Ėkonomika i sociologija – problemy mestnogo samoupravlenija i municipal'nogo razvitija, Nr. 1 (82) 2014, S. 272-288

ALABINA, TAT'JANA ALEKSANDROVNA (2011): *Regional'naja ėkonomičeskaja politika v razvivajuščejsja ėkonomike: teorija i praktika – na primere Kemerovskoj oblasti (Regionalökonomische Politik in einer entwickelnden Wirtschaft – Theorie und Praxis am Beispiel der Oblast' Kemerovo)*, Kemerovskij gosudarstvennyj universitet, Kemerovo

ALEKSANDROV, S. I; REČKO, G. N.; FRIDMAN, JU. A. (1991): *Kuzbass – Social'no-ėkonomičeskoj rekonstrukcii (Sozioökonomische Modernisierung im Kuzbass)*, Sibirskoe otdelenie NAUKA, Novosibirsk

ALROSA (Hrsg.) (2016): *Godovoj otčet Alrosa 2015 (Jahresbericht von Alrosa 2015)*,
unter: http://www.alrosa.ru/ar2015/#pdfcenter (eingesehen am 17.10.2016)

ALTAJVAGON (Hrsg.) (2010): *Altajskij Vagonostroitel' (Zeitung „Altaier Wagonbauer")*, Nr. 10 (188), 11/2010
unter: http://altaivagon.ru/files/2010/stroitel/2010-10.pdf (eingesehen am 16.02.2016)

[1051] Bei der Angabe von russischen Namen wird zur besseren Identifikation, wenn es bekannt bzw. aus den Quellen ersichtlich ist, auch der Vatersname angegeben.

ALTAJVAGON (Hrsg.) (2015): *Katalog produkcii – Catalogue of Products (Produktkatalog),*
unter: http://altaivagon.ru/upload/catalog.pdf (eingesehen am 16.02.2016)

ALTAJKRAJSTAT (Hrsg.) (2014): *Statističeskij ežegodnik Altajskij Kraj 2008-2013 (Statistisches Jahrbuch des Kraj Altai 2008-2013),* Barnaul

ALTAJSTAT (Hrsg.) (2011): *Respublika Altaj v cifrach 2011 (Die Republik Altai in Ziffern 2011),* Gorno-Altajsk

AMT FÜR STATISTIK BERLIN-BRANDENBURG (Hrsg.) (2016): *Statistischer Bericht – Tourismus im Land Brandenburg nach Gemeinden 2015,*
unter: https://www.statistik-berlin-brandenburg.de/publikationen/stat_berichte/2016/SB_G04-09-00_2015j00_BB.xlsx (eingesehen am 20.09.2016)

ANDREEVA, O. S.; RJABOV, V. A. (2014): *Vozmožnosti rekreacionnogo razvitija urbanizirovannych territorij na primere južno-kuzbasskoj aglomeracii (Möglichkeiten der touristischen Entwicklung eines urbanisierten Territoriums am Beispiel der südlichen Kuzbass-Agglomeration),* in: Ėkologija – Ecology of Urban Areas, Nr. 2., 2014, S. 55-59

ANDROCHANOV, V. A.; VODOLEEV, A. S. (2012): *Problemy rekul'tivacii narušennych zemel' (Probleme bei der Rekultivierung von Brachflächen),* in: Kemerovoskaja Oblast' - Kollektivnaja monografija, Kuzbasskaja gosudarstvennaja pedagogičeskaja akademija, Novokuzneck, S. 231-236

ANOCHINA, NATAL'JA EVGEN'EVNA (2015): *Problema monogorodov v kontekste postindustrial'noj modernizacii (Probleme von Monostädten im Kontext postindustrieller Modernisierung),* in: Basalaeva, Irina P. (Hrsg.) (2015): Industrial'ny gorod v postindustrial'nuju ėpochu, tom 2, Novokuzneck, S. 14-23

BABUN, R. V. (2012): *Aglomeracija gorodov kak ob"ekt upravlenija (Städte-Agglomerationen als Verwaltungsobjekt),* in: Region - Ėkonomika i sociologija – problemy mestnogo samoupravlenija i municipal'nogo razvitija, Nr. 2 (74) 2012, S. 239-252

BASF SCHWARZHEIDE GMBH (Hrsg.) (2016): *We create chemistry – Standortporträt 2016 BASF Schwarzheide GmbH,*
unter: https://www.basf-schwarzheide.de/portal/streamer?fid=482214 (eingesehen am 19.09.2016)

BATHELT, HARALD; GLÜCKLER, JOHANNES (2012): *Wirtschaftsgeographie – Ökonomische Beziehungen in räumlicher Perspektive,* 3. Auflage, Verlag Eugen Ulmer, Stuttgart

BELAYA, VERA (2016): *Lebensmittelsicherheit und –qualität in Russland: Anforderungen versus Herausforderungen für die Industrie,* in: Russland Analysen Nr. 326 vom 02.12.2016, S. 2-5
unter: http://www.laender-analysen.de/russland/pdf/RusslandAnalysen326.pdf
(eingesehen am 09.01.2017)

BESPALOVA, OL'GA LEONT'EVNA (2012): *Dvorec Truda – Stranicy istorii 85 let služenija Kuzbassu (Haus der Arbeit – Seiten der Geschichte - 85 Jahre im Dienste des Kuzbass),* Vojaž, Kemerovo

BLAM, JU. Š, REČKO G. N.; FRIDMAN, JU. A. (1988): *Prognozirovanie razvitija narodnogo chozjajstva Kemerovskoj oblasti – podchod k issledovaniju vnutriregional'nych zakonomernostej (Prognose der volkswirtschaftlichen Entwicklung in der Oblast' Kemerovo – ein Ansatz zur Erforschung der innerregionalen Gesetzmäßigkeiten),* Predprint, Institut ėkonomiki i organizacii promyšlennogo proizvodstva Sibirskoe otdelenie Akademija nauk SSSR, Novosibirsk

BOGUMIL, JÖRG; HEINZE, ROLF G.; LEHNER, FRANZ; STROHMEIER, KLAUS PETER (2012): *Viel erreicht – wenig gewonnen - Ein realistischer Blick auf das Ruhrgebiet,* Klartext Verlag, Essen

BOSCHMA, JAN; LAMBOOY, JAN (2000): *The prospects of an adjustment policy based on collective learning in old industrial regions*, in: GeoJournal, Dezember 1999, Volume 49, Issue 4, S. 391-399

BRADE, ISOLDE; KNAPPE, ELKE (2007): *Das östliche Europa im Focus der deutschen Geographie*, unter: http://nbn-resolving.de/urn:nbn:de:0168-ssoar-206504 (eingesehen am 20.07.2015)

BRADE, ISOLDE; KOLTER, CHRISTIAN; LENTZ, SEBASTIAN (2012): *Lange Trends und neue Herausforderungen: Ergebnisse aus der russischen Volkszählung*,
unter: http://nbn-resolving.de/urn:nbn:de:0168-ssoar-314790 (eingesehen am 09.09.2015)

BREL', O. A. ; KAJSER, F. JU. (2015): *Turistskaja privlekatel'nost' kak faktor ustojčivogo razvitija regiona (Touristische Attraktivität als Faktor der nachhaltigen Regionalentwicklung)*,
unter: http://cyberleninka.ru/article/n/turistskaya-privlekatelnost-kak-faktor-ustoychivogo-razvitiya-regiona (eingesehen am 17.06.2016)

BRUNE, WALTER; PUMP-UHLMANN, HOLGER (2009): *Centro Oberhausen – Die verschobene Stadtmitte – Ein Beispiel verfehlter Stadtplanung*, IZ Immobilien Zeitung Verlagsgesellschaft, Wiesbaden

BRUNOTTE, ERNST; GEBHARDT, HANS; MEURER, MANFRED; MEUSBURGER, PETER; NIPPER, JOSEF (Hrsg.) (2002a): *Lexikon der Geographie - in vier Bänden*, 1. Band, Spektrum Akademischer Selbstverlag, Heidelberg

BRUNOTTE, ERNST; GEBHARDT, HANS; MEURER, MANFRED; MEUSBURGER, PETER; NIPPER, JOSEF (Hrsg.) (2002b): *Lexikon der Geographie - in vier Bänden*, 2. Band, Spektrum Akademischer Selbstverlag, Heidelberg

BÜLOW, CHRISTIAN (2011a): *Wirtschafts- und sozialgeographische Regionalanalyse der russischen Oblast` Kaliningrad*, Der andere Verlag, Uelvesbüll

BÜLOW, CHRISTIAN (2011b): *Aufschwung im Gebiet Kaliningrad – Wirtschaftsboom durch gezielte Förderung aus Moskau*, in: Osteuropa-Wirtschaft, 56. Jg. 3-4/2011, S. 128-141

BÜLOW, CHRISTIAN (2014a): *Aktuelle Entwicklungstendenzen Ländlicher Räume in Russland und Mecklenburg-Vorpommern*; in: Dünkel, Frieder; Herbst, Michael; Schlegel, Thomas (Hrsg.): „Think Rural!" – Dynamiken des Wandels in peripheren ländlichen Räumen und Ihre Implikationen für die Daseinsvorsorge, Springer VS, Wiesbaden, S. 253-259

BÜLOW, CHRISTIAN (2014b): *Kaliningrad am Scheideweg!? Eine Analyse der wirtschaftlichen und bevölkerungsgeographischen Entwicklungstendenzen der Oblast' Kaliningrad in den 2010er Jahren*; in: Ostblicke Heft 5/2014, S. 101-119
unter: http://ostblick-deutschland.de/downloads/ostblicke/Ostblicke_5_2014.pdf
(eingesehen am 08.04.2016)

BÜLOW, CHRISTIAN (2015a): *Umstrukturierungen einer Altindustrieregion am Beispiel des Ruhrgebietes in Deutschland mithilfe eines raum-kommunikativen Ansatzes*, in: Basalaeva, Irina P. (Hrsg.) (2015): Industrial'ny gorod v postindustrial'nuju ėpochu, tom 1, Novokuzneck, S. 19-36

BÜLOW, CHRISTIAN (2015b): *Razvitie turizma kak strategija diversifikacii staropromyšlennych regionov na primere regiona Rur, Germanija (Tourismusentwicklung als Diversifizierungsstrategie in Altindustrieregionen am Beispiel des Ruhrgebietes in Deutschland)*,
unter: http://science.kuzstu.ru/wp-content/Events/Conference/Other/2015/ekonom/pages/Articles/3/Bulow.pdf (eingesehen am 04.06.2016)

BUNDESANSTALT FÜR GEOWISSENSCHAFTEN UND ROHSTOFFE (Hrsg.) (2015): *Energiestudie 2015 – Reserven, Ressourcen und Verfügbarkeit von Energierohstoffen*,
unter:
http://www.bgr.bund.de/DE/Themen/Energie/Downloads/Energiestudie_2015.pdf?__blob=publicationFile&v=2 (eingesehen am 25.01.2016)

BUNDESMINISTERIUM DER JUSTIZ (Hrsg.) (2013): *Bekanntmachung des vierten ergänzenden Verwaltungsabkommens zwischen der Bundesrepublik Deutschland und den Ländern Sachsen-Anhalt und Brandenburg sowie den Freistaaten Sachsen und Thüringen zum Verwaltungsabkommen über die Regelung der Finanzierung der ökologischen Altlasten in der Fassung vom 10. Januar 1995 über die Finanzierung der Braunkohlesanierung in den Jahren 2013 bis 2017*,
unter:
https://www.lmbv.de/files/LMBV/Dokumente/Dokumente%20Diverse/Verwaltungsabkommen-V-Bundesanzeiger.pdf (eingesehen am 23.09.2016)

BURJATSTAT (Hrsg.) (2014): *Statističeskij ežegodnik (Statistisches Jahrbuch der Republik Burjatien)*, Ulan-udė

CHAKASSTAT (Hrsg.) (2015): *Respublika Chakasija v cifrach 2014 - kratkij statističeskij sbornik (Die Republik Chakassien in Zahlen 2014 – ein kurzer statistischer Sammelband)*, Abakan

ČURAŠĖV, VIKTOR NIKOLAEVIČ (2012): *Al'ternativy razvitija kuzneckogo ugol'nogo bassejna (Alternative Entwicklung des Kusnezk-Beckens)*, in: Region - Ėkonomika i sociologija – problemy mestnogo samoupravlenija i municipal'nogo razvitija, Nr. 2 (74) 2012, S. 206-226

ČURAŠĖV, VIKTOR NIKOLAEVIČ (2015): *Perspektivy razvitija transportirovki uglja sibirskich mestoroždenij (Entwicklungsperspektiven des Kohletransportes in sibirischen Lagerstätten)*, in: ĖKO Nr. 5/2015, S. 82-99

DANILOVA, RAISA (Hrsg.) (2009): *Jurga i jurgincy (Jurga und Jurginer)*, D-Print, Tomsk

DESTATIS (Hrsg.) (2012): *Statistisches Jahrbuch – Deutschland und Internationales*, Statistisches Bundesamt, Wiesbaden

DESTATIS (Hrsg.) (2015): *Gemeinden in Deutschland nach Fläche, Bevölkerung und Postleitzahl am 31.12.2014*,
unter:
https://www.destatis.de/DE/ZahlenFakten/LaenderRegionen/Regionales/Gemeindeverzeichnis/Administrativ/Archiv/GVAuszugJ/31122014_Auszug_GV.xls?__blob=publicationFile (eingesehen am 02.09.2016)

DEUTSCH-RUSSISCHES FORUM E. V. (Hrsg.) (2016): *Liste deutsch-russischer Städtepartnerschaften – Stand Juni 2016*,
unter: http://www.deutsch-russisches-forum.de/portal/wp-content/uploads/2015/10/Liste-StdtepartnerJuni-2016_de.pdf (eingesehen am 04.11.2016)

DÖRRE, KLAUS; RÖTTGER, BERND (2006): *Im Schatten der Globalisierung – Strukturpolitik, Netzwerke und Gewerkschaften in altindustriellen Regionen*, VS Verlag für Sozialwissenschaften, Wiesbaden

EFREMENKOV, A. B.; TRIFONOV, V. A. (2014): *Problemy realizacii social'no-ėkonomičeskoj politiki v regione i monogorode Jurga (Probleme bei der Implementierung einer sozioökonomischen Politik in den Regionen und in der Monostadt Jurga)*,
unter: http://cyberleninka.ru/article/n/problemy-realizatsii-sotsialno-ekonomicheskoy-politiki-v-regione-i-monogorode-yurga (eingesehen am 09.07.2016)

EILMSTEINER-SAXINGER, GERTRUDE (2013): *Mobile Leben in der Erdgas- und Erdölindustrie im Norden Russlands*,
unter:
https://raumforschung.univie.ac.at/fileadmin/user_upload/inst_geograph/DISS_Eilmsteiner-Saxinger_FINALWEB_FIN_20130608.pdf (eingesehen am 21.07.2015)

EMANOV, A. F.; EMANOV, A. A.; FATEEV, A.V.; LESKOVA, E.V.; SHEVKUNOVA, E. V.; PODKORYTOVA, V.G. (2014): *Mining-Induced Seismicity at Open Pit Mines in Kuzbass (Bachatsky Earthquake on June 18, 2013)*, in: Journal of Mining Sciences, 2014, Vol. 50, No. 2.; S. 224-228

EPSTEIN, PAUL R.; BUONCORE, JONATHAN J.; ECKERLE, KEVIN; HENDRYX, MICHAEL; STOUT, BENJAMIN M. III; HEINBERG, RICHARD; CLAPP, RICHARD W.; MAY, BEVERLY; REINHART, NANCY L.; AHERN, MELISSA M.; DOSHI, SAMIR K.; GLUSTROM, LESLIE (2011): *Full cost accounting for the life cycle of coal*,
unter: http://www.chgeharvard.org/sites/default/files/epstein_full%20cost%20of%20coal.pdf (eingesehen am 19.03.2016)

EUROPÄISCHE UNION (Hrsg.) (2014): *Verordnung (EU) Nr. 833/2014 DES RATES vom 31. Juli 2014 über restriktive Maßnahmen angesichts der Handlungen Russlands, die die Lage in der Ukraine destabilisieren*,
unter: http://eur-lex.europa.eu/legal-content/DE/TXT/PDF/?uri=CELEX:02014R0833-20151009&rid=1 (eingesehen am 20.05.2016)

EVONIK (Hrsg.) (2016): *Perspektivenwechsel – Geschäftsbericht 2015*,
unter: http://geschaeftsbericht.evonik.de/files/files/dl/de/00_Geschaeftsbericht_2015.pdf (eingesehen am 07.10.2016)

EVRAZ (Hrsg.) (2009): *Annual Report and Accounts 2008*,
unter: https://www.evraz.com/upload/iblock/f08/f08d094c1d22c33c513e60f01163bfaa.pdf (eingesehen am 29.01.2016)

EVRAZ (Hrsg.) (2015): *Annual Report and Accounts 2014*,
unter:
http://www.evraz.com/investors/interactive_pdf/projet/multimedia/Annual_Report_2014.pdf (eingesehen am 29.01.2016)

EVTUŠIK, N. G.; D'JAČENKO, N. K. (2012): *Ėkologičeskaja obstanovka (Ökologische Verhältnisse)*, in: Kemerovoskaja Oblast' - Kollektivnaja monografija, Kuzbasskaja gosudarstvennaja pedagogičeskaja akademija, Novokuzneck, S. 214-221

FAUST, HEIKO (1999): *Das Ruhrgebiet – Erneuerung einer europäischen Industrieregion – Impulse für den Strukturwandel durch die Internationale Bauausstellung Emscher Park*, in: Europa Regional 7 (1999), Heft 2, S. 10-18

DER FISCHER WELTALMANACH (Hrsg.) (2012): *Zahlen-Daten-Fakten 2012*, Fischer Taschenbuch Verlag, Frankfurt am Main

FLIERL, THOMAS (2012): *Standardstädte – Ernst May in der Sowjetunion 1930-1933 – Texte und Dokumente*, Suhrkamp Verlag, Berlin

FÖRSTER, HORST (1999): *Entwicklungsprobleme altindustrialisierter Gebiete im Transformationsprozeß*, in: Pütz, Robert (Hrsg.): Ostmitteleuropa im Umbruch – Wirtschafts- und sozialgeographische Aspekte der Transformation, Mainzer Kontaktstudium Geographie 5, S. 21-35

FRIDMAN, JU. A.; KUZNECOV, V. B. (1988): *Ėkonomičeskie principy perestrojki – 100 voprosov i otvetov (Ökonomische Prinzipien der Perestroika – 100 Fragen und Antworten)*, Kemerovskoe knižnoe izdatel'stvo, Kemerovo

FRIDMAN, JU. A.; DREJDER, I. S. (1990): *Kuzbass – Problemy razvitija regiona (Entiwcklungsprobleme der Region Kuzbass)*, Institut ėkonomiki i organizacii promyšlennogo proizvodstva Sibirskoe otdelenie Akademija nauk SSSR, Novosibirsk

FRONDEL, MANUEL; KAMBECK, RAINER; SCHMIDT, CHRISTOPH M. (2006): *Kohlesubventionen um jeden Preis? Eine Streitschrift zu den Argumentationslinien des Gesamtverbandes des deutschen Steinkohlebergbaus*, RWI Materialien, No. 25,
unter: http://www.rwi-essen.de/media/content/pages/publikationen/rwi-materialien/M_25_Steinkohlesubventionen.pdf (eingesehen am 21.12.2015)

GALKINA, LJUDMILA JUR'EVNA (2011): *Avtonomnaja industrial'naja kolonija "Kuzbass" (Autonome Industrie-Kolonie „Kuzbass")*, Naučno-publicističeskoe izdanie, Kemerovo

GELHAR, MARTINA (2010): *Altindustrieregionen zwischen Verfall und Neuorientierung*, in: Geographische Rundschau Februar 2-2010, S. 4-9

GIESE, ERNST; KLÜTER, HELMUT (1990): *Industrielle Erschließung und Entwicklung Sibiriens*, in: Geographische Rundschau, Heft 42, S. 386-395

GOEBEL, STEPHANIE (2001): *Der industrielle Strukturwandel in Gliwice (Gleiwitz)*, Sozialökonomische Strukturen in Europa, Band 3, Peter Lang - Europäischer Verlag der Wissenschaften, Frankfurt am Main

GÖLER, DANIEL (2005): *Rückzug aus der nördlichen Peripherie Russlands? – Jüngere räumliche Entwicklungen im Hohen Norden Ostsibiriens und des Fernen Ostens – Ein Beitrag zur peripheren Transformationsforschung*, Selbstverlag Leibniz-Institut für Länderkunde, Leipzig

GÖLER, DANIEL; LEVCHENKOV, ANDREY (2010): *Sonderwirtschaftszonen als Erneuerungsstrategien für Altindustrieräume Russlands*, in: Geographische Rundschau Februar 2-2010, S. 18-25

GORNIG, MARTIN (1997): *Die Rolle der Regionalpolitik bei der Bewältigung regionaler Strukturkrisen in Westdeutschland*; in: Strukturkrisen altindustrialisierter Regionen und ihre Bewältigung in West- und Osteuropa, Transformation – Leipziger Beiträge zur Wirtschaft und Gesellschaft, Leipziger Universitätsverlag GmbH, S. 18-30

GOSKOMSTAT (Hrsg.) (2002): *Regiony Rossii – Social'no-ėkonomičeskie pokazateli (Regionen Russlands – Sozioökonomische Kennziffern)*, Statističeskij sbornik, Moskau

GOSKOMSTAT (Hrsg.) (2005): *Regiony Rossii – Social'no-ėkonomičeskie pokazateli (Regionen Russlands – Sozioökonomische Kennziffern)*, Statističeskij sbornik, Moskau

GOSKOMSTAT (Hrsg.) (2012): *Regiony Rossii – Social'no-ėkonomičeskie pokazateli (Regionen Russlands – Sozioökonomische Kennziffern)*, Statističeskij sbornik, Moskau

GÖTZ, ROLAND (1995): *Strukturwandel, Deindustrialisierung und Strukturpolitik in Russland*, unter: http://www.ssoar.info/ssoar/bitstream/handle/document/4176/ssoar-1995-gotz-strukturwandel.pdf?sequence=1 (eingesehen am 04.08.2015)

GÖTZ, ROLAND (2014): *Coercing, Constraining, Signalling – Wirtschaftssanktionen gegen Russland*, in: Osteuropa, 64. Jg., 07/2014, S. 21-29

GÖTZ, ROLAND (2015): *Der Pragmatismus hinter dem Getöse – Fiskal-, Geld- und Währungspolitik in Russland*, in: Osteuropa, 65. Jg., 11-12/2015, S. 51-69

GROß, STEFFEN (2010): *Die Lausitz und ihre Perspektiven(n). Eine institutionenökonomische Betrachtung*, in: LĚTOPIS. Zeitschrift für sorbische Sprache, Geschichte und Kultur, 2/2010, S. 31-39

GTAI (Hrsg.) (2015a): *Maschinenbau und Anlagenbau – Russische Föderation*, unter:
http://www.gtai.de/GTAI/Content/DE/Trade/Fachdaten/PUB/2015/08/pub201508118003_20000 _branche-kompakt---maschinenbau-und-anlagenbau---russische-foederation--2015.pdf?v=1 (eingesehen am 19.05.2016)

GTAI (Hrsg.) (2015b): *Wirtschaftstrends Jahreswechsel 2015/16 – Russische Föderation*, unter:
http://www.gtai.de/GTAI/Navigation/DE/Trade/Maerkte/Wirtschaftsklima/wirtschaftstrends,t= wirtschaftstrends-jahreswechsel-201516--russische-foederation,did=1408866.html?view=renderPdf (eingesehen am 03.06.2016)

GÜNTER, ROLAND (2010): *Karl Ganser – Ein Mann setzt Zeichen – Eine Planer-Biographie mit der IBA in der Metropole Ruhr*, Klartext Verlag, Essen

HAAS, HANS-DIETER; NEUMAIR, SIMON-MARTIN (2007): *Wirtschaftsgeographie*, Wissenschaftliche Buchgesellschaft, Darmstadt

HAMM, RÜDIGER; WIENERT, HELMUT (1990): *Strukturelle Anpassung altindustrieller Regionen im internationalen Vergleich, Schriftenreihe des Rheinisch-Westfälischen Institutes für Wirtschaftsforschung Essen*, Heft 48, Duncker & Humboldt, Berlin

HARNISCHMACHER, STEFAN (2012): *Bergsenkungen im Ruhrgebiet – Ausmaß und Bilanzierung anthropologischer Reliefveränderungen*, Deutsche Akademie für Landeskunde e. V., Leipzig

HASENÖHRL, UTE; RÖHRING, ANDREAS (2013): *Institutionen und Handlungsräume zur Entwicklung von Bergbaufolgelandschaften – Die Rekultivierung im Rheinischen und Lausitzer Braunkohlerevier im historisch-räumlichen Vergleich*, in: Berichte – Geographie und Landeskunde, Band 87, Heft 1/2013, S. 45-63

HEINEBERG, HEINZ (2003): *Einführung in die Anthropogeographie/Humangeographie*, Ferdinand Schöningh, Paderborn

HEINRICH-BÖLL-STIFTUNG (Hrsg.) (2015): *Kohleatlas – Daten und Fakten über einen globalen Brennstoff*, 1. Auflage, Stürtz GmbH, Würzburg

HEINZE, ALEXANDER (1998): *Etappen der wirtschaftlichen Erschließung Sibiriens unter besonderer Berücksichtigung der TPK-Entwicklung des Kusnezker Beckens*, in: Greifswalder Geographische Studienmaterialien, Heft 6, S. 67-92

HOLLMANN, LISA (2011): *Kulturhauptstadt Europas – Ein Instrument zur Revitalisierung von Altindustrieregionen, Evaluierung der Kulturhauptstädte Glasgow 1990 und Ruhr 2010*,
unter: http://www.uni-kl.de/rur/fileadmin/Medien/Publikationen/E-Paper/AzR_E-Paper_Band11_Hollmann.pdf (eingesehen am 28.10.2016)

HOPPE, WILFRIED; KEIL, ANDREAS; MAKOWKA, KATJA; SCHNEIDER, WOLFGANG; SCHULTE-DETERNE, FRIEDRICH (2010): *Das Ruhrgebiet im Strukturwandel*, Westermann Schroedel Diesterweg, Braunschweig

IL'IČEV, A.; VITKIN, M.; KALIŠEV, N. (1995): *Kuzbass – resursy ėkonomika rynok (Kuzbass – Ressourcen, Wirtschaft, Märkte)*, Kuzbasskaja ėnciklopedija tom 1, Kemerovoskij poligrafičeskij kombinat, Kemerovo

INTERNATIONALE BAUAUSSTELLUNG FÜRST-PÜCKLER-LAND 2000-2010 (Hrsg.) (2010a): *Bergbau Folge Landschaft – Post-Mining Landscape, Konferenzdokumentation – Conference Documentation*, Jovis Verlag GmbH, Berlin

INTERNATIONALE BAUAUSSTELLUNG FÜRST-PÜCKLER-LAND 2000-2010 (Hrsg.) (2010b): *Lausitz Charta – 10 Thesen zum Umgang mit Bergbaufolgelandschaften*,
unter: http://www.iba-see2010.de/downloads/12925026837460649/9839/charta
(eingesehen am 23.09.2016)

IRKUTSKSTAT (Hrsg.) (2014): *Priangar'e - god za godom - Statističeskij sbornik (Statistisches Jahrbuch der Oblast' Irkutsk)*, Irkutsk

IZDATEL'STVO DIK (Hrsg.) (2011): *Atlas Geografija 9 klass (Atlas Geographie der 9. Klasse)*, OOO Drofa, Moskau

ISLAMOV, DMITRIJ (2013): *Kuzbass sozidajuščij: novoe vremja – Itogi social'no-ėkonomičeskogo razvitija Kemerovskoj oblasti v 1997-2012 gg. (Schaffender Kuzbass: Neue Zeit – Rückblick auf die sozioökonomische Entwicklung der Oblast' Kemerovo von 1997 bis 2012)*, Sibirskaja izdatel'skaja gruppa, Kemerovo

JAKUBKE, HANS-DIETER; KARCHER, RUTH (Hrsg.) (1998): *Lexikon der Chemie A bis Gese*, Spektrum Akademischer Verlag GmbH, Heidelberg

JURGINSKIJ GORODSKOJ OKRUG (Hrsg.) (2012): *Kompleksnaja Programma social'no-ėkonomičeskogo razvitija Jurginskogo gorodskogo okruga Kemerovskoj oblasti (Komplexes sozioökonomisches Entwicklungsprogramm des Stadtkreises von Jurga in der Oblast' Kemerovo)*,
unter: http://monogorod.kemobl.ru/URGA/IOpra.rar (eingesehen am 29.05.2016)

JUŽNYJ KUZBASS (Hrsg.) (2014): *Ežekvartal'nyj otčet – Otkrytoe akcionernoe obščesvo „Ugol'naja kompanija Južnyj Kuzbass" – za 3 kvartal 2014g. (Quartalsbericht der Offenen Aktiengesellschaft des Kohleunternehmens „Južnyj Kuzbass" im 3. Quartal 2014)*,
unter: http://www.ukuzbass.ru/doc/doc.asp?obj=131834 (eingesehen am 01.02.2016)

JUŽNYJ KUZBASS (Hrsg.) (2015): *Ežekvartal'nyj otčet – Otkrytoe akcionernoe obščesvo „Ugol'naja kompanija Južnyj Kuzbass" – za 3 kvartal 2015g. (Quartalsbericht der Offenen Aktiengesellschaft des Kohleunternehmens „Južnyj Kuzbass" im 3. Quartal 2015)*,
unter: http://www.ukuzbass.ru/doc/doc.asp?obj=134761 (eingesehen am 01.02.2016)

KARABCHUK, TATIANA (2010): *Arbeitslosigkeit in Russland: Struktur und Dynamik während der globalen Wirtschaftskrise*, in: Russland Analysen Nr. 200 vom 07.05.2010, S. 2-4
unter: http://www.laender-analysen.de/russland/pdf/Russlandanalysen200.pdf
(eingesehen am 09.10.2015)

KEMEROVOSTAT (Hrsg.) (1995): *Promyšlennost' Kuzbassa 1992-1994 gg. (Statistischer Bericht zur Industrie im Kuzbass 1992-1994)*, Kemerovo

KEMEROVOSTAT (Hrsg.) (2003): *Promyšlennost' Kuzbassa 1998-2002 gg. (Statistischer Bericht zur Industrie im Kuzbass 1998-2002)*, Kemerovo

KEMEROVOSTAT (Hrsg.) (2008a): *Kuzbass Istorija v cifrach – Statističeskij sbornik (Kuzbass – Geschichte in Zahlen – Statistischer Sammelband)*, Kemerovo

KEMEROVOSTAT (Hrsg.) (2008b): *Municipal'nye obrazovanija Kuzbassa – Statistčeskij sbornik (Statistischer Sammelband über die Munizipalitäten im Kuzbass)*, Kemerovo

KEMEROVOSTAT (Hrsg.) (2012a): *Itogi - Vserossijskoj perepisi naselenija 2010 goda Vypusk 1 - Čislennost' naselenija (Ergebnisse der Russischen Volkszählung 2010, 1. Band, Bevölkerungszahlen)*, Kemerovo

KEMEROVOSTAT (Hrsg.) (2012b): *Trud i zanjatost' v Kemerovskoj oblasti 2007-2011 gg. (Arbeit und Beschäftigung in der Oblast' Kemerovo 2007-2011)*, Statističeskij sbornik, Kemerovo

Kemerovostat (Hrsg.) (2013a): *Statističeskij ežegodnik (Statistisches Jahrbuch)*, Kemerovo

Kemerovostat (Hrsg.) (2013b): *Novokuzneck v cifrach 2012 - statističeskij ežegodnik (Novokuzneck in Zahlen – Statistisches Jahrbuch)*, Kemerovo

Kemerovostat (Hrsg.) (2013c): *Demografičeskij portret (Demographisches Porträt)*, Kemerovo

Kemerovostat (Hrsg.) (2013d): *Municipal'nye obrazovanija Kuzbassa – Statistisčeskij ežegodnik (Statistisches Jahrbuch der Munizipalitäten im Kuzbass)*, Kemerovo

Kemerovostat (Hrsg.) (2013e): *Migracija naselenija Kemerovskoj oblasti v 2012g. – Statističeskij bjulleten' (Bevölkerungsmigration der Oblast' Kemerovo im Jahr 2012 – Statistischer Bericht)*, Kemerovo

Kemerovostat (Hrsg.) (2013f): *Ėkologija Kemerovoskoj oblasti - Statističeskij sbornik (Ökologie in der Oblast' Kemerovo – Statistischer Sammelband)*, Kemerovo

Kemerovostat (Hrsg.) (2013g): *Vyvoz i vvoz produkcii (tovarov) po Kemerovskoj oblasti 2012 god (Export und Import von Waren und Produkten der Oblast' Kemerovo 2012)*, Kemerovo

Kemerovostat (Hrsg.) (2015a): *Statističeskij ežegodnik (Statistisches Jahrbuch)*, Kemerovo

Kemerovostat (Hrsg.) (2015b): *Ėkologija Kemerovoskoj oblasti 2010-2014 - Statističeskij sbornik (Ökologie der Oblast' Kemerovo 2010-2014 – Statistischer Sammelband)*, Kemerovo

Kemerovostat (Hrsg.) (2015c): *Municipal'nye obrazovanija Kuzbassa – Statističeskij ežegodnik (Statistisches Jahrbuch der Munizipalitäten im Kuzbass)*, Kemerovo

Kemerovostat (Hrsg.) (2015d): *Migracija naselenija Kemerovskoj oblasti v 2014 g. – Statističeskij bjulleten' (Bevölkerungsmigration der Oblast' Kemerovo im Jahr 2014 – Statistischer Bericht)*, Kemerovo

Kemerovostat (Hrsg.) (2016): *Social'no-ėkonomičeskoe položenie Kemerovskoj oblasti v janvare 2016 goda (Sozioökonomische Situation der Oblast' Kemerovo im Januar 2016)*,
unter: http://kemerovostat.gks.ru/wps/wcm/connect/rosstat_ts/kemerovostat/resources/53db6b00475f6ebc9672be87789c42f5/Январь+2016г..pdf (eingesehen am 15.11.2016)

Kemerovostat (Hrsg.) (2017): *Kuzbass v 2016g. (Statistischer Kurzbericht – Kuzbass im Jahr 2016)*,
unter: http://kemerovostat.gks.ru/wps/wcm/connect/rosstat_ts/kemerovostat/resources/418c15004fe8b4158fb6af1064aaefc4/Кузбасс+в+2016г..pdf

Kemerovskaja Oblast' (Hrsg.) (2006): *Postanovlenie Kollegii Administracii Kemerovskoj oblasti ot 05.04.2006 N 87 „O strategii razvitija kuzbasskoj ėnergosistemy do 2015 goda" (Gesetz der Administration der Oblast' Kemerovo vom 05. April 2006 über die Strategie zur Entwicklung des Energiesystems im Kuzbass bis 2015)*,
unter: http://docs.cntd.ru/document/990306239 (eingesehen am 30.04.2016)

Kemerovskaja Oblast' (Hrsg.) (2008): *O Technoparkach v Kemerovskoj oblasti - Zakon Kemerovskoj oblasti ot 02 ijulja 2008 goda N 55-OZ (Gesetz vom 2. Juli 2008 zur Einrichtung eines Technologieparks in der Oblast' Kemerovo)*,
unter: http://docs.cntd.ru/document/990308329 (eingesehen am 30.07.2016)

Kemerovskaja Oblast' (Hrsg.) (2010): *Kemerovskaja oblast' zakon o zonach ėkonomičeskogo blagoprijatstvovanija (Gesetz der Oblast' Kemerovo über die Einrichtung von Regionalen Sonderwirtschaftszonen)*,
unter: http://docs.cntd.ru/document/990310245 (eingesehen am 09.07.2016)

KEMEROVSKAJA OBLAST' (Hrsg.) (2012a): *O Programme razvitija uglechimičeskogo klastera Kemerovskoj oblasti na period 2012-2020 gg. (Programm zur Entwicklung eines Kohlechemie-Clusters in der Oblast' Kemerovo für den Zeitraum 2012-2020),*
unter: www.gosbook.ru/system/files/documents/2013/01/25/512-r_18.06.2012.pdf
(eingesehen am 22.04.2016)

KEMEROVSKAJA OBLAST' (Hrsg.) (2012b): *Programma razvitija innovacionnogo territorial'nogo klastera - Kompleksnaja pererabotka uglja i technogennych otchodov – v Kemerovskoj oblasti, kratkoe izloženie (Programm zur Entwicklung eines territorialen Innovations-Clusters zur komplexen Weiterverarbeitung von Kohle und industriellen Abfallprodukten in der Oblast' Kemerovo, kurze Niederschrift),*
unter: http://cluster.hse.ru/upload/iblock/0fc/0fc2bcb4ce87ed723701bae62af9c1df.pdf (eingesehen am 21.04.2016)

KEMEROVSKAJA OBLAST' (Hrsg.) (2012c): *Ob utverždenii kompleksnoj programmy „Sodejstvie modernizacii proizvodstva i povyšeniju konkurentosposobnosti produkcii tjaželogo mašinostroenija Kemerovskoj oblasti" na period 2012-2014 godov (Über die Anweisung des umfassenden Programmes zur „Förderung der Modernisierung der Produktion und Erhöhung der Wettbewerbsfähigkeit der Produkte der Schwerindustrie in der Oblast' Kemerovo" im Zeitraum 2012-2014),*
unter: http://dprpko.ru/assets/files/razdely/prom/mash_stroy/mashinostroenie.doc
(eingesehen am 19.05.2016)

KEMEROVSKAJA OBLAST' (Hrsg.) (2012d): *Spravočnik investora Kemerovskoj oblasti (Investitionshandbuch der Oblast' Kemerovo),*
unter:
http://keminvest.ru/media/W1siZiIsIjIwMTQvMTEvMTIvamRnend6N3Q5X19zcHJhdm9jaG5pa19p
bnZlc3RvcmFfMjAxMl9ydXNzaWFuMS5wZGYiXV0/!spravochnik_investora_2012_russian1.pdf?sha
=79a0cf3d196baee4 (eingesehen am 21.07.2016)

KEMEROVSKAJA OBLAST' (Hrsg.) (2013): *Strategija razvitija turizma v Kemerovskoj oblasti do 2025 goda (Strategie zur Entwicklung des Tourismus in der Oblast' Kemerovo bis 2025),*
unter: http://visit-kuzbass.ru/docymenti/Strategija_razvitija_turizma.pdf
(eingesehen am 04.06.2016)

KEMEROVSKAJA OBLAST' (Hrsg.) (2014): *Investicionnyj pasport Kemerovskoj oblasti (Investitionspass der Oblast' Kemerovo),*
unter:
http://keminvest.ru/media/W1siZiIsIjIwMTQvMTIvMTkvNnBpMzZ4bGFmNF9rdXpiYXNzX2lud
mVzdHBhc3Nwb3J0X29wN19ydXMucGRmIl1d/kuzbass_investpassport_op7_rus.pdf?sha=f605d722
3facd422 (eingesehen am 09.07.2016)

KEMEROVSKAJA OBLAST' (Hrsg.) (2015a): *Ob utverždenii Strategii razvitija turistsko-rekreacionnogo klastera Kuzbassa na period do 2025 goda (Strategie zur Entwicklung eines Tourismus-Clusters im Kuzbass bis 2025),*
unter: http://visit-kuzbass.ru/docymenti/Stratenija_razvitija_TRK.pdf
(eingesehen am 27.10.2016)

KEMEROVSKAJA OBLAST' (Hrsg.) (2015b): *Gosudarstvennaja programma Kemerovskoj oblasti „Okazanie sodejstvija dobrovol'nomu pereseleniju v Kemerovskuju oblast' sootečestvennikov, proživajuščich za rubežom" – na 2016-2020 gody (Staatliches Programm der Oblast' Kemerovo zur Förderung der freiwilligen Übersiedlung von Landsleuten aus dem Ausland in die Oblast' Kemerovo im Zeitraum von 2016 bis 2020),*
unter:
https://www.fms.gov.ru/upload/site1/document_file/Programma_pereseleniya_Kemerovskoy_obl
asti.pdf (eingesehen am 08.04.2016)

KEMEROVSKAJA OBLAST' (Hrsg.) (2016): *Zakon o strategičeskom planirovanii (Gesetz über die strategische Planung)*,
unter: http://www.ako.ru/PRESS/MESS/TEXT/STRATEG/NORM_AKT/103-oz.docx (eingesehen am 25.01.2017)

KEMGU (Hrsg.) (2016): *Otčet O samoobsledovanii dejatel'nosti Kemerovskij gosudarstvennyj universitet (Bericht über die Situation und Tätigkeiten der Staatlichen Universität Kemerovo)*,
unter: http://www.kemsu.ru/Content/userfiles/files/official_docs/self_monitoring/Otchet_o_samoobsledovanii_14-04-2016.pdf (eingesehen am 03.11.2016)

KIESEL, REINER (2005): *50 Jahre Verkehrsentwicklung Hoyerswerda-Schwarze Pumpe*, in: Neue Hoyerswerdaer Geschichtshefte Nr. 8/2005, S. 42-62

KINDER, SEBASTIAN; ROOS, NIKOLAUS (2013): *„Szczettinstan" und „Nowa Amerika" – Regionsbildung von unten im deutsch-polnischen Grenzraum*, in: Osteuropa, 63. Jg., 08/2013, S. 3-18

KIRSTEIN, TATJANA (1979): *Sowjetische Industrialisierung – geplanter oder spontaner Prozeß?: Eine Strukturanalyse des wirtschaftspolitischen Entscheidungsprozesses beim Aufbau des Ural-Kuznezk-Kombinats 1918-1930*, Nomos Verlagsgesellschaft, Baden-Baden

KLIMM, FELIX (2016): *Aktuelle Regionalentwicklung in der Republik Chakassien*, Bachelorarbeit am Lehrstuhl Regionale Geographie der Universität Greifswald, im Druck

KLÜTER, HELMUT (1986): *Raum als Element sozialer Kommunikation*, Dissertation, Selbstverlag des Geographischen Instituts der Justus-Liebig-Universität Gießen, Gießen

KLÜTER, HELMUT (1989): *Region kak informacionnaja sreda predprijatija (Die Region als Informationsmilieu des Unternehmens)*, in: Izvestija Sibirskogo otdelenija akademii nauk SSSR, seria Ėkonomika i prikladnaja sociologija, 2 vypusk, S. 53-63

KLÜTER, HELMUT; GIESE, ERNST (1990): *Territoriale Produktionskomplexe in der Sowjetunion*, in: Geographische Rundschau, Heft 42, S. 396-402

KLÜTER, HELMUT (1991): *Die territorialen Produktionskomplexe in Sibirien – Ein Beitrag zur Perestrojka der regionalen Investitionspolitik in der Sowjetunion*, Schriften des Zentrums für regionale Entwicklungsforschung der Justus-Liebig-Universität Gießen, Band 35, Verlag Weltarchiv GmbH, Hamburg

KLÜTER, HELMUT (1997a): *Das Kusnezk-Becken – Eine altindustrielle Region Russlands im Spannungsfeld der Globalisierung*; in: Geographische Rundschau, Heft 49, S. 723-729

KLÜTER, HELMUT (1997b): *Überlegungen zu einer Geographie der Wende*, in: Urbs et regio 65/1997, S. 373-418

KLÜTER, HELMUT (2000a): *Räumliche Aspekte von Transformationsproblemen aus systemtheoretischer Perspektive*, in: Europa Regional 8 (2000), Heft 3/4, S. 35-51

KLÜTER, HELMUT (2000b): *Regionale Kommunikation in Politik und Gesellschaft*, in: Bundesamt für Bauwesen und Raumordnung (Hrsg.) (2000): Information zur Raumentwicklung 2000, Heft Nr. 9/10, Bonn, S. 599-610

KLÜTER, HELMUT (2002): *Raum und Kompatibilität*, in: Geographische Zeitschrift, 90. Jg. 2002, Heft 2+4, S. 142-156

KLÜTER, HELMUT (2003): *Räumliche Konzentrations- und Dekonzentrationsprozesse im Tertiärbereich*, in: Braun, G.; Ellger, C. (Hrsg.): Der Dienstleistungssektor in Nordostdeutschland – Entwicklungsproblem oder Zukunftschance?, Akademie für Raumforschung und Landesplanung, Arbeitsmaterial Nr. 304, Hannover 2003, S. 25-45

KLÜTER, HELMUT (2005): *Kultur als Ordnungshypothese über Raum?*, in: Geographische Revue 7, Heft 1-2/2005, S. 43-66

KLÜTER, HELMUT (2006): *Ein systemtheoretischer Ansatz in der Humangeographie*, in: Rödel, R. (Hrsg.): Kooperation und Integration – Beiträge zum 16. Kolloquium Theorie und quantitative Methoden in der Geographie. Gemeinsame Tagung der Arbeitskreise AK Theorie und Quantitative Methoden in der Geographie und AK Geographische Informationssysteme in der DGfG, S. 25-38

KLÜTER, HELMUT (2010): *Wettbewerbe und Rankings der Gebietskörperschaften – Regionale Entwicklung als Ergebnis eines „Spiels"?*; in: Kauffmann, Albrecht; Rosenfeld, Martin T. W. (Hrsg.): Städte und Regionen im Standortwettbewerb. Neue Tendenzen, Auswirkungen und Folgerungen für die Politik, Akademie für Raumforschung und Landesplanung, Forschungs- und Sitzungsberichte der ARL, Band 238, Hannover 2012, S. 49-70

KOMMERSANT" VLAST' (Hrsg.) (2012): *„Brosat' ėti goroda nel'zja" – Zampred Vnešėkonombanka Irina Makieva o programme podderžki monogorodov („Man darf diese Städte nicht aufgeben" – Interview mit der stellvertretenden Leiterin der Vnešėkonombank Irina Makieva über das Programm zur Unterstützung von Monostädten)*, Nr. 34, 27. August 2012, S. 22-25

KORJUCHINA, I.; TIMOFEEVA, T.; GREBENŠČIKOVA, T.; ABDULOVA, I.; KUKLINA, V.; ROŽANSKIJ, M. (2012): *Gorod posle kombinata – Social'no-ėkonomičeskie strategii žitelej goroda Bajkal'ska (Die Stadt nach dem Kombinat – Soziökonomische Strategie der Bevölkerung von Bajkal'sk)*, Centr nezavisimych social'nych issledovanij i obrazovanija, Irkutsk

KRASNODARSTAT (Hrsg.) (2016): *Krasnodarskij Kraj v cifrach 2015 – Statističeskij sbornik (Der Kraj Krasnodar in Zahlen 2015 – Statistischer Sammelband)*, Krasnodar

KRASSTAT (Hrsg.) (2015): *Krasnojarskij kraevoj statističeskij ežegodnik 2014 (Statistisches Jahrbuch des Kraj Krasnojarsk 2014)*, Krasnojarsk

KRAVČENKO, NATALIJA ALEKSANDROVNA (2015): *Ocenki diversifikacii regional'noj ėkonomiki na primere sub''ektov sibirskogo federal'nogo okruga (Bewertungen zur Diversifizierung der Regionalökonomie am Beispiel der Subjekte des Föderalen Okrugs Sibirien)*, in: Region - Ėkonomika i sociologija – problemy mestnogo samoupravlenija i municipal'nogo razvitija, Nr. 4 (88) 2015, S. 65-89

KRIEGESMANN, BERND; BÖTTCHER, MATTHIAS; LIPPMANN, TORBEN (2016): *Die regionalökonomische Bedeutung der Wissenschaft für das Ruhrgebiet – Hochschulen und außeruniversitäre Forschungseinrichtungen als Motor der regionalen Entwicklung*, in: Standort, Heft 3-Oktober 2016, 40. Jg., S. 177-183

KUDRJAVCEV, FEDOR (2012): *Plan ohne Plan – Das Projekt „Groß-Moskau"*, in: Osteuropa, 62. Jg., 6-8/2012, S. 371-382

KULKE, ELMAR (Hrsg.) (1998): *Wirtschaftsgeographie Deutschlands*, Justus Perthes Verlag Gotha GmbH, Gotha

KULKE, ELMAR (2013): *Wirtschaftsgeographie*, 5. aktualisierte Auflage, Ferdinand Schöningh Verlag, Paderborn

KURBATOVA, MARGARITA VLADIMIROVNA; TROFIMOVA, JULIJA VALER'EVNA (2015): *Soglašenija o sotrudničestve organov vlasti i biznesa i ich rol' v razvitii regiona na primere Kemerovskoj oblasti (Vereinbarungen über die Zusammenarbeit der staatlichen Organe mit den Privatunternehmen und ihre Bedeutung zur Regionalentwicklung am Beispiel der Oblast' Kemerovo)*, in: ĖKO Nr. 2/2015, S. 151-162

LANDAU, JULIA FRANZISKA (2012): *Wir bauen den großen Kuzbass – Bergarbeiteralltag im Stalinismus 1921-1941*, Franz Steiner Verlag, Stuttgart

LANDESREGIERUNG NORDRHEIN-WESTFALEN (Hrsg.) (1968): *Entwicklungsprogramm Ruhr 1968-1973*, Düsseldorf
unter: http://www.lwl.org/westfaelische-geschichte/txt/normal/txt241.pdf (eingesehen am 18.08.2016)

LAPIN, N. (Hrsg.) (2011): *Obzornyj doklad o modernizacii v mire i Kitae 2001-2010 (Überblicksbericht über die Modernisierung in der Welt und in China 2001-2010)*, Vec' mir, Moskau,
unter: http://www.studfiles.ru/preview/4283227/#4283227 (eingesehen am 27.08.2015)

LARINA, NADEŽDA IVANOVNA (2008): *Regional'naja ėkonomičeskaja politika vlastej raznogo urovnja – celi, sredstva, rezul'tat (Regionalökonomische Politik auf unterschiedlichen staatlichen Ebenen – Ziele, Mittel, Resultate)*, Rossijskaja akademija nauk – sibirskoe otdelenie, Institut ėkonomiki i organizacii promyšlennogo proizvodstva, Novosibirsk

LARSSON, BO (Hrsg.) (2008): *Univer-City. The old middle-sized European academic town as framework of the global society of science – challenges and possibilities*, Sekel Bokförlag, Lund

LAZAREV, MAKSIM PETROVIČ (2015): *Problemy brendirovanija industrial'nych gorodov (Probleme von Brands in Industriestädten)*, in: Basalaeva, Irina P. (Hrsg.) (2015): Industrial'ny gorod v postindustrial'nuju ėpochu, tom 2, Novokuzneck, S. 161-168

LESIN, Y. V.; LUKJANOVA, S. Y.; TJULENEVA, M. A. (2015): *Formation of the composition and properties of dumps on the open-pit mine of Kuzbass*,
unter: http://iopscience.iop.org/article/10.1088/1757-899X/91/1/012093/pdf (eingesehen am 16.04.2017)

LEVCHENKOV, ANDREY V. (2014): *Ländliche Räume in Russland – Regionale und kommunale Selbstverwaltung am Beispiel der Oblast' Kaliningrad*, in: Dünkel, Frieder; Herbst, Michael; Schlegel, Thomas (Hrsg.): „Think Rural!" – Dynamiken des Wandels in peripheren ländlichen Räumen und Ihre Implikationen für die Daseinsvorsorge, Springer VS, Wiesbaden, S. 235-252

LIEBMANN, CLAUS CHRISTIAN (1979): *Rohstofforientierte Raumerschließungsplanung in den östlichen Landesteilen der Sowjetunion (1925-1940)*, Dissertation, Zeeb-Druck, Berlin

LINTZ, GERD; WIRTH, PETER (2015): *Koordination als Lernprozess – Braunkohlesanierung und Tourismusentwicklung im Lausitzer Seenland*, in: Karl, Helmut (Hrsg.) (2015): Koordination raumwirksamer Politik – Mehr Effizienz und Wirksamkeit von Politik durch abgestimmte Arbeitsteilung, Forschungsberichte der Akademie für Raumforschung und Landesplanung 4, Hannover, S. 214-237

LINTZ, GERD; WIRTH, PETER; HARFST, JÖRN (2016): *Regionaler Strukturwandel und Resilienz – Vom Braunkohlenbergbau zum Tourismus im Lausitzer Seenland*, in: Wink, Rüdiger (Hrsg.) (2016): Multidisziplinäre Perspekiven der Resilienzforschung, Springer Fachmedien, Wiesbaden, S. 333-355

LMBV (Hrsg.) (2008): *Einblicke 2008 – Ein Panorama des Unternehmens LMBV*, Broschüre der Unternehmenskommunikation, Senftenberg

LMBV (Hrsg.) (2013a): *Anzeige zur Durchführung von Sicherungsleistungen zur Abwehr von Gefahren aus unterirdischen Hohlräumen sowie Halden und Restlöchern (SächsHohlrVO) – Vorbereitende Leistungen der Sanierungsphase 1 (Teil 1) der geotechnischen Sicherungsarbeiten am Knappensee (ehemaliger Tagebau Wermingshoff I)*,
unter:
https://www.lmbv.de/index.php/sanierungsmassnahmen.html?file=files/LMBV/Dokumente/Knappensee/Gefahrenabwehr_Knappensse_Textteil.pdf (eingesehen am 05.10.2016)

LMBV (Hrsg.) (2013b): *Sanierungsbericht 2012 – Daten, Fakten und Informationen zur Braunkohlesanierung in Mitteldeutschland und der Lausitz im Jahr 2012*, Broschüre der Unternehmenskommunikation, Senftenberg

LMBV (Hrsg.) (2013c): *Perspektive See – Zum Stand der Entwicklung der Wasserbeschaffenheit in den Lausitzer Bergbaufolgeseen – Abschlussbericht Projektzeitraum 2008-2012*,
unter:
https://www.lmbv.de/files/LMBV/Dokumente/Wassermanagement/Forschung%20zu%20Seen/Perspektive_See_Abschlussbericht2008-2012.pdf (eingesehen am 06.10.2016)

LMBV (Hrsg.) (2014a): *Geschäftsbericht LMBV 2013*,
unter:
https://www.lmbv.de/index.php/geschaeftsberichte.html?file=files/LMBV/Dokumente/Geschaeftsberichte/Geschaeftsbericht_LMBV_2013.pdf (eingesehen am 22.09.2016)

LMBV (Hrsg.) (2014b): *Einblicke – Sanierung, Sicherung und Rekultivierung von Bergwerken und Tagebauten*,
unter:
https://www.lmbv.de/index.php/Aufgaben_und_Historie.html?file=files/LMBV/Publikationen/Publikationen%20Zentrale/Publikationen%20Diverse/LMBV_Einblicke_2014.pdf (eingesehen am 22.09.2016)

LMBV (Hrsg.) (2016a): *Geschäftsbericht LMBV 2015*,
unter:
https://www.lmbv.de/index.php/geschaeftsberichte.html?file=files/LMBV/Dokumente/Geschaeftsberichte/Geschaeftsbericht_LMBV_2015.pdf (eingesehen am 22.09.2016)

LMBV (Hrsg.) (2016b): *Lausitz-Industriepark Lauchhammer – Exposé*,
unter:
https://www.lmbv.de/index.php/lauchhammer.html?file=files/LMBV/Dokumente/Flaechenmanagement/LMBV-Expose%20Lauchhammer.pdf (eingesehen am 26.09.2016)

LMBV (Hrsg.) (2016c): *Daten und Fakten 2015*,
unter:
https://www.lmbv.de/index.php/Daten_Fakten.html?file=files/LMBV/Publikationen/Publikationen%20Zentrale/Daten%20und%20Fakten/DatenFakten_2015.pdf
(eingesehen am 05.10.2016)

LOPATIN, LEONID NIKOLAEVIČ (1995): *Istoria rabočego dviženija kuzbassa 1989-1991 gg. (Die Geschichte der Arbeiterbewegung im Kuzbass 1989-1991)*, Plast-1, Prokop'evsk

LUCHTERHANDT, OTTO (2004): *Der Ausbau der föderalen Vertikale unter Putin – Das Ende der Dezentralisierung?*, in: Georg Brunner (Hrsg.) (2004): Der russische Föderalismus – Bilanz eines Jahrzehnts, Recht in Ostmittel-, Südost- und Osteuropa/GUS, Band 1, Lit Verlag, Münster, S. 241-279

LUGAČEVA, L. I.; MUSATOVA, M. M. (2012): *Konsolidacija i vertikal'naja integracija kompanij černoj metallurgii (Konsolidierung und vertikale Integration von Unternehmen im Bereich der Eisen- und Stahlindustire)*, in: ĖKO Nr. 8/2012, S. 97-114

LUHMANN, NIKLAS (1976): *Funktionen und Folgen formaler Organisation*, Dritte Auflage, Schriftenreihe der Hochschule Speyer – Band 20, Duncker & Humblodt, Berlin

LYGDENOVA, VIKTORIA VASIL'EVNA (2015): *Transformacija struktury naselenija sibiri v gody reform 1989-2000 gg. (Transformation der Bevölkerungsstruktur in Sibirien in den Reformjahren 1989-2000)*, in: Basalaeva, Irina P. (Hrsg.) (2015): Industrial'ny gorod v postindustrial'nuju èpochu, tom 2, Novokuzneck, S. 62-71

MAIER, JÖRG; BECK, RAINER (2000): *Allgemeine Industriegeographie*, Justus Perthes Verlag Gotha GmbH, Gotha

MEKUŠ, GALINA E. (2007): *Ėkologičeskaja politika i ustojčivoe razvitie – analiz i metodičeskie podchody (Ökologische Politik und nachhaltige Entwicklung – Analyse und Ansätze)*, MAKS Press, Moskau

MEČEL (Hrsg.) (2015): *Mechel OAO 2014 Annual Report*, unter: http://www.mechel.com/doc/doc.asp?obj=121689 (eingesehen am 01.02.2016)

METTLER, ELISABETH (2008): *Nachhaltige Effekte oder Strohfeuer für ein Jahr? – Die Kulturstadtjahre Glasgow 1990, Luxemburg 1995 und Weimar 1999*, in: Mittag, Jürgen (Hrsg.) (2008): Die Idee der Kulturhauptstadt Europas – Anfänge, Ausgestaltung und Auswirkungen Europäischer Kulturpolitik, Klartext Verlag, Essen, S. 125-143

MEŽDUNARODNYJ AĖROPORT KEMEROVO (Hrsg.) (2013): *Buchgalterskaja otčetnost' 2012 (Buchhalterische Abrechnung 2012)*, unter: http://airkem.ru/upload/files/otchet_filename_65_87_8648.pdf (eingesehen am 18.02.2016)

MITTAG, JÜRGEN (2008): *Die Idee der Kulturhauptstadt Europas – Vom Instrument europäischer Identitätsstiftung zum tourismusträchtigen Publikumsmagneten*, in: Mittag, Jürgen (Hrsg.) (2008): Die Idee der Kulturhauptstadt Europas – Anfänge, Ausgestaltung und Auswirkungen Europäischer Kulturpolitik, Klartext Verlag, Essen, S. 55-96

MOMMSEN, MARGARETA (2010): *Das politische System Russlands*, in: Ismayr, Wolfgang (Hrsg.) (2010): Die politischen Systeme Osteuropas, 3. aktualisierte und erweiterte Auflage, VS Verlag für Sozialwissenschaften, Wiesbaden, S. 419-478

MOROZOVA, ELENA ALEKSEEVNA (2005): *Social'naja politika v Kuzbasse – Teoretičeskie osnovy, Regional'naja praktika, Obratnaja svjaz' (Sozialpolitik im Kuzbass – Theoretische Grundlagen, Regionale Praktiken, Feedback)*, Kuzbassvuzizdat, Kemerovo

MÜLLER, SEBASTIAN; SCHMALS, KLAUS M. (Hrsg.) (1993): *Die Moderne im Park? Ein Streitbuch zur Internationalen Bauausstellung im Emscherraum*, Dortmunder Vertrieb für Bau- und Planungsliteratur, Dortmund

NAZUKINA, MARIJA VIKTOROVNA (2015): *Imidževaja politika v Permskom krae v 2000-e gg.: osnovnye proekty i aktory (Imagepolitik im Permskij Kraj in den 2000er Jahren: Besondere Projekte und Akteure)*, in: Basalaeva, Irina P. (Hrsg.) (2015): Industrial'ny gorod v postindustrial'nuju èpochu, tom 2, Novokuzneck, S. 177-184

NOSKOV, SERGEJ ANATOL'EVIČ; ESIPOVA, SVETLANA ALEKSANDROVNA (2012): *Perspektivy razvitija turizma v gornoj Šorii (Perspektiven der Tourismusentwicklung im Schorischen Bergland)*, in: Materialy II Vserossijskoj naučno-praktičeskoj konferencii „Innovacionnye processy v razvitii social'no-kul'turnogo servisa i turizma v sovremennom mire", Novokuzneck, S. 111-117

NOVOKUZNECKIJ GORODSKOJ OKRUG (Hrsg.) (2014): *O prisvoenii statusa upravljajuščej kompanii zony ėkonomičeskogo blagoprijatstvovanija promyčlenno-proizvodstvennogo tipa „Kuzneckaja Sloboda" (Über die Verleihung des Verwaltungsstatus von Unternehmen der Regionalen Sonderwirtschaftszone zur industriellen Produktion namens „Kuzneckaja Sloboda" in Novokuzneck)*,
unter: http://novosloboda.ru/assets/files/docs/5_rasporyazhenie-o-nadelenii-mfc-polnomochiyami-uk-zeb.doc (eingesehen am 09.07.2016)

NOVOSIBSTAT (Hrsg.) (2014a): *Social'no-ėkonomičeskij monitoring sub"ektov rf sibirskogo federal'nogo okruga, Bjulleten' za janvar' 2014 goda (Sozioökonomisches Monitoring des Föderalen Okrugs Sibirien in Russland, Bericht vom Januar 2014)*, Novosibirsk

NOVOSIBSTAT (Hrsg.) (2014b): *Novosibirskaja oblast' v cifrach - Kratkij statističeskij sbornik (Die Oblast' Novosibirsk in Zahlen – Kurzer statistischer Sammelband)*, Novosibirsk

NOVOSIBSTAT (Hrsg.) (2015): *Statističeskij ežegodnik Novosibirskaja oblast' 2015 (Statistisches Jahrbuch der Oblast' Novosibirsk 2015)*, Novosibirsk

NUHN, HELMUT (1985): *Industriegeographie- Neue Entwicklungen und Perspektiven für die Zukunft*, in: Geographische Rundschau, Heft 37, S. 187-193

OERTERS, KATHRIN (2008): *Die finanzielle Dimension der europäischen Kulturhauptstadt – Von der Kulturförderung zur Förderung der Kultur*, in: Mittag, Jürgen (Hrsg.) (2008): Die Idee der Kulturhauptstadt Europas – Anfänge, Ausgestaltung und Auswirkungen Europäischer Kulturpolitik, Klartext Verlag, Essen, S. 97-124

OMSKSTAT (Hrsg.) (2014): *Omskij oblastnoj statističeskij ežegodnik 2014 (Statistisches Jahrbuch der Oblast' Omsk 2014)*, Omsk

OMSKSTAT (Hrsg.) (2016): *Omskaja oblast' v cifrach – Kratkij statističeskij sbornik (Die Omskaja Oblast' in Zahlen – Kurzer statistischer Sammelband)*, Omsk

OSWALT, PHILIPP (Hrsg.) (2004): *Schrumpfende Städte – Band 1 Internationale Untersuchung*, Hantje Cantz Verlag, Ostfildern-Ruit

OTT, THOMAS (2000): *Angleichung, nachholende Modernisierung oder eigener Weg? – Beiträge der Modernisierungstheorie zur geographischen Transformationsforschung*, in: Europa Regional 8 (2000), Heft 3/4, S. 20-27

PLEINES, HEIKO (1999): *Die postsowjetische Strukturkrise der russischen Kohleindustrie*,
unter: http://nbn-resolving.de/urn:nbn:de:0168-ssoar-44049 (eingesehen am 30.11.2015)

PRIVALOVSKAJA, G. A.; TARCHOV, S. A.; TREJVIŠ, A. I.; ARTOBOLEVSKIJ, S. S.; VOLKOVA, I. N.; GORLENKO, I. A.; GRICAJ, O. V.; IOFFE, G. V.; LUCHMANOV, D. N.; NEFEDOVA, T. G.; RUNOVA, T. G.; STRELECKIJ, V. N.; JAKOVENKO, L. M. (1995): *Territorial'naja struktura chozjajstva staroosvoennych rajonov (Territoriale Managementstrukturen von Altindustrieregionen)*, Rossijskaja akademija nauk, Nauka, Moskau

PROJEKT RUHR GMBH (Hrsg.) (2005): *Masterplan Emscherlandschaftspark 2010*, Klartext Verlag, 1. Auflage, Essen

PROSSEK, ACHIM; SCHNEIDER, HELMUT; WESSEL HORST A.; WETTERAU, BURKHARD; WIKTORIN, DOROTHEA (Hrsg.) (2009): *Atlas der Metropole Ruhr – Vielfalt und Wandel des Ruhrgebietes im Kartenbild*, Emons Verlag, Calbe

PUDLIK, MARTIN (2011): *Wirtschaftsraumanalyse von altindustriellen Regionen unter Einsatz von Geographischen Informationssystemen und komplexen, multivariaten Methoden – Oberschlesien, Ruhrgebiet und Pittsburgh im Vergleich*,
unter: http://publications.rwth-aachen.de/record/459434/files/3819.pdf
(eingesehen am 21.07.2015)

RAG AKTIENGESELLSCHAFT (Hrsg.) (2008): *Steinkohle – Das Mitarbeitermagazin der RAG Aktiengesellschaft – Extra-Ausgabe zum 40-jährigen Bestehen*,
unter:
https://www.rag.de/fileadmin/rag_de/user_upload/Dokumente/1207_steinkohle_extra_ausgabe_40_jahre_rag.pdf (eingesehen am 03.09.2016)

RÖCKMANN, CHRISTINE (2001): *Von Pyrit bis Schwefelsäure – Die Versauerung von Braunkohle-Restlochseen*,
unter: http://www.geooekologie.de/download_forum/forum_2001_2_spfo012a.pdf (eingesehen am 05.10.2016)

REGIONALVERBAND RUHR (Hrsg.) (2015a): *Gesetz über den Regionalverband Ruhr*,
unter:
http://www.metropoleruhr.de/fileadmin//user_upload/metropoleruhr.de/01_PDFs/Regionalverband/ueber_uns/Gesetzliche_Grundlagen_2016/RVRG_Stand_12-05-15-2.pdf
(eingesehen am 07.09.2016)

REGIONALVERBAND RUHR (Hrsg.) (2015b): *Bevölkerungsentwicklung im Regionalverband Ruhr seit 1961*,
unter:
http://www.metropoleruhr.de/fileadmin//user_upload/metropoleruhr.de/Bilder/Daten___Fakten/Regionalstatistik_PDF/Bevoelkerung/BevEnt_14_Tab.pdf (eingesehen am 02.09.2016)

REGIONALVERBAND RUHR (Hrsg.) (2015c): *Arbeitslose nach Strukturmerkmalen im Regionalverband Ruhr 2015*,
unter:
http://www.metropoleruhr.de/fileadmin/user_upload/metropoleruhr.de/Bilder/Daten___Fakten/Regionalstatistik_PDF/Arbeitsmarkt/EwtAlo_15_Tab.pdf (eingesehen am 11.09.2016)

REGIONALVERBAND RUHR (Hrsg.) (2015d): *Studierende an Hochschulen im Wintersemester 2014/15 im Regionalverband Ruhr*,
unter:
http://www.metropoleruhr.de/fileadmin/user_upload/metropoleruhr.de/Bilder/Daten___Fakten/Regionalstatistik_PDF/Bildung/BildStud_14_15_TabKorr.pdf
(eingesehen am 19.09.2016)

REGIONALVERBAND RUHR (Hrsg.) (2015e): *Haushaltsplan 2016*,
unter:
http://www.metropoleruhr.de/fileadmin/user_upload/metropoleruhr.de/01_PDFs/Regionalverband/ueber_uns/Finanzen/RVR_Haushaltsplan_2016.pdf (eingesehen am 21.09.2016)

REGIONALVERBAND RUHR (Hrsg.) (2015f): *Bericht über die Beteiligungen des Regionalverbandes Ruhr für das Jahr 2014*,
unter:
http://www.metropoleruhr.de/fileadmin/user_upload/metropoleruhr.de/01_PDFs/Regionalverband/ueber_uns/Beteiligungen_Eigenbetriebe/Beteiligungen_Bericht_2014.pdf (eingesehen am 22.09.2016)

REPUBLIK TYVA (Hrsg.) (2015): *O koncepcii razvitija promyšlennosti Respubliki Tyva do 2030 goda (Konzeption der industriellen Entwicklung der Republik Tyva bis 2030)*, Verordnung der Administration der Republik Tyva vom 17. April 2015, Nr. 195
unter: http://docs.pravo.ru/document/view/68466655/79806364
(eingesehen am 21.03.2016)

RJABOV, VALERIJ ANATOL'EVIČ (2012): *Promyšlennyj kompleks (Der industrielle Komplex)*, in: Kemerovoskaja Oblast' - Kollektivnaja monografija, Kuzbasskaja gosudarstvennaja pedagogičeskaja akademija, Novokuzneck, S. 124-151

RJABOV, VALERIJ ANATOL'EVIČ (2015): *Promyšlennyj kompleks Kuzbassa – prošloe, nastojaščee, buduščee (Der industrielle Komplex im Kuzbass – Vergangenheit, Gegenwart, Zukunft)*, Izdatel'stvo Instituta geografii im. V. B. Sočavy SO RAN, Irkutsk

RODRÍGUEZ, MERCEDES; MELIKHOVA, YULIA (2016): *Services in Russia – past, present, future*, in: Eurasian Geography and Economics Vol. 56 2016, No. 6, S. 656-678

ROMANOVA, EKATERINA V. (2012): *Lišajniki – Bioindikatory atmosfernogo zagrjaznenija g. Kemerovo (Flechten – Bioindikatoren der Luftverschmutzung in der Stadt Kemerovo)*,
unter: http://cyberleninka.ru/article/n/lishayniki-bioindikatory-atmosfernogo-zagryazneniya-g-kemerovo (eingesehen am 31.07.2016)

ROSSTAT (Hrsg.) (2011): *Sel'skoe chozjajstvo, ochota i ochotnič'e chozjajstvo, lesovodstvo v rossii – Statističeskij sbornik (Landwirtschaft, Jagd und Jagdwirtschaft, Forstwirtschaft in Russland – Statistischer Sammelband)*, Moskau

RUDOLPH, ROBERT (2001): *Stadtzentren russischer Großstädte in der Transformation – St. Petersburg und Jekaterinburg*, Beiträge zur regionalen Geographie, Band 54, Institut für Länderkunde, Leipzig

RÜHL, MANFRED (2014): *Organisationskommunikation von Max Weber zu Niklas Luhmann – Wie interdisziplinäre Theoriebildung gelingen kann*, Springer VS, Wiesbaden

RUSAL (Hrsg.) (2015): *Annual Report Rusal – Taming the challenge*;
unter: http://rusal.ru/upload/uf/195/Rusal_AR_2014_Eng.pdf (eingesehen am 30.01.2016)

RUSSISCHE FÖDERATION (Hrsg.) (2006): *Ob odobrenii kompleksnoj programmy „Sozdanie v Rossijskoj Federacii technoparkov v sfere vysokich technologij" (Genehmigung des komplexen Programms zur „Gründung von Technologieparks in Russland im Bereich der Hochtechnologie)*,
unter: http://docs.cntd.ru/document/901971445 (eingesehen am 29.07.2016)

RUSSISCHE FÖDERATION (Hrsg.) (2012): *Dolgosročnaja programma razvitija ugol'noj promyšlennosti Rossii na period do 2030 goda (Langfristiges Programm zur Entwicklung der Kohleindustrie in Russland bis 2030)*,
unter: http://www.rosugol.ru/upload/pdf/dpup_2030.pdf (eingesehen am 16.03.2016)

RUSSISCHE FÖDERATION (Hrsg.) (2013): *O federal'noj celevoj programme „Razvitija transportnoj sistemy Rossii 2010-2020 gody" (Föderales Zielprogramm zur „Entwicklung des Transportsystems in Russland 2010-2020")*,
unter: http://rosavtodor.ru/storage/b/2014/04/18/901807416.pdf
(eingesehen am 18.03.2016)

RUSSISCHE FÖDERATION (Hrsg.) (2014a): *Ėnergitičeskaja strategija Rossii na period do 2035 goda – osnovnye položenija (Energiestrategie Russlands bis 2035 – besonderer Status)*,
unter: http://ac.gov.ru/files/content/1578/11-02-14-energostrategy-2035-pdf.pdf
(eingesehen am 22.03.2016)

RUSSISCHE FÖDERATION (Hrsg.) (2014b): *O kriterijach otnesenija municipal'nych obrazovanij Rossijskoj Federacii k monoprofil'nym (monogorodam) i kategorijach monoprofil'nych municipal'nych obrazovanij Rossijskoj Federacii (monogorodov) v zavisimosti ot riskov uchudšenija ich social'no-ėkonomičeskogo položenija, 29.06.2014, Nr. 709 (Kriterien zur Aufnahme der Munizipalitäten der Russischen Föderation mit Monoprofil (Monostadt) und Definition der Kategorien von Munizipalitäten mit Monoprofil (Monostädte) mit Risiko der Verschlechterung der sozioökonomischen Situation vom 29. Juni 2014, Nr. 709)*,
unter: http://government.ru/media/files/41d4f68f6a0c7889b0a7.pdf (eingesehen am 28.05.2016)

RUSSISCHE FÖDERATION (Hrsg.) (2014c): *Perečen' monoprofil'nych municipal'nych obrazovanij Rossijskoj Federacii (monogorodov), 29.06.2014, Nr. 1398 (Liste der Munizipalitäten Russlands mit Monoprofil (Monostädte) vom 29. Juni 2014, Nr. 1398)*,
unter: http://government.ru/media/files/41d4f68fb74d798eae71.pdf (eingesehen am 28.05.2016)

RUSSISCHE FÖDERATION (Hrsg.) (2014d): *Sozdanie fonda (Gründung eines Fonds für Monostädte)*,
unter: http://minek.rk.gov.ru/file/File/2015/docs/monogoroda/fond_razvitiya_monogorodo v.pdf
(eingesehen am 03.06.2016)

RUSSISCHE FÖDERATION (Hrsg.) (2015): *Rasporjaženie ot 27 fevralja 2015 g. No. 313-p (Erlass vom 27. Februar 2015, Nr. 313-p)*,
unter: http://government.ru/media/files/5EghGvgLzW8.pdf (eingesehen am 18.02.2016)

SCHARR, KURT (2016): *Zwischen Turizm und Tourismus – Genese und aktuelle Konzepte des Tourismus in der Russischen Föderation*, in: Geographische Rundschau Mai 5-2016, S. 42-47

SCHMAGER, HANS-JÜRGEN (2012): *Zur Sanierung der Abraumförderbrückenkippe im Tagebau Meuro*, NABU Regionalverband Senftenberg, Verlag am Ilse-See, Großräschen

SCHMIDBERGER, MARCO (2014): *Dokumentation – Einreiseverbote und Wirtschaftssanktionen – Liste der der juristischen und natürlichen Personen*, in: Osteuropa, 64. Jg., 07/2014, S. 31-54

SCHOLBACH, TILLMANN (1997): *Chancen für eine nachhaltige Regionalentwicklung in altindustriellen Regionen unter besonderer Berücksichtigung des regionalen Lebenszyklus – das Beispiel Südraum Leipzig*, Dissertation, Umweltforschungszentrum Leipzig-Halle GmbH, Leipzig

SCHRADER, MANFRED (1993): *Altindustrieregionen in der EG*, in: Schätzl, Ludwig (Hrsg.) (1993): Wirtschaftsgeographie der Europäischen Gemeinschaft, Verlag Ferdinand Schönigh, Paderborn, S. 111-166

SCHÜTTEMEYER, ANKE; REPS, NICOLE (2010): *Indien abseits des Booms – Altindustrieprobleme in Kanpur, dem „Manchester of India"*, in: Geographische Rundschau Februar 2-2010, S. 10-16

SCHWARTZKOPFF, JULIAN; SCHULZ, SABRINA (2015): *Zukunftsperspektiven für die Lausitz – Was kommt nach der Kohle?, Kurzstudie der E3G, November 2015*,
unter: https://www.e3g.org/docs/E3G_Zukunftsperspektiven_Lausitz.pdf
(eingesehen am 09.09.2016)

SCHWARZER, MARKUS (2014): *Von Mondlandschaften zur Vision eines neuen Seenlandes – Der Diskurs über die Gestaltung von Tagebaubrachen in Ostdeutschland*, Springer Fachmedien, Wiesbaden

SDS AZOT (Hrsg.) (2012): *Godovoj Otčet – Otkrytogo akcionernogo obščestva „SDS-Azot" za 2011 god (Jahresbericht der Offenen Aktiengesellschaft SDS-Azot 2011)*,
unter: http://www.e-disclosure.ru/portal/FileLoad.ashx?Fileid=347505
(eingesehen am 18.02.2016)

SDS Azot (Hrsg.) (2015): *Godovoj Otčet – Otkrytogo akcionernogo obščestva „SDS-Azot" za 2014 god (Jahresbericht der Offenen Aktiengesellschaft SDS-Azot 2014),*
unter: http://www.e-disclosure.ru/portal/FileLoad.ashx?Fileid=1101397
(eingesehen am 18.02.2016)

SDS-Maš (Hrsg.) (2015): *Otkrytoe akcionernernoe obščestvo Choldingovaja kompanija „SDS-Maš" – Godovoj otčet za 2014 god (Jahresbericht der Offenen Aktiengesellschaft der Holding SDS-Maš 2014),*
unter: http://www.e-disclosure.ru/portal/FileLoad.ashx?Fileid=1092446
(eingesehen am 16.02.2016)

SDS-Ugol' (Hrsg.) (2009): *Godovoj otčet – Otkrytogo akcionernogo obščestvo Choldingovaja kompanija „SDS-Ugol'" za 2008 god (Jahresbericht der Offenen Aktiengesellschaft der Holding SDS-Ugol' 2008),*
unter: http://www.e-disclosure.ru/portal/FileLoad.ashx?Fileid=178340
(eingesehen am 15.02.2016)

SDS-Ugol' (Hrsg.) (2010): *Godovoj otčet – Otkrytogo akcionernogo obščestvo Choldingovaja kompanija „SDS-Ugol'" za 2009 god (Jahresbericht der Offenen Aktiengesellschaft der Holding SDS-Ugol' 2009),*
unter: http://www.e-disclosure.ru/portal/FileLoad.ashx?Fileid=180612
(eingesehen am 15.02.2016)

SDS-Ugol' (Hrsg.) (2011): *Godovoj otčet – Otkrytogo akcionernogo obščestvo Choldingovaja kompanija „SDS-Ugol'" za 2010 god (Jahresbericht der Offenen Aktiengesellschaft der Holding SDS-Ugol' 2010),*
unter: http://www.e-disclosure.ru/portal/FileLoad.ashx?Fileid=183170
(eingesehen am 15.02.2016)

SDS-Ugol' (Hrsg.) (2012): *Godovoj otčet – Otkrytogo akcionernogo obščestvo Choldingovaja kompanija „SDS-Ugol'" za 2011 god (Jahresbericht der Offenen Aktiengesellschaft der Holding SDS-Ugol' 2011),*
unter: http://hcsds.ru/upload/emit/sds-ugol/godovie_otchety/2011.rar
(eingesehen am 13.02.2016)

SDS-Ugol' (Hrsg.) (2013): *Godovoj otčet – Otkrytogo akcionernogo obščestvo Choldingovaja kompanija „SDS-Ugol'" za 2012 god (Jahresbericht der Offenen Aktiengesellschaft der Holding SDS-Ugol' 2012),*
unter: http://www.e-disclosure.ru/portal/FileLoad.ashx?Fileid=657502
(eingesehen am 15.02.2016)

SDS-Ugol' (Hrsg.) (2014): *Godovoj otčet – Otkrytogo akcionernogo obščestvo Choldingovaja kompanija „SDS-Ugol'" za 2013 god (Jahresbericht der Offenen Aktiengesellschaft der Holding SDS-Ugol' 2013),*
unter: http://www.e-disclosure.ru/portal/FileLoad.ashx?Fileid=892525
(eingesehen am 15.02.2016)

SDS-Ugol' (Hrsg.) (2015): *Akcionernoe obščestvo Choldingovaja kompanija „SDS-Ugol'" - Godovoj otčet za 2014 god (Jahresbericht der Offenen Aktiengesellschaft der Holding SDS-Ugol' 2014),*
unter: http://www.e-disclosure.ru/portal/FileLoad.ashx?Fileid=1093861
(eingesehen am 15.02.2016)

Seebacher, Marc Michael (2012): *Raumkonstruktion in der Geographie – Eine paradigmenspezifische Darstellung gesellschaftlicher und fachspezifischer Konstruktions-, Rekonstruktions- und Dekonstruktionsprozesse von „Raumlichkeit",* Abhandlungen zur Geographie und Regionalforschung – Band 14, Universität Wien, Wien

Senčurov, Nikolaj (Hrsg.) (2011): *1956-2011 – 55 let azot – Tam, gde serdce (55 Jahre Azot – 1956-2011, Dort, wo das Herz ist),* Kemerovo

Severnyj, V. Ja. (2009): *Turizm v Kuzbasse (Tourismus im Kuzbass),* SKIF - Kuzbass, Kemerovo

SEVERO-ZAPAD (Hrsg.) (2007): *Strategija social'no-ėkonomičeskogo razvitija Kemerovskoj oblasti na dolgosročnuju perspektivu (Strategie zur sozioökonomischen Entwicklung der Oblast' Kemerovo in langfristiger Perspektive)*,
unter: http://www.ako.ru/Ekonomik/strateg-2025.pdf (eingesehen am 08.09.2015)

SEVERO-ZAPAD (Hrsg.) (2008): *Koncepcija sozdanija Kuzbasskogo federal'nogo universiteta - proekt (Konzeption zur Gründung einer Föderalen Kuzbass-Universität - Projekt*,
unter: http://csr-nw.ru/files/csr/file_category_269.pdf (eingesehen am 10.08.2016)

SIBIRSKIJ DOM STRACHOVANIJA (Hrsg.) (2015): *Otčet o finansovom položenija na 31 dekabrja 2014 goda – Obščestvo s organičennoj otvetstvennost'ju Strachovaja Kompanija „Sibirskij dom ctrachovanija" (Jahresbericht zur finanziellen Situation der Gesellschaft mit beschränkter Haftung des Versicherungsunternehmens „Sibirskij dom ctrachovanija" vom 31. Dezember 2014)*,
unter: http://sksds.ru/doc/msfo_2014.pdf (eingesehen am 20.02.2016)

SIROTININA, SWETLANA (2012): *Perm. Kulturhauptstadt Europas in Rußland. Warum nicht?*, in: Wostok – Informationen aus dem Osten für den Westen Nr. 4/2012, S. 64-67

SKRYNNIK, L. S.; GUDIM, K. V. (2015): *Ėkologo-ėkonomičeskaja ėffektivnost' ispol'zovanija očistnogo kompleksa s predvaritel'noj degazaciej metana na šachte im. S.M. Kirova (Ökologisch-Ökonomische Effektivität der vorläufigen Nutzung der Ausgasung von Methan im Schacht S. M. Kirova in Leninsk-Kuzneckij)*,
unter: http://science.kuzstu.ru/wp-content/Events/Conference/Other/2015/ekonom/pages/Articles/2/Srrinnik.pdf (eingesehen am 21.04.2016)

SOLOV'ËV, LEONID IOSIFOVIČ (2006): *Geografija Kemerovskoj oblasti priroda (Physische Geographie der Oblast' Kemerovo)*, SKIF – Kuzbass, Kemerovo

SOLOV'ËV, LEONID IOSIFOVIČ (2009): *Geografija Kemerovskoj oblasti ėkonomika (Ökonomische Geographie der Oblast' Kemerovo)*, SKIF – Kuzbass, Kemerovo

STATISTISTISCHES BUNDESAMT (Hrsg.) (2013): *Bildung und Kultur – Studierende an Hochschulen zum Wintersemester 2012/13*,
unter:
https://www.destatis.de/DE/Publikationen/Thematisch/BildungForschungKultur/Hochschulen/StudierendeHochschulenEndg2110410137004.pdf?__blob=publicationFile (eingesehen am 02.09.2016)

STATISTISCHES BUNDESAMT (Hrsg.) (2015): *Statistisches Jahrbuch Deutschland und Internationales 2015*, Wiesbaden

STATISTISCHES BUNDESAMT (Hrsg.) (2016): *Bildung und Kultur – Studierende an Hochschulen zum Wintersemester 2015/16*,
unter:
https://www.destatis.de/DE/Publikationen/Thematisch/BildungForschungKultur/Hochschulen/StudierendeHochschulenEndg2110410167004.pdf?__blob=publicationFile (eingesehen am 02.09.2016)

STEINHUBER, UWE (2005): *Einhundert Jahre bergbauliche Rekultivierung in der Lausitz – Ein historischer Abriss der Rekultivierung, Wiederurbarmachung und Sanierung im Lausitzer Braunkohlerevier*,
unter:
https://www.lmbv.de/index.php/Publ_Lausitz.html?file=files/LMBV/Publikationen/Publikationen%20Lausitz/Allgemein%20L/100-Jahre-Rekultivierung-Lausitz-Dissertation-Steinhuber.pdf (eingesehen am 21.09.2016)

ŠMAT, V. V. (2014): *Mify regional'noj politiki – Sibirskij „separatizm" (Mythen der Regionalpolitik - Sibirischer „Separatismus")*, in: Region - Ėkonomika i sociologija – problemy mestnogo samoupravlenija i municipal'nogo razvitija, Nr. 2 (82) 2014, S. 52-66

SUĖK (Hrsg.) (2014): *SUEK Annual report 2013 – Delivering value through our distinctive business model;*
unter: http://www.suek.ru/assets/uploads/2014/04/SUEK-PLC-Annual-Report-2013-eng.pdf
(eingesehen am 05.02.2016)

SUĖK (Hrsg.) (2015): *SUEK Annual report 2014 – Leader in providing power,*
unter: http://www.ar2014en.suek.com/downloads/suek_ara_2014.pdf
(eingesehen am 05.02.2016)

ŠURANOV, N. P. (Hrsg.) (2006): *Istorija Kuzbassa (Geschichte des Kuzbass)*, Sibirskaja knigoizdatel'skaja firma, Kemerovo

TANK, HANNES (1988): *Altindustrialisierte Gebiete – Lösungswege in den Regionen Pittsburgh/USA und Glasgow/GB*, ILS Schriften 12, Institut für für Landes- und Stadtentwicklungsforschung des Landes Nordrhein-Westfalen, Dortmund

THÖNS, BODO (2012): *Sibirien – Städte und Landschaften zwischen Ural und Pazifik*, Trescher Verlag, 5. vollständig überarbeitete und erweiterte Auflage, Berlin

TOMSKSTAT (Hrsg.) (2013): *Naučnaja i innovacionnaja dejatel'nost' regionov sibirskogo federal'nogo okruga 2005-2012 gg. – Statističeskij sbornik (Wissenschaftliche und innovative Tätigkeiten in den Regionen des Föderalen Okrugs Sibirien 2005-2012 – Statistischer Sammelband)*, Tomsk

TOMSKSTAT (Hrsg.) (2015): *Tomskaja oblast' v cifrach - Kratkij statističeskij sbornik (Die Oblast' Tomsk in Zahlen – Kurzer statistischer Sammelband)*, Tomsk

TOURISMUSVERBAND LAUSITZER SEENLAND E. V. (Hrsg.) (2012): *Satzung des Tourismusverbandes Lausitzer Seenland e. V.*, Stand 25.09.2012,
unter: http://www.lausitzerseenland.de/visioncontent/mediendatenbank/satzung_tv_ls-_beschlossen_25-09-1012.pdf (eingesehen am 08.09.2016)

TRADITIONSVEREIN BRAUNKOHLE SENFTENBERG E. V. (Hrsg.) (2004): *Bergbauhistorische Gebäude der Stadt Senftenberg*, Hausdruckerei der LMBV, Senftenberg

URBAN, OL'GA ANDREEVNA (2013): *Sub''ekty modernizacii i innovacionnogo razvitija v Kuzbasse (Subjekte der Modernisierung und der innovativen Entwicklung im Kuzbass)*, in: ĖKO Nr. 4/2013, S. 101-118

VAŠČENKO, ANDREJ JUR'EVIČ (2010): *Problemy formirovanija Južno-Kuzbasskoj aglomeracii (Probleme bei der Bildung der Südlichen-Kuzbass-Agglomeration)*, in: Kuznezk – Stalinsk – Novokuzneck: Problemy goroda v perechodnyj period, NFI GOU VPO „KemGU ", Novokuzneck, S. 296-299

VERNON, RAYMOND (1966): *International Investment and International Trade in the Product Cycle*, in: The Quarterly Journal of Economics, Vol. 80, Nr. 2, 05/1966, S. 190-207

VORONCOVA, V. A. (2015): *Bjudžetnye i častnye investicii v monogoroda kuzbassa (Staatliche und private Investitionen in den Monostädten des Kuzbass)*,
unter: http://cyberleninka.ru/article/n/byudzhetnye-i-chastnye-investitsii-v-monogoroda-kuzbassa
(eingesehen am 28.05.2016)

WAHRIG, GERHARD (Hrsg.) (2000): *Wahrig - Deutsches Wörterbuch*, Bertelsmann Lexikon Verlag GmbH, Gütersloh/München

WEBER, ANTON (2015): *My prosto vychodim na novyj uroven' (Wir kommen einfach auf ein neues Niveau, Interview mit dem neuen Generaldirektor von Azot)*,
unter: http://expert.ru/siberia/2015/40/myi-prosto-vyihodim-na-novyij-uroven/
(eingesehen am 18.02.2016)

WEIN, NORBERT (1999): *Sibiren – Perthes Regionalprofile – Geographische Strukturen, Entwicklungen, Probleme*, Justus Perthes Verlag Gotha GmbH, Gotha

WOOD, GERALD (2016): *Metropolregion Newcastle - Die Modernisierung einer peripheren Altindustrieregion*, in: Danielzyk, Rainer; Münter, Angelika; Wiechmann, Thorsten (Hrsg.) (2016): Polyzentrale Metropolregionen, Planungswissenschaftliche Studien zu Raumordnung und Regionalentwicklung, Rohn Verlag, S. 339-361

WORLD STEEL ASSOCIATION (Hrsg.) (2015): *Steel Statistical Yearbook 2015*, unter: http://www.worldsteel.org/dms/internetDocumentList/bookshop/2015/Steel-Statistical-Yearbook-2015/document/Steel%20Statistical%20Yearbook%202015.pdf (eingesehen am 25.01.2016)

YAKOVLEV, D. V.; LAZAREVICH, T. I.; TSIREL', S. V. (2013): *Natural and induced seismic activity in Kuzbass*, in: Journal of Mining Sciences, 2013, Vol. 49, No. 6, S. 862-872

ZACHAROVA, IRINA VIKTOROVNA (2005): *Architekturnoe nasledie Kuzbassa 1910-1930-ch gg. – Materialy k cvodu namjatnikov architektury Kemerovskoj oblasti (Architektonisches Erbe im Kuzbass 1910-1930 – Materialien der Denkmalarchitektur in der Oblast' Kemerovo)*, ARF, Kemerovo

ZAJCEVA, N. A.; MEKUŠ, G. E. (2015): *Formirovanie zon ėkonomičeskogo blagoprijatstvovanija turistsko-rekreacionnogo tipa kak perspektivnoe napravlenie razvitija turizma v regionach na primere Kuzbassa (Bildung einer touristischen Regionalen Sonderwirtschaftszone zur perspektivischen Entwicklung des Tourismus in den Regionen am Beispiel des Kuzbass)*, unter: http://futureruss.ru/wp-content/uploads/2015/09/статья-Зайцева_Мекуш-01.09.2015.pdf (eingesehen am 09.07.2016)

ZOLOTYCH, I. B.; ŽERNOV, E. E. (Hrsg.) (2013): *Formirovanie ėkonomiki znanij v resursodobyvajuščem regione na primere Kemerovskoj oblasti (Herausbildung einer Wissensökonomie in einer ressourcenextrahierenden Region am Beispiel der Oblast' Kemerovo)*, Kuzbasskij gosudarstvennyj techničeskij universitet im. T. F. Gorbačeva, Kemerovo

ZORNOW, ANDRE; BÜLOW, CHRISTIAN (2014): *Das Ruhrgebiet - Über Probleme und Entwicklungschancen eines altindustriellen Ballungsgebietes*, in: Molodeš' i nauka real'nost' i buduščee, Material zur internat. Konferenz von Studenten, Doktoranden und Jungwissenschaftlern, Kemerovo 24. April 2014, S. 227-232

ZORNOW, ANDRE (2015): *Möglichkeiten und Grenzen moderner Regionalentwicklung in den Regionen des russischen Nordens am Beispiel der Oblast' Murmansk*, Der Andere Verlag, Uelvesbüll

ZUBAREVIČ, NATAL'JA VASIL'EVNA (2012): *Russlands Parallelwelten – Dynamische Zentren, stagnierende Peripherien*, in: Osteuropa, 62. Jg., 6-8/2012, S. 263-278

ZWECKVERBAND LAUSITZER SEENLAND SACHSEN (Hrsg.) (2016): *Neufassung der Verbandssatzung des Zweckverbandes Lausitzer Seenland Sachsen*, unter:http://zweckverband-lss.de/wordpress/wp-content/uploads/2016/05/2016_02_Lesefassung_Satzung.pdf (eingesehen am 23.09.2016)

9.2. Internetquellen ohne Autor

http://www.aatz-can.ru/about/1/ (eingesehen am 18.02.2016)

http://www.aeroflot.ru/cms/de (eingesehen am 07.09.2015)

http://airkem.ru/professional/info_loock/info/ (eingesehen am 18.02.2016)

http://www.airkem.ru/shedule/internal/ (eingesehen am 18.02.2016)

http://www.airkem.ru/shedule/international/ (eingesehen am 18.02.2016)

http://www.ako.ru/PRESS/MESS/TEXT/STR/103-oz.docx (eingesehen am 25.01.2017)

https://www.aldi-nord.de/impressum.html (eingesehen am 19.09.2016)

https://www.aldi-sued.de/de/impressum (eingesehen am 19.09.2016)

http://www.auswaertiges-amt.de/DE/Aussenpolitik/Laender/Laenderinfos/RussischeFoederation/Kultur-Bildung_node.html#doc363644bodyText2 (eingesehen am 10.08.2016)

http://www.auswaertiges-amt.de/DE/Aussenpolitik/Laender/Laenderinfos/Tuerkei/Aussen politik_node.html#top (eingesehen am 12.08.2016)

http://www.boerse.de/kurse/Dax-Aktien/DE0008469008 (eingesehen am 19.09.2016)

http://www.bosch-stiftung.de/content/language1/html/57703.asp (eingesehen am 03.11.2016)

http://www.belaz.by (eingesehen am 26.05.2016)

http://www.city-n.ru/view/85712.html (eingesehen am 30.01.2016)

http://www.coalage.com/features/4275-mongolia-invests-in-coal-production-chain.html#.VvJpijHjGwU (eingesehen am 23.03.2016)

http://coal.dp.ua/index.php?catid=190:mining-ru&id=14429:2014-02-02-14-49-15&Itemid=2&option=com_content&view=article (eingesehen am 29.01.2016)

https://www.cottbus.ihk.de/standortpolitik/innovationsregion-lausitz/Ueber-die-Innovationsregion-Lausitz/3134408 (eingesehen am 09.09.2016

http://csr-nw.ru/about/ (eingesehen am 09.03.2016)

http://csr-nw.ru/about/organization/board/ (eingesehen am 09.03.2016)

http://csr-nw.ru.swtest.ru/area_of_activity/territorial_development/themes/regional_development/ (eingesehen am 09.03.2016)

http://www.cupp.ru/ (eingesehen am 02.11.2016)

http://www.cupp.ru/o-korporacii/ (eingesehen am 02.11.2016)

http://www.czdor-energetik.com/o-centre/ (eingesehen am 20.02.2016)

http://demoscope.ru/weekly/ssp/rus89_reg2.php (eingesehen am 29.05.2016)

http://de.statista.com/statistik/daten/studie/157390/umfrage/steinkohle-foerderung-im-ruhrrevier-seit-1957/ (eingesehen am 09.09.2016)

http://www.db-fzi.com/fahrzeuginstandhaltung-de/start/Werke/Werk_Cottbus.html (eingesehen am 19.09.2016)

https://www.digizeitschriften.de/download/PPN514402644_1990/PPN514402644_1990___log7.pdf (eingesehen am 02.09.2016)

http://docs.cntd.ru/document/902052681 (eingesehen am 29.01.2016)

http://www.duma.gov.ru/structure/deputies/131203 (eingesehen am 20.02.2016)

https://e-ecolog.ru/buh/2015/4205105080 (eingesehen am 18.02.2017) http://www.edu.ru/abitur/act.73/index.php (eingesehen am 12.10.2015)

https://www.eickhoff-bochum.de/en/eickhoff_international (eingesehen am 18.05.2016)

http://elektroprom.bget.ru/en/about-company/corporation (eingesehen am 16.02.2016)

http://elektroprom.bget.ru/en/about-company/historical-information (eingesehen am 16.02.2016)

http://elektroprom.bget.ru/en/vacancies (eingesehen am 16.02.2016)

http://emg.fm/about (eingesehen am 18.02.2016)

http://energieregion-lausitz.de/de/ueber-uns/energieregion-lausitz.html (eingesehen am 19.09.2016)

http://www.energie-route-lausitz.de (eingesehen am 26.10.2016)

http://www.eon.com/de/info-service/kontakt.html (eingesehen am 19.09.2016)

http://www.epholding.cz (eingesehen am 19.09.2016)

http://www.evraz.com/ru/about/ (eingesehen am 25.01.2016)

http://www.evraz.com/ru/about/history/ (eingesehen am 29.01.2016)

http://russia.evraz.com/enterprise/coal-and-coke/uku/ (eingesehen am 29.01.2016)

http://exrubana.jimdo.com (eingesehen am 26.10.2016)

http://www.e-traffic.ru/schedule/kemerovo (eingesehen am 26.10.2015)

http://www.e-traffic.ru/schedule/novokuznetsk (eingesehen am 18.11.2015)

http://www.finanzen.net/devisen/euro-russischer_rubel-kurs (eingesehen am 10.08.2016)

http://www.finanzen.net/devisen/euro-russischer_rubel-kurs/historisch (eingesehen am 15.02.2016)

http://www.finanzen.net/devisen/us_dollar-russischer_rubel-kurs/historisch (eingesehen am 12.09.2015)

http://www.findlingspark-nochten.de (eingesehen am 16.11.2016)

http://www.forbes.ru/forbes/issue/2014-10/268171-reiting-1-100 (eingesehen am 08.02.2016)

http://www.forbes.ru/rating/200-krupneishikh-chastnykh-kompanii-rossii-2014-reiting-forbes/2014?full=1&table=1 (eingesehen am 18.01.2016)

http://42.fsin.su/structure/ispravitelnye_kolonii/ik_4.php (eingesehen am 17.06.2016)

http://gazeta.a42.ru/lenta/show/201512241200-v-kuzbasse-proizoshlo-zemletryasenie.html (eingesehen am 23.03.2016)

http://gazeta.a42.ru/lenta/show/v-kemgu-i-kuzgtu-uchitsya-40-kuzbasskih-studentov.html (eingesehen am 04.08.2016)

http://gornolyzhki.ru/sibir (eingesehen am 17.06.2016)

http://gornolyzhki.ru/sibir/belokuriha (eingesehen am 18.06.2016)

http://gornolyzhki.ru/sibir/sheregesh (eingesehen am 18.06.2016)

http://www.gks.ru/bgd/regl/b12_14p/IssWWW.exe/Stg/d02/18-11.htm (eingesehen am 13.05.2013)

http://www.gks.ru/bgd/regl/B12_14p/IssWWW.exe/Stg/d01/04-15.htm (eingesehen am 05.10.2015)

http://www.gks.ru/bgd/regl/b12_14t/IssWWW.exe/Stg/sibir/09-00.htm (eingesehen am 07.06.2013)

http://www.gks.ru/bgd/regl/b13_11/IssWWW.exe/Stg/d1/04-03.htm (eingesehen am 09.11.2015)

http://www.gks.ru/bgd/regl/b14_14p/IssWWW.exe/Stg/d01/02-01.htm (eingesehen am 24.10.2015)

http://www.gks.ru/bgd/regl/b14_14p/IssWWW.exe/Stg/d01/03-05.htm (eingesehen am 15.01.2016)

http://www.gks.ru/bgd/regl/b14_14p/IssWWW.exe/Stg/d02/13-50.htm (eingesehen am 18.01.2016) http://www.gks.ru/bgd/regl/b14_14p/IssWWW.exe/Stg/d03/17-01.htm (eingesehen am 24.10.2015)

http://www.gks.ru/bgd/regl/b14_14p/IssWWW.exe/Stg/d03/17-03.htm (eingesehen am 24.10.2015)

http://www.gks.ru/bgd/regl/b14_14p/IssWWW.exe/Stg/d03/17-04.htm (eingesehen am 24.10.2015)

http://www.gks.ru/bgd/regl/b15_11/IssWWW.exe/Stg/d01/05-08.htm (eingesehen am 23.03.2016)

http://www.gks.ru/bgd/regl/b15_14p/IssWWW.exe/Stg/d01/01-01-1.doc (eingesehen am 17.10.2016)

http://www.gks.ru/bgd/regl/b15_14p/IssWWW.exe/Stg/d01/02-01.doc (eingesehen am 17.11.2016)

http://www.gks.ru/bgd/regl/b15_14p/IssWWW.exe/Stg/d01/02-08-1.doc (eingesehen am 11.11.2016)

http://www.gks.ru/bgd/regl/b15_14p/IssWWW.exe/Stg/d01/02-09-2.doc (eingesehen am 11.11.2016)

http://www.gks.ru/bgd/regl/b15_14p/IssWWW.exe/Stg/d01/03-04.doc (eingesehen am 17.11.2016)

http://www.gks.ru/bgd/regl/b15_14p/IssWWW.exe/Stg/d01/03-06-1.doc (eingesehen am 17.11.2016)

http://www.gks.ru/bgd/regl/b15_14p/IssWWW.exe/Stg/d01/03-13.doc (eingesehen am 17.11.2016)

http://www.gks.ru/bgd/regl/b15_14p/IssWWW.exe/Stg/d01/03-18.doc (eingesehen am 09.11.2016)

http://www.gks.ru/bgd/regl/b15_14p/IssWWW.exe/Stg/d01/04-15.doc (eingesehen am 26.05.2016)

http://www.gks.ru/bgd/regl/b15_14p/IssWWW.exe/Stg/d01/05-24-2.doc (eingesehen am 17.11.2016)

http://www.gks.ru/bgd/regl/b15_14p/IssWWW.exe/Stg/d01/05-27-2.doc (eingesehen am 15.03.2016)

http://www.gks.ru/bgd/regl/b15_14p/IssWWW.exe/Stg/d01/07-01.doc (eingesehen am 28.10.2016)

http://www.gks.ru/bgd/regl/b15_14p/IssWWW.exe/Stg/d02/09-01.doc (eingesehen am 12.05.2016)

http://www.gks.ru/bgd/regl/b15_14p/IssWWW.exe/Stg/d02/12-08.doc (eingesehen am 17.11.2016)

http://www.gks.ru/bgd/regl/b15_14p/IssWWW.exe/Stg/d02/13-14.doc (eingesehen am 16.03.2016)

http://www.gks.ru/bgd/regl/b15_14p/IssWWW.exe/Stg/d02/13-64.doc (eingesehen am 12.05.2016)

http://www.gks.ru/bgd/regl/b15_14p/IssWWW.exe/Stg/d03/17-01.doc (eingesehen am 17.11.2016)

http://www.gks.ru/bgd/regl/b15_14p/IssWWW.exe/Stg/d03/17-03.doc (eingesehen am 17.11.2016)

http://www.gks.ru/bgd/regl/b15_14p/IssWWW.exe/Stg/d03/23-01.doc (eingesehen am 17.11.2016)

http://www.gks.ru/bgd/regl/b15_14p/IssWWW.exe/Stg/d03/23-02.doc (eingesehen am 14.03.2016)

http://www.gks.ru/dbscripts/munst/munst32/DBInet.cgi?pl=8112027 (eingesehen am 29.05.2016)

http://www.gks.ru/free_doc/doc_2015/bul_dr/mun_obr2015.rar (eingesehen am 05.10.2015)

http://www.gks.ru/free_doc/doc_2016/bul_dr/mun_obr2016.rar (eingesehen am 03.11.2016)

http://www.gks.ru/free_doc/new_site/business/inst-preob/pmm2013.xls (eingesehen am 15.01.2016)

http://www.gks.ru/free_doc/new_site/population/demo/demo24-2.xls (eingesehen am 17.11.2016)

http://www.gks.ru/free_doc/new_site/population/demo/migr1.xls (eingesehen am 17.11.2016)

http://www.gks.ru/free_doc/new_site/population/demo/migr2.xls (eingesehen am 17.11.2016)

http://www.gks.ru/free_doc/new_site/population/demo/Popul2015.xls (eingesehen am 21.10.2015)

http://www.gks.ru/free_doc/new_site/population/demo/popul2016.xls (eingesehen am 16.02.2016)

http://www.gks.ru/free_doc/new_site/population/demo/PrPopul2017.xls (eingesehen am 16.02.2017)

http://www.gks.ru/free_doc/new_site/population/trud/trud10.xls (eingesehen am 20.10.2015) http://www.gks.ru/free_doc/new_site/vvp/otr-stru14.xlsx (eingesehen am 23.06.2016)

http://www.gks.ru/free_doc/new_site/vvp/tab-vrp2.htm (eingesehen am 17.03.2016)

http://www.gks.ru/free_doc/new_site/vvp/vrp98-13.xlsx (eingesehen am 08.09.2015)

http://www.gks.ru/free_doc/new_site/vvp/vrp98-14.xlsx (eingesehen am 17.03.2016)

http://gl.berlin-brandenburg.de/ (eingesehen am 02.11.2016)

http://graph.document.kremlin.ru/documents/3622390?items=1&page=1 (eingesehen am 04.08.2015)

http://www.gtai.de/GTAI/Navigation/DE/Trade/Maerkte/suche,t=neues-wirtschaftsforum-in-russland-mit-alten-projekten,did=1329700.html (eingesehen am 16.03.2016)

http://www.gzm.org.pl/lang-download/gzm-de.pdf (eingesehen am 15.10.2015)

http://hcsds.ru/about-company/emit/ (eingesehen am 20.02.2016)

http://hcsds.ru/about-company/general-information-about-company.php (eingesehen am 28.01.2016)

http://hcsds.ru/about-company/general-information-about-company.php (eingesehen am 13.02.2016)

http://hcsds.ru/structure/agricultural-industry/ (eingesehen am 16.02.2016)

http://hcsds.ru/structure/construction-industry/?DETAIL=Y (eingesehen am 17.02.2016)

http://hcsds.ru/structure/hk-sds-coal/ (eingesehen am 13.02.2016)

http://hcsds.ru/structure/rest-and-recreation/ (eingesehen am 20.02.2016)

http://hcsds.ru/structure/sds-energo/ (eingesehen am 16.02.2016)

http://hcsds.ru/structure/siberian-trading-house/ (eingesehen am 18.02.2016)

http://hcsds.ru/structure/sports-facilities/ (eingesehen am 20.02.2016)

http://www.iba.nrw.de/main.htm (eingesehen am 19.09.2016)

http://www.iba-see2010.de (eingesehen am 19.09.2016)

http://www.iba-see2010.de/downloads/10152 (eingesehen am 19.09.2016)

http://icepalacelk.wix.com/lkuz#!untitled/cgnd (eingesehen am 26.05.2016)

http://ineca.ru/?dr=about (eingesehen am 24.09.2015)

http://www.interfax-russia.ru/Siberia/main.asp?id=684431 (eingesehen am 08.04.2016)

http://www.kabardinka-ug.ru/index.php (eingesehen am 20.02.2016)

http://www.kemerovo.ru (eingesehen am 17.10.2016)

http://www.kemerovo.ru/administration/istoricheskaya_spravka.html (eingesehen am 31.07.2016)

http://kemerovostat.gks.ru/wps/wcm/connect/rosstat_ts/kemerovostat/resources/3ff9a5804351eba5bc0dfd74665da2b8/Численность+населения+области.htm (eingesehen am 20.03.2014)

http://www.kemerovostat.ru/bgd/EJEGOD/issWWW.exe/Stg/2009/(4) население.htm (eingesehen am 09.10.2015)

http://www.kemerovostat.ru/bgd/EJEGOD/issWWW.exe/Stg/2009/(5) труд.htm (eingesehen am 18.01.2016)

http://www.kemerovostat.ru/bgd/EJEGOD/issWWW.exe/Stg/2009/(8) региональные показатели системы национальных счетов и основные фонды.htm (eingesehen am 03.12.2015)

http://www.kemerovostat.ru/bgd/EJEGOD/issWWW.exe/Stg/2009/(10) добыча полезных ископаемых, обрабатывающие производства, производство.htm (eingesehen am 25.11.2015)

http://www.kemerovostat.ru/bgd/EJEGOD/issWWW.exe/Stg/2010/(8)здравоохранение.htm (eingesehen am 23.03.2016) http://www.kemerovostat.ru/bgd/EJEGOD/issWWW.exe/Stg/2010/(13)добыча полезных ископаемых, обрабатывающие производства.htm (eingesehen am 30.04.2016)

http://www.kemerovostat.ru/bgd/EJEGOD/issWWW.exe/Stg/2010/(15)строительство.htm (eingesehen am 17.02.2016)

http://www.kemerovostat.ru/bgd/EJEGOD/issWWW.exe/Stg/2010/(23)внешнеэкономическая деятельность.htm (eingesehen am 18.01.2016)

http://www.kemerovostat.ru/bgd/EJEGOD/issWWW.exe/Stg/2011/11е_снс.htm (eingesehen am 23.10.2015)

http://www.kemerovostat.ru/bgd/EJEGOD/issWWW.exe/Stg/2011/21е_инвестиции.htm (eingesehen am 14.03.2016)

http://www.kemerovostat.ru/bgd/EJEGOD/issWWW.exe/Stg/2011/23е_вэс.htm (eingesehen am 12.12.2015)

http://www.kemerovostat.ru/bgd/EJEGOD/issWWW.exe/Stg/2015/2е_адм_нас.html (eingesehen am 16.02.2017)

http://www.kemerovostat.ru/bgd/EJEGOD/issWWW.exe/Stg/2015/23е_вэс.html (eingesehen am 15.02.2017)

http://www.kemerovostat.ru/bgd/KUZBASS/issWWW.exe/Stg/2014/d16.htm (eingesehen am 06.08.2015)

http://keminvest.ru/de/pages/54532c3444656235ef020000 (eingesehen am 31.10.2016)

http://keminvest.ru/ru/projects/5465cfe744656273f9090000 (eingesehen am 27.07.2016)

http://keminvest.ru/ru/projects/5465cfe744656273f9140000 (eingesehen am 27.07.2016)

http://www.kemsu.ru/pages/about_administration_rector (eingesehen am 11.08.2016)

http://www.kemtipp.ru/ger (eingesehen am 11.08.2016)

http://www.kemtipp.ru/?page=partners (eingesehen am 11.08.2016)

http://1kmg.ru/about/ (eingesehen am 18.02.2016)

http://www.konrad-zuse-akademie-hoyerswerda.de/index.php (eingesehen am 20.09.2016)

http://ktpogmpr.ru/primary-organizations/nkaz/contact.php (eingesehen am 30.01.2016)

http://www.krg42.ru/gasification.html (eingesehen am 08.04.2016)

http://www.kremlin.ru/acts/bank/41161 (eingesehen am 16.02.2017)

http://www.kru.ru/ru/about/about/avtotr/ (eingesehen am 08.02.2016)

http://www.kru.ru/ru/about/about/Geolog1/ (eingesehen am 08.02.2016)

http://www.kru.ru/ru/about/about/salair/ (eingesehen am 08.02.2016)

http://www.kru.ru/ru/about/indices/ (eingesehen am 08.02.2016)

http://www.kru.ru/ru/about/indices/# (eingesehen am 08.02.2016)

http://www.ktpogmpr.ru/primary-organizations/gurievsk-metallurg/contacts.php (eingesehen am 25.01.2017)

http://www.kuzbass-fair.ru/fair/?id=132 (eingesehen am 03.11.2016)

http://www.kuzbassnews.ru/news/pyat-monogorodov-kuzbassa-poluchat-bolee-120-mlrd-rubley-investiciy (eingesehen am 03.06.2016)

http://www.kuzbassnews.ru/news/v-kuzbasse-hotyat-obedinit-kemgu-i-kemtipp (eingesehen am 11.08.2016)

http://www.kuzbassnews.ru/news/yurga-stanet-territoriey-operezhayushchego-socialno-ekonomicheskogo-razvitiya (eingesehen am 29.05.2016).

http://www.kuzbassnews.ru/2011/09/08/kuzbass-lidiruet-v-realizacii-programmy.html (eingesehen am 28.05.2016)

http://www.kuzbassnews.ru/2013/08/23/ledovyy-dvorec-sporta-poyavilsya-v-leninske-kuzneckom.html (eingesehen am 20.05.2016)

http://kuzbassnews.ru/2014/01/27/evraz-realizuet-blagotvoritelnye-proekty.html (eingesehen am 20.05.2016) http://kuzbass-today.ru/anzhero-sudzhensk/27454-два-филиала-кемеровского-государств.html (eingesehen am 15.08.2016)

http://kuzdor.ru/первая-автомагистраль-сибири-открыта-в-кузбассе.aspx (eingesehen am 24.10.2015)

http://www.kuzesc.ru/index.php?com=17 (eingesehen am 05.02.2016)

http://www.kuzesc.ru/?id=217&nws=3 (eingesehen am 05.02.2016)

http://kuzpress.ru/other/30-05-2015/38953.html (eingesehen am 11.08.2016)

http://kyzyl.sibnovosti.ru/business/279465-infrastrukturnyy-proekt-kyzylkuragino-poluchil-podderzhku-iz-fnb (eingesehen am 22.03.2016)

http://www.lausitzerseenland.de/de/presse/allgemeine-presseinformationen/artikel-lausitzer-seenland-zahlen-daten-fakten.html (eingesehen am 20.09.2016)

https://www.lmbv.de/ (eingesehen am 22.09.2016)

https://www.lmbv.de/index.php/Brandenburgische_Lausitz.html (eingesehen am 23.09.2016)

https://www.lmbv.de/index.php/Finanzierung.html (eingesehen am 22.09.2016)

https://www.lmbv.de/index.php/flaechenmanagement-34.html (eingesehen am 26.09.2016)

https://www.lmbv.de/index.php/Flutungsmanagement.html (eingesehen am 23.09.2016)

https://www.lmbv.de/index.php/folgenutzen-erhoehung.html (eingesehen am 23.09.2016)

https://www.lmbv.de/index.php/Gefahrenabwehr_am_Knappensee.html (eingesehen am 05.10.2016)

https://www.lmbv.de/index.php/Geotechnische_Sicherheit.html (eingesehen am 23.09.2016)

https://www.lmbv.de/index.php/grundsanierung.html (eingesehen am 23.09.2016)

https://www.lmbv.de/index.php/lmbv-historie.html (eingesehen am 22.09.2016)

https://www.lmbv.de/index.php/nachterstedt-313.html (eingesehen am 23.09.2016)

https://www.lmbv.de/index.php/ueberleiter-kanaele.html (eingesehen am 23.09.2016)

https://www.lmbv.de/index.php/unternehmen-lmbv.html (eingesehen am 23.09.2016)

http://www.lr-online.de/regionen (eingesehen am 19.09.2016)

http://www.mdr.de/sachsen-anhalt/magdeburg/erdrutsch-nachterstedt-100.html (eingesehen am 22.09.2016)

http://www.mechel.com/about/map/ (eingesehen am 01.02.2016)

http://www.mechel.ru/sector/mining/elga (eingesehen am 16.03.2016)

http://www.mechel.ru/sector/mining/yuzhnij_kuzbass/ (eingesehen am 01.02.2016)

http://www.mechel.ru/sector/power/yk_gres/ (eingesehen am 05.02.2016)

http://www.metcoal.ru/news.asp?action=item&id=17125 (eingesehen am 15.02.2016)

http://www.metcoal.ru/news.asp?action=item&id=17556 (eingesehen am 08.02.2016)

http://www.metcoal.ru/news.asp?action=item&id=17678 (eingesehen am 08.02.2016)

http://www.metcoal.ru/news.asp?action=item&id=19356 (eingesehen am 30.01.2016)

http://www.metcoal.ru/news.asp?action=item&id=19416 (eingesehen am 22.03.2016)

http://www.metcoal.ru/news.asp?action=item&id=19419 (eingesehen am 05.02.2016)

http://www.metcoal.ru/news.asp?action=item&id=19421 (eingesehen am 22.03.2016)

http://www.metropoleruhr.de/fileadmin/user_upload/metropoleruhr.de/01_PDFs/Regionalverband/Umwelt_Freiraum/Halden/RVR-Halden_Ruhrgebiet_Stand_April_2015.pdf (eingesehen am 04.10.2016)

http://www.metropoleruhr.de/regionalverband-ruhr/statistik-analysen/statistik-trends.html (eingesehen am 05.10.2016)

http://www.metropoleruhr.de/regionalverband-ruhr/ueber-uns/organisation.html (eingesehen am 07.09.2016)

http://www.shop.metropoleruhr.de/public/rvr/Startseite (eingesehen am 31.10.2016)

http://www.minenergo.gov.ru/activity/coalindustry/ (eingesehen am 01.12.2015)

http://www.mirtrade.ch/eng/live/page.asp?id=7370 (eingesehen am 25.01.2017)

http://monogorod.kemobl.ru/Leninsk/zona.asp (eingesehen am 22.07.2016)

http://www.muskauer-park.de/?cat=8 (eingesehen am 26.09.2016)

https://42.мвд.рф/news/item/405556 (eingesehen am 01.08.2016)

https://www.nalog.ru/rn42/taxation/taxes/usn (eingesehen am 21.07.2016)

http://www.natanay.ru/skydiving/Aerodrome.php (eingesehen am 20.02.2016)

http://www.ncca.ru/index.jsp (eingesehen am 27.10.2016)

http://www.nedoma.ru/glc (eingesehen am 18.06.2016)

http://neftegaz.ru/news/view/104728-Neftehimservis-zavershil-I-etap-stroitel'stva-nezavisimogo-Yayskogo-NPZ (eingesehen am 28.04.2016)

http://news.ngs.ru/more/32715/ (eingesehen am 25.06.2016)

http://www.nhs-kuzbass.ru/about (eingesehen am 28.04.2016)

http://www.nhs-kuzbass.ru/about/responsibility (eingesehen am 28.04.2016)

http://www.nornik.ru/en/about-norilsk-nickel/about-norilsk-nickel1/general-information (eingesehen am 09.11.2015)

http://novaport.ru/airports/kemerovo/ (eingesehen am 25.01.2017)

http://novosloboda.ru/ (eingesehen am 27.07.2016)

http://novosloboda.ru/informaciya-o-zeb/rezidenty.html (eingesehen am 27.07.2016)

http://novokuznetsk.ru/content/view/2886 (eingesehen am 23.03.2016)

http://www.novokuznetsk.su/news/city/1438749558 (eingesehen am 11.08.2016)

http://novosibstat.gks.ru/wps/wcm/connect/rosstat_ts/novosibstat/resources/ab02d8804781208b8d77aded3bc4492f/Инвестиции+в+основной+капитал.pdf (eingesehen am 14.03.2016)

http://www.novosloboda.ru/assets/images/full_map.jpg (eingesehen am 09.07.2016)

http://org-ukti.ru/o-sro (eingesehen am 17.06.2016)

http://permm.ru/info/museum.html (eingesehen am 28.08.2015)

http://www.pogoda.ru.net/climate/29645.htm (eingesehen am 22.01.2016)

https://www.rag.de/unter-tage/bergwerk-auguste-victoria/ (eingesehen am 09.09.2016)

https://www.rag.de/unter-tage/bergwerk-ibbenbueren/ (eingesehen am 09.09.2016)

https://www.rag.de/unter-tage/bergwerk-prosper-haniel/ (eingesehen am 09.09.2016)

http://www.raspadskaya.ru/company/ (eingesehen am 30.01.2016)

http://www.raspadskaya.ru/company/history/ (eingesehen am 30.01.2016) http://www.rbb-online.de/panorama/beitrag/2016/07/senftenberg-ist-jetzt-staatlich-anerkannter-erholungsort.html (eingesehen am 19.09.2016)

http://www.rbb-online.de/politik/beitrag/2014/11/lauchhammer-droht-millionen-rueckforderung.html (eingesehen am 19.09.2016)

http://www.rbb-online.de/wirtschaft/thema/braunkohle/beitraege/eph-kuendigt-konkrete-plaene-bis-weihnachten.html (eingesehen am 09.09.2016)

http://www.redhill-kemerovo.ru/ (eingesehen am 30.10.2015)

http://ria.ru/spravka/20150509/1062887792.html (eingesehen am 30.01.2016)

http://www.region-lausitz-spreewald.de/rp/de/planungsregion/portrait-der-region.html (eingesehen am 03.09.2016)

http://www.regionz.ru/index.php?ds=1910810 (eingesehen am 09.03.2016)

https://regnum.ru/news/894978.html (eingesehen am 10.08.2016)

http://www.rg.ru/2009/12/15/reg-permkray/permreport-site.html (eingesehen am 28.08.2015)

http://ria.ru/economy/20160204/1369834476.html (eingesehen am 05.02.2016)

http://ria.ru/incidents/20130701/946863025.html (eingesehen am 23.03.2016)

http://www.route-industriekultur.ruhr (eingesehen am 26.10.2016)

http://www.rp-online.de/wirtschaft/mit-dem-bergbau-endet-eine-aera-aid-1.2700634 (eingesehen am 09.09.2016)

http://www.rpv-oberlausitz-niederschlesien.de/planungsverband/organisation.html (eingesehen am 04.10.2016)

http://www.ruhrbarone.de/ruhrparlament-afghanistan-koalition-gestartet/90465 (eingesehen am 21.09.2016)

http://rusal.ru/en/about/geography/ (eingesehen am 30.01.2016)

http://rusal.ru/en/about/29.aspx (eingesehen am 30.01.2016)

http://www.rusal.ru/about/40.aspx (eingesehen am 30.01.2016)

http://russchool.kemsu.ru/index.php (eingesehen am 11.08.2016)

https://www.rwe.com/web/cms/de/111488/rwe/ueber-rwe/kontakt (eingesehen am 19.09.2016)

http://pass.rzd.ru/ (eingesehen am 02.11.2016)

http://pass.rzd.ru/timetable/public/ru?STRUCTURE_ID=735 (eingesehen am 09.11.2015)

http://www.pro2-service.com (eingesehen am 12.05.2016)

http://www.ruhr-tourismus.de (eingesehen am 21.09.2016)

http://sdsenergo.ru/energoholding/ (eingesehen am 16.02.2016)

http://www.sds-azot.ru/ru/kompany/menu-facts-figures (eingesehen am 17.02.2016)

http://sds-finance.ru/objects/204 (eingesehen am 31.07.2016)

http://sds-ugol.ru/about-the-company/dinamic.php (eingesehen am 13.02.2016)

http://sds-ugol.ru/proizv/geography.php (eingesehen am 15.02.2016)

http://sds-ugol.ru/kadr/ (eingesehen am 15.02.2016)

http://sds-ugol.ru/struk/pret/ (eingesehen am 15.02.2016)

https://www.senftenberg.de/ (eingesehen am 17.10.2016)

http://www.sheregesh.su/forum-sheregesha/obshchiy-forum/skolko-turistov-priezzhaet-v-sheregesh (eingesehen am 17.06.2016) http://www.shorskynp.ru/ (eingesehen am 17.10.2016)

http://www.shorskynp.ru/predostavlyaemyie-uslugi (eingesehen am 17.10.2016)

http://sibecoprom-n.ru/ (eingesehen am 27.07.2016)

http://www.slz-kemerovo.ru/ru/ (eingesehen am 03.11.2016)

http://sksds.ru/about/disclosure/full-name-and-contacts/ (eingesehen am 20.02.2016)

http://sksds.ru/about/general-information/ (eingesehen am 20.02.2016)

http://www.spiegel.de/reise/aktuell/forschertreffen-in-sibirien-russische-yetis-sind-scheu-a-791050.html (eingesehen am 17.06.2016)

http://sprem.vps.spremberg.de/index.php?pos_top=2 (eingesehen am 21.09.2016)

http://de.statista.com/statistik/daten/studie/236611/umfrage/export-deutscher-maschinenbauerzeugnisse-nach-laendern-weltweit (eingesehen am 18.05.2016)

https://statistik.arbeitsagentur.de/Navigation/Statistik/Statistik-nach-Regionen/Politische-Gebietsstruktur/Brandenburg-Nav.html (eingesehen am 15.09.2016)

http://stat.chita.ru:8080/bgd_site/bgd.aspx (eingesehen am 20.10.2015)

http://stat.sakha.gks.ru:8899/bgd_pub/S1313T1321/2014/01/i5901051.doc (eingesehen am 18.10.2016)

http://www.suek.ru/eng/assets-operations/where-we-operate/ (eingesehen am 05.02.2016)

http://tass.ru/ekonomika/1728745 (eingesehen am 22.03.2016)

http://technopark42.ru/departments/park/contacts-technopark (eingesehen am 30.07.2016)

http://technopark42.ru/departments/park/history-technopark (eingesehen am 30.07.2016)

http://technopark42.ru/departments/park/how-become-resident (eingesehen am 31.07.2016)

http://technopark42.ru/departments/park/rezidents-technopark (eingesehen am 22.01.2017)

http://technopark42.ru/tech_park_services (eingesehen am 31.07.2016)

http://www.theisa.de/images/bezirkcb1988.jpg (eingesehen am 02.09.2016)

http://www.tn.ru/data/list/profil/index.html#3/z (eingesehen am 03.06.2016)

https://tolmachevo.ru/mediacenter/news/89588/ (eingesehen am 25.01.2017)

http://5top100.ru/about/more-about/ (eingesehen am 10.08.2016)

http://5top100.ru/universities/ (eingesehen am 10.08.2016)

http://www.travellers.ru/city-kemerovo-4 (eingesehen am 04.11.2016)

http://www.travellers.ru/city-novokuzneck-2 (eingesehen am 04.11.2016)

http://www.turizmnt.ru/center (eingesehen am 27.10.2016)

http://www.turizmnt.ru/malahitline (eingesehen am 27.10.2016)

http://www.tuvaonline.ru/2010/07/12/evraz-group-severstal-i-nlmk-pretenduyut-na-ugolnoe-mestorozhdenie-v-tuve.html (eingesehen am 16.03.2016)

http://tuvastat.ru/bgd/EZHEG_2014/isswww.exe/Stg/среднегодовая численность занятых в экономике по видам экономической деятельности.htm (eingesehen am 20.10.2015)

http://tuvastat.ru/bgd/EZHEG_2015/isswww.exe/Stg/производство продукции в натуральном выражении.htm (eingesehen am 16.03.2016)

https://www.thyssenkrupp.com/de/kontakt.html? (eingesehen am 19.09.2016) http://www.ugmk.com/ru/company/geography/ (eingesehen am 08.02.2016)

http://www.ugmk.com/ru/company/production_investments/ (eingesehen am 08.02.2016)

http://www.ugmk.com/ru/value/hr/ (eingesehen am 08.02.2016)

http://www.ukgres.ru/content/v-mezhdurechenske-sozdano-obosoblennoe-podrazdelenie-yuzhno-kuzbasskoy-gres (eingesehen am 05.02.2016)

http://www.ukgres.ru/main (eingesehen am 05.02.2016)

http://2014.uk42.ru/assets/files/031/42.pdf (eingesehen am 21.04.2016)

http://unfccc.int/resource/docs/2015/cop21/eng/l09r01.pdf (eingesehen am 16.12.2015)

https://www.uni-oldenburg.de/fileadmin/user_upload/slavistik/download/Transliterationstabelle.pdf (eingesehen am 15.11.2016)

http://utmagazine.ru/posts/10449-ekonomika-rossii-cifry-i-fakty-chast-5-ugolnaya-promyshlennost (eingesehen am 25.01.2016)

http://www.uvz.ru/presscenter/release/553 (eingesehen am 19.05.2016)

http://www.venture-news.ru/26994-kuzbasskiy-tehnopark.html (eingesehen am 30.07.2016)

http://vg-news.ru/n/109667 (eingesehen am 18.06.2016)

http://visit-kuzbass.ru/ru (eingesehen am 27.10.2016)

http://visit-kuzbass.ru/ru/chto-posetit/mesta-kulturnogo-otdykha/muzei/98-nauchno-tekhnicheskij-muzej-imeni-akademika-i-p-bardina.html (eingesehen am 27.10.2016)

https://maps.yandex.ru/ (eingesehen am 24.10.2015)

http://www.yumz.ru/about (eingesehen am 19.05.2016)

http://www.yumz.ru/about/publicity/2014 (eingesehen am 19.05.2016)

http://www.zapoved.net/index.php?link_id=51&option=com_mtree&task=viewlink (eingesehen am 04.06.2016)

https://www.zollverein.de (eingesehen am 26.09.2016)

http://www.zweckverband-lsb.de/de/ueber-uns/aufgaben.html (eingesehen am 23.09.2016)

http://zweckverband-lss.de/geschaeftsstelle (eingesehen am 23.09.2016)

http://zweckverband-lss.de/wordpress/wp-content/uploads/2014/09/Verbandsgebiet.jpg (eingesehen am 23.09.2016)

9.3. Experteninterviews

Tabelle 40: Übersicht Experteninterviews

Experte/in[1052]	Arbeitsort	Datum
1.	Museum Krasnaja Gorka, Kemerovo	04.09.2012
2.	Novokuznecker Filiale der Staatlichen Universität Kemerovo (KemGU)	11.09.2012
3.	Regionalverband Ruhr	04.12.2012
4.		
5.		
6.	Technische Fachhochschule Georg Agricola zu Bochum	05.12.2012
7.	Technologiepark Kemerovo	02.04.2013
8.	Staatliche Universität Kemerovo (KemGU), Filiale Novokuzneck	02.09.2013
9.	Ökologisches Consulting-Unternehmen „InĖkA", Novokuzneck	11.02.2014
10.	Unternehmen „ĖkoLėnd", Novokuzneck	12.02.2014
11.	Stadtverwaltung Jurga	20.02.2014
12.	Polytechnische Universität Tomsk (Filiale Jurga)	20.02.2014
13.	Unternehmen Technonikol', Jurga	20.02.2014
14.	Wissenschaftler an der Staatlichen Universität Kemerovo (KemGU)	22.02.2014
15.	Stadtverwaltung Leninsk-Kuzneckij	25.02.2014
16.		
17.		
18.		
19.	Museum zum „Kol'čuginskogo Rudnika", Leninsk-Kuzneckij	25.02.2014
20.	Institut für Wirtschaft und Industrieproduktion der Akademie der Wissenschaften Sibirien, Novosibirsk	28.02.2014
21.	Immobilienunternehmen Promstroj, Lesnaja Poljana	21.08.2014
22.	Unternehmen ZSMK Evraz, Novokuzneck	22.08.2014
23.	Vattenfall Europa AG	08.09.2014
24.	Stadt Senftenberg	10.09.2014
25.	Lausitzer und Mitteldeutsche Bergbau-Verwaltungsgesellschaft mbH	10.09.2014
26.	Brandenburgische Technische Universität Cottbus-Senftenberg	11.09.2014
27.	Masterkolloquium an der Staatlichen Universität Kemerovo (KemGU)	21.02.2015
28.	Staatliche Technische Universität Kemerovo (KuzGTU)	24.02.2015
29.	Amt für Investitionen und strategische Entwicklung in der Administration der Oblast' Kemerovo	25.02.2015
30.	Amt für Investitionen und strategische Entwicklung in der Administration der Oblast' Kemerovo	26.02.2015
31.	Föderales Amt für Überwachung/Aufsicht bei der Nutzung der natürlichen Rohstoffe in der Oblast' Kemerovo	26.02.2015
32.	Stadtverwaltung Berëzovskij (Oblast' Sverdlovsk)	16.06.2015
33.	Nationales Zentrum für zeitgenössische Kunst Ekaterinburg	17.06.2015
34.		
35.	Zentrum für Tourismusentwicklung der Stadt Nižnij Tagil	18.06.2015

Quelle: eigene Darstellung

[1052] Aus datenschutzrechtlichen Gründen wurden die Namen der Experten anonymisiert.

10. Anhang

Tabelle 41: Städtenamen in russ. und dt. Schreibweise, Gründungsjahr und Fläche

Städtenamen (russ.-kyrillisch)	Städtenamen (dt. Schreibweise)	Offizielles Jahr der Stadtgründung	Fläche in km² (2008)
Новокузнецк	Novokuzneck	1622	424,3
Междуреченск	Meždurečensk	1955	335,4
Кемерово	**Kemerovo**	**1918**	**278,6**
Прокопьевск	Prokop'evsk	1931	216,7
Киселёвск	Kiselëvsk	1936	214,6
Белово	Belovo	1938	171,3
Анжеро-Судженск	Anžero-Sudžensk	1931	119,2
Ленинск-Кузнецкий	Leninsk-Kuzneckij	1925	112,7
Мыски	Myski	1956	108,7
Берёзовский	Berëzovskij	1965	82,0
Осинники	Osinniki	1938	79,8
Таштагол	Taštagol	1963	79,0
Топки	Topki	1933	51,7
Гурьевск	Gur'evsk	1938	50,1
Тайга	Tajga	1911	49,9
Полысаево	Polysaevo	1989	49,3
Мариинск	Mariinsk	1856	48,4
Юрга	Jurga	1949	44,8
Салаир	Salair	1941	39,8
Калтан	Kaltan	1959	32,4
Кемеровская область	Oblast' Kemerovo	1943	95.725

Quelle: KEMEROVOSTAT (Hrsg.) (2008a): S. 22, KEMEROVOSTAT (Hrsg.) (2012a): S. 23-25, eigene Darstellung

Tabelle 42: Ausgewählte Indikatoren der Rajony in der Oblast' Kemerovo

Städtenamen (russ.-kyrillisch)	Städtenamen (dt. Schreibweise)	Gründung der Einheiten (Jahr)	Fläche in km² (2008)	Einwohner am 1.1.2016 (gerundet)	EW pro km²
Новокузнецкий	Novokuzneckij	1924	13.218	50.400	3,8
Промышленновский	Promyšlennovskij	1946	3.083	48.400	15,7
Кемеровский	Kemerovskij	1924	4.391	47.100	10,7
Прокопевский	Prokop'evskij	1924	3.450	30.900	9,0
Таштагольский	Taštagol'skij	1939	11.383	30.100	2,6
Яшкинский	Jažinskij	1930	3.484	28.700	8,2
Беловский	Belovski	1924	3.305	28.000	8,5
Крапивинский	Krapivinskij	1924	6.882	23.500	3,4
Тяжинский	Tjažinskij	1924	3.531	23.100	6,5
Ленинск-Кузнецкий	Leninsk-Kuzneckij	1924	2.359	22.200	9,4
Юргинский	Jurginskij	1924	2.510	22.000	8,8
Тисульский	Tisul'skij	1924	8.084	21.800	2,7
Яйский	Jajskij	1924	2.749	18.600	6,8
Мариинский	Mariinskij	1924	5.558	16.100	2,9
Топкинский	Topkinskij	1924	2.722	16.000	5,9
Чебулинский	Čebulinskij	1924	3.741	14.800	4,0
Ижморский	Ižmorskij	1924	3.610	11.500	3,2
Гурьевский	Gur'evskij	1935	2.090	9.600	4,6
Междрученский	Meždurečenskij	1989	6.988	2.100	0,3

Quelle: KEMEROVOSTAT (Hrsg.) (2008a): S. 22; KEMEROVOSTAT (Hrsg.) (2013a): S. 15; KEMEROVOSTAT (Hrsg.) (2015a): S. 13,14; http://www.kemerovostat.ru/bgd/EJEGOD/issWWW.exe/Stg/2015/2e_адм_нас.html (eingesehen am 16.02.2017), eigene Berechnung und Darstellung

Tabelle 43: Einwohnerentwicklung Oblast' Kemerovo (1917–2017)

Jahr / Bevölkerung	1917	1926	1939	1959	1970	1979	1989	2002	2010	2017
Gesamt	**204.000**	**718.000**	**1.654.000**	**2.777.323**	**2.913.515**	**2.958.429**	**3.171.134**	**2.899.142**	**2.763.135**	**2.709.404**
Städtische Bev.	30.600	150.780	926.240	2.139.667	2.394.537	2.547.503	2.768.891	2.512.948	2.358.901	2.325.808
Ländliche Bev.	173.400	562.220	727.760	637.656	518.978	410.926	402.243	386.194	404.234	383.596

Quelle: KEMEROVOSTAT (Hrsg.) (2012a): S. 9, KEMEROVOSTAT (Hrsg.) (2013c): S. 1, KEMEROVOSTAT (Hrsg.) (2015a): S. 29, SOLOV'EV, L. (2009): S. 22, http://www.gks.ru/free_doc/new_site/population/demo/PrPopul2017.xls (eingesehen am 16.02.2017), eigene Darstellung

Tabelle 44: Ausgewählte Indikatoren der Bevölkerungsentwicklung in der Oblast' Kemerovo

Jahr / Indikator	1990	1995	2000	2005	2006	2007	2008	2009	2010	2011*	2012	2013	2014	2015
Geborene	40.100	27.300	26.600	30.800	32.100	34.200	36.700	37.600	36.400	35.000	37.800	37.200	36.000	34.000
Gestorbene	35.100	51.000	49.200	53.100	48.900	46.800	46.100	44.900	44.500	42.600	41.600	39.700	39.800	39.400
Saldo natürl. Bevölkerungs-entwicklung	+5.000	-23.700	-22.600	-22.300	-16.800	-12.600	-9.400	-7.300	-8.100	-7.600	-3.800	-2.500	-3.800	-5.400
Zuwanderer	135.986	95.518	57.200	52.505	49.622	55.033	52.352	44.230	42.167	60.455	66.620	66.437	70.749	75.605
Abwanderer	126.109	86.196	54.032	46.725	45.050	45.215	44.586	38.196	41.630	63.249	71.182	72.354	76.063	77.546
Saldo Migration	+9.877	+9.322	+3.168	+5.780	+4.572	+9.818	+7.766	+6.034	+537	-2.804	-4.562	-5.917	-5.314	-1.941

* Ab 2011 erfolgte eine Änderung in der russischen Migrationsstatistik. Zu- und Abwanderer werden seitdem auch als solche erfasst, wenn diese wenigstens neun Monate eines Jahres vor Ort registriert waren [Quelle: BÜLOW, CH. (2014b): S. 107].

Quelle: KEMEROVOSTAT (Hrsg.) (2008a): S. 50, 56; KEMEROVOSTAT (Hrsg.) (2013a): S. 40, 44; KEMEROVOSTAT (Hrsg.) (2015a): S. 34, 38; KEMEROVOSTAT (Hrsg.) (2016): S. 26-27; eigene Darstellung

Tabelle 45: Die Hauptstädte Sibiriens, Einwohner und Bevölkerungsanteil in % (2016)

Region	Hauptstadt	Einwohner in der Hauptstadt (01/2016)	Einwohneranteil an der jeweiligen Region in %	Ranking (größte Stadt Russlands)
Oblast' Novosibirsk	Novosibirsk	1.584.138	57,4	3.
Oblast' Omsk	Omsk	1.178.079	59,5	8.
Krasnojarskij Kraj	Krasnojarsk	1.066.934	37,2	12.
Altajskij Kraj	Barnaul	635.585	26,7	21.
Oblast' Irkutsk	Irkutsk	623.424	25,8	22.
Oblast' Tomsk	Tomsk	569.293	52,9	28.
Oblast' Kemerovo	**Kemerovo**	**553.076**	**20,4**	**30.**
Republik Burjatien	Ulan-Udė	430.550	43,8	42.
Zabajkal'skij Kraj	Čita	343.511	31,7	56.
Republik Chakasija	Abakan	179.163	33,4	105.
Republik Tyva	Kyzyl	115.871	36,7	144.
Republik Altaj	Gorno-Altajsk	62.861	29,2	-

Quelle: http://www.gks.ru/free_doc/doc_2016/bul_dr/mun_obr2016.rar (eingesehen am 03.11.2016), eigene Berechnung und Darstellung

Tabelle 46: Bruttoregionalprodukt in Sibirien und Russland (2008, 2014)

Region/Einheit	Bruttoregionalprodukt 2008		Bruttoregionalprodukt 2014*	
	in Mio. RUB	in % an Russland	in Mio. RUB	in % an Russland
Krasnojarskij Kraj	737.950,5	2,18	1.423.247,4	2,42
Oblast' Kemerovo	**575.901,9**	**1,70**	**747.414,6**	**1,27**
Oblast' Irkutsk	423.852,4	1,29	907.400,8	1,55
Oblast' Novosibirsk	453.574,6	1,34	895.289,8	1,52
Oblast' Omsk	347.760,3	1,03	598.911,6	1,02
Altajskij Kraj	259.343,1	0,77	447.906,9	0,76
Oblast' Tomsk	248.906,2	0,73	428.066,7	0,73
Zabajkal'skij Kraj	140.302,0	0,41	227.582,4	0,39
Republik Burjatien	124.738,5	0,37	184.815,6	0,32
Republik Chakasija	72.308,8	0,21	160.435,0	0,27
Republik Tyva	23.870,5	0,07	46.707,3	0,08
Republik Altaj	18.701,0	0,06	39.134,5	0,07
FO Sibirien	3.442.209,8	10,15	6.106.912,6	10,37
Russland Gesamt	33.908.756,7	100	58.745.032,7	100

* Zur besseren Vergleichbarkeit wurde die Republik Krim und die Stadt Sevastopol' herausgerechnet (2014)
Quelle: http://www.gks.ru/free_doc/new_site/vvp/vrp98-14.xlsx (eingesehen am 17.03.2016), eigene Berechnung und Darstellung

Tabelle 47: Residenten im Technologiepark Kemerovo-Stadt (Stand Juni 2015)

Nr.	Unternehmen	Tätigkeitsbereich/Ziele	Internetseite
1.	ZAO NeKor	Entwicklung von Herzklappenprothesen	http://neocor.ru/main.html
2.	ZAO NPF NORD	Entwicklung und Produktion von komplexen Anlagen zur physikalisch-chemischen Behandlung von Abwasser	-
3.	OAO Gazprom dobyča Kuzneck	Technische Entwicklung neuer Förderanlagen zur Gewinnung von Methangas aus Kohleflözen	http://kuznetsk-dobycha.gazprom.ru/
4.	OAO Sibir'energoinžiniring	Konstruktion und Bau neuer Anlagen zur Modernisierung der Erzeugungskapazitäten im Bereich der Energiegewinnung	http://sibgenco.ru/companies/sibirenergoinzhiniring/
5.	OOO Blagovest	Entwicklung von Behandlungstechnologien und Programmen gegen Skoliose	-
6.	OOO VIST Grupp	Entwicklung von Robotertechnologien zur Optimierung der Organisations- und Transportsysteme im Bergbau und der Landwirtschaft	http://www.vistgroup.ru/
7.	OOO Global Chimi	Entwicklung und Produktion einer Schutzcreme zur Regeneration von Hautzellen	http://www.globalhimi.ru/
8.	OOO DM Grupp	Entwicklung einer interaktiven Werbeplattform zwischen Unternehmen und Kunden	http://dinect.com/ru/kemerovo/
9.	OOO Kuzbasskij regional'nyj gornyj centr ochrany truda	Entwicklung und Serienproduktion von tragbaren Gasmessapparaturen zur Erhöhung der Arbeitssicherheit in Kohleschächten	http://indsafe.ru/
10.	OOO KuzbassPromResurs	Entwicklung und Produktion von neuen technischen Lösungen bei Bohrungen im Bergbau	-
11.	OOO Liomed	Produktion von speziellen Kontaktlinsen (Ionenaustausch) zur Behandlung von Augenverletzungen	http://innovation.kemsu.ru/pages/Ltd_liomed
12.	OOO MIP NTC Ėkosistema	Entwicklung und Produktion von neuen, umweltfreundlichen und feuerfesten Dämmstoffen und Silikatfarben	http://ecosystem42.com/
13.	OOO NPK Klaster	Entwicklung und Produktion von innovativen Produkten (u. a. Gesundheitswirtschaft, Landwirtschaft) auf Basis von Nano-Silber	-

14.	OOO *NPO SIBIR' TECHNOLOGIJA*	Entwicklung und Produktion von Wind- und Solaranlagen und energieeffiziente Ausrüstungen	-
15.	OOO *RANK 2*	Serienhafte Produktion von modernen Technologien für den Untertagebergbau (z. B. Verankerungen)	http://rank42.ru/
16.	OOO *Svarog*	Entwicklung und Produktion von Hochdruckschläuchen	http://svarogrvd.ru/
17.	OOO *Sibirskoe zdorov'e*	Entwicklung und Produktion von Medikamentenzusätzen	-
18.	OOO *Sibir'-Ėnergo*	Bau einer Anlage zur Entwicklung von technischen Lösungen zur Verwendung von Erdgas für Verkehrsträger	-
19.	OOO *Taežnyj*	Entwicklung einer Produktionsanlage zur Weiterverarbeitung von Holz (z. B. Pellets, Spannplatten)	-
20.	OOO *Technologii briketirovanija*	Aufbau einer Anlage zur Herstellung von Briketts aus Kohleabfällen	-
21.	OOO *Farm Grupp*	Entwicklung eines pharmazeutischen Labors zur Herstellung von Infusionslösungen	-
22.	OOO *ĖkoLėnd*	Errichtung einer Anlage zur Weiterverarbeitung und Entsorgung von Haushaltsabfällen in Novokuzneck	http://www.ecoland-nk.ru/
23.	OOO *Ėkonaš*	Weiterverarbeitung von flüssigen und festen Abfallprodukten bei der Koksproduktion	-
24.	OOO CHK SDS-Ėnergo	Errichtung einer energieeffizienten Heizungsanlage in Mariinsk	http://sdsenergo.ru/
25.	OOO *NPO Mikrointer Sibir'*	Entwicklung von spezieller Technologie zur Reinigung und Trocknung von Maschinen	http://www.microninter-sibir.ru/

Quelle: http://technopark42.ru/departments/park/rezidents-technopark (eingesehen am 22.01.2017), eigene Darstellung

Abbildung 86: Auszüge aus dem Gesetz zur strategischen Planung

28. Dezember 2016   Nr. 103-03

Oblast' Kemerovo

Gesetz über die

strategische Planung

Verabschiedet

vom Rat der Volksabgeordneten

der Oblast' Kemerovo

23. Dezember 2016

Kapitel 2. Die Befugnisse des Rates der Volksabgeordneten der Oblast' Kemerovo im Bereich der strategischen Planung

1. Der Rat der Volksabgeordneten der Oblast' Kemerovo im Bereich der strategischen Planung mit diesem Gesetz:

    1) grenzt die Befugnisse zwischen den Behörden der Region Kemerovo im Bereich der strategischen Planung der Oblast' Kemerovo ab;

    2) bestimmt die Behörde der Oblast' Kemerovo, welche die Reihenfolge und die Handhabung der Entwicklung von Dokumenten der strategischen Planung der Oblast' Kemerovo (im Folgenden - Dokumente der strategischen Planung) und deren Inhalt festlegt;

    3) definiert das Verfahren für die Entwicklung und Anpassung der Strategie der sozialen und wirtschaftlichen Entwicklung der Oblast' Kemerovo;

    4) bestimmt das Verfahren zur Überwachung der Umsetzung der Dokumente der strategischen Planung und der Vorbereitung von Dokumenten, in denen sich die Ergebnisse des Umsetzungsmonitorings der Dokumente der strategischen Planung widerspiegeln;

    5) bestimmt das Verfahren zur Kontrolle der Umsetzung der Dokumente der strategischen Planung.

2. Der Rat der Volksabgeordneten der Oblast' Kemerovo im Bereich der strategischen Planung führt weitere Aufgaben in Übereinstimmung mit den geltenden Gesetzen durch.

Kapitel 3. Die Befugnisse der Administration der Oblast' Kemerovo im Bereich der strategischen Planung

Die Administration der Oblast' Kemerovo im Bereich der strategischen Planung:

    1) beteiligt sich an der Gewährleistung der Umsetzung der einheitlichen staatlichen Politik im Bereich der strategischen Planung, organisiert die Entwicklung der Projekte der normativen Rechtsakte im angegebenen Bereich und führt die methodische Unterstützung der strategischen Planung auf der Ebene der Oblast' Kemerovo durch;

    2) regelt die Handhabung der Entwicklung und Anpassung von Dokumenten der strategischen Planung, die in die Zuständigkeit der Administration der Oblast' Kemerovo fallen, und verabschiedet (genehmigt) solche Dokumente;

    3) bestimmt das Verfahren der methodischen Implementierung der strategischen Planung auf der Ebene der Oblast' Kemerovo;

    4) legt die Reihenfolge der Ausarbeitung und Abstimmung von Dokumenten der strategischen Planung und der darin enthaltenen Vorgaben sowie das Verfahren für die Bildung von Zielvorgaben auf der

Grundlage der Prioritäten der sozialökonomischen Entwicklung der Oblast' Kemerovo für die Entwicklung von Dokumenten der strategischen Planung fest;

5) definiert Ziele, Aufgaben und Vorgaben für die Tätigkeit der exekutiven Organe der Oblast' Kemerovo;

6) gewährleistet die Einstimmigkeit und Ausgeglichenheit und die Ausgewogenheit der Dokumente der strategischen Planung der Oblast' Kemerovo;

7) überwacht und steuert die Umsetzung der Dokumente der strategischen Planung in Fragen, die sich in der Zuständigkeit der Administration der Oblast' Kemerovo befinden;

8) bestimmt die Handhabung der Berichterstattung über die Umsetzung von Dokumenten der strategischen Planung;

9) überwacht die Einhaltung gesetzlicher Bestimmungen und methodischer Anforderungen für strategische Planungsunterlagen, einschließlich die Anforderungen für die Reihenfolge und der Handhabung ihrer Entwicklung und Anpassung;

10) legt das Verfahren für die Entwicklung und Anpassung der Prognose der sozioökonomischen Entwicklung der Oblast' Kemerovo in langfristiger Perspektive fest;

11) bestätigt die Prognose der sozioökonomischen Entwicklung der Oblast' Kemerovo in langfristiger Perspektive;

12) entscheidet über die Korrektur der Prognose der sozioökonomischen Entwicklung der Oblast' Kemerovo in langfristiger Perspektive;

13) legt das Verfahren für die Entwicklung und Anpassung der Prognose der sozioökonomischen Entwicklung der Oblast' Kemerovo in mittelfristiger Perspektive fest;

14) genehmigt die Prognose der sozioökonomischen Entwicklung der Oblast' Kemerovo in langfristiger Perspektive;

15) verabschiedet einen Maßnahmenkatalog für die Umsetzung der Strategie der sozioökonomischen Entwicklung der Oblast' Kemerovo;

16) entscheidet über die Anpassungen und Korrekturen des Maßnahmenkataloges zur Umsetzung der Strategie der sozioökonomsischen Entwicklung der Oblast' Kemerovo;

17) verabschiedet über die Aufstellung der staatlichen Programme der Oblast' Kemerovo und das Verfahren zur Entwicklung, Umsetzung und Bewertung ihrer Effektivität;

18) genehmigt die staatlichen Programme der Oblast' Kemerovo gemäß dem Staatshaushalt der Russischen Föderation;

19) bestimmt die staatlichen Programme der Oblast' Kemerovo, die für die Realisierung der Strategie der sozioökonomischen Entwicklung der Oblast' Kemerovo erforderlich sind;

20) bestimmt die Umsetzungszeitraum der staatlichen Programme für die Oblast' Kemerovo;

21) legt die Handhabung für die Durchführung der jährlichen Effektivitätsbewertung der Realisierung für jedes staatliche Programm der Oblast' Kemerovo fest;

22) erstellt einen Jahresbericht über die Fortschritte des Maßnahmenkataloges bei der Umsetzung der Strategie der sozioökonomischen Entwicklung der Oblast' Kemerovo;

23) beteiligt sich an der Ausarbeitung von Dokumenten der strategischen Planung, die auf föderaler Ebene in Fragen der gemeinsamen Zuständigkeit der Russischen Föderation und den Subjekten der Russischen Föderation erstellt werden und das Territorium der Oblast' Kemerovo betreffen;

24) bestimmt im Rahmen der Zuständigkeit der Subjekte der Russischen Föderation Prioritäten der sozioökonomischen Politik, langfristige Ziele und Aufgaben der sozioökonomischen Entwicklung der

Oblast' Kemerovo, in Übereinstimmung mit den Prioritäten und Zielen der sozioökonomischen Entwicklung der Russischen Föderation;

25) bestimmt die Anforderungen an den Inhalt der Dokumente der strategischen Planung, die in der Oblast' Kemerovo entwickelt werden, die Handhabung ihrer Entwicklung, Überprüfung und Genehmigung (Verabschiedung) unter Berücksichtigung der föderalen Gesetze, anderer Bundesgesetze und weiterer normativer Rechtsakte der Russischen Föderation und den normativen Rechtsakten der Oblast' Kemerovo;

26) legt die Handhabung der Umsetzung der strategischen Planung in der Oblast' Kemerovo in Übereinstimmung mit den normativen Rechtsakten nach Artikel 2 des Bundesgesetzes fest;

27) bestimmt die Form, die Ordnung und die Fristen der öffentlichen Beratung des Entwurfs der strategischen Planung;

28) tätigt weitere Befugnisse in den Bereichen der strategischen Planung in Übereinstimmung mit dem föderalen Gesetz, anderen föderalen Gesetzen und den normativen Rechtsakten der Russischen Föderation, diesem Gesetz und weiteren normativen Rechtsakten der Oblast' Kemerovo.

Kapitel 4. Die Befugnisse der exekutiven Behörden der Regierung der Oblast' Kemerovo im Bereich der strategischen Planung.

1. Die exekutive Behörde der Oblast' Kemerovo im Bereich der strategischen Planung im Rahmen ihrer Zuständigkeit

1) entwickelt staatliche Programme der Oblast' Kemerovo;

2) arbeitet Dokumente der strategischen Planung aus, gewährleistet die Koordination und Anpassung und Korrektur von Dokumenten der strategischen Planung in Übereinstimmung mit dem föderalen Gesetz, diesem Gesetz und mit den weiteren normativen Rechtsakten nach Artikel 2 des Bundesgesetzes;

3) führt Monitoring und Kontrolle der Umsetzung der Dokumente der strategischen Planung im Sinne dieses Absatzes und des Absatzes 2 bis 4 dieses Kapitels durch.

2. Die Administration der Oblast' Kemerovo außer Befugnisse im Sinne von Absatz 1 dieses Kapitels Artikels entwickelt die Prognose der sozioökonomischen Entwicklung der Oblast' Kemerovo in langgfristger Perspektive, die Prognose der soziökonomsischen Entwicklung der Oblast' Kemerovo in mittelfristiger Perspektive, Maßnahmenkatalog zur Umsetzung der Strategie der sozioökonomischen Entwicklung der Oblast' Kemerovo.

3. Die ausführende Behörde für sektorale Zuständigkeit der Regierung der Oblast' Kemerovo, die für die Entwicklung und Umsetzung einer einheitlichen Finanzpolitik in der Oblast' Kemerovo zuständig ist, entwirft zusätzlich zu den Befugnissen nach Absatz 1 dieses Kapitels die Budgetprognose für die Oblast' Kemerovo in langfristiger Perspektive in Übereinstimmung mit dem Staatshaushaltsgesetz der Russischen Föderation.

4. Die ausführende Behörde für sektorale Zuständigkeit der Regierung der Oblast' Kemerovo, die die staatliche Politik und Verwaltung im Bereich der Architektur- und Stadtplanung leitet, entwickelt zusätzlich zu den Befugnissen nach Absatz 1 dieses Kapitels einen Entwurf zur Regionalplanung der Oblast' Kemerovo.

Kapitel 6. Strategie der soziökonomischen Entwicklung der Oblast' Kemerovo, die Handhabung der Entwicklung und Anpassung

3. Strategie der sozioökonomischen Entwicklung der Oblast' Kemerovo wird auf der Grundlage der Gesetze der Oblast' Kemerovo, den Handlungen des Gouverneurs und der Exekutive der Oblast' Kemerovo und unter Berücksichtigung anderer Dokumente für strategische Planung entwickelt.

4. Strategie der sozioökonomischen Entwicklung der Oblast' Kemerovo beinhaltet:

1) Bewertung der erreichten Ziele der sozioökonomischen Entwicklung der Oblast' Kemerovo;

2) Prioritäten, Ziele, Aufgaben und Tendenzen der sozioökonomischen Politik der Oblast' Kemerovo;

3) Indikatoren der Umsetzung der sozioökonomischen Entwicklung des Oblast' Kemerovo, Laufzeit und Etappen der Umsetzung der Strategie;

4) zu erwartende Ergebnisse der Strategieumsetzung;

5) Bemessung der für die Umsetzung der Strategie benötigten Finanzressourcen;

6) Informationen über staatliche Programme der Oblast' Kemerovo, die zum Ziel der Umsetzung der Strategie benötigt werden.

7. Die Entwicklung und Anpassung der Strategie der soziökonomischen Entwicklung der Oblast' Kemerovo leitet die Verwaltung der Oblast' Kemerovo.

8. Die Handhabung der Entwicklung und Anpassung der Strategie der soziökonomischen Entwicklung der Oblast' Kemerovo soweit sie nicht in diesem Gesetz geregelt ist, wird durch die Verwaltung der Oblast' Kemerovo festgelegt.

Kapitel 7. Das Verfahren zum Monitoring der Umsetzung der Dokumente der strategischen Planung und Vorbereitung von Dokumenten, in denen sich die Ergebnisse der Überwachung der Umsetzung der Dokumente der strategischen Planung widerspiegeln

1. Das Monitoring der Umsetzung der strategischen Planung und die Vorbereitung von Dokumenten, die die Ergebnisse des Monitorings der Umsetzung der strategischen Planungsunterlagen widerspiegeln (im Folgenden - Monitoring der Umsetzung und Erstellung von Dokumenten), wird auf die Teilnehmer der strategischen Planung mit dem Ziel der Effektivitätssicherung des Funktionierens des Systems der strategischen Planung auf der Basis einer komplexen Bewertung der grundlegenden sozioökonomischen und finanziellen Indikatoren, die in den Dokumenten der strategischen Planung erhalten sind, sowie die Wirksamkeit der Aktivitäten der strategischen Planung zur Erreichung von Maßnahmen der sozioökonomischen Entwicklung der Oblast' Kemerovo zu den geplanten Fristen, festgelegt.

2. Das Monitoring der Umsetzung und Vorbereitung der Dokumente erfolgt auf der Grundlage der Daten des föderalen Amtes für staatliche Statistik, sowie der Berichte über den Stand der Umsetzung der Maßnahmen und der Erreichung der Indikatoren, die in den Dokumenten der strategischen Planung aufgelistet sind, die von Mitgliedern der strategischen Planung jährlich zusammengestellt werden.

3. Das Verfahren für das Monitoring der Umsetzung und Erstellung von Dokumenten in dem Teil, der nicht durch dieses Gesetz geregelt ist, wird von der Administration der Oblast' Kemerovo festgelegt.

4. Dokumente, in denen sich die Ergebnisse des Monitorings von Dokumenten der strategischen Planung widerspiegeln, sind der jährliche Bericht des Gouverneurs der Oblast' Kemerovo über die Ergebnisse der Tätigkeit der Administration der Oblast' Kemerovo und der zusammengefasste Jahresbericht über den Stand der Umsetzung und Bewertung der Wirksamkeit der staatlichen Programme der Oblast' Kemerovo.

5. Die Dokumente, die die Ergebnisse des Monitorings und Erstellung von Dokumenten widerspiegeln, werden von der Exekutive der Oblast' Kemerovo, die für die Entwicklung von strategischen Planungsdokumenten verantwortlich ist, auf den offiziellen Seiten und im Informations- und Telekommunikationsnetz „Internet", mit Ausnahme von Informationen, die als staatlich, kommerziell, dienstlich und ähnlich geheim eingestuft und gesetzlich geschützt sind, veröffentlicht.

Kapitel 8. Verfahren zur Kontrolle der Umsetzung der Dokumente der strategischen Planung

1. Die Kontrolle der Umsetzung der Dokumente der strategischen Planung erfolgt zum Zweck der Erfassung, Systematisierung und Zusammenstellung von Informationen über die sozioökonomische Entwicklung der Oblast' Kemerovo, der Bewertung der Qualität der Unterlagen der strategischen Planung, der Bewertung der Effektivität und Effizienz der Umsetzung der Beschlüsse, die im Verlauf der strategischen Planung verabschiedet

werden; der Ausarbeitung von Vorschlägen zur Effektivitätsverbesserung des Funktionierens des Systems der strategischen Planung in der Oblast' Kemerovo.

2. Die Kontrolle der Umsetzung der Dokumente der strategischen Planung erfolgt durch die exekutive Behörde der Regierung der Oblast' Kemerovo, die durch einen Akt über die Entwicklung der Dokumente der strategischen Planung festgelegt ist.

3. Der Kontroll-und Rechnungshof der Oblast' Kemerovo überwacht die Umsetzung der Dokumente der strategischen Planung der Oblast' Kemerovo im Rahmen der Zuständigkeit.

4. Die ausführende Behörde der Administration der Oblast' Kemerovo, die die Kontrolle durchgeführt hat, leitet nach den Ergebnissen der Kontrolle der Umsetzung der strategischen Planung die entsprechende Informationen an die Behörden der Administration der Oblast' Kemerovo oder dem Leiter der Organisation, die für die Durchführung von Veranstaltungen oder die Erreichung der im Dokument der strategischen Planung geplanten Indikatoren verantwortlich ist.

5. Das Verfahren zur Kontrolle der Umsetzung der Dokumente der strategischen Planung soweit sie nicht in diesem Gesetz geregelt ist, wird der Administration der Oblast' Kemerovo zugewiesen.

Kapitel 9. Schlussbestimmungen

1. Dieses Gesetz am Tag seiner offiziellen Veröffentlichung in Kraft .

2. Die staatlichen Programme der Oblast' Kemerovo werden bis zum Fristablauf ihrer Gültigkeit umgesetzt.

Gouverneur
der Oblast' Kemerovo
A.M. Tuleev
Kemerovo
28. Dezember 2016

Quelle: http://www.ako.ru/PRESS/MESS/TEXT/STR/103-oz.docx (eingesehen am 25.01.2017), eigene Übersetzung

Tabelle 48: Einwohner- und Flächendaten der Kommunen im Bezirk Cottbus bzw. Lausitzer Braunkohlerevier (Stand 12/2014)

Bundes-land	Landkreis	Gemeinde	Einwohner	Fläche in km²	EW-Dichte pro km²
Brandenburg	Spree-Neiße		118.030	1.657,46	71
	Oberspreewald-Lausitz		112.896	1.223,1	92
	Elbe-Elster		104.997	1.899,54	55
	Kreisfreie Stadt Cottbus		99.491	165,15	602
	Teltow-Fläming	Dahme/Mark	5.113	162,59	32
		Dahmetal	496	41,56	12
	Dahme-Spree	Lübben	13.672	120,85	113
		Luckau	9.558	207,43	46
		Märkische Heide	3.989	211,55	19
		Heideblick	3.679	166,57	22
		Golßen	2.505	63,68	39
		Schwielochsee	1.523	131,4	12
		Schönwald	1.141	44,93	25
		Neu Zauche	1.126	39,03	29
		Straupitz	1.000	21,71	46
		Bersteland	895	29,53	30
		Unterspreewald	830	26,01	32
		Bhyleguhre-Byhlen	775	35,81	22
		Kasel-Golzig	673	34,35	20
		Rietzneuendorf-Staakow	609	28,1	22
		Schlepzig	614	30,66	20
		Krausnick-Groß Wasserburg	589	54,79	11
		Drahnsdorf	584	26,94	22
		Jamlitz	550	43,43	13
		Steinreich	522	41,95	12
		Alt Zauche-Wußwerk	506	33,31	15
		Spreewaldheide	472	36,16	13
Sachsen	Bautzen	Hoyerswerda	33.825	95,06	356
		Lauta	8.680	41,88	207
		Bernsdorf	6.655	59,7	112
		Wittichenau	5.826	60,7	96
		Lohsa	5.488	134,1	41
		Elsterheide	3.586	126,8	28
		Spreetal	1.950	108,8	18
	Görlitz	Weißwasser (O.L.)	17.074	63,3	270
		Boxberg (O.L.)	4.675	217,1	22
		Bad Muskau	3.661	15,4	239
		Krauschwitz	3.549	106,6	33
		Rietschen	2.606	72,7	36
		Schleife (Sachsen)	2.659	41,9	64
		Gablenz (O.L.)	1.630	14,7	111
		Weißkeißel	1.266	50,4	25

		Groß Düben	1.086	14,9	73
		Trebendorf	944	32,0	30
Sachsen-Anhalt	Wittenberg	Jessen-Elster	14.261	352,0	41
		Annaburg	7.041	224,3	31
GESAMT „Lausitzer Braunkohlerevier" (2014)			591.995	8.409,9*	70,4
GESAMT Bezirk Cottbus (1989)			875.581	8.262,0	106

* Die Berechnung ergab ergab einen aktuellen Flächenwert von 8.409,9 km². Das entspricht einer Differenz von ca. 147,9 km² gegenüber dem Bezirk Cottbus. Die Ursachen hierfür sind vielfältig: Abweichungen durch unterschiedliches Runden der Zahlen, vor allem aber durch Überschneidungen bzw. neue Abgrenzungen einiger Gemeinden werden Zuordnungen erschwert [z. B. Dahme/Mark (TF), Jamlitz (LDS), Jessen-Elster (WB)].

Quelle: DESTATIS (Hrsg.) (2015), http://www.theisa.de/images/bezirkcb1988.jpg, https://www.digizeitschriften.de/download/PPN514402644_1990/PPN514402644_1990___log7.pdf, (je eingesehen am 02.09.2016), Google Maps, eigene Berechnung und Darstellung

Tabelle 49: Studenten und Hochschulen im Ruhrgebiet und Lausitz (WiSe 2015/16)

Hochschule (Standort)	Studenten
Ruhrgebiet (RVR)	
Fernuniversität Hagen	69.258
Universität Bochum	43.051
Universität Duisburg-Essen	42.145
Universität Dortmund	32.962
Priv. FH f. Ökonomie und Management Essen (Bochum, Dortmund, Duisburg, Essen, Hagen, Marl)	28.005
FH Dortmund	13.575
FH Gelsenkirchen (Gelsenkirchen, Recklinghausen)	7.280
FH Bochum	7.008
FH Westliches Ruhrgebiet (Bottrop, Mühlheim)	4.628
FH für öffentliche Verwaltung NRW (Duisburg, Gelsenkirchen, Hagen)	3.920
FH Südwestfalen Hagen	2.896
Priv. FH International School of Management Dortmund	2.602
FH Hamm-Lippstadt (Hamm)	2.406
Technische FH Georg Agricola zu Bochum	2.355
Ev. FH Rheinland-Westfalen-Lippe Bochum	2.329
Priv. wiss. Hochschule Witten-Herdecke	2.206
FH Rhein-Waal Kamp-Lintfort	1.683
Folkwang-Hochschule Essen	1.647
Priv. FH EBZ Business School Bochum	982
FH für Gesundheitsberufe in NRW (Bochum)	932
Hochschule für Logistik und Wirtschaft Hamm	677
Priv. FH Hochschule für Gesundheit und Sport Berlin (Unna)	246
Hochschule der bildenden Künste (HBK) Essen	86
GESAMT (Ruhrgebiet)	**272.879**
Studenten auf 10.000 Einwohner* (Ruhrgebiet)	**540**
Lausitz	
BTU Cottbus-Senftenberg (Gesamt)	8.224
- Cottbus	6.729
- Senftenberg	1.495
GESAMT (Lausitz)	**8.224**
Studenten auf 10.000 Einwohner* (Lausitz)	**139**

* Die Einwohnerzahl bezieht sich auf den Stand 31.12.2014
Quelle: STATISTISCHES BUNDESAMT (Hrsg.) (2016): S. 71, 74, 75, 82, 100-106; REGIONALVERBAND RUHR (Hrsg.) (2015): S. 1; siehe Quellenangabe in Tabelle 48 (S. 364)
eigene Berechnung und Darstellung

Tabelle 50: Transliterationstabelle nach DIN 1460

Kyrillisch		DIN 1460	
а	А	a	A
б	Б	b	B
в	В	v	V
г	Г	g	G
д	Д	d	D
е	Е	e	E
ё	Ё	ë	Ë
ж	Ж	ž	Ž
з	З	z	Z
и	И	i	I
й	Й	j	J
к	К	k	K
л	Л	l	L
м	М	m	M
н	Н	n	N
о	О	o	O
п	П	p	P
р	Р	r	R
с	С	s	S
т	Т	t	T
у	У	u	U
ф	Ф	f	F
х	Х	ch	CH
ц	Ц	c	C
ч	Ч	č	Č
ш	Ш	š	Š
щ	Щ	šč	ŠČ
ъ	Ъ	``	``
ы	Ы	y	Y
ь	ь	`	`
э	Э	ė	Ė
ю	Ю	ju	JU
я	Я	ja	JA

Quelle:
https://www.uni-oldenburg.de/fileadmin/user_upload/slavistik/download/Transliterationstabelle.pdf (eingesehen am 15.11.2016), eigene Darstellung

Abkürzungsverzeichnis (dt.)

AG	Aktiengesellschaft
AIK	Autonome Industrie Kolonie
AMSWOT	achievement, mistakes, strength, weakness, opportunities, threats
Anm.	Anmerkung
ATZ	Altersteilzeit
Bev.	Bevölkerung
BIP	Bruttoinlandsprodukt
BRD	Bunderepublik Deutschland
BRP	Bruttoregionalprodukt
BTU	Brandenburgische Technische Universität
BZ	(Landkreis) Bautzen
bzw.	beziehungsweise
ca.	circa
C. B.	Christian Bülow
CDU	Christlich Demokratische Union Deutschland
chem.	chemisch(e)
DAAD	Deutscher Akademischer Austauschdienst
Destatis	Deutsches Statistisches Bundesamt
DDR	Deutsche Demokratische Republik
DIN	Deutsches Institut für Normung e. V.
Dr.	Doktor
d.	des
d. h.	das heißt
d. Vf.	der Verfasser
dt.	deutsch
DVAG	Deutscher Verband für angewandte Geographie e. V.
ebd.	ebenda
EDV	Elektronische Datenverarbeitung
EE	(Landkreis) Elbe-Elster
ehem.	ehemalig/-e/-er
Entw.	Entwicklung
EU	Europäische Union
ev.	evangelisch/-e
e. V.	eingetragener Verein
EW	Einwohner
FDP	Freiheitlich Demokratische Partei
ff.	folgende

FH	Fachhochschule
FO	Föderaler Okrug
FO NW	Föderaler Okrug Nordwest
Geogr.	Geograph(-in)
GKS	gosudarstvennyj kommitet statistiki (dt. Statistikamt der Russischen Föderation mit Sitz in Moskau)
GmbH	Gesellschaft mit beschränkter Haftung
g. o.	gorodskij okrug (dt.= Stadtkreis, administrativräumliches Äquivalent = kreisfreie Stadt)
GR	(Landkreis) Görlitz
GUS	Gemeinschaft Unabhängiger Staaten
ha	Hektar
Hrsg.	Herausgeber
IBA	Internationale Bauausstellung
IFL	Leibniz-Institut für Länderkunde
IHK	Industrie- und Handelskammer
internat.	international
Jan.	Januar
Jh.	Jahrhundert
KemGU	Kemerovskij gosudarstvennyj universitet (dt. Staatliche Universität Kemerovo)
km	Kilometer
km²	Quadratkilometer
KMK	Kusnezker Metallurgisches Kombinat (in Novokuzneck)
Kr.	Kraj
KuzGPU	Kuzbasskaja gosudarstvennaja pedagogičeskaja akademija (dt. Staatliche Pädagogische Hochschule in Novokuzneck)
KuzGTU	Kuzbasskij gosudarstvennyj techničeskij universitet
Landw.	Landwirtschaft(lich)
LDS	Landkreis Dahme-Spree
LMBV	Lausitzer und Mitteldeutsche Bergbau-Verwaltungsgesellschaft mbH
m	Meter
mm	Millimeter
mind.	mindestens
Mio.	Millionen
Mrd.	Milliarden
MČS	Ministerstvo Rossijskoj Federacii po delam graždanskoj oborony, črezvyčajnym situacijam i likvidacii posledstvij stichijnych bedstvij (dt. Russisches Ministerium für Zivil- und Katastrophenschutz)
n	Größe der Grundgesamtheit
NABU	Naturschutzbund Deutschland e. V.
nat.	natürlich/-e/-n
NN	Normalnull

NRW	Nordrhein-Westfalen
NW	Nordwesten
o. ä.	oder ähnlich
Ob.	Oblast'
Obl.	Oblast'
OOO	Obščestvo s ograničennoj otvetsvennost''ju (= GmbH)
OAO	Otkrytoe Akcionernoe Obščestvo (= Offene Aktiengesellschaft)
Okt.	Oktober
OSL	(Landkreis) Oberspreewald-Lausitz
Pers.	Personen
PKW	Personenkraftwagen
priv.	privat/-e
PPP	Public-Private Partnership (dt. öffentlich-private Partnerschaft)
RAG	Ruhrkohle Aktiengesellschaft
Raj.	Rajon (administrativräumliches Äquivalent = Landkreis)
rd.	rund
Rep.	Republik
RF	Russische Föderation
RGW	Rat für gegenseitige Wirtschaftshilfe
RSFSR	Russische Sozialistische Föderative Sowjetrepublik
RUB	Russischer Rubel
russ.	russisch
RVR	Regionalverband Ruhr
RŽD	Rossijskie železnye dorogi (dt. Russische Eisenbahngesellschaft)
S.	Seite
SDS	Sibirskij Delovoj Sojuz (= ein Großunternehmen in der Oblast' Kemerovo)
SibGIU	Sibirskij gosudarstvennyj industrial''nyj universitet (dt. Sibirische staatliche industrielle Universität)
SO	Südosten
SPD	Sozialdemokratische Partei Deutschlands
SPN	(Landkreis) Spree-Neiße
SUĖK	Sibirskaja ugol'naja ėnergetičeskaja kompanija (= ein Kohlebergbauunternehmen in der Oblast' Kemerovo)
SVR	Siedlungsverband Ruhr
t	Tonne(n)
TF	(Landkreis) Teltow-Fläming
Tsd.	Tausend
TPK	Territoriale Produktionskomplexe
TU	Technische Universität
u. a.	unter anderem/-n

überreg.	überregional
UK	United Kingdom of Great Britain and Northern Ireland
USA	United States of America
u. v. m.	und vieles mehr
v. a.	vor allem
Verf.	Verfasser
VN	Vereinte Nationen
WB	(Landkreis) Wittenberg
WiSe	Wintersemester
wiss.	wissenschaftlich/-e/-er
ZAO	Zakrytoe Akcionernoe Obščestvo (= Geschlossene Aktiengesellschaft)
z. B.	zum Beispiel

Список сокращений - Abkürzungsverzeichnis (russ.)

КемГУ	Кемеровский государственный университет
КемГМА	Кемеровская государственная медицинская академия
КемГСИ	Кемеровский сельскохозяйственный институт
КемГУКИ	Кемеровский государственный институт культуры
КемТИПП	Кемеровский технологический институт пищевой промышленности
КузГТУ	Кузбасский государственный технический университет
КузДухПС	Кузбасская духовная православная семинария
КузИЭП	Кузбасский институт экономика и права
КузОПИ	Кузбасский областной педагогический институт
МосГМУ	Московский гуманитарный университет
МЭСИ	Московский государственный университет экономики, статистики и информатики
ОмскГУПС	Омский государственный университет путей сообщения
РАНХиГС	Российская академия народного хозяйства и государственной службы при Президенте Российской Федерации
РосЭУ	Российский экономический университет
СибГУПС	Сибирский университет путей сообщения
СибГИУ	Сибирский государственный индустриальный университет
СПИВСЭП	Санкт-Петербургский внэшнеэкономических связей, экономики и права
ТомскГУ	Томский государственный университет
ТомскПУ	Томский политехнического университет

Lebenslauf

Tabelle 51: Lebenslauf Christian Bülow

Datum	Tätigkeit
09/1983	geboren in Potsdam-Babelsberg
07/1996–06/2003	Abitur am Immanuel-Kant-Gymnasium Teltow
10/2003–05/2011	Magisterstudium der Geographie (HF) an der Universität Greifswald; Nebenfächer: Politikwissenschaften, Amerikanistik; Abschlussnote: 1,6; Thema der Magisterarbeit: „Wirtschafts- und sozialgeographische Regionalanalyse der russischen Oblast' Kaliningrad"; Note: 1,0
07/2007–08/2007	Teilnahme an der zweiwöchigen Sommerschule „Exploring Siberia" (Inhalte: russische Sprache, Landeskunde), Irkutsk
04/2008–06/2008	Praktikum als Lektor bei der deutschsprachigen Zeitung „Königsberger Express" in Kaliningrad
09/2007–06/2008	Studium der Geographie und der russischen Sprache an der staatlichen Immanuel-Kant-Universität, Kaliningrad
08/2008–09/2008	Praktikum im Auslandsbüro der Konrad-Adenauer-Stiftung in Kiew
Seit 05/2011	Wissenschaftlicher Mitarbeiter (50 %) am Institut für Geographie/ Geologie, Lehrstuhl für Regionale Geographie
10/2011	Teilnahme an der zweiwöchigen Studienreise „Serbien - ein Land im Umbruch" unter Leitung der Bundeszentrale für politische Bildung (BpB)
06/2015	Teilnahme an der zweiwöchigen Sommerschule „Urban economic development and Urban governance in post-Soviet space" (Projekt: IRA Urban vom IFL Leipzig) in Ekaterinburg

Tabelle 52: Übersicht Russland-Aufenthalte Christian Bülow

Datum	Rahmen	Inhaltliche Ziele (u. a.)	Geographische Ziele (u. a.)
28.07.–12.08.2007	Sommerschule „Exploring Siberia" der Technischen Universität Irkutsk	Russische Sprachkenntnisse, Studium der Landeskunde	Irkutsk, Baikalsee
01.09.2007–20.06.2008	Auslandstudium an der Staatlichen Immanuel-Kant-Universität Kaliningrad	Spracherwerb, Wirtschafts- und Sozialgeographie Russlands/ des Ostseeraumes usw.	Oblast' Kaliningrad, St. Petersburg, Moskau
22.08.–06.09.2009	Geographische Exkursion vom Lehrstuhl Regionale Geographie (Helmut Klüter, Katja Kaupisch)	Stadtexkursionen; Dorf- und Siedlungsbegehungen; Expertengespräche mit Unternehmern, Betrieben, Schulleitern usw.	Kemerovo, Promyšlennaja, Barnaul, Teleckoe-See, Novokuzneck

27.08.- 15.09.2012	Forschungsreise (Einladung der Universität Kemerovo, Fachbereich Wirtschaftswissenschaften)	Materialien- und Informationsbeschaffung, Expertengespräche, Museumsbesuche usw.	Kemerovo, Leninsk-Kuzneckij, Andžero-Sudžensk, Novokuzneck,
27.03.- 10.04.2013	Teilnahme an der Konferenz „400 Jahre Novokuzneck" (Filiale der KemGU Novokuzneck)	Statistik- und Informationsbeschaffung (Novosibirsk), Expertengespräche, Vortrag (russ.) über Modernisierungsprozesse im Ruhrgebiet	Novosibirsk, Kemerovo, Novokuzneck
26.08.- 16.09.2013	Forschungsreise (Einladung der Universität Kemerovo, Fachbereich Wirtschaftswissenschaften) mit Helmut Klüter	Expertengespräche, wiss. Austausch, Vorlesung (russ.) zur Erfahrung mit Umstrukturierungen im Ruhrgebiet an der KemGU	Kemerovo, Prokop'evsk, Kiselëvsk, Novokuzneck, Chakassien, Moskau
09.02.- 05.03.2014	Forschungsreise (Einladung der Universität Kemerovo, Fachbereich Wirtschaftswissenschaften)	Statistik- und Materialsammlung, Expertengespräche, Vorlesung (russ.), Ortsbegehungen	Kemerovo, Novokuzneck, Meždurečensk, Leninsk-Kuzneckij, Jurga, Novosibirsk, Tomsk
19.08.- 01.09.2014	Mitorganisation einer studentischen Exkursion (18 Master-Studenten) Leitung: Helmut Klüter	Expertengespräche, wiss. Fachvorträge, Ortsbegehungen, Unternehmensbesichtigungen, Studie der der ländlichen und touristischen Infrastruktur in Chakassien	Kemerovo, Novokuzneck, Abakan, Nord- und Nord-Ost-Chakassien
17.02.- 05.03.2015	Forschungsreise (Einladung der Universität Kemerovo, Fachbereich Wirtschaftswissenschaften)	Statistik- und Materialsammlung, Expertengespräche, Ortsbegehungen, Durchführung von drei Vorlesungen (russ.) an der KemGU	Kemerovo, Novokuzneck, Šeregeš
12.06.- 23.06.2015	Teilnahme an der internationalen Sommer-Schule „Ira Urban" (IFL)	Fachlicher Austausch unter Doktoranden, wiss. Fachvorträge; Expertengespräche mit Administrationen, Unternehmern u.v.m.	Moskau, Ekaterinburg, Nižni Tagil

Publikationsliste

BÜLOW, CHRISTIAN; ZORNOW, ANDRE (2017): *Die Oblast' Kaliningrad – Betrachtungen zur ökonomischen Genese und zur gegenwärtigen Position in der gesamtrussischen Ökonomie*, Arbeitstitel, in Vorbereitung

BÜLOW, CHRISTIAN; LIEBMANN, SANDRA (2017): *Künstler und Kulturschaffende im Ländlichen Raum am Beispiel des Landkreises Rostock*, in Vorbereitung

BÜLOW, CHRISTIAN; MACH, MICHAEL (2016): *Ein Case-Study-Modul zur Verknüpfung von Wissenschaft und berufsorientierender Praxis*, in: Greifswalder Beiträge zur Hochschullehre - Wissenschaft und Beruf in der polyvalenten Lehre, Heft 01/2016, S. 44-55
unter: https://www.uni-greifswald.de/fileadmin/uni-greifswald/2_Studium/2.1_Studienangebot/2.1.4_Qualitaet_in_Studium_und_Lehre/Greifswalder_Beitraege_zur_Hochschullehre/GBzH_6_Wissenschaft_und_Beruf_2016.pdf

BÜLOW, CHRISTIAN (2015): *Umstrukturierungen einer Altindustrieregion am Beispiel des Ruhrgebietes in Deutschland mithilfe eines raum-kommunikativen Ansatzes*, in: Basalaeva, Irina P. (Hrsg.) (2015): Industrial'ny gorod v postindustrial'nuju ėpochu, tom 1, Novokuzneck, S. 19-36

BÜLOW, CHRISTIAN (2015): *Развитие туризма как стратегия диверсификации старопромышленных регионов (на примере региона Рур, Германия)* - dt. Tourismusentwicklung als Diversifizierungsstrategie von Altindustrieregionen am Beispiel des Ruhrgebietes in Deutschland, S. 1-4
unter:
http://science.kuzstu.ru/wp-content/Events/Conference/Other/2015/ekonom/pages/Articles/3/Bulow.pdf

BÜLOW, CHRISTIAN (2014): *Infrastruktur- und Bevölkerungsentwicklung von ländlichen Räumen in Mecklenburg-Vorpommern*, in: Greifswalder Geographische Arbeiten Band 49, (Infra-) Strukturelle Differenzen und deren Ursachen in peripheren Räumen, Greifswald, S. 29-58
unter: https://e-docs.geo-leo.de/bitstream/handle/11858/00-1735-0000-0023-BE1F-5/GGA%20Bd%2049.pdf?sequence=4

ZORNOW, ANDRE; BÜLOW, CHRISTIAN (2014): *Das Ruhrgebiet: Über Probleme und Entwicklungschancen eines altindustriellen Ballungsgebietes*, in: Молодешь и наука реальность и будущее, Material zur internat. Konferenz von Studenten, Doktoranden und Jungwissenschaftlern, Kemerovo 24. April 2014, S. 227-232

BÜLOW, CHRISTIAN (2014): *Aktuelle Entwicklungstendenzen Ländlicher Räume in Russland und Mecklenburg-Vorpommern*; in: Dünkel, Frieder; Herbst, Michael; Schlegel, Thomas (Hrsg.): Think Rural! Dynamiken des Wandels in peripheren ländlichen Räumen und ihre Implikationen für die Daseinsvorsorge, Springer VS, Wiesbaden, S. 253-259

BÜLOW, CHRISTIAN (2011): *Economic and social-geographical regional analysis of the Russian oblast' of Kaliningrad*; in: Регіон - 2011 Стратегігя оптимального розвитку, Beitrag zur internationalen Konferenz 10. -11. November 2011, Charkiv; S. 264-266

BÜLOW, CHRISTIAN (2011): *Aufschwung in Kaliningrad - Wirtschaftsboom durch gezielte Förderung aus Moskau*; in: OSTEUROPA-Wirtschaft, 56. Jg., 3-4/2011, S. 128-141
unter:
https://www.bwv-verlag.de/digibib/bwv/apply/download/file/L3BhZ2VzL2Y3Lzk1L2QwMDExOTE3L2hvbWUvaHRkb2NzL2J3di12ZXJsYWcuZGUvdXNlci9kYXRhL2Rvd25sb2FkL3BkZi8yMDExLzI3MTQ0OV8yMDExXzAzXzA1LnBkZg==/

BÜLOW, CHRISTIAN (2011): *Региональный экономический и социально-географический анализ в Калининградской области*, in: Социально-экономическая география - 2011: теория и практика, Beitrag zur internationalen Konferenz "Wirtschafts- und Sozialgeographie" 14.-17. September 2011, Kaliningrad, S. 69-72

BÜLOW, CHRISTIAN (2011): *Wirtschafts- und sozialgeographische Regionalanalyse der russischen Oblast' Kaliningrad*, Der andere Verlag, Uelvesbüll

BÜLOW, CHRISTIAN (2008): *Eine Bilanz der multivektoralen Außenpolitik der Ukraine hinsichtlich einer EU- und NATO Mitgliedschaft und den Beziehungen zu Russland*, in: Дослідженния і розробки у сфері євроатлантичної інтеграції Україна, Луцьк, S. 98-129

BÜLOW, CHRISTIAN (2008): *Экономическое развитие Калининградской области*, in: Актуальные проблемы географии новой россии, Санкт Петербург, S. 528-531

BÜLOW, CHRISTIAN; LANGE, NICO; REISMAN, ANNA (2008): *Security Forum: Experience Sharing between Baltic and Black Sea Regions*, Konrad-Adenauer-Stiftung e.V., Kiew, S. 1-5

Index

Abakan, Stadt 20, 165, 167, 169, 269, 282, 356

Abwanderung 4, 25, 26, 36, **38**, 40, 76, 108, 111, 112, 128, **200**, 202, 203, 212, 218, 253, 257, 270, 281

Acid Mine Drainage 246, 247

Almaty, Stadt 57

Alrosa 54, **258**

Altaj, Republik 17, 20, 37, 39, 47, 54, 57, 110, 165, 172, 198, 356

Altajskij Kraj 17, 20, 37, 39, 54, 57, 95, 96, 100, 164, 203, 280, 356

Altindustrieregion 6, 24, 25, 27, 40, 47, 61, 68, 76, 107, **108**-113, 131, 142, 170, 173, 189, 212, 216, 224, 260, 266, 268, 275, 277, 286

Altlasten 26, **73**, 108, 130, **141**, 233, 235, 237, 244, 248

AMSWOT 7, 117, 166, **167**, 260, 278, **280**-284

Anžero-Sudžensk, Stadt 22, 28, 40, 41, 44, 57, 136, 154, 155, 158, 159, 208, 210, 263, 270, 353

Arbeitslosenquote **47**-49, 220, 221, 225, 239, 280

Arbeitslosigkeit 25, 26, 29, 47, 108, 109, 154, 217, 220, 234, 249, 257

Archangel'sk, Stadt 205, 207

Armenien 203

Astana, Stadt 20, 21

Australien 64, 85, 123, 124

Autonome Industrie Kolonie, AIK **31**, 32, 36, 135, 262, 282

Azot 78, 97, 101, 105, 133, 137, 143

Baikal-Amur-Magistrale 122

Bajkal'sk, Stadt 164, 165

Bajkal'skij celljulozno-bumažnyj kombinat 164

Bangkok, Stadt 59

Barnaul, Agglomeration 165

Barnaul, Stadt 20, 96, 165, 269, 275, 356

Baškortostan, Republik 86, 138

Belarus' 21, 144

Belogorsk, Siedlung städt. Typs 154

Belokuricha, Kurort 164

Belovo, Stadt 2, 41, 44, 55, 93, 103, 125, **126**, 135, 154, 184, 353

Berlin, Stadt 20, 222, 239, 242, 250, 268

Bevölkerungsdichte 20, 26, **41**, 42, 47, 54, 108-110, 219, 248

Bevölkerungsentwicklung 4, 5, 13, 20, 34-38, 45, 46, 78, 109, 136, 177, **203**, 204, 210, 216, 218, 225, 239, 255, 280, 355, 375

Bochum, Stadt 12, 143, 215, 221, 227, 231, 251

Brachflächen **73**, 112, **141**

Brandenburg an der Havel, Brandenburg Stadt 220

Brandenburg, Bundesland 1, 114, 217, 218, 220, 221, 234-242, 268

Bratsk, Stadt 86

Bratsk-Ust-Ilimsk, TPK 108

Bruttoregionalprodukt 2-4, 54, 94, 111, 119, 173, 283, 356

Burjatien, Republik 17, 20, 37, 39, 64, 356

Čeljabinsk, Oblast' 57, 59, 70, 86, 138, 154, 269

Čeljabinsk, Stadt 21

Chakassien, Republik 11, 17, 20, 37, 39, 47, 57, 110, 138, 165, 169, 198, 269, 282, 356

Chanty-Mansijsk, autonomer Okrug 43, 269

Chanty-Mansijsk, Stadt 169, 260

China 20, 80, 122-124, 146, 211, 286

Čita, Stadt 20, 271, 356

Cottbus, DDR-Bezirk 218, 239, 248, 364, 365

Cottbus, Stadt 218-222, 226, 239, 242, 248, 252, 260, 364

DDR 218, 219, 232, 235-239

Deindustrialisierung 172, 225, 238, 250, 251, 257

Detroit, Stadt 24, 257

Deutschland 1, 66, 94, 97, 115, 117, 143, 146, **147**, 186, 216, 218, 219, 220, 221, 223, 272

Dezentralisierung **256**, 258, 275, 276

Diversifizierung 109, 132, 133, 136-138, 142, **143**, 146, 148, 150, 152, 153, 155, 159, 160, 163, 170-174, 177, **178**, 179, 182, 183, 185, 186, 194, 209-212, 254, 255, 256, 258, 260, 274, 276, 277, 283, 284

Donbass, Donezbecken 1, 15, 119, 124, 204

Dortmund, Stadt 49, 218, 221, 227

Einkommen **173**, 175

Ekaterinburg, Stadt 11, 43, 92, 172, 205, **265**, 268

Ėkolėnd 150

Elektroenergieproduktion **139**, 141

Energetický a Průmuslový Holding 217, 222

Energiediversifizierung 132, 137, 142, 143

Erdbeben 2, 91, **125**, 126, 141, 210, 284, 285

Essen, Stadt 25, 218, 223-227, 231, 237, 244, 264, 272

Europäische Union 17, 20, 80, 146, 255, 264

Evonik 217, 251, 257

Evraz 71, 78-**81**-86, 88, 91, 103-107, 121, 122, 151, 262, 283

Evrazruda 84

Existenzminimum 152

Fedjaev, Michail Jur'evič 102

Fedjaev, Pavel Michajlovič 102

Filialisierung 107, 111, 122

Flächeninanspruchnahme 125, 129, 245

Flughafen, BER 239, 242

Flughafen, Kemerovo-Stadt 60, 103, 281

Flughafen, Novokuzneck 60, 281

Flughafen, Novosibirsk 59
Flughafen, Taštagol 167, **169**, 282
Föderale Okruga, Begriffsdefinition **15**
Föderale Universität **205**, 208
Forschungsfragen **6**
Gasifizierung **132**, 133, 210
Gaskraftwerk 139, 140
gated community 99, 194
Gazprom 133, 151, 152, 357
Geburtenrate 4, 200, 280, 281
Gesundheitskosten **126**, 128, 141, 211, 284
Glasgow, Stadt 24, 264
Gorno-Altajsk, Stadt 20, 165, 271, 356
Grubengas **131**, 132, 142, 210, 285
Gur'evsk, Stahlwerk 81
HI-Virus 128
Hoyerswerda, Stadt **218**-220, 225, 239, 245, 252
IBA Emscher Park 217, **223**, 233, 251, 261
IBA Fürst-Pückler-Land 216, 217, **224**, 242, 275
Indien 124
Indonesien 123, 124
Industriebesatz 26, **52**, 53, 54, 108, 109
InÈkA 129
Infrastruktur 13, 22, 24, 28, 29, 31, 33, 36, 61, 100, 110, 112, 113, 119, 151-155, 162, 164, 181, 185, 187, 191, 194, 209, 237, 239, 250, 267, 268, 280, 282, 374, 375
Infrastruktur, Schiene 57, 60
Infrastruktur, Straße 54, 60, 166, 281
Infrastrukturdichte 26, **54**, 60, 108, 110, 113, 210, 212
Innovationen 62, 118, 133, 137, 180, 187, 188, 207, 209, 210, 214, 264, 285
Innovationsförderung **118**, 137, 160, **180**, 184, 186, 189, 194, 207, 209, 211, 212, 270, 276, 283
Internationale Bauausstellung 223, 226, 251, 262, **272**, 276, 283
Internationalisierung 206, 260, **264**, **271**, 272, 281
Inversionswetterlagen 21, 70, 123, 191
Investitionen 82, 84, 91, 98, 101, 105, 121, 133, 136, 140, 143, 146, 147, **148**-152, 156, 158, 160, 170, 177, 178, 182, 206, 209, 211, 226, 250, 251, 252, 254, 258, 266, 269, 271, 276, 281, 282, 283, 285
Irkutsk, Oblast' 17, 20, 37, 38, 39, 64, 73, 97, 118, 138, 164, 165, 356
Irkutsk, Stadt 11, 20, 78, 165, 272, 281, 356
Irland 20
Italien 81, 94
Jaja, Rajon 213
Jaja, Siedlung städt. Typs 135-138, 142, 159, 258
Jakutien, Republik Sacha 54, 121, 122, 124, **258**, 285
Jakutsk, Stadt 205, 207, 258, **259**

Japan 80, 122, 285
Jurga, Stadt 28, 31, 40, 41, 44, 55, 57, 145, 146, 154, 155, **157**-159, 178, 181-185, 195, 258, 269, 272, 353
Jurginskij Mašzavod 145, 157
Južkuzbassugol' 79, **82**, 83
Južnyj Kuzbass 79, 87, 88
Kaliningrad, Oblast' 118, 180, 186, 204
Kaliningrad, Stadt 20, 21, 205, 207, 265
Kanada 81
Kasachstan 20, 34, 81, 203
Kazan', Stadt 205
Kemerovo, Rajon 185, 354
Kemerovo, Stadt 2, 10, 20, **21**, 28, 31, 32, 35, **36**, 41, **42**, 44, 45, 55, 60, 70, 78, 88, 93, 96, 97, 98, 100, 101, 103, 109, 130, 133, 135, **154**, 157, 161, 172, **184**, 186, **189**, 191, 194, 195, 251, 261, 262, **263**, 268, 269, 272, 275, 280-282, 283, 353, 356, 357
KemGU 156, 170, 183, 195, 206, 207, 208, 255, 271, 374
KemTIPP 183, 207, 255
Kiselëvsk, Stadt 41, 42, 44, 93, 154, **195**, 272, 353
Kleinunternehmen 77, 78, 156, 158, 183, 279, 283
Klima, Oblast' Kemerovo 21
Klimavariabilität 21, 255
KMK 28, **32**, 36, 71, 82, 262
Kohlechemie 131-135, 137, 142, 185, 210, 271, 284, 285
Kohleexport 2, **63**, 64, 124
Kohleförderung 2, 3, 5, 28, 29, **30**, 31, 36, 52, 59, **62**, 67, 79, 83, 88-93, 97, 103, 111, 120, 121-126, 128, 129, 131, 138, 141, 142, 147, 150, 172, 210, 211, 213, 217, 219, 220, 222, 223, 231, 242-246, 248, 254, 256, 257, 262, 280, 283-285
Kohlekraftwerk 138, 252
Kohlenmonoxid 140
Kohlevorkommen 1, 122, 130
Kokskohle 1, 32, **62**, 119, 121, 124, 126, **134**, 223
Kolosovskij, Nikolaj N. 33
Kopikuz 28, 31, 135
Krasnaja Gorka 31, 32, 261
Krasnodar, Kraj 203, 280
Krasnojarsk, Kraj 17, 20, 37-40, 47, 53, 54, 70, 121, 138, 164, 205, 270, 280, 356
Krasnojarsk, Stadt 20, 21, 55, 60, 70, 86, 99, 163, 165, 167, 169, 205, 206, 281, 356
Kreisgebietsreform 239
Krim, Republik 16, 37, 203, 205, 258, 356
Kulturhauptstadt 13, 225, 251, **264-266**
Kuzbassrazrezugol' 79, **91**, 92, 94, 104, 125, 126
KuzGTU 195, 206, 270, 369
Kyzyl, Stadt 20, 121, 356

Lausitzer Braunkohlerevier 114, 131, 215-**217**-226, 233, 235, 236, 238, 239, 241-253, 259, 260, 261, 266, 267, 270, 272, 275, 277, 364-366

Lebenserwartung 29, **72**, 73, 78, 111, 141, 280

Leninsk-Kuzneckij, Rajon 90, 185, 354

Leninsk-Kuzneckij, Stadt 28, 31, 34, 41, 44, 55, **90**, 91, 103, 107, 109, 132, 142, 143, **151**, 152, 154, 155, 160, 181-**183**-185, 195, 209, 211, 262, 271, 272, 281, 353

Lesnaja Poljana, suburb. Wohnviertel 29, 133, 180, 184, **189**-194, 209, 210, 212, 214, 263, 268, 280

Lettland 1

Litauen 86

LMBV 116, 224, 226, **232**-238, 241-248, 253, 285

Lock-in-Effekt 142

London, Stadt 78, 81, 103

Luhmann, Niklas 114, 115

Magadan, Oblast' 43

Magnitogorsk, Stadt 32, 70

Magnitogorskij metallurgičeskij kombinat 80

Maschinenbau 28, 52, 101, 103, **143**, 145, **147**, 157, 178, 251, 255, 269

May, Ernst 1, 28, 32, 263

Mečel 78, 80, 86-89, 91, 103, 107, 121, 122, 211, 283

Mecklenburg-Vorpommern, Bundesland 1, 12, 20

Messerschmidt, Daniel Gottlieb 28

Methangasexplosionen 83, 284

Meždurečensk, Rajon 354

Meždurečensk, Stadt 28, 41, 42, 44, **83**, **85**, 87, **88**, 97, 103, 107, 109, 144, 154, 167, 169, 272, 282, 353, 372

Migrationssaldo **5**, 38, 39, **201**

Minsk, Stadt 21

Modernisierung 9, 11, **13**, 14, 75, 76, 82, 105, 112-114, 117, 118, 132, 143, 144, 150, 153, 178, 187, 194, 195, 205, 208-213, 215, 216, 223, 224, 231, 232, 250, 251, 254, 257, 260, 263, 264, 266, 276, 277, 283, 285, 286, 357

Monetarisierung 169, 173, 177

Mongolei 1, 20, 64, 124, 285

Monitoring 130, 153, 168, 231, 233, 236, 237, 241, 242, 244, 248, 253, **267**, 268, 274, 283, 285

Monostädte 91, 143, 153-157, 159, 160, 178, 184, 185, 209, 211, 213, 214, 254, 280, 281, 283

Monostruktur **49**, 90, 133, 143, 154, 172, 174, 182, 210-212, 251, 262

Morde 127, 128

Moskau, Agglomeration **203**, **205**, 268, 280

Moskau, Oblast' 78, 186

Moskau, Stadt 11, 16, 20, 43, 59, 78, 86, 89, **103**, 136, 142, 153, 158, 160, 166, 172, 173, 180, 185, 186, 194, 205, 207, 210, 214, 257, 258, 265, 275, 276, 277

Müller, Gerhard Friedrich 28

Murmansk, Oblast' 43, 118, 257

Nachterstedt, Unglück (2009) 233, 245

Nationalpark, Schorisches Bergland 161, 169, 262

Newcastle, Stadt 21, 113

Nižnij Novgorod, Stadt 186, 265

Nižnij Tagil, Stadt 70, 146, 169, **262**, 272

Noril'sk, Stadt 70, 75, 111

Novokuzneck, Agglomeration 42, 60, **69**, 82, 140, 165, 184, 253, 260, 268, 269, 281

Novokuzneck, Rajon 75, **185**, 354

Novokuzneck, Stadt 2, 21, 28, **29**, **32**-36, 41, 42, 44, 55, **69**-71, 75, **82**, 84-**86**, 99, 100, 101, 103, 107, 109, 111, 125, 129, 136, 139, 150, 151, 154, 163, 166, 172, **180**, 181, 184, 195, 208, 251, 261-**263**, 269, 271, 272, 275, 281, 283, 284, 353

Novolipeckij metallurgičeskij kombinat 80

Novosibirsk, Agglomeration 165, 196

Novosibirsk, Oblast' 17, 20, 37-**39**-40, 47, 54, 56, **57**, 69, **78**, 100, 107, 128, **173**, 186, **189**, **196**, 198, **199**, 200, **203**, 205, 209, 253, 255, 265, **269**, 270, 280, 282, 356

Novosibirsk, Stadt 10, 11, 20, 21, **42**, 57, 60, 78, 135, 157, 163, 167, 169, 173, 188, **189**, 207, 269, 272, 274, 275, 281, 282, 356

Oblast', Begriffsdefinition 16

Omsk, Oblast' 17, 20, 37, 39, 54, **152**, **198**, 199, 255, 265, 356

Omsk, Stadt 20, 21, **42**, 269, 281, 356

Österreich 1, 20, 267

Patenterteilungen **188**

Peking, Stadt 20, 21, **123**

Peripherie 38, 173, 207, 265, 269, 282, 286

Perm', Kraj 265

Perm', Stadt **265**, 272, 276

Phuket, Stadt 59

Pittsburgh, Stadt 24, 272

Polen 115, 242

Portugal 1, 20

Produktlebenszyklus 26, 61, 63-68, 76, 108, **110**, 121

Prokop'evsk, Rajon 155, 185, 354

Prokop'evsk, Stadt 35, 41, 42, 44, 93, 96, 97, 100, 132, 154-**157**-159, 173, 178, 181-**184**-185, 208, **213**, 263, 270, 272, **280**, 353

Promyšlennaja, Rajon 99, 100, 130, 255, 354

Putin, Vladimir V. 15

Raffinerie 131, 135-**136**-138, 142, 159, 210, 258, 269, 284

Rajon, Begriffsdefinition 16

Raspadskaja, Schacht 83, 126, 132, 284

Region, Begriffsdefinition **114**-116, 214

Regionalbank 257

Regionale Sonderwirtschaftszonen 180, 181, 213

Regionalisierung 113-116, 214, 216, 224, 238, 239, 241, 254, 256, 259, 265, 268, 274, 275, 277

Regionalkonzern 111, 217, 223, 251, **257**, 259, 283

Regionalplanung 230, 234, 237, 242, 253, 268

Regionalverband Ruhr 218, 220, 221, 226-231, 233, **237**, 238, 242-244, 267, 275, 366

Rekultivierung 75, 113, **128**-131, 210, 225, 231, 232, 236, 238, 244, 247, 248, 250, 253, 256, 259, 267, 285

Revitalisierung 13, 14

Rostov, am Don 205, 206

Rostov, Oblast' 272

Route der Industriekultur 227, 231, 233, **261**, 276, 283

Ruhrgebiet 1, 11, 12, 24, 42, **66**, 75, 114, 147, **170**, 189, **215-217**-228, 231, 233, **237**, 238, 242-244, 248-**249**-253, 257-259, 261, 264-**267**, 268, 270-272, 276, 277, 283, 366

Ruhrkohle AG **217**, 223, 231, 249, 259

Rumpftertiärisierung 12, 156

Rusal 85, 86, 88, 105, 107, 283

Rutgers, Sebald 31

Saarland, Bundesland 24

Sachsen, Bundesland 20, 114, 217, 218, 220, 221, 224, 225, 234-239, **242**

Sachsen-Anhalt, Bundesland 20, 218, 233, 235, 239

Salairrücken, kleines Mittelgebirge 161

Samara, Stadt 265

Sanktionen 146

Schadstoffemissionen 2, 69,-73, 125, 128, 132, 133, 139, **140**, 141, 191

Schorisches Bergland, Mittelgebirgslandschaft 21, 161, 168

Schwarze Pumpe, Industriepark 114

Schwarze Pumpe, Kraftwerk 219

Schwefeldioxid 140

Schweiz 94, 267

SDS 59, 78, 79, 92-104, 111, 116, 122, 151, 194, 211, 251, 257, 258, 283, 358

Seenland 218, 234, 236, 239, **241**, 242, 260

Senftenberg, Stadt 221, 222, 226, 232, 237, 239, 244, 252, **260**, **261**

Senftenberger See 232, 234

Serbien 92

Šereges, Siedlung städt. Typs 84, 154, 185

Šereges, Wintersportgebiet 161-**162**-170, 178, 181, 211, 260, **261**, 281, 282, 283

Sevastopol', Stadt 16, 37, 43, 258, 356

Severo-Zapad 117, **118**, 122, 133, 137, 145, 147, 158, **173**, 180, 195, 206, 209, 210, 213, **214**, 248, 250, 254, 255, 267, 276, 277

Severstal' 80, 82, 88, 118

Sibirien, Begriffsdefinition 19

Simferopol', Stadt 205

Skigebiet 164, 165, 167, 168, 169

Slowenien 1

Soglašenija 96, 151-153, 178, 211, 280, 283

Sovnarchozy 33, 36, 108, 256

Sowjetunion 9, 16, 31-33, 36, 38, 97, 110, 117, 150, 172, 198, 213, 218, 258, 280, 282

St. Petersburg, Stadt 5, 16, 43, 117, 166, 172, 173, 186, **203**, 205, 207, 265, 277

Stahl 1, 28, 32, **80**, **82**, 88, 89, 92, 104, 105, 134, 283

Stahlindustrie 29, 36, 93, 121, 225, 283

Stavropol', Stadt 205

Sterberate 38, 40, 71, **72**, 75, 111, 128, 280, 284

Sterbeüberschuss 4, 156, 218

Stickoxide 140

Strahlenberg, Johann Philipp 28

Strukturwandel **11**-14, 25, **174**, 216, 219, 226, 241

Studenten 158, 183, **195**-199, 206, 209, 217, 221, 226, 271, 276, 366, 374, 375

Suburbanisierung 24, 29, 99, 184, **189**, 218, 239, 242, 252, 280

Südafrika 81

Südkorea 80, 122, 285

SUĖK 78, 79-91, 94, 103, 106, 107, 122, 132, 151, 182, 211, 262, 283

Sverdlovsk, Oblast' 43, 57, 59, 70, 92, 138, 154, 186, **262**, **268**, 269

Tadschikistan 203

Tag des Bergarbeiters 94, 116, 151, 152, 266, 284

Taiwan 122

Tanaj, Wintersportort **100**, 101, 103, 161, 164, 257

Taštagol, Rajon 155, 185, 354

Taštagol, Stadt 22, 44, 84, 103, 107, 151, 154, 155, 159, 163, 166, 167, 185, 281, 282, 353

Tatarstan, Republik 138, 186

Technologiepark 133, 137, 144, 186-189, 209, 212, 357

Technonikol' 78, 157, 158

Territoriale Produktionskomplexe, TPK 33, 86, 102, 138

Tertiärisierung 11, 12, 52, 113, 172, 173, 174, 177, 178, 214, 283

Thailand 166

Thüringen, Bundesland 1, 20, 235, 236

Tjumen', Oblast' 53, 186, 269, 286

Tjumen', Stadt 272

Todesursachen 71, **127**, 128

Tom', Fluss 31, 98, 186, 247

Tomsk, Agglomeration 196

Tomsk, Oblast' 17, 20, 37, **39**, 40, 54, 69, 110, 165, 196, 198-200, **203**, 205, 209, 253, 255, **269**, 270, 280, 282, 356

Tomsk, Stadt 11, 20, **42**, 157, 165, 188, 195, 207, 265, 266, 269, 271, 275, 282, 356

Tourismusförderung 143, 159, **161**, 170, 173, 227, 261, 264, 267

Transsibirische Eisenbahn 28, 31, 33, 34, 36, 57, 138, 157, 165, 210, 269, 281

Tschechien 20, 81, 92, 242

Tuleev, Aman G. 102, 133, 151, 153

Türkei 94, 166

Tyva, Republik 17, 20, 37, 39, 47, 54, 57, 84, **121**, **122**, 124, 172, 198, 285, 356

UK Metalloinvest 80

Ukraine 81, 86, 124, 203, 272

Ukraine, Krise (ab 2014) 124, 146

Ulan-Bator, Stadt 20, 21

Ulan-Udè, Stadt 20, 165, 356

Umweltprobleme 26, 68, **69**, 108

UNESCO 224, 262

Ungarn 1, 20

Untersuchungsfragen 6

Ural, Gebirge 1, 15, 21, 32, 34, 36, 38, 42, 43, 86, 92, 103, 109, **122**, **138**, 150, 157, 173, 212, 245, 254, 262, **264**, 265, 266, 268, **269**, 272, 280, 281, 282

Ural-Kusnezk-Kombinat 28, **32**, 34, 36, 108, 122, 282

USA 61, 67, 80, 81, 124, **125**, 146, 185, 250, 272

Usbekistan 203

Uskovskaja, Schacht 82

Velikij Ustjug, Stadt 163

Vereinigtes Königreich 78, 103, 185, 272

Versauerung **75**, 141, 246

Vladikavkaz, Stadt 265

Vladivostok, Stadt 20, 21, 205

Volkov, Michajl 28

Vologda, Oblast' 163

Vostsibugol' 79

Warschau, Stadt 21

Weißwasser, Stadt **218**, 220, 225, 239, 252

Weltwirtschaftskrise 2, 40, 47, 51, 83, 120, 150, 153, 207

West Midlands, Region 24, 107

Wintersporttourismus 170, 260, 261, 283

Yeti 163, 169

Zabajkal', Kraj 3, 17, 20, 39, 53, 54, 356

Zapsib 29, 70, 82

Zentralasien 57, 201, 204, 280

zerstörte Flächen **75**, 129, 131, 231, 245, 285

Zoo 194, 263

Zugverbindung 165, 269